W. Haas

Palaeontographica Beiträge zur Naturgeschichte der Vorzeit

W. Haas

Palaeontographica Beiträge zur Naturgeschichte der Vorzeit

ISBN/EAN: 9783743364363

Hergestellt in Europa, USA, Kanada, Australien, Japan

Cover: Foto ©ninafisch / pixelio.de

Manufactured and distributed by brebook publishing software (www.brebook.com)

W. Haas

Palaeontographica Beiträge zur Naturgeschichte der Vorzeit

PALAEONTOGRAPHICA.

BEITRÄGE
ZUR
NATURGESCHICHTE DER VORWELT.

ELFTER BAND.

HERAUSGEGEBEN

VON

HERMANN von MEYER.

CASSEL.
VERLAG VON THEODOR FISCHER.
1863—1864.

Inhalt

Erste Lieferung.
Juni 1863.

Seite

Fossile Fische, Krebse und Pflanzen aus dem Plattenkalk der jüngsten Kreide in Westphalen. Von Dr. W. von der Mark . . . . 1—40.

Zweite Lieferung.
July 1863.

Fossile Fische, Krebse und Pflanzen aus dem Plattenkalk der jüngsten Kreide in Westphalen. Von Dr. W. von der Mark (Schluss) . . . . 41—83.

Dritte Lieferung.
September 1863.

Ueber Clymenien in den Uebergangs-gebilden des Fichtelgebirges. Von Dr. C. W. Gümbel 85—165.
Unio pachyodon, Unio Kirnensis, Anodonta compressa, Anodonta fabaeformis. Von Rudolph Ludwig . . . . 166—173.

Vierte Lieferung.
October 1863.

Die Placodonten, eine Familie von Sauriern der Trias. Von Hermann von Meyer . . 175—221.
Ichthyosaurus leptospondylus Wag.? aus dem lithographischen Schiefer von Eichstätt. Von Hermann von Meyer . . . . 222—225.
Delphinopsis Freyeri Müll. aus dem Tertiär-Gebilde von Radoboj in Croatien. Von Hermann von Meyer . . . . 226—231.

Fünfte Lieferung.
Februar 1864.

Die diluvialen Rhinoceros-Arten. Von Hermann von Meyer . . . . 233—283.

Sechste Lieferung.
Mai 1864.

Archaeotylus ignotus. Von Hermann von Meyer . . . . 285—288.
Parachelys Eichstättensis aus dem lithographischen Schiefer von Eichstätt. Von Hermann von Meyer . . . . 289—295.
Beiträge zur Flora der Vorwelt. Von Dr. August Schenk . . . . 296—308.
Dithyrocaris aus dem Rheinischen Devon-Gebirge. Von Rudolph Ludwig . . . 309—310.
Pteropoden aus dem Devon in Hessen und Nassau, sowie aus dem Tertiär-Thon des Mainzer Beckens. Von Rudolph Ludwig . . . . 311—323.

Fossile
Fische, Krebse und Pflanzen
aus dem
Plattenkalk der jüngsten Kreide in Westphalen.
Von
Dr. W. von der Marck.
Taf. I—XIV.

Wenn ich hiemit eine Beschreibung der fossilen Fische, Krebse und Pflanzen aus der jüngsten Kreide-Ablagerung in Westphalen der Oeffentlichkeit übergebe, so fühle ich mich zunächst gedrungen, diese Arbeit einer nachsichtsvollen Aufnahme zu empfehlen. Dem Fachgenossen ist es zur Genüge bekannt, wie unentbehrlich bei solchen Untersuchungen vollständigere Sammlungen von lebenden wie von fossilen Fischen sind, und dass die richtige Bestimmung versteinerter Fische durch Vergleichung mit den Skeleten lebender ungemein erleichtert wird. Entfernt von grösseren Museen, war ich fast nur auf das dürftige Material meiner eigenen Sammlung beschränkt. Die fossilen Fische des Museums zu Münster, deren Benutzung mir freundlichst gestattet war, konnten diese Lücke nicht ausfüllen, da die von Professor Becks gesammelten Exemplare sich grossentheils dort nicht mehr vorfinden. Ein vielleicht noch grösserer Theil der von Agassiz aus den Baumbergen bei Münster beschriebenen Fische ging mit der Sammlung des Grafen zu Münster nach München über, und blieb mir, durch meine Geschäfte auf die nächste Umgebung meines Wohnortes angewiesen, ebenfalls unzugänglich. Nicht minder hatte ich den Mangel umfassender literärischer Hülfsmittel zu beklagen, von denen mir nur eine geringe Anzahl zur Benutzung geboten war.

Eine grosse Schwierigkeit endlich war die Herstellung der Abbildungen. Da ich keine Gelegenheit fand, sie einem tüchtigen Zeichner zu übertragen, so blieb mir nichts anderes übrig, als mich an der Anfertigung derselben selbst zu versuchen. Unerfahren im Zeichnen, habe ich die Gegenstände so gut es gehen wollte schmucklos wiedergegeben.

Die Bearbeitung der Krebse hat Herr Berg-Exspectant Cl. Schlüter, derzeit in Breslau, übernommen; sie bildet einen Theil seiner grösseren Arbeit über die Krebse der Westphälischen Kreide. Auch die dazu gehörigen Abbildungen sind von Herrn Schlüter angefertigt.

Die abgebildeten und beschriebenen Versteinerungen befinden sich, wenn es nicht ausdrücklich anders angegeben ist, in meiner seit zehn Jahren angelegten Sammlung Westphälischer Kreide-Versteinerungen. Einen grossen Theil der Versteinerungen aus dem Plattenkalke von Sendenhorst verdanke ich der Güte des dortigen Herrn Apotheker König, durch dessen nunmehr in meinen Besitz übergegangene Sammlung Herr Fr. Römer zuerst auf die reiche Fundstelle von Sendenhorst aufmerksam wurde.

Ist auch die Gegend, woraus das Material zu vorliegender Arbeit herrührt, nur von geringem Umfang, so bietet sie doch einen seltenen Reichthum an Formen dar, und zwar an solchen, welche die Kreidebildungen anderer Länder bisher nicht geliefert haben und überdies durch ihre Aehnlichkeit mit Formen aus den ältesten Tertiär-Schichten überraschen müssen.

Die nächste Umgebung der im Kreise Beckum, Regierungsbezirk Münster, gelegenen Stadt Sendenhorst enthält die Fundstellen der zu beschreibenden Versteinerungen, von denen ein nicht geringer Theil auch noch an einer anderen Stelle des sogenannten Kreide-Busens von Münster und Paderborn vorkommt.

Diese zweite Localität umfasst die zwischen Münster, Coesfeld, Billerbeck und Horstmar gelegene Hügelgruppe der Baumberge, welche schon vor drei Jahrhunderten wegen ihrer schönen versteinerten Fische bekannt war (vgl. des D. Bernardi Molleri, Monasteriensis, Rheni descriptio. Col. Agr. 1570. Lib. VI. p. 270). Mit diesen ihrer guten Erhaltung wegen berühmten Fischen haben sich vor mir schon Agassiz, Becks und Graf zu Münster beschäftigt. Fast sämmtliche Fische, welche Agassiz aus den Baumbergen beschreibt, finden sich auch in der Umgebung von Sendenhorst, was mich nöthigt, bei ihrer Beschreibung immer wieder auf Agassiz' Arbeiten zurückzukommen. In neuerer Zeit haben die Baumberge noch einige Agassiz unbekannt gebliebene Arten geliefert. So weit sie mir bekannt geworden sind, habe ich sie in meine Arbeit aufgenommen, um einen vollständigeren Vergleich zwischen der Fauna dieser schon länger bekannten Localität und der von Sendenhorst zu ermöglichen. Wie in den Baumbergen, so kommen auch bei Sendenhorst mit den Fischen zugleich langschwänzige Krebse vor, an letzterer Localität überdies einige Pflanzen, die aus und über den Fisch-Schichten der Baumberge noch nicht bekannt sind.

Die geognostischen Verhältnisse der Umgegend von Sendenhorst und ihre Beziehungen zu den übrigen Gliedern der Westphälischen Kreidebildungen sind erst vor wenigen Jahren von Fr. Römer in seiner Arbeit: „die Kreidebildungen Westphalens" (Verhandl. d. naturhist. Vereins für Rheinland und Westph., Jahrg. XI. 1854) so eingehend besprochen worden, dass ich nur Weniges zuzusetzen habe, wobei ich gleichzeitig auf die der Römer'schen Arbeit beigegebene Karte oder auf die v. Dechen'sche „geologische Karte der Rheinprovinz und Westphalens" verweise.

Bekanntlich theilt Römer die Westphälischen Senon-Bildungen in zwei Hauptgruppen, von denen die ältere die weichen Thon-Mergel des sogenannten Hellweges, die sandigen Mergel von Recklinghausen, die kalkig-thonigen Gesteine des Plateaus von Beckum, die kalkig-sandigen Bildungen der Baumberge, sowie ähnliche Gesteine von Haldem und Lemförde, und endlich die sogenannte „verhärtete Kreide" von Ahaus, Graës, Stadtlohn etc. enthalten würde. Zu der jüngeren Hauptgruppe rechnet er die sandigen und quarzigen Bildungen der Hardt und Hohen-Mark bei Haltern, die Eisensandsteine der Borkenberge und die festen Kalksandsteine von Dülmen und Cappenberg. Ueber das Alter des weissen, kreideartigen Kalksteins von Ahaus, Graës, Stadtlohn etc. entstanden schon bei Römer Zweifel, und heute wird derselbe allgemein den Pläner-Bildungen beigezählt.

Im Jahre 1855 erschien in der Zeitschrift der Deutschen geologischen Gesellschaft eine Abhandlung von v. Strombeck „über das geologische Alter von Belemnitella mucronata und B. quadrata," worin er die sandigen Gesteine der Hardt und Hohen-Mark, sowie die Mergel von Recklinghausen in die ältere, durch B. quadrata charakterisirte Abtheilung, die Baumberge hingegen und die Hügelgruppe von Haldem und Lemförde in die jüngere (Mucronaten-) Abtheilung bringt. Hiermit übereinstimmend nahm ich in einer kleineren Arbeit: „chemische Untersuchung Westphälischer Kreidegesteine, zweite Reihe" (Verhandl. d. naturhist. Vereins für Rheinland und Westphal., Jahrg. XVI), auch für die Thonmergel des Hellweges, welche zwischen dem Pläner und den Gesteinen des Plateaus von Beckum ein breites Band bilden, ferner für die den Diluvial-Sand der Senne unterteufenden Mergel, endlich für die Kalksandsteine von Cappenberg, Dülmen, Seppenrade und Legden ebenfalls das ältere (Quadraten-) Niveau in Anspruch, weil in allen genannten Gesteinen allein B. quadrata, nie aber B. mucronata gefunden wurde. Für die jüngeren Mucronaten-Schichten blieben dann nur die eigentlichen Baumberge mit ihrem nordöstlichen Ausläufer, dem Schöppinger Berge, ferner die diesen letzteren so ähnlichen Gesteine von Haldem und Lemförde und endlich die weichen Kalksteine des Plateaus von Beckum mit den Plattenkalken von Ennigerloh und Stromberg übrig. Dieselbe Ansicht wurde von Hosius in seinen „Beiträgen zur Geognosie Westphalens" (a. a. O. Jahrg. XVII) durch neue Funde und Beobachtungen unterstützt und erweitert, denen sich die jüngste Arbeit von Schlüter „geognostische Aphorismen aus Westphalen" (a. a. O. Jahrg. XVII), anschliesst. Durch die genannten Arbeiten hat sich für den Kreide-Busen von Münster und Paderborn das Gesetz bestätigt, dass man beim Fortschreiten von den Rändern des Busens zur Mitte stets von älteren Schichten zu jüngeren gelangt.

Der ganze Busen bildet eine Ellipse, deren längere Axe vom Sindfelde bei Paderborn bis über Graës bei Ahaus in der Richtung von Südost nach Nordwest hinausreicht. Fast in der Mitte dieser Linie liegen die Fische-reichen Schichten von Sendenhorst. Verfolgt man von da die Axe der Ellipse in nordwestlicher Richtung, so trifft man die südöstlichste Spitze der Baumberge, deren Steinbrüche seither die ergiebigste Quelle für die dieser Localität angehörenden Fisch-Versteinerungen waren. Beide Fundorte für fossile Fische, die Baumberge und das Plateau von Beckum, sind durch sandige Diluvial-Bildungen getrennt, unter welchen überall weiche Kalkmergel angetroffen werden.

Die Hauptfundstellen fossiler Fische, Krebse und Pflanzen bilden die Brüche auf Plattenkalkstein in der Umgegend von Sendenhorst, welche innerhalb eines Dreiecks liegen, das durch die Ortschaften Sendenhorst, Drensteinfurth und Albersloh begrenzt wird, und von denen die in der Bauerschaft Arnhorst auf dem sogenannten Arenfelde liegenden die bedeutendsten sind. Eine zweite Localität liegt in der nur wenig von der Stadt Sendenhorst in südsüdöstlicher Richtung entfernten Bauerschaft Bracht. Nach einer Angabe von F. Röner sollen sich auch fossile Fische der Gattung Isticus in den Brüchen auf Plattenkalkstein zu Stromberg und Böckenförde, einem zwischen Stromberg und Oelde gelegenen Gute, gefunden haben. Beim öfteren Besuchen dieser Gegend ist es mir nicht geglückt, in diesen Steinbrüchen Spuren von Fischen aufzufinden, oder von den Besitzern der Steinbrüche und den Arbeitern Nachrichten über frühere Funde zu erhalten.

In den Plattenkalken von Stromberg fand ich, ausser dem unten beschriebenen Chondrites Targionii Strnbg., nur ein Exemplar von Micraster cor anguinum Lam., und in denen von Böckenförde, ausser den gewöhnlichen Foraminiferen der oberen Kreide, eine grosse, cylinderförmige, noch unbeschriebene Spongie. Während die Fische-führenden Plattenkalke von Sendenhorst nur von einer wenig mächtigen, blaugrauen, meist sehr Schwefelkies-reichen Thonmergelschicht, über der sogleich die Dammerde folgt, bedeckt werden, zeigen die Steinbrüche von Böckenförde ein abwechselnderes Profil von nachstehender Zusammensetzung.

1. Dammerde, 1'.
2. Nordische Geschiebe, Feuersteinbrocken etc., 3—4''.
3. Weicher, ebenfalls plattenförmiger Kalkstein, von den Arbeitern „Käse" genannt, 6''.
4. Weicher Thonmergel, 2'.
5. „Käse" wie bei 3, 4'' mächtig.
6. Weicher Mergel, $1\frac{1}{2}'$.
7. Dicke Plattenkalke, von den Arbeitern „Knubben" genannt, $1'—1\frac{1}{2}'$.
8. Feste, grosse Platten, von den Arbeitern „Deelsteine" genannt.

Von diesen Schichten werden allein die unter 7 und 8 angeführten verwerthet, und insbesondere die „Deelsteine" in ähnlicher Weise, wie solches zu Ennigerloh und Sendenhorst der Fall ist, zum Belegen der Tennen (Deelen), Küchen etc. benutzt.

Wenn nun auch die Plattenkalke von Böckenförde, Stromberg und Ennigerloh mit denen von Sendenhorst auf den ersten Blick eine grosse Aehnlichkeit besitzen, so darf man dieselben doch nicht einander gleich stellen, da sie sowohl in ihrer chemischen Grundmischung, als hinsichtlich ihrer organischen Einschlüsse und ihres geologischen Alters abweichen. Während die erstgenannten, wie die gleich mitzutheilende Analyse nachweisen wird, hauptsächlich aus kohlensaurer Kalkerde mit wenig beigemengtem Thon bestehen, enthalten die Plattenkalke von Sendenhorst ungefähr gleiche Theile kohlensaure Kalkerde und sehr kieseligen Thon, stets mehr oder weniger mit Schwefelkies gemengt. Die Plattenkalke von Stromberg, Böckenförde und Ennigerloh gehören einem tieferen Niveau an und liegen noch innerhalb der eigentlichen Mucronaten-Schichten; ihre Verbreitung ist auch eine weit grössere, als die der Platten von Sendenhorst. Sie treten allerdings oft nur als dünne, unmittelbar unter der Dammerde liegende Schicht der Mucronaten-Kalkmergel schon südlich von Beckum auf, lassen sich über Vellern einerseits nach Stromberg und Oelde, andererseits in nördlicher Richtung über Ennigerloh bis in die Nähe von Westkirchen verfolgen, und erlangen hier eine grosse technische Bedeutung, indem sie in zahlreichen Brüchen gewonnen und zu Flurplatten, Fensterrahmen, Doelsteinen etc. verarbeitet werden. Fr. Römer erwähnt in seiner angeführten Monographie diese Schicht unter der sehr passenden Bezeichnung: „Kalkstein von oolithischem Gefüge", und fügt hinzu, dass er in demselben eine specifisch nicht näher bestimmte Frondicularia aufgefunden habe. Am genauesten beobachtet man diese Schichten auf dem vom Bahnhofe Beckum nach Ennigerloh führenden Weg. Ungefähr eine halbe Stunde nachdem man die Eisenbahn überschritten, findet man rechts und links vom Weg ausgedehnte Steinbrüche, die zur Gewinnung dieser Platten angelegt sind. Die Platten sind gewöhnlich 6 Zoll dick und zeichnen sich durch ein körnig oolithisches Gefüge aus, welches deutlicher auf den Schichtungsflächen hervortritt. Die kleinen Körner sind übrigens nicht kugelig, sondern unregelmässig und abgeplattet. Zwischen denselben erkennt man folgende organische Reste:

Zahllose Zähnchen kleiner Squaliden, 1 bis 3 Linien lang, oft am scharfen Rande gezähnelt, meistens schwach gekrümmt; einige derselben sind an der Basis mit zarten Falten versehen. Seltener kommen dreieckige Zähnchen mit kleinen Nebenzähnchen vor.

Serpula subtorquata Münst.
Serpula subrugosa Münst.
Ammonites sp. Eine nicht näher bestimmbare Art von höchstens 1 Zoll Durchmesser.
Rhynchoteuthis Monasteriensis m.
Belemnitella mucronata d'Orb.
Terebratula chrysalis Schlth.

Asseln und Stacheln von Echiniten.
Bourguetocrinus ellipticus d'Orb.
Scyphia sp. Eine kleinmaschige, fast immer in Schwefelkies verwandelte Art.
Glenodictyum hexagonum m. Eine grosse, den Spongien nahestehende Koralle, die ein Netz aus sechsseitigen Maschen von einem halben Zoll Weite bildet.
Zahlreiche Foraminiferen, den Gattungen Marginulina, Nodosaria, Frondicularia, Cristellaria, Sextularia etc. angehörend.
Viele Ostracoden, darunter häufig
Cytherina ovata Röm.

Am häufigsten und auffallendsten sind unter diesen organischen Resten die Fischzähnchen, weshalb ich diesen Kalkstein zum Unterschiede von dem bei Sendenhorst vorkommenden jüngeren als „oolithischen Fischzähnchen-Plattenkalk" unterschieden habe.

100,00 Theile desselben bestehen nach meiner Untersuchung aus:

Kohlensaurer Kalkerde	92,40
Kohlensaurer Bittererde	0,72
Kohlensaurem Eisenoxydul	1,93
Thonerde	0,59
Kieselsäure	4,23
Wasser und organische Substanz	0,42
	100,29

Geht man von den oben erwähnten Steinbrüchen in nördlicher Richtung weiter, so trifft man ungefähr eine viertel Stunde vor Ennigerloh einen dicht an der Chaussee gelegenen Steinbruch, in welchem Material zum Strassenbau gewonnen wird. In demselben sieht man die oolithischen Fischzähnchen-Plattenkalke von einer Schichte weichen Thonmergels überlagert, der aus ungleichen Theilen Thon und kohlensaurer Kalkerde besteht und reich an Cephalopoden ist. Bei meinem kurzen Aufenthalte daselbst fand ich:

Baculites anceps Lmk.
Belemnitella mucronata d'Orb.
Bruchstücke einer nicht näher bestimmbaren Hamites-Art.
Scaphites sp. Eine scheibenförmig flachgedrückte, bis $4^{1}/_{2}$ Zoll im Durchmesser haltende Art, mit zahlreichen, sichelförmigen Rippen und vier Reihen Knoten auf dem Rücken, die einigermassen an den von Kner aus der Kreide von Lemberg beschriebenen Sc. tridens erinnert.

Noch weiter nach Norden, z. B. eine Stunde vor Westkirchen, nimmt der Kalkgehalt der Platten, die hier weisser und wenig oder gar nicht mehr oolithisch sind, auch weniger Fischzähnchen führen, noch mehr zu, so dass er bis auf $95°/_0$ steigt.

Absichtlich habe ich diese Plattenkalke etwas ausführlicher beschrieben, um auf den

Unterschied zwischen ihnen und den so oft damit verwechselten Plattenkalken von Sendenhorst aufmerksam zu machen. Wie bereits bemerkt, nimmt in diesen letzteren der Kieselsäure-Gehalt bedeutend zu, während die kohlensaure Kalkerde an Menge abnimmt. Schwefelkies kommt sehr häufig vor und unzählige Amorphozoen-Nadeln sind hier, wie für das Gestein der Baumberge, bezeichnend.

Diese kieselig kalkigen Platten aus den Steinbrüchen vom Arenfelde fand ich in 100,00 Theilen zusammengesetzt aus:

Kohlensaurer Kalkerde mit geringen Mengen kohlensaurer Bittererde und kohlensauren Eisenoxyduls .	41,80
Kieselsäure	49,26
Thonerde	3,21
Schwefelkies	5,73

Unterteuft wird diese Schicht von einem von den Arbeitern „Eier" genannten Thonmergel, der aus fast gleichen Theilen Thon und kohlensaurer Kalkerde besteht. Dieser Mergel, der durch die Steinbrucharbeiten seither nicht durchbrochen wurde, bildet wahrscheinlich nur eine thonreiche Zwischenschicht, wie solche in der oberen Kreide überall vorkommen. Er gehört unzweifelhaft den Mucronaten-Schichten an, wie folgendes Verzeichniss der zahlreich in demselben auftretenden Versteinerungen beweist. Bisweilen tritt auch hier, aber immer noch innerhalb der Mucronaten-Schicht, eine dünne Lage oolithischen, sehr Foraminiferen-reichen Plattenkalkes auf, der allerdings demjenigen von Ennigerloh sehr ähnlich ist; versteinerte Fische, Krebse und Pflanzen hat er noch nicht geliefert. Die Petrefacten der sogenannten „Eier"-Schicht sind:

Wirbel grosser Squaliden bis zu $1^3/_4$ Zoll Durchmesser.

Belemnitella mucronata d'Orb.

Baculites anceps Lmk.

Ammonites peramplus Mant.

Nautilus sp. (cfr. N. obscurus Nilss.).

Cerithium sp. Diese Art erinnert zwar an C. trimonile Michel., doch hat jede Windung nicht drei Reihen rundlicher, sondern nur eine Reihe länglicher Knoten. Mit den Windungen parallel laufen feine Streifen.

Lima semisulcata Desh.

Inoceramus Cripsii Mant.

Pecten Nilssoni Goldf.

Pecten corneus Sow.

Terebratula sp. Eine der T. octoplicata Sow. nahe stehende Art, deren Falten jedoch feiner und zahlreicher sind.

Nucula panda Nilss.

Tellina sp. (cfr. T. tenuissima Rss.).
Tellina sp. (cfr. T. plana Rss.).
Stacheln von Cidariten.
Zahlreiche Foraminiferen.
Fungia sp. (cfr. F. Coronula Goldf.).
Scyphia sp.

Mit dieser „Eier"-Schicht erreichen die eben genannten Versteinerungen, namentlich auch Belemnitella mucronata d'Orb., nach oben hin ihre Grenze, und es treten dafür in den jetzt folgenden kieselig kalkigen Platten die Fische, Krebse und Pflanzen auf, die den eigentlichen Gegenstand vorliegender Arbeit ausmachen. Diese Platten werden von einer mergelig sandigen, blaugrauen, Schwefelkies-reichen Schicht bedeckt, worin sich bis jetzt, ausser einigen Foraminiferen und Fragmenten von Chondriten, keine weitere Versteinerungen gefunden haben. Hierüber breitet sich eine spärliche Dammerde-Bedeckung aus, in der sich einzelne nordische Geschiebe von meist geringem Umfange finden. Diese Mergel-Schicht und die darunter liegenden Platten bilden, wenigstens für das Plateau von Beckum, die jüngsten Kreideablagerungen. Sie liegen, wie schon oben erwähnt, in der Mitte des elliptischen Busens von Münster und Paderborn, und ihre Schichten sind beinahe wagerecht gelagert.

Anders ist das Vorkommen der fossilen Fische in den Baumbergen, deren südöstliche Spitze die ergiebigste Fundstätte enthält. Hier wird der Fische-führende, feinkörnige, kalkige und glauconitische Sandstein von einer mehr denn 25 Fuss mächtigen Ablagerung eines glauconitischen, graugelben Sandmergels bedeckt. Mit Sicherheit ist zwar weder aus der Fisch-reichen Schicht, noch aus dem Hangenden derselben das Vorkommen von Belemnitella mucronata nachgewiesen, allein Turrilites polyplocus A. Römer und einige Scyphia-Arten, auch ein grosses Coeloptychium, haben sich sowohl in der Fischschichte, wie in den dieselbe bedeckenden Mergeln gefunden. Dabei fallen diese Schichten, z. B. in den Brüchen von Schapdetten, nördlich ein, so dass das Hangende der Fische-führenden Sandsteine eine nicht unbeträchtliche Mächtigkeit haben muss. Es scheint demnach als ob die Fische der Baumberge in ein etwas tieferes Niveau, bis zu den Cephalopoden- und Korallen-Schichten hinabreichten, ja einzelne Arten derselben sind in noch älteren Bildungen aufgefunden. So besitzt Hosius in Münster ein Exemplar von Isticus, welches bei Altenberg im eigentlichen Mucronaten-Kalkmergel gefunden wurde, und Beeks will bei Appelhülsen aus einem ähnlichen Gestein einen Sphenocephalus fissicaudus erhalten haben.

Sollte sich die erwähnte Angabe von Römer hinsichtlich des Vorkommens von Isticus-Arten in den Brüchen von Stromberg und Böckenförde bestätigen, so würden diese Funde in derselben Weise zu erklären seyn. Uebrigens kann es durchaus nicht befremden, wenn einzelne dieser Fische so weit hinabreichen; alle diese Schichten stehen sich in ihrem Alter so nahe, dass wohl durchweg während ihrer Bildung diejenigen Bedingungen erfüllt waren, welche die Existenz dieser Thiere ermöglichten. Bei Sendenhorst scheint allerdings der letzte Rest des vielleicht allmählich zum Binnenmeere gewordenen Kreide-Busens, sey es durch Hebung oder sonst wie, eingetrocknet zu seyn, und seine letzten Organismen in kalkigen Schlamm begraben zu haben.

Wenn ich bereits im Vorhergehenden darauf hingewiesen habe, dass die Fisch-reichen Plattenkalke von Sendenhorst und die sie bedeckenden Mergel die jüngste Kreide-Ablagerung Westphalen's darstellen, so wird in Uebereinstimmung damit die nachfolgende Beschreibung der in diesen Schichten aufgefundenen organischen Reste den Beweis liefern, wie enge sich diese organischen Reste an diejenigen aus den älteren Eocän-Bildungen anschliessen. Vor allem sind es die Fische des Monte Bolca, so wie die an derselben Localität und an einigen anderen Punkten Oberitalien's und der weiteren Umgebung des nördlichen Theiles des Adriatischen Meeres vorkommenden Pflanzenreste, bei denen diese Aehnlichkeit hervortritt.

Eine gewisse Annäherung an die Fische der Tertiär-Periode findet allerdings schon zwischen den älteren Kreide-Fischen statt. So sagt Dixon (Geology and fossils of the tertiary and cretaceous formations of Sussex, 1850. p. 360) von den Fischen der Kreide Süd-England's, sie seyen denen aus der Tertiär-Periode näher verwandt als denen des Ooliths oder älterer Formationen. Weit auffallender aber tritt uns diese Erscheinung bei den Fischen der Baumberge, zumal bei denen aus der Umgebung von Sendenhorst entgegen. Das an letztgenannter Stelle beobachtete Vorkommen mit Pflanzen und langschwänzigen Krebsen, die denen älterer Perioden ferner stehen, als aus jüngeren Bildungen, erhöht diese Aehnlichkeit. Einige Beispiele mögen das Gesagte näher begründen.

Wie der Monte Bolca unter den Haien seinen Galeus Cuvieri Ag., so hat die Gegend von Sendenhorst das Palaeoscyllium Decheni. Blochius longirostris Volta erinnert an unsern Pelargorhynchus blochiformis; Holosteus esocinus Ag. an Palaeolycus Dreginensis; Ephippus longipennis Ag. an Platycormus Germanus; Ephippus oblongus Ag. an Platycormus oblongus; Trachinotus tenuiceps Ag. an Acrogaster parvus Ag.; einige Clupeoiden des Monte-Bolca an unsere Sardinius- und Sardinioides-Arten. Von den Pflanzen-Versteinerungen nähert sich unser Araucarites adpressus dem Araucarites Sternbergi Göpp. von Häring, Sotzka, Monte-Promina; unser Nerium Röhli und Apocynophyllum subrepandum ähnlichen Apocyneen; unser Eucalyptus inaequilatera den Eucalyptus-Arten der genannten Localitäten.

Im Gegensatze hiezu zeigen die Kreide-Fische anderer Gegenden wenig Aehnlichkeit mit den unsrigen; nur Homonotus dorsalis Ag. (bei Dixon) aus der Kreide von Malling, Houghton und Brighton, so wie Derectis elongatus Ag. aus der Kreide von Lewes dürften einigermassen an Platycormus oblongus und Pelargorhynchus oder Leptotrachelus erinnern.

Beryx-Arten, in der oberen Kreide sonst ziemlich verbreitet, kommen, wie die Südenglischen Kreide-Fische überhaupt, weder in den Baumbergen, noch in der Umgebung von Sendenhorst vor.

Wenn nun auf der einen Seite die Fisch-Plattenkalke von Sendenhorst den jüngsten Mucronaten-Schichten der oberen Kreide enge verbunden sind, so bilden sie auf der anderen Seite durch die grosse Aehnlichkeit ihrer Fauna und Flora mit denen der alt-tertiären Bildungen ein Verbindungsglied zwischen zwei grossen geologischen Perioden, und bestätigen auf's Neue den Satz, dass die Natur keine Sprünge leide, sondern in ruhiger und allmählicher Fortentwickelung durch alle Zwischenstufen von einem Gliede der grossen Kette zum anderen führe.

Uebersicht der Fische, Krebse und Pflanzen aus dem Plattenkalke der jüngsten Kreide von Sendenhorst, einschliesslich einiger in den Baumbergen gefundenen neuen Fische.

Fische.

Ordnung: Teleosti Müll.
  Unterordnung: Acanthopteri Müll.
    Familie: Scienoidei.
      Hoplopteryx Ag.
        H. antiquus Ag., α. major m.
        β. minor m.
        H. gibbus m.
      Macrolepis m.
        M. elongatus m.
      Sphenocephalus Ag.
        S. fissicauda Ag.
        S. cataphractus m.
    Familie: Squamipennes.
      Platycormus m.
        P. Germanus m.
        P. oblongus m.
    Familie: Scomberoidei.
      Acrogaster Ag.
        A. parvus Ag.
        A. minutus m.
        A. brevicostatus m.
  Unterordnung: Physostomi Müll.
    Familie: Cyprinoidei Ag.?
      Rhabdolepis m.
        R. cretaceus m.
    Familie: Characini Müll.
      Ichthyocephalus m.
        I. gracilis m.
        I. macropterus m.
    Familie: Esoces Müll.
      Palaeolycus m.
        P. Dreginensis m.
      Esox Cuv.
        E. Monasteriensis m.
    Familie: Esoces Müll.?
      Istieus Ag.
        I. macrocoelus m.
        I. mesospondylus m.
        I. macrocephalus Ag.
        I. gracilis Ag.
    Familie: Clupeoidei Cuv.
      Sardinius m.
        S. Cordieri m.
        S. macrodactylus m.
      Sardinioides m.
        S. crassicaudus m.
        S. Monasterii m.
        S. microcephalus m.
        S. tenuinodus m.
      Microcoelia.
        M. granulata m.
      Leptosomus.
        L. Guestphalicus m.
      Tachynectes.
        T. macrodactylus m.
        T. longipes m.
        T. brachypterygius m.
    Familie: unbestimmt.
      Echidnocephalus m.
        E. Troscheli m.
        E. tenuicaudus m.
      Enchelurus.
        E. villosus m.

Ordnung: Ganoidei Ag. Müll.
  Familie: Derestiformes m.
    Leptotrachelus m.
      L. armatus m.

Polasgorhynchus m.
   P. dercetiformis m.
   P. blochiformis m.
Ordnung: **Elasmobranchii** Bonap.
 Unterordnung: Plagiostomi Müll.
  Familie: Squali Müll.
   Palaeoscyllium m.
    P. Dechenl m.

Krebse.

Ordnung: **Decapoda.**
 Unterordnung: Macroura.
  Familie: Caridae Latr.
   Pseudocrangon Schlüt.
    P. tenuicaudus Schlüt.
   Peneus Fbr.
    P. Römeri Schlüt.
   Oplophorus Milne Edw.
    O. Mareki Schlüt.
  Familie: Astacini
   Nymphaeops Schlüt.
    N. Sendenhorstensis Schlüt.

Pflanzen.

Plantae phanerogamae.
 Angiospermeae.
  Dicotyledoneae.
   Ordnung: Myrisiceae Juss.
    Eucalyptus L.
     E. inaequilatera m.

Ordnung: Apocyneae R. Br.
 Apocynophyllum Ung.
  A. suberosaeum m.
 Nerium L.
  N. Röhli m.
Ordnung: Cupuliferae Juss.
 Quercus L.
  Q. Dryandraefolia m.

Gymnospermeae.
 Ordnung: **Coniferae** Juss.
  Unterordnung: Abietineae Rich.
   Belonodendron m.
    B. densifolium m.
  Unterordnung: Araucarieae Corda.
   Araucarites.
    A. adpressus m.

Plantae cryptogamae, vasculares.
 Ordnung: Calamarieae Ung.
  Calamitopsis m.
   C. Königi m.

Plantae cryptogamae, cellulares.
 Algae.
  (Isocarpeae; Dictyoteae Kütz.).
   Halisorites Sternbg.
    H. contortuplicatus m.
  (Heterocarpeae; Gigartineae Kütz.).
   Chondrites Sternbg.
    Ch. furcillatus Sternbg. var. latior m.
    Ch. Targionii Sternbg.
    Ch. intricatus Sternbg.

Fische.

Ordnung: Teleostei Müll.
 Unterordnung: ACANTHOPTERI Müll.

Bei Abfassung seiner „Recherches sur les poissons fossiles" kannte Agassiz aus der oberen Westphälischen Kreide folgende vier Stachelflosser: Beryx Germanus Ag., Sphenocephalus fissicaudus Ag., Acrogaster parvus Ag. und Hoplopteryx antiquus Ag. Durch neuere Funde in der Umgebung von Sendenhorst und in den Baumbergen hat sich diese Zahl um sieben vermehrt, so dass wir heute deren elf kennen. Von diesen gehören die beiden erstgenannten und der den Sphenocephalus fissicaudus in der Umgebung von Sendenhorst vertretende Sph. cataphractus m. zu den verbreitetsten Arten, so dass bei Sendenhorst wie in den Baumbergen die Stachelflosser, wenn auch nicht in Betreff der Species, so doch der Individuen, eben so zahlreich vertreten sind wie die Weichflosser.

— 12 —

Agassiz rechnet sämmtliche ihm bekannte Stachelflosser der Baumberge zu der Familie der Percoiden, wenn gleich ihm hinsichtlich seines Beryx Germanus diese Classificirung nicht recht genügt. Er führt an, dass die seiner Beschreibung zu Grunde liegenden, sonst vollständig erhaltenen Exemplare des Museums zu Bonn mehrere wesentliche Kennzeichen nicht haben feststellen lassen, und gesteht sodann, dass die Länge des weichen Theiles der Rücken- und Afterflossen, so wie der ungewöhnlich kräftige vorderste Strahlenträger letztgenannter Flosse an die Chätodonten erinnern. Endlich glaubt er auch die Andeutung einer Schuppenscheide beobachtet zu haben, welche wohl bei den Squamipennen, nicht aber bei den Percoiden sich vorfinde (poiss. foss., IV. 2. p. 122). Hätte Agassiz Exemplare aus den Plattenkalken von Sendenhorst vor sich gehabt, so würde er die Stellung seines Beryx Germanus richtiger erkannt haben, und es wären alsdann vielleicht auch die übrigen Stachelflosser der Baumberge aus den Reihen der Percoiden gestrichen worden, da er wiederholt auf die grosse Aehnlichkeit aller dieser Stachelflosser unter einander aufmerksam macht. Er bemerkt ausdrücklich, dass die Schuppen des Beryx Germanus an solche Beryx-Arten erinnern, „auquel j'associe provisoirement cette espèce." Neben der Aehnlichkeit, die Agassiz in den Schuppen fand, und die auch die vorläufige Vereinigung mit der Percoiden-Gattung Beryx veranlasste, war es noch eine Uebereinstimmung in der Anordnung der Dornstrahlen der Rücken- und Afterflossen, was ihn in seiner Ansicht bestärkte. Aber auch hinsichtlich des zuletzt angeführten Grundes verhehlt er seine Bedenken nicht, indem er sagt, dass die früher bekannten Beryx-Arten keine so gleichförmige Reihe allmählich ansteigender Dornstrahlen vor dem weichen Theil der Rückenflosse besitzen, wie sein B. Germanus, an dessen Rückenflosse der vordere Theil eine concave Linie bilde. Da nun die in den Plattenkalken von Sendenhorst vorkommenden, übrigens mit Beryx Germanus Ag. vollkommen übereinstimmenden Stachelflosser durch ihre unzweifelhafte Schuppenscheide die Einreihung in die Familie der Squamipennen zur Nothwendigkeit machen, so müssen sie von den übrigen Beryx-Arten getrennt und in ein neues Genus gebracht werden.

Eben so wenig konnte ich die von Agassiz aufgestellten Genera Sphenocephalus, Acrogaster und Hoplopteryx bei den Percoiden belassen, da das mir vorliegende, ziemlich bedeutende Material, welches Exemplare von der vollkommensten Erhaltung aufzuweisen hat, nie eigentlich gezähnelte oder dornige, wohl aber gekerbte Deckelstücke erkennen lässt. Ausserdem finden sich bei Sphenocephalus, Hoplopteryx und Macrolepis grubige Kopfknochen, ein Umstand, der mich mit veranlasste, letztgenannte Fische den Sciänoideen beizuzählen.

Familie: Sciaenoidei.
Gattung: Hoplopteryx.

Wenn gleich die von Agassiz geltend gemachte Aehnlichkeit zwischen seinem Hoplopteryx antiquus und den lebenden Percoiden-Arten Myripristis und Holocentrum sich um so weniger verkennen lässt, als die Erhaltung der mir vorliegenden Exemplare auch eine grosse Uebereinstimmung der mit starker marginaler Zähnelung versehenen Schuppen von Hoplopteryx antiquus mit solchen des Myripristis Japonicus Cuv. Valenc. constatirt, so habe ich dennoch aus dem angegebenen Grunde, Mangel an eigentlich dornigen Opercular-Stücken, auch dieses Genus von den Percoiden trennen zu sollen geglaubt. Einen weiteren Grund hiezu fand ich in dem Mangel einer zweiten Rückenflosse. Zwar sind die Dornstrahlen der Rückenflosse bei Hoplopteryx kräftiger und stehen von einander entfernter, als es bei den übrigen Stachelflossern der Westphälischen Kreide vorzukommen pflegt; dabei ist aber gleichwohl der hinterste Dornstrahl der längste und zugleich dem ersten getheilten Strahl derselben Flosse sehr genähert. Die in der Nackengegend auftretenden Spuren von kurzen Dornstrahlen könnten für ein freilich nur sehr schwaches Aequivalent einer zweiten Rückenflosse gedeutet werden.

Es liegt übrigens nichts Befremdendes darin, dass sich in die für die lebende Thierwelt aufgestellten Systeme nicht alle Formen der Vorzeit einpassen lassen; es ist vielmehr sehr natürlich, wenn, wie bei den Fischen, fossile Formen aufgefunden werden, welche gleichsam den Uebergang von zwei Familien oder Geschlechtern vermitteln. Diese in den Schichten überlieferten Uebergangsformen helfen das Gesammtbild der organischen Schöpfung der Erde vervollständigen, das ohne dieselben nur lückenhaft und öfter unverständlich erscheinen würde.

Für das Genus Hoplopteryx Ag. schlage ich folgende Diagnose vor.

Körper, wie es scheint, sehr zusammengedrückt, von eiförmigem oder länglich eiförmigem Umfang und hoher Bauchhöhle. Der Kopf nimmt einen bedeutenden Theil vom Körper ein. Die Augenhöhlen sind gross, die Kopfknochen anscheinend grubig, die Opercular-Stücke gekerbt. Die Wirbel kräftig. Eine Rückenflosse, deren fünf bis sechs vorderste Strahlen aus kräftigen, ziemlich weit von einander entfernt stehenden Dornstrahlen bestehen. Die drei Dornstrahlen der Afterflosse sind ebenfalls sehr kräftig und stützen sich auf starke Stützbeinchen oder Träger, welche die Wirbelsäule nicht erreichen. Die Seitenlinie erhebt sich namentlich in der Bauchgegend über die Wirbelsäule und besteht aus Schuppen, deren Eindrücke die Form von einer Pfeilspitze an sich tragen. Schuppen gross, stark gezähnelt, nicht aber rauh punktirt.

Hoplopteryx antiquus, var. minor m. Taf. I. Fig. 4.

Hoplopteryx antiquus Agassiz, poiss. foss., IV. t. 17. f. 6—8.

Die beiden mir von Sendenhorst vorliegenden Exemplare stimmen in jeder Beziehung mit dem von Agassiz beschriebenen Fisch überein, nur übertreffen sie an Vollständigkeit der Erhaltung das einzige Exemplar aus den Baumbergen, welches, in der Sammlung des Grafen zu Münster befindlich, Agassiz seiner Beschreibung und Abbildung zu Grunde gelegt hat.

Unser Fisch ist von der Maulspitze bis zum Ende der Schwanzflosse 5 Zoll 10 Linien lang; die grösste Höhe beträgt 3 Zoll, die aber in der Gegend der Schwanzwurzel bis auf 8 Linien abnimmt. Das Verhältniss der grössten Körperhöhe zur Länge, ausschliesslich der Flossen, stellt sich demnach wie 1:2,4 heraus. Der Kopf allein hat eine Länge von 2 Zoll 3 Linien. Das Maul ist weit; die Augenhöhlen gross. Zähne sind nicht erkennbar, sie müssen demnach sehr klein gewesen seyn. Der Vorderdeckel hat einen sehr kräftigen Abdruck hinterlassen, dessen hinteres Ende in seiner ganzen Höhe mit 1,5 Linien langen, nicht sehr entferntstehenden Strichen gezeichnet ist, denen schwache Einkerbungen entsprochen haben werden. Der Kiemendeckel selbst ist in den beiden Exemplaren nicht erhalten, doch lassen beide Exemplare bis vier Kiemenbogen mit deutlichen Kiemenblättern erkennen. Der Hinterdeckel ist vorhanden; dagegen sind die Kiemenhautstrahlen nicht sichtbar.

Die Anzahl der Wirbel beträgt 26. Die Wirbelfortsätze und Rippen können nicht stark gewesen seyn, da nur die Fortsätze der ersten Schwanzwirbel kräftigere Eindrücke hinterlassen haben. Die Wirbelsäule liegt nicht in der Mitte der Höhe, indem ihre Entfernung vom unteren Rand 15 Linien, vom oberen oder dem Rücken nur 11,5 Linien beträgt.

Die Rückenflosse besteht aus 6 kräftigen Dornstrahlen und 11 weichen getheilten Strahlen, deren erster, der längste, 10 Linien misst. Sie beginnt kurz vor der den Bauchflossen gegenüberliegenden Stelle und zieht sich über den hochgewundenen Rücken, bis dieser zur Schwanzwurzel abfällt.

Die mässig tief gabelspaltige Schwanzflosse besteht in je einer Hälfte aus 4 kurzen und einem langen ungetheilten, sowie aus 9 bis 10 getheilten Strahlen. Der obere Lappen ist stärker entwickelt, als der untere; ihr längster Flossenstrahl misst 14 Linien.

Die Afterflosse besteht aus 3 kräftigen Dornstrahlen und 10 getheilten Strahlen. Sie beginnt an der dem sechsten getheilten Rückenflossenstrahl gegenüberliegenden Stelle und erstreckt sich ungefähr soweit wie die Rückenflosse nach dem Schwanze hin. An der Basis ihrer Strahlen bemerkt man eine kurze Schuppenscheide von der Höhe einer mässig grossen Schuppe.

Die Bauchflossen lassen einen nicht sehr kräftigen, ungetheilten und mindestens 4 getheilte Strahlen erkennen. Von den Brustflossen bemerkt man nur die Anheftungsstelle.

Die Schuppen sind gross, bis zu 3 Linien hoch und 1,3 Linien lang, dabei am Rande stark gezähnelt.

Fundort: Die Plattenkalke in der Bauerschaft Arnhorst bei Sendenhorst.

In neuester Zeit haben die Baumberge eine interessante Varietät dieses Fisches geliefert, die ich

Hoplopteryx antiquus, var. major m. Taf. II. Fig. 1.

nenne. Die Länge des Fisches beträgt, ausschliesslich der Schwanzflosse, 9 Zoll, die Höhe, ausschliesslich der Flossen, 3 Zoll 8 Linien. Ausser dieser grösseren Körpergestalt, die jedoch die an dem zuvor beschriebenen Fische gefundenen Verhältnisse nicht beeinträchtigt, unterscheidet er sich noch:

1. durch eine geringere Anzahl Dornstrahlen in der Rückenflosse, deren nur 5 vorhanden sind;

2. durch verhältnissmässig kräftigere Bauchflossen, die einen Dornstrahl von 1,5 Zoll Länge besitzen, und

3. durch eine aus einer Reihe grosser, rundlicher Schuppen gebildete Schuppenscheide, welche die Basis der Rückenflosse, sowie die der Afterflosse einfasst.

Die Zähne an den Schuppen sind nur in der Gegend des Kopfes erkennbar.

Das Original befindet sich im Museum zu Münster.

Hoplopteryx gibbus m. Taf. I. Fig. 5, von Sendenhorst; Taf. I. Fig. 6, aus den Baumbergen.

Diese Art, die sowohl in der Umgegend von Sendenhorst, wie in jüngster Zeit auch in den Baumbergen gefunden worden ist, unterscheidet sich von den beiden so eben dargelegten Varietäten des H. antiquus Ag.

1. durch eine grössere Rumpfhöhe, die sich zur Totallänge, ausschliesslich der Flossen, wie 1 : 2 verhält;

2. durch den bei ihr viel stärker hervortretenden Buckel;

3. zeigt das Exemplar aus der Gegend von Sendenhorst deutlich zwei kleine, fast dreieckige Dornstrahlen vor dem Beginn der Rückenflosse, von denen auch das Exemplar aus den Baumbergen Andeutungen erkennen lässt.

An einzelnen Schuppen bemerkt man ausser den Randzähnchen noch eine sehr feine concentrische Streifung.

Das auf Taf. I. Fig. 6 abgebildete Exemplar befindet sich in dem Museum zu Münster.

Gattung: Macrolepis m.

Von diesem Fische liegt nur ein einziges Exemplar in den Gegenplatten vor, das leider zu denen gehört, die am schlechtesten erhalten sind. Die Kenntniss von diesem Fisch ist daher eine nur lückenhafte, und wenn ich ihn an dieser Stelle unterbringe, so geschieht es in der Erwartung, dass bessere Exemplare zu einer genauern Ermittelung seiner Beschaffenheit führen.

Unzweifelhaft ist es ein Stachelflosser. Stellt sich der Kopf, wie es scheint, durch Verschiebung der einzelnen Theile länger als ursprünglich dar, so lässt sich eine Aehnlichkeit in der Körperform des Fisches mit Pygaeus nobilis Ag. (IV. t. 44. f. 6. 7.) aus dem Tertiär-Schiefer des Monte Bolca nicht verkennen. Abweichend freilich ist die grosse Anzahl und Länge der dornigen Strahlen der Rückenflossen in Pygaeus nobilis, den Agassiz den Schuppenflossern unterordnet, wenn gleich die von ihm vorliegende Abbildung die Gegenwart einer Schuppenscheide nicht mit Bestimmtheit erkennen lässt.

Die Andeutungen von grubigen Schädelknochen und die gekerbten Deckelstücke bestimmten mich, unseren Fisch vorläufig den Sciänoideen anzureihen, dem die Gegenwart einer kurzen Schuppenscheide nicht hinderlich seyn wird. Von Sphenocephalus, der wie Macrolepis zu den schlanker gebauten Stachelflossern der Westphälischen Kreide gehört, unterscheidet sich letzterer durch viel grössere Schuppen und durch viel weiter nach hinten reichende Rücken- und Afterflossen.

Die Gattung Macrolepis zeichnet sich demnach durch einen verlängert eiförmigen Körper aus. Die Länge des Kopfes wird sich zur Totallänge wie 1 : 2,5 und die grösste Höhe zur Totallänge (in beiden Fällen ausschliesslich der Flossen) wie 1 : 3 verhalten. Die Augenhöhlen sind gross. Rücken- und Afterflosse haben zahlreiche weiche Strahlen, die sich bis in die Nähe der Schwanzflosse erstrecken. Die 4 Dornstrahlen der Rückenflosse sind nicht besonders kräftig, sie stehen genähert und schliessen sich, wie es scheint, unmittelbar den weichen Strahlen an. Die Schuppen sind gross und glatt. Die Wirbel sind mit ihren Fortsätzen im Vergleich zur Grösse des Fisches kräftig.

Macrolepis elongatus m. Taf. XII. Fig. 2.

Die Gesammtlänge des Fisches beträgt ohne die Schwanzflosse 2 Zoll 11 Linien, wobei jedoch, wie bereits bemerkt, der Schädel durch gewaltsame Verschiebung seiner Knochen eine unnatürliche Länge zeigt. Seine grösste Höhe beträgt 10 Linien. Von den Kopfknochen werden nur einige Deckelstücke mit schwacher Kerbung erkannt. Die Zahl der Wirbel wird gegen 22 betragen haben; sie sind ungefähr 1 Linie lang und hoch. Die oberen Fortsätze der Bauchwirbel stehen beinahe rechtwinkelig ab. Die Zahl der dornigen Rückenflossenstrahlen ist nicht mit Sicherheit festzustellen; sie dürfte 3—4 betragen. Auch die Zahl der weichen Strahlen in dieser Flosse ist ungewiss; dem Raume nach, den die Flosse einnimmt, und nach den Strahlenträgern zu schliessen, wird sie sich auf 16 belaufen haben. Die mässig grosse Schwanzflosse bestand in je einer Hälfte aus mehreren kleinen und einem grossen ungetheilten, sowie aus ungefähr 8 getheilten Strahlen. Die Afterflosse, welche an der dem Beginn der Rückenflosse gegenüberliegenden Stelle ihren Anfang nimmt, lässt 3 Dorn- und 6 getheilte Strahlen und ausserdem noch 9 Strahlenträger erkennen, deren Strahlen jedoch fehlen. Ergänzt man hiernach die Flosse, so wird man überzeugt, dass sie über 20 weiche Strahlen gehabt haben müsse. Von den Bauchflossen sind nur wenige Strahlen erhalten, von den Brustflossen gar keine Spur. Die Schuppen sind für die Grösse des Fisches sehr gross, da eine Vertikalreihe in der Bauchgegend deren nur fünf zählt.

Fundort: Die Plattenkalke der Umgegend von Sendenhorst.

Gattung: Sphenocephalus Ag.

Die Sphenocephalus-Arten bilden die dritte der von mir zu den Sciänoideen gezählten Gattungen, da auch sie grubige Schädelknochen und gekerbte Deckelstücke besitzen; letztere waren zwar nach den hinterlassenen Eindrücken stark gekerbt, jedoch nicht dornig oder stachelig zugeschärft. In dieser Familie sind sie jener Unterabtheilung zugewiesen, deren Angehörige nur eine Rückenflosse und 6 Kiemenhautstrahlen besitzen. Unter den lebenden Fischen dieser Unterabtheilung zeigt Scolepsides Lycogonis C. hinsichtlich der Flossenstellung und der allgemeinen Körperform einige Aehnlichkeit, ist aber durch eine grössere Anzahl Dornstrahlen in der Rückenflosse und durch zwei unter den Augen sich kreuzende Stacheln verschieden.

Die der Gattung Sphenocephalus angehörigen Fische haben eine schlanke, zierliche Körperform, einen spitzen Kopf und eine gabelspaltige Schwanzflosse. Das Verhältniss der grössten Körperhöhe zur Totallänge stellt sich ohne die Flossen wie 1:3 heraus. Das Maul ist weit gespalten; die Augenhöhlen sind gross; die Zähne bürstenförmig. Sechs Kiemenhaut-Strahlen. Von den ersten Strahlen der Rückenflosse bis zur Maulspitze bilden Nacken und Kopf eine fast gerade Linie, wie bei dem zu den Schuppenflossern zählenden, in den Javanischen und Indischen Flüssen lebenden Toxotes jaculator C. In Sphenocephalus bildet diese Linie mit der verlängerten Rückenlinie einen Winkel von 145°; in Toxotes beträgt dieser Winkel 152°. Die Rückenflosse enthält 4—5 Dorn- und 10—11 getheilte Strahlen; die Afterflosse hat 4 Dorn- und 9 getheilte Strahlen. Beide Flossen sind durch einen ihrer eigenen Länge gleichkommenden Raum von der Schwanzflosse getrennt. Die Bauchflossen lassen 1 Dorn- und 5—6 getheilte Strahlen erkennen. Die Schuppen sind nicht gross; bei der einen Species findet sich eine aus grossen Schuppen bestehende, gepanzerte Seitenlinie; Schuppenscheiden fehlen.

Sphenocephalus fissicaudus Ag. Taf. III. Fig. 2.

In der Umgebung von Sendenhorst ist diese Art bis jetzt nicht mit Sicherheit gefunden, in den Baumbergen dagegen kommt sie häufig vor. Das abgebildete Exemplar zeichnet sich durch die sehr vollständige Erhaltung seiner wesentlichen Theile aus, und da diese in manchen Punkten nicht mit der von Agassiz gegebenen Beschreibung übereinstimmen, so sehe ich mich veranlasst, auf diesen Fisch hier gleichfalls näher einzugehen.

Die Länge des Fisches beträgt 4 Zoll 6 Linien, die grösste Höhe ohne Flossen 1 Zoll 8 Linien. Der Kopf ist 1 Zoll 11 Linien lang; sein Umriss ist auf der Steinplatte als scharfer Abdruck enthalten, die einzelnen Knochen lassen sich weniger gut unterscheiden, doch erkennt man den Ober-, den Unter- und vielleicht auch den Zwischenkiefer, das untere Gelenkbein, den Kiemendeckel und den Hinterdeckel. Die Anzahl der Wirbel beträgt gegen 30; sie sind längs gestreift, ungefähr 1 Linie lang und 1,3 Linie hoch; ihre Fortsätze und Rippen sind zart; letztere erreichen nur die halbe Höhe der Bauchhöhle. Die Rückenflosse besteht aus

4 enge stehenden Dornstrahlen, an die sich 11 weiche Strahlen anlehnen. Von ihren Trägern sind namentlich die vorderen von merklicher Breite. Diese Flosse beginnt an der dem Ende der Bauchflossen gegenüberliegenden Stelle und endigt so weit vor dem ersten kleinen ungetheilten Strahl der Schwanzflosse, als ihre eigene Länge beträgt. Die Schwanzflosse besteht in jeder Hälfte aus 8—10 kleinen und einem grossen ungetheilten Strahl, so wie aus 8—9 getheilten Strahlen. Sie ist tief ausgeschnitten; ihre kleinsten weichen Strahlen sind 6, ihre längsten 16 Linien lang. Agassiz hat daher dieser Species einen passenden Namen gegeben. Die Afterflosse zählt 4 kräftige Dornstrahlen, denen 9 weiche dicht anliegen. Die vordersten Träger, welche die Dornstrahlen stützen, sind besonders kräftig und erreichen beinahe die Wirbelsäule. Die Flosse beginnt hinter der dem Anfange der Rückenflosse gegenüberliegenden Stelle und erstreckt sich ein wenig weiter nach hinten als letztere Flosse, wobei der Raum, der sie von den ersten kleinen Strahlen der Schwanzflosse trennt, unbedeutend geringer ist als ihre eigene Länge. Die Bauchflossen lassen einen Dorn- und 5 weiche Strahlen erkennen, während von den Brustflossen nur Spuren von der Einlenkung wahrgenommen werden. Von den verhältnissmässig kleinen Schuppen hat nur die Bauchgegend einige Ueberreste aufzuweisen.

Das der Abbildung zu Grunde liegende Exemplar befindet sich in dem Museum zu Münster.

Sphenocephalus cataphractus m. Taf. III. Fig. 1. Taf. VII. Fig. 3. 4. 5.

Diese Species kommt, wie wohl seltener, in den Baumbergen vor; in der Gegend von Sendenhorst gehört sie zu den weniger seltenen.

Taf. III. Fig. 1 stellt ein aus den Baumbergen stammendes, im Museum zu Münster befindliches Exemplar dar; die beiden anderen abgebildeten hat Sendenhorst geliefert. Aus letzterer Gegend sind mir mindestens 20 Exemplare bekannt geworden; sie erreichen nie die Exemplare aus den Baumbergen an Grösse, indem sie fast immer auf das Taf. VII. Fig. 4 abgebildete herauskommen.

Von Sphenocephalus fissicaudus Ag., mit welchem vorliegende Species im Habitus grosse Aehnlichkeit hat, unterscheidet sie sich

1. durch eine gepanzerte Seitenlinie, welche aus grossen, kräftigen Schuppen besteht, die einen herzförmigen Umriss und eine pyramidal erhöhte Mitte haben;

2. durch eine mehr nach vorn gerückte Rückenflosse, welche nur 9 weiche Strahlen erkennen lässt;

3. durch weniger spitzen Kopf;

4. durch die nicht so tief ausgeschnittene Schwanzflosse. Die kleinsten weichen Strahlen derselben messen bei dem Exemplar aus den Baumbergen 6 Linien, während die längsten nur 1 Zoll lang sind. Die grossen ungetheilten Strahlen sind dabei merklich bogenförmig gekrümmt.

5. durch längere Rippen, die weit über die halbe Höhe der Bauchhöhle hinausreichen; und
6. durch feine und rauh punktirte Schuppen.

Das Taf. VII. abgebildete Exemplar ist vorzugsweise geeignet, die grubigen Schädelknochen und die gekerbten Deckelstücke erkennen zu lassen. Die Seitenlinie besteht aus 32 Schuppen (Taf. VII. Fig. 4). Die Schuppen erinnern an die, mit denen sich die Seitenlinie des den Scomberoiden angehörenden Caranx trochurus bewaffnet darstellt. Taf. VII. Fig. 5 zeigt ein Exemplar mit einer erhaltenen Brustflosse, in der man 8 bis 10 zarte Strahlen erkennt.

Familie: SQUAMIPENNES.

Von dieser Familie sind bis jetzt zwei Repräsentanten bekannt geworden, die in den Baumbergen wie in der Gegend von Sendenhorst gefunden wurden, und die sich sämmtlich durch treffliche Erhaltung auszeichnen.

Ich habe bereits oben S. 12, wo von den Stachelflossern im Allgemeinen die Rede war, angeführt, dass die ausgezeichnete Erhaltung der Exemplare von Sendenhorst Agassiz' Zweifel über die Richtigkeit der Stellung, die er seinem Beryx Germanus einräumt, rechtfertigen; dieser Fisch gehört nicht zu den Percoiden, sondern hieher zu den Schuppenflossern, und ich habe ihn bereits in meiner Abhandlung „über einige Wirbelthiere, Kruster und Cephalopoden der Westphälischen Kreide" (Zeitschr. der geol. Gesellschaft, Berlin. X. S. 251) unter der

Gattung: Platycormus m.

begriffen. Aehnliche fossile Formen finden wir unter den eocänen Fischen des Monte-Bolca; namentlich erinnert Ephippus longipennis Ag. (poiss. foss., IV. t. 40) an Platycormus Germanus, und Ephippus oblongus Ag. (t. 39) an unsern Platycormus oblongus. Ich hielt mich indess nicht für berechtigt, die beiden Gattungen zu vereinigen, weil Platycormus keine getrennte Rückenflosse besitzt; die weit kürzeren Dornstrahlen der Rückenflosse sind einander genähert und schliessen sich auch den weichen Strahlen enge an; es dehnt sich ferner die Schuppenscheide bei Platycormus auch über die Dornstrahlen der Rücken- und der Afterflosse aus, und endlich sind die Fortsätze der Schwanzwirbel nicht merklich verbreitert, und die Brustflossen nicht abgerundet und kurz, sondern ziemlich lang.

Das Genus Platycormus umfasst demnach Fische, die einen hohen und flachen Körper besitzen, dessen Länge höchstens noch einmal so gross ist als die Höhe. Die Zähnchen waren, wie es scheint, sehr fein, da man selbst an gut erhaltenen Exemplaren von ihnen keine Spur wahrnimmt. Die Augenhöhlen sind sehr gross. An den Kiemendeckeln erkennt man nichts von Zähnen oder Stacheln. Das Hinterhauptsbein ist kammförmig; die Kiemenhautstrahlen sind platt. Die Rücken- und Afterflossen haben kräftige Dornstrahlen, die sich den weichen Strahlen enge anlegen. Beide Flossen besitzen eine sich auch über die Basis der Dornstrahlen erstreckende Schuppenscheide. Der erste Strahlenträger der Afterflosse ist besonders kräftig und reicht bis zur Wirbelsäule. Die Schwanzflosse ist tief gespalten; die Bauchflossen haben einen Dorn- und 5 weiche, die Brustflossen 10 (?) weiche Strahlen. Die Schuppen sind ziemlich gross, am Rande unregelmässig gewimpert und fein gekörnt.

Platycormus Germanus m. Taf. I. Fig. 1—3.

Beryx Germanus Agassiz, poiss. foss., IV. t. 14 e.

Das meiner Abbildung zu Grunde liegende Exemplar, ausser welchem ich noch 5 andere von gleicher Grösse und Erhaltung untersucht habe, hat eine länglich rautenförmige Gestalt, mit hohem Nacken und Rücken, welch' letzterer, wie der stark vorspringende Bauch, rasch zur Schwanzwurzel abfällt. Die Totallänge beträgt mit den Flossen 9 Zoll 9 Linien und ohne dieselben 7 Zoll. Die grösste Höhe misst mit den Flossen 6 Zoll 9 Linien, ohne dieselben 4 Zoll 2 Linien. Der Kopf allein ist 2 Zoll 9 Linien lang. Die grösste Höhe des Rumpfes verhält sich zur Totallänge, ohne die Flossen, wie 1 : 1,6. Die Höhe der Schwanzwurzel beträgt nur 1 Zoll. Die Maulspalte ist verhältnissmässig weit und die Augenhöhlen gross.

Vorderdeckel, Haupt-Kiemendeckel, Hinterdeckel, die Kieferknochen, das untere Gelenkbein, das kammförmige Hinterhauptsbein, Bruchstücke von den Kiemenbogen mit ihren Blättchen und drei platte Kiemenhautstrahlen sind erkennbar, ebenso die Schuppen, die einen grossen Theil des Kopfes bedecken. Die Wirbelsäule zählt 30 Wirbel, worunter 15 bis 16 Schwanzwirbel. Die mittleren Wirbel sind 1,5 Linien lang und 2 Linien hoch, längs gerippt und zwar mit kräftigen, aber nicht spatel- oder lanzettförmig verbreiteten Fortsätzen versehen. Taf. I. Fig. 2 stellt zwei vordere Schwanzwirbel mit den Fortsätzen bei doppelter Grösse dar. Die Rippen sind bogenförmig gekrümmt, und ihre Länge kommt ungefähr der halben Höhe der Bauchhöhle gleich.

Die Rückenflosse beginnt gleich hinter der halben Länge des Rückens und besteht aus 9 allmählich an Länge zunehmenden Dornstrahlen, von denen der neunte der längste und dünnste ist. Die Zahl der weichen getheilten Strahlen beträgt 22. Die Schuppenscheide dieser Flosse ist in ihrer Mitte 6 Linien hoch und fällt von da nach beiden Enden ab. Von den Trägern sind die, welche zu den Dornstrahlen gehören, besonders lang. Vor der Flosse bemerkt man in der Nackengegend noch drei kräftige strahlenlose Träger.

Die tief ausgeschnittene Schwanzflosse besteht in je einer Hälfte aus 5 kleinen und einem grossen ungetheilten, sowie aus 8 getheilten Strahlen, von denen die längste zwei und ein halbmal so lang als die kleinen mittleren Strahlen sind. Auch hier umgiebt eine kurze Schuppenscheide die Basis der Strahlen. Die Afterflosse besitzt 3 kräftige Dornstrahlen, denen ein längerer und viel dünnerer Strahl folgt. Hieran schliessen sich 20 getheilte Strahlen an, von welchen der vorderste 14 Linien misst, während der entsprechende weiche Strahl der Rückenflosse 24 Linien lang ist. Die Schuppenscheide dieser Flosse ist der der

Rückenflosse ähnlich und auch eben so hoch. Des auffallend starken vordersten Strahlenträgers, welcher sich bis zur Wirbelsäule erstreckt, habe ich schon oben gedacht.

Die Bauchflossen liegen unter der Einlenkungsstelle der Brustflossen und bestehen aus einem Dorn- und 5 weichen, getheilten Strahlen. Vom Beckenknochen lassen sich Spuren erkennen. Die Brustflossen selbst sind nicht erhalten; ausser ihrer Einlenkungsstelle bemerkt man noch den Eindruck des hinteren Schlüsselbeins.

Die Seitenlinie erhebt sich von der Schwanzwurzel ein wenig über die Wirbelsäule, trifft aber in der Nackengegend mit letzterer zusammen. Die rauhen Schuppen sind an ihrem Rand unregelmässig und grob gezähnelt. Fig. 3 der Taf. I stellt Schuppen aus der mittleren Bauchgegend bei vierfacher Vergrösserung dar.

Fundort: Die Plattenkalke von Sendenhorst, sowohl auf dem Arenfelde als südöstlich von der Stadt.

Platycormus oblongus m. Taf. I. Fig. 7.

Diese zweite, weit kleinere Species besitzt einen längeren Körper. Das Verhältniss der Körperhöhe zur Totallänge ist hier wie 1 : 2. Ausserdem ist die Bauchhöhle weniger hoch, und die senkrechten Flossen enthalten weniger Dorn- und mehr weiche Strahlen, die in Länge jene der vorigen Species, im Verhältniss zur Körpergrösse, nicht unbedeutend übertreffen.

Das abgebildete Exemplar ist ohne die Schwanzflosse 3 Zoll 8,5 Linien lang, während die grösste Körperhöhe ohne die Flossen 1 Zoll und 10 Linien beträgt. Diese Species zeichnet sich auch durch grosse Augenhöhlen und einen beschuppten Kopf aus. Die Zahl der Wirbel beträgt gegen 25; die Grössenverhältnisse und Fortsätze der Wirbel stimmen mit der vorigen Species überein. Die Rückenflosse besteht aus 5 starken, bogenförmig gekrümmten Dornstrahlen, von denen der fünfte der längste ist, und kaum die halbe Länge des ersten der 26 getheilten Strahlen erreicht. Der längste weiche Strahl misst 16 Linien. Strahlenlose Träger waren in der Nackengegend nicht aufzufinden. Die Schwanzflosse hat in jeder Hälfte 5-6 kleine und einen grossen ungetheilten, sowie 8 getheilte Strahlen, deren grösster eine Länge von 16,5 Linien erreicht. Die Afterflosse hat 2 kurze, kräftige Dornstrahlen und 21 weiche. Der erste, starke Träger erreicht auch hier die Wirbelsäule und trennt die Bauchgegend von der Gegend des Schwanzes. Die Verhältnisse, welche die Schuppenscheiden für Rücken-, After- und Schwanzflosse darbieten, sind dieselben, wie in P. Germanus. Von den Bauchflossen sind nur einige Strahlenfragmente zu erkennen; dagegen zeigen die Brustflossen deutlich 10 weiche, bis 10 Linien lange Strahlen. Die Schuppen sind zwar kleiner, dabei aber ähnlich gebaut, wie bei der vorigen Species.

Fundort: Die Plattenkalke der Bauerschaft Arnhorst bei Sendenhorst.

Auch die Baumberge haben diese Species geliefert; zwei sehr gut erhaltene Exemplare befinden sich in der Privat-Sammlung des Herrn Dr. Hosius in Münster.

Familie: Scomberomei.

Zu dieser Familie rechne ich das von Agassiz aufgestellte Genus Acrogaster, da der Mangel an grubigen Schädelknochen, so wie an gezähnelten oder gekerbten Opercular-Stücken eine Vereinigung mit der Familie der Sciänoideen, und das Fehlen einer Schuppenscheide eine Vereinigung mit den Schuppenflossern nicht zulässt.

Die Form des hohen, flachen Körpers dagegen erinnert an ähnliche Gestalten aus jener Abtheilung der Scomberoiden, die eine gepanzerte Seitenlinie besitzen, und in der That findet sich auch bei einer Species Acrogaster eine solche Linie aus einer Reihe grosser Schuppen gebildet, während sonst wie bei den anderen Species, selbst bei vollkommener Erhaltung des Thierkörpers, keine Schuppen unterschieden werden können. Ausserdem stehen die Bauchflossen unter den Brustflossen; auch scheint eine zweite Rückenflosse dadurch angedeutet, dass in der Nackengegend von Acrogaster brevicostatus scheinbar unbewehrte Strahlenträger wahrgenommen werden, in deren Verlängerung man bei genauer Untersuchung zwei ganz kurze Dornen sich über den Rücken erheben sieht.

Gattung: Acrogaster Ag.

Die Gattungskennzeichen sind folgende.

Der Körper ist flach zusammengedrückt und mit stark vortretendem Bauch und hohem Rücken versehen, der von dem ersten Strahl der Rückenflosse an gleichmässig nach dem Schwanz und nach der Maulspitze abfällt. Bürstenförmige Zähne; grosse Augenhöhlen. Die Kiemenhautstrahlen sind nicht zu erkennen. Die grösste Körperhöhe verhält sich zur Totallänge ohne die Flossen wie 1:2; die Länge des Kopfes zur Totallänge verhält sich auf ähnliche Weise, wie 1:2,3 oder wie 1:2,5. Die Rückenflosse besteht aus 3—5 Dorn- und 10—14 getheilten Strahlen, von denen erstere einander und den getheilten Strahlen enge anliegen. Die Afterflosse zählt 2—3 Dorn- und 10—11 weiche Strahlen. Die Strahlen der Brustflossen sind sehr weich. Die Schwanzflosse ist gegabelt und dabei ziemlich tief ausgeschnitten.

Agassiz kannte von dieser Gattung aus der Westphälischen Kreide mit Sicherheit nur eine Species, Acrogaster parvus (poiss. foss., IV. t. 17. f. 2). Ein zweites unvollständiges Exemplar (f. 1) wagte Agassiz nicht davon zu trennen, konnte aber doch seine Zweifel über die Zusammengehörigkeit beider nicht verhehlen, wobei er die Westphälischen Palaeontologen auffordert, zu entscheiden, ob ihre Kreide eine oder zwei Species von Acrogaster enthalte. Die beiden Exemplare stammen nach dem Farbenton der Abbildungen und nach Agassiz' eigener Angabe aus den Baumbergen. Von dieser Localität liegt mir nur ein Exemplar vor, das ich mit dem kleineren, bei Agassiz in Fig. 1 abgebildeten, für identisch halte, welches aber eine Vereinigung mit dem grösseren Fig. 2 abgebildeten nicht zulässt. Agassiz' Vermuthung, dass die Baumberge zwei Species von Acrogaster enthalten, wird hiedurch zur

Gewissheit. Ausser diesen beiden Species hat Sendenhorst, in dessen Umgebung sie noch nicht aufgefunden werden konnten, noch eine dritte Species geliefert.

Acrogaster parvus Ag.

Acrogaster parvus Agassiz, poiss. foss., IV. p. 134. t. 17. f. 2.

Zur Erleichterung der Vergleichung theile ich in Kürze die Kennzeichen dieser Species mit.

Sie ist die grösste von den drei bis jetzt bekannten Species. Die Totallänge beträgt ohne Schwanzflosse 3 Zoll 9 Linien, die grösste Höhe vor Beginn der Rückenflosse 1 Zoll 10,5 Linien, von wo dieselbe allmählicher und gleichförmiger als bei den übrigen Arten nach dem Schwanze zu abnimmt. Die Höhe der Schwanzwurzel misst 6,5 Linien, und verhält sich daher zur grössten Höhe des Rumpfes wie 1 : 3,5. Die Wirbelsäule ist massiv, die Fortsätze der Wirbel sind kräftig und die Rippen scheinen länger zu seyn als die halbe Höhe der Bauchhöhle. Die Rückenflosse beginnt in der ungefähren Mitte zwischen der Maulspitze und dem Schwanzflossen-Ausschnitt oder dem Ende der kleinen weichen Strahlen der Schwanzflosse. Sie besteht aus 4 Dorn- und gegen 10 weichen Strahlen, deren Zahl wegen mangelhafter Erhaltung des Exemplars an dieser Stelle nicht genauer zu ermitteln war. Die Entfernung des letzten Strahles dieser Flosse von dem ersten kleinen ungetheilten Strahl der Schwanzflosse scheint ihrer eigenen Länge gleich zu kommen. Die Afterflosse besteht aus 4 Dorn- und 11 weichen Strahlen, wobei sie sich etwas weiter als die Rückenflosse nach hinten erstreckt. Die Bauchflossen sollen nach Agassiz 1 Dorn- und 6 weiche Strahlen enthalten. Die Brustflossen haben 10 lange, weiche Strahlen aufzuweisen. Sämmtliche Dornstrahlen sind sehr kräftig. Die Schwanzflosse ist schlecht erhalten; ebenso der Kopf, der eine genauere Darlegung seiner einzelnen Theile nicht gestattet.

Fundort: Die Baumberge bei Münster.

Acrogaster minutus m. Taf. VII. Fig. 1.

Acrogaster parvus Agassiz, poiss. foss. IV, t. 17. f. 1.

Die Länge beträgt 2 Zoll und die grösste Höhe ohne die Flossen 1 Zoll. Der Körper ist kurz, mit gebogenem Rücken und stark vortretendem Bauche, der mit Beginn der Afterflosse schnell nach dem Schwanze zu abnimmt. Die Schwanzwurzel ist nur 3,5 Linien hoch; ihre Höhe verhält sich demnach zur grössten Höhe des Rumpfes wie 1 : 3,5. Der Kopf ist wie an dem bei Agassiz abgebildeten Exemplar schlecht überliefert, doch erkennt man an dem mir vorliegenden Exemplar drei Kiemenbogen mit den Blättern und ausserdem eine Andeutung vor der Augenhöhle. Die Wirbelsäule ist zart; ihre Lage entspricht der Krümmung des Bauches. Sie bestand aus mindestens 20 Wirbeln, deren Fortsätze nicht auffallend kräftig waren. Die zarten Rippen sind länger als die halbe Höhe der Bauchhöhle. Die

Rückenflosse besteht aus 5 allmählich an Grösse zunehmenden, verhältnissmässig kräftigen, einander stark genäherten Dornstrahlen, denen 10 getheilte Strahlen folgen. Die Länge der Flosse kommt ihrer Entfernung von dem ersten kleinen ungetheilten Strahl der Schwanzflossen gleich. Die Schwanzflosse ist tief ausgeschnitten, so dass ihre längsten Strahlen mehr als doppelt so lang sind, als die kleinen mittleren; jede Hälfte besteht aus 10 (?) kleinen und einem grossen ungetheilten und 8 (?) getheilten Strahlen. Die Afterflosse enthält 3 starke Dorn- und 16 getheilte Strahlen, die an Länge denen in der Rückenflosse nachstehen. Sie beginnt hinter der dem Anfange der Rückenflosse gegenüberliegenden Stelle und erstreckt sich weiter als letztere Flosse nach dem Schwanze zu. Ihre Träger, sowie die der Rückenflosse, sind breit. Die Bauchflossen haben einen starken Dorn- und 6 getheilte Strahlen. Die Brustflossen lassen sich nicht erkennen.

Die vorzugsweise in der Bauchgegend sichtbaren Schuppen sind im allgemeinen klein; ausser ihnen besteht aber eine gepanzerte Seitenlinie, aus einer Reihe grösserer, fast eine Linie hoher, gekielter Schuppen zusammengesetzt.

Fundort: Die Baumberge bei Münster.

Acrogaster brevicostatus m. Taf. VII. Fig. 2.

Der stark vortretende Bauch, der gekrümmte Rücken, der Bau der Flossen und endlich die Grössenverhältnisse im Allgemeinen stimmen mit den zuvor beschriebenen Species von Acrogaster so sehr überein, dass ich nicht zu fehlen glaube, wenn ich auch diesen Fisch in dieselbe Gattung als dritte Species verlege. Er unterscheidet sich von den beiden andern Species

1. durch den noch stärker vortretenden Bauch, so dass die Höhe der Schwanzwurzel sich zur grössten Höhe des Rumpfes wie 1:4,5 verhält;

2. durch die grössere Ausdehnung der Rückenflosse, deren Entfernung von dem ersten kleinen ungetheilten Strahl der Schwanzflosse nur die Hälfte ihrer eigenen Länge beträgt; dabei besteht sie aus drei viel zärteren, nicht sehr langen Dorn- und 14 getheilten Strahlen, die sich sämmtlich, wie die der Afterflosse, auf Träger stützen, welche weniger breit sind, als bei A. minutus;

3. erkennt man in der Nackengegend zwei Dornstrahlen, auf welche sich ganz kurze Stacheln oder Dornen zu stützen scheinen. Leider lässt die Beschaffenheit des abgebildeten Exemplars über dieses, für die Classificirung des Fisches so wichtige Kennzeichen keine genauere Untersuchung zu; ein zweites Exemplar ist gleich von der Rückenflosse an bis zur Maulspitze auf eine Weise zerdrückt, dass sich von den Dornstrahlen der Nackengegend gar nichts erkennen lässt.

Die Länge des Fisches beträgt von der Maulspitze bis zum Beginn der mittleren Strahlen der Schwanzflosse 3 Zoll 1 Linie, wovon 1 Zoll und 4 Linien auf den Kopf kommen. Die grösste Höhe, zwischen den Bauchflossen und der Rückenflosse gelegen, beträgt 1 Zoll 6 Linien. Rücken und Bauch ziehen ziemlich steil dem Schwanze zu. Vom Kopfe sind ausser einigen Kieferresten noch drei Kiemenbogen mit ihren Blättern, die grosse Augenhöhle und der untere Gelenkbogen deutlich zu erkennen; die Kiemenhautstrahlen sind dagegen nicht sichtbar. Die Wirbelsäule ist zart und besteht aus mindestens 26 Wirbeln mit ebenfalls zarten Fortsätzen. Die oberen Fortsätzen der Bauchwirbel stehen unter einem beinahe rechten Winkel ab. Die Rippen sind breit und so kurz, dass ihre Länge noch nicht dem dritten Theil der Höhe der Bauchhöhle gleich kommt. Die Verhältnisse der Rückenflosse sind bereits oben besprochen worden. Die tief ausgeschnittene Schwanzflosse besteht in jeder Hälfte aus einer nicht genau bestimmbaren Anzahl kleiner und einem grossen ungetheilten, sodann aus acht getheilten Strahlen. Die Afterflosse hat 2 mässig starke Dorn- und 11 weiche Strahlen aufzuweisen; auch bei dieser Species erstreckt sie sich etwas weiter nach hinten als die Rückenflosse. Die Bauchflossen bestehen aus 1 Dorn- und 6 getheilten, die Brustflossen aus mindestens 10 weichen, ziemlich langen Strahlen. Es ist weder eine gepanzerte Seitenlinie noch überhaupt eine Spur von Schuppen sichtbar.

Fundort: Die Plattenkalke des Areufeldes bei Sendenhorst.

Unterordnung: PHYSOSTOMI Müll.
Familie: Cyprinoidei.

Die Plattenkalke von Sendenhorst haben in jüngster Zeit einen Fisch geliefert, der leider nur in einem einzigen, schlecht erhaltenen Exemplar vorliegt. Dass derselbe den abdominalen Weichflossern angehört, ist freilich gleich zu erkennen; auch erinnern die grossen Schuppen, sowie die sehr kräftige Wirbelsäule, deren Bauchwirbel höher als lang sind, und endlich die breite Gestalt des Fisches schon bei oberflächlicher Betrachtung an den für die Gegend von Sendenhorst nicht seltenen, ebenfalls den abdominalen Weichflossern angehörenden Isticus grandis Ag. Bei näherer Vergleichung ergiebt sich indessen zwischen beiden eine bedeutende Verschiedenheit. Die Schuppen von Isticus grandis Ag. sind wohl von derselben Grösse; während man aber bei diesem, wie bei allen bekannten Isticus-Arten, nur äusserst feine concentrische Streifen bemerkt, zeigt der vorliegende Fisch stark radial gestreifte Schuppen. Letzterer hat ferner sowohl in den Bauch- als in den Brustflossen, eine grössere Zahl Strahlen aufzuweisen, und von der bei Isticus so charakteristischen, fast die ganze Länge des Rückens einnehmenden Rückenflosse gewahrt man an ihm keine Spur. Der Kopf unseres Fisches ist in der Weise überliefert, dass man den ganzen Verlauf des Stirnbeins mit den zu beiden Seiten befindlichen Knochentheilen verfolgen kann, während man vom Unterkiefer, den Kiemenhautstrahlen etc. keine Spur wahrnimmt. Unzweifelhaft nimmt der Fisch in seinem vorderen Theil eine Rückenlage ein, während der hintere Theil bei normaler Lage die Afterflosse erkennen lässt. Daher gewahrt man auch beide Bauchflossen, von denen die eine gut erhalten ist. Hätte nun die Rückenflosse den vorderen Theil oder die Mitte des Rückens eingenommen, so würde sie deutliche Spuren hinterlassen haben, zumal wenn der Kopf der Strahlenträger und die Basis der Flossenstrahlen so verstärkt gewesen wären, dass sie, wie in Isticus, eine Reihe dicker Knoten hätten bilden können. Es ist daher anzunehmen, dass in diesem Fisch die Rückenflosse weit hinten lang, und keinesfalls auch nur eine entfernte Aehnlichkeit mit der Rückenflosse im Genus Isticus besass. Unter den übrigen bekannten Kreide-Fischen finden wir keinen, der sonst eine erhebliche Aehnlichkeit mit dem in Rede stehenden besässe, auch hat die Tertiär-Periode keine ähnliche Gestalten aufzuweisen. Zwar erinnern die gedrungene Gestalt, die grossen Schuppen, die hohen Wirbel und die bis zur Spitze deutlich gegliederten Flossenstrahlen an die von Agassiz beschriebenen Bruchstücke seines Cyclurus Valenciennesi; allein auch dieser Fisch besass eine lange, sehr entwickelte, Rückenflosse, von der sich an unserem Fisch, wie erwähnt, keine Spur auffinden lässt. Versucht man den Fisch nach den von ihm vorliegenden Resten in eine der bekannten Familien einzureihen, so ist man dabei wegen Mangels anderer wesentlicher und zur Unterscheidung dienlichen Theile auf die Schuppen angewiesen. Diese sind gross, mit starken radialen Streifen versehen und am Rande fein gekerbt. Unter den abdominalen Weichflossern haben die Cyprinoideen radial gestreifte Schuppen aufzuweisen, auch sind Fische von ähnlicher Körpergestalt genannter Familie nicht fremd. Ich bringe daher unseren Fisch vorläufig, bis besser erhaltene Exemplare ihm eine andere Stelle im System anweisen sollten, zu den Cyprinoideen, und zwar wegen der stark radial gestreiften Schuppen als

Gattung: Rhabdolepis m.

Für diese Gattung ergeben sich, nach dem was von ihr vorliegt, folgende Kennzeichen. Gedrungene Körperform mit mässig grossem Kopf und hohem Rumpfe. Kräftige Wirbelsäule; die Fortsätze der Schwanzwirbel sind kurz und stark. Die Rücken- und Schwanzflossen sind nicht überliefert, von der Afterflosse nur der Anfang von einigen Strahlen; sie lag sehr weit hinten und erstreckte sich wahrscheinlich bis zum Schwanze. Die Bauchflossen liegen ebenfalls ziemlich weit hinten. Die grossen und dicken Schuppen sind radial gestreift.

Rhabdolepis cretaceus m. Taf. XII. Fig. 1.

Die Länge des vorhandenen Bruchstücks beträgt von der Spitze des Riechbeins bis gleich hinter die Einlenkung des ersten Strahls der Afterflosse ungefähr 11 Zoll und die grösste Höhe kurz vor den Bauchflossen 3 Zoll 2 Linien, von wo dieselbe bis zum Beginn der Afterflosse sich bis auf 1 Zoll 4 Linien verringert. Der Kopf ist gegen 3 Zoll lang und zeigt das Stirnbein, Riechbein, Schläfenbein und einige Deckelstücke.

Die Zahl der Wirbel muss sehr beträchtlich gewesen seyn, da man ihrer noch gegen 60 unterscheidet. Die Schwanzwirbel sind 2 Linien lang und eben so hoch. Allein schon die Wirbel, welche auf die Mitte zwischen den Bauchflossen und der Afterflosse kommen, scheinen um ein Drittheil höher gewesen zu seyn, während ihre Länge kaum die der Schwanzwirbel erreicht. Der letzte erkennbare Wirbel weicht in Form von den übrigen auffallend ab, indem er stumpf konisch zugespitzt und dabei plattgedrückt erscheint. Die Fortsätze der Schwanzwirbel sind kurz, kräftig und bogenförmig gekrümmt. Die vorderen Rippen scheinen lang gewesen zu seyn.

Die Bauchflossen liegen fast in der Mitte zwischen der Afterflosse und den Brustflossen; jede derselben zeigt einen ungetheilten und 11 getheilte, sehr kräftige, bis 1,5 Zoll lange und bis fast zur Spitze deutlich gegliederte Strahlen. Die Beckenknochen haben einen länglich dreieckigen Eindruck hinterlassen. Von den Brustflossen ist die eine mit den Ansätzen zu 18 Strahlen, von der anderen nur die Stelle der Einlenkung vorhanden.

Die Schuppen sind 3,5 Linien hoch und zeigen bis 50 radiale Streifen.

Familie: Characini Müll.

Der Familie der Cyprinoideen schliesst sich nach J. Müller, dem wir bisher gefolgt sind, zunächst die Familie Cyprinodonten an, aus welcher unter den Kreide-Fischen von Sendenhorst und der Baumberge noch kein Repräsentant wahrgenommen wird. Dafür scheinen die nun folgenden Characinen in beiden Gegenden vertreten zu seyn. Diese gehören wie die Scopelinen und Salmen zu denjenigen beschuppten abdominalen Weichflossern, welche mit einer Fettflosse versehen sind. Die fossilen Fische, welche ich hieher zähle, sind abdominale Weichflosser mit einer deutlichen Fettflosse und kräftigen Zähnen. Ihr Körper war unzweifelhaft mit Schuppen bedeckt, deren Form sich jedoch nicht mehr nachweisen lässt. Da keine Aussicht vorhanden ist, die inneren Theile der fossilen Fische so überliefert zu sehen, dass man sich ihrer zur näheren Bestimmung des Fisches bedienen könnte, so sind es hauptsächlich die Zähne, auf die man in vorliegendem Fall angewiesen ist.

Die bekannten Genera der kleinen Familie der Leuchtfische, nämlich Saurus und Scopelus, weichen in ihrem Zahnbau wesentlich von unseren fossilen Fischen ab. Scopelus hat sehr kleine und Saurus, bei einer fast cylindrischen Körperform, zwar grössere, aber ziemlich gleichförmige, einfache Zähne, die in unseren Fischen dagegen stark und öfter mit Nebenzähnchen versehen sind, zwischen denen häufig andere, kleinere zum Vorschein kommen. Bei einer Species sitzen unzweifelhaft die stärksten Zähne vorn im Maule, was mehr an die Characinen, als an die Salmen erinnert; auch sind bei den ersteren mehrzinkige Zähne keine Seltenheit, wobei ich nur an den, auch hinsichtlich der Körperform nicht sehr abweichenden Agoniates halecinus Müll. und Trosch. erinnern will. Den Wechsel grösserer und kleinerer Zähne, sowie das Auftreten der grössten Zähne im vordersten Theile des Maules, zeigen Xiphorhamphus pericoptes und Hydrolycus scomberoides Müll. und Trosch. (Horae ichthyologicae, 1. u. 2. Hft. t. 5. f. 1 a. f. 2. t. 7. f. 2). Die Characinen sind Süsswasserfische, während bei Sendenhorst auch unzweifelhafte Meeresbewohner vorkommen, ein Verhältniss, dem wir später wieder bei den Clupeoideen begegnen werden. Das Zusammenvorkommen der Characinen mit eigentlichen Seefischen lässt sich entweder dadurch erklären, dass es zur Kreidezeit Characinen gab, die zugleich Meeresbewohner waren, oder dass das Wasser des Beckens, woraus sich die Kreideschichten absetzten, allmählich von einem salzigen in ein brackisches oder süsses Wasser überging, wenn die in das Becken mündenden Bäche oder Flüsse einen Durchgang durch dasselbe fanden. Ich möchte mich eher für erstere Ansicht entscheiden, und zwar aus dem Grunde, weil dieselben Fische auch in den Baumbergen vorkommen, wo unzweifelhaft im Hangenden der Fisch-Schichten noch Schichten mit eigentlichen Meeresbewohnern, Corallen und Cephalopoden, angetroffen werden.

Die beiden hieher gehörigen Species habe ich bereits unter der

Gattung: Ischyrocephalus m.

in meiner Abhandlung über einige Wirbelthiere etc. der Westphälischen Kreide aufgeführt.

Die Gattung Ischyrocephalus enthält kräftige Fische mit flachem Körper und weit gespaltenem, durch starke Zähne bewehrten Maule. Die Zahl der Kiemenhautstrahlen ist mindestens 12. Eine Reihe länglich trapezoidischer, strahlig gefurchter Schilder erstreckt sich von den Scheitelbeinknochen bis zur ersten Rückenflosse. Die zweite Rückenflosse ist eine Fettflosse. Der dünne Schwanz bekommt durch die flügelartige Erweiterung der beiden vorletzten Schwanzwirbel einen stärkeren Halt. Es sind Raubfische, die selbst im versteinerten Zustand in der Magengegend Reste von verschlungenen Fischen, und in den gewundenen Därmen eine weisse, Kalkphosphat haltige Masse erkennen lassen.

Ischyrocephalus gracilis m. Taf. II. Fig 2.

Die Länge des Fisches von dem Ende der Schwanzflosse bis zur Spitze des Maules beträgt 11 Zoll 3 Linien, die grösste Höhe in der Bauchgegend 1 Zoll 10,5 Linien. Von hier nimmt dieselbe bis zur Fettflosse allmählich, dann aber plötzlich so bedeutend ab, dass die Höhe der Schwanzwurzel nur 5 Linien beträgt.

Der Kopf ist gegen 3 Zoll lang und ungefähr 2 Zoll hoch. Der Unterkiefer ist 1 Zoll 8 Linien lang und mit ziemlich tiefen Furchen gezeichnet. Er trägt in der hinteren Gegend kleine, stumpfliche und vorn zehn mehr oder minder kräftige, spitz kegelförmige Zähne, von denen die vordersten die längsten sind; der zweite ergiebt 5 Linien Länge. Mehrzinkige Zähne sind nicht nachzuweisen. Die Zähne des Oberkiefers lassen sich nicht so gut erkennen; sie scheinen nach hinterlassenem Abdruck ebenfalls kräftig und spitz gewesen zu seyn. Die spitze Maulspitze ist so mangelhaft, dass es sich nicht mit Sicherheit ermitteln lässt, ob die an dieser Stelle sichtbaren Reste zweier Zähne dem Zwischen- oder Oberkiefer angehören. Zwölf ziemlich breite Kiemenhautstrahlen mit ihrem Träger, einige

Deckelstücke, eine mässig grosse Augenhöhle und Reste des Scheitel- und Pflugschaarbeines sind zu erkennen.

Man zählt fast 50 Wirbel, von denen 26 dem Schwanz angehören. Die ersten Schwanzwirbel sind gegen 2 Linien lang, eben so hoch und nur wenig längsstreifig. Die oberen Wirbelbogen entspringen fast in der Mitte des betreffenden Wirbels, während die ähnlich gestalteten unteren Bogen ihre Einlenkung mehr am Vorderrande des Wirbels haben. Die Rippen sind lang. In der Schwanzgegend sind keine Spuren von Gräthen zu erkennen.

Die erste Rückenflosse liegt den Bauchflossen gegenüber und erstreckt sich bis zu der dem Beginn der Afterflosse entsprechenden Stelle. Sie enthält 2 kleine und 1 grossen ungetheilten Strahl, denen 15 getheilte Strahlen folgen, deren längster 1,5 Zoll misst. In der Mitte zwischen dieser und der Schwanzflosse liegt die Fettflosse auf einer buckelartigen Erhebung des Rückens; sie ist 11 Linien lang und 4 Linien hoch. Am besten erhalten ist die Schwanzflosse, die in jeder Hälfte aus 10 allmählich an Länge zunehmenden, platten, säbelförmigen, kleinen und einem ähnlich gestalteten, grossen, ungetheilten Strahl besteht, der, wie sein Vorgänger, deutlich gegliedert ist. Die getheilten Strahlen sind 8—9 an Zahl, und von diesen der längste 2 Zoll 2 Linien lang; eben so weit stehen die Endspitzen der Schwanzflosse auseinander. Die Afterflosse besteht aus 2 kleinen, einem grossen ungetheilten und 22 getheilten Strahlen, von denen der längste 1 Zoll 4 Linien misst. Die Rücken- und Afterflosse haben zarte Träger; die Bauchflossen jede mindestens 6 getheilte, ungefähr 10 Linien lange Strahlen; die Brustflosse 14—15 weiche, getheilte, bis 2 Zoll lange Strahlen.

Die Form und etwaige Zeichnung der eigentlichen Schuppen ist nicht zu erkennen; dagegen finden sich vor der Rückenflosse vier länglich trapezoidische, vom Mittelpunkt aus tiefstrahlig gefurchte Eindrücke, die sich bis zu den ähnlich geformten Scheitelbeinen erstrecken und unzweifelhaft von starken Schildern herrühren.

Fundort: Die Plattenkalke in der Bauerschaft Arnhorst bei Sendenhorst.

Ischyrocephalus macropterus m. Taf. III. Fig. 4.

Ein Fisch, der sich durch die Stellung seiner Flossen, durch das mit starken, spitzen Zähnen besetzte Maul, und durch die Gegenwart der zwischen Kopf und Rückenflosse befindlichen Schilder dem vorigen so enge anschliesst, dass ich kein Bedenken trage, ihn derselben Gattung beizulegen.

Das Taf. III. Fig. 4 abgebildete Exemplar, in den Baumbergen gefunden, liegt in der Sammlung des Herrn Berg-Expectanten Schlüter zu Paderborn. Es war lange Zeit das einzige mir bekannte Exemplar, und erst bei Niederschreibung dieser Notizen erhielt ich ein zweites, zwar kleineres aber gut erhaltenes Exemplar, sowie den Abdruck des Schädels von einem dritten, beide aus den Steinbrüchen des Arenfeldes bei Sendenhorst.

Diese Species besitzt einen etwas längeren Kopf als die vorige. Der Unterkiefer ist mit langen, spitzen Zähnen bewaffnet, von denen die grösseren an der Seite mit kleinen, stumpferen Nebenzähnchen versehen sind. Zwischen diesen grösseren erkennt man keine kleinere Zähnchen; auch nehmen die vordersten an Länge nicht in der Weise wie bei I. gracilis zu. Die Zähne im oberen Theile des Maules scheinen sich ähnlich verhalten zu haben, doch ist auch hier die Spitze des Maules nirgends deutlich erhalten. Nur an einem Exemplar sieht man die Zähne regelmässig von vorn nach hinten an Grösse abnehmen. Nebenzähnchen lassen sich nicht erkennen, wohl aber kleine Zähnchen, die mit den grösseren abwechseln.

Das abgebildete Exemplar zeigt ausserdem einen in der Richtung der vorderen Zähne liegenden, 11 Linien langen, länglich conischen Körper, den man im ersten Augenblick für einen Zahn halten könnte. Da aber auf den beiden anderen Abdrücken keine Spur von einem ungewöhnlich grossen Zahn wahrgenommen wird, so möchte ich eher glauben, dass dieser Körper ein Stück Kiefer ist. Die Zahl der Kiemenhautstrahlen ist grösser als bei der vorigen Art; an zweien Exemplaren lassen sich allerdings nur 12 solcher Strahlen unterscheiden, am dritten dagegen 16.

Die Anzahl der Wirbel wird nicht verschieden seyn; ausser den Fortsätzen und Rippen bemerkt man noch zahlreiche Gräthen.

Das grössere Exemplar, dessen gleich hinter der Fettflosse liegender Theil weggebrochen ist, misst 13,5 Zoll, so dass seine Totallänge 17 Zoll betragen haben dürfte, wovon 4 Zoll auf den Kopf kommen. Seine grösste Höhe beträgt 2,75 Zoll. Das kleinere Exemplar ist 8 Zoll 9 Linien lang und in der höchsten Gegend 1,5 Zoll, an der Schwanzwurzel nur 3,5 Linien hoch.

Schwanzflosse und Bauchflossen verhalten sich ganz wie bei Ischyrocephalus gracilis; auch von der Fettflosse sind Andeutungen vorhanden. Die übrigen Flossen lassen wesentliche Abweichungen wahrnehmen. Ob die Anzahl der getheilten Strahlen der Afterflosse verschieden ist, lässt sich nicht erkennen; aber die kleinen ungetheilten Strahlen fehlen hier wie in der Rückenflosse, welche letztere ausserdem nur 12 sehr kräftige, getheilte Strahlen besitzt. Die vorderen Strahlenträger der Rücken- und Afterflosse sind von merklicher Breite. Sehr entwickelt sind die Brustflossen, deren erster ungetheilter Strahl, wie der Rückenflosse, lang und kräftig ist. Die 14 getheilten Strahlen jeder Brustflosse weichen zwar der Zahl nach nicht von denen des I. gracilis ab, allein die ganze Flosse ist verhältnissmässig breiter; bei dem abgebildeten Exemplar beträgt ihre Länge 3,5 Zoll und ihre Breite 2 Zoll.

Der Gegenwart länglich trapezoidischer Schilder zwischen dem Kopf und der Rückenflosse ist bereits gedacht. Wie bei der vorigen Species, so erkennt man auch an einem Exemplar von dieser in der Bauchgegend Reste von verschlungenen Fischen und einen vielfach gewundenen Darm mit kreideweissem, Kalkphosphat haltigem Inhalt.

Familie: Esoces.

Die Plattenkalke von Sendenhorst haben einen Fisch, freilich bis jetzt nur in einem einzigen Exemplar geliefert, der unzweifelhaft zu den eigentlichen Hechten gehört, und mit dem bei Agassiz (poiss. foss., V. t. 43. f. 5) abgebildeten Holosteus esocinus Ag. vom Monte-Bolca grosse Aehnlichkeit besitzt. Die angeführte Abbildung stellt einen aus verschiedenen Bruchstücken zusammengesetzten und restaurirten Fisch dar; von den Stücken glaubt Agassiz selbst nicht, dass sie alle von einem und demselben Individuum, ja nicht einmal von derselben Art herrühren. Träger ohne Flossenstrahlen sind an zwei Stellen angegeben, wo man weder Träger noch eine Flosse erwarten sollte. Auch würden nach Entfernung eines irrthümlich eingesetzten Bruchstückes die Längenverhältnisse für den Holosteus ganz anders ausfallen als nach der Abbildung. Demungeachtet lässt sich eine gewisse Aehnlichkeit zwischen dem Holosteus esocinus vom Monte-Bolca und unserem Fisch nicht verkennen. Sie liegt

1. in dem lang gestreckten Körper,
2. in der Form der Schwanzflosse,
3. in der weit zurückstehenden Rückenflosse,
4. in der fast bis zur Schwanzflosse reichenden Afterflosse,
5. in der Entfernung der Bauchflossen von der Afterflosse, und
6. in der Gegenwart zahlreicher Muskelgeräthen.

Wenn ich gleichwohl für unseren Fisch den Gattungsnamen Holosteus nicht beibehalte, so geschieht dies aus dem Grunde, weil das von Agassiz aufgestellte Genus durch das mangelhaft erhaltene einzige Exemplar nicht sicher genug begründet ist. Ich schlage daher für unseren Fisch die

Gattung: Palaeolycus m.

vor. Er ist lang, schmal und mit einem kurzen, gedrungenen Kopfe versehen. Der Unterkiefer trägt starke, der Zwischenkiefer kleine Zähne. Die Rückenflosse liegt weit hinten; die Afterflosse enthält zahlreiche Strahlen und reicht fast bis an die Schwanzflosse, die aus zwei weit aus einander stehenden, verhältnissmässig schmalen und kurzen Lappen besteht. Die Muskelgeräthen sind zahlreich.

Palaeolycus Dreginensis m. Taf. IV. Fig. 7.

Der Name zur Bezeichnung der Species ist dem Orte des Vorkommens entlehnt; es liegt nämlich die Umgebung von Sendenhorst im ehemaligen Drein-Gau (in pago Dregini).

Der Fisch ist 15,5 Zoll lang und seine grösste Höhe, die vom Nacken bis zum Schwanz ziemlich dieselbe bleibt, beträgt 1 Zoll 7 Linien.

Der Kopf ist kurz, nur 2 Zoll 4 Linien lang, und 1 Zoll 7 Linien hoch. Die Maulspalte besitzt 13 Linien Weite. Augenhöhle und Kiemendeckel gross, Kiemenhautstrahlen nicht sichtbar. Der Unterkiefer ist mit starken, 2 bis 3 Linien langen Zähnen besetzt. Das Maul ist in die Höhe gerichtet und beschreibt mit der Wirbelsäule einen Winkel von 130°.

Die Wirbelsäule besteht aus 74 Wirbeln, von denen 38 dem Schwanz angehören. Die Wirbel der Bauchgegend sind 2,5 Linien lang und 1,75 Linien hoch. Die Halswirbel zeigen am hinteren Ende oben eine vorspringende Leiste. Die Fortsätze sind mässig, die Rippen lang. Zahlreiche und kräftige Gräthen reichen bis zum Schwanze. Die Wirbelsäule liegt dem Rücken genähert; ihre Entfernung von demselben beträgt nur 6, vom Bauchrande 12 Linien.

Die Rückenflosse beginnt erst an der dem Anfange der Afterflosse gegenüberliegenden Stelle. Man erkennt 8 getheilte Strahlen. In der Nackengegend zeigen sich noch einige strahlenlose Träger. Die Schwanzflosse ist verhältnissmässig klein; es hat sich nur der untere Lappen von ihr erhalten, der aus 5 breiten, säbelförmigen, ungetheilten und aus ungefähr 8 getheilten Strahlen besteht. Die Afterflosse beginnt 5 Zoll 6 Linien vor der Schwanzflosse und besteht aus einem kleineren und einem grossen ungetheilten, sowie aus 50? getheilten Strahlen, von denen der dritte, der längste, 9 Linien misst. Die Träger dieser und der Rückenflosse sind dünn. Von den Bauchflossen ist nur der Eindruck des Beckenknochens erhalten; er liegt ein wenig hinter der Mitte zwischen den Brustflossen und der Afterflosse. Die Brustflossen, von denen nur die eine, und diese mangelhaft erhalten ist, müssen gegen 8 weiche Strahlen besessen haben.

Schuppen lassen sich nicht erkennen.

Gattung: Esox Cuv.

Auch die Gattung Esox besitzt in den Schichten der jüngsten Westphälischen Kreidebildungen ihren Vertreter, aber nicht in den Umgebungen von Sendenhorst, sondern in den Baumbergen. Was davon gefunden ist, ist freilich unvollständig; die vorhandenen Theile besitzen aber mit den entsprechenden in dem Hechte unserer Tage eine so grosse Aehnlichkeit, dass ich keinen Anstand nehme, den Fisch in das Genus Esox zu verlegen. Die weit nach hinten gerückte Rückenflosse, die dieser fast gegenständige, noch etwas weiter nach der Schwanzflosse sich ziehende Afterflosse, die zahlreichen Muskelgräthen, die vielstrahligen Bauch- und Brustflossen, verbunden mit der schlanken Körpergestalt, werden diese Stellung rechtfertigen.

Esox Monasteriensis m. Taf. III. Fig. 3.

An dem einzigen mir bekannten Exemplar ergiebt der Rumpf 5 Zoll 10 Linien Länge und 1 Zoll 3,5 Linien grösste Höhe. Vom Schädel sind nur unbedeutende Bruchstücke der Kiemendeckel erhalten. Die Wirbelsäule ist zart; die einzelnen Wirbel sind längsgestreift, gut eine Linie lang, an ihren Enden eben so hoch. Ihre Zahl wird 75 bis 80 betragen haben. Die Fortsätze und Rippen sind ebenfalls zart. Die Rückenflosse besteht aus 7 einfachen und 15 getheilten Strahlen, die 10,5 Linien Länge erreichen. Die Träger dieser so wie der Afterflosse sind mässig breit. Vor dem Anfange der Schwanzflosse bemerkt man einige zarte Knöchelchen, die wohl die Träger der kleinen ungetheilten Strahlen des oberen Lappens der Schwanzflosse seyn werden. Die Afterflosse ist vollständig, es fehlen an ihr wenigstens nicht die vordersten Strahlen. Die Zahl sämmtlicher Strahlen beträgt 28. Die Bauchflossen sind der Afterflosse ziemlich genähert, und bestehen je aus mindestens 12 weichen Strahlen. Die Brustflossen sind sehr weich und enthalten zahlreiche lange Strahlen.

Das Original befindet sich in dem Museum zu Münster.

Familie: Esoces?
Gattung: Istieus Ag.

Anfangs glaubte Agassiz, die Gattung Istieus zu den Scomberoiden rechnen zu sollen; allein der Mangel an wirklichen nackten Dornstrahlen vor den getheilten Strahlen in der Rückenflosse war dieser Ansicht zu sehr entgegen, und veranlasste ihn, den Istieus den Hechten unterzuordnen. Maassgebend waren hiebei die grossen Schuppen, die bauchständigen Bauchflossen, die nach hinten gedrängte Afterflosse, die Form der Schwanzflosse und der bereits erwähnte Mangel an nackten Stachelstrahlen in der Rückenflosse. Als Gattungs-Charaktere bezeichnet er ferner: die äusserst kurzen und zahlreichen Wirbel, die grössere Anzahl von Fortsätzen gegenüber den an Zahl geringeren Strahlenträgern der längs des ganzen Rückens sich ausdehnenden Rückenflosse und den sehr entwickelten, länger als hohen Kopf mit kleinem Maul und hakenförmigen Zähnen.

Durch Untersuchung einer grösseren Anzahl von Fischen aus der Gattung Istieus sehe ich mich im Stande, diesen Kennzeichen Folgendes beizufügen.

Nicht ohne Bedenken kann ich diese Gattung der Familie der Hechte beizählen. Die von Agassiz vorgebrachten Gründe treffen allerdings zu, genügen aber um so weniger, als sie auf Kennzeichen beruhen, welche noch für andere Familien der Weichflosser, namentlich für einige Cyprinoideen passen. Mit letzteren hat Istieus ausserdem die Körpergestalt im Allgemeinen, die nicht zahlreichen, wohl aber breiten Kiemenhautstrahlen, das kleine Maul, die verhältnissmässig kleinen Zähne und den in mehreren Species vorspringenden Oberkiefer gemein. Andererseits lässt es sich nicht läugnen, dass die den Istieus kennzeichnende Rückenflosse den Cyprinoideen fremd ist. Aehnlich gebaut findet sie sich unter den jetzt lebenden Fischen bei Mormyrus, einer Gattung vor, die von Cuvier ebenfalls den Hechten, von Joh. Müller aber einer eigenen, zwischen den Hechten und Cyprinoideen stehenden Familie, Mormyri genannt, gebracht wird, die sich vorzugsweise durch die Gegenwart einer nackten, dicken, den Kopf mit den Kiemendeckeln und Kiemenhautstrahlen überziehenden Haut auszeichnet, von der freilich an unserem Isticus keine Spur wahrgenommen wird. Uebrigens haben die Mormyri, ausser der langen Rückenflosse, noch das kleine Maul, die kleinen Zähne, die rautenförmigen Kiemendeckel, die tief gespaltene Schwanzflosse und die Zahl der Kiemenhautstrahlen (sechs) mit Isticus gemein.

Die Gattung Isticus ist bis jetzt in der Westphälischen Kreide durch vier Species vertreten. Es sind kräftige Fische mit stark entwickelten Flossen, Wirbeln und Schädelknochen. Der Rücken bildet eine beinahe gerade Linie; nur bei einer Species ist der Nacken buckelförmig gebildet. Der Kopf ist bei den meisten ziemlich lang, das Maul mehr oder minder spitz und klein. Die Schädelknochen sind kräftig. Die Maulspalte ist höchstens 9 Linien weit bei einem Exemplar von I. macrocoelius, welches 21 Zoll Länge misst. Die Entfernung des Unterkiefers vom Oberkiefer beträgt bei geöffnetem Maule nur 3 bis 4 Linien. Die Zähne sind nicht gross, die vordersten am längsten und hakenförmig gekrümmt. Ein mittelgrosses Exemplar von I. mesospondylus besass im vorderen Theile des Maules Zähne von 1 Linie Länge, während die hinteren nur 0,6 Linie messen.

Die Rückenflosse besteht aus ungefähr 55 Strahlen, von denen die vier ersten ungetheilt sind. Die Basis der Strahlen ist bei I. macrocoelius, I. mesospondylus und I. gracilis mit einer einfachen Reihe grosser, rundlicher Schuppen bedeckt. Bei I. macrocephalus ist diese Schuppenscheide noch nicht beobachtet. Bei Agassiz ist sie in der Abbildung seines I. microcephalus (poiss. foss., V. t. 17, obere Abbildung) enthalten. Die vordersten Strahlen der Rückenflosse, mit Ausnahme der drei ersten ungetheilten, sind die längsten, doch nimmt die Länge derselben nicht stetig nach dem Ende der Flosse hin ab, sondern die Strahlen der Mitte sind über eine Linie kürzer als die kurz vor dem Ende auftretenden. Sämmtliche Strahlen sind an der Basis merklich verdickt und stützen sich auf kräftige, an ihrem oberen Ende knotig verdickte Träger. Dasselbe Verhalten zeigt auch die Afterflosse. Die Rückenflosse wie die Afterflosse erstrecken sich nicht ganz bis zur Schwanzflosse, doch zieht die Afterflosse nur ein wenig weiter. Bei grossen und mittelgrossen Exemplaren beträgt die Entfernung der Basis des letzten Strahls der Rückenflosse vom ersten, kleinen, getheilten Strahl der Schwanzflosse 1 Zoll 3 Linien. Die Schwanzflosse ist sehr entwickelt und tief gespalten. Sie bildet zwei schlanke, an ihrem Ende gerundete Lappen, die ja aus 15 oder weniger kleinen und einem starken ungetheilten, sowie aus 9 getheilten Strahlen besteht.

Bekanntlich bespricht Kölliker in seinen Untersuchungen über „Die Wirbelsäule der Ganoiden und einiger Teleostier" (Lpzg. 1860) die Asymmetrie der Schwanzflosse. Ausgehend von den älteren Arbeiten Agassiz' über Heterocercie und Homocercie, wendet er sich zu den neueren Beobachtungen von v. Baer, Vogt, Heckel, Huxley und anderen, an welche er schliesslich seine eigenen Untersuchungen anreiht. Die asymmetrischen Schwanzflossen, sowie den abweichenden Bau der letzten Wirbel finden wir auch bei fossilen Fischen. Bei den Teleostiern unserer Kreide kommen diese Erscheinungen nicht selten vor; und wenn ich ihrer erst hier gedenke, so geschieht es, weil man an den grossen Exemplaren der Gattung Isticus die beste Gelegenheit findet, sie zu verfolgen. Man sieht das Bestreben der in ihrem Bau etwas abweichenden letzten Schwanzwirbel den oberen Lappen der Schwanzflosse zu erreichen und ihm eine Stütze abzugeben, während der untere Schwanzflossenlappen durch modificirte keilförmige Fortsätze gestützt wird. Ausser den Isticus-Species sind es vorzugsweise die Gattungen Sardinius und Sardinioides, von denen später die Rede seyn wird, welche diese Erscheinung mit grosser Deutlichkeit erkennen lassen.

Die Afterflosse von Isticus besteht aus 12 bis 15 Strahlen, von denen 3 bis 5 ungetheilt sind. Die Bauchflossen enthalten einen ungetheilten und 6 getheilte Strahlen. Die Brustflossen sind am wenigsten entwickelt; ihre Strahlen, deren Zahl 10 erreicht, sind kürzer als die der übrigen Flossen.

Die Wirbel sind sehr zahlreich; man zählt ihrer 95 bis 100. Die kleine Species I. macrocephalus Ag. besitzt die meisten, und die grösste Species I. macrocoelius die wenigsten Wirbel. Die Zahl der Schwanzwirbel ist grösser als die der übrigen (60 : 40). Die Fortsätze sind kurz, ihre grosse Zahl, verglichen mit der geringeren der Strahlenträger, bildet, wie bekannt, einen Haupt-Gattungscharakter.

Die Schuppen sämmtlicher Species von Isticus sind gross, fein concentrisch gestreift und haben einen rauhen Abdruck hinterlassen.

An keinem der vielen mir zu Gesichte gekommenen Exemplare dieser Gattung habe ich den Abdruck des Darmes oder einen Kalkphosphat haltigen Darminhalt wahrgenommen, was, im Zusammenhange mit den kleinen Zähnen, dafür sprechen dürfte, dass die Gattung Isticus keine Raubfische im eigentlichen Sinne des Wortes enthielt.

Wenige Gattungen unserer Kreidefische bieten hinsichtlich der sicheren Begründung der einzelnen Species solche Schwierigkeiten dar, wie das Genus Isticus. Agassiz beschreibt bekanntlich vier Arten: I. grandis, I. macrocephalus, I. microcephalus und I. gracilis. Es sind aber die Diagnosen so unsicher, dass diese vier Species nicht alle beibehalten werden können.

Die von Agassiz aufgestellten Unterscheidungs-Merkmale für die Species sind mit Hinweglassung der Gattungs-Merkmale folgende:

1. Isticus grandis (Ag. poiss. foss., V. t. 18).

Die Totallänge beträgt, ausschliesslich der Schwanzflosse, 16 Zoll, wovon 5 Zoll, ein Viertel der Totallänge, auf den Kopf kommen. Die Bauchhöhle ist sehr gross. Die Strahlenträger der Rückenflosse sind stark, die der Afterflosse weniger stark. Die Afterflosse endet so weit vor der Schwanzflosse, als ihre eigene Länge beträgt. Letzteres Verhältniss lässt sich an den Abbildungen nicht mit Sicherheit nachweisen, da an den Exemplaren die Schwanzflosse weggebrochen ist. Die Bauchflossen liegen in der Mitte des Körpers und bestehen aus 5—6 ziemlich langen, getheilten Strahlen.

2. Isticus macrocephalus (Ag. V. t. 16).

Das grössere Exemplar misst 15,5 Zoll Länge, wovon 3,5 Zoll auf den Kopf und 2,5 Zoll auf die Schwanzflosse kommen. An dem kleineren Exemplar erhält man von der Maulspitze bis zum letzten Wirbel 7 Zoll 6 Linien. Der Kopf ist 2 Zoll lang; er ist länger als bei der vorigen Species und nimmt mehr als ein Viertel von der Totallänge ein; dabei ist er hoch, und scheint sogar höher als der Rumpf gewesen zu seyn. Die zweilappige Schwanzflosse fällt durch ihre gerundete, fast abgestutzte Gestalt auf. Die Afterflosse zählt 12, die Bauchflossen 7 Strahlen; die Brustflossen verhalten sich wie die Bauchflossen.

3. Isticus microcephalus (Ag. V. t. 17).

Das grössere Exemplar misst von der Maulspitze bis zum Beginn der Schwanzflosse 11 Zoll 9 Linien, das kleinere nur 9 Zoll. Der Kopf des ersteren ist 3 Zoll, der des kleineren 2,5 Zoll lang; er kommt kaum dem fünften Theil der Körperlänge gleich. Die Wirbelsäule ist zart. Die Fortsätze an den Schwanzwirbeln sind etwas stärker. Ueber den Bauchflossen liegen Muskelgräthen. Die Schnautze ist kurz und abgestutzt.

4. Isticus gracilis (Ag. V. t. 15).

Die Totallänge beträgt 12 Zoll, wovon 3 Zoll auf die Schwanzflosse und 3 Zoll 3 Linien auf den Kopf kommen. Schlanker Schwanz, dessen Flosse in zwei lange und spitze Lappen getheilt ist. Die gerundete Afterflosse ist einen Zoll lang. Die Rückenflosse besteht aus besonders feinen und kurzen Strahlen, was aus der Abbildung nicht zu entnehmen ist. Die Rücken- und Afterflosse erstrecken sich nicht so weit nach hinten, als bei den zwei zuletzt betrachteten Species. Die Bauchflossen enthalten 8—9 Strahlen.

Aus diesen Diagnosen erhält man als wesentlichste Kennzeichen

für Isticus grandis die grosse Bauchhöhle,

für Isticus macrocephalus und

für Isticus microcephalus das Verhältniss des Kopfes zur Totallänge, endlich

für Isticus gracilis die gerundete Afterflosse, die, wie die Rückenflosse, sich weniger weit nach hinten erstreckt, und die langen, spitzen Lappen der Schwanzflosse.

In den letzten Jahren fand ich Gelegenheit, zwanzig Exemplare von Isticus aus der Umgegend von Sendenhorst und mehrere Exemplare aus den Baumbergen zu untersuchen. Ich erkannte wohl schon auf den ersten Blick, dass sie verschiedenen Species angehören, doch wollte es mir nicht gelingen, sie mit Hülfe der von Agassiz aufgestellten Diagnosen sicher zu bestimmen. Zwar machte sich Isticus grandis Ag. durch seine grosse Bauchhöhle bemerkbar; allein das Verhältniss der Länge des Kopfes zur Länge des ganzen Thiers variirte bei diesen unzweifelhaft zu I. grandis gehörenden Exemplaren in ganz ähnlicher Weise, wie nach Agassiz' Angabe bei I. macrocephalus und microcephalus. Es veranlasste mich dies, mich nach sicherern Unterscheidungs-Merkmalen umzusehen, und glaube als solche

1. die Form des Kopfes,
2. die Höhenverhältnisse des Rumpfes,
3. den bei zwei Species buckelförmig sich erhebenden Nacken,
4. die Lage der Bauchflossen,
5. die Lage der Wirbelsäule und
6. die Anzahl der Rückenwirbel, verglichen mit der Körperlänge,

hervorheben zu können. Mit Hülfe dieser Merkmale unterscheide ich ebenfalls vier Species von Istieus, deren Darlegung ich nun folgen lasse.

Istieus macrocoelius m. Taf. IV. Fig. 1—5.

Istieus grandis Agassiz, poiss. foss., V. t. 18.
Istieus microcephalus Agassiz, poiss. foss., V. t. 17.

Diese Species ist die grösste von allen. Die von mir untersuchten Exemplare hatten eine Totallänge von 15 Zoll 3 Linien bis zu 21 Zoll. Der Kopf ist 3 Zoll 9 Linien bis 5 Zoll lang und 3 Zoll bis 3 Zoll 9 Linien hoch. Die Maulspalte misst 9 Linien Länge. Ober- und Zwischenkiefer stehen vor und sind länger als der Unterkiefer. Die Zähne des Unterkiefers sind 0,66 Linien lang und hakenförmig, auch auf dem Pflugscharbein bemerkt man Zahnreste.

Die Höhe des Rumpfes beträgt in der Gegend des dritten Strahls der Rückenflosse, wo dieselbe am bedeutendsten ist, 3 Zoll bis 4 Zoll 5 Linien. In der Nackengegend ist sie ein wenig geringer. Nach hinten nimmt sie schneller ab, so dass sie bei dem grössten Exemplar am Ende der Bauchflossen nur noch 3 Zoll beträgt. In anderen Exemplaren verhält sich die Höhe des Rumpfes in der Gegend der vorderen Strahlen der Rückenflosse zu der Rumpfhöhe des Nackens und zu der Höhe in der Gegend der Enden der Bauchflossen

    a. wie 1 : 0,98 und wie 1 : 0,80.
    b. wie 1 : 0,98 und wie 1 : 0,78.
    c. wie 1 : 0,96 und wie 1 : 0,77.
    d. wie 1 : 0,98 und wie 1 : 0,80.

Die Entfernung der Wirbelsäule von der Rückenkante verhält sich zur Entfernung der Wirbelsäule von der Bauchkante in der Nacken- und vorderen Bauchgegend wie 1 : 1,48. Durch Messung erhält man:

                                                  a.   b.   c.
Entfernung der Wirbelsäule von der Rückenkante 13''' — 19''' — 22'''
        ''   ''   ''   ''   '' Bauchkante   19''' — 30''' — 31'''

Die Zahl der Wirbel beträgt 90. Ein mittelgrosses Exemplar besass Bauchwirbel von 1 Linie Länge und 3 Linien Höhe; bei grösseren Exemplaren steigt die Höhe dieser

Wirbel auf 4, ja sogar auf 5 Linien, wobei die Länge 2 Linien erreicht (Taf. VI. Fig. 2, doppelte Grösse). Die Schwanzwirbel sind durchschnittlich nur 1,3 Linien lang und 2 Linien hoch.

Die Rückenflosse beginnt je nach der Grösse des Fisches 1,5 bis 2,5 Zoll hinter dem Kopfe. Ihr erster getheilter und zugleich grösster Strahl misst 1 Zoll 9 Linien bis 2 Zoll; von da verkürzen sich die Strahlen bis zur halben Länge der Flosse, wo sie nur noch 1 Zoll 2 Linien messen, nehmen aber vor dem Flossenende wieder um 1 bis 2 Linien an Länge zu. Die grössten Strahlen der Schwanzflosse messen 3 Zoll 9 Linien bis 4 Zoll, die der Afterflosse 1 Zoll 9 Linien bis 2 Zoll Länge. Die Bauchflossen liegen genau in der Mitte zwischen den Brustflossen und der Afterflosse; ihre Strahlen sind 1 Zoll 9 Linien bis 2 Zoll lang. Viel kürzer sind die Brustflossen, deren Länge kaum einen Zoll erreicht zu haben scheint.

Die grossen Schuppen sind gegen 4 Linien hoch, fein concentrisch gestreift, mit kleinen braunen Fleckchen bedeckt und haben, wie bei den übrigen Species von Isticus, einen gekörnten Abdruck hinterlassen. Taf. IV. Fig. 3 stellt einige Schuppen in natürlicher Grösse, Fig. 4 einen Theil einer von Schuppe bei 50facher Vergrösserung dar.

Die Seitenlinie erhebt sich auch in der Nackengegend selbst bei grossen Exemplaren nur wenig, kaum 4 Linien über die Wirbelsäule.

Fundort: Die Plattenkalke der Umgegend von Sendenhorst.

Es liegt mir noch ein Exemplar dieses Fisches vor, dessen Kopf ich Taf. IV. Fig. 5 abgebildet habe. Sein Unterkiefer scheint mit einem Bartfaden (a) versehen zu seyn, der an seinem Ende sich etwas verbreitert und mehrzinkig aussieht. Es lässt sich freilich nicht mit voller Gewissheit behaupten, dass dieser Theil dem Fisch angehört, da ich ihn an vielen anderen Exemplaren derselben Species nicht wahrgenommen habe. Zu den vegetabilischen Resten auf derselben Platte gehört er nicht; diese verrathen sich schon durch die schwarzbraune Färbung ihrer kohlehaltigen Substanz, während der fragliche Körper eine gelbgraue, stellenweise glänzende Färbung besitzt. Dabei erscheint sein Auftreten an einer Stelle des Kopfes, welcher bisweilen solche Anhängsel nicht fremd sind, so dass man mindestens die Möglichkeit des Vorkommens eines Bartfadens einräumen wird. Jedenfalls war ich schuldig, der Erscheinung zu gedenken.

Isticus mesospondylus m. Taf. V. Fig. 1.

Diese Species findet sich bis zur Grösse von 16,5 Zoll einschliesslich der Schwanzflosse. Der Kopf ist 4 Zoll lang, die Maulspalte auch hier klein, indem sie selbst bei den grössten Exemplaren nur 7,5 Linien misst. Der Ober- und Zwischenkiefer scheinen nicht vorzutreten. Die Zähne erreichen die Länge einer Linie. Auf dem Pflugschaarbein erkennt man die Basis zahlreicher, dichtstehender, ziemlich gleich grosser, weggebrochener Zähne. Die Höhe des Rumpfes beträgt in der einen Buckel beschreibenden Nackengegend 3 Zoll. Von hier aus nimmt die Höhe nach hinten sehr allmäklich und viel weniger schnell ab, als bei der vorigen Species. Die Rumpfhöhe in der Gegend der vorderen Strahlen der Rückenflosse verhält sich zu der Höhe in der Nackengegend und zu der Gegend des Endes der Bauchflossen

    a. wie 1 : 1,094 und wie 1 : 1,0,
    b. wie 1 : 1,130 und wie 1 : 1,09,
    c. wie 1 : 1,110   ?

  Die Wirbelsäule liegt in der Nacken- und vorderen Bauchgegend fast in der Mitte zwischen Rücken- und Bauchkante. Die Entfernung derselben von der Rückenkante verhält sich zur Entfernung von der Bauchkante wie 1 : 1,12. Die Zahl der Wirbel beträgt 95 bis 100; die einzelnen Wirbel zeigen in der Nackengegend eine Linie Länge und 3 Linien Höhe, während die Schwanzwirbel bei einer Höhe von 2 Linien nur 0,6 Linien lang sind.

  Die grössten (vorderen) Strahlen der Rückenflosse sind 1 Zoll bis 1 Zoll 6 Linien lang, verkürzen sich in der Mitte der Flosse auf 9 bis 10 Linien und nehmen dann nochmals um 1 bis 1,5 Linie an Länge zu. Die grössten Strahlen der tief gegabelten, weichen Schwanzflosse sind 2 Zoll bis 3 Zoll 9 Linien, die vorderen Strahlen der Afterflosse 1 Zoll 3 Linien bis 1 Zoll 9 Linien lang. Die Bauchflossen liegen etwas mehr nach vorn, als bei Istieus macrocoelius, so dass die Entfernung der Brustflossen von der Einlenkungsstelle der Bauchflossen etwas kleiner ist, als die Entfernung letzterer Stelle von dem ersten Strahl der Afterflosse. Die Strahlen der Bauchflossen sind 1 Zoll 3 Linien bis 1 Zoll 9 Linien, die der Brustflossen nur 1 Zoll lang.

  Auch diese Species besitzt grosse Schuppen, die in der Bauchgegend bis 3 Linien und in der Schwanzgegend bis 1,5 Linie hoch sind. Die Seitenlinie erhebt sich von der Schwanzflosse an ein wenig über die Wirbelsäule und steigt allmählich, bis sie in der Nackengegend die halbe Höhe zwischen Wirbelsäule und Rückenkante erreicht hat.

  Fundort: Die Plattenkalke von Sendenhorst.

    Istieus macrocephalus Ag. Taf. IV. Fig. 6. V. Fig. 3.
    Istieus macrocephalus Agassiz, poiss. foss. V. t. 16 (wenigstens das kleinere Exemplar).

  Diese Species gehört zu den kleinsten, und zeichnet sich durch eine spitze Schnautze, durch einen langen Kopf, durch kräftige Schädelknochen und durch die im Verhältniss der Totallänge stehende grosse Anzahl von Rückenwirbeln aus. Der Oberkiefer tritt nicht unbedeutend vor; sein vorderster Theil (Riechbein?) hat einen herzförmigen Eindruck mit scharfer Spitze hinterlassen. Gleich unter demselben befindet sich die kleine Maulspalte, deren Gegenwart durch Eindrücke verrathen wird.

  Das vollständigste mir vorliegende Exemplar misst 6 Zoll 9 Linien von der Maulspitze bis zum Beginn der Schwanzflosse. Der Kopf ist 2 Zoll 3 Linien lang und 1 Zoll 3 Linien hoch. Die grösste Höhe des Rumpfes liegt in der Nackengegend und beträgt

1 Zoll 6 Linien. Von hier aus nimmt die Höhe nach dem Schwanze rasch ab, so dass sie in der Gegend des Endes der Bauchflossen nur noch 1 Zoll beträgt.

Die Wirbelsäule liegt in der Nackengegend ungefähr in der Mitte zwischen Rücken- und Bauchkante und besteht aus mindestens 95 Wirbeln. Da die ganze Wirbelsäule nur 4,25 Zoll lang ist, so erscheint in dieser Species die Zahl der Wirbel auffallend gross. Die einzelnen Wirbel sind, wie in der Bauchgegend, nur 0,66 Linien lang und 1,5 Linien hoch.

Die grössten Strahlen der Rückenflosse sind 6 bis 8 Linien lang, weniger lang scheinen die der After- und Bauchflossen zu seyn, welche schlecht erhalten sind; die Brustflossen sind gar nicht zu erkennen, und von der Schwanzflosse sieht man nur die Basis der Strahlen.

Die grösseren Schuppen in der Bauchgegend besitzen 1,5 Linien Höhe.

Fundort: Die Plattenkalke von Sendenhorst.

Isticus gracilis Ag. Taf. V. Fig. 2.

Isticus gracilis Agassiz, poiss. foss., V. t. 15.

Der von mir abgebildete Fisch hat in mancher Beziehung mit dem von Agassiz beschriebenen und in seinem Werk abgebildeten eine solche Aehnlichkeit, dass ich keinen Anstand nehme, ihn derselben Species beizulegen. Die bereits oben für Isticus gracilis Ag. hervorgehobenen Hauptcharaktere finden sich auch bei ihm vor.

Der ganze Fisch ist 14 Zoll 6 Linien lang. Die in die Nackengegend fallende grösste Höhe beträgt 2 Zoll; von da nimmt die Höhe allmählich ab, so dass sie in der Gegend des Endes der Bauchflossen 1 Zoll 7 Linien und am Ende der Afterflosse nur 8,5 Linien beträgt. Hiedurch erscheint die Schwanzwurzel länger und dünner, als bei den übrigen Species dieser Gattung.

Der Kopf hat eine Länge von 3 Zoll 9 Linien; sein Oberkiefer steht vor und ist mit linienlangen Zähnen bewaffnet. Die Maulspalte ist 6,5 Linien lang; das geöffnete Maul klafft 3 Linien auseinander.

Die Wirbelsäule liegt ungefähr in der Mitte zwischen Rücken- und Bauchkante. Die Anzahl und Grössenverhältnisse der einzelnen Wirbel sind die gewöhnlichen. Die vorderen Rippen sind kurz und bogenförmig nach hinten gekrümmt.

Die Rückenflosse scheint zärter gewesen zu seyn, als in einem gleich grossen Exemplar von Isticus macrocoelius; leider sind ihre vordersten Strahlen nicht erhalten. Auch diese Flosse besitzt eine kurze, aus einer Schuppe bestehenden Scheide, welche 1 Zoll 6 Linien vor den ersten Strahlen der Schwanzflosse endigt. Die Lappen der Schwanzflosse sind gegenseitig geneigt, was wohl eben so zufällig seyn wird, als an dem bei Agassiz abgebildeten Exemplar. Jedenfalls war die Flosse sehr weich und mit schmalen Lappen versehen; auch enthält sie weniger kleine ungetheilte Strahlen. Die Afterflosse zeigt die für Isticus gewöhnliche Form und endigt 1 Zoll 3 Linien vor der Schwanzflosse. Agassiz beschreibt diese Flosse als schmal und sehr gerundet; nach seiner Abbildung beträgt ihre ganze Länge an der Einlenkung der Strahlen nur 9 Linien, woraus sich ein Verhältniss ergiebt, das bei Istieus sonst nicht vorzukommen pflegt. Die Bauchflossen liegen, wie bei Istieus macrocoelius, mit dem überhaupt manche Aehnlichkeit besteht, in der Mitte zwischen den Brustflossen und der Afterflosse. Die Brustflossen haben nur einen Abdruck von der Stelle ihrer Einlenkung hinterlassen. Die Schuppen sind die gewöhnlichen.

Fundort: Die Plattenkalke von Sendenhorst.

Familie: Clupeoidei Cuv.

Die Familie der Häringe zählt unter den Fischen der jüngsten Westphälischen Kreide-Bildungen zahlreiche Vertreter. Schon Agassiz, der die beiden Familien der Salmen und der Häringe zu einer einzigen vereinigte, welcher er den Namen Halecoiden beilegte, kannte drei dahin gehörige Fische, den Osmerus Cordieri Ag., Osmeroides microcephalus Ag. und Osmeroides Monasterii Ag. Von diesen sollte der erste „au grès-vert d'Ibbenbühren en Westfalie", der zweite in den Baumbergen zwischen Coesfeld und Münster und der dritte zu „Ringerode près de Münster d'une couche supérieure au grès-vert" gefunden seyn. Osmerus Cordieri ist aber meines Wissens nie bei Ibbenbühren, wo Grünsand gar nicht vorkommt, aufgefunden; dagegen gehört er, wie bereits oben angeführt, zu den allerverbreitetsten Fischen der Baumberge, welcher Localität sicher auch die von Agassiz beschriebenen Exemplare entnommen sind. Sein Osmeroides Monasterii gehört dem Plateau von Bockum an, da die Brüche auf Plattenkalk des Arenfeldes nur gegen dreiviertel Stunden von Rinkerode, einer Eisenbahn-Station zwischen Münster und Hamm, entfernt sind.

Hinsichtlich der Classificirung dieser Fische war Agassiz so sicher, dass er seinen Osmerus Cordieri einem Genus zurechnete, dessen lebende Vertreter sehr verbreitet und daher leicht zu untersuchen sind. Der lebende Eperlan (Osmerus oder Salmo Eperlanus L.) gehört unzweifelhaft zu den Salmen und besitzt namentlich eine deutliche Fettflosse. Aber weder bei dieser, noch bei einer der gleich zu beschreibenden verwandten Species, von denen ich mindestens 80 Exemplare zu vergleichen Gelegenheit fand, und die der grösseren Mehrheit nach ausgezeichnet erhalten waren, habe ich auch nur eine Spur von Fettflosse, ja nicht einmal eine diese Flosse verrathende Erhöhung der Rückenkante wahrgenommen; während die oben beschriebenen Characinen deutliche Abdrücke der Fettflosse hinterlassen haben. Von seinem Genus Osmeroides sagt Agassiz ausdrücklich: „il y a même des exemplaires qui ont conservé des traces de l'adipeuse", ich bin aber nie so glücklich gewesen, bei den Species der Westphälischen Kreide auch nur eine Spur davon zu entdecken. Andererseits ist auch Agassiz selbst hinsichtlich der Zugehörigkeit seiner beiden Westphälischen Osmeroides,

Arten zu den Häringen wieder zweifelhaft, indem er zwar die grosse äussere Aehnlichkeit mit denselben zugiebt, aber gleichzeitig auf den Mangel an Brustrippen, oder sägeartig gestellten Schuppen an der Bauchkante aufmerksam macht. Die Schuppen beider Gattungen waren Agassiz unbekannt. Später haben sowohl die Baumberge, wie die Umgegend von Sendenhorst vollkommenere Exemplare geliefert, und es gehört gerade nicht zu den Seltenheiten, schöne Abdrücke von Schuppen und selbst die Substanz der Schuppen zu erhalten. Diese sind wie die Schuppen der Cyprinoideen stark radial gestreift und lassen dabei ganz feine, concentrische Anwachsstreifen erkennen. Ueberhaupt zeigen manche hieher gehörige Fische mit gewissen Cyprinoideen eine übermus grosse Aehnlichkeit, so dass ich lange zweifelhaft war, ob ich sie zu dieser oder zu den Clupeoideen zählen soll. Besonders die kleinen Gattungen Leptosomus und Microcoelia, bei denen sich nur 3 Kiemenhautstrahlen finden, sowie Osmerus Cordieri Ag., dessen radial gestreifte Schuppen auffallend denen von Leuciscus Oeningensis gleichen, vermehrten die Schwierigkeiten, welche die Classificirung dieser Fische darbot. Agassiz Ausspruch: „Je ne connais pas un Cyprin fossile, qui ait été associé à des débris d'animaux marins", würde mich nicht abgehalten haben, die hier in Betracht kommenden Fische, welche mit eigentlichen Meeresbewohnern zusammen vorkommen, zu den Cyprinoideen zu bringen, schon aus dem Grunde, weil auch heute noch Cyprinoideen-Gattungen ebenso gut in süssem, wie in salzigem Wasser leben, wie z. B. Abramis-Arten; dann aber auch deshalb, weil wir gar nicht wissen können, ob nicht die Cyprinoideen früherer erdgeschichtlichen Perioden grössere Neigung verspürten wie ihre lebenden Verwandten in süssem und salzigem Wasser zu wohnen. Ich habe mich daher auch nicht abhalten lassen, unsere Ischyrocephalus-Arten den Characinen zuzugesellen, obgleich die jetzt lebenden Gattungen dieser Familie Süsswasserfische sind, und keinen Anstand genommen, selbst den Rhabdolepis cretaceus zu den Cyprinoideen zu bringen.

Die Gründe nun, die mich gleichwohl bestimmt haben, diese zu betrachtenden Fische den Clupeoideen beizuzählen, sind

1. das tief gespaltene, weit klaffende Maul, eine Eigenschaft, die bei weitem mehr den Fischen aus der Familie der Häringe, als den Karpfen zukommt.
2. Die äussere Aehnlichkeit der grösseren Arten mit dem eigentlichen Häring und des kleinen Osmerus Cordieri Ag. mit der Sardelle. Da aber zwischen diesen und den übrigen fossilen Gattungen wiederum eine so grosse Uebereinstimmung stattfindet, dass man dieselben nicht füglich in zwei verschiedene Familien verlegen kann, so habe ich auch meine Gattungen Leptosomus und Microcoelia nicht davon trennen mögen.

Ich bin indess weit entfernt, die Untersuchungen für geschlossen zu halten; es wäre möglich, dass fernere Funde die hier ausgesprochenen Ansichten abänderten.

Da ich Osmerus Cordieri Ag. nicht mehr als Osmerus fortführen konnte, so habe ich für ihn wegen seiner Aehnlichkeit mit einer Sardelle den Namen Sardinius gewählt. Demzufolge musste ich die beiden bereits bekannten Westphälischen Osmeroides-Arten als Sardinioides-Arten aufführen.

Gattung: Sardinius (Osmerus Ag.).

Schlank gebaute Fische mit verhältnissmässig grossen Flossen. Die Schwanzflosse tief gegabelt. Die Rückenflosse liegt in der Mitte des Rückens und besteht aus 5 ungetheilten und 13 bis 14 getheilten Strahlen, vor denen man mehrere strahlenlose Träger bemerkt. Die Brustflossen sind sehr entwickelt. Der Unter- und Zwischenkiefer lassen zahlreiche feine Bürstenzähnchen erkennen. Die Schuppen sind mit zarten concentrischen Anwachsstreifen und kräftigen radialen Furchen versehen. Bei vielen Exemplaren von Sardinius Cordieri erkennt man noch den weissen, Kalkphosphat haltigen Darminhalt, ein Beweis, dass diese Fische von thierischen Substanzen, etwa kleinen Krebsen lebten, an welchen in dem Becken von Sendenhorst kein Mangel war.

Sardinius Cordieri m. Taf. VII. Fig. 6. 7.

Osmerus Cordieri Agassiz, poiss. foss., V. p. 101. t. 60 d. f. 1. 2.

Ein Fisch von 4 bis 5 Zoll Länge, dessen Kopf 9 Linien lang und hoch ist. Dieselbe Höhe besitzt der Rumpf in der Bauchgegend. Vom Kopf, der abgeplattet zu seyn scheint, erkennt man den Unter- und den Zwischenkiefer, beide mit verhältnissmässig groben Bürstenzähnchen besetzt; ferner einen Theil des Stirnbeins, die Augenhöhle, das untere Gelenkbein und den Kiemendeckel. Kiemenhautstrahlen sind an keinem der mir zu Gesicht gekommenen Exemplar wahrzunehmen. An dem Kopfe des auf Taf. VII, Fig. 6 abgebildeten Exemplars fehlt ein Theil des Stirnbeins und des Oberkiefers. Die Wirbelsäule ist zart. Taf. VII. Fig. 6 zeigt einige erhaltene Schwanzwirbel; während die Knochensubstanz der Bauchwirbel entfernt und der Raum derselben mit Schwefelkies ausgefüllt ist. Auf Taf. VII. Fig. 7 hingegen sind die Wirbel selbst abgebildet. Die Zahl derselben beträgt ungefähr 45, von denen 21 dem Schwanz angehören. Sie sind fein längsgestreift, ungefähr eine Linie lang und nicht ganz so hoch. Die Rippen sind zart und, wie die Fortsätze, lang. Die grösste Höhe des Fisches verhält sich zur Länge der Wirbelsäule wie 1:3,5.

Die Rückenflosse besteht aus 3 kleinen und zwei grossen ungetheilten, sowie aus 14 getheilten Strahlen. Die Schwanzflosse hat 12 (?) kleine und einen grossen ungetheilten, sowie 9 getheilte Strahlen in jeder Hälfte; ihr längster Strahl misst 11 Linien. Für die Afterflosse ergeben sich ein kleiner, ein grosser ungetheilter und 18 getheilte Strahlen; sie erstreckt sich beinahe bis zum Beginn der kleinen Strahlen der Schwanzflosse. Die Bauchflossen liegen in der Mitte zwischen den Brustflossen und der Afterflosse, ein wenig hinter der dem

Beginn der Rückenflosse entsprechenden Stelle. Jede derselben besteht aus einem ungetheilten und 9 getheilten, bis 9 Linien langen Strahlen. Die Beckenknochen sind kräftige Knochen. Die Brustflossen, 1 Zoll 3 Linien lang, zählen einen ungetheilten und 19 getheilte Strahlen.

Die Seitenlinie ist undeutlich, doch scheint sie in der Bauchgegend in der halben Höhe zwischen Wirbelsäule und Rückenkante zu liegen, von wo sie sich allmählich bis zum letzten Schwanzwirbel senkt.

Wie in den Baumbergen, so gehört auch in der Gegend von Sendenhorst dieser Fisch zu den häufigeren. Er ist sowohl in den Steinbrüchen des Arenfeldes, wie in denen der Bauerschaft Bracht gefunden.

Sardinius macrodactylus m. Taf. VI. Fig. 1.

Diese Spezies unterscheidet sich von der vorigen durch beträchtlichere Grösse und geringere Schlankheit, indem die grösste Körperhöhe sich zur Länge der Wirbelsäule nur wie 1 : 2,5 verhält. Dann auch sind sämmtliche Flossen, vorzugsweise die Brustflossen, noch mehr entwickelt, als bei S. Cordieri.

Die Totallänge beträgt 7,5 bis 9 Zoll und die in die Nackengegend fallende grösste Höhe, bei letzter Länge, 1 Zoll 10,5 Linien. Der Kopf ist 2 Zoll 7 Linien lang. Man unterscheidet daran mehrere Knochen, so den Unter-, Zwischen- und Oberkiefer, das Keilbein, das untere Gelenkbein des Schläfenbeins, die Deckelstücke und 10 Kiemenhautstrahlen mit ihrem Träger.

Der Wirbel zählt man 45, von denen 20 dem Schwanz angehören. In der Bauch- und vorderen Schwanzgegend beträgt ihre Höhe und Länge 1,5 Linien. Die Schwanzwirbel tragen kräftige Fortsätze; die Rippen sind mässig lang und dünn. In der Bauchgegend erkennt man auch Muskelgräthen.

Die Rückenflosse ist 1,5 Zoll hoch und besteht aus 4 kleinen, einem grossen ungetheilten und 13 getheilte Strahlen. Sie ruhen auf kräftigen Trägern, von denen sich namentlich die vorderen nach oben hin keilförmig verbreitern. Die Schwanzflosse ist fast bei allen Exemplaren von ausgezeichneter Erhaltung und besteht in jeder Hälfte aus 10 kleinen, einem grossen ungetheilten und 9 bis 10 getheilten Strahlen, deren längste 2 Zoll messen. Die Entfernung der äussersten Enden ihrer Lappen beträgt 2 Zoll und 6 Linien. Die Afterflosse liegt etwas mehr nach hinten, als bei Sardinius Cordieri, und erreicht die kleinen Strahlen des unteren Lappens der Schwanzflosse. Sie zählt einen kleinen, einen grossen ungetheilten und 16 getheilte Strahlen. Jede Bauchflosse enthält einen ungetheilten und 8 getheilte Strahlen. Die Brustflossen sind am meisten entwickelt; jede derselben besteht aus einem ungetheilten und 18 getheilten, bis zu 2 Zoll langen Strahlen.

Fundort: Die Plattenkalke der Umgebung von Sendenhorst.

Gattung: **Sardinoides** m. (Osmeroides Ag. zum Theil).

Die Species dieser Gattung, der die meisten Fische von Sendenhorst angehören, zeichnen sich durch' einen sehr regelmässigen Bau aus. Ihre Körperform besitzt mit dem zuletzt beschriebenen Fische grosse Aehnlichkeit, doch fällt gleich der Mangel grosser Brustflossen auf. Diese müssen sogar sehr zart und klein gewesen seyn, da nur selten Spuren davon überliefert sind. Man zählt nicht über 6 ziemlich breite Kiemenhautstrahlen. Die Zähne sind auch hier sehr klein. Die Wirbel sind robuster und geringer an Zahl. Von strahlenlosen Trägern in der Nackengegend sind kaum Spuren vorhanden. Die Rückenflosse ist ein wenig mehr nach vorn gerückt. Die Bauchflossen sind von den Afterflossen auf eine ihrer eigenen Länge gleichkommende Entfernung getrennt. Die sehr entwickelte Schwanzflosse ist tief gespalten. Die Schuppen sind gross und gewimpert, übrigens auch hier mit feinen concentrischen Anwachsstreifen versehen.

Sardinoides crassicaudus m. Taf. VI. Fig. 4.

Ein kräftiger, untersetzter Fisch, dessen Höhe an der Schwanzwurzel sich zur Länge der ganzen Wirbelsäule (vom letzten lichten Wirbel bis zu den Deckelstücken am Kopfe) wie 1:3,4 verhält. Er misst von dem äussersten Ende der Strahlen der Schwanzflosse bis zur Maulspitze 9 Zoll. Die Höhe des Rumpfes beträgt in der Nackengegend 2 Zoll 6 Linien, während die Schwanzwurzel 1 Zoll 4 Linien hoch ist.

Vom Kopf ist nur der vordere Theil gut erhalten; die Deckelstücke sind sehr beschädigt und unkenntlich. Zähne sind nicht erkennbar. Unter- und Zwischenkiefer, das untere Gelenkbein des Schläfenbeins, Theile des Jochbeins, die mässig grosse Augenhöhle und der Hinterdeckel sind vorhanden. Man zählt 27 sehr kräftige Wirbel, von denen 16 mit starken Fortsätzen versehene Schwanzwirbel sind. Die Bauchwirbel sind 2 Linien lang und 3 Linien hoch, dabei längsgestreift. Die Rippen sind mässig lang, dagegen die vorderen oberen Wirbelbogen sehr kurz.

Die Rückenflosse besteht aus 3 kräftigen ungetheilten und 12, von einander ziemlich entfernt stehenden, getheilten Strahlen, welche sich, mit Ausnahme des ersten ungetheilten Strahls, auf je einen verbreiterten Träger stützen. Der erste Flossenstrahl hat zwei Träger, die bei den folgenden Species viel zärter sind. Die Länge der Rückenflosse verhält sich zu dem zwischen Rücken- und Schwanzflosse liegenden Raum, wie 1:1,2. Die Schwanzflosse ist verhältnissmässig kurz und an ihr nur der obere Lappen vollständig erhalten, welcher aus 10 kleinen, einem grossen ungetheilten und 8 getheilten, bis 1 Zoll 8 Linien langen Strahlen besteht. Die Afterflosse enthält einen kleinen, einen grossen ungetheilten und 8 getheilte Strahlen, die nicht bis zur Schwanzflosse reichen. Die Bauchflossen sind von der

Afterflosse durch einen ihrer eigenen Länge gleichkommenden Raum getrennt und bestehen aus einem sehr kräftigen ungetheilten und 5 mehrfach getheilten Strahlen. Von den beiden Brustflossen ist nur die Einlenkungsstelle der einen angedeutet.

Die Schuppen sind gross, gegen 3,5 Linien hoch und am Rande stark gewimpert. In der Schwanzgegend bedecken 5 bis 6 Reihen Schuppen jede Seite des Fisches. Die Seitenlinie ist nur in der Nackengegend sichtbar, wo sie sich mit kräftigen Eindrücken über die Wirbelsäule erhebt.

Vorkommen: In den Plattenkalken der Bauerschaft Bracht, südlich von Sendenhorst.

Sardinioides Monasterii m. Taf VI. Fig. 2 u. Taf. VII. Fig. 10.

Osmeroides Monasterii Agassiz, poiss. foss., V. p. 103, t. 60d. f. 3.

Dieser Fisch besitzt mit dem gleich zu beschreibenden Osmeroides microcephalus eine solche Aehnlichkeit, dass ich eine Zeit lang ungewiss war, ob hier zwei Species oder nur eine einzige, in zwei durch Alter oder Entwickelung verschiedene Exemplare vorliegen. Schliesslich habe ich mich doch für Beibehaltung der von Agassiz aufgestellten Species entschieden. Agassiz gründet die Trennung dieser beiden Fische hauptsächlich auf folgende Unterscheidungsmerkmale:

1. die Zahl der Wirbel sey bei Sardinioides Monasterii kleiner, als bei S. microcephalus.
2. Sardinioides Monasterii habe einen im Verhältniss zur Totallänge grösseren Kopf.

Auf dieses Merkmal legt bei fossilen Fischen Agassiz grosses Gewicht, doch ist der Erhaltungszustand derselben oft der Art, dass sich die Gränzen des Kopfes nicht mit aller Sicherheit erkennen lassen, oder dass es ungewiss gelassen werden muss, ob der Kopf und seine gewöhnlich nur lose zusammenhängenden und daher nur leicht verschiebbaren Theile noch ihre natürliche Lage einnehmen. Dieses Merkmal ist daher nur mit grosser Vorsicht zur Unterscheidung der Species anzuwenden. In vorliegendem Fall finde ich die von Agassiz aufgestellten Unterscheidungsmerkmale nicht immer zutreffen, und ich möchte ihnen daher noch folgende beifügen.

Sardinioides Monasterii ist in allen Theilen kräftiger und gedrungener, hat eine höhere Schwanzwurzel und etwas mehr nach vorn gerückte Bauchflossen. Es verhält sich die grösste Höhe des Rumpfes in der Bauchgegend zur Totallänge bei S. Monasterii wie 1 : 3,6, bei S. microcephalus wie 1 : 4,5.

Die durchschnittliche Grösse dieses Fisches beträgt 7 Zoll, die grösste Höhe 1 Zoll 11 Linien, die in der Gegend der Schwanzwurzel bis auf 10,5 Linien herabsinkt.

Der Kopf war beschuppt; wenigstens erkennt man noch unterhalb der mässig grossen Augenhöhle deutliche Abdrücke von Schuppen. Die Zahl der Kiemenhautstrahlen beträgt nicht unter fünf.

Man zählt gegen 30 längsgestreifte Wirbel, von denen 16 dem Schwanz angehören. In der Bauchgegend sind die einzelnen Wirbel 1,5 Linie lang und 1,3 Linie hoch; mithin verhältnissmässig zärter, als bei der vorhergehenden und nachfolgenden Species. Die Wirbel-Fortsätze und Rippen gleichen denen von S. crassicaudus.

Die Rückenflosse besteht aus 3 kleinen, einem grossen ungetheilten und 10 getheilten Strahlen, deren längster 1 Zoll 4 Linien misst. Der obere Lappen der Schwanzflosse ist grösser als der untere und besteht aus 10 kleinen, einem grossen ungetheilten und 9 getheilten Strahlen, deren längster 1 Zoll 11 Linien ergiebt, der entsprechende Strahl des unteren Lappens nur 1 Zoll 8 Linien. Die Afterflosse besteht aus 2 kleinen, einem grossen ungetheilten und 7 getheilten Strahlen; sie reicht nicht ganz so weit nach hinten, als bei der vorigen Species. Die Bauchflossen enthalten einen ungetheilten und 5 getheilte Strahlen, und von den Brustflossen ist auch hier nur die Einlenkungsstelle sichtbar.

Schuppen und Seitenlinie verhalten sich wie bei voriger Species.

Vorkommen: In den Plattenkalken der Bauerschaft Bracht und Arnhorst bei Sendenhorst.

Sardinioides microcephalus m. Taf. VI. Fig. 8. Taf. VII. Fig. 9.

Osmeroides microcephalus Agassiz, poiss. foss., V. p. 104. t. 60. 8. 4.

Die Merkmale, durch welche sich diese Species von der vorigen unterscheidet, sind bereits bei der Beschreibung letzterer angegeben.

Die Totallänge des Fisches beträgt bis 6 Zoll 6 Linien, wobei die grösste Höhe in der Nackengegend 1 Zoll und 5 Linien erreicht, die sich aber in der Gegend der Schwanzwurzel auf 8,25 Linien verringert. Der Kopf ist nicht so hoch wie der Nacken; er lässt an den verschiedenen mir vorliegenden Exemplaren die Kieferknochen mit undeutlichen Spuren der äusserst kleinen Zähnchen, ferner die Deckelknochen, das untere Gelenkbein des Schläfenbeins, das Jochbein, das Keilbein, endlich auch sechs Kiemenhautstrahlen mit ihrem Träger erkennen.

Man zählt 27 bis 30 Wirbel, von denen 15, mit verhältnissmässig schwachen Fortsätzen versehen, dem Schwanze angehören. In der Bauchgegend haben die Wirbel eine Länge von 1,5 bis 2 Linien bei 1,5 Linien Höhe.

Die Rückenflosse besteht aus 2 bis 3 kleinen, einem grossen ungetheilten und 9 bis 10 getheilten Strahlen. Die Schwanzflosse enthält in ihrem oberen Lappen 9 bis 10 kleine, einen grossen ungetheilten und 9 getheilte Strahlen. Die Afterflosse zählt 2 kleine, einen grossen ungetheilten und 7 bis 8 getheilte Strahlen. Jede der Bauchflossen enthält einen ungetheilten und 5–6 getheilte Strahlen. Die beiden Brustflossen habe ich nur an einem einzigen Exemplar beobachten können, wo ich 10 bis 12 zarte Strahlen für eine Flosse zählte.

Schuppen und Seitenlinie verhalten sich wie bei der vorhergehenden Species. Die Schuppen sind auch hier ziemlich gross, am freien Rande gewimpert und erstrecken sich über das Operculum hinaus.

Vorkommen: Der verbreitetste Fisch in den Plattenkalken der Umgegend von Sendenhorst.

Sardinioides tenuicaudus m. Taf. VII. Fig. 8.

Von dieser Art liegt nur ein einziger Abdruck vor, und zwar von schlechter Erhaltung. Es fehlt nämlich ein Stück Kopf, und die Flossen lassen sich mehr nach ihrem Umfange, als nach der Zahl und Verschiedenheit der Strahlen beurtheilen. Von Sardinioides microcephalus, dem die Species am nächsten steht, unterscheidet sie sich:

1. Durch grössere Schlankheit des ganzen Körpers, da die grösste Höhe desselben bei einer muthmasslichen Körperlänge von 8 Zoll nur 1 Zoll 3,5 Linien beträgt, während sie sich bei einem Exemplar des S. microcephalus von 6 Zoll 6 Linien Länge schon auf 1 Zoll und 5 Linien beläuft.
2. Durch geringere Höhe der Schwanzwurzel. Vergleicht man diese mit der Länge der Rückenwirbelsäule, so verhält sie sich bei den verschiedenen Sardinioides-Arten, und zwar

    bei S. crassicaudus . . . . . . wie 1 : 3,8;
    bei S. Monasterii . . . . „ 1 : 4,4;
    bei S. microcephalus . . . . „ 1 : 5; und
    bei S. tenuicaudus . . . . „ 1 : 6,7.
3. Durch kleinere Rückenflosse.
4. Durch sehr entwickelte Schwanzflosse, deren längste Strahlen 1 Zoll und 9 Linien messen.

Auch hier zählt man 30 Wirbel, von denen 16 Schwanzwirbel sind.

Vorkommen: In den Plattenkalken der Bauerschaft Bracht bei Sendenhorst.

Gattung: Microcoelia m.

Schon oben habe ich angedeutet, dass die kleinen Fische, die wir nun zu betrachten haben, noch grössere Schwierigkeiten hinsichtlich der Classification als die Gattungen Sardinius und Sardinioides bereiten, hauptsächlich deshalb, weil ihre drei Kiemenhautstrahlen an die kleinen Cyprinoideen der Gattungen Leuciscus und Aspius erinnern. Zugleich aber habe ich die Gründe angegeben, welche mich bestimmen mussten, sie dennoch den Clupeoideen beizuzählen.

Von den vorher beschriebenen unterscheidet sich die Gattung Microcoelia durch einen verhältnissmässig langen Schwanz, so wie durch den dadurch bedingten kurzen Bauch, welcher Bauart die an Strahlen reiche Afterflosse und die sehr nach vorn gerückten Bauchflossen entsprechen. Die Rückenflosse liegt ungefähr in der Mitte des Rückens. Die Wirbel sind kurz, die des Schwanzes sind mit kräftigen Fortsätzen versehen. Die Strahlenträger der Afterflosse sind kurz, die Schuppen und Schädelknochen fein gekörnt.

Microcoelia granulata m. Taf. V. Fig. 4.

Ein zierliches, gut erhaltenes Fischchen, nur erst in einem einzigen Exemplar gefunden. Seine Totallänge beträgt 8 Zoll; die grösste Höhe in der Bauchgegend 9 Linien, von wo sie nach der nur 3 Linien hohen Schwanzwurzel allmählich abnimmt. Der Kopf wird ebenfalls bis 9 Linien hoch und ebenso lang gewesen seyn; man erkennt an ihm die Kieferknochen, das untere Gelenkbein des Schläfenbeins, die mässig grosse Augenhöhle und 3 Kiemenhautstrahlen.

Die Zahl der Wirbel wird 42 gewesen seyn, von denen 20 Schwanzwirbel sind; letztere tragen kräftige, fast gerade und nicht sehr lange Fortsätze. Die einzelnen Wirbel sind 0,6 Linien lang und ebenso hoch; eine Längsstreifung derselben ist kaum angedeutet. Die Rippen sind zart.

Die Rückenflosse ist am schlechtesten erhalten und scheint aus einem ungetheilten und 5 getheilten Strahlen zu bestehen. Die nicht sehr tief gabelspaltige Schwanzflosse lässt in jeder Hälfte 3 kleine, einen grossen ungetheilten und 7 bis 8 getheilte Strahlen erkennen, deren längster 9 Linien misst. Die Afterflosse enthält 2 kleine, einen grossen ungetheilten und 21 bis 22 getheilte Strahlen, sie erstreckt sich bis kurz vor den ersten kleinen Strahl der Schwanzflosse. Die Bauchflossen bestehen aus einem ungetheilten und 6 getheilten Strahlen; sie liegen gleich hinter den Brustflossen, deren Gegenwart durch Reste von 8 Strahlen schwach angedeutet ist.

Die Schuppen sind mässig gross; Streifung und Randwimpern sind nicht zu erkennen, wogegen sie mit zahlreichen feinen Körnchen übersäet sind. Die Seitenlinie erhebt sich gleich vom letzten Schwanzwirbel an, und lässt sich in der halben Höhe zwischen Wirbelsäule und Rückenkante bis in die Nackengegend verfolgen.

Fundort: Die Plattenkalke des Arenfeldes bei Sendenhorst.

Gattung: Leptosomus m.

In meiner Abhandlung „Ueber einige Wirbelthiere etc. der Westphälischen Kreide" habe ich auch eines kleinen Fisches erwähnt, der nach den damals vorgelegenen, sehr mangelhaften Resten einem jugendlichen Sardinioides microcephalus nahe zu stehen schien. Da dieser aber immer sehr deutliche Abdrücke seiner Schuppen hinterlassen hat, die bei jenen Fischchen nicht wahrzunehmen waren, so bezeichnete ich sie damals mit dem Namen Clupea Guestphalica, in der Erwartung, dass durch spätere Funde die Natur sich richtiger werde ermitteln lassen. Es haben sich nun auch wirklich Exemplare gefunden, woran sich erkennen lässt, dass diese Fische nichts anderes sind als die Jugend von Sardinioides microcephalus, was namentlich durch die Stellung der Rücken- und Bauchflossen, durch die Zahl der Kiemenhautstrahlen, sowie durch die Höhe der Schwanzwurzel und die derberen Wirbel zur Gewissheit wird. Ein Exemplar der Art habe ich Taf. VII. Fig. 9 abgebildet.

Ausser diesen Fischen ist aber ein anderer, noch zärterer Fisch in ungefähr 10 Exemplaren aufgefunden, dessen Körperform wesentlich von der der letzt erwähnten abweicht. Das Verhältniss der Höhe der Schwanzwurzel zur Länge der Wirbelsäule, d. h. bis zum Beginne der Deckeltheile des Kopfes, ist wie 1:7,6, und selbst wie 1:8,5. Die Länge der Rückenflosse verhält sich zur Entfernung des ersten Strahles der Rückenflosse von der Schwanzflosse wie 1:4,5. Der Fisch hatte mithin einen langen, dünnen Schwanz, dem aber eine sehr entwickelte, tief gespaltene Flosse von fast viermal der Höhe der Schwanzwurzel angehörte. Er besass drei Kiemenhautstrahlen.

Leptosomus Guestphalicus m. Taf. VIII. Fig. 4. 5.

Die Länge dieses kleinen Fisches beträgt 2 Zoll 9 Linien bis 3 Zoll 2 Linien und die grösste Höhe in der Nackengegend 5,5 bis 6,5 Linien; diese Höhe verringert sich nach der Schwanzwurzel bis auf 1,8 Linie.

Der Kopf ist verhältnissmässig gross, doch sind seine Theile nicht gut erhalten, so dass ausser den Kieferknochen, einigen Deckelstücken und dreien Kiemenhautstrahlen nur undeutliche Knochenfragmente zu unterscheiden sind. Man zählt gegen 33 Wirbel, von denen die grössten eine halbe Linie lang und nicht ganz so hoch sind. Die Wirbelfortsätze und Rippen sind äusserst zart.

Die Entfernung des ersten Strahles der Rückenflosse von der Maulspitze ist dieselbe, wie die Entfernung des letzten Strahls dieser Flosse von der Schwanzflosse. Die Rückenflosse hat einen kleinen und einen grossen ungetheilten, so wie 9 getheilte Strahlen. Die Schwanzflosse besteht in jeder Hälfte aus 10 kleinen, einem grossen ungetheilten und 8—9 getheilten Strahlen. Sie ist tief ausgeschnitten, so dass ihre längsten Strahlen 9 Linien und die kleinsten, mittelsten nur 2,5 Linien lang sind. Die Afterflosse endet so weit vor der Schwanzflosse, wie ihre eigene Länge beträgt, und besteht aus einem kleinen, einem grossen ungetheilten und 9 bis 10 getheilten Strahlen. Die Bauchflossen liegen vor jener Stelle der Bauchkante, welche dem ersten Strahl der Rückenflosse entspricht, und bestehen aus einem ungetheilten und 7 getheilten Strahlen. An einem Exemplar sind von den Brustflossen nur Spuren sichtbar.

Die Schuppen sind nicht erhalten.

Fundort: Die Plattenkalke des Arenfeldes bei Sendenhorst.

Zu der Familie der Härings-artigen Fische möchte ich noch einige abdominale Weichflosser bringen, die auf den ersten Blick durch eine ungewöhnliche Entwickelung der Brustflossen auffallen, und dadurch an Formen der jetzt lebenden Gattung Exocoetus erinnern. Alle hieher gehörige Exemplare, die bis jetzt aufgefunden sind, befinden sich in einem sehr mangelhaften Zustande, was die Schwierigkeit, sie richtig unterzubringen, sehr erhöht. Sämmtliche Species scheinen einen spindelförmigen Körper besessen zu haben, der bei einer Länge von mehr als 16 Zoll kaum 2 Zoll Höhe maass.

Unter den fossilen Kreidefischen der Umgegend von Sendenhorst besitzen wir aus der Abtheilung der abdominalen Weichflosser drei, die sich durch beträchtliche Entwickelung der Brustflossen auszeichnen, nämlich die den Characinen zugezählten Ischyrocephalus-Arten und den den Clupeoideen angehörigen Sardinius macrodactylus. Von diesen unterscheiden sich die nun zu betrachtenden Fische sowohl durch eine ganz abweichende Körpergestalt, als durch eine gleichfalls verschiedene Stellung der Flossen und durch die Structur der Wirbel. Man könnte versucht werden, sie unter den eocänen Fischen des Monte Bolca dem Platinx elongatus Ag. beizuzählen, der sich auch durch ausserordentlich entwickelte Brustflossen auszeichnet, dessen Kieferform aber, so wie die Flossenstellung so sehr verschieden sind, dass man sich genöthigt sieht, für unsere Fische eine neue Gattung, wie folgt, aufzustellen.

Gattung: Tachynectes m.

Fische mit langem, spindelförmigen, in einen dünnen Schwanz verlaufenden Körper. Der Kopf ist verlängert; die Zähne müssen sehr klein gewesen seyn, man erkennt nur unbedeutende Reste von einer bürstenförmigen Zahnbewaffnung der Kinnbacken, und Andeutungen von Gaumenzähnen und kurzen Schlundzähnchen. Es werden über 12 Kiemenhautstrahlen gezählt, von denen 16 vorhanden gewesen zu seyn scheinen. Die Brustflossen sind sehr gross, oval, aus einem kräftigen ungetheilten und zahlreichen, vieltheiligen Strahlen bestehend. Fast alle Exemplare lassen starke Schulterknochen oder deren Abdrücke erkennen. Die einzelnen Rückenwirbel sind sechseckig.

Tachynectes macrodactylus m. Taf. IX. Fig. 1. 2.

Das einzige Exemplar, welches mir in den Gegenplatten vorliegt, ist leider in der Gegend des Kopfes abgebrochen und zwar in der Weise, dass der Vorderkopf eine zurückgeschlagene Lage einnimmt; woher es kommt, dass man auf der Unterseite des Stückes den Anfang zahlreicher Kiemenhautstrahlen, so wie den verlängert eiförmigen Umriss des Stirnbeins mit Resten vom Oberkiefer, kleine Bürstenzähnchen tragend, und des gleichfalls bezahnt gewesenen Pflugschaarbeins erkennt.

Die Länge des Fisches beträgt, soweit der Abdruck desselben erhalten ist, 15, und die grösste Höhe 2 Zoll, die sich jedoch kurz vor der Schwanzflosse auf ungefähr 3 Linien verringert. Die Wirbel (Fig. 2) sind bedeutend höher als lang und sechsseitig. Ihre Höhe misst 4,5 Linien, die Länge 1,5 Linien. Die Zahl lässt sich nicht genau ermitteln, es mögen ihrer ungefähr 90 vorhanden gewesen seyn. Ihre Fortsätze und die Rippen haben nur schwache Eindrücke hinterlassen. In der Nähe des Halses bemerkt man an dieser wie an der folgenden Species Bündel von Gräthen.

Die Brustflossen bestehen aus einem starken ungetheilten und 11 wiederholt gabeltheiligen Strahlen, deren längste 4 Zoll messen. Sie bilden ein an der Basis etwas schmäleres Oval von 2 Zoll Durchmesser. Nur eine dieser Flossen ist vollständig überliefert, die andere theilweise weggebrochen. Zwischen beiden liegen die noch in ihrer Knochensubstanz erhaltenen Schulterknochen, welche eine birnförmige Höhlung einschliessen, in deren hinterem Ende ein Halswirbel sichtbar ist, während in ihrer vorderen Spitze linienlange, höckerförmig gekrümmte Zähnchen erkannt werden.

Die Bauchflossen liegen nicht genau in der Mitte zwischen Brustflosse und Schwanzflosse, sondern etwas mehr nach vorn. Jede derselben besteht aus einem starken, hübelförmigen ungetheilten und 6 getheilten Strahlen, deren längster gegen 2 Zoll misst. Ihnen fast gegenüber liegt die Rückenflosse, die nur wenige Strahlenreste hinterlassen hat. Weder die Seitenknochen der Bauchflossen, noch die Träger der Strahlen der Rückenflosse sind erhalten. Die Afterflosse ist nicht sichtbar, und auch die Schwanzflosse lässt nur wenige Strahlen erkennen.

Von den Schuppen sind kaum Spuren vorhanden, welche für Cycloiden-Schuppen sprechen würden.

Fundort: Die Plattenkalke der Umgegend von Sendenhorst.

Tachynectes longipes m. Taf. IX. Fig. 3. Taf. X. Fig. 1. 2.

Zu dieser Species rechne ich drei Exemplare, von denen ebenfalls keines vollständig ist. Wenn mich meine Vermuthung der Zusammengehörigkeit dieser Reste nicht täuscht, so lässt sich aus ihnen ein ziemlich vollständiges Bild von diesem Fisch zusammenstellen.

Das besterhaltene Exemplar, worauf hauptsächlich meine Beschreibung beruht, Taf. IX. Fig. 3, lässt den Kopf, die Brust- und Bauchflossen, die Strahlenträger der Rückenflosse, den grössten Theil der Afterflosse und wenigstens einige Bruchstücke von den Strahlen der Schwanzflosse erkennen.

Die Länge des Fisches beträgt bis zum Beginn der Schwanzflosse 10 Zoll, die grösste Höhe wird gegen 1 Zoll 4 Linien gemessen haben. Die Körperform entspricht der vorigen Species.

Der Kopf ist 2 Zoll 7 Linien lang, er lässt beide Augenhöhlen, ein Stück Keilbein, Stücke vom Jochbein und Unterkiefer, einige Deckelstücke und mehr als 12 Kiemenhautstrahlen mit ihrem Träger erkennen.

Von den Wirbeln, deren 80 bis 90 vorhanden waren, ist keiner vollständig erhalten, doch scheinen ihre Grössenverhältnisse der vorigen Species zu entsprechen. Auch hier haben die Wirbelfortsätze und Rippen nur undeutliche Spuren hinterlassen.

Die Brustflossen, von denen nur die eine sichtbar ist, bestehen aus einem ungetheilten, gekrümmten und 12 getheilten Strahlen, von welchen der längste nicht über 2 Zoll misst. Die ganze Flosse hat ebenfalls eine eiförmige Gestalt von einem Zoll Durchmesser. Die Bauchflossen liegen in der Mitte zwischen Brust- und Afterflosse und bestehen aus einem ungetheilten, säbelförmigen und 9 getheilten, sehr weichen Strahlen, von denen die längsten 1 Zoll und 6 Linien messen. Der Durchmesser dieser Flosse ist fast so gross, wie bei den Brustflossen. Den Bauchflossen gegenüber, nur ein wenig mehr dem Schwanze genähert, liegen die Eindrücke von sieben Strahlenträgern der Rückenflosse. Die Afterflosse lässt 7—8 Strahlen erkennen, die fast bis zur Schwanzflosse reichen. Von den Strahlen letzterer sind nur einzelne Reste sichtbar. Die Schuppen sind ebenso undeutlich, wie bei der vorigen Species.

Ein zweites Exemplar, Taf. X. Fig. 1, welches wegen seiner Grössenverhältnisse und der Zahl der Strahlen in den Brust- und Bauchflossen hieher gehört, lässt den Abdruck der Schulterknochen ganz in derselben Weise erkennen, wie in Tachynectes macrodactylus. Der sonst sehr mangelhafte Kopf besitzt einen Unterkiefer, dessen vorderes Ende hakenförmig aufwärts gekrümmt erscheint. Von der Rückenflosse sind einige lange und weiche Strahlen erhalten.

Das dritte Exemplar, Taf. X. Fig. 2, welches ich nicht ohne Bedenken hieher bringe, besteht in dem Abdruck vom Schwanze bis zum Beginn der Rückenflosse und in den Bauchflossen. Die Grössenverhältnisse der Rückenwirbel, die Form und Zahl der Strahlen in der Bauchflosse, der verdünnte Schwanz und die Lage der Strahlenträger der After- und Rückenflosse veranlassten mich, diese Versteinerung hier unterzubringen, und zwar um so mehr, als sie keinem der bis jetzt aufgefundenen Fische der Kreide von Sendenhorst angehört. Man sieht an diesem Exemplar, dass die Zahl der Strahlen in der Rückenflosse mindestens 10 gewesen seyn muss, da man eben so viel kräftige Träger dieser Flosse erkennt. Man erkennt ferner, dass die Afterflosse nicht ganz bis zur Schwanzflosse reichte, und dass die Schwanzflosse, deren Strahlen nicht in ihrer ganzen Länge erhalten sind, in jeder Hälfte aus 5 kleinen, einem grossen ungetheilten und 7 bis 8 getheilten Strahlen bestand, deren längster mindestens 1 Zoll 10 Linien und der kürzeste, mittlere 7 Linien lang war.

Die wesentlichsten Unterscheidungsmerkmale für diese Species sind demnach folgende:

1. Die Brustflossen sind verhältnissmässig kleiner, haben aber einen Strahl mehr, als in Tachynectes macrodactylus.
2. Die Bauchflossen, die hier beinahe so gross sind wie die Brustflossen, haben 3 getheilte Strahlen mehr, als die kleineren Bauchflossen des T. macrodactylus.

Fundort: Die Plattenkalke der Umgegend von Sendenhorst.

Tachynectes brachypterygius m. Taf. IX. Fig. 4.

Das naturhistorische Museum zu Münster bewahrt die unvollständigen Reste eines Fisches, welcher unzweifelhaft der Gattung Tachynectes angehört. Der Fundort ist nicht angegeben. Der Natur des Gesteines nach rührt die Versteinerung aus der Umgegend von Sendenhorst.

Die verhältnissmässig breite und weiche, dabei gerundete Brustflosse, die kräftigen Schulterknochen, die Form der Gräthen in der Halsgegend und die Grössenverhältnisse der Wirbel nach den Abdrücken stimmen unter unseren Kreidefischen nur mit der Gattung Tachynectes überein, wogegen die Länge der Brustflossen auffallend geringer ist, als in den beiden zuvor beschriebenen Species, indem sie nicht einmal der Höhe des Rumpfes gleichkommt, während sie selbst bei T. longipes anderthalbmal und bei T. macrodactylus noch einmal so gross ist, als die grösste Höhe. Von den anderen Flossen und dem Kopf ist keine Spur vorhanden. Die abweichende Form der Brustflossen musste mich bestimmen, diese Versteinerung vorläufig unter einer besonderen Species zu begreifen.

Die abdominalen Weichflosser, welche nun folgen, wage ich nicht den bestehenden Familien einzureihen, da sie in ihrem Habitus wie in der Anordnung und dem Bau der äusseren Organe von den bekannten Gattungen zu sehr abweichen. Es giebt zwar Fische, die mit ihnen in gewissen Beziehungen übereinstimmen, wofür sie aber in anderen Beziehungen nur um so mehr abweichen. So besitzt unter den Stachelflossern Nothacanthus Nasus Cuv. Valenc. eine Afterflosse von derselben Entwickelung, dabei aber, abgesehen von der Gegenwart kurzer, kräftiger Dornstrahlen, dem Fehlen der eigentlichen, nur durch einige kurze Dornstrahlen angedeuteten Rückenflosse und einem ganz abweichend gebildeten Kopf, eine, wenn auch kleine, Schwanzflosse, die unseren Fischen ganz fehlt. Unter den Weichflossern begegnen wir ähnlichen Gestalten in der Familie der Apoden. Die Gattung Carapus, und besonders Carapus macrurus hat einen ähnlichen, sehr verdünnten Schwanz ohne Schwanzflosse und eine bis an das Ende des Schwanzes reichende, aus ungefähr 230 Strahlen bestehende Afterflosse. Die Carapen haben aber weder Rücken- noch Bauchflossen, sie weichen in der Kopfform ab und ihre Afterflosse beginnt gleich hinter den Brustflossen.

— 56 —

Ich habe daher die beiden mir bis jetzt bekannt gewordenen, sehr ähnlichen Species in eine Gattung gebracht, die ich ihres spitzen Kopfes und weiten Maules wegen, sowie wegen des dünnen, anscheinend walzenförmigen Körpers

Echidnocephalus

genannt habe. Diese Gattung enthält sehr schlanke, dünne Fische, mit dünnem Kopf und fadenförmig verdünntem Schwanz. Eine eigene Schwanzflosse ist nicht vorhanden, doch zieht die reichstrahlige Afterflosse bis an das Ende des Schwanzes. Bauchständige Bauchflossen, eine Rückenflosse und zarte Brustflossen sind, sämmtlich ohne Dornstrahlen, vorhanden.

Echidnocephalus Troscheli m. Taf. VIII. Fig. 1.

Diese Species, die erste, welche von dieser Gattung bekannt wurde, habe ich nach dem berühmten Ichthyologen, Herrn Professor Troschel in Bonn benannt.

Ausser einem beinahe vollständigen Exemplar liegen aber noch Bruchstücke von verschiedener Grösse von diesem Fische vor.

Das abgebildete Exemplar ist bis zu einer Länge von 10 Zoll 3 Linien erhalten, doch fehlt mindestens noch ein bis anderthalb Zoll vom Schwanz. Die grösste Höhe des Rumpfes beträgt in der Gegend der Bauchflossen 1 Zoll und 3 Linien, sie verringert sich nach dem Schwanze zu allmählich, so dass dessen äusserstes Ende fadenförmig ausgeht. Der spitze Kopf ist 1 Zoll 9 Linien lang und nach dem Nacken zu 11 Linien hoch. Das Maul ist weit gespalten und war mit äusserst feinen Zähnchen, die kaum merkliche Spuren hinterlassen haben, besetzt. Es lassen sich nur 6 Kiemenhautstrahlen unterscheiden. Die Augenhöhle ist mässig gross. Der obere Theil der Maulspitze scheint abgestutzt zu seyn, doch wohl nur zufällig, da die anderen Exemplare diese Abstutzung nicht wahrnehmen lassen.

Die Wirbel sind sehr zahlreich; ihre Zahl muss gegen 150 betragen haben, da man schon an dem unvollständigen Exemplar 117 zählt. In der Bauchgegend sind die Wirbel 2 Linien hoch und 1 Linie lang, dabei äusserst fein gestreift. Sie tragen hier kurze, kräftige Querfortsätze, während in der hinteren Schwanzgegend die oberen Fortsätze kräftiger erscheinen. Die oberen Fortsätze der Hals-, Bauch- und vorderen Schwanzgegend sind zart, lang und bogenförmig nach hinten gekrümmt; ihre Anheftungsstellen sind ebenfalls bedeutend verbreitert und entsprechen den kräftigen, kurzen unteren Querfortsätzen. Von der Bauchgegend an nehmen die Wirbel nach dem Schwanze zu allmählich an Grösse ab, so dass die äussersten Schwanzwirbel nur als kleine Knötchen oder Punkte erscheinen.

Die Rückenflosse hat an dem vorliegenden Exemplar nur schwache Spuren hinterlassen, die jedoch genügen, um sich von ihrer Anwesenheit und Lage zu überzeugen. Diese Flosse befand sich an der Stelle des Rückens, welche der Mitte zwischen den Bauchflossen und der Afterflosse gegenüber liegt. Ihre Strahlen scheinen weder lang noch zahlreich gewesen zu seyn. Die Afterflosse reicht bis an das Ende des fadenförmigen Schwanzes und besteht aus mehr denn 100 weichen, einfachen Strahlen, deren Basis mit den Trägern, zumal bei Beginn der Flosse, eine merkliche Verdickung bildet. Die Bauchflossen bestehen aus einem einfachen und 8 bis 9 getheilten Strahlen, die bis 9,5 Linien lang sind. Brustflossen sind nicht vorhanden. Schuppen werden nicht erkannt.

Fundort: Die Plattenkalke des Arenfeldes bei Sendenhorst.

Echidnocephalus tenuicaudus m. Taf. VIII. Fig. 2. 3. Taf. XIV. Fig. 1.

Diese Species findet sich häufiger als die zuvorbetrachtete; meiner Beschreibung konnte ich sechs vollständige Exemplare zu Grunde legen. Beide Species gleichen sich im Allgemeinen ziemlich, doch ist die, mit der wir uns jetzt beschäftigen, viel schlanker, wie aus folgenden Messungen zu ersehen ist.

Das abgebildete Exemplar 12" 10''' lang bei einer Höhe von 8'''.
Ein zweites   „   9" 6''' „   „   „   „   „ 4,5'''.
Ein drittes   „   9" 6''' „   „   „   „   „ 5'''.
Ein viertes   „   7" 3''' „   „   „   „   „ 5'''.

Der spitze Kopf ist 1 Zoll 6 Linien lang und 9 Linien hoch. Das Maul ist auch bei dieser Species verhältnissmässig weit gespalten. Zähne sind nicht erkennbar. Die Augenhöhle ist mässig gross. Es sind 12 Kiemenhautstrahlen vorhanden.

Das Grössenverhältniss der Wirbel ist ungefähr dasselbe, wie bei der vorhergehenden Species; die Zahl der Wirbel ist aber grösser, indem sie 200 übersteigt. Die verbreiterte Basis der Dornfortsätze wird hier nicht wahrgenommen, sonst gilt von den Fortsätzen dasselbe, was ich von ihnen bei E. Troscheli anzuführen hatte. Schuppen sind auch hier nicht zu erkennen.

Die Rückenflosse besteht aus einem ungetheilten und 6 getheilten, bis 11 Linien langen Strahlen. Sie liegt auch hier an einer Stelle des Rückens, welche der Mitte zwischen den Bauchflossen und der Afterflosse entspricht. Die Afterflosse geht mit dem Schwanz in eine weiche, zarte Spitze aus, deren hinterster Theil bei einigen Exemplaren rechtwinkelig abwärts gebogen ist. Die Exemplare mit geknicktem Schwanze sind zugleich die dünnsten (das zweite, dritte und vierte oben ausgemessene Exemplar), so dass es nicht unmöglich wäre, dass sie eine eigene Species bildeten. Spätere Funde werden hierüber zu entscheiden haben. Die Zahl der auch hier weichen, aber ungetheilten Strahlen in der Afterflosse beträgt über 200. Die vordersten dieser Strahlen sind 7 Linien lang und nehmen allmählich nach der Schwanzspitze an Länge ab. Die Bauchflossen enthalten einen ungetheilten und 5—6 getheilte, bis 7 Linien lange Strahlen. Die weichen Brustflossen bestehen aus mindestens 6 Strahlen, die eine Länge von 10 Linien erreichen.

Hienach würde sich diese Species von der erstgenannten hauptsächlich
1. durch geringere Höhe des Rumpfes,
2. durch die kleinere Anzahl Strahlen in den Bauchflossen, und
3. durch zahlreichere Wirbel und Strahlen in der Afterflosse
unterscheiden.

Eine der schlanksten Formen dieses Fisches habe ich Taf. XIV. Fig. 1 abgebildet. Die äusserste Schwanzspitze gehört einem zweiten Exemplar an von ganz denselben Grössenverhältnissen wie das, welches grösstentheils meiner Abbildung zu Grunde gelegen hat, bei dem jedoch gerade das Schwanzende weniger gut erhalten ist.

Ausser der grösseren Zartheit und Schlankheit aller Theile ist nur noch zu erwähnen, dass die Rückenflosse ein wenig weiter vorn liegt, als in Echidnocephalus tenuicaudus. Es wäre jedoch gewagt, auf diese Abweichungen allein eine dritte Species von Echidnocephalus anzunehmen.

Fundort: Die Plattenkalke der Bauerschaften Bracht und Arnhorst bei Sendenhorst.

Hier möchte ich noch einen Fisch einreihen, der aus den Baumbergen stammt, und dessen höchst mangelhafte Ueberlieferung keine sichere Classificirung zulässt.

Das verbogene und zerbrochene Exemplar besteht aus einem gut erhaltenen Schwanz, aus Theilen der Rücken- und Afterflosse, aus den beiden Bauchflossen und aus einer Anzahl Wirbel mit ihren Fortsätzen. Von Schuppen erkennt man keine Spur; man möchte daher glauben, dass der Fisch gar keine Schuppen besessen habe. Die für das Gestein der Baumberge etwas befremdende dunkele Färbung, welche die Reste umgeben, lässt vermuthen, dass der Fisch eine schleimige Haut oder einen Schleimüberzug, wie es bei nackten Fischen der Fall zu seyn pflegt, besessen habe.

Die gerundete Schwanzflosse zieht fast bis zur Rücken- und Afterflosse, wodurch der Schwanz Aehnlichkeit mit dem eines Aals besitzt. Die Rückenflosse, die sehr lang gewesen seyn muss, besteht aus zarten, weichen Strahlen, die in ebenso zarte Träger einlenken. Von der Afterflosse sind nur wenig Strahlen erhalten, die an der Spitze gabelspaltig erscheinen. Die Bauchflossen, welche sich auf das knopfförmig verdickte Ende des Beckenknochens stützen, bestehen je aus mindestens 10 zarten Strahlen.

Ausser diesen Flossen sind nur die Wirbel mit ihren Fortsätzen erkennbar. Die Schwanzwirbel sind 0,3 Linien lang und 0,5 bis 0,75 Linien hoch. Sie besitzen zarte Fortsätze und zahlreiche Gräthen. Die Gesammtlänge des ganzen Fischrestes beträgt 5 Zoll 3 Linien.

Sehen wir uns unter den jetzt lebenden Fischen nach ähnlichen Formen um, so begegnen wir ihnen unter den mit Rückenflossen versehenen Siluroideen. Von diesen ist es der in den Ostindischen Flüssen lebende Platystacus (Plotosus) anguillaris Bloch, welcher

Anspruch auf Aehnlichkeit hat, zumal wenn auch bei dem fossilen Fisch die Afterflosse sehr verlängert und eine zweite Rückenflosse vorhanden gewesen seyn sollte.

Vorläufig habe ich den fossilen Fisch

Enchelurus villosus m. Taf. IX. Fig. 5.

genannt, um damit die Aehnlichkeit seines Schwanzes mit dem Schwanz eines Aals, sowie die Weichheit seiner Flossenstrahlen anzudeuten.

Das Original befindet sich in dem naturhistorischen Museum zu Münster.

Ordnung: Saeoidei.

Familie: Dercetiformes.

Die nächstfolgenden Fische gehören einer Gruppe an, die sich mit keiner der bekannten Ordnungen lebender Fische ganz vereinigen lässt. Schon Agassiz hatte einen hieher gehörigen Fisch aus den jüngsten Schichten der Westphälischen Kreide, Dercetis scutatus, in der Sammlung des Grafen zu Münster vorgefunden und ihn in seinen „poissons fossiles" (II. pag. 259) beschrieben, ohne jedoch eine Abbildung davon zu geben, die er doch von seinem in der Englischen Kreide von Lewes vorkommenden Dercetis elongatus mittheilt. Es ist nicht zu verkennen, dass diese Fische mit den von mir darzulegenden, namentlich mit meinem Leptotrachelus armatus, grosse Aehnlichkeit besitzen, und ich glaube daher auch nicht zu irren, wenn ich sie zusammen in eine und dieselbe Sippe bringe. Wie schon angedeutet, finden wir unter den jetzt lebenden Fischen keinen einzigen, der in den Hauptcharakteren mit diesem Kreidefisch vollständig übereinstimmt, wenn auch einzelne Merkmale sich an Fischen verschiedener Sippen und Ordnungen nachweisen lassen. So hat unser Leptotrachelus eine Bepanzerung, die an jene von Peristedion cataphractum Malar. erinnert, während die lange, Aal-förmige Gestalt einigen Taenioideen, wie dem Gymnestrus, eigen ist, mit denen Leptotrachelus auch das Fehlen der Afterflosse gemein hat. Die grösseren Schilder der Dercetis- und Pelargorhynchus-Arten zeigen, abgesehen von ihrer Grösse, in ihrem Bau Aehnlichkeit mit denen des Accipenser Sturio, und der mit schnabelähnlichen Kiefern versehene Kopf endlich erinnert an Formen von Lepidosteus, Belone etc.

Grösse Annäherung zeigen einige fossile Fische, besonders die Gattungen Blochius Volta, Aspidorhynchus Ag., Belonostomus Ag. und Belonorhynchus Bronn, von denen der zuerst genannte durch eine ähnliche Körperform auffällt[*]). Von diesen ist nur Blochius,

---

[*]) Im 1. Hefte des 2. Theils von Costa's „Paleontologia del Regno di Napoli", welches Werk ich so eben durch die Güte des Herrn Dr. Ewald in Berlin erhalte, findet sich S. 33 und Taf. II. Fig. 1 und 2 ein Fisch aus den jurassischen Kalkschiefern der Pietraroja als Belonostomus crassirostris Costa

und mit ihm auch Dercetis, zu der Ordnung Teleostei M., Unterabtheilung Plectognathi C. und Sippe Sclerodermi gebracht, während die übrigen zu den homocerken Sauroiden der Ordnung Ganoidei Ag. gerechnet sind. Gegen eine Zusammenstellung mit lebenden Arten der Sclerodermen, mit Ballistes L., Ostracion L., Monacanthus C. und Aluteres C., spricht aber die durchaus abweichende Form der fossilen, und es bleibt daher nichts übrig, als sie vorläufig bei den Ganoideen, und zwar als eine eigene Sippe zwischen den Sauroiden und Accipenserinen unterzubringen. Die fossilen Reste lassen manche wichtige Frage über den Bau der Weichtheile unbeantwortet, so dass uns auch dieser Weg zu einer richtigen und sicheren Einreihung verschlossen ist.

Von den in den Sendenhorster Plattenkalken aufgefundenen, hieher gehörenden Fischen beginnen wir mit dem Genus

Leptotrachelus m.

Ein schmaler Fisch mit auffallend dünnem Hals und langem Kopf, dessen Kiefer spitz schnabelförmig verlängert sind. Die kurze Rückenflosse liegt den Bauchflossen gegenüber, die ihre Stelle in der Mitte zwischen den Brustflossen und der Schwanzflosse einnehmen. Die Afterflosse fehlt. Die Halswirbel sind sehr zart. Drei Reihen Schilder bedecken den Körper. Von Dercetis Ag. unterscheidet sich dieses Genus hauptsächlich durch das Fehlen der Afterflosse und durch die Rückenflosse, welche bei Dercetis fast die ganze Länge des Rückens einnimmt.

Leptotrachelus armatus m. Taf. X. Fig. 3.

Die ganze Länge des Fisches beträgt 19" 6''' ohne die äusserste Spitze der Schwanzflosse, die nicht erhalten ist. In der Gegend der Bauchflossen ist der Rumpf am höchsten; die Höhe erreicht aber kaum 9 Linien. Von da aus verringert sie sich nach dem Schwanze, mehr noch nach dem Hals zu, wo die ganze Höhe nur 2 Linien beträgt.

Der Kopf misst 3 Zoll Länge und 9 Linien grösste Höhe. In der Versteinerung ist der untere Theil des Kopfes nach oben gerichtet; der Oberkiefer scheint den Unterkiefer ein wenig an Länge übertroffen zu haben. Man bemerkt zahlreiche, bis 0,5 Linien lange, etwas gekrümmte Zähnchen. Die übrigen Schädeltheile lassen, mit Ausnahme der spitz zulaufenden Kiefer, wegen Zerdrückung keine sichere Deutung zu.

Die Bauchflossen nehmen gleich hinter dem Kopf ihre Stelle ein, sie sind nicht vollständig erhalten, es scheint jedoch, dass ihre Länge kaum über einen Zoll gemessen habe,

---

beschrieben und abgebildet, dessen Gestalt ungemein an unseren Leptotrachelus armatus erinnert. Besonders der hintere Theil des Schwanzes lässt an seiner Unterseite Schilderzacken erkennen, die denen von Leptotrachelus armatus sehr ähnlich sind. Abweichend jedoch ist die Stellung der Rückenflosse, der ungleich dickere Hals und die Gegenwart einer deutlichen Afterflosse.

ihre Breite beträgt bei Beginn des zweiten Drittels ihrer Länge 3,5 Linien, und man zählt in ihr 9 verhältnissmässig kräftige Strahlen; sie waren oval lanzettförmig gestaltet. Die Entfernung der Brustflossen von der Einlenkungsstelle der Bauchflossen beträgt 8 Zoll 2 Linien; es ist dies die Strecke des äusserst dünnen Halses des Fisches.

Die Bauchflossen selbst, vor denen die Beckenknochen als Abdruck liegen, sind 1 Zoll 1 Linie hoch und zählen je 7—8 kräftige Strahlen, von denen der erste ungetheilt ist, die übrigen wiederholt gabelspaltig. Nach der wellenförmigen Biegung ihrer Strahlen zu schliessen, müssen sie sehr weich gewesen seyn.

Den Bauchflossen gegenüber liegt die Rückenflosse, von der ein Stück fehlt; doch zählt man einen ungetheilten und mindestens 8 wiederholt gabelspaltige, nicht sehr kräftige Strahlen, deren höchster 1 Zoll 3 Linien misst. Die Länge der ganzen Flosse beträgt 1 Zoll 7 Linien. Träger sind nicht zu erkennen. Die Afterflosse fehlt; wenigstens zeigt unsere Versteinerung keine Spur von einer solchen Flosse, obgleich die Stelle, wo man sie zu suchen hat, besonders gut erhalten ist. Auch von der Schwanzflosse werden nur wenig Strahlen erkannt, die geknickt sind.

Man unterscheidet deutlich 58 Wirbel; rechnet man dazu die fehlenden Wirbel, so ergiebt sich eine Gesammtsumme von 80. Zwischen der Bauch- und Rückenflosse sind die Wirbel 2,5 Linien lang, an ihren Enden 1,5 Linie und in ihrer Mitte 0,6 bis 0,7 Linie hoch; wogegen die Halswirbel bei einer Länge von 3,3 Linien an ihren Enden eine Höhe von 1 und in der Mitte von nur 0,5 Linie ergeben. Die Schwanzwirbel sind kürzer als die Bauchwirbel. Die Fortsätze und Rippen lassen keine Unterscheidung zu.

Die grösste Eigenthümlichkeit des Fisches besteht in seiner Bepanzerung. Von der Schwanzflosse bis zu den Bauchflossen ist dieselbe ziemlich deutlich erhalten und bildet hier drei Reihen herzförmiger Schilder, von denen die obere und die untere Reihe deutliche Abdrücke hinterlassen haben. Diese Schilder hatten eine nach hinten gerichtete, kräftige Spitze, die in dem Abdruck vieler Schilder stecken geblieben ist. Die Schilder der oberen Reihe scheinen zwei Spitzen gehabt zu haben, wenn nicht die zweite Spitze von den Schildern der gegenüber liegenden Seite des Fisches herrührt, was nicht mit Sicherheit zu unterscheiden war. Die dritte Reihe hat nur in der Gegend des Schwanzes geringe Spuren hinterlassen, wo man mehrere kräftige Spitzen und auch Abdrücke von einzelnen Schildern erkennt. Eine vom Schwanze bis in die Halsgegend verlaufende Linie scheint die Mitte jener Schilderreihe zu bezeichnen. An dem dünnen Theile des Halses lassen sich keine Schilder erkennen.

Das einzige von mir aufgefundene Exemplar stammt aus den Steinbrüchen des Arenfeldes.

Das zweite zu derselben Sippe gehörende Genus ist der

Pelargorhynchus m.

Fische mit Aal-artig verlängertem Körper, welcher mit mehreren Reihen gestielter, herzförmiger Schilder bekleidet ist, zwischen denen noch zahlreiche rautenförmige kleine Schildchen bemerkt werden. Der Kopf hat schnabelförmig verlängerte Kiefer. Es sind Brustflossen, Bauchflossen, eine sehr lange Rückenflosse, eine ziemlich stark entwickelte Afterflosse und eine nur wenig ausgeschweifte Schwanzflosse vorhanden. Ausser der hervorgehobenen Abweichung unterscheidet sich dieses Genus von der Gattung Dercetis Münst. Ag. noch dadurch, dass letztere sehr grosse Brustflossen besitzt, die den wenig entwickelten Bauchflossen nahe liegen. Von Leptotrachelus unterscheidet sich Pelargorhynchus durch die Gegenwart einer Afterflosse, durch die lange Rückenflosse, sowie durch kleinere Schilder, die mit den grösseren abwechseln.

Es sind bereits zwei Species aufgefunden.

Pelargorhynchus dercetiformis m. Taf. XI. XII. Fig. 3.

Pelargorhynchus dercetiformis v. d. Marck, in Zeitschr. d. geolog. Gesellschaft, 1858.

Hiezu rechne ich zwei an Grösse sehr verschiedene Exemplare meiner Sammlung, die ich beide abgebildet habe und nun auch jede besonders beschreiben werde.

Das kleinere Exemplar Taf. XII. Fig. 3 ist bis zum Beginn der Rückenflosse trefflich überliefert, von da an aber ist der Körper verbogen, so dass Schilder und Wirbel nicht mehr ihre natürliche Lage einnehmen. Von den Bauchflossen und der Afterflosse sind nur einzelne Theile, von der Schwanzflosse keine Spur mehr vorhanden, da die Versteinerung unmittelbar hinter der Rückenflosse abgebrochen ist. Von dieser Stelle bis zur Maulspitze misst die Länge des Fisches 1 Fuss und 4 Zoll, wobei die grösste Höhe des Rumpfes in der Gegend der Bauchflossen 1 Zoll und 3 Linien beträgt. Der Kopf allein ist 4 Zoll lang und an seinem hinteren Ende 1 Zoll und 7 Linien hoch. Die schnabelförmige Verlängerung der Kiefer beträgt über 2 Zoll, der Oberkiefer ist ein wenig länger als der Unterkiefer. Am Unterkiefer erkennt man deutlich zahlreiche, linienhohe, kegelförmige Zähnchen, und nach der Spitze hin erscheint der Kiefer fein sägezähnig. Ausserdem erkennt man vom Kopfe das Stirnbein, einige Deckplatten und wenige sehr zarte Kiemenhautstrahlen.

Die Brustflossen sind oval lanzettförmig und bestehen aus 7 weichen und getheilten Strahlen, die eine Länge von 1 Zoll 3 Linien haben. Die Breite der ganzen Flosse beträgt 3,75 Linien.

Die Rückenflosse beginnt 4 Zoll und 6 Linien hinter dem Kopf und besteht aus 64 weichen, wiederholt gabelästigen, 1 Zoll und 9 Linien langen Strahlen, so dass die Höhe derselben die des Rumpfes in der darunterliegenden Gegend bedeutend übertrifft. Träger werden nicht erkannt.

Kurz hinter der der Einlenkung des ersten Strahls der Rückenflosse gegenüberliegenden Stelle bemerkt man zwei kräftige, aber nur unvollständig erhaltene Strahlen, welche einer von den Bauchflossen angehören. Die Afterflosse hat ebenfalls nur unbedeutende Reste hinterlassen, die jedoch genügen, um in ihr mindestens 16 Strahlen unterscheiden zu können. Ueber die Entfernung der Afterflosse von den übrigen Flossen lässt sich, da der Fisch durch Druck in der Lage seiner Theile Veränderungen erfahren hat, nichts mit Sicherheit angeben.

Ebenso unsicher ist man über die Anzahl der Wirbel, von denen nur wenige wahrgenommen werden. Ein wahrscheinlich aus der Mitte der Säule stammender Wirbel zeigt 3,5 Linien Länge, und ist an den Enden 2,3 Linien, in der Mitte 1 Linie hoch. Von den Fortsätzen und Rippen erkennt man bei der Bedeckung durch die Schilder oder deren Bruchstücke nur Spuren.

Am Halse zählt man fünf Reihen grösserer Schilder, von denen die mittelsten wiederum die grössten sind. Beinahe ebenso gross als die Schilder der Mittelreihe sind jene, welche an dem Ober- und Unterrande des Fisches liegen, während die dazwischen die vierte und fünfte Reihe bildenden Schilder mittlere Grösse zeigen. Zwischen diesen fünf Reihen grösserer Schilder liegen noch eine Menge kleine, schuppenförmige von ungefähr 0,75 Linien Länge, die sich bis zu den Deckelstücken des Kopfes erstrecken. Die grossen und mittleren Schilder stellen eine gestielte, rauten herzförmige Platte dar, auf die sich das, was Agassiz (poiss. foss., II. p. 258) von den Schildern des Genus Dercetis sagt, anwenden lässt: „Ces écussons, en forme de coeur de carte, sont osseux, granuleux à leur surface extérieure et sur montés d'une saillie anguleuse au milieu;" auch das ziemlich genau, was (p. 259) von den Schildern des Dercetis scutatus gesagt wird: „Lorsqu'on examine ses rides à la loupe, on trouve, qu'elles sont composées de séries petites et grandes qui rayonnent du sinus postérieur de l'écaille vers les flancs." Die grössten Schilder sind mit dem Stiel 3,5 Linien lang, die Platte 2,5 bis 3 Linien und der Stiel 0,5 Linien breit; die Schilder mittlerer Grösse sind 3 Linien lang und 2 Linien breit. An den Stellen, wo Schilder sich ganz von der Versteinerung abgelöst haben, bemerkt man kurze, feine, der Länge des Fisches parallel laufende Striche, welche von einer auf der Unterseite des Schildes befindlichen Naht oder Leiste hervorgebracht seyn werden.

Das grössere Exemplar Taf. XI misst vom Ende der Schwanzflosse bis zur Nackengegend, wo es abgebrochen ist, 2 Fuss 10 Zoll, wogegen seine grösste Höhe in der Gegend der Bauchflossen nur 1 Zoll und 3 Linien beträgt. Der Fisch ist zerdrückt. Die Wirbel sind in eine widernatürliche Lage gerathen, und auch die Glieder der Flossenstrahlen scheinen verschoben. Sollte auch dadurch der Fisch länger erscheinen, als er ursprünglich war, so glaube ich doch, dass die relative Entfernung der einzelnen Theile von einander ziemlich dieselbe geblieben ist. Ergänzt man den Fisch nach den Resten des zuvor beschriebenen Exemplars, so erhält man für seine Länge beinahe fünf Fuss. Es ist dies unstreitig der längste Fisch, der bis jetzt in der Westphälischen Kreide aufgefunden wurde.

Die Rückenflosse dehnt sich über den Fisch sehr aus und lässt 52 Strahlen erkennen, welche getheilt und 1 Zoll 9 Linien hoch sind; sie übertreffen daher an Grösse auffallend die Höhe des Rumpfes. Die Zahl der Flossenstrahlen betrug jedenfalls mehr, in Anbetracht der vorhandenen Lücken, die von einer getheilten Rückenflosse nicht herrühren können.

Die Schwanzflosse ist wohl deutlich, aber nicht tief ausgeschnitten. Jede Hälfte enthält 6 kleine und 2 grosse ungetheilte Strahlen, denen noch 9 bis 10 wiederholt gabelspaltige folgen. Die äussersten Spitzen der beiden Lappen sind über 2 Zoll und 6 Linien von einander entfernt, so dass die Flosse im Vergleich zu dem nur 4,5 bis 5 Linien hohen Schwanz sehr hoch erscheint.

Die ersten Strahlen der Afterflosse sind von den ersten Strahlen der Schwanzflosse ebenso weit entfernt, wie von der den ersten Strahlen der Rückenflosse gegenüberliegenden Stelle. Die Afterflosse selbst endigt soweit vor der Schwanzflosse, als ihre eigene Länge beträgt. Man erkennt gegen 20 Strahlen derselben, von denen die grössten 1 Zoll 9 Linien lang und wiederholt getheilt sind.

Die Bauchflossen beginnen beinahe an der Stelle, welche den ersten Strahlen der Rückenflosse gegenüberliegt. Die Zahl ihrer Strahlen war nicht mit Sicherheit zu ermitteln; weniger als 8 waren nicht vorhanden, und diese waren mindestens 1 Zoll 3 Linien lang, kräftig und endigten vielfach getheilt.

Die Zahl der Wirbel lässt sich nicht feststellen, da ein grosser Theil derselben verdeckt, zerbrochen und nicht mehr genau zu erkennen ist. Die Schwanzwirbel sind 3 Linien lang, an ihren Enden 2,5 und in der Mitte 1,5 Linien hoch, während die Rückenwirbel 4 Linien Länge, an den Enden 3 und in der Mitte 1,5 Linien Höhe ergeben. An dem vorderen Ende einiger in der Gegend zwischen den Bauchflossen und der Afterflosse gelegenen Wirbel bemerkt man einen nach unten gerichteten stumpfen, verlängert dreieckigen Fortsatz, der an ähnliche Querfortsätze in Anguilla erinnert. Von Rippen sind auch hier nur undeutliche Reste vorhanden.

Fast sämmtliche Schilder sind undeutlich und zerbrochen; nur an wenigen Stellen erkennt man deutlichere Reste der grösseren Schilderreihe, die aber genügen, um sich zu überzeugen, dass die Schilder dieselbe Beschaffenheit besassen, wie die des kleineren Exemplars. Sie bestehen auch hier in einer rauten herzförmigen, in einen Stiel verlaufenden Platte; ihre Länge wird 4 Linien, die grösste Breite 2,5 bis 3 Linien betragen haben. Von einer centralen Erhöhung und den vom Mittelpunkt auslaufenden Strahlen werden Andeutungen erkannt.

Pelargorhynchus blochiiformis m. Taf. XII. Fig. 4—6.

Pelargorhynchus blochiiformis v. d. Marck, in Zeitschr. d. geolog. Gesellschaft, 1858.

Diese zweite Species der eigenthümlichen Gattung Pelargorhynchus habe ich mit obigem Beinamen bezeichnet, weil die Rückenflosse, die den hauptsächlichen Charakter für die Species abgiebt, an die des Blochius longirostris Volta erinnert.

An keinem der mir vorliegenden Exemplare ist der Kopf überliefert. Es könnte daher gewagt erscheinen, den Fisch ohne den Kopf zu kennen dem Pelargorhynchus beizuzählen. Gleichwohl hat mich die grosse Aehnlichkeit der Schilder und Wirbel, sowie die Art und Weise der Flossenstellung veranlasst, ihn diesem Genus einzuverleiben. Das bessere Exemplar habe ich auf Taf. XII. Fig. 4 abgebildet und von einem anderen, welches sich durch vorzügliche Erhaltung der Schilder auszeichnet, Fig. 5 und 6 Schilder aus der Bauchgegend wiedergegeben.

Diese Species unterscheidet sich von der vorhergehenden hauptsächlich durch die weniger hohen Strahlen der Rückenflosse, die in sehr regelmässige Zwischenräume von 2 Linien gestellt und durch eine Haut mit einander verbunden waren, die sehr stark gewesen seyn musste, da sie selbst auf dem Abdruck noch Spuren zurückgelassen hat. Die Länge der ersten Strahlen erreicht in der Gegend der Bauchflossen noch nicht zwei Drittheile der Höhe des Fisches, während sie in den beiden vorhergehenden Species die Höhe des Fisches weit übertrifft. Die einzelnen Strahlen sind durchschnittlich 1 Zoll lang, von Beginn des zweiten Drittheils ihrer Länge an wiederholt gabelspaltig, und haben auf dem Stein einen sehr fein punktirten Abdruck hinterlassen. Ihre Zahl beträgt 61. Ein anderer Unterschied liegt in der Afterflosse, deren erste Strahlen von der Schwanzflosse noch nicht halb so weit entfernt sind, als von der dem Beginn der Rückenflosse gegenüberliegenden Stelle. Die Afterflosse selbst lässt 20 Strahlen erkennen, von denen der erste ungetheilt und 1 Zoll 6 Linien lang ist, während die folgenden wiederholt gabelig sind und an Grösse wie gewöhnlich abnehmen.

Die Bauchflossen lassen 6 bis 7 breite und bis zur Basis getheilte, fast 2 Zoll lange Strahlen und einen breiten, stumpf dreieckigen, schildförmigen Beckenknochen erkennen. Sie liegen etwas mehr nach hinten als bei Pelargorhynchus dercetiformis, so dass die Entfernung des ersten Bauchflossenstrahls von der Afterflosse noch etwas geringer ist, als die Entfernung der Brustflossen vom Beginn der Bauchflossen.

Die Schwanzflosse ist nur an einem Exemplar und selbst an diesem nur zu zwei Drittheilen erhalten; wonach sich jedoch die ganze Flosse ergänzen lässt. Sie ist ausgeschweift, hat ovale Lappen und besteht aus 6 kleinen und 2 grossen ungetheilten, sowie aus 10 getheilten Strahlen in jedem Lappen. Wie bei der Rückenflosse, so waren auch hier die

Flossenstrahlen äusserst fein gekörnt. Die stärksten Strahlen sind 1 Zoll 9 Linien lang, und die Entfernung zwischen den Enden der beiden grössten Strahlen jedes Lappens der Schwanzflosse wird 1 Zoll und 11 Linien betragen haben.

Von den Brustflossen lassen sich nur an einem Exemplar schwache Spuren erkennen. Diese Flossen scheinen denen der vorigen Species sehr ähnlich; dagegen wird der Hals ein wenig länger, als bei P. dercetiformis gewesen seyn, weil die Entfernung der Brustflossen von den ersten Strahlen der Rückenflosse etwas grösser ist.

Von den Rippen und Gräthen sind nur wenige Spuren sichtbar, weil sie von den kräftigen Schildern fast überall bedeckt gehalten werden. Aus demselben Grunde lässt sich die Zahl der Wirbel nicht mit Sicherheit ermitteln; es müssen über 60 vorhanden gewesen seyn, die in Bau und Grösse denen des P. dercetiformis entsprechen. Aehnliche Fortsätze an den Wirbeln, wie sie das grössere Exemplar letztgenannter Species besitzt, habe ich nicht wahrgenommen.

Auch die Schilder sind beschaffen und vertheilt, wie bei der vorigen Species. Man erkennt 4 Reihen grössere, rauten herzförmige Schilder, dazwischen kleinere, rhombische, die gleichfalls gekörnt sind. Auf Taf. XII. Fig. 6 habe ich einen Abdruck von einem grösseren Schild abgebildet. Die Substanz des Schildes war entfernt.

Beide Species von Pelargorhynchus sind in den Steinbrüchen der Plattenkalke vom Arenfelde gefunden.

Ordnung: **Elasmobranchii** Bonap.
Unterabtheilung: PLAGIOSTOMI.
Familie: Squalidae Müll. Sippe: Scyllia Müll.
Gattung: Palaeoscyllium m.

Von Haifischen kommen wohl einzelne Theile, namentlich Zähne und Wirbel in der Westphälischen Kreide horizontal und vertikal sehr verbreitet vor; dagegen gehören vollständigere Fische der Art zu den grössten Seltenheiten. Bronn führt in seiner Lethaea von Haifischen, welche im Kreidegebirge zusammenhängendere Körpertheile hinterlassen haben, nur den Scylliodus antiquus Ag. aus der Kreide von Kent und die Thyellina angusta Münst. aus der der Westphälischen Kreide angehörigen Hügelgruppe der Baumberge zwischen Münster von Coesfeld auf.

In meinen öfter erwähnten Notizen: „Ueber einige Wirbelthiere, Crustaceen und Cephalopoden der Westphälischen Kreide" habe ich in Zweifel gezogen, dass Thyellina angusta aus den Baumbergen herrühre, hauptsächlich deshalb, weil weder Geinitz in der Aufzählung der Versteinerungen des Deutschen Quadergebirges, noch F. A. Römer in seinen Versteinerungen des Norddeutschen Kreidegebirges, noch endlich Ferd. Römer in seinen Untersuchungen über die „Kreidebildungen Westphalens" dieses Haifisches gedenken. Wenn ich nunmehr meinen früher ausgesprochenen Zweifel zurücknehmen, so sehe ich mich dazu durch einen inzwischen in der jüngsten Westphälischen Kreide aufgefundenen Hai veranlasst, der zwar von Thyellina angusta Münst. in Grösse und Stellung der Brustflossen auffallend verschieden ist, ihm aber doch durch andere Charaktere so nahe steht, dass ich es nicht mehr für unmöglich halte, dass beide Species in Schichten von gleichem oder doch sehr naheliegenden geologischen Alter vorkommen. Dafür würde auch die Abbildung bei Agassiz sprechen, welche den Fisch mit brauner Farbe auf hellgelbem Steine darstellt, was an die Fische in den Baumbergen erinnert.

Thyellina angusta Münst. wird zu den Scyllien gerechnet, wie ich es auch mit dem mir vorliegenden Hai thue. Zunächst bestimmt mich hiezu Grösse, Habitus, dann aber auch die Kleinheit und die ungezähnelte Schneide der Zähnchen, die feine Chagrin-Haut und das Fehlen der Flossenstacheln. Vom Genus Scyllium unterscheidet sich vorliegender Fisch durch den Mangel der Nebenzähnchen an den Zähnen und durch starke Entwickelung der Brustflossen, wodurch er neben Squatina den Uebergang von den Haien zu den Rochen vermittelt. Durch letztgenanntes Merkmal weicht er auch von Thyellina angusta ab, deren Wirbel überdies höher als lang sind, während bei unserem Hai die Höhe der Länge gleichkommt. Phorcynis catulius Thiol. aus den lithographischen Schiefern des oberen Jura von Cirin in Frankreich (Thiollière, poissons fossiles du Jura dans le Bugey, I. p. 9. t. 3. f. 2) besitzt ebenfalls einige Aehnlichkeit. Doch sind auch bei diesem die Brustflossen geringer entwickelt.

Es ist nur erst ein Exemplar in beiden Gegenplatten aufgefunden. Der Fisch stellt sich in der Rückenlage, d. h. mit nach oben gerichteter Maulspalte dar; der wahrscheinlich cylindrische Körper ist verdreht, so dass nur eine Bauchflosse und ebenfalls nur eine Rückenflosse sichtbar ist.

Genus: Palaeoscyllium m.

Schnautze stumpf, gerundet. Maul einen Zoll von der Schnautzenspitze entfernt, bogenförmig gekrümmt, 1 $^1/_4$ Zoll weit. Zähnchen gegen eine halbe bis dreiviertel Linie hoch und eben so lang, mit rückwärts gerichteter Spitze, scharfschneidig, ohne Zähnelung und ohne Nebenzähnchen. Grosse rhomboidale Brustflossen; Bauchflossen dem vorderen Theil der Klinge eines Baummessers ähnlich geformt; die Rückenflosse, welche die hintere seyn wird, reicht bis zu der dem Beginn der Afterflosse entsprechenden Gegend.

An der Versteinerung wird nicht mit Sicherheit erkannt, ob eine von der Schwanzflosse getrennte Afterflosse vorhanden war oder nicht. Bekanntlich giebt es auch unter den dornlosen Haien, wie z. B. unter den Squatina-Arten, einige, die keine eigentliche Afterflosse besitzen, sondern eine Schwanzflosse, die sich auf eine gewisse Länge an der Ober- und Unterseite des Schwanzes fortzieht. Bei anderen Haien, wie Spinax, noch mehr bei Mustelus, zieht sich hauptsächlich der untere Lappen der Schwanzflosse soweit nach vorn, dass man eine mit der Afterflosse verschmolzene Schwanzflosse zu sehen glaubt. Dasselbe könnte bei unserem Palaeoscyllium ebenfalls der Fall seyn, wo jedoch die Schwanzflosse so viel Aehnlichkeit mit Scyllium canicula zeigt, dass ich vermuthen möchte, dass die Afterflosse wie in letzterem Fisch beschaffen war, und wohl nahe an die Schwanzflosse reichte, aber gleichwohl eine selbstständige Flosse bildete. Die Schwanzflosse ist von mässiger Grösse; der vor ihr vorliegende Abdruck ist nicht ganz deutlich; sie scheint eine sehr geringe Ausschweifung zu besitzen, und ihre Lappen werden in Grösse nicht sehr verschieden gewesen seyn.

Palaeoscyllium Dechoni m. Taf. VIII. Fig. 6—9.

Die Species habe ich nach dem Herrn Ober-Berghauptmann von Dechen, dem geistreichen Geologen und gründlichsten Erforscher des heimathlichen Gebirges, mir zu benennen erlaubt, zugleich auch als ein öffentliches Zeichen meiner Dankbarkeit.

Der Fisch besitzt 16 Zoll 8 Linien Totallänge; seine grösste Höhe beträgt 1 Zoll 11,5 Linien, und zwar gleich hinter dem Kopfe, von wo dieselbe allmählich abnimmt, so dass sie am Schwanze nur noch 7 Linien misst.

Der Kopf ist bis zum ersten erkennbaren Rückenwirbel 2 Zoll lang und in dieser Gegend beinahe eben so hoch, während seine Breite in der Gegend des Maules 1 Zoll 9 Linien beträgt. Das Ende der Schnautze ist breit oval abgerundet; die Maulspalte liegt 1 Zoll davon entfernt und hat die Form eines Halbkreises von 1 Zoll Durchmesser. Von den bereits beschriebenen und Taf. VIII. Fig. 8 abgebildeten Zähnchen erkennt man ungefähr 30 mehr oder minder deutlich. Zwischen dem Maul und der Spitze der Schnautze bemerkt man auch etwas von der Chagrin-Haut. Das Stück ist fast 1 Linie breit und 9 Linien lang, fast zweimal sigmaförmig gebogen und an den Rändern wie in den Ammoniten die Loben der Kammerwände gefranset. Ich muss es unentschieden lassen, ob sich hiedurch die bei Scyllium vorkommende, die Nasenlöcher mit dem Maul verbindende Leiste zu erkennen giebt; ganz ähnliche Zeichnungen treten auch zwischen dem ersten Wirbel und dem Maul auf. Da der Kopf sich von der Unterseite darstellt, so lassen sich die Augen und Spritzlöcher ebenso wenig erkennen als die Kiemenspalten.

Man zählt gegen 120 Rückenwirbel, welche zwischen den Brustflossen 2 Linien lang und hoch, zwischen Bauch- und Rückenflossen 1,3 Linien lang und hoch sind. Die Mitte des Wirbels ist nur halb so hoch als das Ende; Taf. VIII. fig. 7.

An vielen Stellen des Körpers, namentlich auf den Flossen und am Kopf, erkennt man die Chagrin-Haut, welche aus viereckigen erhöhten Plättchen besteht (Fig. 9). An einer deutlichen Stelle erhält man für die ziemlich grossen Plättchen $1/_{15}$ Linie Länge und $1/_{15}$ Linie Breite. Zwischen den Brust- und Bauchflossen beschreibt der Körper einen Bogen, auch wechselt hier die Rückenlage mit der Seitenlage unter Bildung einer Reihe stark hervortretender Hautfalten. Zwischen den Brustflossen bemerkt man eine unregelmässig geformte, kreideweisse Masse, die sich bei näherer Untersuchung reich an phosphorsaurer Kalkerde erwies, und in der kleine Fischwirbel lagen. Der Körper besteht daher ohne Zweifel in Coprolithen-Masse, die noch im Innern des Fisches liegt.

Die Brustflossen fangen in einer Entfernung von ungefähr 3 Zoll von der Spitze der Schnautze an und sind unter allen Flossen am stärksten entwickelt, wodurch die Aehnlichkeit mit gewissen Rajiden-Arten unverkennbar hervortritt. Diese Flossen sind rhombisch, gegen 2 Zoll lang und nicht weniger hoch, fast durchgehends mit Chagrin bekleidet und an ihrer Einlenkung mit dunkleren Längsstreifen, welche durch Querstreifen zu anastomosiren scheinen, bedeckt. Es lässt sich hierin eine Andeutung zur Bildung von Flossenstrahlen erkennen. Auch an den Rücken- und Bauchflossen bemerkt man ähnliche, wenn auch schwächere Streifungen.

Die Bauchflossen, von denen nur die eine sichtbar ist, beginnen 4 Zoll vom Anfange der Brustflossen, sind 1 Zoll 3 Linien lang und 7 Linien hoch und besitzen, wie erwähnt, die Form des vorderen Theils von der Klinge eines Baummmessers.

Die Rückenflosse, von denen ebenfalls nur die eine sichtbar ist, beginnt 3 Zoll 2 Linien von der Gegend der Einlenkung des vorderen Endes der Bauchflosse, sie ist 2 Zoll 1 Linie lang und 6 Linien hoch, und reicht bis zu der dem Beginn der Afterflosse gegenüberliegenden Stelle.

Die Afterflosse zieht sich fast bis zur Schwanzflosse, ist 3 Zoll 1 Linie lang und bei ihrem Anfang 5 Linien hoch.

Die sehr flach ausgeschnittene Schwanzflosse ist gegen 1 Zoll lang und 11 Linien hoch.

Das beschriebene Exemplar stammt aus den Steinbrüchen des Arenfeldes.

Krebse.

Dieser über die Krebse handelnde Abschnitt rührt, ebenso wie die dazugehörigen Zeichnungen, wie bereits bemerkt, von dem Bergextpectanten Herrn A. Schlüter in Breslau her. Sämmtliche hier zur Beschreibung kommende Krebse stammen aus den Steinbrüchen des Arenfeldes bei Sondenhorst.

Ordnung: **Decapoda**.
Unterordnung: MACROURA.
Familie: CARIDAE Latr.

Gattung: Pseudocrangon m.
Pseudocrangon tenuicaudus Schlüt. Taf. XIII. Fig. 17. 18.
Palaemon tenuicaudus v. d. Marck, in Zeitschr. d. geolog. Gesellsch., 1858. t. 6. f. 2 a— b.

Diesem zu beschreibenden Kruster liegen drei Exemplare zu Grunde. Die Schale ist bei allen Exemplaren sehr zusammengedrückt. Der Cephalothorax mit verkümmertem Stirnschnabel ist kaum halb so lang, als das Abdomen. Die Antennen sind ungefähr in derselben Linie eingelenkt; die äusseren, schräge nur ein wenig unterhalb der inneren gelegen, sind selbst nicht erhalten, wohl aber ihre überaus grossen Palpenschuppen, welche aus einem festeren Hauptblatt mit einer markirten Mittellinie und einer nach innen liegenden dünneren Fortsetzung bestanden. Die inneren Antennen, mit langen dreigliederigen Basalgliedern, am Grunde verbreitert, sondern am Aussenrande eine schmale aber dicke Schuppe ab, welche an Länge dem ersten Grundgliede gleichkommt. Jedes Endglied dieser Antennen trägt zwei verhältnissmässig lange, starke, eng gegliederte Geisseln.

Das Abdomen, welches sich in gleichen äusseren Umrissen dem Thorax anschliesst und im Verein mit diesem nur einen schwachen Bogen bildet, fällt durch seine Länge und in den hinteren Segmenten durch seine Verjüngung auf. Von ganz ungewöhnlicher Länge ist das sechste Segment, ungefähr dreimal so lang als breit und doppelt so lang wie ein vorhergehendes Glied. Ebenso stark sind die Blätter der Schwanzflosse entwickelt; die beiden äusseren gleichen sehr den grossen Palpenschuppen der Antennen.

Was die übrigen Extremitäten betrifft, so sind sie nur rudimentär erhalten. Die Thorax-Füsse sind dünn und lang. Die Afterfüsse des Abdomens, welche nur an einem Exemplar mit genügender Deutlichkeit erhalten sind, laufen in ungewöhnlich lange, scheinbar gegliederte, allmählich an Breite abnehmende Fäden aus.

Von dem grössten bekannten Exemplar (Zeitschr. der deutsch-geolog. Gesellsch., 1858. t. 6. f. 2) gebe ich Taf. XIII. Fig. 17 eine neue Zeichnung. Zum Verständnisse des kleineren, eben dort (t. 6. f. 2 a) dargestellten Stückes, dessen Original mir ebenfalls vorliegt, bemerke ich, dass auch bei diesem zu beiden Seiten des Stirnrandes die Palpenschuppen der äusseren Antennen liegen, dass aber keine Spur von den Antennen selbst wahrzunehmen ist. Zwischen diesen Blättern sind deutlich die beiden Grundglieder der inneren Antennen zu erkennen, was aus der Zeichnung nicht erhellet. Endlich ist das sechste Abdominal-Segment in der Zeichnung zu kurz gerathen.

Zu dem inzwischen noch hinzugekommenen Stück will ich noch bemerken, dass daran nur noch drei Geisseln vorhanden sind. Sie erstrecken sich in verschiedener Höhe in das Gestein hinein. Beim Blosslegen der unteren ging die oberste verloren.

Noch glaube ich darauf hinweisen zu müssen, dass bei den lebenden Crangoniden das Eingesenktseyn der inneren Antennen zwischen den äusseren nicht überall sich in derselben Durchsichtigkeit darstellt. Bei Crangon boreas Fbr. ist sie klar, aber schon bei Crangon vulgaris Fbr. werden die zugekehrten Ränder der Palpenschuppen von den inneren Antennen überdeckt.

Gattung: Peneus Fbr. 1798.
Peneus Römeri Schlüt. Taf. VII. Fig. 11. 12. Taf. XIV. Fig. 2.
Palaemon Römeri v. d. Marck, in Zeitschr. d. geolog. Gesell., 1858, t. 6. f. 1.

Körper comprimirt. Alle Exemplare haben die gleiche Lage auf der Seite.

Am Rücken des verhältnissmässig kurzen Cephalothorax erhebt sich in der Median-Ebene ein sägeförmiger Kamm, der in ein sägeförmiges, beiderseits gezahntes Rostrum fortsetzt. Die dünne glänzende Schale ist glatt. Von Sculptur bemerkt man am Vordertheil eine kurze, keilförmige, von hinten nach vorn etwa unter 45° geneigte Furche. Das grössere vorliegende Exemplar ist zu sehr in der Leberregion zerstört, um weiteres zu zeigen. An einem kleineren Stücke (Taf. VII. Fig. 11) glaube ich eine zweite, weniger scharfe, horizontale, ebenfalls kurze Furche wahrzunehmen, welche den unteren Endpunkt der ersteren berührt und sich dann weiter aufwärts nach vorn zu heben scheint. Doch ist dies sehr unsicher; ebenso ein vielleicht vorhandener Höcker.

Das erste Glied der oberen Antennen ist sehr gross und unten stark ausgebogen. Wie beim lebenden Peneus der Jetztwelt, so trägt auch der fossile an diesem Glied einen blattförmigen, behaarten Anhang, der (Taf. VII. Fig. 12) deutlich hervortritt. Bei unserer Art ist er grösser, als bei irgend einer mir bekannten lebenden. Seine gewöhnliche Länge kommt nur der des ersten Gliedes gleich, bei Peneus Römer reicht er bis an die Geisseln hinan. Die übrigen Glieder des Stieles sind viel kleiner, haben kaum ein Viertel der Länge des ersten, aber ihrer zeigt der grosse Krebs (Taf. VII. Fig. 12) drei statt zwei. Das ist sehr auffallend. Das kleine Exemplar (Taf. VII. Fig. 11), an dieser Stelle sehr verstümmelt, lässt nur zwei Glieder erkennen. Ueber die Länge der beiden, dem letzten Basalglied eingelenkten Geisseln giebt kein Exemplar Aufschluss.

Von den äusseren Antennen ist an den mir vorliegenden Stücken nichts erhalten, als das Grundglied. Die Palpenschuppe dieser Antennen ist an einem dem Mineralogischen Museum zu Breslau gehörigen Exemplare erhalten. Dies Exemplar ist das grösste mir bekannte der Art. Es hat eine Länge von 8 Zoll 8 Linien. Die Palpenschuppe misst 1 Zoll.

Die Thorax-Füsse scheinen alle von gleicher Stärke zu seyn und einfingerig (?) zu enden. Ihre Basis ist an dem grossen Exemplar mit dem Sternum aus der Schale herausgequetscht. Oberhalb dieser Stelle, wo die Schale weggebrochen ist, bemerkt man in der Masse Eindrücke von den Kiemen.

Das Abdomen ist sehr lang und gekrümmt. Das sechste Segment ist länger als die vorigen. Nur an dem grossen Exemplar finden sich Reste von den Schienen. Das kleinere (Fig. 11) zeigt die Glieder im Abdrucke. Die Schiene des ersten Gliedes scheint die des zweiten zu überdecken. An den drei ersten Gliedern fällt in Drittel Höhe ein horizontaler Eindruck auf.

Die Afterflüsse des Abdomens, gross, zweilappig, behaart, sind besonders schön an dem grossen Exemplar erhalten. Die Schwanzflosse ist gross, mit dreieckigem Mittel- und ovalem Seitenlappen.

Die Taf. XIV. Fig. 2 abgebildeten Theile, das Rostrum und 2 Geisseln eines anderen Exemplars vollständiger darstellend, wurden nachträglich von Herrn v. d. Marck beigefügt.

Gattung: Oplophorus M. Edw. 1837.

Oplophorus Marcki Schlüt. Taf. XIII. Fig. 19.

Dieser zierliche Caride, von dessen Schale nur Stirngegend und Rostrum Spuren zeigen, könnte vielleicht beim ersten Anblick nach seinen allgemeinen Umrissen für einen Peneus Römeri gehalten werden, mit dem er vergesellschaftet vorkommt, doch zeigt eine Vergleichung bald erhebliche Verschiedenheiten. Der Cephalothorax verschmälert sich nach vorn zu sehr im Gegensatze zu dem letzt beschriebenen Kruster. Der Stirnschnabel ist schmäler, trägt weniger Zähne und diese nur oben. Das Verhältniss und die Gestalt der Abdominal-Glieder ist verschieden. Am auffälligsten ist, dass die Schiene des zweiten Segments die des dritten und ersten deckt, und dass die Basalglieder der oberen Antennen sehr kurz, und ihre Geisseln lang und stark sind.

Diese Merkmale genügen, um den Krebs zunächst mit Sicherheit von den eigentlichen Peneiden zu entfernen und ihn (den Atyaden de Haan's) derjenigen Abtheilung der Cariden zu nähern, wo die Gattung Oplophorus steht. Die nähere Vergleichung mit der lebenden Art wird durch das Fehlen des hinteren und unteren Randes des Kopfbrustschildes verhindert. Von den Thorax-Füssen zeigen sich mehrfache Spuren in Abdrücken. Sie sind schlank. Durch Grösse zeichnet sich kein Paar vor den übrigen aus. Wenn der Eindruck unter der Geissel von der Palpenschuppe einer äusseren Antenne herrührt, so ragte diese, im Gegensatze zum lebenden Oplophorus typus, nicht so weit vor, wie der lange Stirnschnabel. Die Schienen der vorletzten Abdominal-Glieder laufen in der Median-Ebene in einen Dorn aus.

Familie: Astacina.

Gattung: **Nymphaeops** Schlüt. 1862.

Nymphaeops Sendenhorstensis Schlüt. Taf. VII. Fig. 13. 14.

Die von diesem Krebse gegebene Abbildung ist aus dem Abdruck und dem zugehörigen Gegendruck ohne sonstige Ergänzung dargestellt.

Der Cephalothorax, mit seinen runden Höckern übersät, trägt auf der Höhe des Rückens einen auf der hinteren Hälfte liegenden scharfen Einschnitt, welcher von einer Querfurche herrührt, die übrigens, wie überhaupt noch etwa sonst vorhandene Furchen, nicht zu erkennen ist, da gerade diejenigen Theile an der Schale, welche etwa von Furchen Eindrücke erhalten, an vorliegendem Stücke vielfach zerbrochen und geknickt sind. Bevor die Schale in den Stirnschnabel übergeht, zeigt sie in der Rückenlinie eine zweite scharfe Einbuchtung. Der kurze Schnabel scheint in ursprünglicher Gestalt erhalten. Vor dem Stirnschnabel liegt auf der Platte eine kräftige, noch an einem Basalgliede haftende Geissel. Etwas unterhalb tritt am Vordertheile der Schale eine ziemlich grosse, ovale, über das Rostrum hinausragende Palpenschuppe hervor. Sie ist ein wenig convex, hat eine hervorragende Rippe und ist am Oberrande fein gekerbt.

Diesem Stücke kommen an Deutlichkeit ein Paar Scheerenfüsse gleich, welche an Länge die Körperlänge des Krebses übertreffen. Die sehr schlanken Scheeren messen 18 Linien, wovon etwa 10 Linien auf die Hand kommen. Die Breite der Hand beträgt noch nicht 3 Linien. Der Innenrand der Hand ist mit scharfen, weit vorspringenden Dornen bewaffnet, welche jedoch nur an der rechten Scheere deutlich erhalten sind. Muthmasslich waren die Scheeren mit feiner Körnelung bedeckt, die man auf dem beweglichen Finger der rechten Scheere noch bemerkt. Wahrscheinlich waren die Scheeren scharfkantig. Man bemerkt noch an dem obwohl flachgedrückten Original ein oder zwei Längsleisten, freilich noch weniger deutlich als in der Zeichnung. Tibia und Femur lassen nur unterhalb der Gelenke an der Aussenseite einen Dorn erkennen. Das letzte Glied reicht bemerkenswerth weit hinten am Thorax hin. Zwischen Femur und Antennenpalpe tritt ein kleines vorderes Fusspaar hervor.

Vom Abdomen sind nur Fragmente erhalten. Am deutlichsten zeigt sich noch das zweite sattelförmige Segment, dessen seitliche Endigung glatt und kurz wie bei Nymphaeops ist.

Die systematische Stellung dieses Krebses ist höchst zweifelhaft. Als ich das beschriebene Exemplar erhielt, glaubte ich auf den ersten Blick einen Astacinen, eine Hoploparia oder Oncopareia, vor mir zu haben. Läge wirklich eine Astacine vor, dann müsste der kleine rudimentäre Vorderfuss als der hinterste Kaufuss gedeutet werden. Bei weiterer

Bearbeitung der Platte legte ich die deutliche Palpenschuppe der äusseren Antenne bloss, wie man sie in dieser Grösse und Gestalt bei den Astacinen nicht kennt. Dies auffallende Glied an sich allein kann noch zu keiner Sonderung dieses Krebses von den Astacinen veranlassen, da es möglich ist, dass auch Astacinen mit grossen ovalen Antennen-Schuppen gefunden werden, indem einzelne Ausnahmen von der allgemeinen Regel sich immer finden. So tragen alle Cariden dieses grosse Blatt, aber die Gattung Typton des Mittelmeeres macht eine Ausnahme; ihr fehlt es. Bei den lebenden Astacinen selbst zeigt sich eine ungleiche Entwickelung der Antennen-Schuppe. Bei Homarus marinus ist sie nur in ihren Anfängen vorhanden; sie reicht kaum über das zweite Basalglied der Antennen hinaus. Ihre grösste Ausdehnung erreicht sie bei Nephrops Norwegicus, wo sie, wie bei Astacus fluviatilis, zu den Fühlfäden hinanreicht. Sonach wird auch eine Veränderung der dreieckigen Form in eine ovale weniger auffallen. Völlige Aufklärung ist erst mit weiteren Funden zu erwarten. Bis diese erfolgt, reihe ich den Kruster den Astacinen ein, und stelle ihn wegen der Form der Epimeren zu Nymphaeops. Sollte sich diese Stellung bestätigen, so würden sich danach die Merkmale dieser Gattung von selbst ergeben.

In letzter Zeit sind in der Umgebung von Sendenhorst wieder einige fossile Krebse gefunden worden, welche mich veranlassen, der Arbeit des Herrn Schlüter folgenden Zusatz beizufügen.

v. d. Marck.

Pseudocrangon tenuicaudus, Seite 69.

Es liegen jetzt Exemplare von diesem Krebse vor, welche die früheren an Vollständigkeit weit übertreffen. Taf. XIV. Fig. 4, ein auf dem Bauche liegendes Exemplar, lässt erkennen, dass der Körper nicht stark seitlich zusammengedrückt war. Der Cephalothorax ist auffallend kurz, ungefähr halb so lang als das Abdomen; dabei im Rücken sehr tief ausgeschnitten. Am vorderen Ende erkennt man einen starken, breit dreieckigen Zahn.

Die inneren Antennen sind sehr deutlich, enthalten aber nichts Neues; die äusseren fehlen auch hier, wiewohl ihre grossen Palpenschuppen deutlich überliefert sind. Das beständige Fehlen der äusseren, gewöhnlich kräftigern Antennen selbst an gut erhaltenen Exemplaren ist eine auffallende Erscheinung.

Das sechste Abdominal-Glied ist hier nicht so lang als an dem von Herrn Schlüter (Zeitschr. geolog. Gesellsch., XIV. 1862. S. 737. t. 14. f. 2) veröffentlichten Exemplar. Seine Länge beträgt die doppelte Höhe. Das zur Schwanzflosse gehörende siebente Abdominal-Glied ist dreieckig und kürzer als die Seitenblätter der Flosse. Auch dieses Exemplar zeigt die eigenthümliche Gestalt der Afterfüsse. Der Afterfuss des ersten Abdominal-Segments ist vollständig erhalten und lässt einen blattartigen Stiel, sowie einen 8 Linien langen, schwach sigmaförmig gebogenen, an Dicke bald abnehmenden, peitschenförmigen Anhang erkennen, der sehr enge gegliedert ist. Am zweiten Abdominal-Segment sieht man nur noch Reste des blattartigen Stieles.

Pseudocrangon crassicaudus m. Taf. XIV. Fig. 3.

Pseudocrangon tenuicaudus Schlüt., in Zeitschr. geolog. Gesellschaft, XIV. 1862. S. 737, t. 14. f. 4.

Dieser auch erst nach Beendigung der Schlüter'schen Arbeit gefundene, Taf. XIV. Fig. 3 abgebildete Krebs, wird die Trennung des von Herrn Schlüter (a. a. O., t. 14. f. 4) gezeichneten Krusters von Pseudocrangon tenuicaudus rechtfertigen. Dass beide demselben Genus angehören, beweist:

1. der allgemeine Habitus, namentlich das lange Abdomen;
2. die übereinstimmende Einfügung und Structur der inneren Antennen;
3. die grossen Palpenschuppen der äusseren Antennen, welche auch hier fehlen; und
4. die ähnliche Bildung der Afterflüsse.

Unser Pseudocrangon crassicaudus unterscheidet sich aber von dem zuvor beschriebenen P. tenuicaudus durch einen grösseren Cephalothorax, dessen Länge nur wenig von der des Abdomens übertroffen wird; auch ist der Cephalothorax auf dem Rücken viel weniger tief ausgeschnitten, und das sechste Abdominal-Glied, dessen Höhe der Länge fast gleich kommt, ist noch nicht doppelt so lang als das fünfte. Ueberhaupt ist das Abdomen durchweg viel kräftiger, nur scheinen die Blattanhänge des sechsten Segments nicht so entwickelt zu seyn wie bei P. tenuicaudus.

Die Afterfüsse werden an dem zuletzt aufgefundenen Exemplar nur an Andeutungen des blattartigen Stieles erkannt. Vom älteren Exemplar, an dem sie sich durch gute Erhaltung auszeichnen, sind sie bereits durch Herrn Schlüter (S. 69) beschrieben.

An dem Taf. XIV. Fig. 3 abgebildeten Exemplar ist noch etwas von dem Mastdarm mit seinem dunkelbraunen, coprolithischen Inhalt überliefert, namentlich im oberen Drittel des zweiten und dritten Abdominal-Segments; der weitere Verlauf bis zu dem After ist durch einen tiefern Eindruck angedeutet.

Gattung: **Machaerophorus** m.

Machaerophorus spectabilis m. Taf. XIV. Fig. 5.

Ob dieser grosse Krebs den Peneiden oder den Palämoniden zuzuzählen seyn wird, muss ich vorerst unentschieden lassen, da auch hier die Enden der Thorax-Füsse nicht erhalten und keine blattartige Anhängsel an der Basis derselben zu erkennen sind. Das ansehnliche Rostrum dürfte für einen Palämoniden sprechen, während die grosse Palpenschuppe der äusseren Antennen an die Peneiden denken lässt. Der Habitus erinnert an Oplophorus Marcki Schlüt., doch zeigt das vorliegende Exemplar so erhebliche Abweichungen, dass der Krebs in der Gattung Oplophorus M. Edw. nicht untergebracht werden kann. Der deutlich erhaltene Hinterrand des Cephalothorax erscheint gerundet, nämlich ohne irgend eine Spur eines Zahnes, der den lebenden Oplophorus bezeichnet. Nach vorn verläuft der Cephalothorax in ein langes, dünnes Rostrum, das oben an seinem Ursprunge kaum, weiter nach dem Vorderrand und unten durchaus nicht gezahnt ist. Dagegen zeigt das untere Vorderende des Cephalothorax den kräftigen, dreieckigen Zahn des Pseudocrangon tenuicaudus.

Die inneren Antennen sind gut erhalten, auch zum Theil ihre Geisseln; der Stiel ist kräftig, wie gewöhnlich gegliedert und dabei lang, während er beim lebenden Oplophorus typus M. Edw. kurz ist. Die Palpenschuppe der linken äusseren Antenne ist fast so gross als in Pseudocrangon; die Antenne selbst ist auch hier nicht zu erkennen, wenigstens möchte ich die zunächst über der Palpenschuppe liegende für die linke innere halten. Die Thorax-Füsse sind schlecht erhalten; sie sind dünn und keiner derselben zeichnet sich dadurch aus, dass er etwas stärker wäre. Das dritte, vierte und fünfte Abdominal-Segment laufen in dem Rücken nicht in einen Dorn aus; auch weicht das zweite Segment in so fern ab, als es das erste und dritte nicht überdeckt. Die vier ersten Segmente zeigen Spuren von Afterfüssen, das zweite, dritte und vierte nur den blattartigen Stiel, während das erste noch ein peitschenförmiges Anhängsel erkennen lässt; letzteres ist 8 Linien lang, an der Basis kräftig; mit der schnell abnehmenden Dicke desselben werden auch die Glieder kürzer.

Der Krebs misst von der Spitze des Rostrum bis zum Beginn der Schwanzflosse 6 Zoll 9 Linien. Der Cephalothorax ist mit dem Rostrum 3 Zoll 9 Linien lang, wovon 1 Zoll 10 Linien allein auf das Rostrum kommen, für die sechs Abdominal-Segmente bleiben dann noch 3 Zoll übrig.

Auch hier ist ein Theil des Mastdarms im oberen Drittel des zweiten bis sechsten Abdominal-Segments erhalten.

Die beiden folgenden Kruster sind so mangelhaft überliefert, dass ich nicht wage, sie in einer bekannten Gattung der Cariden unterzubringen.

Gattung: Tiche m.

Tiche astaciformis m. Taf. XIV. Fig. 6.

Von den beschriebenen Krustern der jüngsten Kreide von Sendenhorst weicht dieser Krebs erheblich ab, und erinnert auf den ersten Blick, besonders durch die Verhältnisse des

Cephalothorax, durch das kurze Abdomen und durch die Biegung des Schwanzes an den Astacus unserer Flüsse, von dem er jedoch durch die zarten Thorax-Füsse, die Form der Afterflosse und die stark entwickelte Geissel der äusseren Antenne abweicht.

Der Cephalothorax ist 1 Zoll 3 Linien lang und 6 Linien hoch; er scheint eben so wenig wie das Abdomen zusammengedrückt zu seyn. Vom Rostrum erkennt man keine Spur; aber ein wenig hinter der Augengegend nimmt man auf der oberen Seite des Cephalothorax zwei kleine, dornförmige Hervorragungen wahr. Die inneren Fühler, deren Geisseln nicht mit Bestimmtheit zu erkennen sind, liegen über den äusseren; letztere tragen eine bis auf 17 Linien Länge zu verfolgende, kräftige Geissel, an deren Basis der Eindruck einer Palpenschuppe zu liegen scheint. Unter demselben erkennt man einen kurzen Scheerenfuss. Die übrigen Thorax-Füsse sind ebenfalls zart, aber länger und, wie bereits angeführt, nur sehr unvollständig erhalten.

Das Abdomen, dessen Segmente nicht zu unterscheiden sind, misst mit der Schwanzflosse 15 Linien Länge. Das zweite Segment hat an dem hinteren Ende im Rücken einen kurzen, dünnen, aufrechtstehenden Fortsatz, der ein Dorn seyn könnte. Der Schwanz ist stark eingebogen und lässt in der dadurch entstandenen Wölbung drei enge gegliederte Afterfüsse erkennen.

Gattung: Euryurus m.

Euryurus dubius m. Taf. XIV. Fig. 7.

Dieser kleine Krebs ist nur als undeutlicher Abdruck überliefert, der fast keinen einzigen Körpertheil scharf erkennen lässt. Dennoch glaube ich ihn wenigstens vorläufig zu den Garneelen zählen zu sollen. Die Form seines Körpers im Allgemeinen, besonders aber die den eigentlichen Garneelen zustehende Biegung des Körpers, veranlasste mich dazu.

Von der Spitze des Rostrum bis zum Ende der Schwanzflosse beträgt die Länge 2 Zoll, für die grösste Höhe erhält man 5 Linien. Am meisten scheint der Schwanz entwickelt zu seyn, der aus ovalen Lappen zusammengesetzt war, die an ihrem Ende die grösste Breite besassen. Die einzelnen Lappen sind eben so wenig wie die Abdominal-Segmente überhaupt zu erkennen. Auch die hintere Gränze des Cephalothorax ist verwischt; an seinem Vorderende bemerkt man eine dreieckige Spitze, die ich für das Rostrum halten möchte. Ausser dieser Spitze treten noch zwei kleine Spitzen vor, und auf der Seite, etwa in der Magengegend, scheint ein nach vorn gerichteter Dorn einen deutlichen Eindruck hinterlassen zu haben. Von den Antennen ist nichts erhalten, und aus den unbedeutenden Resten der Thorax-Füsse erkennt man nur, dass sie zart gewesen seyn müssen.

Pflanzen.

Die Anzahl der in dem Plattenkalk von Sendenhorst aufgefundenen vegetabilischen Reste ist zur Zeit noch unbedeutend, was hauptsächlich darin seinen Grund hat, dass die Arbeiter erst in den letzten zwei Jahren auch auf diese aufmerksam geworden sind, und sie sammeln. Es ist daher gegründete Aussicht vorhanden, dass dereinst die Flora der jüngsten Kreide-Ablagerungen Westphalens ebenso angewachsen seyn werde, wie zur Zeit die Fauna. Die ergiebigsten Steinbrüche, die zwischen Drensteinfurth und Albersloh fast unmittelbar am Wege liegen, sind zwar ausser Betrieb gesetzt; Es steht jedoch zu erwarten, dass sie Behufs Gewinnung von Material zum Wegbau bald wieder in Angriff genommen werden.

Von den Pflanzen kann man nicht, wie von den Fischen, eine ausgezeichnete Erhaltung in dem Plattenkalk von Sendenhorst rühmen. Nur wenige sind gut überliefert, und die bisher aufgefundenen Reste bestehen meist nur in unwesentlichen Theilen, die keine sichere Ermittelung der Pflanze zulassen. Es liegen Blätter oder blattartige Gebilde, und höchstens Theile vom Stamm vor, Blüthen und Früchte fehlen gänzlich. Selbst von der Nervatur der Blätter, die sonst einen guten Anhalt bietet, hat man Mühe, Spuren zu entdecken.

Wenn ich gleichwohl das vorliegende geringe Material abbilde, beschreibe und mit Namen versehe, so geschieht es, um es der Vergessenheit zu entziehen und weiterer Vergleichung zugänglich zu machen; dann aber auch um zu zeigen, dass es sich jetzt schon nachweisen lässt, dass sich die Flora dieser jüngsten Kreidebildungen ebenfalls enge an die der ältesten Tertiär-Ablagerungen anschliesst.

Plantae phanerogamae.

Angiospermae.

Ordnung: **Myrtaceae.**

Gattung: Eucalyptus L.

Eucalyptus inaequilatera m. Taf. XIII. Fig. 1.

Ein bis auf die abgebrochene Spitze gut erhaltenes Blatt von $4^{1}/_{2}$ Zoll Länge und 1 Zoll 3 Linien Breite, kurz gestielt, ei-lanzettförmig und ganzrandig. Die Mittelrippe theilt dasselbe in zwei ungleiche Hälften, von denen die eine 6 Linien, die andere 9 Linien breit ist. Die dunkele Färbung des Abdrucks deutet auf eine dicke, vielleicht lederartige Blattsubstanz, eine Vermuthung, die auch durch die starken Randnerven unterstützt wird. Der Mittelnerv ist sehr kräftig, und von ihm gehen die Secundär-Nerven anfangs schwach bogenförmig, dann unter einem Winkel, der sich zumal auf der schmäleren Blatthälfte 45° nähert, dem Rande zu. Ob sie den Rand erreichen, lässt sich nicht erkennen; wenn es wäre, so würde meine Vermuthung, dass das Blatt zur Eucalyptus gehöre, eine kräftige Stütze erhalten. An einer Stelle der Blatthälfte im zweiten Drittheil der Höhe glaubt man eine Andeutung von einem solchen Verlauf wahrzunehmen. Die kleinen, oft quadratischen Areolae erinnern an ähnliche, welche gewissen Laurineen eigenthümlich sind, auch lässt sich überhaupt eine Aehnlichkeit mit dem Blatte von Laurus Lalages Unger nicht verkennen. Die Secundär-Nerven des Blattes letztgenannter Pflanze gehen aber durchweg unter einem spitzeren Winkel ab, und bedenkt man ferner, dass die eigenthümliche Ungleichseitigkeit besonders den Eucalypten zusteht, so wird man es gerechtfertigt finden, wenn ich das Blatt hier untergebracht habe.

Fundort: Die Plattenkalke am Wege von Drensteinfurth nach Albersloh.

Ordnung: **Apocyneae.**
Gattung: Nerium L.
Nerium Röhli m. Taf. XIII. Fig. 2. 3. 4.

Von allen Pflanzen-Versteinerungen, die ich aus dem Plattenkalk von Sendenhorst kenne, ist diese am besten erhalten, und daher auch leichter zu bestimmen. Sie liegt in den beiden Gegenplatten vor und besteht in einem Zoll langen Aststückchen, welches zwei kurzgestielte, gleichgestaltete Blätter trägt, von denen Fig. 2 die Unterseite und Fig. 3 die Oberseite darstellt. An der Basis beider Blattstiele sieht man noch zwei Rudimente, von denen ich es wegen mangelhafter Erhaltung ungewiss lassen muss, ob es Seitenäste sind oder ob sie einem dritten Blattstiel angehören. Die lebenden Species der Gattung Nerium zeigen zu zwei und auch zu drei stehende Blätter.

Die Blätter der fossilen Species sind 5 Zoll 3 Linien lang, schmal lanzettförmig, etwas zugespitzt, ganzrandig, mit breiten Mittelnerven und kräftigen Randnerven. Die lederartige Substanz der Blätter hinterliess auf der einen Platte eine dicke Schichte kohliger Substanz, während die Gegenplatte frei von Substanz ist, und daher deutlicher den breiten, fein wellig quer gestreiften Mittelnerven, so wie die wellenförmigen Vertiefungen der Blattsubstanz zwischen den zarten Secundär-Nerven erkennen lässt. Besonders an der mit a bezeichneten, in Fig. 4 vergrössert gezeichneten Stelle erkennt man das Verhalten des unter einem etwas spitzen Winkel austretenden, bald jedoch unter einem rechten Winkel dem Randnerven zustrebenden Secundär-Nerven, an welchen sich die kleinen Parenchym-Felder anschliessen. Die grösste Breite des Blattes beträgt 1 Zoll. An dem einen Blatte ist die Spitze fast vollständig erhalten.

Vorliegendem Blatt ist das von Heer in seinen Beiträgen zur Sächsisch-Thüringischen Braunkohlen-Flora beschriebene Blatt von Apocynophyllum neriifolium sehr ähnlich, von welchem Heer selbst sagt, dass es in Form und Nervation ganz an Nerium Oleander L. erinnere, und daher wahrscheinlich einer naheverwandten Pflanze angehört habe. Bei unserer Versteinerung ist die Aehnlichkeit mit den Blättern von Nerium-Arten noch viel auffallender, so dass ich kein Bedenken trage, sie diesem Genus anzureihen. Ich habe die Pflanzen nach dem um die Steinkohlen-Flora Westphalens sehr verdienten Herrn Hauptmann von Röhl benannt.

Vorkommen: In den Plattenkalken am Weg von Drensteinfurth nach Albersloh.

Gattung: Apocynophillum Ung.

Apocynophyllum subrepandum m. Taf. XIII. Fig. 5.

Hievon liegen nur Bruchstücke zweier sehr nahestehenden, vielleicht von demselben Punkt ausgehenden Blätter vor, die überdies mangelhaft überliefert sind. Sie sind lanzettförmig, zugespitzt, von 4,5 Zoll Länge bei einer Maximal-Breite von 10 Linien. Ihre Substanz hat eine weniger dicke Kohlenmasse veranlasst, als bei der vorhergehenden Species. Von einem kräftigen Mittelnerven sieht man die Secundär-Nerven durchschnittlich unter 45° ausgehen. Es scheint auch ein Randnerv vorhanden gewesen zu seyn. Eine weitere Verzweigung der Nerven wird eben so wenig, wie die Structur der von diesen Nerven begränzten Felder wahrgenommen. Der Rand der Blätter ist etwas ausgeschweift.

Am meisten nähert sich die Form des Blattes jener, welche Unger in seiner Protognaea für die Blätter von Apocynophyllum lanceolatum aus dem miocänen, daher viel jüngeren Mergelschiefer von Raduboj in Croatien angiebt. Diese Aehnlichkeit hat mich bestimmt, bis bessere Funde sicherer darüber entscheiden lassen, unsere Pflanze bei diesem Genus unterzubringen.

Fundort: Die Plattenkalke zwischen Drensteinfurth und Albersloh.

Ordnung: Cupuliferae.

Gattung: Quercus L.

Quercus Dryandraefolia m. Taf. XIII. Fig. 6. 7.

Zwei ebenfalls sehr beschädigte Blätter, die nach dem Verlauf der Nerven und nach dem freilich nicht ganz deutlichen Umriss wohl den Eichen beizuzählen seyn dürften, denen ich sie jedoch nicht ohne Bedenken zurechne.

Die Blätter sind gestielt und von lederartiger Beschaffenheit; wenigstens haben sie eine ziemlich starke kohlige Schicht hinterlassen. Mit dem Stiel sind sie 2 Zoll 9 Linien lang und gegen 1,5 Zoll breit. Die unteren Secundär-Nerven stehen alternirend und bilden mit dem Mittelnerven einen spitzen Winkel. Die oberen Secundär-Nerven laufen bogenförmig aus. Der Umfang des Blattes war wohl winkelig buchtig mit spitzen Zähnen.

Fundort: Die Plattenkalke des Arenfeldes bei Sendenhorst.

Gymnospermeae.
Ordnung: **Coniferae** Juss.

Unterordnung: ABIETINEAE Rich.
Gattung: Belonodendron m.
Belonodendron densifolium m. Taf. XIII. Fig. 8. 9.

Zwei allerdings sehr undeutliche Aststücke mit Nadeln besetzt, von denen das unter Fig. 8 abgebildete die Nadeln deutlich erkennen lässt. Die Rinde ist unkenntlich, an ihrer Stelle findet sich eine braunschwarze, scheinbar spiralförmig aufsteigende Masse vor. Eben so wenig ist die Terminal-Knospe erhalten. Die Nadeln stehen sehr dicht, sie sind gegen 1 Zoll 7 Linien lang, 0,3 Linien breit und zeigen nur schwache Andeutungen von einer bündelförmigen Stellung.

Fundort: Beide Exemplare stammen aus den Plattenkalken des Arenfeldes bei Sendenhorst.

Unterordnung: ARAUCARIEAE Corda.

Gattung: Araucarites Juss. Unger.

Araucarites adpressus m. Taf. XIII. Fig. 10. 11.

So lange von dieser Pflanze nur Bruchstücke beblätterter Aeste bekannt sind, ist es zweifelhaft, ob sie der Gattung Araucaria oder der Gattung Cryptomeria angehört. Erst Früchte können diese Zweifel endgültig beseitigen.

Vorläufig bestimmt mich die grosse Aehnlichkeit mit dem von Unger in seiner fossilen Flora von Sotzka angeführten und abgebildeten Araucarites Sternbergi Güpp. auch unsere Pflanze den Araucariten zuzurechnen. Allerdings ist auch eine Aehnlichkeit mit Cryptomeria primaeva Corda (bei Reuss), früher unter den Namen Geinitzia cretacea Endl., Sedites Rabenhorsti Gein., Araucarites Reichenbachi Gein. bekannt, und in den verschiedensten Kreidegebilden vom Gault bis zum oberen Quadermergel aufgefunden, nicht zu verkennen, doch dürften bei den fossilen Araucarien im Allgemeinen die Blätter dichter gestellt seyn, als bei den fossilen Cryptomerien.

Die zum Theil sichelförmig gekrümmten, scheinbar vierkantigen, mit einem starken Mittelnerven versehenen Blätter haben eine Länge von 3 bis 4 Linien. Die unteren Blätter sind herablaufend und stärker sichelförmig, die oberen weniger gebogen und schmäler; alle sind der Achse des Astes mehr oder weniger angedrückt, während die Blätter der Cryptomerien mehr abstehen.

Fundort: Die Plattenkalksteine am Weg von Drensteinfurth nach Albersloh.

Plantae cryptogamae, vasculares.

Ordnung: **Calamarieae.**

Gattung: Calamitopsis m.

Calamitopsis Konigi m. Taf. XIII. Fig. 12.

Strenge genommen gehört diese Pflanze nicht hieher, da das Gestein der Brüche, woraus sie stammt, noch zu der eigentlichen Mucronaten-Kreide zählt. Bei der Nähe aber, in der sie sich zu den Plattenkalken am Wege von Drensteinfurth nach Albersloh findet, und bei dem nur wenig älteren geologischen Niveau, das sie einnimmt, wird es zu entschuldigen seyn, wenn ich ihrer hier gedenke.

Die Stämme dieser eigenthümlichen Pflanze sehen einem kleinen Calamiten von der Stärke unserer grösseren Equiseten ähnlich. Die grössten bisher aufgefundenen Exemplare erreichen eine Länge von 6 Zoll bei einer Dicke von 3,5 Linien. Der Stamm ist in Zwischenräumen von 3 bis 6 Linien gegliedert und so fein längs gestreift, dass man gegen 12 Streifen auf seinem Querdurchmesser zählt. Diese Streifen begränzen sich oben und unten an den einzelnen Gliedern in ähnlicher Weise, wie solches bei den Calamiten der Fall ist, doch bemerkt man keine Spuren von Scheiden oder Knoten. Der Stamm war wahrscheinlich hohl oder mit leicht verwesendem, lockerem Mark ausgefüllt, was daraus zu erhellen scheint, dass man Exemplare findet, deren noch runder Stamm innen mit Gesteinsmasse ausgefüllt, und dessen Rinde in kohlenähnliche Substanz verwandelt ist. Nach oben zu zeigen sich einige Aeste von 1,25 bis 1,75 Linie Durchmesser, die anscheinend im Quirl gestanden haben. Leider ist der Wirtelpunkt selbst undeutlich. Von Blatt- oder Fructifications-Organen ist keine Spur vorhanden.

Diese Art habe ich nach dem um die Auffindung organischer Reste der Plattenkalke seiner Heimath so verdienten Herrn Apotheker König in Sendenhorst benannt, ohne dessen freundliche Mithülfe das zu vorliegender Arbeit benutzte Material kaum hätte zusammengebracht werden können.

Fundort: Die Steinbrüche der Mucronaten-Kreide an dem Bahnhof von Drensteinfurth.

Plantae cryptogamae, cellulares.

Algae.

Isocarpeae Kütz.; Dictyoteae Kütz.

Gattung: Haliserites Strnbg.

Haliserites contortuplicatus m. Taf. XIII. Fig. 13.

Wenn ich dieser Gattung unsere im höchsten Grad undeutlichen Reste zurechne, so kann ich dafür keinen anderen Grund angeben, als die Gegenwart eines Mittelnerven auf einem linien oder linien lanzettförmigen Fucoideen-Laube.

Laub flach, 1—2 Linien breit, dichotomisch getheilt, mit feiner Mittelrippe.

Bildet unregelmässige, verworrene Massen, an deren Peripherie nur einzelne Lappen deutlicher zu erkennen sind. Der Algen-Körper selbst ist in eine schwarze, kohlige Masse verwandelt; häufig ist dieselbe jedoch abgerieben.

Fundort: Die Plattenkalke des Arenfeldes bei Sendenhorst.

Heterocarpeae Kütz.; Gigartineae Kütz.; Chondrites Strnbg.

Es dürfte schwer seyn, fossile Chondriten von fossilen Sphärococciten zu unterscheiden. Zwar sollen die ersteren cylindrischen, die letzteren dagegen flaches Laub haben; allein nach den Abdrücken, die uns in der Regel zur Untersuchung geboten sind, wird das Laub der Chondriten ebenfalls flach erscheinen. Früchte, die allein entscheiden können, kommen, wenigstens auf unseren Exemplaren, nicht vor. Aus diesem Grunde habe ich die folgenden drei Pflanzen generisch nicht trennen mögen, sondern in die Gattung Chondrites gebracht, wenngleich Ch. furcillatus Strnbg., var latior nicht wenig an fossile Sphaerococcites-Arten erinnert.

Gattung: Chondrites Strnbg.

Chondrites furcillatus Strnbg., var. latior m. Taf. XIII. Fig. 14.

Diese Alge hat grosse Aehnlichkeit mit der von A. Römer (Verst. d. Norddeutschen Kreide-Geb., t. 1. f. 1) aus dem Pläner von Rothenfeld im Teutoburger Wald abgebildeten Art, nur ist die unsrige durchgehends breiter. Das Laub ist gabelig und fingerig ästig; mitunter stehen die Aeste einseitswendig. Die Astenden sind ein wenig verdickt, wodurch die bereits angedeutete Aehnlichkeit mit der Gattung Sphaerococcus erhöht wird. Die Breite des Laubes beträgt 0,5 bis 0,75 Linien.

Die Algen-Substanz ist hier nicht in eine kohlige Masse verwandelt, sondern bildet einen helleren Abdruck auf dunklerem Gesteinsgrunde, wodurch die Pflanze einigermassen an Sphaerococcites granulatus Br. aus dem Lias-Schiefer Württemberg's erinnert.

Fundort: Die Plattenkalke in der Bauerschaft Bracht bei Sendenhorst.

Die die Plattenkalke von Sendenhort im Alter etwas übertreffenden, ähnlichen Gesteine von Stromberg, die übrigens noch innerhalb der Abtheilung der eigentlichen Mucronaten-Schichten liegen, führen ziemlich häufig eine Alge, die ich glaube hier nicht mit Stillschweigen übergehen zu dürfen. Es ist dies

Chondrites Targionii Strnbg. Taf. XIII. Fig. 15.

Sie kommt in fast Fuss langen Exemplaren mit dichotomirenden Aesten, die einen Durchmesser von 0,3 Linien haben, vor. Die Verästelung ist einfacher, wie an dem von Bronn (Lethaea, t. 28. f. 3) abgebildeten Exemplar. Auch hier ist der Algen-Körper nicht in eine kohlige Masse umgewandelt, sondern bildet einen helleren Abdruck auf dem nur wenig dunkleren Gestein.

Chondrites Targionii Strnbg. bezeichnet bekanntlich die auf der Gränze zwischen den Kreide- und Eocän-Bildungen stehende Tang-Periode (Fucoiden-Sandstein; les grès; macignos à fucoides; Flysch), und ist in Mitteleuropa von den Pyrenäen bis zur Krim eines der verbreitetsten, oft das einzige Fossil dieser Schichten. Demnach könnte sein Auftreten in den jüngsten Mucronaten-Schichten von Stromberg auch für Westphalen die obere Gränze des Kreide-Gebirges bezeichnen, wenn nicht Formen, die dem Ch. Targionii so ähnlich sehen, dass selbst die bewährtesten Paläophytologen sie nicht zu unterscheiden vermögen, auch in älteren Kreidebildungen, z. B. im Gault und Grünsande von Wight, im oberen Grünsande von Bignor etc., ja selbst im Lias aufzutreten pflegten.

Chondrites intricatus Strnbg. Taf. XIII. Fig. 16.

Die abgebildete Alge stellt Bruchstüke von dieser Species vor. In den nördlich und südöstlich von Sendenhorst gelegenen Steinbrüchen der Plattenkalke bedecken diese Algen-Fragmente die meist dünn geschichteten Platten. Die organische Substanz derselben ist kohlenähnlich geworden, wodurch das sonst helle Gestein gefleckt und wie mit verworrenen Schriftzügen überzogen erscheint. Die Stärke der Aestchen beträgt kaum eine halbe Linie. Gabeltheilungen sind vorherrschend.

Auch diese Art ist für die Fucoideen-Schichten ebenso bezeichnend, wie Ch. Targionii.

Ueber

Clymenien

in den

Uebergangsgebilden des Fichtelgebirges.

Von

Dr. C. W. Gümbel.

Taf. VX—XXI.

Das paläozoische Geschlecht Clymenia hat dadurch, dass Arten von ihm an verschiedenen weit aus einander liegenden Orten gefunden wurden, sowie durch den Nachweis eines gleichen sehr bestimmten geognostischen Horizonts der umschliessenden Gesteine grosse geognostische Wichtigkeit erlangt. Von allen Fundorten aber ist bisher keiner durch die Fülle an Arten und durch den Reichthum an Exemplaren hervorragender als das Fichtelgebirge. Zuerst lenkte Graf zu Münster in Bayreuth, welchem die Paläontologie so viele und wichtige Erfolge verdankt, die Aufmerksamkeit auf die zahlreichen Versteinerungen des Uebergangskalkes im Fichtelgebirge, welcher früher häufig in Bayreuth zu Marmorplatten verarbeitet wurde. Seinem unermüdlichen Sammeleifer gelang es nicht nur, in den Besitz einer erstaunlichen Menge von organischen Einschlüssen überhaupt aus diesen Kalklagern zu gelangen, sondern ganz insbesondere waren es gewisse Cephalopoden, deren Reste er mit grosser Vorliebe aufsuchte und studirte. Die durch Münster zuerst als ein eigenthümliches neues Geschlecht der Cephalopoden erkannten und beschriebenen Clymenien des Fichtelgebirges, von denen der gelehrte Sammler eine grosse Anzahl verschiedener Species unterschied, bilden daher gleichsam die Grundlage, auf welcher die Kenntnisse dieses artenreichen Geschlechtes beruht, und alle spätere Arbeiten mussten immer wieder bei ihrer Vergleichung auf die Münster'schen Arten zurückkommen.

Daraus ergiebt sich von selbst die Bedeutung einer Revision der Münster'schen Arten, welche in der monographischen Bearbeitung Münster's leider oft nicht genau genug beschrieben, in vielen Fällen in der Zeichnung nicht so correct dargestellt sind, um die

Identität der von anderen Fundstellen stammenden Exemplare mit den Arten des Fichtelgebirges vollkommen sicher zu ermitteln. Wir sehen daher vielfach Münster'sche Arten verkannt und unrichtig gedeutet, sodass nur mit Ausnahme von wenigen Species eine grosse Unsicherheit in der Artenbestimmung herrscht und eine völlige Verwirrung sich einzustellen droht. Um so mehr muss es erwünscht erscheinen, die Münster'schen Originale der Arten aus dem Fichtelgebirge einer gründlichen Untersuchung zu unterziehen und durch genügende Beschreibungen und Zeichnungen festzustellen.

Indem ich das Ergebniss einer solchen Untersuchung der Münster'schen Originale und eine daran sich anschliessende vergleichende Arbeit über verwandte Clymenien-Arten mittheile, fühle ich mich verpflichtet, für die mir von so vielen Seiten gewährte Unterstützung hiemit öffentlich meinen besten Dank auszusprechen, insbesondere gegen meinen Freund Professor Oppel, dessen Güte mir die Benutzung sämmtlicher Münster'schen Exemplare in der paläontologischen Sammlung des Staats in München möglich machte, dann gegen die Herren Professoren Beyrich in Berlin, Geinitz in Dresden, Braun in Bayreuth, Friedolin Sandberger in Karlsruhe, Richter in Saalfeld, Wirth in Hof, Bergrath Engelhardt in Saalfeld und Rentbeamten Bratter in Dinkelsbühl.

Graf zu Münster, der Gründer des Genus Clymenia, hat in seiner ersten Charakteristik desselben den Umfang der zur Untersuchung beizuziehenden Formen von Cephalopoden in der Weise bestimmt, dass wir an dieser Begrenzung der Hauptsache nach auch jetzt noch festhalten können. Zwar hatte Münster anfangs (Ueber Goniatiten und Planuliten im Uebergangskalke des Fichtelgebirges, Bayreuth 1832) die hieher gehörigen Versteinerungen dem Geselschte Planulites Parkinson zugetheilt, aber bald darauf (Beitr. z. Petrefaktenkunde, 1. Heft. 1839. S. 6) diesen Fehlgriff durch Aufstellung des neuen Geschlechtes Clymenia wieder gut gemacht. Demnach gehören diesem neuen Genus alle Cephalopoden zu, welche sich berührende, nie ganz umwickelte Windungen, einfach gebogene oder winkelige Loben ohne Zähne oder Einschnitte und den Sipho stets an der inneren Fläche (unten am Bauche) der Umgänge besitzen. Dagegen ist in dieser Charakteristik das als sicherstes Erkennungszeichen der Gattung Clymenia angeführte Vorhandenseyn eines Dorsal-Sattels irrthümlich als solches aufgestellt und bezeichnet.

Der mangelhafte Zustand der bei Aufstellung einiger Arten dem Grafen zu Münster zu Gebote gestandenen Exemplare und die oft nicht erschöpfend durchgeführte Untersuchung liessen es geschehen, dass nicht nur zahlreiche zu Clymenia gehörige Arten den Goniatiten zugetheilt, sondern dass auch eigentliche Goniatiten und andere Formen (Porcellia) bei Clymenia untergebracht wurden. Vieles suchte Münster in dem zweiten Abdrucke seiner Abhandlung über Clymenien selbst zu verbessern, aber bei einigen Species und den ihnen zunächst verwandten Formen erhielt sich die irrthümliche Vertheilung bis in die neueste Zeit. Dies gilt besonders von den Arten, welche, obgleich sie einen auf der Mitte der nach aussen gekehrten (vulgo Dorsal-) Seite stehenden Lobus aufzuweisen haben, gleichwohl keinen an der entgegengesetzten, nach innen gekehrten Fläche liegenden Sipho besitzen, und demgemäss dem Genus Clymenia zugehören. In neuerer Zeit lenkte zuerst Guido Sandberger die Aufmerksamkeit auf diesen Gegenstand, indem er eine Clymenia mit einem externen (Dorsal-) Lobus, wie er bei Goniatiten gefunden wird, entdeckt zu haben glaubte (Clymenia pseudogoniatites). Doch erst Beyrich war es vorbehalten, das Irrthümliche dieser Ansicht nachzuweisen, und die ächte Goniatiten-Natur dieses Pseudogoniatiten wiederherzustellen, dafür aber an einem andern Goniatiten (G. impressus v. Buch) die Entdeckung zu machen, welche selbst dem Scharfblicke des Gründers dieser Art, L. v. Buch, entgangen war, dass nämlich bei dieser Species ein externer (Dorsal-) Lobus sich finde, obgleich der Sipho an der nach innen gekehrten Fläche liege; dass es mithin Clymenien mit einem externen (Dorsal-) Lobus gebe, und das Vorhandenseyn dieses letzteren demgemäss nicht als maassgebend für die Zugehörigkeit zum Genus Goniatites betrachtet werden dürfe. Ich habe diese wichtige Beobachtung nicht nur an sehr verschiedenen Münster'schen Exemplaren bestätigen können, sondern sie durch den Nachweis eines ganz gleichen Verhaltens bei der ganzen reichen Reihe der mit Gon. speciosus verwandten Formen Münster's (G. subarmatus, subcarinatus, Cottai, intermedius etc.) ansehnlich erweitert. Auch bei einer schon von Münster als Clymenia angesprochenen Species (Cl. planorbiformis) ist es mir geglückt die interne Lage des Sipho neben der Gegenwart eines externen Lobus nachzuweisen.

Nach diesen Erörterungen umfasst sohin das Genus Clymenia alle Formen von Cephalopoden, bei welchen der Sipho dicht an der nach innen gekehrten Fläche liegt (interne Lage des Sipho), und welche bei einem einfach winkeligen oder buchtigen Verlauf der nicht gezähnelten oder zerschlitzten Lobenlinie mit oder ohne einen externen (Dorsal-) Lobus einen systematisch gebauten Schalenkörper mit sich unmittelbar berührenden, mehr oder weniger umfassenden, in gleicher Ebene liegenden Windungen besitzen.

Die vorliegende Arbeit, in welcher an dieser Umgrenzung des Genus festgehalten wird, hat es sich zur Aufgabe gestellt, alle aus dem Fichtelgebirge bisher bekannt gewordenen Cephalopoden dieses Geschlechtes in das Bereich ihrer Untersuchung zu ziehen. Ich glaubte hiebei dem Vorgange der ausgezeichnetsten Forscher in dem Gebiete der paläozoischen Versteinerungskunde, eines v. Buch, Bronn, Barrande, Ferd. Römer, Beyrich, Sandberger u. a., folgen zu müssen, welche die Selbstständigkeit des Genus Clymenia einer Vereinigung mit Nautilus gegenüber nicht in Frage stellten. Bei den gründlichen, hierüber von vielen Seiten gepflogenen Verhandlungen wird es nicht nöthig seyn, wiederholt auf diesen Gegenstand zurückzukommen, und es scheint genügend, auf die Darstellung bei Römer (in Bronn's Lethaea, S. 498) und G. Sandberger (Verh. des naturh. Vereins f. Rheinl. u. Westph. X. Jahrg., 1853. S. 184) zu verweisen. Nur das Eine glaube ich hervorheben zu sollen, dass es in gewissen Fällen ganz unmöglich ist, nach den äusseren Kennzeichen allein, ohne Untersuchung der Lage des Sipho und der Loben, einen Goniatiten von Clymenia sicher zu unterscheiden (Goniatites Sandbergeri Bey., Clymenia flexuosa, C. striata var.), während Clymenia und Nautilus in den meisten Fällen nach ihren äusseren Merkmalen nicht leicht sich verwechseln lassen, weil den ersteren die den meisten Nautilus-Arten eigenen concentrischen Längsstreifen und Leisten fehlen. Bei Clymenia finden sich nur höchst dürftige Spuren einer solchen längsstreifigen Verzierung auf der Oberfläche, und wenn Münster selbst eine Clymenia anführt, Clymenia decussata aus Irländischem Kohlenkalke, mit solchen Längsstreifen in ausgezeichneter Weise, so beruht dies auf einem Irrthume. Meine Untersuchungen an dem Münster'schen Original seiner Clymenia decussata haben mich belehrt, dass der Sipho nicht, wie Münster, getäuscht durch einen zufällig an der internen Basis des Querschnitts vorhandenen, dunklen Flecken, irrthümlich angiebt, der internen Fläche anliegt, sondern Nautilus-artig im oberen Drittel des Querschnitts sichtbar ist. Diese stark längsgestreifte Clymenia Münster's ist diesem nach ein ächter Nautilus (Nautilus decussatus Münst. spec.). Fasst man überhaupt nicht einseitig einzelne Charaktere auf, sondern das Ganze aller hervortretenden Eigenschaften, so schliesst sich das Geschlecht der Clymenien im Allgemeinen enger an die Goniatiten als an die Nautilen an, sodass es mit Ausnahme der internen Lage des Sipho kein anderes Kennzeichen giebt, beide Geschlechter von einander zu unterscheiden. Auch Barrande (Jahrb f. Min., 1856. S 310) ist der Ansicht, dass die Sippen Clymenia und Goniatites so innig verwandt seyen, dass sie nicht von einander getrennt, die einen zu den Nautilideen, die anderen zu den Ammonitideen gezogen werden dürften, sondern dass es eben so vernünftig als nützlich sey, aus beiden und dem Geschlechte Bactrides eine neue Familie zwischen den Nautilideen und Ammonitideen stehend, anzunehmen, die Familie der Goniatideen.

Die im Fichtelgebirge aufgefundenen Clymenien entstammen sämmtlich einer Gesteinslage, welche zumeist geradezu als ein Kalkflötz bezeichnet werden kann. In diesem Fall ist es ein dichter, öfter von Thonflasern durchzogener Kalk von licht graulich grüner, röthlicher oder graulich schwarzer Färbung, welcher stets in dünnen Bänken wohlgeschichtet, plattenförmig liegt, und auf den Schichtflächen mit pockenartigen Vertiefungen dicht bedeckt ist. Zuweilen wechseln die Farben in Flecken und Streifen, wodurch der Kalk ein marmorirtes Aussehen erhält. Stellenweise dagegen ist dieses Kalklager so von Thonschiefer durchflasert, dass es sich in mehr oder weniger unzusammenhängende Nieren oder Linsen auflöst und so die Flötzschichten des Knollenkalkes darstellt. Wittern dann an den der Atmosphäre ausgesetzten Stellen die durch einen Gehalt an Eisen meist sehr zur Zersetzung geneigten Kalknieren heraus, während der umhüllende Thonschiefer unzersetzt bleibt, so entstehen jene im grossartigen Stiele bienenwabenförmig ausgehöhlten Gesteine genau in gleicher Art wie der Kramenzel des Rheinischen Uebergangsgebirges. Diese theils plattenförmigen, theils in Knollenlagen vorkommenden Kalke bilden entweder einen nur durch dünnen Ueberzug oder schwache Zwischenlagen von Thonschiefer unter sich getrennten, einheitlichen Schichtencomplex, oder erscheinen, durch mächtige, dazwischen liegende Thonschieferschichten aus einander gerückt, in mehrere parallele Flötzlagen getheilt, wodurch sie das Ansehen gewinnen, als seyen es mehrere, vielleicht verschiedenen Stufen der Uebergangsformation entsprechende Glieder. Eine merkwürdige Eigenthümlichkeit aller dieser Kalklagen ist ihr Verhalten zu den eingeschlossenen organischen Ueberresten. Diese sind nämlich fast durchgängig auf einzelne Localitäten beschränkt, sodass an einer Stelle zahlreiche Exemplare zu finden sind, während an benachbarten Orten keine oder nur Spuren derselben sich bemerkbar machen. Die Beschaffenheit der Kalkflötze scheint auf dieses Verhalten keinen bestimmenden Einfluss auszuüben; denn es sind eben so oft geschlossene, plattenförmig gebildete Flötze, als Kalkknollenlagen, bei denen diese Eigenthümlichkeit der ungleichen Vertheilung von Petrefakten hervortritt. Betreffs der Entstehung der Kalkknollen bin ich durch den direkt beobachteten Uebergang von Knollenlagen in plattenförmig geschichtete, massige Flötze mit Entschiedenheit zu der Ansicht geführt worden, dass diese Kalkknollen nicht als Einschwemmlinge betrachtet werden dürfen, welche, durch Zerstören älterer Kalkschichten und nachfolgende Abrollung in bewegten Meeren gebildet, auf secundärer Lagerstätte eingeschlossen wären. Sie sind vielmehr Strandbildungen, an stark brandenden Meeresstellen entstanden, gleichzeitig mit wohlgeschichteten Flötzen, welche an ruhigen Orten desselben Meeres sich absetzten. Dies bestätigt auf unzweideutige Weise das Verhalten des die Knollen umhüllenden Schiefers, dessen Masse in sehr vielen Fällen innigst mit dem Kalke verflösst ist, sodass die Kalkknollen selbst nur als Congregationen gebildet erscheinen, indem sie nach aussen thonreich und weicher, nach innen zu immer fester werden, im Innern selbst oft mit Spathbildungen erfüllt sind.

Diese Kalkbildungen, welche im Fichtelgebirge ausschliesslich die Clymenien enthalten, liegen inmitten eines sehr ausgedehnten Thonschiefer- und Grauwacken-Gebirges, welches einer sicheren und umfassenden Gliederung bis jetzt grosse Schwierigkeiten entgegengesetzt hat. Doch sind einzelne Schichten desselben schon seit längerer Zeit mit wissenschaftlicher Sicherheit festgestellt, und dazu gehören gerade die Kalklagen, welche die Clymenien und Goniatiten umschliessen. Das Vorkommen ganz derselben Species in gewissen Kalken Schlesien's, wie dies L. v. Buch erkannt hat, weiter auch zu South Peterwin in Cornwall und bei Mynydd Fron Frys in Denbighshire, welches durch Sedgwick, Phillips und Mc Coy untersucht wurde, der bestimmte Nachweis der Clymenien oder der sie stets begleitenden, charakteristischen Versteinerungen im Thonschiefergebiete Nassau's durch die Brüder Sandberger, in Rheinisch-Westphälischen Schichten durch Girard, am Harze durch F. A. Roemer, zu Kielce in Polen, an vielen Punkten in Esthland, aus den Dominic-Schiefern des Petschora-Landes, im Altai und aus der Portage-Gruppe in Nordamerika deuten auf einen ebenso bestimmten, wie durch die ausgedehnte Verbreitung höchst wichtigen geognostischen Horizont hin, welchen die

Clymenien-Schichten in den Uebergangsformationen aller Orte einnehmen. Es ist daher eine keineswegs auffallende Erscheinung, dass auch in den dem Fichtelgebirge zunächst angeschlossenen und mit demselben ein gemeinschaftliches Verbreitungsgebiet der Uebergangsformation ausmachenden Gegenden dieselben Schichten wiederkehren, wie dies Richter für die Kalkschichten bei Saalfeld und Geinitz für mehrere Orte des Voigtlandes dargelegt haben. Durch diese grossartige Verbreitung gewinnt das Bedürfniss einer genauen Kenntniss dieses Cephalopoden-Geschlechtes auch ein erhöhtes geognostisches Interesse. Es gehören nach fast ganz übereinstimmender Ansicht sämmtlicher Geognosten, welche sich mit dem Studium dieser Bildungen beschäftigten, die Clymenien-Kalke in die obere oder jüngste Schichtenreihe der jüngeren oder devonischen Uebergangsformation, welche in verschiedenen Districten verschieden benannt wurde. Im Fichtelgebirge hob sie schon Münster unter der Bezeichnung Clymenien- und Goniatiten-Kalkschichten besonders hervor, glaubte jedoch damals, ihnen ein silurisches Alter beilegen zu sollen. Die Brüder Sandberger ertheilten der entsprechenden Schichtenstufe Nassau's, welche, wie die Fichtelberger Kalke, durch das häufige Vorkommen der Cypridina serratostriata charakterisirt ist, den Namen Cypridinen-Schichten, während in dem Niederrheinischen und im Westphälischen die gleichen Gesteinlager Flinz, Nierenkalke und Kramenzelstein genannt werden.

Wie die Verhältnisse im Fichtelgebirge liegen, scheint es auch hier naturgemäss, da die Clymenien keineswegs häufig und nicht ausserhalb der Kalkflötze angetroffen werden, die Cypridinen dagegen mit einigen sonst bezeichnenden organischen Einschlüssen durch einen grösseren und mächtigeren Schichtencomplex unter und über den Clymenien-Kalken im Kalke wie im Thonschiefer überaus häufig sich zeigen, der ganzen zusammengehörigen Schichtenstufe von Thonschiefer und eingelagerten Kalkflötzen den allgemeineren Namen Cypridinen-Schichten oder Stufe der Cypridina serratostriata beizulegen, in welchen die Clymenien- (oder Goniatiten-) Kalke nur ein beschränktes untergeordnetes Glied ausmachen, wie die Orthoceratiten-Kalke, von deren Verhältniss zu den Clymenien-Kalken später Ausführlicheres mitgetheilt werden soll, in einer alten Stufe.

Es entsteht nun zunächst die Frage, in welchem Verhältniss innerhalb des Fichtelgebirges und den ihm angeschlossenen Gebietstheilen des Thüringen'schen und Voigtländischen Thonschiefer- und Grauwacken-Gebirges die Clymenien-Kalke mit der sie umschliessenden Schichtenstufe zu der übrigen Thonschiefer- und Grauwacken-Bildung, gegen welche sie nur einen fast verschwindend kleinen Theil ausmachen, stehen, da unter und über denselben sehr mächtige Schichten von Thonschiefer und Grauwacke gefunden werden.

Von den älteren Arbeiten, so vorzüglich sie auch seyn mögen, bis zu den Epoche machenden Arbeiten Murchison's und Sedgwick's über die Gliederung der Uebergangsbildungen können wir nur weniges für unseren Zweck benutzen. Die ausgezeichneten

Schilderungen der Gebirgsverhältnisse des Thüringer Waldes, welche schon frühzeitig Heim (Geol. Beschr. d. Thüring. Waldes), und diesem folgend von Hoff (Taschenbuch f. Mineral., VII. 1813. S. 135) lieferten, geben zwar ein ziemlich vollständiges Bild von den auftretenden Gesteinschichten und ihrer Lagerung, es fehlt ihnen aber die Stütze, welche paläontologische Studien gewähren, sowie die Anhaltspunkte der Vergleichung mit verwandten Bildungen, welche zu jener Zeit noch von keiner Seite sicher geboten waren.

Heim theilt das Gestein im südöstlichen Thüringer Walde in 5 Lagen, deren unterste und tiefste

1. die Grauwacke mit schilfähnlichen Figuren ist; darüber folgen:
2. Graulich schwarzer Thonschiefer (G), zu Dachschiefer benutzt, und Griffelschiefer nebst Kiesel- und Alaunschiefer, unserer Eintheilung nach Schichten aus den höchsten und tiefsten Stufen.
3. Dichter Kalkstein, dem vorigen untergeordnet und von demselben eingeschlossen, bald in Nieren und Mandeln, bald in geschlossenen Lagen, zahlreiche Versteinerungen enthaltend.
4. Grauer dünnschieferiger Thonschiefer (F) und Wetzstein mit wenig Quarz.
5. Grauer dickschaliger Thonschiefer mit vielem Quarze (E).

Hoff gliedert die Thüringer- und Frankenwalds-Gesteine sehr ähnlich in 5 Lagen und nimmt, wie Heim, als die tiefste an:

1. Grauwacke und Grauwacke-Schiefer (Culm-Schichten der späteren Geognosten).
2. Thonschiefer in 3 Abänderungen:
    a) unterste, graulich schwarze, zu Dachschiefer brauchbare Schiefer — Heim's Thonschiefer G — (die tiefsten Culm- und obersten Devon-Schichten umfassend).
    b) Graue, kieselige, dickschieferige, wellenförmig gebogene Gesteine — Heim's F — (die Nereiten-Schichten späterer Forscher darstellend).
    c) Kieselige, verschiedenfarbige Thonschiefer — Heim's E — (Phycoden-Schichten der Späteren), die oberste am meisten nach NW. vorliegende Schichte bildend.
3. Kalkstein, der ersten Thonschiefer-Varietät eingelagert; ist die einzige Schicht, die Versteinerungen enthält.

Man kann in dieser Gliederung die natürlichen Stufen nicht verkennen, wie sie auch durch spätere Untersuchungen festgestellt wurden, aber beide Forscher nahmen die Altersstufen in der Weise an, wie sie der Uebereinderlagerung der Schichten gemäss, wenn sie noch in normaler Lage sich befänden, angesehen werden müssten. Eine ähnliche

Auffassung hat bis auf die neueste Zeit Geltung behalten, vielfache Verwirrung verursacht und von dem richtigen Erkennen der wirklichen Altersfolge abgeführt.

So blieb es der allerjüngsten Zeit vorbehalten, mehr Licht über die verwickelten Verhältnisse dieses Mitteldeutschen Uebergangsgebietes zu verbreiten. Für den westlichen Theil sind es die Arbeiten Engelhardt's (in Hartmann's Berg- und Hüttenmanns-Zeitung, 1852. S. 465. 507. 523. 594) und Richter's (Deutsche geol. Zeitschrift, I. S. 389. 456. II. 198. III. 375. 536. 563. IV. 532 V. 439. VI. 275. VII. 456. 559), für den östlichen Sächsischen jene von Geinitz (Die Versteinerungen der Grauwacke in Sachsen, 1852. 1853), welche den Grund zu weiteren Forschungen legten, während in dem mittleren centralen Stock des Fichtelgebirges ich selbst den Versuch (Jahrbuch für Mineral., 1861. S. 257) machte, vorerst das Verhältniss zwischen Uebergangs- und Urgebirge an der sogenannten Münchberger Gneiss-Linse festzustellen. Da diese Untersuchung gleichsam das Fundament berührt, worauf die paläolithischen Schichten aufgebaut sind, so möchte es passend seyn, zuerst mit kurzen Worten die Resultate dieser letzterwähnten Untersuchung mitzutheilen.

Die Münchberger Gneiss-Partie wurde als einer der seltenen Fälle angesehen, in welchen sich Gneiss-Schichten jünger als die benachbarten Versteinerungen führenden Thonschiefer erkennen lassen. Ich habe nachzuweisen gesucht, dass dies aus den Lagerungsverhältnissen nicht gefolgert werden dürfe, dass vielmehr die Münchberger Gneiss-Gruppe in gleicher Weise wie der Gneiss des Fichtelberger Urgebirgsstockes und seine krystallinischen Schiefergesteine älter als die sie umgebenden paläolithischen Schiefer sind, obgleich diese an vielen Stellen unter sie einschiessen. Der Beweis stützt sich einfach auf die Thatsache, dass an solchen Stellen, wo die Thonschieferschichten unter den Gneiss untertauchen, die dem Gneiss zunächst liegenden Gebilde die ältesten Glieder der paläolithischen Gesteine sind, und dass in derselben Weise, unter den Gneiss, so auch die ihnen zunächst anliegenden von dem Gneiss entfernt gelagerten unzweifelhaft jüngeren Thonschiefergebilde unter jene älteren einschiessen, dass mithin das ganze Lagerungsverhältniss, als ein umgestürztes zu betrachten sey, und demnach die älteren Gesteinsbildungen den jüngeren aufliegen.

Diese überkippte Lagerung ist innerhalb des Fichtelgebirger Thonschiefergebietes eine sehr häufige Erscheinung, die vielfach verkannt, schon die zuerst von Heim und v. Hoff aufgestellte Schichtenordnung als eine irrthümlich umgekehrte veranlasste, und diese aus den verkannten Lagerungsverhältnissen gezogenen Folgerungen übten selbst auf die neuesten Versuche einer ihrem geognostischen Alter entsprechenden Gliederung der Uebergangsformation im Thüringer Walde einen störenden Einfluss aus. Wir begegnen demselben namentlich in der ersten Auffassung der Altersfolge, welche Engelhardt aus dem Steinach-Thale neben sehr vielen höchst interessanten Einzelnheiten mittheilt. In Verbindung mit späteren Ausführungen (Zeitschr. d. deutschen geol. Ges.,

IV. 1852. S. 232. 508) lässt die Engelhardt'sche Schichteneintheilung (Hartmann's Hüttenmänn. Zeitschr., 1852. 465) folgendes Schema erkennen, das hier in gleicher Weise wie bei Engelhardt selbst bezeichnet, überdies aber noch durch ein beigesetztes *E* kenntlich gemacht wird, um es von anderen Eintheilungsversuchen unterscheiden und darauf Bezug nehmen zu können.

E II oder *E D*. Devonische Formation, besteht aus grau bis dunkelblau gefärbtem, feinstänglig abgesondertem Thonschiefer (sogenanntem Griffelschiefer) ohne Grauwacken-Schichten, von einer Rotheisensteinbildung im Hangenden und Liegenden begleitet. An Versteinerungen soll sich bis jetzt nur das Schwanzschild eines grossen Trilobiten gefunden haben. Mächtigkeit 800'.

E I. Silurische Formation, schliesst folgende Glieder in sich:

E C. Obersilurische Grauwacke mit den Gliedern

E e. Obere Schiefer. Sie werden zusammengesetzt von grauem oder grünlich grauem Grauwackenschiefer und dunkelfarbigem, unreinem Thonschiefer, welche bei einer Mächtigkeit von 800' bis jetzt noch keine Versteinerungen geliefert haben.

E d. Blaue Kalke, dem Aymestry-Kalk entsprechend, bestehend aus ungefähr 200' mächtigen Bänken, blaugrauen, oft von Kalkspathadern durchzogenen, zuweilen knotig gebildeten Kalkes mit Gelbeisenerzen; dann aus schwarzem Kiesel- und Alaunschiefer. Die Kalke enthielten Crinoideen, Orthoceras ibex, Orthis orbicularis, verschiedene Brachiopoden und Conchiferen, die Alaunschiefer zahlreiche Graptolithen. Die Gruppe entspräche Barrande's Etage *G*.

E c. Nereiten-Schiefer, ein über 1000' mächtiges Glied, welches, nach der Lagerung im Gebirge bezeichnet, im Hangenden aus mächtigen Thonschiefer-Schichten mit eingelagerten dunkelfarbigen Knotenkalken, in der mittleren Lage aus wellig gebogenen, kieselreichen, glimmerführenden Schiefern, nach unten aus einzelnen Schichten bläulicher Rollstein-Grauwacke, gelblichgrauen Sandsteins, und zum Schluss aus festen, bläulich gefärbten Schiefern zusammengesetzt wäre. An Versteinerungen kämen gegen das Hangende Graptolithen, undeutliche Nereiten und Avicula lineata, in den mittleren Schichten Nereiten, Lophoctenien und einzelne Graptolithen neben Tentaculiten, in der Rollstein-Grauwacke Pentamerus, Orthis, Spiriferen, Corallen und Crinoideen, endlich in den liegendsten Schiefern zahllose Tentaculiten vor. Dieser Schichten-Complex entspräche dem Unterludlow-Schiefer.

E b. Knotenkalke, in einer gleichen Mächtigkeit von circa 1000' entwickelt, sind zusammengesetzt aus Lehmschiefern, die sie von dem Tentaculiten-

Schiefer trennen, dann aus dunkelblauen festen Schiefern, welche gegen das Liegende in dickbankig geschichtete, gelblichgraue Schiefer mit wechsellagernden, schmutzig gelblichgrauen Grauwacken übergehen. In den Grauwacken-Bänken sind Pflanzenreste überaus häufig, ausserdem erscheinen Corallen und Brachiopoden erst vereinzelt, dann erfüllen Crinoideen und Corallen ganze Schichten, und endlich zeigen sich einzelne Cypridinen, Phacops und Cephalopoden neben Pflanzenresten. In den liegendsten Schichten herrschen die eigentlichen Knotenkalke voll Cypridinen und Phacops-Kopfschildern neben Crinoideen, Corallen und Conchiferen. Diese Stufe entspräche dem Wenlock-Kalke.

E a. Untere dunkle Schiefer, den Wenlock-Schiefern entsprechend, würden von den eigentlichen Dach- und Tafelschiefern gebildet, die nur höchst selten eine Ptilodictya (Flustrae vicin.) aufzuweisen hätten.

E B. Dunkelgraue Grauwacke. — Obere Abtheilung der Untersilur-Schichten, sey mehr als 10000' mächtig und umfasse dunkelgraue schiefrige und sandsteinartige Grauwacke und Grauwacken voll Calamiten, Knorrien und einzelnen Nereiten.

E A. Graugrüne Grauwacke. — Untere Abtheilung der Untersilur-Schichten, mit Phycoden als tiefstes bekanntes Glied, in Thüringen mit vorherrschendem Grauwacken-Thonschiefer und Quarzit-Schichten von graugrüner Farbe, letztere Gold führend und übergehend in Wetzstein-Schiefer; auch Alaun-Schiefer setzen auf, dagegen fehlen Kalklagen.

Diese Schichten sind im Steinach-Thale so gelagert, dass sie von *E B* bis *E e* gleichmässig auf einander folgen, und bei NW. Einfallen gemäss der Schichtenstellung *E B* das tiefste, älteste Glied, *E e* das oberste, jüngste Glied der Schichtenreihe ausmachen würden, wie dies auch in der That Engelhardt bei seinen durch die scharfe Parallele mit ähnlichen Stufen in England merkwürdigen Gliederungen annimmt. Es wurde jedoch bereits früher angedeutet, dass hier eine Ueberkippung sämmtlicher Schichten stattgefunden habe, wie dies die in den verschiedenen Gliedern aufgefundenen organischen Einschlüsse bestätigen, sodass die Schicht *E B* als die jüngste, die Schicht *E e* als die älteste anzusprechen ist, daher die Engelhardt'sche Classification einer durchgreifenden Rectification bedarf.

Die Gliederung der Thüringer Grauwacke, wie sie Richter nach seinen neuesten Berichtigungen erkannt hat, stützt sich vorzüglich auf die organischen Einschlüsse. Sie lässt sich in folgendem Schema überblicken, bei dem der Buchstabe *R* sich auf den Auctor dieser Aufstellung bezieht.

R C. Jüngere Grauwake (Culm-Schichten), *II* der ersten Aufstellung z. Th., besteht aus:
1. Sandstein-Conglomerat mit Geschieben von Thon-, Alaun- und Kieselschiefer, welche durch ein mergeliges, oft dunkelrothes Bindemittel verkittet sind.

2. Sandstein, grobkörnig, glimmerreich, oft eisenschüssig, dunkelgrau mit Calamiten, Knorrien und Megaphytum (Rothenbergia).
3. Grobem, dick- und rauhblättrigem, grauem oder gelbgrauem Schiefer, der zuweilen durch Quarz, Feldspath und Glimmertheile Gneiss ähnlich wird.

Auszuschliessen sind die hieher gestellten, Corallen und Brachiopoden enthaltenden Schichten, welche der folgenden Abtheilung angehören.

R B. Rothe oder devonische Grauwacke, wird gebildet:
1. von blaugrauen, oft rothen, eisenschüssigen Schiefern mit eingewickelten Knoten von Clymenien- und Orthoceratiten-Kalken, dann von pflanzenführendem Sandstein und von kleinbröcklichem Conglomerat. Hier kommen vor: Cypridina serratostriata, Phacops cryptophthalmus, Ph. latifrons, Clymenien und Orthoceratiten. Cypridinen-Schichten entsprechend, und demgemäss oberdevonisch.
2. von Rollstein-Grauwacke und Grauwacken-Bänkchen Engelhardt's mit Spirifer speciosus, Orthis umbraculum, Turbinolopsis pluriradialis, Calamopora polymorpha, Pleurodictium ploblematicum und Pflanzenresten; sind unterdevonisch (ungefähr gleichalterig mit dem Spiriferen-Sandstein und Calceola-Schiefer).

R A. Graue und grüne oder silurische Grauwacke und zwar:
R a. Graue Grauwacke. Obersilurisch.
1. Blauer bis schwarzgrauer Thonschiefer mit untergeordneten Lagen von Dach- und Griffelschiefer, dann mit dunkel blaugrauem Sandstein (Blaustein) und in Verbindung mit Rotheisenerz. Von Versteinerungen fand sich bis jetzt nur eine Ogygia.
2. Grauer Kalkstein, aus compacten Knollen bestehend, welche durch ein thonig mergeliges Bindemittel vereinigt sind; die Kalklagen wechseln mit dünnen Schiefer- und Mergellagen. Hierin kommen vor: ? Lituiten, Tentaculiten, Crinoideen, Orthoceras Bohemicus, aff., Nerita spirata, Monograpsus priodon.
3. Alaun- und Kieselschiefer mit den Graptolithen der Barrande'schen Etage E. An der Grenze gegen das nachfolgende Glied erscheinen Knotenschiefer mit Knollen blauen Kalkes, Orthoceratiten (vielleicht Cochleaten) und Tentaculiten umschliessend.
4. Nereiten-Schichten, bestehend aus eisen- bis gelbgrauen, dünnblättrigen, mannichfach gewundenen sandigen Schiefern, seltenen ebenschiefrigen Sandstein-Schiefern (Sensen-Wetzstein) und sonst zu Dach- und Tafelschiefer verwendbarem schwarzem Thonschiefer. Hier erscheinen Cladograpsus, Nereograpsus (Nereiten), Beyrichia complicata Salt. und Orbicula. Versteinerungen, welche nach Richter auf ein gleiches Alter mit Llandeilo flags (altsilurisch) hinweisen würden.

Rb. Grüne Grauwacke, wird zusammengesetzt aus graugrünen bis hechtgrauen, meist dickschichtigen Thonschiefern, die nur selten zu Dachschiefer und im Uebergang zum Quarzit zu Wetzstein zu benutzen sind. Daran reihen sich Quarzit-Schiefer, Quarzfels, Quarzfels-Conglomerat und der hier nur selten vorkommende Alaunschiefer. An Versteinerungen fanden sich bis jetzt: das Pygidium eines Trilobiten (Asaphus tyrannus) und zahlreiche Phycoden (Phycodes circinnatus His. spec). Untersilurisch.

Auch hier tritt uns in der ganzen Abtheilung *RAa* die Auffassung entgegen, dass das Alter der Schichten durch die Reihenfolge ihrer jetzigen Aufeinanderlagerung bestimmt werde, wie dies bei der Engelhardt'schen Classification bemerkt wurde. Es bedarf daher auch die von Richter aufgestellte Reihenfolge nach den Resultaten meiner Untersuchung hierin einer Berichtigung, um correct zu werden, indem umgekehrt, wie bei Richter, die Stufe *RAa 5* — die Nereiten-Schichten — als die jüngste, und die Stufe *RAa 1* als die älteste zu betrachten ist.

Wie Engelhardt und Richter ihre Beobachtungen in den westlichen Theilen des grossen Thonschiefergebiets des Fichtelgebirges angestellt haben, so theilt Geinitz umfassende Resultate seiner Untersuchung, welche derselbe vorzüglich in den östlichsten Theilen, dem Voigtländergebirge, anzustellen Gelegenheit nahm, in seinem grossen Werk über die Grauwacken-Formation in Sachsen (1853) mit. Er unterscheidet:

G IV. 10. Kalk von Tragenau mit zahlreichen Productus des Bergkalkes.

G III. Devon-Formation (Rothe Grauwacke Richter's).

    9. Jüngste Grauwacken-Schiefer mit Calamites transitionis und Nöggerathia Rückeriana.

    8. Clymenien-Kalke Münster's mit Clymenien, Goniatites retrorsus und Phacops cryptophthalmus.

    7. Plauschwitzer Schichten mit Grünsteintufflagen, Kalkknollen-Schichten oder Knotenkalken und Eisensteinlagen (Iberger Kalk am Harze). Sie enthalten Calamopora, Cellepora und die Versteinerungen der folgenden älteren Kalkschicht.

    6. Aelterer Kalk von Wildenfels, Plauen und Schleiz (Orthoceratiten-Kalk Münster's, Goniatiten-Kalk Roemer's) mit Melocrinus laevis, Cyathocrinus rugosus, Cyathaphyllum helianthoides, Astraea parallela, Spcrifer calcaratus, Terebratula reticularis, Orthoceras interruptum und Clymenia laevigata.

    5. Tentaculiten-Schichten mit Grauwacken und Knollenkalken (Wissenbach- und Cypridinen-Schiefer Roemer's z. Th.) voll Tentaculites laevigatus, T. subconicus, Phacops Roemeri. Lägen die Nereiten-Schichten der westlichen Gegenden über den Graptolithen-Schichten, so würden auch diese hieher gehören.

G II. Silur-Formation.

    b) Obere fehlt.

a) Untere und zwar:
3. Graptolithen-Schichten (Graue Grauwacke Richter's und Engelhardt's z. Th.) mit vielen Graptolithen, Orthoceras tenue, Orthis callactis, in Alaun- und Kiesel-Schiefer. Hieber wären auch gewisse Dach- und Chiastolith-Schiefer, sowie der lichtgraue Thonschiefer von Hof mit Conocephalus und Scyphocrinus elegans zu zählen.
2. ? Grauwacken-Schiefer mit Nereograpsus Cambrensis (Nereiten-Schichten) und N. pugnus des Taconischen Systems. Ihre Stellung sey noch nicht ganz sicher.
1. Alte quarzige Grauwacke (Etage de Quarzite Barrande's, grüne und grüngraue Grauwacke Richter's und Engelhardt's z. Th.), ein feinkörniger, fester Sandstein von schmutzig weisslicher, rother, grünlicher und bräunlicher Farbe, mit schwarzem Kieselschiefer voll Nereograpsus tenuissimus und grünlichem Thonschiefer voll Phycodes circinnatus Hia.

G I. Urthonschiefer. (Etage azoique Barrande's, grüne und graugrüne Grauwacke Richter's und Engelhardt's z. Th.), umfasst alle versteinerungsleeren Thonschiefermassen.

Diesen Darstellungen aus den westlichsten und östlichsten Gegenden des Fichtelberger Uebergangsgebietes dienen einige Beobachtungen zur Ergänzung, welche ich selbst hauptsächlich innerhalb der in der Mitte dieser Gruppe liegenden Districte früher angestellt hatte. Schon bei Gelegenheit der Erörterungen über das Alter der Münchberger Gneiss-Gruppe (Jahrb. für Mineralogie, 1861) wurden einige Bemerkungen über die Gliederung der Uebergangsgebilde jener Gegend mitgetheilt. Ehe weiter ausführlich hierüber berichtet werden soll, scheint es zweckmässig, einen Blick auf das Profil des Steinach-Thales zurückzuwerfen, welches ich unter der kundigen Leitung des Herrn Bergrath Engelhardt neuerlich zu studiren Gelegenheit fand. Es kann hiebei um so rascher über die Verhältnisse der Schichten hinweggeeilt werden, welche die Höhe des Thüringer-Waldes N. vom Steinach-Thale zusammensetzen und theils aus jenen oft beschriebenen, Gold führenden Quarziten mit reichlichen Brauneisenerz-Einlagerungen, theils aus chloritischen, fast krystallinischen und grünlichen, meist erdigen, oft auch sandigen Thonschiefern bestehen, als über die Bedeutung dieser Reihe grosse Uebereinstimmung unter den Beobachtern herrscht. Sie gelten einstimmig, die ältere Annahme Heim's und v. Hoff's ausgeschlossen, als die ältesten Gebilde des Gebirges. Ich habe nur das Eine hinzuzufügen, dass, wie mir scheint, doch noch mit einiger Sicherheit eines Theils zwischen den chloritischen und krystallinisch quarzigen Gebilden, welche bisher völlig versteinerungsleer getroffen wurden, und anderen Theils zwichen den ihnen erst in der Auflagerung folgenden, mehr erdigen grünlichen Schiefern, in welchen fast ausschliesslich nur Phycoden auftreten, unterschieden werden kann. Diese letzteren Schiefer zeigen auf der SO. Abdachung des Thüringer-Waldes sehr wechselndes Einfallen, vorherrschend jedoch gegen Steinach zu ein SO. in St. 9 gerichtetes. Sie wechseln in der Nähe oberhalb Steinach mit röthlich gefärbter Grauwacke, gehen in einen röthlichen Schiefer über, und es folgt sofort jenseits eines in Folge einer Gebirgsverwerfung entstandenen deutlichen Einschnittes ein System grau gefärbter Schiefer, welche in St. 9 mit 42° NW. widersinnig zum bisherigen SO. Einfallen in den höheren Gebirgstheilen einschiessen. Von dieser Schicht an bleibt nun durch alle in südlicher Richtung weiter auftretende Gebirgsschichten bis zum äusseren Rande so constant und gleichförmig das Einfallen ein nordwestliches, dass an der unmittelbaren Aufeinanderfolge dieser concordant gelagerten Gesteine nicht gezweifelt werden kann. Durch die ganze Reihe dieses Schichtenprofils zeigt sich aber ausnahmslos, dass jedesmal gemäss der eingeschlossenen organischen Ueberreste das ältere Lager über den jüngeren seine Stelle findet, und zwar der schwarze Knollenkalk über den Graptolithen-Schichten, die älterdevonischen Grünsteintuffe über den jüngerdevonischen Cypridinen-Schiefern, diese wiederum über der kohligen Grauwacke, der Basis des Kohlen-Gebirges, so dass dadurch eine völlige Ueberkippung sämmtlicher Schichten des Steinach-Thales wohl sicher nachgewiesen ist. Demgemäss haben wir den erwähnten grauen Schiefer als das relativ älteste Glied in diesem Profil anzusprechen.

Die erwähnte Stufe der grauen Schiefer, *ED, ECe, RAa, GII* 1—2 der verschiedenen Forscher entsprechend, mit welcher im Steinach-Thale die Schichtenüberkippung beginnt, bildet mithin eine der ältesten Schichten der Thüringer Uebergangsgebilde und es gehen ihr nur

1. die Quarzite und chloritischen Thonschiefer mit reichlichen Quarzmassen ohne organische Einschlüsse (azoische Schichten).
2. die graugrüne Thon- und Grauwacken-Schiefer mit Phycoden (Phycoden-Schichten)

voraus, welche letztere jedoch wegen Mangels charakteristischer identischer Petrefakten mit Schichten anderer Uebergang-gruppen nicht näher parallelisirt werden können, obwohl sie unzweifelhaft die älteste versteinerungsführende Stufe des Fichtelberger Gebiets bilden. Daran reiht sich also

3. das oben erwähnte Glied der Steinacher Griffelschiefer-Schichten oder die Stufe der Primordialfauna,

wie sie von Engelhardt und Richter unter *ED* mit Einschluss von *ECe* und *RAa* näher beschrieben wird. Die wenigen bisher aus dieser Stufe bekannt gewordenen Versteinerungen reichen zwar nicht aus, ihre hier versuchte Gleichstellung mit den Schichten der Primordialfauna zu begründen, aber später werden die Thatsachen näher erörtert werden, worauf diese Annahme sich stützt.

In dieser Stufe sind auch gewisse Dachschiefer und die seitwärts von den Griffelschiefer-Flötzen auftretenden sandigen Schiefer *(EDe)* mit eingerechnet bis zu den Lagen mit schwarzgrauem Kalke, da kein Grund zu einer weiteren Abtrennung erkannt wurde.

4. **Graptolithen-Schichten** folgen im Steinach-Thale bei überkippter Lagerung im Liegenden der Vaginaten-Kalke und scheinen ihren Anfang schon in einigen Flötzlagen knolligen schwarzen Kalkes mit Zwischenlagen von schwarzem Kieselschiefer und Kieselschieferknollen zu nehmen.

Die Hauptmasse dieser Stufe machen an Graptolithen sehr reiche Alaun- und Kieselschiefer aus, welche genau den Graptolithen-Schichten am Grunde der Barrande'sche Stufe *E* entsprechen. Nach den jüngeren Schichten hin nehmen die Graptolithen-führenden Kieselschiefer wieder an Häufigkeit ab, und es folgt eine mächtige Lage vorherrschend schwarzgrauen Kalkes mit Crinoideen und gleichgefärbtem Thonschiefer mit schwarzen Hornsteinknollen und grossen Schwefelkiesnieren, welche wegen Mangels an deutlichen organischen Einschlüssen nicht näher characterisirt sind, und daher vorläufig der Stufe der Graptolithen-Schichten einverleibt bleiben. Vielleicht entsprechen sie der Stufe des mittleren Kalkes.

5. **Crinoideen-Kalke**, ein aus mehreren Lagen meist dichten weissaderigen, schwarzgrauen Kalkes mit Ocher-Einlagerungen und Zwischenmitteln schwarzen Thonschiefers bestehendes Gebilde,

welches durch das Vorkommen von Crinoideen-Stielen ausgezeichnet ist. Das Cephalopoden-Geschlecht darin spricht für eine obersilurische oder unterdevonische Stufe. Wegen des engen Anschlusses an die Graptolithen-Schichten scheint mir ihre Einreihung in die Silur-Formation naturgemäss.

6. **Nereiten-Schichten** *(Ec, R A a 4, und G II 2)* folgen im Alter unzweifelhaft auf die Crinoideen-Kalke und Graptolithen-Schichten.

Ihre meist dünnschichtigen, grünlich grauen, glimmerigen, wellig gebogenen Grauwacken-Schiefer sind zureichend durch die sonderbaren Zeichnungen characterisirt, die unter dem Namen Nereiten, Nereograpsus, Cladograpsus und Lophoctenium bekannt und mit Formen der untersilurischen Schichten England's und des Taconischen Systems Nordamerika's für identisch gehalten wurden. Bei der Wichtigkeit, welche diese sonderbaren Gestalten wegen ihrer weiten Verbreitung und grossen Häufigkeit in diesem Mitteldeutschen Uebergangsgebirge, dann wegen des Mangels sonst characteristischer organischer Ueberreste in diesem mächtigen Schichtensystem für das ganze Fichtelberger Uebergangsgebiet gewinnen, müssen wir hier näher auf die Natur dieser theils als den Graptolithen verwandten Thierreste, theils als Spuren von Anneliden angesprochenen Formen eingehen. Die grosse Liberalität, mit welcher mir Herr Bergrath Engelhardt seine sämmtlichen Erfunde zur Disposition stellte, machte es möglich, die umfassendsten Studien anzustellen, als deren Resultat ich die Ueberzeugung ausspreche, dass

1. eine Identität mit Englischen, sogenannten Cambrischen, oder Nordamerikanischen, sogenannten Taconischen Formen nicht sicher gestellt werden konnte,

2. dass die Nereiten nicht als organische Körper oder deren Abdrücke, sondern lediglich als Spuren kriechender Thiere zu betrachten sind.

Schon höchst bemerkenswerth schien mir hiebei die Beobachtung, dass die Mannichfaltigkeit der einzelnen Theile in ihrer äusseren Form, Umriss und Oberflächenstreifung an ein und demselben Theilganzen, und die Unregelmässigkeit dieser Theile ganz gegen die Natur eines organischen Körpers sprechen, besonders entscheidend aber ist der Umstand, dass in sehr vielen Fällen, da wo die Graptolithen ähnlich gelappten Formen sich krümmen, die einzelnen gestreiften Lappen eine auffallend in die Länge gedehnte Form annehmen, wie es das Schleifen eines spurengebenden Körpertheils beim Umbiegen erzeugen musste. Diese Veränderung der Form an den Umbiegungsstellen lässt sich auf andere Weise nicht erklären. Unterstützt wird diese Annahme noch ganz insbesondere durch den Umstand, dass, ähnlich wie bei allen Sandsteinbildungen mit dünner Schichtung und mit einem dünnen Schlamm- oder Thonüberzug (Küstenbildung), auch in diesen Nereiten-Schichten unzweideutig ächte Spureindrücke vorkommen. Ueberdies fehlt bei diesen sogenannten Nereiten selbst die schwächste Andeutung einer organischen, kohligen oder kalkigen Substanz, welche bei den Graptolithen immer vorkommt, und bei den dicken Erhöhungen der Nereiten wohl sicher auch hätte erwartet werden dürfen. Aber selbst auf frisch gespaltenen Schiefern, also bei ganz unverletzten Exemplaren von Nereiten, lässt sich nichts von einer organischen Substanz entdecken. Von deutlichen organischen Einschlüssen kam mir aus der ganzen Schichtenreihe, in denen die Nereiten herrschen, die sandigen Schichten bei Hämmern und Laasen abgerechnet, nichts zu Gesicht, als ein einziger Algen-Abdruck, bei dem es wegen der Einfachheit seiner Form wohl sehr schwierig ist, ihn mit bekannten Species ganz sicher zu identifiziren. Die Alge gleicht im Allgemeinen dem Chondrites antiquus Brong.

Da Formen ähnlich der Fichtelberger Nereiten häufig und in verschiedenen Schichten anderer Districte gefunden werden, nicht nur in denen des Taconischen und Cambrischen Systems, den Llandeilo flags, sondern auch in dem sogenannten Hahnenfeder Sandstein des Nordamerikanischen unterdevonischen Systems, selbst in den Posidonien-Schichten aus der Basis des Kohlengebirges, und sehr verwandte Figuren selbst innerhalb des Fichtelgebirges in dem devonischen Cypridinen-Schiefer und in dem Gestein der Lehstener Schieferbrüche wiederkehren, so ist an sich klar, dass aus der Formähnlichkeit der Thüringer Nereiten mit den Umrissen aus Englischen altsilurischen Lagen kein einigermassen sicherer Schluss auf das Alter der Thüringer Nereiten-Schichten gezogen werden darf. Bei dem Mangel sonstiger bezeichnender Versteinerungen lässt sich nach ihrer Lagerung weit im Hangenden über den Graptolithen-Schichten, abgesehen von der Ueberkippung der Schichten, nur auf ein viel jüngeres Alter, als das der Graptolithen-Schichten schliessen. Die nächste, durch Petrefakten bestimmte, charakterisirte Schicht ist die so eben von Hämmern und Laasen bezeichnete Schicht.

Leider sind die in einem gelblich weissen Sandstein und einer Conglomerat-Lage mit abgerundeten Rollstücken eingeschlossenen, sehr zahlreichen Versteinerungen so wenig gut erhalten, dass es bis jetzt aus der ganzen Reihe nur Spirifer macropterus Goldf., Spiriferina reticularis und das ausgezeichnete Pleurodictyum unzweifelhaft sicher zu bestimmen gelungen ist. Als nur annähernde Bestimmungen müssen angesehen werden: Orthisina cf. umbraculum, Orthis cf. arachnoides, Pentacrinus cf. priscus, Turbinolopsis celtica Phill., T. pluriradialis Phill., Strophomena ? taeniolata Sandb.

Da Spiriferina reticularis eine sehr ausgedehnte verticale Verbreitung besitzt, so kann sie hier leider für genauere Festatellung des geognostischen Niveau's nicht benutzt werden, und es giebt nur Spirifer macropterus und Pleurodictyum einen Anhalt zur Altersbestimmung dieser Schicht. Diesen nach entspräche das Gestein dem Niveau der Spiriferen-Sandsteine im Nassauischen oder der unteren devonischen Schichtenstufe. Hiezu stimmen auch die nur beiläufig bestimmbaren anderen organischen Einschlüsse ziemlich gut. Nur eine Beyrichia-Art, welche sich gleichfalls vorfindet, könnte als Beweis für ein höheres Alter angesehen werden. Aber es darf nicht unerwähnt bleiben, dass das diese Einschlüsse enthaltende Gestein bei Hämmern nicht auf seiner ursprünglichen Lagerstätte beobachtet wurde, sondern nur in losen Fragmenten sich findet und innerhalb des Gebietes der Nereiten-Schichten. Es ist allerdings wahrscheinlich, dass wir es mit einer Einlagerung in den Nereiten-Schichten zu thun haben, aber ganz sicher ist diese Stellung denn doch nicht. Bei Laasen, wo eine ähnliche versteinerungsführende Schicht vorkommt, konnte ich gleichfalls die Verhältnisse der Lagerung nicht so klar und bestimmt erkennen, um die Zwischenlagerung derselben zwischen Nereiten-Schichten als unzweifelhaft bezeichnen zu können.

Die Annahme, dass die versteinerungsführenden Schichten von Hämmern und Laasen dem Spiriferen-Sandstein im Alter gleichkommen, ist demnach zwar nicht unbegründet, ob aber von diesen der ganze Complex der Nereiten-Schichten in das unterdevonische Niveau gesetzt werden dürfe, bleibt nach der vorangehenden Darstellung immerhin noch ziemlich unsicher. Vorläufig sey daher diese Gleichstellung als wahrscheinlich bis zum Nachweis, dass es nicht so sey, hier festzuhalten erlaubt.

In den hieher gerechneten Schichten kommen bereits, namentlich auch in dem Gestein von Hämmern, Tentaculiten vor, aber in grösserer Häufigkeit denn doch erst in den Thonschieferlagen, die im Alter unzweifelhaft den Nereiten-Schichten nachstehen. Diese

7. **Tentaculiten-Schichten** *(ECc z. Th., RAa4 z. Th. und GIII 5)* bestehen aus schwarzen, dickschiefrigen, stängelig gesonderten, streifig heller und dunkler gefärbten, fein parallel gefälteten Thonschiefern, welche eine grosse Menge Tentaculiten von der Art der Wissenbacher Schiefer des Harzes einschliessen. Richter (in Zeitschr. d. geol. Gesellschaft, VI. S. 275) hat diese Formen der

Tentaculiten ausführlich beschrieben und sie aus verschiedenen Stufen angeführt, von den dunklen Schiefern mit Kalk-Concretionen durch die Nereiten-Schichten hindurch bis in die Cypridinen-Schiefer hinauf.

In den Schiefern, die erfüllt mit Tentaculiten hier ausschliesslich als sogenannte Tentaculiten-Schiefer gelten, kommen andere organische Reste nur höchst selten vor. Bestimmt kann ich nur zwei Brachiopoden namhaft machen: Spirigera concentrica und Leptaena minor Roem., wovon die erste eine der ausgezeichnetsten und am weitesten verbreiteten Leit-Conchylien für die mittlere devonische Schichtenstufe darstellt, so dass wir wohl wenig fehlgreifen werden, wenn wir die Tentaculiten-Schichten für mitteldevonisch erklären.

Als Schlussglied finden sich versteinerungsleere, weiche, im Wasser zerfallende, graue Thonschiefer, welche sich oberflächlich leicht in Lehm zersetzen, daher passend Lehmschiefer zu benennen und häufig an der Oberfläche zerstört und weggeführt sind, so dass die Stelle, welche sie in ihrer Streichrichtung einnehmen, durch eine Terraineinbuchtung angedeutet wird.

8. **Calamoporen-Tuffschichten** (Plauschwitzer Schiefer Geinitz), bestehen theils aus schwärzlichem, wohl geschichtetem Schiefer, aus muschlig brechendem, grünlich grauem, oft ins Röthliche spielendem Schiefer, und aus feiner, dünnschichtiger, schmutzig weisslicher Grauwacke (Wetzstein) mit grünlichem, thonigem Kieselschiefer (Oelstein), theils aus eisenschüssigen, braunen, Breccien- und Conglomerat-artigen Trümmergesteinen mit Diabastuff-artigem Bindemittel.

Diese an Versteinerungen sehr reichen Schichten finden sich hauptsächlich in zwei durch Schiefer mit Brauneisenstein-Geoden und Quarzlinsen getrennten Niveau's; das Gestein an der oberen Grenze dieser Stufe geht in ein wohl geschichtetes Gebilde über, welches ganz die Zusammensetzung des Diabases erkennen lässt und zugleich zahlreiche Versteinerungen umschliesst; es ist ein dichter Diabastuff-Schiefer (Grünstein-Schiefer Engelhardt's). Damit kommen, wie schon in tieferen sandigen Schichten, zahlreiche Ueberreste von Landpflanzen vor. Die Thierversteinerungen in beiden Tuff- und Trümmerlagen sind nahezu die gleichen und stimmen genau mit jenen überein, die Geinitz aus den sogenannten Plauschwitzer Schichten des Voigtlandes anführt. Die Pflanzen scheinen nicht verschieden von den Formen, die Unger von Bohlen bei Saalfeld beschreibt, wie Lepidodendron nothum und Lycopodites pinastroides aus dem Steinach-Thale, dann noch Haliserites Dechenianus Göpp. und ? Nöggerathia gramenifolia. An Thierresten fand ich in der Engelhardt'schen Sammlung: Phacops cryptophthalmus, Ph. latifrons, Bellerophon compressus, Pleurotomaria trilineata, Spirigerina reticularis, Spirifer muralis, Sp. calcaratus, (= disjunctus oder Verneuili), Chonetes sarcinulata, Retzia ferita, Orthis striatula, Productus Murchisonanus, Ctenocrinus typus, Melocrinus cinulatus, Hexacrinus echinatus, Turbinolopsis celtica, Streptastraea longiradiata und Calamopora polymorpha, welche mit überwiegender Mehrheit für das Niveau der Stringocephalen-Schichten sprechen. Wie sich die sogenannten Orthoceratiten-Kalke Münster's zu dieser Stufe verhalten, sey einem späteren Nachweise vorbehalten.

Noch bemerken wir namentlich bezüglich der oberen Lagen, dass dieselben häufig sehr eisenreiche Partien in Knollen und Putzen enthalten, deren Zersetzung zuweilen die Veranlassung zur Bildung von Brauneisenlagen giebt. Auch fehlen kalkige Beimengungen nicht, die an die Stelle jener eisenhaltigen treten und, Knollen bildend, einen Uebergang in ein Knollenkalklager vermitteln. Wir stehen hier an der Grenze der folgenden Stufe, deren Versteinerungen schon in diesen jüngsten Gliedern sich ankündigen.

9. Cypridinen-Schichten, aus grünlichen und röthlichen Grauwacken mit Pflanzenresten gegen das Liegende, aus grünlichen, röthlichen und durch Zersetzung Umbra farbigen Thonschiefern mit mehreren getrennten Lagen von Kalkknollen oder knolligen Kalkflötzen gegen das Hangende zu bestehend, liefern die zahlreichen Versteinerungen, welche von anderen Punkten durch Graf zu Münster, Richter, Geinitz u. a. bekannt wurden. Bei Steinach enthalten sie unter anderen zahlreiche Orthoceras-Arten, Goniatites retrorsus, Phacops cryptophthalmus, Cypridina serratostriata, Cardiola retrostriata, Avicula obrotundata und Crinoideen-Stiele.

Die nächst südlich vorgelagerte Gesteinszone umfasst eine sehr mächtige Ablagerung dunkelfarbiger Thonschiefer, theils dick, theils dünnschiefrig. Die letztern liefern vorzüglich die Thüringer Dachschiefer (Lehstener Schiefer). Der Uebergang in ähnliche, dickspaltige Schiefer, denen sich feine, höher auch grobkörnige Grauwacken erst spärlich dann vorherrschend beigesellen, ist bei Steinach an der neu angelegten Strasse sehr deutlich zu beobachten. Hier kommen bereits zahlreiche Exemplare von Calamites transitionis vor, so dass schon nach diesem einen Profil beurtheilt wahrscheinlich auch die Dachschiefer bereits der praecarbonischen Uebergangsformation (Culm-Schichten) zuzurechnen sind. Doch scheint es räthlich, vorläufig noch zu unterscheiden erstens die liegenden Dach- und Tafelschiefer, welche passend als

10. Obere Thüringer Dachschiefer-Schichten oder Lehstener Schichten, aus Schiefer und Grauwacken bestehend,

bezeichnet werden können, und zweitens

11. Calamiten-Grauwacken-Schichten mit zahlreichen Pflanzenresten der Culm-Schichten. Posidonomya wurde bisher im Fichtelberger Gebiete noch nicht gefunden; ihre Stelle scheinen brackische Sandsteine mit Landpflanzen einzunehmen.

Dieselbe Reihenfolge fand ich auch ohne wesentliche Modification in den östlichen Querprofilen, in dem Einschnitte des Haselbachs bis Frostthal, dann zwischen Friedrichsthal, Haselthal, Spechtsbrunn und Pinsau, ebenso wie bei Gräfenthal (neue Strasse), Lichtenhain, Ebnersdorf und Ludwigsstadt, hiernach in höchst merkwürdiger bis ins kleinste gehender Uebereinstimmung mit den Verhältnissen im Steinach-Thale. Weiter ostwärts werden die Verhältnisse immer schwieriger zu durchschauen, weil mächtige Partien massiger Gesteine (Diabas), unregelmässig zwischen den Schichten eingeschoben, solche Verrückungen verursachten, dass dadurch die richtige Reihenfolge der einzelnen Stufen äusserst schwierig zu erkennen ist. Doch fand ich noch bei Steben fast sämmtliche Glieder des Steinach-Thales ganz in gleicher Weise entwickelt. Die graugrünen und chloritischen Schiefer und Quarzite, reichlich mit Phycoden-Einschlüssen, bilden daselbst den Rumpelbühl und das südliche Gehänge des Muschwitz-Thales zwischen Zeidelwaid und dem Friedrich-Wilhelms-Stollen bei Lichtenberg. Die älteren schwarzen und gelblichen Dachschiefer und Griffelschiefer gehen bei Blankenstein und Kemlas, die Graptolithen-Schiefer an der Mordlau in den Hohlwegen gegen Bad Steben, bei Blankenberg am Kalkofen im Saalthal und am Kemlas zu Tag. Auch die Nereiten-Schichten sind um Steben und bei Langenbach reichlich zu finden. Die Tentaculiten-Schichten zeigen sich am Schedlas unfern Naila, in unmittelbarer Nähe des Bades bei Steben, die Calamoporen-reichen, eisenschüssigen Sandsteine und Diabastuffe bei Langenbach, Geroldsgrün und Reumlas, die Cypridinen-Schiefer mit den Clymenien-Kalken ebenfalls bei Geroldsgrün, Dürrenwaid und in der Langenau.

Endlich breiten sich die oberen Dachschiefer und an Calamites transitionis reichen Grauwacken-Schichten bei Dürrenwaid weithin bis Nordolben aus. Bereits in dieser Gegend von Reumlas an bis Geroldsgrün und Dürrenwaid beginnen die Diabastuffe, welche stets sich in nächster Nähe zu den Clymenien-Kalken halten, ohne dass man jedoch über ihre gegenseitige Lagerungsweise vollkommen ins Klare kommen könnte, höchst charakteristische Thierreste in sich zu schliessen. Namentlich ist Spirifer calcaratus (= disjunctus J. Sow = Verneuili Murch.) sehr häufig zu finden, welche Species sonst die alleroberste Schichte der devonischen Formation (Chemung-Stufe) anzuzeigen pflegt. Es entsteht daher die Frage, ob auch im Fichtelgebirge eine entsprechende Schichtenreihe über der Stufe mit Cypridina serratostriata sich natürlich abgrenzen lasse. Da eines Theils hier im Westen mit dem sonst charakteristischen Spirifer calcaratus auch sehr häufig Spirigerina reticularis, und überhaupt mit den in den sogenannten Plauschwitzer Schichten gefundenen Arten identische Formen zusammen erscheinen, andern Theils in den Plauschwitzer Schichten selbst Spirifer calcaratus mit offenbar älteren Arten, als die der Cypridinen-Schichten, vergesellschaftet ist, und die Brüder Sandberger den Spirifer calcaratus in Nassau als charakteristisch für die Stringocephalen-Schichten anführen, so halte ich dafür, dass auch im Fichtelgebirge die Diabastuffe mit Spirifer calcaratus zu einer Stufe unter den Cypridinen-Schichten zu rechnen sind.

Nicht minder reich, vielmehr noch bereichert durch die Schichten des Productusreichen Bergkalkes, treten dieselben Stufen in unmittelbarer Nähe um die Stadt Hof auf, aber in einer solchen Zerstückelung und verworfenen Lagerung, dass man kaum noch irgend eine Ordnung sicher erkennen kann. Nur die ältesten Schichten längs der Grenze des die Basis ausmachenden Urgebirges — Hornblendeschiefer, Chloritschiefer und Augen-Gneiss — sind einigermaassen regelmässig gelagert.

Während man in der Stadt Hof, die grösstentheils auf Quarzit erbaut ist, dieses azoische Gestein neben chloritischem Schiefer und intensiv roth gefärbtem Thonschiefer, welche z. Th. die älteste Dachschiefer- und Griffelschieferstufe repräsentiren, antrifft, kommt an der sogenannten Windmühle ein Kalkflötz von halb krystallinischer Beschaffenheit vor, das dem Kalk im Dorfe Leimitz entspricht. Wieder gesondert streichen an dem neuen Schiesshaus und in einem Kieselschieferbruche in der Nähe des Teufelsberges an Graptolithen überreiche Kieselschiefer gleich neben von Goniatites retrorsus und Clymenien erfüllten Knotenkalken zu Tag aus. Jenseits des Thals stehen in einem Hohlwege bei Theresienstein dieselben Graptolithen-Schichten an, während einerseits nach der Stadt zu sehr mächtige Knollenkalke, bedeckt von Schiefern voll Phacops cryptophtahlmus und Cypridina serratostriata (Stadt-Kalkbruch) bekannt sind, andererseits kaum 500 Fuss zur Seite ein Bergkalklager in einem Steinbruch eröffnet ist. Ganz in nächster Nähe kommt nur in einer Entfernung von 1000 Fuss ein weit fortstreichendes Flötz von Corallen-reichem Diabastuff, der, mit vielen Kalkknollen erfüllt, in ein ziemlich reines Knollenkalkflötz zwischen dem Regnersbölzchen und dem Spinnhause übergeht, vor. Ganz ähnliche, viele Kalkknollen einschliessende Tufflagen voll Versteinerungen kehren am Teufelsberge in der Nähe der erwähnten Clymenien-Kalke wieder in Mitten von massigem Diabas und Schalsteinschiefer, welche jene versteinerungsführende Lage wie eine Zwischenschicht einschliessen. Wir bemerken hier an Versteinerungen: Calamopora polymorpha, Spirigera reticularis, Spirifer calcaratus und Pentamerus galeatus. Auch die Neroiten-Schichten fehlen nicht; sie scheinen in den glimmerig thonigen, wellig gebogenen Grauwacken-Schiefern angedeutet zu seyn, welche an der Strasse nach Zedlitz, wo diese das Rognitzthälchen durchschneidet, am westlichen Gehänge in Mitten einer Umgebung von Diabastuff-Bildungen zu Tag treten.

Was aber den Schichten des Uebergangsgebirges bei Hof besonderes Interesse verleiht, das ist das plötzliche Auftauchen von an Versteinerungen reichem Thonschiefer, welcher die Fauna der Primordial-Schichten in sich schliesst. Der beste Kenner dieser ältesten Thierformen, Barrande selbst, hat die aus diesen Schichten gesammelten organischen Reste als zur Primordialfauna gehörend bestimmt.

Diese Thonschiefer-Schichten stehen in einem Hohlweg an, der von Leimitz nach Hartmannsreuth führt, in der nächsten Nähe des erstgenannten Dorfes. Die Aufeinanderfolge der einzelnen Schichten ist hier ziemlich deutlich aufgeschlossen. Der Wartthurmberg mit seinen Hornblende-Schiefern und Serpentin als Kern, und eine Hülle von Chlorit-Schiefer ist das Grundgebirge, an das sich in widersinniger Einfallrichtung erst chloritische

Thonschiefer mit in St. 9 unter 35° SW. einfallenden Schichten, weiter graugrüner, erdiger, und gelbfleckiger Thonschiefer anlehnen. Diese reichen am Nordgehänge des Berges bis gegen das Dorf Leimitz. Hier taucht zuerst neben intensiv grünen und rothen Thonschiefern und gelblichem Dachschiefer von sehr verworrener Lagerung ein schwärzlich grauer, dolomitischer Kalk hervor, der mit jenem an der Windmühle bei Hof ein identisches Flötz zu bilden scheint. Versteinerungen aus ihm sind nicht bekannt, daher seine Stellung in Bezug auf das Alter, das er repräsentirt, sehr zweifelhaft bleibt, obwohl er der Lagerung nach älter als die Schichten der Primordialfauna zu seyn scheint. Während von Leimitz aus gegen Hof vorherrschend rothe Thonschiefer, Diabas und Diabastuff sich ausbreiten, findet man in der Nähe des Kalkes zugleich auch jene grauen, wellig unebenschichtigen, glimmerigen Grauwacken-Schiefer, welche für die Nachbarschaft der Griffelschiefer so bezeichnend zu seyn pflegen; diese selbst konnten jedoch in der Art, wie sie im Steinach-Thal entwickelt sind, hier nicht aufgefunden werden. Sie sind höchst wahrscheinlich durch eine Zone von Schiefern vertreten, welche in einem Hohlwege, der aus dem Dorfe Leimitz nordwärts zieht, zu Tag ausstreichen und aus grauen, flasrigen, streifig hell- und dunkelgrau gefärbten Thonschiefern (in St. 9 mit 35° SW. einfallend) mit schwarzem Kieselschiefer, und längs der diesen Hohlweg kreuzenden Strasse nach Hartmannsreuth aus licht- und dunkelgrau fleckigen Thonschiefern zusammengesetzt sind. Diese letzteren beherbergen jene höchst merkwürdigen thierischen Ueberreste, welche nach dem Ausspruche Barrande's die Primordialfauna charakterisiren. Unter 15 bestimmbaren Trilobiten-Arten gehören 11 der Primordialfauna an, während die 4 anderen Arten Formen der zweiten Fauna darstellen. Was sonst noch an Pteropoden, Brachiopoden und Cystideen vorkommt, könnte sowohl in der ersten als zweiten Stufe sich vorfinden. Die zunächst benachbarten Schichten bestehen aus schwarzen Lyditen mit Graptolithen, über welche hinaus eine mächtige Ueberdeckung die sich anschliessenden Gesteine überlagert und verhüllt. Erst weit in N. Richtung stossen wir wieder auf blosgelegte Schichten; es sind dies die Knotenkalke und Cypridinen-Schichten, welche in den Steinbrüchen des sogenannten Grähenhölzchens aufgeschlossen wurden. Noch weiter nach N. gelagert ist der Bergkalk unfern des Theresiensteins, dessen wir schon früher erwähnten, ebenfalls mittelst eines Steinbruchs entblösst.

So unvollständig auch diese Reihe der direct beobachteten Schichten ist, und so viele Glieder hier nur angedeutet erscheinen, so ergibt sich aus diesem Profil gleichwohl die grosse Aehnlichkeit der Gliederung wie sie im Steinach-Thal angegeben wurde.

Noch deutlicher wird dies, wenn man das vollständigere Profil aus solchen Gegenden betrachtet, welche weniger durch Störungen gelitten haben. Solche ergeben sich in den Querschnitten, welche man von dem Granitischen Centralstocke des Fichtelgebirges — sey es vom Selber Walde oder vom grossen Kornberg — in NW. Richtung bis zu den jüngsten Schichten bei Tragenau oder Regnitzlosau untersuchend verfolgen kann Diese

Hauptprofile sind so übereinstimmend, dass wir einen für das andere nehmen können und es nicht nöthig erscheint, beide specieller zu beschreiben.

An den centralen Stock des Granits legt sich zunächst nordwärts bei Selb eine Zone streifigen Gneisses, an jenen des grossen Kornbergs ein Streifen quarzigen Glimmerschiefers an. Ihr Einfallen ist vorherrschend in St. 9 nach NW. gerichtet, so dass die krystallinischen Schiefer in regelmässiger Aufeinanderlagerung je weiter nach NW. gelagert um so jüngeren Stufen angehören Doch fehlt es auch nicht an Strichen mit SO. Einfallrichtung, bei denen diese Schichtenstellung als Folge welliger Biegung oder einer stellenweisen Ueberkippung anzusehen ist, so dass die liegenden Schiefer die jüngeren, die hangenden dagegen die älteren Gebilde repräsentiren.

In dem östlichen Gebiet entwickelt sich der Glimmerschiefer in vorzüglich quarzigem Gestein unter und neben den Gneiss-Streifen. Auf den Glimmerschiefer folgt nordwärts von Schönwald oder Haukrock erst ein Streifen glimmerglänzenden Urthon-Schiefers, Phyllit's, der in nördlicher Richtung immer reicher an Chlorit wird. Daraus bildet sich endlich, wie z. B. zwischen Pfaffenberg und der Klappermühle, chloritischer Thonschiefer mit überaus zahlreichen Quarzlinsen, an deren Umhüllung der chloritische Gemengtheil besonders scharf geschieden hervortritt, aus. Diese Thonschiefer, in denen eine Spur von Organismen bis jetzt noch nicht gefunden wurde, gehen ganz allmählich nach N. zu in mehr erdige, oft knollig unebene und quarzige Thonschiefer und Quarzite über, welche die Stelle der Thüringer grünen Phycoden-führenden Schichten einzunehmen scheinen. Fleckig streifige, durch Zersetzung Ocher farbige, zuweilen gelbe, öfter intensiv eisenrothe Thonschiefer, die selbst so dünnschiefrig werden, dass sie zu Dachschiefer brauchbar sind, und an ihrer Stelle schwarze Dachschiefer (Rehau, Matzlesreuth), welche in Begleitung von kieseligem Thonschiefer auftreten, bilden die nächst gelagerte Gesteinszone. Diese ist besonders dadurch noch ausgezeichnet, dass innerhalb derselben bei Gefrees die berühmten Chiastolith-Schiefer aus den oben genannten Lydit-artigen Gesteinen sich entwickeln. Kalkige Gesteinslagen sind hier nicht bekannt und so folgt unmittelbar über dem Fleckschiefer und dem ältesten Dachschiefer, den Stellvertretern des Steinacher Griffelschiefer- und des Hofer Gesteins mit der Primordialfauna, der Graptolithen-, Kiesel- und Alaunschiefer, wie er in der Nähe von Raitschin bei Regnitzlosau, bei Kobschwitz, dann bei Matzlesreuth unfern Gefrees etc. zu Tag tritt. Bereits beginnen in dieser Stufe die ersten Diabas-Gesteine zu erscheinen; sie bilden vorerst wenig mächtige Lager oder Lagergänge, was sich schwierig bei ihrer dem Schieferstreichen gleichlaufenden Längenausdehnung bestimmen lässt. Die hoch aufragende Schlossruine Hallerstein steht auf einem solchen Diabas-Felsen dieser Schichtenreihe; auch zwischen Raitschin und Regnitzlosau wie bei Martinlamitz sind mehrere solcher Gesteinszüge zu bemerken.

Bei Rehau begegnet man an der Strasse nach Hof nordwärts von der dort aufgeschlossenen Dachschieferzone dünnschichtigen, wellig gebogenen Grauwacken-Schiefern, ähnlich wie sie die Nereiten-Schichten enthalten; sie tauchen in gleicher Weise auch an der Regnitzlosauer Strasse in der Nähe von Osseck ** W. neben den Ocher- und Fleckschiefern auf, da wo die Strasse aus dem Walde herausführt. Die Schichten fallen hier in St. 9 mit 30° NW. und werden bedeckt von dickschiefrigem, schwarzgrauem Thonschiefer, dem näher gegen Osseck erst feinkörnige, dann Eisenocher reiche Trümmer-Grauwacke von der Art der Calamoporen-Schichten auflagern. Darüber zeigen sich mächtige Lagen von Kalkknollen und knolligen, dünnplattigen Kalken, auf denen früher grosse Brüche eröffnet waren; sie sind nur durch eine schwache Zwischenschicht griffelförmig spaltender Thonschiefer von jener Trümmer-Grauwacke getrennt und stehen an dem Gehänge beim Dorfe Osseck vor dem Walde (nicht Osseck an der Stadt) an, und beherbergen bereits viele Cypridina serratostriata in dem zwischen den Kalkbänken liegenden sandigen Thonschiefer. In einer der hangendsten, sehr sandigen Schicht finden sich die Landpflanzen des Bohlen bei Saalfeld eingeschlossen. Ganz dieselbe Schichtenreihe von theils knotigen, theils knollig plattenförmigen Kalken ist bei Regnitzlosau mit sattelförmig umgebogenen Schichten, ebenso mehrfach im Dorfe Tragenau durch Steinbrüche aufgedeckt. Beide Kalkpartien dürfen nicht verwechselt werden mit den Bergkalken, der meist in Verbindung mit diesen beiden Ortsnamen genannt wird, der aber erst weiter nordwärts durch streicht. Zwischen diesen den Clymenien-Kalken parallelen Flötzen und dem Bergkalke sind äusserst mächtige Schichten zwischengestellt. Es sind theils grauliche, stängelig gesonderte Thonschiefer mit untergeordneten Lagen von Grauwacke, und meist sehr mächtige Kieselschieferbildungen, theils dünn- und ebenschichtige, intensiv schwarze Thonschiefer (Dachschiefer) mit Grauwacke-Conglomerat, Griffelschiefer und porösem, eisenschüssigem Gestein. Der Bergkalk, tief schwarz, von weissen Spathadern und überaus häufigen Crinoideen-Stielen und Corallen weissfleckig, steht eine viertel Stunde N. von Tragenau, dicht bei Regnitzlosau, an der Klötzlermühle, in Draisendorf und an der Lamitzmühle bei Schwarzenbach an. Sein Liegendes besteht zunächst aus stängelig brechendem, grauschwarzem Thonschiefer (Griffelschieferartig), schwarzem, dünnschichtigem, ebenspaltendem Thonschiefer (zu Dachschiefer nicht benützt), dann aus Lydit, und unter diesem aus wechselnd hell- und dunkelfarbigem Thonschiefer mit Knollen und Grauwacken-Schichten voll Calamites transitionis. Im Hangenden setzen poröse eisenschüssige Schiefer, schwarze, erdige Thonschiefer mit Quarzadern, poröse, Breccien-artige Trümmer-Grauwacke und dann soweit hangendere Schichten zu beobachten sind, graue und röthliche Thonschiefer und weit vorherrschend grobkörnige Grauwacke die Gesteinsreihe weiter fort. Schichtenumbiegungen bringen dann nordwärts wieder ältere Gesteinslagen zum Vorschein, wie die Clymenien-reichen Kalke bei Gattendorf und die schon erwähnten Schichten zunächst um Hof.

Dies ein kurzer Ueberblick über die Aufeinanderfolge der Schichten im centralen Fichtelgebirge.

Vergleicht man die verschiedenen Schichtenverhältnisse im Osten, im Westen und in den mittleren Gegenden unseres Gebirges mit einander, so möchte sich daraus derzeit für das gesammte Fichtelberger-Uebergangsgebiet (Voigtland, Fichtelgebirge, Franken- und südöstlicher Thüringer-Wald) folgende Gliederungsscizze entwerfen lassen, welche das Alter und die normale Aufeinanderfolge der unterscheidbaren Stufen unseres Uebergangsgebirges deutlich machen soll.

I. Praecarbonische Formation oder Culm-Schichten.
    Basis der productiven Steinkohlen-Formation.
    1. Obere Calamiten-Grauwacke-Schichten. Stufe des letzten Auftretens von Calamites transitionis.
    2. Bergkalk. Stufe des Productus semireticulatus. — Productus-Kalk.
    3. Untere Calamiten-Schichten. Stufe des ersten Auftretens von Calamites transitionis, oder
    4. Grenzschicht. Obere Thüringer Dachschiefer-Schichten (Lebstener Schichten).

II. Devonische Formation oder jüngere Uebergangsschichten.

Obere Stufe.
    5. Cypridinen-Schichten. Stufe der Cypridina serratostriata.
        a) Obere Pflanzen führende Schiefer.
        b) Clymenien-Kalke.
        c) Untere Schiefer und Knollenkalke.

Mittel-Stufe.
    6. Calamoporen-Schichten. Stufe der Calamopora polymorpha (Favosites cervicornis, F. gracilis).
    Plauschwitzer Schichten, Diabastuff, Orthoceratiten-Kalke und Atrypa-Sandstein.
    7. Tentaculiten-Schichten. Stufe des Tentaculites sulcatus Roem.

Untere Stufe.
    8. Nereiten-Schichten. Stufe des Nereites Thuringiacus und Spirifer macropterus.

III. Silurische Formation oder ältere Uebergangsschichten.
    9. Ocherkalke oder Crinoideen-Kalk. Thonschiefer mit Kalkflötzen voll Crinoideen über den Graptolithen-Schichten.
    10. Graptolithen-Schichten. Stufe des (Graptolithus) Monoprion priodon. Schwarze Thonschiefer, Kieselschiefer und Kalkknollen.
    11. Untere Dach- und Griffelschiefer-Schichten. Stufe der Primordialfauna.
    12. Phycoden-Schichten. Graugrüner Thonschiefer und Quarzite mit Phycodes.

IV. Urthonschiefer-Formation. Azoische, krystallinische Thonschiefer und Quarzite.

Diesem Versuch einer Gliederung des Mitteldeutschen Uebergangsgebirges ist zur weiteren Erläuterung nur Weniges hinzuzufügen übrig. Die Lostrennung der oberen Schichtenmassen von dem sogenannten productiven Steinkohlengebirge rechtfertigen es, zu bemerken, dass allerdings hiebei vorherrschend die örtlichen Verhältnisse maassgebend waren, und dass es gerade demgemäss nothwendig schien, den dem devonischen und silurischen Thonschiefer aufs engste angeschlossenen Schichtencomplex in der grossen Abtheilung des Uebergangsgebirges zu belassen. Die besondere Hervorhebung dieser Schichtenreihe ist aber begründet in der verhältnissmässig grossartigen Entwickelung der kohligen Grauwacken-Schichten, welche unter den versteinerungsführenden Gebilden, d. h. abgesehen von den petrefaktenleeren grünen Grauwacken, innerhalb dieses Uebergangsgebietes weitaus die grösste Mächtigkeit erlangen und die grössten Flächen einnehmen. Bezüglich der Lostrennung aber ist gerade in diesem Gebiete mit grösstem Nachdrucke hervorzuheben, dass die Trennung der kohligen, oberen Thonschiefer- und Grauwacken-Schichten vom benachbarten, ihnen unmittelbar angeschlossenen productiven Steinkohlengebirge eine ebenso vollständige, wie andererseits der Uebergang in die älteren devonischen Gebilde ein ebenso allmählicher ist. Ueberdies fallen die Verbreitungsgebiete der devonischen und praecarbonischen Gebilde ganz zusammen, während sowohl in Sachsen wie bei Stockheim und Reitsch das sogenannte productive Kohlengebirge nur an der äussersten Grenze völlig wie ein fremdes Randgebilde, und zwar ganz abweichend an dem Uebergangsgestein angelagert erscheint. Daraus geht zur Genüge hervor, dass in unserem Gebiete trennende Katastrophen zwischen den letzten praecarbonischen Schichten und ersten der productiven Steinkohlengebilde in grossartigem Maasstabe eintraten, während wir solche zwischen der Ablagerung praecarbonischer und devonischer Glieder nicht wahrnehmen können.

Schliesslich sind noch die einzelnen Fundorte anzuführen, an welchen bis jetzt Clymenien im Bereich des Fichtelgebirges gefunden wurden. Die hervorragendste Stelle nimmt in dieser Beziehung der Ort Schübelhammer ein. Derselbe fällt in den

I. Westdistrict (westlich von der Münchberger Gneissgruppe).

Schübelhammer. Der jetzt auflässige Steinbruch auf dünnlagerigem, knolligem Kalke, welcher von dem benachbarten Schübelhammer seinen Namen erhalten hat, lieferte Münster die zahlreichen Arten und Exemplare, die er unter diesem Fundorte aufführt. Die Kalkplatten fallen hier in St. $8^{1}/_{2}$ mit 45° SO. ein, biegen gleich neben dem Steinbruche nach N. um und werden von Schiefern unterteuft, die mehrere Lagen eines knolligen Kalkes umschliessen. Ungefähr $^{1}/_{4}$ Stunde weiter gegen den Ort Elbersreuth von diesem sogenannten Schübelhammer Clymenien-Kalke aus liegt mitten im Wald eine kleine, jetzt verfallene Grube, an deren Rändern noch dürftig die sogenannten Orthoceratiten-Kalke von Elbersreuth mit 30° in St. 3 nach SW. einfallend anstehen. Beide Kalklagen sind demnach zunächst benachbart, aber die theils ganz mit Wald bedeckte Gegend zwischen beiden Punkten, theils die weit und breit herrschende Verworrenheit der Schichtenlage hindern es, darüber klar zu werden, welches der beiden Kalkflötze der Lagerung nach das tiefere sey. Wir sind bezüglich der Bestimmung ihres relativen Alters auf andere Momente angewiesen. Hier tritt nun zuerst die Erscheinung entgegen, dass das Elbersreuther Lager keine Ausdehnung im Streichenden hat, sondern nur eine grosse Kalklinse darstellt, und nach ihrem Fortstreichenden, wie sich ermitteln liess, in das poröse, tuffartige Trümmergestein übergeht, welches Calamopora polymorpha und Atrypa reticularis umschliesst. Grade dasselbe Verhältniss fand ich in dem petrographisch vollständig identischen Kalke zwischen Spinnhaus und Regnersholz bei Hof, welcher in dasselbe Calamoporen-Gestein verläuft. Wirft man nun noch einen Blick auf die eigenthümlichen Versteinerungen, welche der sogenannte Elbersreuther Orthoceratiten-Kalk mit anderen bekannten devonischen Schichten in identischen Arten geliefert hat, so sind dies zwar wenige: Phacops cryptophthalmus, Cheirurus gibbus, Bronteus alutaceus, Harpes gracilis, Myalina tenuistriata, Cardium aliforme, Avicula dispar, Terebratula concentrica, Scoliostoma megalostoma, Pleurotomaria trilineata, Holopella subulata, Littorina purpura, Orthoceras regulare, Orthoceras acuarium, O. dimidiatum, O. duplicatum, O. subflexuosum, O. lineare und Bactrites carinatus, aber darunter sind doch ebenso viele Species der Stringocephalen-, wie der Cypridinen-Schichten, ausserdem 4 Arten des Wissenbacher Orthoceratiten-Schiefers, 2 diesen und den Cypridinen-Schichten und eine Art den beiden erst genannten Stufen gemeinschaftlich. Erwägt man das Fehlen ganz gewöhnlicher Arten der Cypridinen-Schichten im Elbersreuther Kalk, wie z. B. ausser den Clymenien Cardiola retrostriata, Avicula obrundata, die im Schübelhammer Kalke so gemein sind, so scheint die Annahme nicht unbegründet, dass der Elbersreuther Orthoceratiten-Kalk eine Kalklinse im Niveau der an der obersten Grenze der Calamoporen-Stufe erscheinenden Trümmerschichten bilde, und daher noch diesen zuzuzählen sey.

Von beiden Kalklagen sind die Fortsetzungen nicht unmittelbar zu verfolgen; an zahlreichen Punkten jedoch streichen in nächster Nähe Kalkflötze aus oder sind durch Steinbrüche aufgeschlossen, welche wenigstens mit dem Kalke vom Schübelhammer gleichgestellt werden dürfen. Darunter verdienen folgende besonders namhaft gemacht zu werden:

Steinbruch im Wald am W. Gehänge des Köstenbach-Thales unterhalb Schmelz; die plattenförmigen Kalkbänke fallen in St. 8 1/2 mit 55° nach SW. Steinbruch bei dem Gehöfte Köstenberg.

Bei Bernstein an mehreren Punkten im Dorfgrunde (f. in St. 8 mit 44° SO.) am Hühnergrund (f. in St. und 10 mit 45° SO.) etc.

Im Rodach-Thale bei der oberen Schmelz.

Unterhalb Wallenfels an der Stampfmühle und Forstlohe (f. St. und 9 mit 50° SO.).

Bei Brumberg unfern Heinersreuth neben dem auch hier fortstreichenden Bergkalk, ein verlassener Steinbruch in einem Seitenthälchen der wilden Rodach mit einem in St. 9 unter 35° nach SO. einfallenden, Clymenien und Goniatiten führenden Knollenkalke. Dieser Kalk ist lichtfarbig und besitzt das Eigenthümliche, dass die eingeschlossenen Thierreste durch Druck sehr verunstaltet sind.

Als Fortsetzung in NO. Richtung finden sich Kalklagen in Reumlas, beim Strasshaus bei Meyerhof, dann am Thiemitz-Gehänge N. von Reumlas und bei Göhren. Nach SW. zu gehören hieher die Kalkflötze am Schlossberge beim M. Eisenhammer unfern Stadt Steinach (f. in St. 12 mit 30° N. und in St. 7 mit 32° NW.), dann jene südlich von Preseck bei Triebenreuth, Premeusel und Schöndorf.

Als an Clymenien besonders reich ist noch ein Flötz unfern Preseck zu bezeichnen, das nach dem näheren Fundorte vom Grafen zu Münster unter der Bezeichnung „von Geiser" angegeben wird. Die Kalke, in alten Steinbrüchen bei dem Dorfe Geiser im oberen Zeyernbach-Thälchen am Fusse des Allenswaldes aufgeschlossen, sind lichtfarbig, thonig, knollig und dem Gesteine von Gattendorf sehr ähnlich. Auch zeigen sich alle hier vorkommende organische Einschlüsse auffallend klein und meist, wie bei Gattendorf, verdrückt oder verschoben. Das Gestein ist sehr reich an kleinen Clymenien und fällt in St. 9 mit 55° nach SO.

Die anderen Kalkflötze dieser Gegend, namentlich jene bei Schwarzenbach a. W. gehören dem Bergkalk an.

Mehr isolirte Fundstellen von Kalkflötzen im Westdistricte, obwohl ungefähr in der Streichlinie der Gruppe bei Schübelhammer liegend, sind:

Naila, von wo Münster den Fund von Clymenien und Goniatiten angiebt. Darunter ist wahrscheinlich das Kalkflötz bei Schottenhammer gemeint, das an der Strasse in der Nähe dieses Ortes mittelst eines sehr grossen Steinbruches aufgeschlossen ist, und wo ich selbst in dem nach St. 8½ mit 35° SO. einfallenden knolligen Kalke Reste von Clymenien auffand. Die Fortsetzung trifft man wieder N. von Lippertsgrün. Ausserdem sind Kalkflötze bei Naila bekannt:

1. Bei Weidesgrün und am Schertlas unfern Selbitz knollige Kalke in Begleitung von ochrigen Eisenerzen.
2. Bei Horwagen oft in prachtvoll roth gefärbten Nüancen (f. St. 10 mit 45° SO.), welche auf den Orthoceratiten-Kalk hindeuten. Es ist der Steinbruch, welchen Münster unter der Bezeichnung „Gerlas" als Fundort von Goniatiten anführt.
3. Geroldsgrün liegt noch weiter in NW. Richtung. Der Kalk mit Clymenien von unbestimmter Art, welchen Münster unter diesem Fundorte anführt, ist in einem alten Steinbruche bei Dürrenweid entblösst und kommt hier ganz in der Nähe des dortigen Schieferbruches vor, in dessen zunächst benachbarten Grauwacken-Schiefern ich Calamites transitionis entdeckte, während nach entgegengesetzter südlicher Richtung die Diabastuffe und Breccien in erstaunlicher Mächtigkeit sich ausbreiten. Unter diesen ist die Bank mit Spirifer disjunctus hervorzuheben, dessen Lager auch hier tiefer als das der Clymenien-Kalke zu seyn scheint.
4. Jenseits der Langenau gehen an dem waldigen südlichen Thalgehänge Kalkfelsen zu Tag, welche wegen eines höhlenartigen, unterirdischen Raumes im

Fichtelgebirge eine gewisse Berühmtheit erlangt haben. Die Auswitterung von eisenhaltigen Schiefern zwischen Kalkbänken hat diese Höhle erzeugt, die gegenwärtig nur Spuren von Tropfsteinbildungen beherbergt. Der Kalk ist reich an Goniatiten, Orthoceratiten und gehört daher zu dem Clymenien-Kalke.

II. Nordostdistrict.

Geigen bezeichnet den Ort, in dessen Nähe mehrfach Kalkflötze anstehen. Diejenigen, welche die vielen Versteinerungen lieferten, sind in jetzt verlassenen Steinbrüchen aufgeschlossen und bestehen bei einem SO. Einfallen in St. 8 bis 10 unter 60° in plattenförmigem Nierenkalke von lichter Farbe. In ihrem Hangenden finden sich sandige Schiefer voll Pflanzenresten, die nach der überkippten Schichtenstellung auch hier im älteren Gestein erscheinen. Unmittelbar neben der Culmbacher Strasse sind neue, grosse Steinbrüche auf einen plattenförmigen, knolligen Kalk eröffnet, dessen Schichten kuppenförmig in St. 9 NW. und SO. einschiessen. Hierin fanden sich bis jetzt noch keine Versteinerung, obwohl der begleitende Schiefer Cypridina serratostriata in Unzahl enthält.

Teufelsberg, unmittelbar an der Stadt Hof, wurde erst in neuester Zeit durch die Anlage eines Kalksteinbruches behufs Gewinnung von Zuschlagmaterial für den neu errichteten Hochofen durch Herrn Prof. Wirth als Fundort zahlreicher Clymenien bekannt. Das Gestein gleicht sehr dem vom Schübelhammer, und würde bei grösserer Ausdehnung des Bruchs kaum an Reichhaltigkeit dem letzteren nachgestanden haben.

Die übrigen in nächster Nähe von Hof bekannten Kalksteinvorkommnisse sind bis jetzt, mit alleiniger Ausnahme jenes im Grähenhölzchen, wo sich Reste von Clymenien finden, als versteinerungsarm, wenn nicht Cypridinen eingeschlossen sich zeigten, als versteinerungsleer zu bezeichnen. Hieher gehören der plattenförmige Kalk am sogenannten Stadtbruche, dann bei Unterkotzau und an der Strasse zwischen Neuhof und Ködig, endlich das in Diabastuff gehüllte Knollenkalklager mit Calamopora und Spiriferina reticularis am Teufelsberg in der Nähe des dortigen Clymenien-Kalkes und als Fortsetzung desselben ein ähnliches Lager, vom Spinnhause bis zum sogenannten Regnershölzchen fortstreichend. Das letztere bildet in der Mitte eine grosse Kalklinse, wie der Orthoceratiten-Kalk von Elbersreuth, und verläuft in das mit Kalkknollen erfüllte Diabastuff- und Sandstein-Lager voll Corallen, wie es weiter noch bei Hartmannsreuth, Eisenerzgrube „Willkommen" bei Hof, bei Wiedersberg unfern Ullitz und bei Gumpersreuth beobachtet wurde (Calamoporen-Schicht). Der Kalkstein in der Nähe des Theresienstein's gehört dem Bergkalk an, wie schon früher erwähnt wurde, während die Plattenkalke im Grähenholz ihrem petrographischen Aussehen nach zum Clymenien-Kalke zu zählen sind.

Gattendorf ist einer der wichtigsten Münster'schen Fundorte. Es sind dort drei grosse Steinbrüche auf plattenförmigem Knollenkalk in Betrieb. Der grösste N. von der Strasse gelegene (Pfarrwiesenbruch), sowie der S. von der Strasse eröffnete (Schlossbruch) liefern zahlreiche Clymenien. Die Schichten im letzteren fallen in St. 3 mit 45° nach SW. ein. Ein dritter, jetzt verlassener Bruch neben dem Weg von Neugattendorf nach Kirchgattendorf (Einfallen in St. 9 mit 30° nach NW.) enthält nur Crinoideen-Stiele.

Die übrigen Orte, an welchen devonische Kalke in dieser Gegend zu Tag ausgehen, lieferten bis jetzt keine Clymenien, nämlich die Kalkbrüche im Dorfe Tragenau, bei Regnitzlosau, zwischen diesem Orte und Schwesendorf, dann bei Osseck vorm Walde. In dem schmalen Streifen jüngeren Thonschiefers zwischen der Münchberger Gneiss-Partie und dem Fichtelberger Centralstocke sind nur Andeutungen von Knollenkalken bei Berneck, unfern der neuen Trinkhalle, Micheldorf, Bärnreuth und bei Goldkronach bekannt. Sie enthalten spärlich einige Corallen, scheinen jedoch den Clymenien-Kalken zu entsprechen.

Ausser diesen sind Clymenien-Kalke noch zu erwähnen in den eigentlichen Thüringerwald-Districten.

Bohlen bei Saalfeld, dessen geognostische Verhältnisse ausführlich Richter beschreibt. Von dieser Stelle finden sich Saal aufwärts auf beiden Gehängen des Saal-Thales bis zur Brücke bei Kaulsdorf (Pöllnitz, Gossitz und Klittig) in vielfach abgerissenen und mannichfach zusammengebogenen Lagen die gleichen Kalkflötze. Von Weischwitz und und Kaulsdorf an wenden sie sich in eine NO. bis SW. Streichrichtung ein und bilden einen mehrfach unterbrochenen, jedoch deutlich als ursprünglich zusammenhängend zu erkennenden Zug, in welchem Verwerfungen, Faltungen und Biegungen stellenweise einzelne Flötztheile aus der normalen Streichrichtung gerückt oder auch in mehreren parallelen Lagen zu Tag gebracht haben. Folgende Orte bezeichnen die Hauptrichtung dieses Zuges: Kaulsdorf, Lassen, U. Loquitz, M. Gölitz, Gräfenthal, Spechtsbrunn, Hasenthal, Haselbach, Steinach und Hämmern.

Der interessanten Verhältnisse, unter welchen der Clymenien-Kalk im Steinnach-Thale auftritt, ist schon früher erwähnt. Sein Streichen geht regelmässig von da in NO. Richtung bis jenseits Spechtsbrunn, wo der Zug sich theilt. Ein Zweig läuft, wie eben erwähnt wurde, bis zum Saal-Thale bei Saalfeld, der andere dagegen nahe bei Lichtenhain vorüber und tritt SW. von Ebersdorf in's Bayerische und unzieht, in vielfach abgerissenen Flötztheilen über Ludwigstadt, Lehsten, Steinbach, Lichtentanne, Roda gegen Leutenberg streichend, die silurische, hier mitten aus jüngerem Gestein auftauchende Insel von Lauenstein in einem grossen Bogen. Der Hauptzug tritt an der neuen Strasse zwischen Spechtsbrunn und Gräfenthal zweimal zu Tag, und zieht sich bis dicht S. nach Gräfenthal. Von hier an ist das Flötz mehrfach gespalten. Ein Theil bildet unmittelbar unter Probstzella und weiter abwärts mächtige Schichten, und verbindet sich über Schlaga mit dem oben erwähnten Bogen, der bei Leutenberg endet. Ein anderer Theil taucht, durch öftere Zusammenfaltung gebogen, mehrfach zwischen Gräfenthal und Gebersdorf auf, während der Hauptflötztheil über den Bocksberg, nahe bei dem dortigen Dachschieferbruch vorbei, bei dem Markt Golitz ins Loquitz-Thal gelangt, und von der Brücke bei Golitz an bis nahe oberhalb Arnsbach das Loquitz-Thal nicht mehr verlässt. Hier sind die schönsten Aufschlüsse zu finden, indem das Kalkflötz häufig durch Bergbau aufgeschlossen, bald auf dieser, bald auf jener Seite des Thales zum Vorschein kommt. Besonders lehrreich zum Studium ist das Profil aus dem Loquitz-Thale durch das Reichenbach-Thal bis zum Reichenbacher Schieferbruch, indem dasselbe sämmtliche Zwischenschichten zwischen dem Cypridinen-Kalk und dem bereits zur Culm-Bildung gehörigen Dachschiefer enthält. Oberhalb Arnsbach wendet sich der Zug gegen Döhlen, streicht oberhalb Unter-Loquitz durch und dringt über Laasen und Weischwitz ins Saal-Thal vor. In diesem Thal ist der Ausbreitung zwischen Bohlen und Kaulsdorf schon erwähnt.

Sehr schwierig ist der Zusammenhang nachzuweisen, der zwischen diesem eigentlich Thüringischen und dem Fichtelberger Flötzzug ursprünglich bestand. Fragmente der Clymenien-Kalke leiten uns von Ludwigstadt über Lehsten ins Thal bei Schmiedebach und nach Weitisberga, dessen Kalkflötze, sowohl das in dem Diabas-Bruch an der Strasse unterhalb der Mühle, als das metallführende auf der Höhe, unbedenklich zu den oberdevonischen Schichten gezählt werden dürften. Die nächsten Kalkflötze nach Osten hin trifft man bei Wurzbach. Diese N. von Wurzbach und W. von Heinrichshütte durchstreichenden Flötze gleichen jedoch petrographisch dem Bergkalke der östlichen Gegenden, und scheinen in der That auch der Lagerung nach diesem Niveau zu entsprechen, während in NO. Richtung oberhalb der Klettigmühle Kalk in ähnlicher Beschaffenheit wie der oberdevonische von Weitisberga zu Tag tritt. Nicht weit vom Wurzbacher Schieferbruche streicht am Mittelberg gleichfalls ein mächtiges Kalkflötz aus, das in vieler Beziehung eine grosse Verwandtschaft mit dem Gestein von Horwagen besitzt. Es ist ein lichtgrauer rothfleckiger Kalk mit zahlreichen Kalkspathadern, der in St. 9 mit 50° NW. fällt. In seiner Begleitung kommen Eisenerze vor. Unzweideutig zu den Cypridinen-Schichten gehören dagegen kalkige Schiefer, welche unfern dieses Kalkflötzes zwischen Rodachbrunn und Hornsgrün zu Tag gehen und in ihrem Streichenden auf das Kalklager hinweisen, welches in dem Stollen zu dem Franzenberger Schieferbruch in dem Heinrichsgrüner Forste angefahren wurde (f. St. $7\frac{1}{2}$ mit 48° NW.). Der Kalk gleicht ebenfalls jenem von Hörwagen bei Steben, das ungefähr 3 Stunden in SO. Richtung von Franzenberg liegt. Da aber auf diesen Zwischenstrecken sehr ausgedehnte Diabas-Massen, Tuff und Breccien sich verbreiten, so möchte es schon gestattet seyn, beide Vorkommnisse in engere Beziehung mit einander zu bringen, als es ihre entfernte Lage auf den ersten Blick zu erlauben scheint, und sie als Fortsetzungen des gleichen Lagers zu betrachten. Damit wäre dann der wahrscheinliche Zusammenhang zwischen den Flötzen des Cypridinen-Kalkes im Thüringer Wald und Fichtelgebirge nachgewiesen.

Was nun schliesslich noch die Lagerstätten im Sächsischen Voigtland anbelangt, so stehen jene Clymenien-Kalke der Umgegend von Schleiz durch die Kalkflötze bei

Saalburg, Zoppathen und Lobenstein unzweifelhaft mit den Wurzbacher in Beziehung, wie andererseits jene von Oelmitz und Plauen zuverlässig mit den gleichartigen Flötzbildungen bei Gattendorf und Hof übereinstimmen und als deren Fortsetzung betrachtet werden dürfen.

Zusammenstellung und Beschreibung der im Fichtelgebirge vorkommenden Clymenien-Arten.

Unter den nach der früher festgestellten Definition der Gattung Clymenia zuzutheilenden Arten besitzen einige nach inneren Merkmalen und äusserer Gestaltung unläugbar grössere Verwandschaft unter einander, als zu anderen Species, wofür diese wieder durch gewisse Eigenthümlichkeiten enger mit einander verbunden sich zeigen. Es bilden sich auf diese Weise gewisse Gruppen oder Untergattungen, die, je nach dem auf das eine oder andere Merkmal Gewicht gelegt wird, verschieden umgrenzt erscheinen. Schon der Gründer der Gattung, Graf zu Münster, hatte es versucht, die ihm bekannten Clymenien-Arten in gewisse Unterabtheilungen zu bringen. Er unterschied nach der Gestalt der Loben

 I. **Clymenien mit schwach gebogenen und gerundeten Loben** (Cl. laevigata, Cl. angustiseptata, Cl. binodosa).

 II. **Clymenien mit einfachen spitzen Lateral-Loben und abgerundeten Sätteln** (Cl. undulata, Cl. striata), denen er in seinem ersten Nachtrage noch hinzufügt

 III. **Clymenien mit zwei Lateral-Loben** (Cl. bilobata, Cl. angulosa). Andere mit Loben, die er noch nicht kannte, brachte er vorläufig in eine vierte Abtheilung unter. Berücksichtigen wir, dass die von Münster noch als Goniatiten geltenden Formen der Cl. speciosa und Verwandte hieher gehören, so erhält man eine weitere Abtheilung

 IV. **Clymenien mit einem externen Lobus** (Cl. speciosa, Cl. subarmata etc.).

Ein Blick auf die Zusammenstellung der Arten, wie sie auf diese Weise in die verschiedenen Abtheilungen untergebracht worden sind, lehrt, dass im Allgemeinen so ziemlich auch das nach dem Aeusseren scheinbar Zusammengehörige sich beisammen findet, obwohl als Eintheilungsprincip einseitig nur auf Zahl und Beschaffenheit der Loben Rücksicht genommen ist.

Der grosse Meister L. v. Buch that einen Schritt weiter, indem er die Clymenien der Münster'schen zweiten Abtheilung, d. h. diejenigen, die Loben besitzen, wieder unterscheidet in

 1. **Adscendentes**, bei denen der Intern-Schenkel des Lateral-Lobus von der Tiefe wieder ganz sanft in die Höhe steigt (Cl. undulata), und

2. **Incumbentes**, bei denen der Intern-Schenkel aus der Tiefe bogenartig aufsteigt und am Intern-Rande sich rückwärts wendet (Cl. striata).

Clymenia laevigata schliesst er ausdrücklich hier aus, indem er ihr, wie es scheint, keinen Lateral-Lobus zuerkennt.

G. Sandberger hat eine ähnliche systematische Eintheilung vorgeschlagen in folgender Weise:

A. Clymeniae arcuatae,
 Arten mit rundbogigem Lateral-Lobus (Cl. compressa Sandb. Münst.).
B. Clymeniae angulosae,
 Arten mit winkeligem Lateral-Lobus.
 a) Adscendentes, aufsteigende in einer weiteren Auffassung als L. v. Buch, da neben Cl. undulata auch Cl. laevigata hieher gerechnet wird.
 b) Incumbentes, gewölbte, z. B. Cl. striata, wie L. v. Buch.

Die ansehnliche Erweiterung, welche die Gattung Clymenia durch Zuweisung der mit Cl. speciosa verwandten Arten erhalten hat, dann aber auch das Bedürfniss, eine natürlich abgegrenzte Gruppe zu erhalten, und den ganzen Habitus mit den inneren Merkmalen beider Zusammengruppirungen zu berücksichtigen, machen es für uns nothwendig, eine neue Zusammenstellung der Arten zu versuchen.

Die Clymenien-Arten zerfallen, so weit ich sie vollständig zu untersuchen Gelegenheit fand, in zwei grosse Hauptgruppen, welche sich bei ziemlich wechselnder äusserer Form durch das Vorhandenseyn oder Fehlen einer zusammenhängenden Röhre, in welcher der Sipho liegt, unterscheiden. Die Gruppe oder Untergattung, bei welcher diese Röhre fehlt (Euclymeniae), zeichnet sich weiter noch dadurch aus, dass bei ihr ausnahmlos die Sutur einen externen Sattel bildet, während bei der zweiten Gruppe (Nothoclymeniae) als weiteres Charakteristicum die flach scheiben- oder radförmige Gestalt bei geringer Einwickelung bemerkt wird. Sie besitzt zum Theil einen Extern-Sattel, zum Theil und zwar vorherrschend einen Extern-Lobus.

Von zwei Species mit Extern-Loben konnte ich die Beschaffenheit der Siphonal-Röhre nicht untersuchen, und es bleibt daher ihre Stelle im System einstweilen unbestimmt. Es sind dies Cl. Haueri, welche sich aufs engste an die Gruppe der Cl. speciosa anschliesst und das Vorhandenseyn einer Röhre vermuthen lässt, und Cl. planorbiformis, welche, einzig in ihrer Art, kaum einen näheren Anschluss nach irgend einer Seite hin verräth.

Die ächten Clymenien, oder die Untergattung der Euclymeniae, theilen sich wieder nach der Beschaffenheit der Loben in drei Gruppen.

Die erste Gruppe, Cyrtoclymeniae, besitzt einfache, bogenförmig gekrümmte Suturen mit einem wohl abgerundeten Lateral-Lobus. Der interne Schenkel des letzteren steigt einfach aufwärts oder ist wie zu einem zweiten seichten Lobus ⌒ förmig gekrümmt.

Die zweite Gruppe, Oxyclymeniae, hat einen einfachen Lateral-Lobus, der aber an seinem unteren Ende nicht abgerundet ist, sondern in eine scharfe Spitze ausläuft, aufzuweisen. Der Intern-Schenkel steigt entweder einfach nach vorn auf (Adscendentes) oder biegt bogenartig sich zurück (Incumbentes).

In der dritten Gruppe, Cymaclymeniae, bildet die Sutur auf der Seitenfläche nicht blos einen einfachen Lobus, sondern macht mehrfache wellenförmige Biegungen.

Die Nothoclymeniae scheiden sich in zwei, wenn Cl. Haueri hieher gezogen werden dürfte, in drei Gruppen.

Die erste Gruppe, Sellaclymeniae, ist durch das Vorhandenseyn eines Extern-Sattels ausgezeichnet.

Die zweite Gruppe, Gonioclymeniae, besitzt einen entschiedenen Extern-Lobus, weshalb ihre Formen früher für Goniatiten angesehen wurden. Sie haben übrigens bei nur wenig umfassenden, zahlreichen Umgängen eine flache radförmige Gestalt.

Zweifelhaft bleibt die dritte Gruppe, die man Discoclymeniae nennen könnte, welche einen Extern-Lobus genau wie die zweite Gruppe besitzt, aber Windungen, die sich fast ganz umschliessen.

Bis zum bestimmteren Nachweis reihen wir hier noch die Untergattung Cycloclymeniae an, welche sich durch das Vorhandenseyn eines Extern-Lobus an die vorige Untergattung anschliesst, sich jedoch durch die abweichend hohe Wölbung der sich nur wenig umfassenden, fast cylinderischen Windungen und durch einen ganz eigenthümlichen Habitus weit von ihr entfernt.

Fasst man diese Eintheilung kurz zusammen, so ergibt sich folgendes Schema:
1. Euclymeniae, Clymenien ohne zusammenhängende Siphonal-Röhre und mit einem Extern-Sattel.
   1. Cyrtoclymeniae, mit einfachem, rundbogenförmigem Lateral-Lobus.
      a) Sublobatae, mit seichtem, weit ausgeschweiftem Bogen im Lateral-Lobus und einfach ansteigendem Intern-Schenkel:
         Clymenia angustiseptata.
            „   flexuosa.
            „   annulata.
            „   spinosa.
      b) Longilobatae, mit tiefem, gleichförmig gerundetem Lateral-Lobus und ⌒ förmig gekrümmtem Intern-Schenkel:
         Clymenia binodosa.
      c) Genuflexilobatae, mit deutlich winkelig gebogenem, jedoch wohl abgerundetem Lateral-Lobus und einfach ansteigendem Intern-Schenkel:

Clymenia Dunkeri.
„ laevigata.
2. Oxyclymeniae, mit einfachem, in der Tiefe zugespitztem Lateral-Lobus.
   a) Adscendentes, mit einfach ansteigendem Intern-Schenkel:
      Clymenia undulata.
   b) Incumbentes, mit bogenförmig aufsteigendem, am Intern-Rande zurückgewendetem Intern-Schenkel:
      Clymenia striata.
3. Cymaclymeniae, mit mehrfach gebogener Lateral-Sutur zu zwei ziemlich gleich tiefen Seiten-Loben:
      Clymenia bilobata.
II. Nothoclymenieae, Clymenien mit einer fortlaufenden Siphonal-Röhre.
   1. Sellaclymeniae, mit einem externen Sattel und flachen, wenig umhüllten Windungen:
      Clymenia angulosa.
   2. Gonioclymeniae, mit einem externen Lobus und flachen, wenig umhüllten Windungen:
      Clymenia speciosa.
         „ subarmata.
         „ intermedia.
         „ Beaumonti.
   ? 3. Discoclymeniae, mit einem externen Lobus und flachen, stark umhüllten Windungen:
      Clymenia Haueri.
? III. Cycloclymenieae, Clymenien mit ? Syphonal-Röhre, externem Lobus und fast cylindrisch runden, sehr wenig umhüllten Windungen:
      Clymenia planorbiformis.

Clymenia Münst. 1839.

Gehäuse scheibenförmig, symmetrisch, spiralförmig zusammengerollt, mit sich stets berührenden, oft etwas umhüllenden Umgängen. Sipho stets dicht an der Intern-Seite liegend, durch die rückwärts verlängerten Duten der Kammerwände durchgehend, Suturen mit einfachen, nicht gezähnelten oder zerschlitzten Loben und Sätteln.
   I. Euclymenieae, Clymenien ohne zusammenhängende Siphonal-Röhre und mit einem Extern-Sattel.
      1. Cyrtoclymeniae, mit einfachem, rundbogigem Lateral-Lobus.
         a) Sublobatae, mit seichtem, weit ausgeschweiftem Bogen im Lateral-Lobus und einfach ansteigendem Intern-Schenkel.

1. Clymenia angustiseptata Münst. 1832. Taf. XV. Fig. 1—6.

Clymenia angustiseptata Münst. Beitr. z. Petref., I. 2. Aufl. 1843. S. 4. 36. t. 1*. f. 3.
　Planulites angustiseptatus Münst. Goniat. u. Planulit., 1832. S. 8. t. 1. f. 3.
Clymenia campanulata (? *angustiseptata* Münst.) Richter, I. Beitr. z. Palaeont. d. Thür. Waldes, 1848.
　S. 29, t. 3. f. 69. 70 (excl. 67 u. 68).
Clymenia angustiseptata Münst. Richter, II. Beitr. z. Palaeont. d. Thür. Waldes, in Denksch. d. Acad.
　d. Wiss. in Wien, XI. 1856. S. 112.
? *Clymenia brevicostata* Richter, (Münst.) II. Beitr. z. Palaeont. d. Thür. Waldes, S. 112. t. 1.
　f. 27. 28 (excl. cet. fig.).
Clymenia cincta Münst. Beitr. z. Petref., I. S. 9. t. 16. f. 5; Beitr. I. 2. Aufl. S. 37. t. 16. f. 5.
Cl. arietina G. Sandb. 1853. Verh. des nat. Vereins der Preuss. Rheinl., S. 182. t. 7. f. 5.
Clymenia plicata Münst. Beitr. z. Petref., I. S. 8. t. 16. f. 4; Beitr., I. 2. Aufl. S. 36. t. 16. f. 4.
Clymenia inflata Münst. Beitr. z. Petref., I. S. 8; Beitr., I. 2. Aufl. S. 4. t. 1*. f. 5.
　Planulites inflatus Münst. Goniat. u. Planulit., 1832. S. 7. t. 1. f. 5.
Clymenia lata Münst. Beitr. z. Petref., I. S. 7; Beitr., I. 2. Aufl. S. 36.
　Goniatites latus Münst. Goniat. u. Planulit., 1832. S. 17; Beitr., z. Petref. I. S. 15.
　Ammonites latus. Beyr. Goniat. u. Planulit., S. 29 bis 43.
Clymenia subnodosa Münst. Beitr. z. Petref., I. S. 8; Beitr., I. 2. Aufl. S. 38. t. 6*. f. 7.
　Goniatites subnodosus Münst. Goniat. u. Planulit., 1832. S. 32. t. 6. f. 7; Beitr. z. Petref., I.
　2. Aufl. S. 25.
? *Clymenia brevicostata* Münst. Beitr. z. Petref., V. S. 124. t. 12. f. 5.
Clymenia plurisepta Phill. Fig. and descript. of the palaeoz. foss. of Cornwall, 1841. p. 126. t. 54. f. 244.
Clymenia sagittalis Phill. Fig. and descript. of the palaeoz. foss. of Cornwall. p. 125. t. 54. f. 243.
? *Clymenia fasciata* Phill. Fig. and descript. of the palaeoz. foss. of Cornwall, p. 125. t. 53. f. 242.

Schale stark involut, in den inneren Windungen bis zur Hälfte oder nahe zur Hälfte eingehüllt, rasch anwachsend, mit wenigen Windungen und engem Nabel (letzterer nicht so weit, als der Querschnitt der letzten Windung hoch ist), im Umrisse dick rundlich im Querschnitte breiter oder nahe so breit als hoch; die breite gewölbte Extern-Fläche auf wohl abgerundeten Kanten mit den nicht stark gewölbten, etwas platten Seitenflächen verbunden; die Oberfläche der Schale fein radial gestreift; die Streifen schwach sichelförmig gebogen, mit der grössten hinten concaven Biegung am Intern-Rande; auf der Mitte der Seitenflächen und der Extern-Fläche fast geradlinig oder mit schwacher, vorn concaver Biegung; in der Jugend mit schwachen, erst gegen den Intern-Rand hervortretenden, schmalen rippenartigen Erhöhungen versehen, welche ähnlich wie die Streifchen gebogen sind. Der Steinkern unter der sehr dicken Schale zeigt meist noch Andeutungen dieser radialen Rippen durch schwache Erhöhungen und Vertiefungen; auf den äusseren Windungen sind Streifung und Rippung verwaschen; Kammerwände sehr dicht gestellt, ungefähr 45 auf eine Windung, deren mit der Wohnkammer 4 bis 5 zu zählen sind; Sutur flach bogenförmig, ohne winkelförmige Krümmung; Sipho dick. Halbmesser des grössten Exemplars 50 Mm.

Diese Species, welche ich hier nach dem Münster'schen Original der Clymenia angustiseptata aufgestellt habe, umfasst mehrere der vom Grafen zu Münster als eigene Arten betrachtete Formen, die ich sämmtlich in den Münster'schen Originalexemplaren zu untersuchen Gelegenheit hatte.

Leider sind die meisten Exemplare dürftig erhalten und erschweren dadurch die Vergleichung sehr, ohne jedoch, wie ich glaube, ihre Vereinigung zu nur einer Species zweifelhaft zu machen.

Das am besten erhaltene Exemplar ist jenes, welches Münster zur Aufstellung der Cl. cincta Veranlassung gegeben hat, und ich würde diesen Namen für die Species der sicheren Bestimmung wegen gewählt haben, wenn ich mich nicht von der unzweifelhaften Identität des dieser Art zu Grunde liegenden Originals mit jenem der von Münster früher aufgestellten Cl. angustiseptata überzeugt hätte.

Das Originalexemplar Taf. XV. Fig. 1 zu Münster's Abbildung und Beschreibung der Cl. angustiseptata ist ein Steinkern mit nur geringen Resten der Schale, die ich jedoch an einem inneren Umgang entblössen konnte. Drei Viertel des ersten Umganges ist Wohnkammer; der Steinkern zeigt hier Spuren der sichelförmigen Rippung; auf dem inneren Viertel von 20 Mm. Länge zeigen sich 11 Suturen der Kammerwände. Die äussere Windung ist da, wo die innere von derselben zum Theil bedeckt wird, 25 Mm., die innere an dieser Stelle 13 Mm. hoch; von letzterer sind 7 Mm. umhüllt, die Breite der inneren Windung ist an gleicher Stelle ebenfalls 13 Mm., dagegen misst die der äusseren Windung offenbar in Folge theilweiser Zerstörung nur 19 Mm. Die Seiten sind merklich abgeflacht und fallen mit abgerundeter Kante steil zu der Intern-Fläche und dem vertieften Nabel ab. Die inneren Windungen sind nicht erkennbar. Ein künstlich entblösster Schalentheil innerhalb der durch einen markirten Streif abgegrenzten Einwicklung ist sehr schwach, fast radial geradlinig, nur schwach bogig gestreift (Taf. XV. Fig. 1*); gegen den Intern-Rand zeigen sich Spuren von Rippen. Die Sutur (Taf. XV. Fig. 1*) ist sehr flachbogig, gegen den Intern-Rand noch einmal etwas concav eingebogen. Der Sipho liegt dicht an der Intern-Fläche und ist sehr dick. Von dieser durch Münster zuerst aufgestellten Species findet sich in der Münster'schen Sammlung nur ein Exemplar vor.

Die Münster'sche Species Clymenia cincta ist gleichfalls nur in einem Exemplar vertreten; es ist dasjenige welches dem berühmten Palaeontologen als Original diente. Dieses Exemplar zeichnet sich durch gute Erhaltung aus (Taf. XV. Fig. 4). Umriss und äussere Verhältnisse zeigen sich ganz gleich, wie bei der zuerst erwähnten Form, nur sind die Seiten etwas stärker gewölbt, daher der Querschnitt beträchtlich breiter als hoch (Taf. XV. Fig. 4*). Die äussere Windung ist fast bis zur Hälfte Wohnkammer, meist Steinkern mit Spuren von einer der Rippung entsprechenden radialen Einschnürung. Die Oberfläche der Schale ist hier, wie an den gekammerten Theilen, dicht mit feinen, nur wenig sichelförmig gebogenen Streifchen bedeckt, welche den nach Innen an Stärke zunehmenden Rippen artigen Erhöhungen parallel laufen. Diese Radial-Falten sind ziemlich dicht gestellt und treten in den inneren Windungen sehr hervor; ihr Verlauf über die Seiten ist fast geradlinig mit nur schwachen Biegungen an dem Extern- und Intern-Rande. Der an der Intern-Fläche dicht anliegende Sipho ist sehr dick, die Kammerwände dicht gestellt und ihre Sutur, wie bei der Normalform, flachbogig.

Aus dieser Untersuchung geht zur Genüge hervor, dass ein wesentlicher Unterschied gegen das Original von Münster's Cl. angustiseptata nicht vorhanden und eine Abtrennung nicht gerechtfertigt ist. Hieher gehört sehr wahrscheinlich Sandberger's Cl. arietina, welche nur im Querschnitt verhältnissmässig höher als die typische Form gebildet ist, in der Oberflächenzeichnung jedoch sehr gut übereinzustimmen scheint.

Als dritte Form ziehe ich hieher Clymenia plicata Münst. (Taf. XV. Fig. 2), von welcher das Original mir zur Untersuchung gleichfalls vorliegt. Dieses Exemplar theilt mit den vorigen Umriss, Einwickelung, Form der Suturen und Menge der Kammerwände, und zeichnet sich nur durch die groben, fast knotig angeschwollenen Rippen der inneren Windungen aus, welche auch noch auf dem Steinkern zu bemerken sind. Nur ein kleiner Rest der Schale des äusseren Umganges ist erhalten und fast glatt; die Schale der inneren Umgänge dagegen ist dicht mit feinen, über der Extern-Fläche fast geradlinig verlaufenden Streifchen bedeckt. Der äusserste Theil des Steinkerns zeigt keine radialen Einschnürungen. In den inneren Windungen sind die Falten weniger häufig als bei dem vorigen Exemplar, dagegen entschieden höher, selbst stärker gekrümmt, doch lässt gerade hier die Erhaltung der Oberfläche an Deutlichkeit viel zu wünschen übrig. Die Sutur besitzt genau die Form, wie wir sie bisher kennen gelernt haben. Merkwürdig ist die Entblössung eines Stückes der den Sipho theilweise umgebenden Kammerwand, welche eine nach hinten ausgezogene, fast cylindrische Röhre darstellt. Diese ist nach hinten stark verlängert, leider aber vor ihrem Ende abgebrochen, so dass man die natürliche Oeffnung für den Durchgang des Sipho nicht sehen kann; nach vorn geht diese Verlängerung mittelst einer kurzen trichterförmigen Erweiterung rasch in die fast senkrecht aufsteigende Kammerwand über.

Trotz des etwas eigenthümlichen Habitus stimmen doch alle wesentliche Charaktere so vollständig mit dem Normaltypus überein, dass über die Zulässigkeit der Vereinigung mit der Cl. angustiseptata wohl kein Zweifel besteht.

Zwei andere Exemplare, welche unter gleichen Bezeichnungen in der Münster'schen Sammlung sich vorfinden, sind zu schlecht erhalten, um näher bestimmt werden zu können.

Clymenia inflata Münst. (Taf. XV. Fig. 5) ist die vierte Form, welche ich nach Untersuchung des Münster'schen Originals hieher ziehe. Das vorliegende Exemplar, welches ziemlich gut bei Münster (Beitr., 1. 2. Aufl. t. 1*, f. 5) mit Ausnahme des Querschnitts abgebildet ist, bietet nur einen Steinkern von roher Form, dem ein ganz kleiner Schalenrest verblieben ist. Dieser letztere zeigt Spuren einer feinen, wenig gekrümmten Streifung, während ein Stück der inneren Umgänge ganz den Charakter der Suturen erkennen lässt, wie er bisher beschrieben wurde. Zwar fehlen auf dem Steinkern selbst schwache Spuren der eigenthümlichen radial verlaufenden Rippung, allein dies erklärt sich leicht aus der grossen Dürftigkeit der Erhaltung. Dagegen stimmten Umriss und die Art der Umwickelung (Taf. XV. Fig. 5) aufs beste mit den Verhältnissen der zuvor beschriebenen Formen überein, und bestätigen die Zugehörigkeit zu einer gemeinsamen Art.

Auch Clymenia lata Münst. (Taf. XV. Fig. 3) gehört um so sicherer hieher als Umriss, Querschnitt, Zahl und Gestalt der Kammerwände, dann Lage und Dicke des Sipho aufs genaueste zu den typischen Formen passen, soweit wenigstens dasjenige Exemplar, welches der Münster'schen Beschreibung zu Grund gelegen zu haben scheint, es erkennen lässt. Es ist freilich nur ein Steinkern, dessen innerste Windungen und Schalenbekleidung völlig zerstört sind. Doch erkennt man noch die faltigen Einschnürungen und sehr bestimmt den Verlauf der dicht an einander gerückten Suturen (Taf. XV. Fig. 3'). Der Querschnitt und der Sipho bieten keine Abweichungen von der Stammform dar.

Ein zweites Exemplar stimmt ebenso genau. Es ist stark involut, tief genabelt, aber leider in den inneren Windungen völlig zerstört. Die Sutur konnte nur auf einem kleinen Stückchen blosgelegt werden, zeigt aber hier die grösste Uebereinstimmung mit der Cl. angustiseptata.

Zwei weitere Exemplare sind rohe Steinkerne und unbestimmbar. Etwas schwieriger scheinen die Verhältnisse bei Cl. subnodosa Münst. (Taf. XV. Fig. 6) zu ,seyn. Es liegen unter dieser Bezeichnung 5 Exemplare in zwei Partien in der Münster'schen Sammlung, ohne dass das Original-Exemplar isolirt oder kenntlich gemacht wäre. Zwei Exemplare sind aus dem weisslichen Kalke vom Brumberg und stimmen gut mit der Münster'schen Beschreibung. Doch stammt das Original nach Münster's Angabe von Elbersreuth, mithin ist unter diesen beiden Exemplaren das Original nicht zu suchen. Ueberdies ist die Kleinheit derselben einer genauen Untersuchung hinderlich, indem weder die Lage des Sipho noch die Suturen bestimmt erkannt werden konnten; letztere scheinen einfach bogenförmig gekrümmt. Das Gehäuse ist dick, sehr involut, tief genabelt, wohl abgerundet, die Oberfläche ist mit Rippchen verziert, die, ziemlich dicht gestellt, nur gegen den Intern-Rand stärker sich erheben und mit einem nach vorn concaven Bogen gegen die Mitte der Seiten verlaufen, wo sie verschwinden. Schärfer sind die feinen Streifchen ausgebildet, welche diesen Rippen gleichlaufen, und über die Extern-Fläche mit einer nach vorn concaven, flachen Bogenkrümmung fortsetzen. In den inneren Windungen fand ich eine Runzelschicht deutlich ausgeprägt. Nach diesen Beobachtungen scheint dieses Exemplar am ersten einer Jugendform der Cl. angustiseptata zu entsprechen.

Ein zweites Exemplar (Taf. XV. Fig. 6ª. 6ᵉ) desselben Fundortes zeichnet sich bei übrigens gleicher Beschaffenheit mit dem vorher beschriebenen durch eine merkwürdige feine Längsstreifung (Taf. I. Fig. 6ᵈ) aus, welche bis zur Hälfte der Seitenfläche über die radialen Streifchen quer verläuft.

Die zweite Reihe von Exemplaren stammt nach der noch beiliegenden Münster'schen Original-Etiquette, welche die Exemplare noch unter dem ersten Namen „Goniatites subnodosus" bezeichnet, von Elbersreuth, wie auch der Text bei Münster angiebt. Doch ist mit Bleistift der Fundort Elbersreuth durchstrichen und dafür von Münster's eigener Hand gesetzt „Schübelhammer", wie denn in der That das leicht unterscheidbare Gestein keinen Zweifel lässt, dass die Stücke wirklich aus dem sogenannten Schübelhammer Bruche stammen.

Unter diesen Exemplaren ist also das Münster'sche Original zu vermuthen, obwohl das der Zeichnung Taf. 6. Fig. 7 bei Münster am nächsten kommende Exemplar nur drei Viertel so gross sich erweist, als das die vergrösserte Zeichnung begleitende Maass angiebt. Da übrigens die anderen Verhältnisse mit der Zeichnung stimmen, so glaube ich hier das Münster'sche Original vor mir zu haben.

Das kleine, im grössten Durchmesser 8 Mm. messende Gehäuse ist dick, sehr involut, tief genabelt, Extern- und Seitenflächen völlig abgerundet, stark gewölbt. Nur der letzte Umgang ist entblösst. Hier zeigen sich, am Intern-Rande beginnend, auf den Seiten 12—14 Falten, die gegen die Mitte der Seiten verschwinden, am Intern-Rande am erhabensten, und schwach nach aussen concav gekrümmt sind. Die Oberfläche ist dicht mit sehr. feinen, stark gekrümmten Streifchen bedeckt. Diese Krümmungen beschreiben drei Bogen, zwei am Intern-Rande und auf der Mitte der Extern-Fläche nach aussen concav, auf der Mitte der Seite nach innen concav. Leider ist es mir bei diesem Exemplar nicht geglückt den Verlauf der Sutur bestimmt zu erkennen; er scheint einfach bogig zu seyn.

Ein zweites, etwas grösseres Exemplar Taf. XV. Fig. 6 stimmt so genau mit dem eben beschriebenen kleineren, dem es beiliegt, dass ich beide unbedenklich identificieren zu dürfen glaube.

Dieses grössere Exemplar ist dick, sehr involut, im Querschnitte breiter als hoch, mit einem dicken Sipho dicht an der Intern-Fläche und mit einfach bogigen, dicht stehenden Suturen (Taf. XV. Fig. 6ᵈ) versehen. Der erste Umgang ist drei Viertel Wohnkammer, und meist nur als Steinkern vorhanden, der die Spuren von zahlreichen Radial-Falten am Intern-Rande trägt; der Schalenrest ist mit Falten, wie bei dem kleinen Exemplar, und mit feinen Streifchen von gleicher Krümmung (Taf. XV. Fig. 6ᶜ) auf der Oberfläche bedeckt. Auch trägt diese eine ziemlich derbe Runzelschicht mit einer kielartigen Erhöhung auf der Mitte der Extern-Fläche (Taf. XV. Fig. 6ᵃ). Alle diese Verhältnisse stimmen aufs beste mit dem Charakter der Cl. angustiseptata, mit Ausnahme der Krümmung der feinen

Streifchen, welche bei der Normalform fast geradlinig, wenigstens schwach gekrümmt sind, hier aber in starken Bogenwellen verlaufen. Leider sind an den früher beschriebenen grösseren Exemplaren keine innere Umgänge so vollständig erhalten, um sehen zu können, ob nicht auch bei diesen in den innersten Umgängen, wie zu vermuthen ist, die Streifchen stärker gekrümmt sind. Unter diesen Umständen halte ich es für höchst wahrscheinlich, dass Clymenia subnodosa Münst. nur eine Jugendform von Cl. angustiseptata Münst. darstellt.

Das dritte Exemplar ist zu fragmentarisch, als dass man darüber Sicheres ermitteln könnte.

Eben so schwierig erscheint es, die durch Münster beschriebene Clymenia brevicostata Münst. sicher zu deuten, zumal da das Original in der Münster'schen Sammlung fehlt. Da jedoch Münster selbst diese Art (Beitr. V. S. 124) eine Varietät der Cl. subnodosa nennt und die Unterscheidungsmerkmale sehr schwach sind, die Kleinheit des Exemplars eine scharfe Charakterisirung überlies nicht zulässt, so möchte die Zuziehung dieser Art als Jugendform zur Cl. angustiseptata Münst. wohl gerechtfertigt erscheinen.

In der Kreissammlung von Bayreuth liegen vier Exemplare als Cl. brevicostata bezeichnet. Darunter befindet sich mit grosser Wahrscheinlichkeit das von Münster beschriebene Original, welches mit noch zwei andern Exemplaren früher der Form der Cl. subnodosa Münst. zufiel. Ein viertes Exemplar ist unsicher bestimmbar.

Noch sind hier von einigen nicht Fichtelbergischen Fundorten verwandte Formen zu erwähnen. Der Güte des Herrn Rectors Richter in Saalfeld habe ich es zu verdanken, dass ich in seiner instructiven Sammlung die Originale seiner vom Bohlen zuerst beschriebenen Clymenien-Arten sehen und untersuchen konnte. In seinem ersten Beitrage (1848) bezeichnete Richter eine Art als Cl. campanulata, in welcher derselbe in dem zweiten Beitrage (1856) die Münster'schen Species Cl. plicata und Cl. angustiseptata wiedererkannt zu haben glaubt.

Die im ersten Beitrag in Figur 67 und 68 als Cl. campanulata abgebildeten, und im zweiten Beitrag als zur Cl. plicata gehörig bezeichneten, sehr rohen Steinkerne lassen eine scharfe Bestimmung nicht zu. Mir scheinen sie jedoch nach der ganzen Form und nach den entfernt stehenden Kammerwänden jedenfalls nicht zu Clymenia plicata zu gehören, vielmehr als sehr abgeriebene Exemplare von Clymenia striata angesehen werden zu müssen. Dagegen stimme ich vollständig damit überein, die Formen im 1. Beitrage Fig. 69—70 zu Cl. angustiseptata zu ziehen. Ein zweites, unzweifelhaft zu dieser Art gehöriges Exemplar vom Bohlen habe ich aus der mir mit so grosser Liberalität mitgetheilten Sammlung des Herrn Bergraths Engelhardt untersucht. Endlich erwähnt Richter (in seinem 2. Beitrag, S. 112. t. 1. f. 24. 25. 26) einer Clymenia brevicostata Münst., die nach dem Querschnitt und den entfernt stehenden Suturen wohl sicher zu einer der folgenden Species, wahrscheinlich zu Cl. flexuosa gehört, wogegen die Form von Fig. 27 und 28 derselben Tafel eine unverkennbare Aehnlichkeit mit unserer Normalform besitzt.

Hieher sind ferner zu zählen die Phillips'chen Arten Clymenia plurisepta und Cl. sagittalis mit Sicherheit, und mit grosser Wahrscheinlichkeit auch Cl. fasciata.

Fundorte: Clymenia angustiseptata und die ihr zugehörigen Formen finden sich im Fichtelgebirge am häufigsten in dem jetzt verlassenen Steinbruch bei Schübelhammer unfern Elbersreuth, ausserdem in dem weisslichen Kalke zu Brumberg unfern Presseck; einzeln kommen sie am Bohlen bei Saalfeld im rothen Kalke vor. Von sonstigen Fundorten ist noch South Peterwin in Cornwall und Enkeberg in Westphalen zu nennen.

2. Clymenia flexuosa Münst. 1840. Taf. XV. Fig. 7—10.

Clymenia flexuosa Münst., Beitr. z. Petref., III. S. 92. t. 16. f. 4; V. S. 125. t. 11. f. 16.
? *Clymenia compressa* G. Sandb. 1853. Verh. d. nat. Ver. d. Preuss. Rheinl., X. S. 178. t. 8. f. 3.
Clymenia flexuosa Münst. Gein. (partim) 1852. Verst. d. Grauw., S. 28. t. 9. f. 17. (excl. f. cet. 9—16. 18.)
Clymenia Pattisoni M'Coy, 1855. Sedg. M'Coy, Synopsis, p. 403. t. 2ᴬ. f. 11.
Clymenia falcifera Münst., Beitr. z. Petref., V. S. 125. t. 11. f. 17.
Clymenia subflexuosa Münst., Beitr. z. Petref., III. S. 93.
? *Clymenia costulata* Münst., Beitr. z. Petref., III. S. 94.
? *Clymenia brevicostata* Richter (non Münst.), II. Beitr. z. Palaeont. d. Thür. Waldes, S. 112. t. 1. f. 24—26 (excl. fig. 27. 28).

Schale nicht stark involut, nur zu $1/4$—$1/3$ der Windung umgehüllt, von ziemlich flacher Form, rasch anwachsend, mit wenigen Windungen und geringer Nabelweite, diese so gross, oder um weniges grösser als die Höhe des Querschnitts des letzten Umgangs; die Querschnitte entschieden höher als breit; die Seiten flach, in der Nähe des Intern-Randes am höchsten, gegen innen ziemlich steil abfallend, gegen die ziemlich schmale, etwas wickelig abgesetzte, jedoch abgerundete Extern-Fläche sanft zulaufend. Die Oberfläche der Schale ist mit feinen sichelförmig gebogenen Streifchen dicht bedeckt; diese Streifchen sind nach der Mündung zu am Intern-Rande und auf der Mitte der Extern-Fläche concav, auf den Seiten convex gekrümmt. Mit diesen Streifchen laufen faltenartige Rippchen, 20—25 auf einem Umgange, parallel, erlangen ihre stärkste Entwickelung auf der Mitte der Seiten und verschwächen sich auf der Extern-Fläche. Die Schale ist nicht sehr dick und lässt, wo sie weggebrochen ist, auf dem Steinkern keine oder nur schwache Spuren der Falten erkennen. Windungen sind 4—5 sichtbar; drei Viertel der letzten Windung ist Wohnkammer; Kammerwände dicht gestellt, ungefähr 36—40 auf einen Umgang. Die Sutur ist einfach bogenförmig, mit weit ausgebogenem Seiten-Lobus; Sipho dünn; Durchmesser des grössten Exemplars 20 Mm.

Diese Art, welche augenscheinlich grosse Verwandtschaft mit der vorigen Species besitzt, namentlich mit ihr die enge Stellung der Kammerwände, die Einfachheit der

Suturen und eine ähnliche Oberflächenverzierung gemein hat, unterscheidet sich leicht von Cl. angustiseptata durch die flache Form, geringere Involubilität, die stärker gekrümmten Sichelfalten und den feinen Sipho.

Zur Feststellung der Münster'schen Art ist es vor Allem nöthig, die Original-Exemplare, welche der Beschreibung und Abbildung Münster's zu Grunde liegen, genauer zu schildern. Das in dem dritten Beitrage beschriebene Original von Geuser ist sehr dürftig erhalten, und offenbar in Folge gewaltsamen Druckes, dessen Wirkung sich bei fast allen Exemplaren dieses Fundortes bemerkbar macht, noch mehr als normal flach zusammengepresst, daher der Querschnitt und die Gestalt der Extern-Fläche verzerrt ist. Doch zeigt die Schalenoberfläche die charakteristischen Sichelfalten, und eben so lassen sich die einfach bogigen Suturen enge neben einander deutlich erkennen.

Auch das Original zur Abbildung und Beschreibung im fünften Beitrage (S. 125. t. 11. f. 10), von gleicher Fundstelle wie das vorige, hat durch Druck gelitten. Die sehr platt gedrückte Schale hat fast ebene Seiten und eine etwas abgeplattete Extern-Fläche, die mit abgerundeter Kante mit den Seiten verbunden ist. Die Rippen treten hier besonders gegen den Intern-Rand stark hervor und verlieren sich auf der halben Seitenhöhe; sie sind stark nach vorn concav gebogen und erscheinen auf drei Viertel des letzten Umgangs entfernt gestellt, auf dem letzten Viertel dicht gedrängt, gleichsam als Ersatz für die Streifung. Die Kammerwände stehen dicht, etwa zu 86—40 auf einem Umgange; ihre Suturen sind einfach bogig mit flachen Bogen auf den Seiten und mit fast gerader, ja selbst etwas zurückgebogener Linie auf der Extern-Fläche, an dem Rande gegen den Seitenbogen fast etwas winkelig eingedrückt.

Bei beiden Exemplaren wurde die der Intern-Fläche zunächst benachbarte Lage des Sipho constatirt.

Wenn nun auch bezüglich der Originale eine wünschenswerthe Uebereinstimmung herrscht, so darf doch nicht unbemerkt bleiben, dass Münster über diese Species stets im Unklaren blieb. Ich finde in der Münster'schen Sammlung nicht nur bei diesen Originalen Exemplare, offenbar durch Münster selbst beigelegt, solche die nichts weniger als zur typischen Form gehören, darunter vielfach Goniatites Sandbergeri Beyr. (Clymenia pseudogoniatites G. Sandb.), sondern auch unter den als Clymenia Dunkeri und Cl. Sedgwicki bezeichneten Formen (nicht deren Originalexemplare) ächte Clymenien unserer Art. Ehe ich zur Beschreibung der übrigen hieher gehörigen Münster'schen Species übergehe, scheint es passend, zuerst noch einer Form zu gedenken, welche häufig mit dieser oder der vorigen Art in Verbindung gebracht wird. Es ist dies

Clymenia compressa Münst.
Clymenia compressa Münst., Beitr. z. Petref., L. 2. Aufl. S. 4. t. 1*. f. 4.
Planulites compressus Münst., Goniat. u. Planulit., 1832. S. 7. t. 1. f. 4.

Das Original, welches der Abbildung bei Münster Taf. 1. Fig. 4 unzweifelhaft zu

Grunde lag, findet sich mit noch zwei andern Exemplaren in der Münster'schen Sammlung. Es ist schlecht erhalten, die Oberfläche der Schale völlig abgerieben und die Suturen nur an tief abgeschlieffenen Stellen zu sehen. Daraus erklärt sich, dass Münster die Schale als platt und die Suturen, weil zu tief abgeschliffen, als einfach bogenförmig angiebt. Ich habe dieses Exemplar genau untersucht, die Schalenoberfläche und Sutur frisch an anderen Stellen der inneren Windungen bloss gelegt und gefunden, dass die Oberfläche der Schale sichelförmig gestreift, die Suturen jenen charakteristischen Lateral-Lobus, der die Cl. striata so sehr auszeichnet, aufzuweisen haben. Sehr sorgfältige Vergleichungen lassen keinen Zweifel übrig, dass das Original zu Münster's Cl. compressa keine eigene Species repräsentirt, sondern eine typische Cl. striata darstellt. Auch die zwei andern diesem beigelegten Exemplare gehören eben so sicher der erstgenannten Species an.

Es ist daher unter diesen Umständen die Münster'sche Species Cl. compressa als gegenstandslos zu streichen. Dies bestätigte mir auch die spätere Untersuchung der in der Bayreuther Sammlung aufbewahrten, durch Münster selbst bestimmten Exemplare der Cl. compressa. Ich verdanke der Güte des Herrn Professors Braun in Bayreuth die Exemplare, welche leider schlecht erhalten sind; zwei derselben gehören gleichfalls zu Cl. striata, das dritte wahrscheinlich einem Goniatiten an, was sich ohne Zerschlagen des Exemplars nicht sicher vermitteln lässt.

Guido Sandberger hat in seiner vortrefflichen Abhandlung über Westphälische Clymenien die Münster'sche Cl. compressa mit einem Exemplar von Enkeberg identificiert und zugleich bemerkt, dass Cl. angustiseptata Münst. nur eine Varität der Cl. compressa und ebenso M'Coy's Cl. Pattisoni damit synonym sey. Ich stimme den letzten Annahmen in so weit bei, als ich die M'Coy'sche Species mit unserer Cl. flexuosa vereinigen zu dürfen glaube. Weniger sicher ist dies mit dem Steinkern von Enkeberg, den Sandberger Cl. compressa genannt hat. Nach einer gefälligen Mittheilung des Herrn Professors Beyrich, dem das Original vorlag, ist das kleine Stück Steinkern von Enkeberg von sehr flacher, zusammengedrückter Form; die Extern-Fläche schmal, flach, etwas kantig abgegrenzt; die Sutur bildet auf den Seiten flache Bogen, biegt sich am Extern-Rande etwas winkelig um und läuft über die Mitte der Extern-Fläche mit einer Biegung rückwärts. Dieses Verhalten passt so gut auf unsere Cl. flexuosa, dass ihre Stellung unter dieser Species wohl die richtige zu seyn scheint.

Auch Geinitz führt in seinem schönen Werk über die Grauwacken-Versteinerungen Sachsen's aus dem Clymenien-Kalke Formen an, die hier zu erwähnen sind. Ich verdanke der Güte meines verehrten Freundes die Möglichkeit, seine Original-Exemplare untersuchen zu können.

Unter der Bezeichnung Clymenia flexuosa Münst. führt Geinitz 10 Exemplare an. Meine Untersuchung der Originale zu den Abbildungen (l. c. t. 9. f. 9. 10. 11. 12. 13. 16—18) haben gezeigt, dass die Formen zu Fig. 10. 11. 12 sicher, jene zu Fig. 13

und 16 mit grösster Wahrscheinlichkeit zu Goniatites Sandbergeri Beyr. (Cl. pseudogoniatites Sandb.), dessen Ausscheidung und genaue Kenntniss wir den Untersuchungen Beyrich's zu verdanken haben, gehören; während das Exemplar zu Fig. 9 als eine Jugendform von Cl. undulata zu betrachten seyn dürfte. Dagegen stimmt die in Fig. 17 als var. falcifera dargestellte Form vollständig mit dem Typus der Cl. flexuosa überein. Das Gehäuse ist ziemlich involut, auf der Oberfläche mit dicht stehenden, hohen und scharfen, auf der Mitte der Seiten fast radialen, gegen innen und aussen stark gebogenen Rippchen und feinen Streifchen verziert, die Sutur bleibt einfach bogenförmig, wie bei Cl. compressa Sandb. Münster hat von seiner typischen Form weiter noch eine Verwandte als Cl. falcifera abgesondert. Diese (Taf. XV. Fig. 8) bietet aber in der That nicht die geringste Eigenthümlichkeit, um sie auch nur als Varietät von Cl. flexuosa festhalten zu können. Aeussere Gestalt, Involubilität, Oberflächenverzierung, Lage des Sipho und Form der Sutur stimmen genau mit dem Typus unserer Art überein.

Auch in der Münster'schen Art Cl. subflexuosa vermag meine Untersuchung nichts anderes als eine Form der Cl. flexuosa zu finden (Taf. XV. Fig. 10). Es ist zwar bei dem einzigen vorliegenden Exemplar das Zulaufen der Seiten zu einem fast schneidigen Kiel höchst auffallend. Diese Bildung ist aber offenbar blos zufällig, wie die Unregelmässigkeit derselben schon an sich vermuthen lässt; die regelmässige Abrundung der Extern-Fläche, wie sie an inneren Windungen wirklich beobachtete, hat dies aber aufs bestimmteste direct bestätigt. Das schwache Hervortreten der faltenartigen Rippen neben den typisch gekrümmten Streifen (Taf. XV. Fig. 10*) dürfte ebenfalls keinen Grund abgeben, das durch Druck verunstaltete Exemplar zum Stammhalter einer besonderen Species zu machen. Die Sutur ist nur theilweise erhalten, stimmt aber soweit mit jener der Cl. flexuosa wohl überein.

Clymenia costulata Münst. (Taf. XV. Fig. 9) liegt in drei Exemplaren vor, unter denen das Original, welches Münster bei seiner Beschreibung benutzt hat, sich nicht sicher herausfinden lässt. Die Angabe ringförmig knotiger Rippen könnte passend auf Cl. annulata bezogen werden; indessen scheinen zwei Exemplare deutlich auf Cl. flexuosa hinzuweisen. Ich vermuthe, dass das best erhaltene Exemplar der Münster'schen Beschreibung zum Original gedient haben wird. Da dieses nun zu Cl. flexuosa gehört, so würde Cl. costulata Münst. als synonym hieher zu stellen seyn. Bei diesem Exemplar sind auch in der That die Rippen fast ringförmig zu nennen, wie Münster als charakteristisch angiebt.

In der Sammlung zu Bayreuth fand ich mehrere Exemplare von dem Fundorte Geuser unter der Bezeichnung Cl. flexuosa und Cl. costulata Münst., welche in der That hieher gehören, sodass ich im Ganzen 15 Exemplare dieser Art zu untersuchen Gelegenheit fand, und eine grosse Uebereinstimmung constatiren konnte.

Fundorte: Es ist sehr auffallend, dass sämmtliche Exemplare dieser Species des Fichtelgebirges aus einem Steinbruche bei Geuser, unfern Presseck, stammen und dass in dem sonst an Clymenien so reichen Kalke bei Schübelhammer als zu fehlen scheint. Das Geinitz'sche Exemplar rührt von Marxgrün her, das Richter'sche vom Bohlen bei Saalfeld und M'Coy's Cl. Pattisoni wurde zu South Peterwin gefunden.

8. Clymenia annulata Münst. Taf. XV. Fig. 11—13. Taf. XVIII. Fig. 11.

Clymenia annulata Münst., Beitr. z. Petref., I. S. 14. t. 16. f. 7; V. S. 123. t. 12. f. 1.
  Goniatites annulatus Münst. 1832. Goniat. u. Planulit., S. 32. t. 7. f. 6.
Clymenia valida Phill. 1841. Palaeoz. foss. of Cornwall, p. 120. f. 245.
Clymenia pseudogoniatites G. Sandb. (partim) 1853. Verh. d. nat. Vereins d. Preuss. Rheinl., X. S. 195.
  t. 7. f. 7. t. 8. f. 6 (excl. cet. fig.).
Clymenia binodosa, var. nodosa Münst., Beitr. z. Petref., I. S. 10; I. 2. Aufl. S. 38; V. S. 124.
Clymenia Dunkeri Gein. (non Münst.), Verst. d. Grauw., S. 36. t. 9. f. 4 u. 5.
? *Endosiphonites Münsteri* Ansted, Camb. philos. Trans., VI. p. 419. t. 8. f. 1.

Schale ziemlich evolut, langsam anwachsend, mit zahlreichen Windungen, weit genabelt, in den inneren Windungen ungefähr zu $^1/_7$ eingehüllt, dick scheibenförmig, im Querschnitte fast quadratisch mit abgerundeten Ecken, die Seiten flach, die Extern-Fläche flach oder etwas gewölbt; die Schalenoberfläche in den inneren Windungen oder an jüngeren Exemplaren mit scharfen, schmalen, am inneren Rand und auf der Mitte der Seiten am stärksten hervortretenden, stark nach vorn concav gebogenen, gegen die Extern-Fläche sich verschwächenden, und hier nach hinten concav geschwungenen Rippchen bedeckt; an älteren Exemplaren verschwächen sich diese Rippen auf den letzten Windungen bedeutend und verschwinden ganz. Mit diesen Rippchen laufen zahlreiche feine Streifchen parallel über die Schalenoberfläche, selbst auch an den äusseren Windungen älterer Exemplare. Der Steinkern unter der dicken Schale zeigt Spuren dieser Rippung. Die Kammerwände stehen ziemlich dicht, die Sutur einfach bogenförmig mit einer schwachen Andeutung einer winkeligen Biegung zwischen Lateral-Lobus und Extern-Sattel; Sipho an der Intern-Fläche mässig dick.

Diese Art unterscheidet sich leicht von allen übrigen durch ihre geringe Involubilität, grosse Nabelweite, dicke, scheibenförmige Form und die scharfen, fast ringförmigen, meist zu zwei genäbert stehenden Rippchen der inneren Windungen.

Das Original zu Münster's erster Abbildung seiner Cl. annulata Taf. XV. Fig. 11 ist sehr klein, zeigt bei abgerundet quadratischem Querschnitte zahlreiche, wenig involute Windungen mit stark erhabenen, fast ringförmigen Rippchen, über deren höchste Erhebung sehr markirte Streifchen verlaufen; diese wenden sich auf der Extern-Fläche mit einem nach hinten concaven Bogen. Der Sipho liegt dicht an der Intern-Fläche; die Sutur zeigt sich einfach bogenförmig.

Die zweite Abbildung (Beitr., V. t. 7. f. 1) entspricht nicht genau ihrem Original, welches sehr fein und scharf gestreift ist, während die Rippchen nur schwach entwickelt sind. Auf der abgeplatteten Extern-Fläche verlaufen die Streifen in tief beutelförmige Biegungen und berühren sich an dem Extern-Rande fast. Das Exemplar ist übrigens nicht vollständig genug erhalten, um mit Gewissheit die Zugehörigkeit zu der Art der ersten Abbildung erkennen zu können. Doch stimmen einige andere Exemplare der Münster'schen Sammlung und namentlich einige Exemplare aus dem Steinbruch am Teufelsberg bei Hof, welche ich der Gefälligkeit des Herrn Professors Wirth verdanke, aufs vollkommenste mit der typischen Form.

Unter der zweifachen Bezeichnung Cl. nodosa Münst. oder Cl. binodosa, var. nodosa Münst. ist durch Münster ein Exemplar beschrieben worden, dessen Original sich durch seine Grösse auszeichnet, Taf. XVIII. Fig. 11. Die inneren Windungen sind mit zahlreichen, oft zu je zwei genähert stehenden, nach vorn concav gebogenen Rippchen, selbst auf dem Steinkern noch deutlich ausgeprägt, bedeckt, während auf der letzten, äusseren Windung diese Rippen sich fast ganz verflachen und einer sehr markirten Streifung Platz machen. Der Querschnitt ist etwas länglich rund, die Extern-Fläche ziemlich gewölbt. Die Sutur zeigt einen schwachen winkeligen Bruch (Taf. XVIII. Fig. 11*) ziemlich stark. Doch halte ich alle diese Besonderheiten für nicht hinreichend, um dieses einzige Exemplar zum Typus einer eigenen Art zu machen. Dass es sicher nicht zur Species Cl. binodosa gehört, wird die Charakteristik dieser ausgezeichneten Clymenia später aufs deutlichste zeigen. Weder Oberflächenverzierung, noch die Form der Sutur stimmt auch nur annähernd. Sehr deutlich ausgebildet fand ich an einem frisch blosgelegten Schalenstück einer inneren Windung die Runzelschicht (Taf. XVIII. Fig. 11ᵈ). Sie besteht aus leistenartigen Erhöhungen, welche ähnlich wie die Zeichnung auf der inneren Fläche der Hand gestaltet sind, jedoch kürzer abgesetzt und in einander verlaufend; aus der Mitte erhebt sich diese Runzelschicht zu einem fadenförmigen Kiele, über welchen die Leisten der Runzelschicht quer hinüberziehen, zum Beweise, dass dieser Kiel nicht der umhüllenden Windung angehört, sondern einen Theil der äussersten Schalenbekleidung ausmacht.

Phillips' Cl. valida von Peterwin bietet nach der Beschreibung und Abbildung keine wesentlichen Differenzen gegen die Münster'sche Art, wenn auch die Rippchen des letzten äusseren Umgangs sehr scharf und am Extern-Rand und auf der Extern-Fläche stark gekrümmt erscheinen.

Nach gefälligen Mittheilungen von Herrn Professor Beyrich befindet sich unter den Exemplaren aus Westphalen, welche Herrn G. Sandberger als Originale dienten, unter der Bezeichnung Cl. pseudogoniatites einiges hieher Gehörige. Das Original zur Abbildung (a. a. O.) Taf. VII. Fig. 7 und Taf. VIII. Fig. 6 zeigt mit vollkommener Deutlichkeit den einfachen, rundbogigen Verlauf der Sutur, wie unsere Gruppe ihn besitzt, während Oberflächenzeichnung und Form sehr gut mit der Phillips'chen Cl. valida übereinstimmen. Ich habe daher dieses Exemplar der Cl. pseudogoniatites G. Sandb. unter unsere Cl. annulata einreihen zu dürfen geglaubt.

Herr Professor Geinitz bezeichnet unter den Clymenien von Planitz einige als Cl. Dunkeri Münst., welche nach meiner Untersuchung der Originale wohl gleichfalls hieher gerechnet werden müssen. Die Originale zu Taf. IX. Fig. 4 und 5 sind sehr wohl erhalten, besitzen ganz den Habitus der sogenannten Cl. nodosa Münst., sind ziemlich evolut, mit zahlreichen Umgängen (7 an zwei Exemplaren). Die Extern-Fläche und Seiten sind rechtwinkelig durch wohl abgerundete Kanten unter sich verbunden, die erstere ist etwas gewölbt, die Seiten dagegen bleiben flach und fallen gegen die Nabelseite steil ab. Zahlreiche (18—24 auf einen Umgang) hohe, scharfe, meist zu zwei genähert stehende Rippchen verlaufen in eine nach vorn concave Krümmung über die Seiten gegen den Extern-Rand und verschwinden hier, während sie auf dem Steilabfall der Nabelseite in der Bogenkrümmung der Seiten ohne Wendung fortsetzen. Die scharflinige Streifung hält sich nicht genau in der Richtung der Rippen, sondern verläuft namentlich gegen den Extern-Rand häufig schief über dieselben und macht auf der Extern-Fläche eine starke beutelförmige Biegung. Runzelschicht, Sutur und Lage des Sipho erkannte ich in Uebereinstimmung mit der typischen Form.

Geinitz hat dem Münster'schen Namen Cl. Dunkeri den Vorzug gegeben, mit welcher Art derselbe nebst Cl. costulata, spinosa, auch annulata für identisch hält. Da aber, wie später gezeigt wird, das Münster'sche Original der Cl. Dunkeri eine eigenthümliche Species darstellt, so muss auch für diese Formen der ältere Namen Cl. annulata aufrecht erhalten werden.

Fundorte: Im Fichtelgebirge bei Schübelhammer, Geigen und am Teufelsberge bei Hof; ausserdem zu Planitz bei Zwickau, Enkeberg in Westphalen und zu South Peterwin in Cornwall.

4. Clymenia spinosa Münst. Taf. XVI. Fig. 1. 2.

Clymenia spinosa, Münst., Beitr. z. Petref., V. S. 122. t. 11. f. 15.
Clymenia interrupta Braun, in Münster's Beitr., V. S. 126. t. 12., f. 3.
? *Clymenia binodosa* G. Sandb. (non Münst.), Verh. des nat. Vereins der Preuss. Rheinl., X. S. 180 t. 8 f. 5.
? *Clymenia dorsonodosa* Braun, in Münster's Beitr., V. S. 126. t. 12 f. 2.

Schale evolut, langsam anwachsend, mit zahlreichen Windungen, weit genabelt, in den inneren Windungen weniger als zu ¹/, eingehüllt, dick scheibenförmig, im Querschnitte länglich viereckig mit abgerundeten Ecken; die Extern-Fläche flach oder schwach vertieft, die Seiten flach, oder nur wenig gewölbt. Die Schalenoberfläche mit zahlreichen, scharfen, auf den Seiten nach vorn concav gekrümmten, an dem Extern-Rande zu einem flachen obrartig gestalteten Dorn auslaufenden oder auf den letzten Windungen älterer Exemplare statt des Dornes in einen Büschel von feinen Rippchen übergehenden Rippchen, und mit zahlreichen, den Rippchen ungefähr parallel laufenden, über die Extern-Fläche in doppelter Krümmung ziehenden, feinen Streifchen verziert. Rippen und dornartige Anschwellungen hinterliessen auf dem Steinkern ihre Spuren. Die Kammerwände nicht dicht gestellt, ihre Suturen einfach bogig mit einer schwachen Loben-artigen Einsenkung auf der Mitte des Extern-Sattels. Sipho an der Intern-Fläche nicht dick.

Diese Art schliesst sich aufs engste an die vorige Cl. annulata, mit welcher sie ziemlich übereinstimmende äussere Form und eine grosse Aehnlichkeit in der Schalenverzierung besitzt. Man unterscheidet unsere Species jedoch leicht an der Dornbildung der Rippen der inneren Umgänge, an dem länglicheren Querschnitt und an der Form der Suturen, welche zugleich weit weniger zahlreich sind.

Das Original zu Münster's Aufstellung der Species, Taf. XVI. Fig. 1, theilt den oben bezeichneten Charakter mit zwei anderen in der Münster'schen Sammlung vorhandenen Exemplaren, so dass ich an der Selbstständigkeit dieser Art nicht zweifele und eine Trennung von Cl. annulata gerechtfertigt finde. Es ist noch zu bemerken, dass bei den äusseren letzten Umgängen der Querschnitt durch eine stärkere Abrundung der Ecken eine fast ovale Form annimmt und dass hier die Dornbildung aufzuhören scheint. Die Kammerwände stehen weiter aus einander gerückt als bei sämmtlichen bisher beschriebenen Clymenien, ich glaube ungefähr 20 auf einen Umgang zählen zu können.

Von Herrn Professor Braun in Bayreuth erhielt ich ein viertes, sehr wohl erhaltenes Exemplar, Taf. XVI. Fig. 1, welches als Cl. pennicellata Braun bezeichnet war. Die inneren Umgänge zeigen so bestimmt den Charakter der typischen Cl. spinosa, dass ich kein Bedenken trage, dasselbe hieher zu ziehen. Besonders schön ist hier das Auflösen der Rippen in der Nähe des Extern-Randes in einen Büschel gröberer Streifen zu sehen (Taf. XVI. Fig. 2ª). Die Sutur zeigt auch an diesem Exemplar die Einbiegung in der Mitte des Extern-Sattels. Leider fehlt zu Münster's Cl. interrupta das Original, welches wahrscheinlich in Besitz de Verneuil's gekommen ist. Was ich als zweites Exemplar der Gefälligkeit des Herrn Professors Braun verdanke, ist eine Jugendform der Clymenia spinosa. Soweit Abbildung und Beschreibung es beurtheilen lassen, gehört jedoch diese Cl. interrupta mit grösster Wahrscheinlichkeit hieher.

Dasselbe vermuthe ich von G. Sandberger's Cl. binodosa, die sicher nicht der Münster'schen Art der Cl. binodosa angehört. Zwar ist der Querschnitt mehr rundlich und die Involubilität stärker als an dem Münster'schen Original. Da aber auch dieses in seinem äussersten Umgange eine grössere Abrundung annimmt und der Querschnitt ziemlich der Form der Sandberger'schen Abbildung Fig. 5ª gleichkommt, während die Art von Enkeberg in den inneren Umgängen auf den Seiten etwas gebogene Rippen trägt, welche zu einem kurzen Dorn höckerartig am Extern-Rande sich verstärken, so scheint in der That die Identität beider mehr als wahrscheinlich. Auch stimmt die Anzahl der Kammerwände (20) auf einem Umgange sehr wohl überein. Es wäre interessant zu untersuchen, ob nicht an der wohlerhaltenen Sutur auch die seichte Vertiefung in Mitte des Extern-Sattels wahrgenommen wird.

Das dürftig erhaltene Exemplar der Cl. dorsonodosa Braun lässt eine scharfe Bestimmung nicht zu. Was sich ermitteln lässt, die ripponartigen Anschwellungen auf der glatten, scharfkantigen, an die Seiten anstossenden Extern-Fläche (Steinkern) und die Spuren einer Dornbildung auf einem kleinen Schalenfragment, sprechen für Cl. spinosa.

Fundorte: Schübelhammer im Fichtelgebirge, vielleicht auch Enkeberg in Westphalen.

b) Longilobatae, mit tiefem, gleichförmig gerundetem Lateral-Lobus und ⌒ förmig gekrümmtem Intern-Schenkel.

5. Clymenia binodosa Münst. Taf. XIX. Fig. 1.

Clymenia binodosa Münst., Beitr. z. Petref., I. S. 9. t. 2. f. 3; 2. Aufl. S. 24. S. 37. t. 2. f. 3.
Goniatites binodosus Münst. 1832. Goniat. und Planulit., S. 31. t. 6. f. 5.
Clymenia Münsteri M'Coy, Brit. pal. foss., p. 402. t. 2ᴬ. f. 12.
Excl. *Clymenia binodosa* G. Sandb., a. a. O. S. 180. t. 8; Jahrb. f. Mineral., 1853. S. 518.

Schale evolut, langsam anwachsend, mit zahlreichen Windungen (6—8), ganz flach scheibenförmig, mit weitem, flachem Nabel, der Querschnitt fast ein Rechteck darstellend, gegen innen etwas zulaufend, Seiten flach, die Extern-Fläche wenig gewölbt, fast flach, in angerundeten Kanten rechtwinkelig gegen die Seiten gestellt. Die Schalen-Oberfläche in den äusseren Windungen bei älteren Exemplaren auf den Seiten mit 16—18 fast geradlinig radial gestellten groben Rippen bedeckt, welche an grossen Exemplaren an dem Extern- und Intern-Rande der Seiten knotig angeschwollen sind.

Bei jüngeren Exemplaren verschwächen sich die Rippen nach den inneren Windungen zu in der Art, dass zuerst die knotige Anschwellung an dem Intern-Rande, dann auch hier die Rippen, und weiter bis gegen den Extern-Rand fortschreitend, selbst diese mit dem zuletzt noch sichtbar gebliebenen Knoten an dem Extern-Rand verschwinden und die innersten Windungen ganz glatt erscheinen. Neben den Rippen ist die Oberfläche noch mit feinen Streifchen verziert, welche abweichend von der Richtung der Rippen über die Seiten in ⌒ Form verlaufen, und auf der Extern-Fläche einen flachen, vorn concaven Bogen bilden (Taf. XIX. Fig. 1ᵃ). Die Kammerwände stehen entfernt, ungefähr 20 auf einer Windung. Die Sutur besteht aus einem breiten Extern-Sattel, der in der Mitte etwas nach hinten Lobus-artig eingebogen ist und mit einer breiten, abgerundeten Ecke in den sehr breiten, tiefen, in der Tiefe wohl abgerundeten Seiten-Lobus flach abfällt. Der Intern-Schenkel dieses Lateral-Lobus steigt steil zur Höhe des Extern-Sattels, biegt auf dieser Höhe rechtwinkelig mit abgerundeten Ecken um und wendet sich fast geradlinig radial mit nur seichter Lobus-artiger Vertiefung zur Naht, in deren Nähe die Linie sich wieder hebt, um auf der Intern-Seite einen dem Seitensattel ähnlichen internen Sattel zu bilden, und dann steil in den sehr schmalen und tiefen Siphonal-Lobus abzufallen. Der Sipho ist sehr dick und liegt nicht, wie bei der Gruppe Nothoclymeniae, wie die äussere Formähnlichkeit vermuthen lassen könnte, in einer ununterbrochenen Siphonal-Röhre, sondern die Siphonal-Duten enden etwa in der Hälfte der vorausgehenden Kammer wie bei Cl. laevigata (Taf. XIX. Fig. 1*).

Diese ausgezeichnete Art, von der mir 6 Exemplare vorliegen, scheint mit allen vorausgehenden weniger Verwandtschaft, als mit den nachfolgenden, der Cl. speciosa ähnlichen Arten zu haben, mit denen sie den ganz flach scheibenförmigen Habitus theilt. Auch bietet die Form der Sutur gegen die bisher betrachteten Clymenien-Arten bemerkenswerthe Differenzen dar, indem sich die Sutur-Linie von dem tiefen Lateral-Lobus gegen innen zu einem Sattel und einer schwachen Lobus-artigen Einbiegung erhebt, und so gleichsam ein zweiter Lateral-Lobus gebildet wird. Dadurch würde die Art neben Cl. bilobata unter die Cymaclymeniae zu stehen kommen. Da jedoch dieser Lateral-Lobus kaum mehr, als nur angedeutet erscheint, so wird es naturgemässer seyn, unsere Art zwischen der äusserlich nicht ganz unähnlichen Cl. spinosa und den Clymenien-Arten mit winkelig gebogenem Lateral-Lobus unterzubringen. Die Suturen sind durch Münster sowohl, als von M'Coy ganz richtig dargestellt worden, und es ist deshalb G. Sandberger's Zweifel in dieser Richtung völlig ungegründet, womit auch seine Identificierung mit einer Spinosen Form von selbst weg fällt. Dass M'Coy's Cl. Münsteri mit unserer Art identisch sey, unterliegt keinem Zweifel.

Auch vom Bohlen sah ich zwei Exemplare dieser Art.

Einige allgemeine Aehnlichkeit besitzt diese Art mit Cl. spinosa. Die Art der Knoten- und Dornbildung, die evolute Form und die Form der Sutur unterscheiden beide unzweideutig und bestimmt von einander.

Fundorte: Bei Schübelhammer und Gattendorf im Fichtelgebirge, vom Bohlen bei Saalfeld und zu South-Peterwin in Cornwall.

c) Genuflexilobatae, mit deutlich winkelig gebogenem, wohl abgerundetem Lateral-Lobus und einfach ansteigendem Intern-Schenkel.

6. Clymenia Dunkeri Münst. Taf. XVI. Fig. 3. 4.

Clymenia Dunkeri Münst., Beitr. z. Petref., I. S. 15. t. 16. f. 1; 2. Aufl. S. 42. t. 16. f. 1.
? *Clymenia subnautilina* G. Sandb., Verst. d. Rhein. Schicht in Nassau, S. 549.
Non Cl. Dunkeri (Münst.) Geinitz.

Schale ziemlich evolut, nicht stark anwachsend, mit 5—6 Windungen, mit einer Nabelweite so gross wie die Höhe des letzten Umganges, in den inneren Windungen etwas über $^1/_4$ eingehüllt, ziemlich flach scheibenförmig, im Querschnitte länglich oval; Extern-Fläche etwas zulaufend abgerundet; Seiten gegen den Intern-Rand etwas divergirend, so dass die grösste Breite im Querschnitte nahe an den Intern-Rand trifft; die Schalenoberfläche ist mit schwach wellenförmigen Streifchen dicht bedeckt, von denen einzelne entfernt von einander stehende leistenartig stärker markirt hervortreten; neben der

Streifung bemerkt man zahlreiche (48—50 auf einem Umgang), schwache, rippenartige Falten, die nur gegen den Intern-Rand deutlich ausgeprägt und wie die Streifen gekrümmt sind; sie scheinen auf den innersten Windungen kaum wahrnehmbar, auf den äussersten bei älteren Exemplaren stärker hervorzutreten. Die Kammerwände stehen entfernt, ungefähr 20 auf einem Umgange, und ihre Suturen sind, wie bei Cl. laevigata, winkelig zwischen Lateral-Lobus und Extern-Sattel gebogen; der Extern-Sattel ist niedrig und selbst wieder wellig (Taf. XVI. Fig. 3°). Sipho dicht an der Intern-Fläche, dünn.

Eine grosse Aehnlichkeit mit Cl. annulata lässt sich nicht verkennen. Doch zeichnet sich unsere Art durch das flachere Gehäuse, durch rascheres Anwachsen, durch das Fehlen scharf hervortretender Rippen, namentlich auf den inneren Umgängen, wo sie bei Cl. annulata so sehr bemerkbar sich machen, durch die Art der Streifung auf der Oberfläche und durch die Gestalt der Suturen aus. Von den gestreiften Varietäten der Cl. laevigata, mit denen sie die Form der Sutur gemein hat, unterscheidet sich diese Species durch die bestimmt ausgesprochene Involubilität, durch die Querschnittsform, durch die Schärfe der Streifen und durch die Andeutungen von Falten. Mit anderen Arten ist sie ohnehin nicht zu verwechseln.

Obgleich uns das Original zu Münster's Beschreibung und Abbildung, welches in der Sammlung de Verneuil's liegt, abgeht, so scheint doch die zuverlässige Hinweisung Münster's auf ein zweites Exemplar von Gattendorf, das mir vorliegt, die Berechtigung zu ertheilen, nach diesem die Species zu beurtheilen.

Dieses Gattendorfer Exemplar (Taf. XVI. Fig. 3) zeigt die Merkmale, die oben zur Begründung der Art aufgestellt sind. In der Münster'schen Sammlung liegt freilich ausser diesem noch vieles Andere unter gleicher Bezeichnung, das nicht hieher gehört. Dagegen fand ich unter der sogenannten Cl. Sedgwicki, deren Original zu Cl. undulata gehört, ein besonders schönes Exemplar unserer Species, Taf. XVI. Fig. 4, von Geuser, welches etwas ins Ovale gedrückt ist. Die flach scheibenförmige Form und Involubilität finden sich wie bei dem Original. Die sichelförmigen Streifchen der Schalenoberfläche sind sehr fein und von Stelle zu Stelle schärfer, und dazwischen erheben sich schwache Falten, welche nur am Intern-Rande schärfer ausgeprägt sind. Der Querschnitt ist oval und gegen innen am breitesten. Im Ganzen erhielt ich 6 Exemplare zur Untersuchung, welche in den wesentlichen Charakteren gut übereinstimmen und für die Aufrechthaltung dieser Münster'schen Art sprechen.

Die von G. Sandberger beschriebene Cl. subnautilina zeigt so viel Verwandtschaft mit unserer Art, dass wir ihre Identität für mehr als wahrscheinlich erachten, obwohl die Sutur keine winkelige Biegung (nach der Zeichnung) aufweist.

Fundorte: Im Fichtelgebirge Geuser und Gattendorf, ? Kirchhofen bei Weilburg in Nassau.

7. Clymenia laevigata Münst. Taf. XVI. Fig. 5—9.

Clymenia laevigata Münst., Beitr. z. Petref., L S. 6. 7; 2. Aufl. S. 3. t. 1*. f. 1. S. 35. 36.
Planulites laevigatus Münst. 1832. Goniat. u. Planulit. S. 5. t. 1. f. 1.
Clymenia laevigata Phill., Palaeo. foss. of Cornwall, p. 124. t. 52. f. 239. — Sowerby, depos. of Devonshire, t. 54. f. 19. — v. Buch, Goniat. u. Clym. in Schlesien, 1839. S. 13. — Geinitz, Verst. d. Grauw., S. 36. t. 9. f. 1. 2. 3. — G. Sandberger, Verh. d. nat. Vereins. d. Preuss. Rheinl., X.; Jahrb. f. Mineral., 1853. S. 519. — M'Coy, Brit. pal. foss., p. 402. — F. v. Hauer, Sitzungsber. d. K. Akad. in Wien, 1850. S. 41.
Lituites ellepticus Richter, Beitr. z. Palaeont. d. Thür. Waldes, S. 28. t. 3. f. 65.
? *Trocholites anguiformis* M'Coy, Brit. pal. foss., p. 323. t. 1. 50. f. 26.

Schale sehr evolut, sehr langsam anwachsend, mit zahlreichen Windungen (7—9), in den inneren Windungen nur zu ein Fünftel eingehüllt, rundlich scheibenförmig, im Querschnitte kurz oval, die Seiten- und Extern-Fläche ohne Kante wohl abgerundet, hoch gewölbt. Die Schalenoberfläche glatt oder mit höchst feinen, schwach sichelförmig gebogenen Streifchen bedeckt, welche auf der Mitte der Extern-Seite einen seichten, nach vorn concaven Bogen beschreiben; auf dem Steinkern zeigen sich zuweilen sehr flache, faltenähnliche Erhebungen, und in der Regel schmale, hohlkehlartige Einschnürungen. Die Kammerwände stehen entfernt aus einander, zu 14—16 auf einer Windung; ihre Suturen sind einfach mit abgerundetem Lateral-Lobus, dessen Extern-Schenkel, winkelig gebrochen und kurz, zu dem flachen, breiten Extern-Sattel hinaufzieht. Sipho dicht, an der flach ausgehöhlten Intern-Seite dünn.

Von den 5 durch Münster aufgestellten Varietäten,

elliptica, Taf. XVI. Fig. 7,
semicingulata, Taf. XVI. Fig. 5,
semiplicata, Taf. XVI. Fig. 6,
nana, Taf. XVI. Fig. 8,
speciosa,

kann keine Anspruch auf besondere Hervorhebung machen, wie ein Blick auf die Abbildung dieser Formen auf unserer Taf. XVI. Figur 5—8 lehren wird. Dagegen erhielt ich von Herrn Professor Braun in Bayreuth eine höchst merkwürdig gestaltete Clymenie unter der Bezeichnung Cl. cingulata Braun, welche, wenn auch keine besondere Art, so doch eine ausgezeichnete Varietät repräsentirt. Dies ist

Clymenia laevigata, var: cingulata. Taf. XVI. Fig. 9.

Gehäuse und alle Verhältnisse, wie bei der Normalform, nur ist die Schalenoberfläche dicht mit sehr schwach gebogenen, scharfen Streifchen bedeckt, und in den inneren Umgängen mit 5—6 auf eine Windung kommenden, nur schwach gebogenen, fast radial gestellten Rippen verziert, welche noch auf dem Steinkern sichtbar bleiben und von einer hohlkehlartigen Einschnürung begleitet werden. Der Extern-Sattel ist breit und in der Mitte etwas eingesenkt.

Von dieser Art lagen mir sehr viele und wohlerhaltene Exemplare (über 20) von verschiedenen Fundorten zur Untersuchung vor. Eines der Grössten und am besten erhaltenen aus der Sammlung des Herrn Postbeamten Brater in Dinkelsbühl misst im grössten Durchmesser 100 Mm., der rundlich ovale Querschnitt an der Mündung misst in der Höhe 32 Mm., in der Breite 22 Mm., in der Extern-Gegend ist es breiter, wohl gerundet, gegen die Intern-Gegend etwas verschmälert und vertieft, so dass etwas weniger als ein Fünftel der folgenden Windung bedeckt wird. Dieses Exemplar zeigt 9 Windungen, und soweit die Schale weggesprengt ist keine hohlkehlartigen Einschnürungen auf dem Steinkern, welche nach den allgemeinen Beobachtungen sehr schwankend vorkommen und bei vielen gänzlich zu fehlen scheinen; dagegen zeigen sich auf dem Steinkern, besonders auf der Extern-Gegend, ziemlich deutliche faltenartige Erhöhungen. Auch diese fehlen an anderen Exemplaren gänzlich. Die Schalenoberfläche ist deutlich fein gestreift, bei vielen Exemplaren ist diese Streifung, die nie fehlt, so fein, dass sie mit unbewaffnetem Auge kaum wahrzunehmen ist; woher die Angabe rührt, dass die Schale glatt sey. Bei andern Exemplaren zeigen sich die Streifchen stark ausgeprägt. Sie verlaufen fast ohne Seitenbiegung ringförmig, und bilden nur auf der externen Mitte eine ganz seichte, nach vorn concave Ausbiegung. Einzelne entfernt stehende Streifchen treten durch ihre etwas schärfere Ausprägung deutlicher hervor. Ueber der derben Schale bemerkt man meist eine feine Runzelschicht, oft auch mit einer kielartigen Mittelleiste und mit so kurzen sich in einander verzweigenden Streifen, dass dadurch die Runzelschicht ein fast körniges Aussehen gewinnt. Während ich diese Bildung an mehreren Exemplaren über die externen Theile der Schale ausgebreitet fand, sah ich in einem Fall beim Wegsprengen der Schale, wobei ein Theil des umhüllenden, äusseren Umganges haften blieb, eine Runzelschicht und kielartige Leiste auf diesem selbst, und zwar auf seiner inneren Fläche, so dass es wahrscheinlich wird, dass das ganze Gehäuse der Clymenien, wo es geschützt ist, innen und aussen von einer Runzelschicht überkleidet wird.

Durchschnittlich ist die Hälfte oder ⅗ des letzten Umgangs Wohnkammer; dann beginnen die Wände, von denen 12—14 auf eine Windung kommen. Die Suturen bilden auf der Mitte der Extern-Seite einen ziemlich breiten, flachen oder schwach aufgebogenen Extern-Sattel, der mit einem kurzen, fast rechtwinkelig steil abfallenden Schenkel in den flach stumpfwinkelig abgerundeten Lateral-Lobus abfällt. Der lange Intern-Schenkel dieses letzteren steigt hoch an der Naht empor, die er erst hoch über dem Niveau des Extern-Sattels erreicht, wo er einen auf der Naht stehenden internen Seitensattel bilden hilft. Von diesem fällt die Sutur-Linie zu einem schmalen, tiefen, trichterförmig verengerten Siphonal-Lobus auf die Mitte der Intern-Seite ab. In dem bis zur Halbirungs-Fläche angeschliffenen Exemplar Taf. XVI. Fig. 6^b sieht man deutlich, dass die enge, gebrochen trichterförmige, rückwärts gerichtete Einsackung der Kammerwände (Siphonal-Dute) an ihrem Ende nicht dicht auf der inneren Fläche der Schale aufliegt, sondern etwas absteht, und einen deutlichen Ausschnitt für den Durchgang des Sipho wahrnehmen lässt. Die Wände der Kammern legen sich dann nach innen und aussen an das Gehäuse an und ziehen, mit demselben verbunden, noch eine kleine Strecke nach vorn fort. Die Siphonal-Dute reicht etwa bis zur Mitte der vorhergehenden Kammer.

Ausser den Exemplaren des Fichtelgebirges habe ich 3 Exemplare vom Bohlen bei Saalfeld untersucht. Diese besitzen gleichfalls nur theilweise Einschnürungen. Die Originale zu den Abbildungen des Professors Geinitz (t. 9. f. 1. 2) von der Kahlleite und vom Eibenbusche bei Ottersdorf sind typische Formen unserer Cl. laevigata. Auch halte ich die von Richter als Lituites ellipticus beschriebene Versteinerung nur für einen zerdrückten Steinkern unserer Art. Schwieriger dürfte das Gleiche von M'Coy's Trocholites anguiformis zu behaupten seyn, obwohl ihn G. Sandberger hieher zählt.

Was nun die durch Münster aufgestellten Varietäten dieser Art anbelangt, so geben sie nur zu kurzen Bemerkungen Veranlassung.

Die Varietät elliptica, Taf. XVI. Fig. 7, dürfte nur eine durch Druck etwas im allgemeinen Umrisse veränderte Form seyn. Es stimmt sonst Alles aufs beste mit dem Typus.

Die als Varietät semicingulata aufgestellte Form zeigt nur die Oberflächenstreifung deutlicher und schärfer (Taf. XVI. Fig. 5) als gewöhnlich. Selbst auf dem Steinkern sind faltenähnliche Eindrücke ziemlich scharf ausgeprägt.

Cl. l, var. semiplicata, Taf. XVI. Fig. 6, trägt dieselbe Faltenbildung, ohne dass sonst wesentliche Differenzen sich bemerkbar machen, namentlich auf den inneren Windungen zur Schau.

Die als nana und speciosa endlich unterschiedenen Abarten verdanken diese Auszeichnung nur ihrer geringeren und bedeutenderen Grösse, welche unter dem gewöhnlichen Maasse zurückbleibt oder über dasselbe hinausgeht (Taf. XVI. Fig. 8, var. nana).

Bezüglich der als wirkliche Varietät hier aufgestellten, von Professor Braun als Art betrachteten Form cingulata, Taf. XVI. Fig. 9, wurde das Wesentlichste früher bemerkt. Die auf dem letzten, äussersten Umgang auf der Mitte der Seiten bemerkbare leistenartige Erhöhung betrachte ich als eine Missbildung, da in den inneren Windungen nichts Aehnliches sich wiederfindet.

Fundorte: Im Fichtelgebirge zu Schübelhammer, Gattendorf, Teufelsberg bei Hof, Geigen, Köstenberg, Heinersreuth, Langenau (Höhle), dann auf der Kahlleite und im Eibenbusch bei Ottersdorf und am Kapfenberge bei Pohren unfern Schleiz, am Bohlen bei Saalfeld, ferner bei Warstein und Enkeberg in Westphalen, am Plawetzberg bei Gratz (v. Hauer), zu Ebersdorf in Schlesien, South Peterwin in Cornwall und ? Mynydd in Denbighshire.

2. **Oxyclymeniae**, mit einfachem, in der Tiefe zugespitztem Lateral-Lobus.
a) Adscendentes, mit einfach ansteigendem Intern-Schenkel.

8. **Clymenia undulata** Münst. Taf. XVII. Fig. 1—9. Taf. XVIII. Fig. 12.

Clymenia undulata Münst., Beitr. z. Petref., I. S. 10; 2. Aufl. S. 5. t. 2. f. 2.
Planulites undulatus Münst., 1832. Goniat. u. Planulit., S. 2. t. 2. f. 2.
Clymenia undulata Münst. L. v. Buch, 1839. Goniat. u. Clym. in Schlesien, S. 12. — Geinitz, a. a. O. S. 37. t. 2. f. 7. — M'Coy, a. a. O. S. 101. — G. Sandberger, a. a. O. S. 121. t. 6 f. 2. t. 8. f. 1; Jahrb. f. Mineral., 1853. S. 519. — Scharenberg, Jahresber. d. Schles. Gesell., XXXIII. 1856. — F. Roemer, Jahrb. f. Mineral., 1859. S. 604.
Clymenia pygmaea Münst., Beitr. z. Petref., I. S. 7; 2. Aufl. S. 3. t. 1. f. 2.
Planulites pygmaeus Münst. 1832. Goniat. u. Planulit., S. 4. t. 1. f. 2.
Clymenia sublaevis Münst., Beitr. z. Petref., I. S. 10; 2. Aufl. S. 6. t. 2 f. 3; V. S. 124.
Clymenia inaequistriata Münst., Beitr. z. Petref., I. S. 10; 2. Aufl. S. 6. t. 2² f. 1.
Planulites inaequistriatus Münst., Goniat. u. Planulit., S. 10. t. 2. f. 1.
Ammonites inaequistriatus v. Buch, 1830. Abhandl. d. K. Akad. d. Wissensch. in Berlin, S. 178. t. 2. f. 10—11.
Clymenia linearis Münst., Beitr. z. Petref., I. 2. Aufl. S. 7. t. 2². f. 5. — Phillips, a. a. O. S. 125. pl. 53. f. 241. — Sowerby, depos. of Devonshire, p. 51 & 12². — Hebert, Bull. géolog. XII. S. 1165.,
Planulites linearis Münst., Goniat. u. Planulit., S. 11. t. 2. f. 6.
Clymenia serpentina Münst., Beitr. z. Petref., I. 2. Aufl. S. 8. t. 3². f. 1.
Planulites serpentinus Münst., Goniat. u. Planulit., S. 12. t. 3. f. 1.
Clymenia tenuistriata Münst., Beitr. z. Petref., I. S. 11; 2 Aufl. S. 39.
Clymenia similis Münst., daselbst.
Clymenia semistriata Münst., daselbst.
Clymenia Otto Münst., Beitr. z. Petref., I. S. 30 t. 2. f. 9; 2. Aufl. S. 55.
Clymenia Sedgwicki Münst., Beitr. z. Petref., III. S. 92. t. 16. f. 3.
Clymenia bisulcata Münst., Beitr. z. Petref., III. S. 93. t. 16. f. 6; V. S. 125. — Richter, Beitr. II. z. Palaeont. d. Thür. Waldes, S. 112. — Geinitz, a. a. O. S. 38. t. 2. f. 8.
Clymenia cristata Richter, Beitr. I. Palaeont. d. Thür. Waldes, S. 31. t. 3 f. 89—93.
Endosiphonites carinatus und *E. minutus* Ansted, Camb. philos. Trans., VI. p. 419—420. t. 8. f. 1—3.
Clymenia planorbiformis Richter (non Münst.), a. a. O. S. 30. t. 3. f. 86—88. — Geinitz, a. a. O. S. 37. t. 2. f. 6.

Schale sehr evolut, langsam anwachsend, mit zahlreichen Umgängen (6—9), in den inneren Windungen nur zu ¹/₃ eingehüllt, rundlich scheibenförmig, im Querschnitte kurz oval; Seiten- und Extern-Fläche gewölbt, letztere oft, soweit die Einwickelung reicht, flach und beiderseits durch eine schwache leistenartige Linie abgegrenzt; selten kielartig zulaufend mit zwei Seitenfurchen versehen. Die Schalenoberfläche ist mit feinen doppelt sichelförmig gekrümmten, ungleich starken Streifchen dicht bedeckt, welche an der erwähnten Randlinie der Extern-Fläche plötzlich stark nach hinten laufend, sich berühren, eine kurze Strecke schleppen und dann eine vorn concave, tiefe, beutelartige Bucht bilden. In der Mitte derselben, also auf der Mitte der Extern-Fläche, bemerkt man häufig eine leistenartige Erhöhung der Runzelschicht zu einer Art Kiel.

Die Kammerwände stehen entfernt aus einander (12—20 auf einer Windung), ihre Suturen bilden einen spitzwinkeligen, mit langem Intern-Schenkel steil zur Naht aufsteigenden, und mit kurzem, etwas überhängendem Extern-Schenkel dem dreitheiligen Extern-Sattel verbundenen Seiten-Lobus. Der Sattel ist breit und in der Mitte etwas vorwärts gebogen. Sipho dicht an der Intern-Seite, dünn.

Diese formenreiche Art, welche im Ganzen nur mit der vorhergehenden Clymenia laevigata grosse Aehnlichkeit besitzt, und möglicher Weise nur mit dieser eine Verwechselung zulässt, unterscheidet sich sofort durch die starke Krümmung ihrer Oberflächenstreifung und den höchst charakteristischen spitzen Lateral-Lobus, dessen Intern-Schenkel nicht nach hinten sich biegt, sondern nach vorn aufsteigt.

Unter den zahlreichen hieher gehörigen Formen, welche Münster zu ebenso vielen Arten erhoben hat, finden sich so vielfache Uebergänge, dass man selbst die ausgezeichnetsten Abänderungen nicht als Varietäten festhalten kann. Hieher gehören namentlich die sogenannte Cl. serpentina und bisulcata.

Die erstere, um gleich bei den abweichendsten Formen den Typus der Art festzustellen, stimmt bezüglich der Involubilität und der Gestalt der Suturen aufs vollständigste mit der Normalform überein; nur die Oberflächenzeichnung und die Extern-Seite zeigen Abweichungen (Taf. XVII. Fig. 0). Die feinen Streifen liegen nämlich auf der Mitte der Seiten fast knieförmig an einer seichten Impression, welche sich hier findet, gekrümmt, der Querschnitt ist länglich rund, und an der Extern-Seite zeigt sich die Schale schwach zusammengezogen. Da aber diese abweichenden Verhältnisse in den inneren Umgängen, die ich sorgfältig darauf prüfte, nicht wiederkehren, und überhaupt nur ein Exemplar vorliegt, welches jene Eigenthümlichkeiten aufweist, so sind diese unbedingt als Abnormitäten der Bildung innerhalb der letzten Windung anzusehen.

Häufiger kehrt die kielartige Verschmälerung in der Extern-Fläche und eine Abgrenzung derselben durch zwei seichte Seitenfurchen wieder. Dadurch entsteht die Form, welche Münster seiner Cl. bisulcata, Taf. XVIII. Fig. 12, zu Grund legt. Ich habe drei Exemplare untersucht und gefunden, dass diese kielartigen Erhöhungen mit den zwei Seitenfurchen an allen Exemplaren schon in der nächsten tieferen Windung verschwinden und die Schale von hier an vollständig typisch entwickelt ist. Da im Uebrigen alles genau mit der Normalform stimmt, so halte ich diese Eigenthümlichkeit, wie Münster selbst schon andeutet (Beitr. V. S. 126), für eine blosse Missbildung.

Clymenia pygmaea Münst., deren Originale (t. 3. f. 7) unzweifelhaft nur eine Jugendform der Cl. undulata darstellen, hat eine fast glatte Schalenoberfläche, wenn man aber der Lupe sich bedient, so erkennt man sofort die charakteristische, stark gekrümmte

Streifung und Runzelschicht. Einige faltenartige Rippchen sind angedeutet. Die Sutur ist aber nicht, wie Münster angiebt, jener der Cl. laevigata ähnlich, sondern vollständig die der Cl. undulata. Die Münster'sche Angabe bezieht sich wohl auf einige andere, den abgebildeten beigelegte Exemplare, die allerdings zu Cl. laevigata gehören.

Clymenia sublaevis Münst., Taf. XVII. Fig. 2, ist nur auf eine sehr feinstreifige Form der typischen Art gegründet und selbst nicht als constante Abart anzusehen, da die Streifung stellenweise ganz normal hervortritt, so dass der übrige Theil der Oberfläche durch Abreibung gelitten zu haben scheint. Die nach Münster charakteristische Abrundung der Extern-Seite bietet in der That nichts Aussergewöhnliches.

Clymenia inaequistriata Münst., Taf. XVII. Fig. 4, unterscheidet sich von der Stammform nur durch stellenweise hervortretende, rippenähnliche Falten, die man noch auf dem Steinkern bemerkt; alles Uebrige ist wie bei der normalen Cl. undulata.

Clymenia linearis Münst., Taf. XVII. Fig. 3, die von mehreren als gute Species von Cl. undulata unterschieden und zum Theil mit Cl. planorbiformis Münst. vereinigt wird, bietet in dem Originalexemplar der Münster'schen Darstellung durchaus kein specifisch abweichendes Merkmal dar. Die sehr feinen Streifen stehen an dem Original so dicht wie gewöhnlich, bei einigen anderen diesem beiliegenden Exemplaren jedoch so entfernt, dass der Zwischenraum zwischen zwei auf einander folgende Streifchen ums fünffache die Breite der letzteren übertrifft. Da Cl. planorbiformis Münst. bei dieser Form öfters genannt wird, so mag hier die Bemerkung vorläufig ihre Stelle finden, dass diese Münster'sche Art zu den ausgezeichnetsten des Geschlechtes gehört, und sich durch einen durch Münster freilich nicht erkannten, tiefen Extern-Lobus enger an die Cl. speciosa anschliesst. Es wird dies später ausführlicher dargelegt werden.

Clymenia tenuistriata Münst., Taf. XVII. Fig. 8, stellt ein sehr junges Exemplar der Cl. undulata dar, das in der That etwas stärker involut als normal ist, so dass die feinen Streifchen der Schalenoberfläche die Naht des umhüllenden Umgangs noch in der Bogenwendung nach rückwärts erreichen und erst im umhüllten Theile selbst in die Wendung nach vorn und die beutelförmige Bogenkrümmung, übrigens wie bei der typischen Form, übergehen. Die Extern-Fläche ist verhältnissmässig breit und der Ansatzrand, welchen der umhüllende Umgang auf dem umhüllten deutlich in Form einer leistenartigen Erhöhung zurücklässt, steht weit gegen die Mitte der Seiten gerückt. Die Sutur ist übrigens die der Cl. undulata. Es scheint nicht zweifelhaft, dass hier nur eine Jugendform von Cl. undulata vorliegt.

Clymenia similis Münst., Taf. XVII. Fig. 6, bietet in sämmtlichen unter dieser Bezeichnung in der Münster'schen Sammlung aufbewahrten Exemplaren von Gattendorf keine Differenzen von der Normalform, und ich kann die von Münster erwähnte, mehr geradlinige Streifung nicht bestätigen, wenn man diese Angabe nicht auf den nur schmalen, nicht umhüllten Theil der Schale in den inneren Windungen beschränkt.

Clymenia semistriata Münst., Taf. XVII. Fig. 6, zeichnet sich dadurch aus, dass die inneren Windungen glatt erscheinen, mit der Länge erkennt man sogleich die charakteristische Streifung. In der äusseren Windung ist die Streifung scharf; alles Uebrige typisch.

Clymenia Otto (? Ottonis) Münst., aus dem Schlesischen Clymenien-Kalke, ist eine ganz normale Cl. undulata.

Nicht so vollkommen klar ist die Sache bei Cl. Sedgwicki Münst. Hier finde ich in der Münster'schen Sammlung offenbar durch Münster selbst sehr Verschiedenartiges zusammengelegt. Alle Exemplare leiden, wie dies dem Fundorte Geuser eigen ist, durch Zerdrückung und späthige Ausfüllung. Das Original zu Münster's Darstellung war leicht zu ermitteln. Bei diesem stimmt Umriss, Involubilität und Oberflächenverzierung sehr wohl mit der Beschaffenheit der Cl. undulata. Leider aber verhindert gerade an diesem Exemplar die Ausfüllung mit Kalkspath das Erkennen des Verlaufs der Suturen. Ich muss daher annehmen, dass die Darstellung der letzteren (Beitr., III. t. 26. f. 3 a. c) von einem andern beiliegenden Exemplar entlehnt ist, welches die Form der Suturen von Cl. undulata erkennen liess. Die Zeichnung selbst giebt auch diese unrichtig an. Ich bemerke übrigens, dass neben diesen auf Cl. undulata zu beziehenden Exemplaren noch andere zum Theil zu Cl. Dunkeri, zum Theil zu Cl. flexuosa, ja selbst zu Cl. striata gehörige bei einander liegend sich fanden.

An den Originalexemplaren Richter's, sowie an Steinkernen aus der Sammlung des Herrn Bergraths Engelhardt in Saalfeld habe ich mich überzeugt, dass sowohl die Richter'sche Cl. cristata, als Cl. planorbiformis zu Cl. undulata gehören, und dass diese letztere Species nicht gerade selten am Bohlen vorkommt. Ich sah 14 Exemplare von dieser Localität.

Herr Professor Geinitz hatte die Gefälligkeit mir auch die authentischen Stücke seiner Beschreibung zur Untersuchung anzuvertrauen.

Das Exemplar zur Abbildung t. 9. f. 7 ist vollständig typisch; jenes als Cl. planorbiformis (non Münst.) bezeichnete (t. 9. f. 6) liess in der Zeichnung der Oberfläche und in der Gestalt der Sutur, die ich vollständig blosslegte, gleichfalls keine Differenz erkennen. Das Original zur Cl. bisulcata (Münst.) Geinitz (t. 9. f. 8) ist ein kleines Exemplar mit scharfer und dichter Streifung, wie bei Cl. undulata. Die Seitenfurchen verlieren sich schon im ersten Viertel des Umganges; so dass die inneren Windungen ganz normal gestaltet sind.

Es bleibt nach diesen Bemerkungen nunmehr übrig, noch einiges Allgemeine, welches sich auf diese Species bezieht, hinzuzufügen.

Das grösste mir bekannt gewordene Exemplar misst im grössten Durchmesser 90 Mm. bei einem Exemplar von mittlerer Grösse, jedoch ohne Wohnkammer, 35 Mm. und bei letzterem die Höhe an der Mündung 10 Mm., die Breite 9 Mm. Die Wohnkammer scheint kurz gewesen zu seyn, da ich in den meisten Fällen schon nach dem ersten Viertel des äussersten Umganges Kammerwände finde. Ganz besonders charakteristisch ist die Schale an der Extern-Seite. Hier hinterlässt der umhüllende Umgang an seiner Naht nicht selten auf dem umhüllten eine leistenartig erhabene Spur, welche in der Regel mit der Linie zusammenfällt, die durch die Berührung der hier zusammentreffenden und auf eine kurze Strecke mit einander fortlaufenden Streifchen gebildet wird. Zwischen diesen zwei zuweilen fortlaufenden leistenartigen Seitenlinien ist die Extern-Fläche etwas abgeplattet, seltener ganz glatt und die Streifen in tiefer Bucht zurückgebogen. Zugleich findet sich hier sehr häufig eine Runzelschicht mit einem gekerbten Kiele. Diese Kerbung wird sichtlich (Taf. XVII. Fig. 1¹. 1ᵇ) dadurch erzeugt, dass die sich verzweigenden Leistchen der Runzelschicht über den Kiel quer fortlaufen. Entfernt man Kiel und Runzelschicht, so tritt erst unter diesen die normale Streifung der Schalenoberfläche ans Licht.

Die Suturen der nicht bei allen Exemplaren gleich entfernt stehenden Kammerwände sind durch die spitzwinkeligen Ecken des Extern-Sattels und den ähnlich spitzen Lateral-Lobus, dessen Intern-Schenkel bis zur Naht ⌒ förmig gebogen etwas über die Höhe des Extern-Sattels emporsteigt (adscendens v. Buch), charakterisirt. Vom wohl gerundeten Intern-Sattel, dessen Gipfel auf die Nahtlinie trifft, senkt sich ein tiefer, glockenförmig gestalteter Siphonal-Lobus ein, der im Vergleiche mit Cl. laevigata breiter und etwas weniger tief ist (Taf. III. Fig. 1ᵇ). An den bis zur Mittellinie angeschliffenen Exemplaren zeigen sich dieselben Verhältnisse wie bei Cl. laevigata, was ihre innige Verwandtschaft bezeugt (Taf. XVII Fig. 1ᵉ).

Fundorte: Im Fichtelgebirge bei Gattendorf, am Teufelsberg bei Hof, Geigen, Kostenberg, Geuser, Schübelhammer, dann am Bohlen, bei Oettersdorf unfern Schleiz, bei Marxgrün unfern Oelsnitz, bei Ebersdorf und bei Paulsdorf in Schlesien, in den Ardennen (Hebert) und South Peterwin.

b) **Incumbentes**, mit bogenförmig ansteigendem, am Intern-Rande zurückgewendetem Intern-Schenkel.

9. **Clymenia striata** Münst. Taf. XVIII. Fig. 1—10.

Clymenia striata Münst., Beitr. z. Petref., I. S. 11; 2. Aufl. S. 9. t. 3ᵃ. f. 2. 3. 4. 5.
Planulites striatus Münst., 1832. Goniat. u. Planulit., S. 13. t. 3. f. 2—5.
Clymenia striata Münst., v. Buch, Goniat. u. Clym., S. 13. — Phillips, palaeoz. foss. of Cornwall, S. 125. t. 53. f. 240. — Richter, Beitr. I. z. Palaeont. d. Thür. Waldes, S. 31. t. 4. f. 94—99. — G. Sandberger, a. a. O. S. 193. t. 6. f. 2. t. 7. f. 8. t. 8. f. 2; Jahrb. f. Mineral., 1853. S. 520.
? *Clymenia campanula* Richter (partim), Beitr. I. z. Palaeont. d. Thür. Waldes, S. 29. t. 3. f. 67. 68.
? *Clymenia inflata* Richter (non Münst.) Beitr. II. z. Palaeont. d. Thür. Waldes, S. 112.
Clymenia costellata Münst., Beitr. z. Petref., I. S. 11.

Planulites costulatus Münst., Goniat. u. Planulit., S. 13. t. 3. f. 2.
Clymenia semistriata Münst., Beitr. z. Petref., I. S. 11.
Planulites semistriatus Münst., Goniat. u. Planulit., S. 13. t. 3. f. 4.
Ammonites semistriatus v. Buch, Abhandl. d. K. Akad. d. Wissensch. in Berlin, S. 179. t. 3. f. 12.
Clymenia plana Münst., Beitr. z. Petref., I. S. 11.
Planulites planus Münst., Goniat. u. Planulit., S. 14. t. 3. f. 5.
Clymenia umbilicata Münst., Beitr. z. Petref., I. S. 11.
Planulites umbilicatus Münst., Goniat. u. Planulit., S. 14.
Clymenia compressa Münst., Beitr. z. Petref., I. S. 7. 2. Aufl.
Planulites compressus Münst., Goniat. u. Planulit., S. 7. t. 1. f. 4.
Clymenia dorsocostata Münst., Beitr. z. Petref., III. S. 93. t. 16. f. 5.
Clymenia quadrifera M'Coy, a. a. O. p. 403. t. 2^A. f. 13.
Clymenia ornata Münst., Beitr. z. Petref., I. 2. Aufl. S. 127. t. 2. f. 7.

Schale ziemlich involut, rasch anwachsend mit weniger zahlreichen Windungen (4—5), in den inneren Windungen über die Hälfte, meist zu zwei Drittel eingehüllt, ziemlich flach scheibenförmig, im Querschnitt eiförmig mit tiefem Intern-Ausschnitte. Nabel eng, treppenförmig vertieft. Seiten abgeflacht, Extern-Fläche mit abgerundeten Kanten schmal und flach, selten kielartig zusammengezogen und mit Seitenfurchen; Schalenoberfläche mit feinen, sehr scharfen, wellenförmig gebogenen, auf der Extern-Mitte mit einem kurzen, vorn concaven Bogen beutelförmig gekrümmter Streifen und zumeist auch mit diesen gleichlaufenden, zahlreichen flachen Rippchen oder Falten verziert, welche auf den Steinkern stärker hervortreten und nicht selten von tieferen Einschnürungen begleitet werden. Die Kammerwände stehen ziemlich nahe (16—20 auf einer Windung); die Sutur mit sehr spitz ausgezogenem, zipfeligem Lateral-Lobus, dessen Intern-Schenkel mit welliger Schwingung in einen hohen, abgerundeten Bogen an der Naht zurückgebogen ist (incumbens L. v. Buch); der Extern-Sattel ist breit, in der Mitte etwas gehoben, die Ecken abgerundet. Sipho an der Intern-Fläche ziemlich dick.

Cl. striata, var. ornata Münst. spec., mit schmalem, durch zwei seichte Seitenfurchen abgetrenntem Rücken, wenig gekrümmten Streifen und Falten, welche letztere bis zur Seitenfurche laufen und dort endigen. Dorsal-Sattel sehr breit. Involubilität ungefähr zur Hälfte reichend.

Diese ausgezeichnete Art ist zunächst mit Cl. undulata verwandt. Die stärkere Involubilität und die Form des Lateral-Lobus lässt unsere Art immer sicher unterscheiden. Auch mit Cl. flexuosa besteht eine entfernte Aehnlichkeit, doch genügt die Oberflächenverzierung und die Form der Lateral-Loben, um vor einer Verwechselung sicher zu schützen.

Die hier zusammengefassten Formen sind meist durch Münster selbst schon in eine Species zusammengestellt worden. Es genügt auf die gegebenen Abbildungen hinzuweisen, um die Richtigkeit dieser Vereinigung auf den ersten Blick zu erkennen.

Bezüglich der weiter noch hieher zu ziehenden Formen wurde über die Cl. compressa Münst. das Nöthige schon früher bemerkt, weshalb hier darauf zurückgewiesen werden darf.

Clymenia dorsocostata Münst. ist nur eine gröber und sehr vielfach gerippte Abart der Stammform; die Falten sind etwas weniger stark gebogen und an der Extern-Seite stärker ausgeprägt, als gegen die Naht. Im übrigen stimmt Querschnitt, Sutur und Involubilität aufs genaueste mit Cl. striata. Es liegt nur ein Exemplar vor.

Clymenia ornata Münst. findet sich in zwei Exemplaren vor. Das Original zur Münster'schen Art zeichnet sich durch geringere Involubilität, durch seinen schmalen Extern-Theil, der, durch zwei seichte Seitenfurchen von den Seiten isolirt, hochgewölbt erscheint, sowie durch die Oberflächenverzierung aus. Letztere besteht aus ziemlich derben Streifen, die ähnlich wie bei Cl. dorsocostata nicht sehr stark gekrümmt sind, und aus zahlreichen faltigen Rippen, welche nur bis zu der erwähnten Längs-Impression reichen und hier in fast knotiger Anschwellung enden, ohne über die Extern-Fläche fortzusetzen. Die Sutur ist der Form nach mit jener der Cl. striata übereinstimmend, nur ist der Extern-Sattel verhältnissmässig sehr breit.

Ein zweites Exemplar besitzt viel weniger Falten, und diese sind nur an der Intern-Naht etwas angeschwollen und verschwächen sich allmählich auswärts.

Es ist hier bei diesen Besonderheiten in Erwägung zu ziehen, ob diese Form nicht als der Typus einer eigenen Art zu betrachten sey. Da die Seitenfurchen, ähnlich wie bei bisulcata der Clymenia undulata, auf den jüngeren Windungen verschwinden, in der Oberflächenverzierung durch Cl. dorsocostata ein Uebergang zur typischen Form nachgewiesen ist, die geringere Involubilität wohl auch inconstant zu seyn scheint, und das zweite Exemplar entschieden mehr zur Stammform hinneigt so dürfte es wohl naturgemäss seyn, die Cl. ornata als eine Varietät zur Cl. striata, zu rechnen.

Der Grad der Einwickelung ist an den zur Untersuchung vorliegenden 36 typischen Exemplaren nicht ganz gleich. Am häufigsten sind zwei Drittel der inneren Umgänge umhüllt, doch wechselt dies bis zur Hälfte und weniger, wie dies bei der Varietät ornata der Fall ist. Die Wohnkammer fand ich durchschnittlich auf die Hälfte der letzten Windung beschränkt. An einer sehr wohl erhaltenen Windung zeigen sich vor einer flach hohlkehlartigen Einschnürung am vorderen Rande genau die Aus- und Einbiegungen, wie sie die Richtung der feinen Streifen, welche demnach als Zuwachsstreifen sich erweisen, angiebt; an der Extern-Seite ist die Schale, der hier bemerkten beutelförmigen Zurückbiegung der Streifchen entsprechend, tief ausgeschnitten.

Die Falten stehen zu 24—36 auf einer Windung und sind am Steinkern schärfer ausgeprägt, als auf der Schalenoberfläche, wo sie in der Regel an dem Intern-Rande am meisten vorragen. Seltener bemerkt man eine kräftigere Ausbildung gegen die

Extern-Seite, und erkennt so den Uebergang zu der Form dorsocostata. Bei der Varietät ornata ragen die Falten in der Mitte am höchsten empor. Auch die Biegung der Anwachsstreifen und Falten unterliegt einigem Wechsel durch bald flachbogige, bald tiefbogige Krümmungen. An der Extern-Seite berühren sich die Streifchen nicht, bilden daher hier keine fortlaufende, leistenartige Linien, wie bei Cl. undulata. Jedoch bemerkt man eine schwache Kante an dieser Stelle, von der die Schale gegen die Extern-Mitte flach dachförmig zuläuft. Am Steinkern findet sich hier oft eine kleine Abplattung. An sehr vielen Exemplaren bemerkt man Einschnürungen, welche zweifelsohne ehemalige Mundsäume darstellen. Nicht selten sind auf der Schalenoberfläche Reste der mit kurzen, leistenartigen Erhöhungen versehenen Runzelschicht, so weit sie umhüllt ist, zu beobachten. Die Mitte ist durch einen fadenförmigen Kiel, über den die Leistchen hinüberziehen, bezeichnet. Auf der Intern-Seite bemerkte ich eine diesem Kiel entsprechende Hohlkehle. Die Kammerwände sind ungleich dicht gestellt. Ich bemerkte sogar auf ein und derselben Windung auffallende Verschiedenheiten in ihren Entfernungen. Die Sutur zeichnet sich vor der aller anderen Clymenien-Arten sehr bestimmt aus. Der breite Extern-Sattel ist in der Mitte in einen Bogen, an den Rändern zu einer abgerundeten Ecke vorwärts gezogen. Von dieser Ecke fällt die Sutur-Linie in einer schwachen, nach innen concaven Biegung steil zu dem am Ende sehr spitz zulaufenden, in der äussersten Spitze noch einmal ⌒ förmig gekrümmten Lateral-Lobus, dessen interner Schenkel verhältnissmässig lang ⌒ förmig gebogen ist, und fast bis zur Höhe des Extern-Sattels aufsteigend, einen wohl abgerundeten Seiten-Sattel bilden hilft. Der Sipho des letzteren liegt noch ausserhalb der Naht, daher der nach innen gehende Schenkel des Seitensattels sich wieder nach hinten wendet, und auf der Naht selbst zu einem schmalen Lobus sich gestaltet. Die Linie erhebt sich aus diesem Naht-Lobus, der nicht so tief ist als der Seiten-Lobus, zu einem Intern-Hilfssattel und fällt von diesem dann schliesslich zu einem schmal glockenförmigen Siphonal-Lobus ein (Taf. XVIII. Fig. 1*). An dem bis zur Hälfte angeschliffenen Durchschnitte bemerkt man, dass die Siphonal-Duten ungefähr so wie bei Cl. undulata liegen und gestaltet sind. Sie reichen bis etwa zur Hälfte der vorangehenden Kammer.

Fundorte: Im Fichtelgebirge bei Schübelhammer, Teufelsberg bei Hof, Bohlen bei Saalfeld, dann zu Eberadorf in Schlesien, South Peterwin in Cornwall.

3. Cymaclymeniae, mit mehrfach gebogener Lateral-Sutur zu zwei ziemlich gleich tiefen Seiten-Loben.

10. Clymenia bilobata Münst. Taf. XIX. Fig. 4. 5.

Clymenia bilobata Münst., Beitr. z. Petref., I. S. 11. t. 2. f. 6; 2. Aufl. S. 39. t. 2. f. 6.

Schale stark involut in den inneren Windungen bis zwei Drittel umhüllt, rasch anwachsend, mit wenigen Windungen; dick scheibenförmig, tief und enge genabelt, im

Querschnitte halbmondförmig, breiter als hoch, Seiten- und Extern-Fläche wohl gerundet, hoch gewölbt; Schalenoberfläche fein gestreift. Die Streifen sind auf den Seiten ⌒-förmig gebogen und bilden auf dem Extern-Theil einen nach vorn concaven, nicht tiefen Bogen; diesem Verlauf der Streifen entsprechen auf dem Steinkern ziemlich häufige, flach ausgehöhlte Einschnürungen. Kammerwände entfernt gestellt (10 auf eine Windung); Sutur mit zwei ziemlich gleich grossen, wohl abgerundeten Seitensätteln und zwei Seiten-Loben; auf der Extern-Fläche stehen ein kleiner Extern-Sattel und zwei Extern-Loben. Sipho sehr dick, dicht an der Intern-Fläche.

Diese Art, von der nur zwei sicher hieher gehörende Exemplare bekannt sind, hat im Allgemeinen die grösste Aehnlichkeit mit jüngeren Exemplaren der Cl. angustiseptata in der Form der Münster'schen Cl. subnodosa und andererseits mit Cl. striata. Von ersterer, mit der sie die bedeutende Dicke und Involubilität und den dicken Sipho gemeinsam hat, unterscheidet sie sich durch die stark gebogenen Oberflächenstreifen und die diesen gleichlaufenden Einschnürungen, sowie durch die völlig abweichende Sutur. Von Cl. striata, mit deren Schalenverzierung einige Aehnlichkeit besteht, lässt sich unsere Art leicht unterscheiden durch die dicke Gestalt, grosse Involubilität und die Form der Suturen.

Im Uebrigen giebt diese Art zu wenigen Bemerkungen Veranlassung. Die Oberfläche der Schale ist, soweit sie von nachfolgendem Umgange bedeckt wurde, von einer Runzelschicht mit kurzen Leistchen, dadurch von fast körnigem Aussehen, und mit dickem Runzelkiel versehen. Die Sutur-Linie ist durch die zweimalige Aufbiegung zu zwei Seitensätteln von der aller vorausgehenden Arten höchst auffällig ausgezeichnet. Der Intern-Schenkel des zweiten inneren Seiten-Lobus steigt etwas aufwärts zur Naht nach Art der Adscendenten. Der zweite innere Seitensattel fällt mit dem nach Aussen gewendeten Schenkel steil ab, wodurch ein gegen die Extern-Seite gerichtetes Vorbiegen desselben bewirkt wird. Der erste Seitensattel ist, wie die Seiten-Loben, ziemlich regelmässig gewölbt. Der Verlauf der Sutur-Linie über die Extern-Fläche lässt an Deutlichkeit einiges zu wünschen übrig. Was ich erkennen konnte, deutet auf eine breite Einsenkung zwischen den beiden ersten Seitensätteln, und auf einen in deren Mitte sich erhebenden Extern-Sattel, der nicht so hoch als die Seitensättel aufsteigt. Damit stimmt auch so ziemlich die Münster'sche Darstellung.

Den verhältnissmässig dicken Sipho sah ich deutlich dicht an der Intern-Fläche liegen.

Fundort: Bis jetzt ausschliesslich Schübelhammer im Fichtelgebirge.

II. Nothoclymeniae, Clymenien mit fortlaufender Siphonal-Röhre.

1. Sellaclymeniae, mit einem externen Sattel und flachen, wenig einhüllenden Windungen.

11. **Clymenia angulosa** Münst. Taf. XIX. Fig. 2. 3.

Clymenia angulosa Münst., Beitr. z. Petref., I. S. 12. t. 10. f. 3; 2. Aufl. S. 40. t. 10. f. 3.
Clymenia planidorsata Münst., Beitr. z. Petref., I. S. 7; 2. Aufl. S. 38.
Goniatites planus Münst., Goniat. u. Planulit., S. 30. t. 6. f. 4; Beitr. z. Petref., I. 2. Aufl. S. 32. t. 6. f. 4.

Var. semicostata. Taf. XIX. Fig. 3.

Clymenia semicostata Münst., Beitr. z. Petref., I. S. 13. t. 16. f. 2; 2. Aufl. S. 40. t. 16. f. 2.

Schale sehr evolut, langsam anwachsend, mit zahlreichen Windungen (5—6); ganz flach scheiben- oder radförmig, mit weitem, flachem Nabel; der Querschnitt fast ein Rechteck darstellend, doppelt so hoch, als breit; Seiten flach, wenig gewölbt, rechtwinkelig mit abgerundeten Kanten zur Extern-Fläche und zur Nabelseite abfallend; Extern-Fläche abgeplattet. Schalenoberfläche mit deutlichen, oft büschelförmig etwas stärker hervortretenden, auf den Seiten ⌒ förmig, und auf der Extern-Fläche in einen kurzen, nach vorn concaven Bogen gekrümmt, oder nur (bei var: semicostata) mit Andeutungen von rippenartigen Falten an dem Extern-Rande der Seiten. Innere Windungen alle ohne Rippen; Kammerwände ziemlich dicht stehend, gegen 24 auf einer Windung; die Sutur mit zwei Lateral-Sätteln und einem niedrigen Extern-Sattel in einer tiefen Bucht. Der ziemlich dicke Sipho liegt dicht an der Intern-Fläche in einer fortlaufenden Röhre.

Diese Art erinnert aufs lebhafteste an Cl. binodosa durch ihre radförmige, flache Gestalt und geringe Involubilität, schliesst sich jedoch unmittelbar an die Gruppe der Cl. speciosa durch die flache, radförmige Gestalt, durch die Oberflächenverzierung und besonders durch die zu einer fortlaufenden Röhre verbundenen Siphonal-Duten, die ich beobachtete, an. Die wenn auch geringe Involubilität dieser Art, ihre schwache Wölbung der Seiten und die Form der Sutur lässt eine Verwechselung mit Cl. binodosa nicht zu. Mit Cl. bilobata besteht nur hinsichtlich der Gestalt der Suturen eine Aehnlichkeit. Die äussere Form unterscheidet beide auf den ersten Blick. Die Varietät semicostata ist nur eine in den äusseren Umgängen gegen den Extern-Rand zu knotig gerippte Abänderung der Stammform.

Ausser dem Münster'schen Original liegen noch mehrere hieher gehörige Exemplare vor.

Die Cl. planidorsata Münst. aus dem Kalk von Gattendorf ist ein schlecht erhaltener Steinkern, an dem sich eine Art nicht wohl definiren lässt. Soweit Kennzeichen wahrzunehmen sind, stimmen diese überein mit Cl. angulosa, und ich trage daher kein Bedenken, diese Form hieher zu ziehen.

Das Original zu Münster's Goniatites planus stimmt aufs genaueste mit dem Original von Cl. angusta, nur dass es, weil es grösser ist, eine Windung mehr besitzt. Bezüglich der Angabe eines becherförmigen „Dorsal-Lobus" ist zu bemerken, dass Münster sich wohl durch einen Gesteinsfleck hat täuschen lassen. Ich fand die Sutur bei dem sogenannten G. planus in genauer Uebereinstimmung mit jener der Cl. angusta.

Was schliesslich die Cl. semicostata anbelangt, so liegt ein durch Münster selbst als zu dieser Species gehörend bezeichnetes, sehr wohl erhaltenes Exemplar vor, das genau zu der Münster'schen Darstellung passt. Ich finde die grösste Uebereinstimmung mit unserem Typus in Bezug auf Gestalt, Involubilität, Sutur und selbst Schalenstreifung, und nur die Andeutung von knotig erhöhten Falten, welche an dem Extern-Rande der Seite stehen und bereits nicht bis zu ihrer Mitte reichen, übrigens in den inneren Windungen gänzlich fehlen, bietet ein Merkmal der Unterscheidung. Doch ist dasselbe zweifelsohne ungenügend, um die Aufstellung einer besonderen Art zu rechtfertigen.

Die Einhüllung der inneren Umgänge beträgt ungefähr ein Viertel der Höhe; es trägt daher die Intern-Seite einen fast rechtwinkelig gebrochenen, breiten, hohlkehlartigen Ausschnitt. An den vorliegenden Exemplaren nimmt die Wohnkammer nur ein Viertel von der Windung ein. Die Oberflächenstreifen biegen auf der Nabel-Abfallfläche aus einem nach vorn concaven Bogen schon auf dem ersten Viertel der Seiten in eine nach hinten offene Sichel um. Auf der Extern-Fläche ist der Bogen nach vorn concav. Von Stelle zu Stelle drängen sich diese Streifchen zu einer Art faltenähnlichen Erhöhung, ohne aber deutliche Rippen zu bilden. Auf dem Steinkern sind diese Andeutungen viel schärfer ausgeprägt, und es ist dadurch ein Uebergang zu der Varietät semicostata angedeutet. Die Sutur-Linie ähnelt jener der Cl. bilobata. Doch ist hier der innere Seitensattel umgekehrt gegen innen etwas niedergedrückt und der Seiten-Lobus auf der Mitte der Seiten ziemlich spitzwinkelig auslaufend. Die breite Einsenkung zwischen den beiden Extern-Seitensätteln ist nicht so tief, wie der erste Seiten-Lobus mit zwei wohl abgerundeten Loben, und in der Mitte einem den Loben an Breite gleichkommenden, rundbogigen Extern-Sattel versehen. Diese Einsenkung auf der Extern-Fläche bahnt einen Uebergang zu denjenigen Formen, welche mit einem sehr entwickelten Extern-Lobus versehen sind. Bei allen Exemplaren sah ich den Sipho dicht an der Intern-Fläche in einer wie bei Cl. speciosa gestalteten, fortlaufenden Röhre (Taf. XIX. Fig. 2ᶜ) liegen.

Fundort: Schübelhammer, Teufelsberg und Gattendorf im Fichtelgebirge.

2. Gonioclymeniae, mit einem externen Lobus und flachen, wenig umhüllenden Umgängen.

12. Clymenia speciosa Münst. spec. Taf. XIX. Fig. 6—8. Taf. XX. Fig. 1—4.

Goniatites speciosus Münst., 1832. Goniat. u. Planulit, S. 27. t. 6. f. 1; Beitr. z. Petref., I. S. 28. t. 18. f. 6; 2. Aufl. S. 21. t. 6ᶜ. f. 1. S. 53. — Richter, Beitr. I. z. Palaeont. d. Thür. Waldes, S. 42. t. 6. f. 0. S. 204; Beitr. II. S. 27.

Ammonites speciosus Buch, Ammonit. in Abhandl. d. K. Akad. d. Wissensch. in Berlin,
S. 180. t. 2. f. 7. — Beyrich, Goniat., S. 34. 44.
Goniatites biimpressus Buch, Goniat. u. Clym. in Schlesien, S. 5. f. 2.
Clymenia speciosa Münst. spec., Beyrich, Zeitschr. d. Deutsch. geol. Gesellsch., XI. S. 140.
Goniatites spurius Münst., Goniat. u. Planulit., S. 30; Beitr. z. Petref., I. 2. Aufl. S. 23.
Goniatites clymeniaeformis Münst., Beitr. z. Petref., I. S. 23. t. 17. f. 4; 2. Aufl. S. 49. t. 17. f. 4.
Goniatites Prash Münst., Beitr. z. Petref., I. S. 24. t. 17. f. 3; 2. Aufl. S. 49. t. 17. f. 3.
Goniatites Cottai Münst., Beitr. z. Petref., I. S. 25; 2. Aufl. S. 50.
Goniatites subcarinatus Münst., Beitr. z. Petref., I. S. 20. t. 18. f. 1; 2. Aufl. S. 50. t. 18. f. 1.
Goniatites canalifer Münst., Beitr. z. Petref., I. S. 26. t. 18. f. 2; 2. Aufl. S. 51. t. 18. f. 2.
Goniatites Roemeri Münst., Beitr. z. Petref., I. S. 27. t. 18. f. 3; 2. Aufl. S. 52. t. 18. f. 3.
Goniatites argutus Münst., Beitr. z. Petref., I. S. 27. t. 18. f. 4; 2. Aufl. S. 52. t. 18. f. 4.
Goniatites Bucklandi Münst., Beitr. z. Petref., I. S. 28. t. 18. f. 5; 2. Aufl. S. 52. t. 18 f. 5. — Richter, Beitr. I. z. Palaeont. d. Thür. Waldes, S. 34. t. 4. f. 116—119.
? *Clymenia aculicostata* Braun, in Münster's Beitr. z. Petref., V. S. 126. t. 12. f. 0.

Schale evolut, langsam anwachsend, mit zahlreichen Umgängen, flach scheiben- oder radförmig, mit weitem seicht vertieftem Nabel; der Querschnitt in Form eines Rechtecks, jedoch nach aussen schmäler, nach innen breiter werdend, Extern- und Intern-Fläche rechtwinkelig zu den Seiten stehend mit abgerundeter Kante verbunden; Seiten flach, kaum gewölbt, Extern-Fläche schmal, abgeplattet oder etwas vertieft, zuweilen mit einer rinnenförmigen Vertiefung (var. canalifer) oder auch mit einer kielartigen Erhöhung und zwei Seitenvertiefungen (subcarinata). Oberfläche der Schale in den äusseren Windungen älterer Exemplare mit nur niedrigen, wenig gebogenen, an dem Extern-Rande etwas knotig angeschwollenen, faltenartigen Rippen, in den inneren Umgängen mit deutlich hervortretenden, zahlreichen ähnlichen Rippen (G. Cottai) und mit scharfen, am Extern-Rande dornartig angeschwollenen Rippchen verziert; feine Anwachsstreifchen bedecken die Rippen und die Zwischenvertiefungen. Kammerwände dicht gestellt (24—30 auf einer Windung); die Sutur mit einem tiefen, schmal glockenförmigen Extern-Lobus und zwei Hauptseitensätteln, von welchen der erste am oder auf dem Extern-Rande mehr oder weniger tief gelappt erscheint. Der Sipho ist dick, in einem durch die Siphonal-Duten gebildeten, fortlaufenden, röhrigen Schlauch liegend.

Diese Art, welcher ein grosser Wechsel von Formen eigenthümlich ist, besitzt unter den bisher angeführten Arten nur mit Clymenia binodosa und angulosa Münst. Aehnlichkeit durch die flache radförmige Gestalt. Von ersterer unterscheidet sich unsere Art, abgesehen von der keine Verwechselung zulassenden Sutur, durch viel zahlreichere, weniger hohe Rippen, welche bis in die innersten Windungen fortsetzen, die bei Cl. binodosa fast glatt sind. Cl. angulosa ist durch das Fehlen stärkerer Rippen leicht kenntlich gemacht.

Die Vereinigung so verschiedener Münster'schen Arten in eine Species, wie sie hier ausgeführt wurde, erfordert einen specielleren Nachweis und Rechtfertigung, wobei wir uns an das Original der Münster'schen Cl. speciosa als Grundtypus halten.

Wir wollen, um einigermassen systematisch zu verfahren, von den jüngeren zu den älteren Exemplaren fortgehen, wobei immer das Original aus der Münster'schen Sammlung allein als maassgebend betrachtet wird.

Goniatites Cottai Münst. (Taf. XIX. Fig. 8) stellt eines der best erhaltenen, ganz jugendlichen Exemplare der Cl. speciosa dar. Aeussere Gestalt, Involubilität wie bei der Normalform. Die Extern-Fläche zeigt sich rinnenartig vertieft, doch ändert sich dies nach dem genommenen Querdurchschnitt in verschiedenen Windungen bis zur völligen Abplattung. Die Oberflächenverzierung, ausgezeichnet durch ihre Dornbildung, stimmt aufs genaueste mit der Beschaffenheit der innersten Windungen bei der Cl. speciosa in grösseren und älteren Exemplaren. Die Sutur zeichnet sich durch ihre Einfachheit und Abrundung aus. Der erste Lateral-Sattel ist nur durch einen seichten Ausschnitt schwach gelappt, der Seiten-Lobus und zweite Seitensattel minder tief und hoch, und statt zugespitzt an ihren Enden abgerundet. Dieses Verhalten der Sutur ist merkwürdig und weist darauf hin, dass, wie bereits Münster ganz richtig beobachtet hat, die Loben der äusseren und inneren Windungen nicht gleich gestaltet sind. Ich anticipire hier das Resultat einer später ausführlicher zu besprechenden Untersuchung an ein und demselben Exemplar, wonach in der That die Loben in den inneren Windungen einfacher werden und eine mehr gerundete Form annehmen, um damit zu beweisen, dass die Loben des G. Cottai ganz mit der Form übereinstimmen, die überhaupt an den inneren Umgängen (bei jungen Exemplaren) herrscht. Ich glaube mit voller Sicherheit G. Cottai Münst. als Jugendform der Cl. speciosa betrachten zu dürfen.

Goniatites Presli Taf. XIX. Fig. 7 ist eine ebenfalls nur wenig grosse Form mit wenigen Umgängen. Auch hier finden wir den Rücken rinnenförmig vertieft und die Sutur, ähnlich wie bei der vorigen Form, mehr abgerundet, und den ersten Lateral-Sattel schwach gelappt; doch macht sich schon ein Uebergang zur spitzeren Form im mittleren Seiten-Lobus und zweiten Seiten-Sattel bemerkbar. Buch's G. biimpressus hat damit die grösste Aehnlichkeit. Daran reiht sich nun Münster's G. subcarinatus, Taf. XX. Fig. 1, welche an der Extern-Fläche des letzten Umgangs fast flach rinnenförmig vertieft und nach innen sogar mit einem dicken Kiel in der Mitte dieser Vertiefung versehen ist. Es genügt weiter zu bemerken, dass mit Ausnahme der Beschaffenheit der Extern-Seite alles Uebrige typisch gebildet sich erweist.

Um nun über die Rinnen und die Kielbildung, welch' letztere nicht etwa durch die Runzelschicht bewirkt wird, ins Klare zu kommen, wurden die Querschnitte in den verschiedenen Windungen sorgfältig untersucht, da das Aufhören des Kiels gegen die Mündung zu den Verdacht erregt hatte, dass diese Bildung keine constante Erscheinung sey. In der That fand sich der Kiel noch auf $1^1/_2$ Windungen Entfernung von der Mündung, und in allen folgenden Umgängen war nur eine flache Rinne ohne Andeutung des Kiels sichtbar. Damit ist wohl erwiesen, dass der übrigens bis jetzt bloss an einem Exemplar beobachtete Kiel nur eine unwesentliche Schalenerhöhung ist, der dem Kiel der eigentlichen Ammoniten nicht zu vergleichen ist.

Gleichzeitig habe ich bei dieser Form Gelegenheit gehabt, die Sutur an verschiedenen Windungen bloss zu legen. Ein Blick auf die Zeichnungen (Taf. XX. Fig. 1^e. 1^e. 1^f) wird genügen, um die charakteristische Aenderung wahrzunehmen, die zwischen den Sutur-Linien der ersten Windung und der des vierten Umgangs bemerkbar ist. Ich hebe hiebei ausdrücklich hervor, dass diese verschiedenen Formen nicht etwa durch zu tiefes Abschaben des Schalenkörpers zum Vorschein kamen, sondern unmittelbar unter der Schale gleichmässig zu Tag treten. Uebrigens verändert sich die Form der Sutur an den äusseren Windungen bei tieferem Wegnehmen des Schalenkörpers in ähnlicher Weise, wie sie sich gegen die inneren Windungen zu vereinfacht.

Es fällt nach diesem Nachweise mithin aller Grund weg, die durch das stellenweise Vorhandenseyn einer kielartigen Erhöhung auf der Extern-Mitte ausgezeichnete Form von der typischen Cl. speciosa zu trennen, ja sogar sie als besondere Varietät aufzuführen, da die Eigenthümlichkeit rein individuell zu seyn scheint.

Die Form Goniatites canalifer Münst., Taf. XX. Fig. 4, schliesst sich zunächst vermöge der selbst in den äusseren Umgängen noch flach rinnenförmigen Vertiefung auf der Extern-Fläche an das so eben beschriebene Exemplar des sogenannten Goniatites subcarinatus an. Dass aber die rinnenförmige Aushöhlung auf der Extern-Fläche kein Unterscheidungsmerkmal von Cl. speciosa abgeben könne, ist mir an dem Original der letzteren selbst nachzuweisen geglückt. Dieses besitzt zufällig auf dem letzten Umgang eine Abrundung oder Abplattung auf der Extern-Fläche. In tieferen Windungen jedoch (Taf. XX. Fig. 4) erkannte ich ganz deutlich dieselbe rinnenförmige Vertiefung, wie sie für G. canalifer specifisch charakteristisch seyn sollte. Damit dürfte, da alles Uebrige keine Abweichungen von der typischen Form erkennen lässt, die Einziehung auch dieser Species gerechtfertigt seyn.

Von Goniatites spurius genügt es anzuführen, dass die Sutur-Linie ganz die typische Gestalt besitzt und auch eine andere, bemerkenswerthe Differenz nicht zu beobachten ist, weshalb ich es sogar für überflüssig hielt, eine Abbildung zu geben, da diese nur ein zweites Exemplar von Cl. speciosa darstellen würde.

Dasselbe ist von Goniatites Roemeri, von G. arquatus — nur ein roher Steinkern — und von G. Bucklandi Münst. zu sagen, bei denen Münster selbst kaum nennenswerthe Unterscheidungsmerkmale anzuführen im Stande war.

Von Goniatites clymeniaeformis Münst. Taf. XX. Fig. 2 liegt nur ein sehr dürftig erhaltener Steinkern vor. Da das Exemplar offenbar durch Abreibung gelitten hat, so ist der Querschnitt mehr rundlich, als bei der Normalform, mit der es indess in dem Habitus, der äusseren Gestalt und besonders genau in den Sutur-Linien übereinstimmt. Wo an der Extern-Fläche ein kleiner Schalentheil erhalten ist, zeigt sich die typische Abplattung und Spuren der charakteristischen Oberflächenverzierung. Eine sichere Deutung lässt dieser Steinkern zwar nicht zu, doch finde ich keinen Grund, ihn von der typischen Form zu trennen.

Auch Clymenia oculicostata Braun dürfte am wahrscheinlichsten bei dieser Art unterzubringen seyn (Jugendform). Doch ist Zuverlässiges darüber nicht zu ermitteln, da das Fragment äusserst dürftig erhalten ist.

Clymenia speciosa, aus dem rothen Kalk des Bohlen bei Saalfeld, erkannte ich in zweien Bruchstücken der Engelhardt'schen Sammlung sehr deutlich. Auch Herr Rector Richter führt die Art von diesem Fundort an.

Die Schale der Cl. speciosa umhüllt die nächst tiefere Windung zwischen den fast überhangenden, abgerundeten Intern-Rändern etwa zu $^1/_4$ der Höhe. Die Verhältnisse der Höhe und Breite des Querschnittes durchschnittlich bei 6 Windungen und 90 Mm. Durchmesser sind: ganze Höhe 40 Mm., grösste Breite gegen den Intern-Rand zu 28 Mm., Breite am Extern-Rande 18 Mm., Eintiefung an der Intern-Seite 3 Mm., Durchmesser des grössten vorliegenden Exemplars 120 Mm. Die Schalenverzierung ist wenigen Veränderungen unterworfen. An älteren Exemplaren verliert sich mit dem Alter die Rippung mehr oder weniger, in mittlerem Alter, d. h. bei Exemplaren von ungefähr 70 Mm., sind die Rippen hoch und besonders am Intern-Rande scharf, am Extern-Rand etwas knotig angeschwollen, zahlreich, 20—30 auf einer Windung, dabei fast geradlinig radial, mit einer schwachen, nach hinten concaven Biegung an der Nahtseite und mit einer nach vorn concaven Biegung gegen den Extern-Rand. In noch tieferen, inneren Umgängen tritt die Dornbildung stärker hervor, wobei die Rippen auf der Seite unansehnlich werden. Der Richtung der Rippen laufen zahlreiche, feine Streifen parallel. Die Kammerwände sind sehr derb und enge gestellt. Der Extern-Lobus ist ziemlich tief, enge, schmal glockenförmig. Der erste, diesem benachbarte, zweitheilige Sattel hat zwei abgerundete Gipfel, von welchen der eine in der Regel auf den Extern-Rand trifft, der andere bereits auf die Seite zu stehen kommt; der dazwischen theilende, kleine Lobus ist unten meist abgerundet, wird aber im Alter spitzzipfelig. Von dem inneren Gipfel des ersten Hauptsattels zieht die Sutur-Linie etwas schief nach hinten mit einer ⌒ förmigen Biegung. Der Hauptseiten-Lobus ist tief und sehr spitz zulaufend mit einem Intern-Schenkel, der zuerst fast gerade aufsteigt, dann eine Art Knie macht und mit einer Wendung schief nach innen zum Gipfel des zweiten Hauptsattels zieht. Dieser ist in seinem Gipfel ziemlich spitz und etwas nach innen gebogen. Daran schliesst sich ein weiterer Lateral-Lobus mit einem fast gerade ansteigenden Extern-Schenkel und einem bogig über die Naht fortsetzenden Intern-Schenkel. Sein Ende, welches nur halb so tief als der erste Hauptseiten-Lobus ist, ist spitz ausgezogen. Der Intern-Schenkel steigt zu einem weitbogigen Sattel, dessen Gipfel auf oder neben dem Intern-Rande schon auf der Intern-Fläche liegt, empor. Die Sutur schliesst endlich mit einem ziemlich breiten, glockenförmigen Siphonal-Lobus, dessen Tiefe jener des benachbarten Lateral-Lobus gleichkommt oder etwas grösser ist. Es ist bemerkenswerth, wie ungleich im Detail die einzelnen Sättel und Loben selbst von benachbarten Kammern gestaltet erscheinen, offenbar in Folge grösserer oder geringerer Wegnahme des Schalenkörpers. Ich habe absichtlich diese Ungleichheit in der Zeichnung der Sutur-Linie, welche mittelst einer Pause direct vom präparirten Steinkern gewonnen wurde, gelassen, um etwa bei abgewitterten Steinkernen vorkommende Abweichungen richtig deuten zu können.

Charakteristisch für diese Gruppe der Clymenien bleibt die eigenthümliche Beschaffenheit der Siphonal-Duten. Schon Münster erwähnt, ohne die wahre Lage des Sipho zu kennen, eines Exemplars, bei welchem die Duten an der Intern-Seite zu einer Art Röhre verbunden seyen (Taf. XX. Fig. 3ª). Die Siphonal-Duten stecken in einander, und zeigen durch eine in der Versteinerungsmasse noch deutlich ausgeprägte, von der Beschaffenheit der übrigen Theile der Kammerwände abweichende Farbe und Structur an, dass diese Duten an ihrem Ende (der Zeichnung) in eine häutige oder hornartige Substanz übergingen, welche sich zu einer fortlaufenden, an die kalkigen Wände anlehnenden Röhre verbunden zu haben scheint. Um dieses deutlicher zu erkennen, wurde ein Theil bis zur Mitte angeschliffen (Taf. XX. Fig. 3ᵇ). Auch hier zeigen sich die Siphonal-Trichter, wenn ich mich nicht täusche, zu einer zusammenhängenden Röhre verbunden, und zwar mittelst der eigenthümlichen Substanz, welche, wie erwähnt, gegen das Ende der Siphonal-Duten, durch eine besondere Färbung ausgezeichnet, an diese sich anzulegen scheint. Wo diese Substanz, welche in der Versteinerung natürlich nicht mehr als solche erhalten seyn kann, anfängt, verengt sich die schlauchähnliche Röhre ein wenig. Nach innen scheint die Siphonal-Dute an ihrem Ende sich nicht von der Schale abzuheben, sondern dicht anliegend zu bleiben.

Fundorte: Bei Schübelhammer im Fichtelgebirge, am Bohlen bei Saalfeld.

13. Clymenia subarmata Münst. Taf. XXI. Fig. 1. 2.

Clymenia subarmata Münst., Beitr. z. Petref., V. S. 123. t. 12. f. 4.
Goniatites subarmatus Münst., 1832. Goniat. u. Planulit., S. 28. t. 7. f. 2; Beitr. z. Petref. I. 2. Aufl. S. 22. t. 7ª. f. 2.
Goniatites insignis Philipps, 1841. Palaeos. foss., p. 119, t. 49. f. 228.

Schale evolut, langsam anwachsend, mit zahlreichen Windungen (6—7) scheiben- oder radförmig, mit weitem Nabel; der Querschnitt rectangulär mit stark abgerundeten Ecken, daher fast elliptisch, am Extern- und Intern-Rande fast gleich breit; Seiten wenig gewölbt, die Extern-Fläche stärker gewölbt, an der Intern-Fläche seicht ausgehöhlt. Die Schalenoberfläche in der äusseren Windung älterer Exemplare mit unregelmässigen, abgerundeten Rippen oder knolligen Erhöhungen, in den mittleren Umgängen (bei c. 55

Mm. Durchmesser) mit derben, zahlreichen Rippen bedeckt, welche abwechselnd oder noch unregelmässig an dem Extern-Rand in einer dicken, knotigen, nicht dornartig zugespitzten, sondern meist nach vorn abgeplatten Anschwellung enden. In noch tieferen Umgängen verschwinden die Rippen mehr und mehr, und es entwickeln sich desto stärker die knotigen Anschwellungen, ungefähr 12 auf einer Windung. Ausserdem ist die Oberfläche von feinen Anwachsstreifchen bedeckt, welche um die Knoten in eigenthümlicher Krümmung herumlaufen. Kammerwände ziemlich dicht stehend (ungefähr 24 auf einer Windung). Sutur mit einem tiefen, schmal glockenförmigen Extern-Lobus und zwei Hauptseitensätteln, von welchen der erste durch einen seichten Lobus gespalten ist. Der Sipho dick, dicht an der Intern-Fläche liegend.

Diese Art steht der vorigen sehr nahe, unterscheidet sich aber leicht durch die grössere Rundung der Seiten und der Extern-Fläche, durch die Art der Rippenbildung und insbesondere durch die knotige Anschwellung der Rippen, welche nicht dornartig zugespitzt, sondern gleichsam ohrartig schief abgeplattet sind. Bei diesen constanten Eigenthümlichkeiten konnte ich mich nicht entschliessen, diese Form noch mit Cl. speciosa zu vereinigen.

Es ist auffallend, dass Münster zwei verschiedenen Exemplaren, von welchen er das eine für eine Clymenia hielt, das andere aber als Goniatites bestimmte, dasselbe Beiwort „subarmatus" beilegte, und dass diese Exemplare in der That einer Species angehören. Das Original zu Cl. subarmata Münst. ist ein ziemlich roher Steinkern von Gattendorf, bei dem es Münster nicht geglückt zu seyn scheint, die Sutur deutlich zu entblössen. Ich habe sie an diesem Exemplar sorgsam blossgelegt, und finde sie in vollständiger Uebereinstimmung mit der des sogenannten Goniatites subarmatus. Da nun auch Umriss, Involubilität und Oberflächenverzierung, so weit sie erkennbar ist, keine Differenzen darbieten, so sind beide zu vereinigen. Durch die Güte des Herrn Professors Braun in Bayreuth erhielt ich ein kleines Exemplar von sehr ausgezeichneter Erhaltung unter der Bezeichnung Cl. spinosa, mit der es in der Art der Anschwellung zu knotigen Erhöhungen bis ins kleinste Detail übereinstimmt. Es besitzt die Sutur der Cl. subarmata und gleicht auch im Ganzen den inneren Windungen dieser Art, nur dass die Seiten auffallend flach, fast sogar eingedrückt sind (Taf. XXI. Fig. 2). Da ich nun auch an dem Original zu Cl. subarmata bemerke, dass in den inneren Windungen die Seiten flacher und platt gedrückt sind, so trage ich kein Bedenken, dieses schöne Exemplar als Jugendform zur Cl. subarmata zu ziehen. Phillips' Goniatites insignis, den er selbst mit Cl. binodosa Münst. vergleicht, gehört nach Abbildung und Beschreibung unzweifelhaft hieher. Auch vom Bohlen bei Saalfeld untersuchte ich ein ganz charakteristisches Stück. Es scheint daher diese Art eine grössere Verbreitung zu haben, als die vorige.

Das best erhaltene, grössere vorliegende Exemplar misst mit der $1/4$ Windung einnehmenden Wohnkammer, die an der Zeichnung weggefallen ist, 120 Mm. im Durchmesser. Bei 90 Mm. ist die Höhe des Querschnitts 25 Mm., die grösste Breite 18 Mm. Auf einen Umgang kommen durchschnittlich 24 Rippen und 12 knotige Anschwellungen. Die Rippen stehen fast radial und sind nur schwach, meist etwas nach vorn gebogen. Die Anwachsstreifchen gehen ohne bedeutende Einbuchtung über die Extern-Fläche. Die Knoten sind nach hinten mit einem schmalen leistenartigen Saum umgeben und begrenzen die auf ihrer Höhe befindliche, fast platte, nur etwas gewölbte Fläche. Nach vorn verflachen sich die Knoten. Die Sutur gleicht wesentlich jener der Cl. speciosa. Der Sipho ist dick.

Fundorte: Schübelhammer und Gattendorf im Fichtelgebirge, Bohlen bei Saalfeld in Thüringen, South Peterwin in Cornwall.

14. Clymenia intermedia Münst. spec. Taf. XXI. Fig. 3. 4.

Goniatites intermedius Münst., Beitr. z. Petref., I. S. 28. t. 18. f. 7; 2. Aufl. S. 53. t. 18. f. 7. — Richter, II. Beitr. z. Palaeont. d. Thür. Waldes, S. 27.
Goniatites apertus Richter, I. Beitr. z. Palaeont. d. Thür. Waldes, t. 5. f. 127. 128.
Goniatites angustus Münst., Beitr. z. Petref., I. S. 28; 2. Aufl. S. 52.
Goniatites maximus Münst., Goniat. u. Planulit., S. 29. t. 5. f. 3; Beitr. z. Petref., I. S. 30. t. 18. f. 8; 2. Aufl. S. 54. t. 18. f. 8.
Ammonites maximus Beyrich, Goniat., S. 34. 44.

Schale evolut, langsam anwachsend mit zahlreichen Windungen (5—6); flach scheiben- oder radförmig; Querschnitt rectangulär mit abgerundeten Ecken, Seiten ganz flach; Extern-Fläche schwach gewölbt; Schalenoberfläche mit nicht stark vorragenden, faltenartigen Erhöhungen ohne Dorn- oder Knotenbildung an dem Extern-Rande und mit feinen, zahlreichen Anwachsstreifchen dicht bedeckt. Kammerwände mässig weit gestellt; Sutur mit drei Hauptseitensätteln, von denen der erste, halb auf den Seiten, halb auf der Extern-Fläche steht, und durch eine seichte Einbuchtung zweilappig erscheint. Sipho dicht an der Intern-Seite liegend.

Die nur in wenigen Exemplaren vorliegende Art schliesst sich aufs engste an die Cl. speciosa, deren flache Seiten, und an Cl. subarmata, deren gewölbte Extern-Fläche sie theilt, an. Von ersterer trennt sie die letzterwähnte Wölbung, die schwache Rippenbildung, welche, wie die Art der Anwachsstreifung, die grösste Aehnlichkeit mit jener der Cl. angulosa besitzt, und ausserdem die Art der Sutur-Bildung. Von Cl. subarmata unterscheidet sie sich ausser der abweichenden Kammerwandbildung noch durch die flachere Form und die Faltenbildung der Schalenoberfläche.

Diese Art schien mir anfangs nur eine ältere Form der Cl. speciosa Münst. zu seyn, bei welcher vielleicht die Theilung der Sättel noch weiter fortgeschritten sey. Ich habe deshalb die Sutur auch an einem der inneren Umgänge blosgelegt und sie in Uebereinstimmung gefunden mit der Vertheilung der äusseren Windungen, sodass die Selbstständigkeit dieser Species feststeht, um so mehr da auch von einer zweiten Localität

(Bohlen bei Saalfeld) in der Sutur-Zeichnung ganz übereinstimmende Exemplare vorliegen. Dass Goniatites angustus Münst. hieher gehört, unterliegt nach der Uebereinstimmung aller Verhältnisse keinem Zweifel. Unsicherer ist dies bezüglich des Goniatites maximus Münst., von dem nur ein besser erhaltenes, aber immer nur fragmentarisches Stück zur Beurtheilung vorliegt (Taf. XXI. Fig. 4). Die Extern-Fläche ist hier mit zulaufenden Seiten abgerundet schmal, was ich als Folge einer Zusammendrückung ansehe. Schalenoberfläche ist keine erhalten. Bemerkenswerth bleibt die weitere Gabelung des sonst nur schwach zweilappigen ersten Sattels in zwei spitze, durch einen ziemlich tiefen Lobus getrennte Sättel. Ob diese tiefe Gabelung als Folge grösseren Alters, wie es mir der Fall zu seyn scheint, angesehen werden darf, oder ob sie als specifisches Unterscheidungsmerkmal gelten muss, lasse ich bis zum Auffinden instructiverer Exemplare unentschieden.

Dass Richter's Goniatites apertus hieher gehört, hat der Gründer dieser Species später, sich selbst berichtigend, erwähnt.

Das grösste vorliegende Exemplar von Clymenia intermedia misst im Durchmesser 150 Mm. Bei 120 Mm. Durchmesser ist die Höhe des Querschnitts 40 Mm., die grösste Breite 20 Mm., der Ausschnitt an der Intern-Fläche nur 4 Mm. hoch, die Höhe der Nabelfläche 6 Mm. Die Falten der Schalenoberfläche sind, wie die Streifen nur wenig gekrümmt und werden gegen den Extern-Rand etwas breiter. Sie sind auf dem Steinkern fast noch stärker als die Schalenoberfläche ausgedrückt. Die Sutur, welche ich in drei auf einander folgenden Windungen (Taf. XXI. Fig. 3^c. 3^d. 3^e) blosslegen konnte, zeigt übereinstimmend einen nur schwach gelappten, auf seinem Gipfel oft nur wie abgestutzt aussehenden ersten Sattel und zwei folgende, sehr spitz zulaufende Seitensättel, von welchen der innere die merkwürdige knieförmige Biegung am Extern-Schenkel wahrnehmen lässt, die bei Cl. speciosa erwähnt wurde. Der Sipho liegt, wie bei Cl. speciosa, in der röhrenförmigen Verlängerung der Siphonal-Duten.

Fundorte: Schübelhammer im Fichtelgebirge und Bohlen bei Saalfeld.

15. Clymenia Beaumonti Münst. spec., Taf. XX. Fig. 5.

Goniatites Beaumonti Münst., Beitr. z. Petref., 1. S. 23; 2. Aufl. S. 49.

Schale ziemlich involut (bis zur Hälfte), ziemlich rasch anwachsend, mit wenigen Umgängen, dick scheibenförmig, im Querschnitt eiförmig, mit tiefer Aushöhlung an der Basis; Seiten flach gewölbt, zu einer hochgewölbten, sich verschmälernden Extern-Fläche vereinigt. Schalenoberfläche ?; Steinkern ziemlich glatt. Kammerwände dicht gestellt, mit einem ziemlich breiten, glockenförmig gestalteten Extern-Lobus und zwei ungetheilten Seitensätteln. Sipho dick, dicht an der Intern-Fläche anliegend.

Obwohl von dieser Art nur ein Exemplar bisher überhaupt aufgefunden wurde und dieses nur in einem ziemlich rohen Steinkern ohne Schalentheile besteht, so ist doch bei der sicheren Ermittelung der internen Lage des Sipho und der Sutur dieses Exemplar zu ausgezeichnet, um es ganz unerwähnt zu lassen. Die starke Involubilität in Verbindung mit dem ungetheilten ersten Seitensattel charakterisirt diese Art und zeichnet sie vor allen anderen Clymenien aus.

Das vorliegende Exemplar misst im grössten Durchmesser 130 Mm. Bei 100 Mm. Durchmesser beträgt die Höhe des Querschnittes 28 Mm., die Breite 24 Mm. Das Innere ist zerbrochen, und man erkennt daher nur 3 Windungen. Der Steinkern scheint glatt zu seyn. Die zwei Sättel zeichnen sich durch ihre fast gleiche Grösse und durch die Abrundung auf ihrem Gipfel aus; die Loben sind in ihrer Tiefe zipfelig spitz. Den Sipho sah ich deutlich an der Intern-Fläche liegen.

Fundort: Gattendorf im Fichtelgebirge.

? 3. Discoclymeniae, mit einem externen Lobus und mit flachen, stark umhüllten Windungen.

10. Clymenia Haueri Münst. spec., Taf. XXI. Fig. 5.

Goniatites Haueri Münst., Beitr. z. Petref., III. S. 109. t. 16. f. 10.

Schale ganz involut, rasch anwachsend, mit ganz engem, tiefem Nabel, flach scheibenförmig, mit hohen, flachen Seiten und abgerundeter, oder etwas abgeplatteter schmaler Extern-Fläche rechtwinkelig zu den Seiten. Schalenoberfläche mit sehr feinen, sichelförmig gebogenen Streifchen dicht bedeckt. Kammerwände enge gestellt, Sutur mit einem glockenförmigen Extern-Lobus und 2 Hauptseitensätteln, von welchen der erste zweilappig zur Hälfte auf der Extern-Fläche steht. Sipho dicht an der Intern-Fläche.

Diese Art erinnert durch ihre grosse Involubilität entschieden mehr an Goniatites als an Clymenia, und nur der Verlauf der Suturen zeigt die Verwandtschaft mit der Gruppe der Cl. speciosa an. Da die interne Lage des Sipho ausser Zweifel steht, so möchte diese Art, von der zwei Exemplare vorliegen, am passendsten hier anzuschliessen seyn. Der äusseren Form nach besitzt sie eine gewisse Aehnlichkeit mit Cl. striata, unterscheidet sich aber von dieser, wie von allen anderen Arten, durch ihre grosse, bei keiner Art gleich starke Involubilität und äusserst feine, mit unbewaffnetem Auge kaum erkennbare Oberflächenstreifung.

Das grösste Exemplar misst 40 Mm. im Durchmesser, die Höhe im Querschnitt an der Mündung 24 Mm., die grösste Breite 12 Mm. Im Durchschnitt erkannte ich 4 Windungen, die sich fast umfassen. Die Sutur besteht aus einem tiefen, breit glockenförmigen Extern-Lobus und einem halb noch auf der Extern-Fläche stehenden ersten Sattel, dessen beide Lappen, der eine auf der Extern-Fläche, der andere auf der Seite, im Gipfel auffallend abgerundet sind. Die Sutur-Linie fällt von dem inneren Gipfel senkrecht zu einem spitzen Lobus ab, dessen Intern-Schenkel, schief nach innen gerichtet, in der Hälfte gebrochen und noch schiefer geneigt, zu einem sehr stark zugespitzten zweiten Seitensattel ausläuft, von dessen Spitze die Sutur-Linie sich zu einem ebenso scharf zugespitzten Lobus wieder einsenkt und, in einem weit geschweiften Bogen nach Art der Incumbenten von neuem aufsteigend, sich über den Intern-Rand hinüberbiegt. Die feine Oberflächenstreifung ist kaum mit unbewaffnetem Auge erkennbar. Auf der Extern-Fläche sind sie in einem nach vorn concaven Bogen gekrümmt. Hier sieht man auch Spuren einer fast körnigen Runzelschicht und Andeutungen von Längsstreifchen, aber zu undeutlich, um sie sicher erkennen zu können.

Fundort: Schübelhammer im Fichtelgebirge.

? III. Cycloclymenieae, Clymenien mit ?? Siphonal-Röhre, externem Lobus und fast cylindrisch runden, sehr wenig eingehüllten Windungen.

17. Clymenia planorbiformis Münst., Taf. XXI. Fig. 6.

Clymenia planorbiformis Münst., Beitr. z. Petref., I. S. 10; 2. Aufl. S. 5. t. 2*. f. 1.
Planulites planorbiformis Münst., 1832. Goniat. und Planulit., S. 8. t. 2. f. 1. Excl. coter. auct.

Schale ganz evolut, sehr langsam anwachsend, mit zahlreichen Umgängen (6—7), dick scheibenförmig, im Querschnitte flach elliptisch, viel breiter als hoch, mit schmalen, hoch gewölbten Seiten und breiter, flach gewölbter Extern-Fläche. Schalenoberfläche mit feinen, scharfen, ringförmigen, auf der Extern-Fläche nicht zurückgebogenen Streifen dicht bedeckt. Kammerwände nicht dicht gestellt; Sutur mit tiefem, engem Extern-Lobus, einem hohen, schmalen Extern-Sattel, dann mit 2 Seitensätteln und gleichen Loben. Sipho dick, dicht an der Intern-Fläche liegend.

Unbedingt eine der ausgezeichnetsten Arten ihrer Gattung, ist dieselbe doch vielfach falsch gedeutet und verwechselt worden, weil Münster selbst sie nicht in ihrer Eigenthümlichkeit erkannt zu haben scheint, und daher eine völlig falsche Beschreibung lieferte.

In ihrem Habitus hat sie die nächste Aehnlichkeit mit Cl. undulata, in deren Nähe sie Münster gestellt hat. Sie unterscheidet sich aber sehr auffallend durch ihre ungewöhnliche Breite (im Querschnitte), durch den ringförmigen Verlauf äusserst feiner, aber scharfer Streifchen, die selbst auf der Extern-Fläche nicht seitlich ausbiegen, überdies durch ihre Sutur-Linie. Nähere Verwandte hat sie gar keine, und steht daher ganz isolirt, eine eigene Gruppe repräsentirend, wenn nicht v. Buch's Goniatites solarioides hieher gehört.

Läge nicht das unzweifelhafte Original Münster's vor, so würde man kaum glauben, dass das so eben beschriebene Exemplar der Münster'schen Darstellung wirklich zu Grunde gelegen habe. Es ist nur denkbar, dass, da noch ein zweites, jetzt aber bis zur Halbirungsfläche angeschliffenes Exemplar vorhanden ist, dieses letztere Münster bei der Beschreibung und Darstellung der Sutur mehr gedient hat, als das abgebildete Hauptexemplar, bei dem ich keine Sutur blossgelegt fand. Dass unter solchen Umständen diese

Art öfter falsch gedeutet und mit Cl. undulata verwechselt und vereinigt wurde, ist ganz verzeihlich. Das Original misst 42 Mm. im Durchmesser, die Höhe im Querschnitt 7 Mm. Die Oberflächenstreifchen erscheinen vergrössert (Taf. XXI. Fig. 6¹) als feine, schmale Leistchen. Sie sind auf allen Windungen ziemlich gleich stark. Der Extern-Lobus ist sehr tief und schmal, der Extern-Sattel am Gipfel wohl abgerundet, im Ganzen von gleicher Breite, wie der Extern-Lobus. Von dem Scheitel des Extern-Sattels fällt die Sutur-Linie etwas in ⌒-Form gebogen zu einem unten abgerundeten Lobus, der noch auf der breiten Extern-Fläche steht, ab. Von da erhebt sich die Sutur-Linie zu einem breiten, in der Mitte (und auf dem Extern-Rande) eingeschnittenen Sattel, dessen Lappen sich auch als zwei Lateral-Sättel betrachten lassen. Beide Lappen und der Hülfs-Lobus sind abgerundet. Von dem Gipfel des dem Intern-Rande zunächst stehenden Sattellappens zieht die Linie sich tief zurück an den Intern-Rand, ihr Verlauf auf der Intern-Fläche ist unermittelt. Den Sipho sah ich deutlich dicht an der Intern-Seite liegen.

Fundort: Gattendorf im Fichtelgebirge.

Schlüssel
zur Auffindung und Bestimmung der Clymenien-Arten.

CLYMENIA, Cephalopoden-Geschlecht, mit sich berührenden oder umhüllenden Windungen und einem Sipho dicht an der Intern-Seite.
  A. Sutur mit einem Extern-Sattel.
    a) mit einem Lateral-Lobus (oder Andeutungen eines zweiten).
      a) Lateral-Lobus abgerundet.
        aa) Schale ziemlich involut.
          „ dick, im Querschnitt nahe so breit als hoch . . 1. ANGUSTISEPTATA MÜNST.
          „ flach, im Querschnitt entschieden höher als breit . . . . 2. FLEXUOSA MÜNST.
        ßß) Schale wenig involut.
          „ mit starken, auf den Seiten ringförmigen Rippen, mit adscendentem Intern-Schenkel des Lateral-Lobus . . . . 3. ANNULATA MÜNST.
          „ mit starken, dorntragenden Rippen, mit adscendentem Intern-Schenkel des Lateral-Lobus . 4. SPINOSA MÜNST.
          „ mit starken, knotentragenden Rippen und einem Intern-Schenkel des Lateral-Lobus, der zu einem schwachen, zweiten Lobus vertieft ist . . . . 5. BINODOSA MÜNST.
          „ mit schwachen, stark sichelförmig gekrümmten Falten . . . . 6. DUNKERI MÜNST.
          „ ohne Falten, mit schwachen Streifchen . . 7. LAEVIGATA MÜNST.
      ß) Lateral-Lobus zipfelig zugespitzt.
    Schale weniger involut, mit nach vorn aufsteigendem Intern-Schenkel des Lateral-Lobus (adscendens) . 8. UNDULATA MÜNST.

. . Schale ziemlich involut, mit nach hinten umbiegendem
      Intern-Schenkel des Lateral-Lobus (Incumbens) . 9. STRIATA MÜNST.
. b) mit zwei Lateral-Loben.
. . α) Schale stark involut . . . . 10. BILOBATA MÜNST.
. . β) Schale wenig involut.
. .   „ siehe vorn Cl. binodosa.
. . . Zweiter Lateral-Lobus tief, Schale nur schwach gefaltet,
     ohne Rippen . . . . 11. ANGULOSA MÜNST.
B. Sutur mit einem Extern-Lobus.
. a) mit einem zweilappigen ersten Sattel und einem zweiten
   Lateral-Sattel.
. . α) Schale evolut.
. . „ mit flacher oder vertiefter Extern-Fläche und
     dorntragenden Rippen . . . . 12. SPECIOSA MÜNST.
. . „ mit gewölbter Extern-Fläche und knotentragenden
     Rippen . . . . 13. SUBARMATA MÜNST.
. . β) Schale sehr involut.
     Oberfläche ohne Rippen . . . . 14. HAUERI MÜNST.
. b) mit einem zweilappigen ersten Sattel und zwei folgenden
   Lateral-Sätteln.
    Schale flach mit schwacher Falte . . . . . 15. INTERMEDIA MÜNST.
. c) mit einem ungetheilten ersten Sattel.
. . α) Schale ziemlich involut . . . . 16. BEAUMONTI MÜNST.
. . β)   „ stark evolut . . . . 17. PLANORBIFORMIS MÜNST.

Erklärung der Abbildungen.

Taf. XV. Fig. 1. Clymenia angustiseptata Münst., Münster's Original.
    1ᵃ. Seitenansicht.
    1ᵇ. Stirnansicht.
    1ᶜ. Querschnitt.
    1ᵈ Suturen.
  „ 2. Dieselbe, Münster's Original der Clymenia plicata.
    2ᵃ—2ᵈ Wie oben.
  „ 3. Dieselbe, Münster's Original der Clymenia lata.
    3ᵃ—3ᵈ Wie oben.
  „ 4. Dieselbe, Münster's Original der Clymenia cincta.
    4ᵃ—4ᵈ Wie oben.

Taf. XV. Fig. 5. Dieselbe, Querschnitt zu Münster's Original der Clymenia inflata, halbe Grösse.
  „ 6. Dieselbe, in der Form von Münster's Clymenia subnodosa.
    6ᵃ—6ᵇ Wie oben.
    6ᶜ Schalenoberfläche, doppelte Grösse.
    6ᵈ Runzelschicht und Kiel, doppelte Grösse.
    6ᵉ Stück eines zweiten Exemplars.
    6ᶠ Oberflächenstreifung, doppelte Grösse.
  „ 7. Clymenia flexuosa, Münster's Original.

Taf. XV. Fig. 7ᵃ—7ᵈ Wie oben.
" 8. Dieselbe, Münster's Original der Clymenia falcifera.
8ᵃ—8ᵈ Wie oben.
" 9. Dieselbe, Münster's Original der Cl. costulata.
9ᵃ—9ᵈ Wie oben.
" 10. Dieselbe, Münster's Original der Cl. subflexuosa.
10ᵃ 10ᵇ Wie oben.
10ᵉ Oberflächenstreifung, doppelte Grösse.
" 11. Clymenia annulata Münst., Orinal des Goniatites annulatus. I. Beitr. 2. Aufl. t. Gʳ. f. 6.
11ᵃ Natürliche Grösse.
11ᵇ Vergrössert.
11ᶜ Sutur.
11ᵈ Querschnitt.
11ᵉ Oberflächenzeichnung, vergrössert.
" 12. Dieselbe, Original der Geinitz. Cl. Dunkeri, t. 9. f. 4.
12ᵃ Seitenansicht.
12ᵇ Stirnansicht.
12ᶜ Sutur.
" 13. Dieselbe, Original der Geinitz'schen Cl. Dunkeri, t. 9. f. 5.
13ᵃ—13ᵇ Wie oben.
Taf. XVI. Fig. 1. Clymenia spinosa Münst., Münster's Original.
1ᵃ—1ᵉ Wie oben.
1ᵈ Oberflächenzeichnung, vergrössert.
" 2. Dieselbe in einem von Braun in Bayreuth als Cl. pennicellata mitgetheilten Exemplar.
2ᵃ—2ᵈ Wie oben.
" 3. Clymenia Dunkeri Münst., Münster's Original.
3ᵃ—3ᵈ Wie oben.
" 4. Dieselbe, zweites Exemplar von Genser.
4ᵃ 4ᵇ Wie oben.

Taf. XVI. Fig. 4ᶜ Schalenstreifung, vergrössert.
" 5. Clymenia laevigata Münst., Münster's Original.
5ᵃ 5ᵇ Wie oben.
5ᶜ Sutur mit Siphonal-Lobus.
5ᵈ Querschnitt.
5ᵉ ein Bruchstück der Münster'schen var. semicingulata.
5ᶠ Oberflächenzeichnung der letzteren, vergrössert.
5ᵍ eine Kammer mit Siphonal-Dute.
" 6. Dieselbe, Münster's Original der var. semiplicata.
6ᵃ Seitenansicht.
6ᵇ Längendurchschnitt, die Siphonal-Duten zeigend.
" 7. Dieselbe, Münster's Original der var. elliptica.
7ᵃ Seitenansicht.
7ᵇ Querschnitt.
7ᶜ Sutur.
" 8. Dieselbe, var. nana.
8ᵃ Seitenansicht.
8ᵇ Sutur.
8ᶜ Ein Stück mit der Runzelschicht.
" 9. Dieselbe, in der var. cingulata.
9ᵃ Seitenansicht.
9ᵇ Stirnansicht.
9ᶜ Sutur.
9ᵈ Oberflächenzeichn., vergrössert.
Taf. XVII. Fig. 1. Clymenia undulata Münst., Münster's Original.
1ᵃ—1ᵃ Wie oben.
1ᵇ Kammerstück mit der Siphonal-Dute.
1ᶜ Desgl. mit dem Siphonal-Lobus.
1ᵈ Ein angeschliffenes Exemplar mit den Kammerwänden.
1ᵉ Ansicht der Extern-Seite mit der Runzelschicht.
1ᶠ Extern-Fläche mit dem Kiel der Runzelschicht.
1ᵍ Runzelschicht und Kiel, vergrössert.

Taf. XVII. Fig. 2. Dieselbe, Münsters Original der Cl. sublaevis.
2ᵃ 2ᵇ Wie oben.
2ᶜ Oberflächenzeichnung, vergrössert.
„ 3. Dieselbe, Münsters Original der Cl. linearis.
3ᵃ 3ᵇ Wie oben.
„ 4. Dieselbe, Münster's Original der Cl. inaequistriata.
4ᵃ 4ᵇ Seitenansicht und Sutur.
„ 5. Dieselbe, Münster's Original der Cl. similis.
5ᵃ Seitenansicht.
5ᵇ Oberflächenzeichnung, vergrössert.
5ᶜ Sutur.
„ 6. Dieselbe, Münster's Original der Cl. semistriata.
„ 7. Dieselbe, Münster's Original der Cl. pygmaea.
7ᵃ 7ᵇ Seiten- und Stirnansicht.
7ᶜ Sutur.
„ 8. Dieselbe, Münster's Original der Cl. tenuistriata.
8ᵃ—8ᵇ Wie oben.
8ᶜ Oberflächenzeichnung, vergrössert.
„ 9. Dieselbe, Münster's Original der Cl. serpentina.
9ᵃ—9ᵇ Wie oben.

Taf. XVIII. Fig. 1. Clymenia striata Münst., typische Form.
1ᵃ—1ᵇ Wie oben.
„ 2. Dieselbe, Münster's var. costellata.
2ᵃ 2ᵇ Wie oben.
„ 3. Dieselbe, Münster's var. plana.
3ᵃ 3ᵇ Seitenansicht und Sutur.
„ 4. Dieselbe, Münster's Original der Cl. dorsocostata.
4ᵃ—4ᵇ Wie oben.
4ᶜ Oberflächenzeichnung.

Taf. XVIII. Fig. 5. Dieselbe, typische Form mit tiefen Einschnürungen am Steinkern.
5ᵃ 5ᵇ Wie oben.
„ 6. Dieselbe, Münster's var. compressa.¹
6ᵃ—6ᶜ Wie oben.
„ 7. Dieselbe, Münster's var. umbilicata.
7ᵃ—7ᵇ Wie oben.
„ 8. Dieselbe, ein Fragment mit Runzelschicht und Kiel.
„ 9. Dieselbe, var. ornata, Münster's Original der Cl. ornata.
9ᵃ—9ᶜ Wie oben.
9ᵈ Die Oberflächenverzierung, stark vergrössert.
„ 10. Dieselbe, var. ornata, ein zweites Exemplar mit abweichender Rippenbildung.
10ᵃ—10ᵇ Wie oben.
„ 11. Clymenia annula Münst., Münster's Original zu seiner Cl. binodosa, var. nodosa.
11ᵃ—11ᵇ Wie oben.
„ 12. Clymenia undulata Münst., Münster's Cl. bisulcata.
12ᵃ—12ᵇ Wie oben.

Taf. XIX. Fig. 1. Clymenia binodosa Münst., Münster's Original.
1ᵃ—1ᵇ Wie oben.
1ᶜ Die Siphonal-Duten in einem Durchschnitte.
„ 2. Clymenia angulosa Münst., Münster's Original.
2ᵃ—2ᵇ Wie oben.
2ᶜ Querschnitt.
2ᵈ Siphonal-Röhre im Durchsch.
„ 3. Dieselbe, Münster's Original der Cl. semicostata.
3ᵃ—3ᵇ Wie oben.
„ 4. Clymenia bilobata Münst., Münster's Original.
4ᵃ—4ᵇ Wie oben.

Taf. XIX. Fig. 5. Dieselbe, ein kleines exemplar.
5ᵃ—5ᵇ Wie oben.
„ 6. Clymenia speciosa Münst. spec., typische Form.
6ᵃ—6ᵇ Wie oben, die Suturen bei i mit dem Siphonal-Lobus.
6ᶜ Querschnitt.
„ 7. Dieselbe, Münster's Original zu Goniatites Prealí.
7ᵃ—7ᵇ Wie oben.
„ 8. Dieselbe, Münster's Original zu Goniatites Cottai.
8ᵃ—8ᵇ Wie oben.
8ᶜ Oberflächenstreif., vergrössert.

Taf. XX. Fig. 1. Clymenia speciosa, Münster's Original des Goniatites subcarinatus.
1ᵃ· 1ᵇ Wie oben.
1ᶜ Querschnitt.
1ᵈ—1ᵉ Sutur in der zweiten, dritten und vierten Windung.
„ 2ᵃ· 2ᵇ Querschnitt und Sutur derselben Art in Form des Goniatites clymeniaeformis Münst.
„ 3ᵃ Siphonal-Duten der Clymenia speciosa, bei x mit einer besonders gefärbten Verdichtung.
3ᵇ Dieselben, angeschliffen, den röhrenförmigen Zusammenschluss zeigend.
„ 4. Dieselbe Art, Münster's Original zu Goniatites canalifer mit der Runzelschicht.
„ 5ᵃ· 5ᵇ Querschnitt und Sutur der Clymenia Beaumonti Münst.

Taf. XXI. Fig. 1. Clymenia subarmata Münst., Münster's Original zu Goniatites subarmatus.
1ᵃ Seitenansicht.
1ᵇ Stirnansicht.
1ᶜ· 1ᵈ Suturen, erstere in der zweiten, letztere in der dritten Windung.
1ᵉ Querschnitt.
„ 2. Dieselbe, ein jugendliches Exemplar, Herrn Prof. Braun gehörig.
2ᵃ Seitenansicht.
2ᵇ Durchschnitt.
2ᶜ Sutur.
„ 3. Clymenia intermedia Münst. spec., Münster's Original.
3ᵃ Seitenansicht, in halber Grösse.
3ᵇ Querschnitt.
3ᶜ—3ᵉ Suturen in der ersten, zweiten und dritten Windung.
„ 4. Dieselbe, Münster's Original zu Goniatites maximus Münst.
4ᵃ Querschnitt in halber Grösse.
4ᵇ Sutur in halber Grösse.
„ 5. Clymenia Haueri Münst. spec.
5ᵃ· 5ᵇ Seiten- und Stirnansicht.
5ᶜ Sutur.
5ᵈ Querschnitt.
„ 6. Clymenia planorbiformis Münst.
6ᵃ· 6ᵇ Wie oben.
6ᶜ Querschnitt.
6ᵈ Suturen.
6ᵉ Oberflächenstreifung, vergrössert.

Unio pachyodon,

Unio Kirnensis, Anodonta compressa, Anodonta fabaeformis.

Von

Rudolph Ludwig.

Taf. XXII.

Unio pachyodon,
aus dem Mainzer Tertiär-Becken.

  Mit der geologischen Aufnahme der Grossherzoglich Hessischen Generalstabskarte, Section Darmstadt, beschäftigt, hatte ich Veranlassung die Tertiär-Schichten von Nierstein und Oppenheim am Rhein häufiger zu betrachten. An diesen Orten sind die genannten Gesteine durch eine Reihe grossartiger Steinbrüche auf eine halbe Wegstunde Länge der Art aufgeschlossen, dass Profile von mehr als 100 Fuss Höhe entblösst vorliegen. Das unter dem Kalksteine befindliche Thonlager ward durch mehrere Bohrlöcher, durch Brunnenschächte und neuerdings durch einen Schurfschacht in seiner Tiefe untersucht.

  Zwischen Nackenheim und Nierstein erhebt sich das Rothliegende zu beträchtlicher Höhe und setzt dabei im Flussbette des Rheines fort, wo es bei niederem Wasserstande gebrochen wird. Es bildet, unter dem Sand und Letten verborgen, die Rheinebene zwischen Nackenheim, Bauschheim und die des linken Main-Ufers bis gegen Frankfurt und Neu-Isenburg hin, so dass der Zusammenhang des Rothliegenden von Nierstein mit dem von Langen-Darmstadt nicht bezweifelt werden kann. Die Schichten dieses Gesteines fallen bei Nierstein und Nackenheim 20—25° gegen Nordwesten ein, wobei die Schichtenköpfe am steilen Gehänge gegen das Rhein-Thal heraustreten. In dem bei Nierstein angelegten Schurfschachte sind sie weiter bis 115 Fuss unter dem Rhein-Spiegel untersucht; es hat sich dabei herausgestellt, dass das steile Ufer auch unter das Rhein-Thal mit 45° Einfallen fortsetzt, und dass sich der tertiäre Meeresletten an die Schichtenköpfe des Rothliegenden anlegt. Die ehemals in das Tertiär-Meer hineinreichende Halbinsel endigte bei Dexbach, südwestlich von Nierstein, in einem steil abfallenden, wahrscheinlich zum Culm gehörigen Kieselschiefer und grauen Mergelschiefer, von Melaphyr durchbrochen.

Das tiefste Glied der Tertiär-Formation, der hell blaugraue Meeresletten, legt sich, wie schon bemerkt, an die steile Ostseite jenes Rothliegenden an und breitet sich gegen Süden unter Oppenheim bis in die Section Worms der Karte aus. F. Sandberger (Die Conchylien des Mainzer Tertiär-Beckens, Wiesbaden 1862) vereinigt diesen Thon etwas willkührlich mit dem Septarien-Thon, obgleich kaum ein Paar Fossilien darin vorkommen. Ihn leiteten wahrscheinlich die darin, aber ebensowohl im Litorinellen-Thon bei Frankfurt und in andern Ablagerungen von Thon, Letten und selbst Thonschiefer auftretenden Kalk-Geoden (Septarien). Ich finde jedoch keinen Grund, diese marine Thonschicht von den andern marinen Ablagerungen des Mainzer Beckens zu trennen, und betrachte sie mit dem Meeressande von Alzei, dem Cyrenen-Mergel und Cerithien-Kalk innig verbunden. Diese Schichten, deren Faunen so nahe zusammenfallen und vielfach übereinstimmen, erscheinen als Ablagerungen innerhalb und am Strande eines durch mehrere einmündende Flüsse allmählich von Norden her ausgefüllten Meerbusens.

Der marine Schieferthon ist über 100 Fuss dick; ihm folgen anfangs mit Letten wechselnde Sandstein- und Kalklager, die endlich in eine 100 Fuss mächtige, rein kalkige Ablagerung übergehen, welche schliesslich von Sand und Sandstein bedeckt wird.

Die Kalkschichten sind durch ihre Structur und die von ihnen eingeschlossenen Thierreste unterschieden. Es folgen von unten nach oben Muscheln und Schnecken, welche salzigeres Wasser voraussetzen, solche, welche im brackischen Wasser gedeihen und schliesslich solche, die nur im reinen Flusswasser leben können. Die selbst in den tieferen und tiefsten Schichten häufig vorkommenden Reste von Landpflanzen und Landschnecken bezeugen, dass wir uns hier in der Nähe der Mündung eines Flusses befinden, welcher, indem er seine Anspülungen weiter und weiter in den Golf hineinschob, auch dessen Wasser wenigstens an der Küste allmählich aussüsste. Die Thon-, Kalk- und Sandschichten folgen in ununterbrochener Reihe aufeinander; sie sind im Rhein-Thale durch mehrere steil nordwestlich geneigte, mit Kalksinter erfüllte Klüfte um 30—40 Fuss senkrecht verworfen und neigen im Allgemeinen in Winckeln von 4—5° von Südwest gegen Nordost, bilden aber auf der Höhe zwischen Dexbach und Oppenheim eine flache Mulde.

Im Steinbruche am Kreuz bei Oppenheim stellt sich folgendes Profil dar.
1. Lehm mit Succinea oblonga Drp. und Bulimus radiatus Brug., Alluvium   5   Fuss.
2. Lehm mit Elephas primigenius Blumb., jüngeres Diluvium   6   „
3. Gerölle von verschiedenen Gesteinen, älteres Diluvium?   3   „
4. Höchst fester, grobkörniger Sandstein mit Quarz- und Granit-Geschieben, Kalk-Geoden; in Quader zersprungen, nach oben dünn geschiefert; die

Absonderungsklüfte mit Kalksinter bedeckt; hie und da in Conglomerat übergehend. Auf mehreren Tausend Fuss Länge entblösst und durch Steinbruchbau senkrecht abgearbeitet. Darin Unio pachyodon . 12—20 Fuss.

5. Grobkörniger Kaolin- und Glimmer reicher Quarz-Sand, zuweilen eisenschüssig, dann roth und gelb, lose verkittet und dünn geschichtet, mit Unio pachyodon, Litorinella obtusa Sandb., Kalk-Concretionen und mit Knochenresten . . . . 4—10 „

6. Kalkstein, fast nur aus Cyrena Faujasi Desh. bestehend, mit Cerithium plicatum Lmk., Litorinella obtusa Sandb. und L. acuta Drp.; fehlt südlich und nördlich; der Sand Nr. 5 ruht dann unmittelbar auf der folgenden Schichte . . . . 1 „

7. Poröser Kalkstein, aus Incrustationen von Algen und Conferven bestehend, mit Litorinella obtusa, L. acuta, Helix Moguntina Desh, var. major, und splendidiformis; der Grottenstein der Steinbrecher . . . 20—30 „

8. Dichter Kalkstein von gelber Farbe, mit Cyrena Faujasi, Litorinella obtusa, L. acuta, Limnaeus bullatus Klein, Cerithium plicatum Lmk. und C. submargaritaceum Braun, Tichogonia Brardi Brongn.; der feurige Stein der Steinbrecher . . . . 10—15 „

9. Dichter Kalkstein von grauer Farbe, mit den Versteinerungen von No. 8, aber ausserdem noch mit Colonien von Perna Sandbergeri Desh. und einer andern, breiteren und stumpferen Perna-Art, mit Cyrena semistriata Desh., Littorina Moguntina Braun, Stenomphalus cancellatus Thom., Cytherea incrassata Sow., var. obtusangula Sandb., C. splendida Merian, Helix oxystoma Thom., Glandina lubricella Braun, Cypris spec.; Felsen genannt . . . . 20—24 „

10. Oolithischer, loskörniger Kalk, mit Cerithien und Muschelbrocken; Sand genannt . . . . 7—15 „

11. Feinkörniger, fester, oolithischer Kalk, mit Cypris; Klickerfels . . 0—8 „

12. Loskörniger, Oolith-Kalk mit Cerithium Lamarcki Desh., C. plicatum, var. enodosum Galeotti, C. pustulatum, C. multinodosum, C. submargaritaceum, Littorina Moguntina, Cytherea incrassata, Mytilus socialis Braun und M. Faujasi Brongn., Litorinella acuta und obtusa, Helix oxystoma, H. pulchella Müller, H. disculus Braun, Pomatia labellum Thom., Cyclostoma bisulcatum Ziethen, Cyc. Pupa Braun, Pupa retusa Braun, Glandina Sandbergeri, G. subsulcosa Thom., nebst vielen Algen-Incrustationen, Holzresten und nach Aussage der Steinbrecher dann und wann mit (leider verloren gegangenen) Knochen von grossen Landthieren . . . . 10 „

13. Grauer körniger Kalkstein mit Corbulomya elongata Sandb., Cerithium submargaritaceum, C. plicatum, var. intermedium, C. margaritaceum Brocchi, Bulla declivis Sandb., Stenomphalus cancellatus, Helix subverticillus Sandb. und einer grossen Pinna, welche 11—12 Cm. lang, 5 Cm. breit, am untern Ende ausgebuchtet, mit lang vorgestreckter, runder Spitze versehen und nach der innern Seite, an welcher sich das zum Ausstrecken des Fusses befindliche Loch befindet, leicht gekrümmt ist. Die Schale ist dick, glatt, perlmutterglänzend und an der innern Seite mit 5—7 Längsrippchen verziert . . . . 9 Fuss.

Darunter liegt hie und da ein dünner, kalkiger Sandstein voll von Cerithium margaritaceum und Stenomphalus cancellatus.

14. Blauer Thon, mit Lagern und Geoden (Septarien) thonigen Kalkes (Cement-Kalk) und mit Cerithien . . . . 10 „
15. Körniger, dunkler Kalkstein aus Muschelbruchstücken und Kalkgeschieben durch Kalksinter verkittet, mit Cerithien, Corbulomyen etc.; ein sehr geschätzter Bau- und Werkstein . . . . 8 „
16. Ein dem vorigen ähnlicher, jedoch feinkörniger, gelber und schwarzer Kalk mit denselben Versteinerungen, nebst Nerita Rhenana Thom., Cerithium margaritaceum und sehr grosser Perna Sandbergeri . . . 10 „
17. Schwarzer Schieferthon mit Pflanzenresten, Schwefelkies und Gypskrystallen . . . . 6 „
18. Dünnschiefriger Sandstein, worin ich am Brunnenschachte bei Oppenheim unter anderen ein sehr langes, vortrefflich erhaltenes Fünfblatt von Paläostrobus auffand . . . . 2 „
19. grauer Thon mit Kalk-Geoden, Schwefelkies und Gyps, darin Fischreste, Foraminiferen, seltener kleine Lucinen, häufig Schalen von Pteropoden, welche Sandberger für Creseis hält, die aber nicht wie Creseis seitlich geschlitzt und auch sehr gross sind. Die Schalen haben eine Länge von 2,25 Cm. und sind oben 0,5—0,6 Cm. weit. An der scharfen Spitze ist die kalkige Wand stark, nach dem oberen Rande hin verdünnt sie sich. Der Rand ist gerade abgeschnitten, das conische Gehäuse mit zahlreichen, tiefen Hohlkehlen und dazwischen stehenden, nach unten etwas umgebogenen, ringförmigen Leisten bedeckt . . . 90—100 „
20. Rothliegendes.

Die marine Thonablagerung wird zwischen Oppenheim und Nierstein durch das von Schwabsburg herabkommende tiefe Thal durchschnitten. In diesem Thale wird der Thon für die Ziegelfabrikation gewonnen. Die von diesen 50 Fuss tiefen Gruben durchsunkenen, oberen Theile sind offenbar später angeschwemmt und als Alluvium zu betrachten; sie sind mit Rollstücken von Leda Deshayesiana, Perna, Cytherea und Cerithium, welche sehr dünne Lagen bilden, erfüllt. Die unteren Theile enthalten weder Kalk-Geoden noch Versteinerungen. Der den Cerithien-Kalk bedeckende Sand und Sandstein mit Unio und Litorinella obtusa findet sich bei Nierstein, am gegenüber liegenden Galgenberge oberhalb Oppenheim bis weit südlich von der Burg Landskron, durch viele Steinbrüche und Sandgruben aufgeschlossen; er verläuft südlich allmählich in einen feuerfesten Thon, welcher die obere Perna-Schicht Nr. 8 und 9 bedeckt. Ich glaube ihn zu den Cerithien-Schichten des Oligocän des Mainzer Beckens als ein gleichzeitiges Süsswassergebilde stellen zu dürfen.

Unio pachyodon Ldwg. Taf. XXII. Fig. 1—5.

Zweischalige, gleichklappige, grosse, lang gestreckte, vorn und hinten abgerundete, unten etwas eingebogene Muschel mit runden Wirbeln an den sehr dicken, aus perlmutterglänzenden Lamellen bestehenden Schalen. Das Schloss ist aus sehr dicken, tief nach unten reichenden, zugerundeten, glatten Zähnen der Art gebildet, dass die eine Klappe deren zwei von ziemlich gleicher Grösse, getrennt durch eine flache Vertiefung (Fig. 2), trägt, während die andere Klappe einen dieser Vertiefung entsprechenden grösseren und einen vorn sitzenden kleineren Zahn enthält. Die eine Klappe besitzt einen langen Leistenzahn, die andere eine entsprechende Rinne. Die Stellen zur Anheftung der Muskeln hinter den Schlosszähnen sind sehr tief und grubig, die kleinere liegt unmittelbar am Schlosse, die grössere, von ovaler, etwas eingedrückter Gestalt, dahinter. Die vorderen Stellen der Art bilden eine grosse, concentrisch und horizontal gestreifte, ovale Fläche. Der Mantel ist stark in die Schale eingedrückt. Vom Wirbel laufen gegen die Spitze mehrere flache Mulden.

Länge der Schalen 12,5 Cm., Breite 5,7 Cm., Dicke 3,5 Cm., Verhältniss der Breite zur Länge = 1:2,2. Der Wirbel liegt im Fünftel der Länge weit hinten und ist sehr flach.

Dieser Unio ist mit keinem lebenden Europäischen und Amerikanischen zu vergleichen; am nächsten in Gestalt steht noch der Amerikanische Unio cylindricus Say, dessen Schalen aber durch dicke Knotenreihen und stark gekrümmte Wirbel, sowie durch schmale, scharfkantige, tief eingeschnittene Zähne ausgezeichnet sind.

Der im VIII. Bande der Paläontographica, Taf. LXXII von mir abgebildete Unio viridis Ldwg., sowie wie Sandberger (a. a. O., S. 340) gelesen hat Anodonta viridis, sowie der Unio pinguis Sandb. sind beide sehr breit und von unserm Unio pachyodon hinlänglich verschieden.

Ich besitze eine ziemlich vollständige Klappe, welche zum Theil mit Knochensplittern, Bruchstücken von Unio, Gehäusen von Litorinella obtusa und Sand angefüllt ist, sowie fünf Steinkerne.

Fig. 1 eine zum Theil bis auf den Steinkern abgeblätterte Schale von aussen.
Fig. 2 Schale von innen, nach dem Abgusse von einem Steinkern.
Fig. 3 Steinkern von der Seite; Fig. 4 derselbe von oben; Fig. 5 Dicke und Profil der Schale.
Fundort: Oppenheim am Rhein.

Unio Kirnensis,
aus der Steinkohlen-Formation an der Nahe.

In der Steinkohlen-Formation, welche sich zwischen dem Hundsrücken und der Saar ausbreitet, sind meines Wissens noch keine Süsswasser-Bivalven aufgefunden worden. Ich war so glücklich, auf einem Ausfluge, welchen ich im Mai 1861 die Nahe herauf machte, an einer Stelle oberhalb Kirn, wo ein Felsenkeller gegraben worden war, ziemlich viele und gut erhaltene Unionen im Gestein zwischen einigen Wedeln von Sphenopteris trifoliata und einer Pecopteris anzutreffen. Dieser Punkt befindet sich im Liegenden des zwischen Kirn und Hohenfels im Abbau begriffenen Steinkohlenlagers, worüber ich folgendes Profil mittheilen kann.

Oben: Kohlensandstein, zuweilen mit Sphäroesiderit-Knollen.

Reine Steinkohle . . 6 Zoll.
Sphärosiderit . . . 3 „
Verunreinigte Steinkohle 8 „ } Kohlenflötz und Sphärosiderit . . 2—7 Fuss.
Sphärosiderit . . . 5 „
Steinkohle . . . . 9 „

Schieferthon und Sandstein . . . . 60 „
Sandsteinschiefer mit Unio und Farn . . . . 1 „
Unten: Sandstein mit Pflanzenresten . . . . — „

Unio Kirnensis Ldwg. Taf. XXII. Fig. 8.

Zweischalige, gleichklappige, lange, schmale, spitz ovale Muschel mit weit hinten liegenden, niedrigen Wirbeln. Die Hinterenden kurz und stumpf, das Ligament lang, die Vorderenden seitwärts gerichtet und spitzer abgerundet als die Hinterenden. Kleiner Schlosszahn, leistenförmiger Ligament-Zahn.

Länge der Muschel = 2,8 Cm., Breite 1 Cm., Dicke 0,5 Cm., Verhältniss der Breite zur Länge = 1:2,8, Winkel am Schlosswirbel = $155°$; der Wirbel liegt im Viertel der Schalenlänge.

Diese Muschel hat einige Aehnlichkeit mit den bei Manebach und Ilmenau in der Carbon-Formation Thüringen's vorkommenden, weicht aber theils in ihren Maassverhältnissen, theils in der Lage ihres Wirbels, in der Grösse ihres Schlosswinkels, sowie endlich in der Form ihres Vordertheiles von allen mir bekannten Süsswasser-Bivalven der paläozoischen Formationen ab, so dass ich die nach dem Fundorte benannte neue Species für wohlbegründet halte.

Fig. 8. Aussenansicht von einer noch durch das Ligament verbundenen zweischaligen Muschel, welche, wie die stark angeschwollenen, vom Wirbel nach vorn laufenden Leisten vermuthen lassen, von einem weiblichen Thiere herrührt. Fig. 8ª Querschnitt.

Das Innere habe ich nicht abgebildet; die schwachen Zahnabdrücke deuten an, dass die kleine Muschel in dieser Beziehung dem Unio Goldfussanus Kongk., von welchem ich Taf. XXII. Fig. 8ª eine Abbildung gebe, gleichkommt.

Fundort: Steinkohlenformation bei Kirn an der Nahe.

Anodonta compressa und A. fabaeformis,
aus dem Rothliegenden in Schlesien.

Ueber die in der Nähe von Volpersdorf ausgehende Steinkohlen-Formation lagern sich in der Herrschaft Glatz Schichten des Rothliegenden, welche durch Walchia pinnata Gutb. und Pecopteris gigas Gutb. hinlänglich charakterisirt sind. Es sind graue und rothe Sandsteine mit Mergelkalk und Brandschiefer. In einem grauen glimmerreichen Sandsteine des Rothliegenden von Neurode fand der Betriebsführer Völkel auf Rudolphs Grube zu Volpersdorf im vorigen Sommer eine fast nur aus Resten von Anodonten bestehende Bank auf; er sandte mir einige dieser Reste, und ich erkannte diese Süsswasser-Muschel als neu. Es scheint mir wichtig genaue Abbildung und Beschreibung davon zu veröffentlichen, da aus dem Rothliegenden Deutschland's bisher nur sehr wenige Formen der Art bekannt sind, im Rothliegenden Russland's aber nur eine Art, der Unio lepitus Ldwg. vorgekommen ist, wenn die über dem Zechsteine liegenden Schichten von Nischni-Troitsk im Orenburgischen mit Unio umbonatus Fisch. zur Trias gestellt werden müssen. Die in der Nähe von Niederhässlich bei Dresden und Salhausen bei Oschatz im Kalke und Brandschiefer des Rothliegenden vorkommenden Anodonten hat Geinitz auf Taf. XIII. Fig. 35. 36 seiner Dyas abgebildet; es sind kleine, dem Anscheine nach nicht gut erhaltene Exemplare. Zwei andere davon abweichende Species von Anodonta besitzt Professor Reuss zu Prag aus dem Böhmischen Rothliegenden. Nach den mir davon mitgetheilten Zeichnungen, die ich mit den meinigen von den Anodonten von Neurode verglichen habe, zu urtheilen, unterscheiden sie sich wesentlich von letzteren.

Anodonta compressa Ldwg. Taf. XXII. Fig. 6.

Zweischalige, gleichklappige, lange, schmale, stark bauchige Muscheln mit schwachen Anwachsstreifen, niedrigen, weit zurückliegenden Wirbeln, ohne Schlosszahn, mit langer gerader Leiste, langem Ligament und drei Muskelansätzen, von denen zwei dicht beisammen hinten, einer vorn liegen. Länge der Schalen = 2 Cm., Breite derselben 1,0 Cm., Dicke = 0,7 Cm., Verhältniss der Breite zur Länge = 1:2,6; Winkel am Wirbel = 140°; der

Wirbel liegt am Ende des Viertels der Schalenlänge. Hintertheil kurz und parabolisch, Vordertheil gedrückt oval.

Fig. 6. Zwei noch durch das Ligament zusammengehaltene Schalen von aussen, Fig. 6ᵃ Eine Schale von innen, a die beiden hinteren Muskelansätze, β der einzelne vordere, γ der lange leistenförmige Ligament-Zahn.

Fig. 6ᵇ Querschnitt der Muschel.

Auf den mir von dem Obersteiger Völkel zugesandten Stücken befinden sich mehrere Dutzend gut erhaltene Exemplare.

Von Unio umbonatus Fischer, von welcher ich Fig. 9 eine Abbildung beifüge, deren Schlossbau aber unbekannt ist, unterscheidet sich Anodonta compressa durch ihr längeres Ligament und das Verhältniss der Breite zur Länge, welches bei Unio umbonatus = 1:3,3 ist; der Schlosswirbelwinkel der letzteren beträgt 160°. Mit keiner der bekannten Anodonten aus der Steinkohlen-Formation hat diese neue Art Aehnlichkeit.

Fundort: Neurode im Glatzischen (Preussisch Schlesien), in Schichten des Rothliegenden.

Anodonta fabaeformis Ldwg. Taf. XXII. Fig. 7.

Zweischalige, gleichklappige, länglich ovale, bohnenförmige Muschel mit schwachen Anwachsstreifen, warzenförmigen Wirbeln, ohne Schlosszahn, mit kurzem, leistenförmigem Zahn unter dem ebenfalls kurzen Ligament und mit drei Stellen zur Anheftung für Muskeln. Vorn und hinten gleichmässig zugerundet.

Länge der ausgewachsenen Schale = 3,0 Cm.; Breite derselben 1,8 Cm.; Dicke = 0,8 Cm.; Verhältniss der Breite zur Länge = 1:2,31; Winkel am Wirbel = 160°; der Wirbel liegt im Drittel der Schalenlänge.

Fig. 7 eine grosse Schale von aussen, Fig. 7ᵃ eine solche von innen; a sind die beiden hintern Muskelansätze, β ist der vordere, γ der leistenförmige Zahn. Das Hintertheil der Muschel (vom Wirbel gegen a) ist länger als das Vordertheil (vom Ligament gegen β).

Fig. 7ᵇ eine kleinere Muschel, deren beide Schalen noch zusammenhängen, von aussen, Fig. 8ᵃ Querschnitt. Ich besitze 6 Exemplare.

Fundort: Im Rothliegenden bei Neurode.

Die

Placodonten,

eine Familie von Sauriern der Trias.

Von

Hermann von Meyer.

Taf. XXIII—XXXII.

Als ich mein grösseres Werk über die Saurier des Muschelkalkes etc. in den Jahren 1847 bis 1855 der Oeffentlichkeit übergab, wusste man nicht anders, als dass die unter Placodus begriffenen Reste aus dem Muschelkalke Fischen angehörten. Ich selbst hatte von Placodus nur Zähne zu untersuchen Gelegenheit gefunden, welche geeignet waren, diese Annahme zu unterstützen. Es lag daher keine Veranlassung vor, den Placodus in meine Untersuchungen hereinzuziehen. Erst im Jahr 1858 gelang es Owen (Philos. Trans. London, 1858. p. 169. t. 9—11), an einem nach England gekommenen Schädel sich von der Saurier-Natur des Placodus zu überzeugen. Es entstand dadurch in meinen Untersuchungen über die Muschelkalk-Saurier eine Lücke, welche ich mich freue, nunmehr im Stande zu seyn, unterstützt von Herrn Professor Dr. Braun in Bayreuth und Herrn Professor Dr. A. Oppel in München, auf erwünschte Weise auszufüllen. Mit der grössten Gefälligkeit vertraute mir Herr Braun seine schätzbaren Beobachtungen über Placodus, sowie die Stücke seiner eigenen, und der zu Bayreuth im Jahr 1832 vom damaligen Regierungs-Präsidenten Baron von Andrian-Werburg errichteten Kreis-Naturalien-Sammlung von Oberfranken an, Herr Oppel dagegen die Stücke in der paläontologischen Sammlung des Staates zu München. Hiedurch gelangte ich nun zur Benutzung sämmtlicher Stücke, mit denen vor mir Graf zu Münster, Agassiz und Braun beschäftigt waren, und die sie durch Abbildung und Schrift veröffentlicht hatten, dann aber auch einer Reihe gänzlich unbekannt gebliebener Stücke. Nur die nach England gekommenen, durch Owen veröffentlichten Reste von Placodus habe ich nicht selbst untersucht. Unter diesen ist eigentlich nur der Schädel von Placodus laticeps von Wichtigkeit, der, wie wir sehen werden, dem Schädel von Placodus Münsteri so nahe steht, dass ich durch letzteren einigermaassen für die Unmöglichkeit, ersteren zu benutzen, entschädigt wurde.

Diese wichtigen Versteinerungen rühren alle aus dem Muschelkalke der Pflastersteinbrüche des Leinecker und Bindlocher Berges bei Bayreuth, Kreis Oberfranken in Bayern, her, dessen Reichthum an Sauriern die Grundlage zu meinem grössern Werke über diese merkwürdigen Geschöpfe bildet. Es ist, wie gesagt, der Muschelkalk von Bayreuth die Fundstelle, und nicht der Muschelkalk von Bamberg, wie Agassiz in seinem Werk über die fossilen Fische angiebt, und selbst Deutsche Gelehrte ihm fortwährend nachschreiben. Ausserdem ist Placodus noch in der Breccie von Crailsheim und Göldorf, ferner in dem oberen Muschelkalke von Malschbach im Baden'schen, zu Jena und Zwetzen im Weimar'schen, zu Rybna, Larischhoff, Alttarnowitz und Oppatowitz in Schlesien und zu Erkerode im Braunschweigischen gefunden, an letztem Ort in einem unvollständigen Unterkiefer, sonst nur in vereinzelten Zähnen.

In den Untersuchungen über Placodus begegnet man am frühesten einer kleinen, nicht in den Buchhandel gekommenen, bei F. C. Birner in Bayreuth im Jahr 1830 gedruckten Schrift, betitelt: „Ueber einige ausgezeichnete fossile Fischzähne aus dem Muschelkalk bei Bayreuth von Georg Grafen zu Münster" (4 S. u. 1 Taf. in 4to), welche eigentlich nur in den Erläuterungen zu einer Tafel mit Abbildungen besteht. Münster lenkt darin die Aufmerksamkeit auf Zähne und Kiefer eines merkwürdigen, im Muschelkalke des Bindlocher und Leinecker Berges vorkommenden, erloschenen Geschlechtes, das er mit Agassiz zu den Fischen rechnet. Es waren davon wohl früher schon an dieser Stelle und auch anderwärts im Muschelkalke vereinzelte Zähne gefunden worden; aber erst nach fünfzehnjährigen Bemühungen gelang es Münster, die hier mitgetheilten ansehnlicheren Theile vom Kopfe zu erhalten, und zwar gleich von zweien Species, welche später Agassiz Placodus gigas und P. Münsteri nannte und jetzt von mir in zwei verschiedene Genera gebracht werden. Agassiz legt diese Reste auch nachher noch (Poiss. foss., II. 1. 1833—43. p. 15) Fischen bei, die er in die Familie der Pycnodonten verlegt; er verleiht dem Genus den Namen Placodus, von dem er als bezeichnend hervorhebt: „dents polygones, à angles arrondis, dont la surface est aplatie et entièrement lisse"; wobei er jedoch bemerkt, dass die Einreihung in die Pycnodonten nur vorläufig geschehe, weil es noch ungewiss sey, ob das Skelet mit Pycnodus und Microdon Aehnlichkeit besitze. Der Bezahnung liege wohl dieselbe allgemeine Plan zu Grunde, sie biete aber in ihrer äusseren Form bemerkenswerthe Abweichungen dar, die mikroskopische Structur aber sey dieselbe, wie bei den Pycnodonten, weshalb er auch keinen Irrthum zu begehen glaube, wenn er das Genus Placodus in diese Familie verlege. Die Reste seyen nur aus Gebilden der Trias bekannt; man könne sie daher gleichsam als die Vertreter und

Vorläufer der wahren Pycnodus-Arten, welche am frühesten in der Jura-Formation auftreten, ansehen. Es werden fünf Species angenommen; von vier derselben, Placodus gigas Ag., P. Andriani Münst., P. Münsteri Ag. und P. rostratus Münst., fanden sich die Schädel im Muschelkalke bei Bayreuth, von der fünften, P. impressus Ag., nur vereinzelte Zähne im bunten Sandstein bei Zweibrücken in der Bayer'schen Pfalz und, wie ferner angegeben wird, in der Breccie zu Tübingen in Würtemberg. Diese Zähne sind kleiner und in der Mitte mit einer Furche versehen; es fragt sich aber überhaupt erst noch, ob sie wirklich zu Placodus gehören, der so spät in der Trias sonst nicht nachgewiesen ist. Agassiz sagt, dass er von Placodus überhaupt nur vereinzelte Zähne selbst gesehen habe, alles andere über dieses Genus verdanke er der Mittheilung Münster's. Gleichwohl sind einige Schädel der vormals Münster'schen Sammlung mit Aufschriften von Agassiz' Hand versehen, so dass man vermuthen möchte, dass er doch auch die Schädel gekannt habe.

Ein anderer Abschnitt in den Untersuchungen über Placodus beginnt 1858 mit Owen's Veröffentlichung der in das Brittische Museum zu London aus dem Muschelkalke der Gegend von Bayreuth gekommenen Reste. Früher schon war an dem von Münster bekannt gemachten Placodus rostratus der weite Jochbogen aufgefallen. Bei der Lage dieses Schädels mit der Oberseite auf dem Gestein, war es jedoch unmöglich, auch über die Beschaffenheit der äusseren Oeffnungen und der Nähte Aufschluss zu erlangen, was von Schädeln anderer Species gefunden war, eignete sich dazu ebenfalls nicht. Unter den Owen vorgelegenen Gegenständen war ein Schädel einer neuen Species, Placodus laticeps, woran er vollständig knöchern begrenzte äussere Nasenlöcher, Augenhöhlen und Schläfengruben und überhaupt eine solche Zusammensetzung des Schädels, sowie eine solche Beschaffenheit der Gelenkfläche zur Aufnahme des Unterkiefers auffand, wie man sie von Fischen nicht kennt; was ihn veranlasste, den Placodus für ein Reptil zu erklären, das zunächst an meinen Simosaurus aus demselben Muschelkalk erinnere, er freilich nur in der allgemeinen Schädelform einige Aehnlichkeit besitzt. Selbst die mikroskopische Structur der Zähne komme nicht, wie Agassiz glaubt, auf die Fische, sondern auf die Saurier heraus. Nach Bruchstücken vom Unterkiefer und nach Zähnen werden von Owen im Muschelkalke von Bayreuth noch drei neue Species, Placodus pachygnathus, P. bathygnathus und P. bombidens, angenommen, die er jedoch selbst nicht für hinlänglich begründet erachtet. Auch wird die Vermuthung ausgesprochen, dass die von mir aus dem Muschelkalke von Bayreuth und Schlesien unter Tanistropheus (Saurier des Muschelkalkes, S. 42. t. 30. t. 46. f. 1—4) veröffentlichten, auffallend langen und schmalen Wirbel mit einer eigenthümlichen Beschaffenheit des Rückenmark-Canals dem Placodus angehören; wobei jedoch zu berücksichtigen ist, dass diese Wirbel wohl in der Gegend von Bayreuth und Schlesien zugleich mit Placodus vorkommen, in Sachsen aber, dessen Muschelkalk doch auch Placodus enthält, noch nicht gefunden werden konnten.

— 178 —

Wenn meine eigenen Untersuchungen bisher nur auf vereinzelte Zähne aus dem Muschelkalke von Bayreuth, Sachsen's (Palaeontogr. 1. 1849. S. 197. t. 33. f. 1—12), Oberschlesien's (S. 240. t. 29. f. 51—54), sowie auf den Unterkiefer aus dem Muschelkalk der Gegend von Braunschweig (Palaeontogr., X. 1862. S. 57. t. 9) beschränkt waren, so sehe ich mich dafür jetzt durch ein reiches, mir zur Benutzung gebotenes Material entschädigt.

Frühe schon hatte auch Herr Professor Fr. Braun in Bayreuth begonnen, sich mit Placodus zu beschäftigen; er wies namentlich nach, dass die von Agassiz für Schlundzähne gehaltenen Zähne die Schneidezähne von Placodus sind (Jahrb. für Mineral., 1836. S. 360). Braun liefert auch in dem „Programm zum Jahresbericht der K. Kreis-Landwirthschafts- und Gewerbsschule zu Bayreuth für 1861/62" (Bayreuth 1862, gedruckt bei Burger, 4°. 16 S.) eine Abhandlung „Ueber Placodus gigas Ag. und Placodus Andriani Münst." auf Grund von Schädeln, welche mit den von Owen beschriebenen Resten an derselben Stelle im Pflastersteinbruch auf dem Leinecker Berge gefunden wurden. Sie waren besser erhalten als die früheren, und es wurde unter anderem auch erkannt, dass Placodus mit dem den meisten älteren Sauriern zustehenden Scheitelbeinloch versehen war. Es wird ein Schädel von Placodus gigas beschrieben und ein anderer Schädel dem P. Andriani beigelegt, den ich jedoch für eine eigene Species halte und als P. hypsiceps ausführlicher darlegen werde. Braun glaubt, dass die selbst von Agassiz schon zugegebene geringe Verschiedenheit zwischen P. gigas und P. Andriani die Vereinigung dieser beiden Species zu einer einzigen unter dem Namen P. Andriani erheische. Die letzte Arbeit Braun's ist in dem so eben erschienenen Programm für das Schuljahr 1862/63 (Bayreuth 1863. Druck von Höreth) enthalten, und handelt „Ueber Placodus quinquemolaris", eine Versteinerung, deren Beschreibung und Abbildung ich nach dem mir von Herrn Braun mitgetheilten Original gleichfalls zu geben im Stande bin.

Das Ergebniss meiner Untersuchungen aller dieser Versteinerungen läuft dahin hinaus, dass die Placodi zu einer eigenen Familie von Sauriern zu erheben sind, was schon dadurch gerechtfertigt erscheint, dass man sie lange Zeit gar nicht für Saurier hielt, denen sie doch angehören, vielmehr für Fische erklärte. Die Familie glaube ich nicht besser als mit dem Namen der Placodonten bezeichnen zu können.

Die Placodonten beschränken sich nicht auf ein einzelnes Genus. Owen hält es für möglich, dass man auf den Gedanken kommen könne, die Placodi mit zwei Paar Gaumenzähne, von denen, welche deren drei besitzen, generisch zu trennen, glaubt aber, dass, da Placodus rostratus einen allmählichen Uebergang von den einen in die anderen bilde, eine solche Trennung unstatthaft sey. Auch macht Braun (Prog. S. 10) darauf aufmerksam, dass man die Placodi nach der Form der Schädel in zwei verschiedene Genera, in Breitschädelige und in Langschädelige, bringen könne. Die Verschiedenheit in der Zahl der Gaumenzähne, selbst wenn sie sich bestätigen sollte, möchte ich in vorliegendem Falle mehr für ein untergeordnetes Kennzeichen halten; grösseres Gewicht lege ich auf den ganzen Habitus, der bei den Placodonten hauptsächlich durch die Schneidezähne und den Jochbogen bedingt wird, und Langschädelige, sowie Breitschädelige zur Folge hat.

Es ergiebt sich nun für die Thiere, mit denen wir uns näher zu beschäftigen haben, folgende Eintheilung.

Familie: Placodontes Meyer.

 A. Langschädelige (Macrocephali).

  Schädel länger als breit; durch Einschnürung abgesetzte Schnautze mit sechs meisselförmigen Schneidezähnen im paarigen Zwischenkiefer; oben 6 Schneidezähne, 8 oder 10 Backenzähne, 6 Gaumenzähne = 20 bis 22, unten 4 Schneidezähne, 6 Backenzähne = 10, zusammen = 30 bis 32 Zähne.

  Gattung: Placodus Meyer (Placodus Ag. zum Theil).

   a. Oben mit 8 Backenzähnen.

    P. gigas Ag. Taf. XXV. Fig. 1. Taf. XXVI. Fig. 1. 2. Taf. XXVII.

    P. Andriani Münst. Taf. XXX.

    P. hypsiceps Meyer. Taf. XXIV. Taf. XXIX. Fig. 4.

   b. Oben mit 10 Backenzähnen.

    P. quinimolaris Braun. Taf. XXV. Fig 2—4.

 B. Breitschädelige (Platycephali).

  Schädel nicht länger als breit; kurze, nicht abgesetzte Schnautze mit vier bohnenförmigen Schneidezähnen im unpaarigen Zwischenkiefer; oben 4 Schneidezähne, 4 oder 6 Backenzähne, 4 oder 6 Gaumenzähne = 14 bis 16, unten ? Zähne.

  Gattung: Cyamodus Meyer (Placodus Ag. zum Theil).

    C. rostratus Meyer (Münst. sp.). Taf. XXIII.

    C. Münsteri Meyer (Ag. sp.). Taf. XXXI. Fig. 1. 2.

    C. laticeps Meyer (Ow. sp.).

Die Zahl der Backenzähne und der Gaumenzähne konnte noch nicht für alle Species von Cyamodus mit Sicherheit ermittelt werden; es wäre möglich, dass in diesen Zahlen, wie in der Zahl der oberen Backenzähne bei Placodus, ein Anhalt läge, um die verschiedenen Species von Cyamodus weiter zu ordnen. Cyamodus zeichnet sich durch eine auffallend geringe Anzahl von Zähnen aus, von denen nur das letzte Paar Gaumenzähne ansehnliche Grösse besitzt; die generische Verschiedenheit von Placodus im engeren Sinne ist überhaupt sehr auffallend.

Placodus impressus Ag. aus dem bunten Sandstein habe ich nicht aufgeführt, da es noch nicht hinlänglich ermittelt ist, ob die unter diesem Namen begriffenen Zähne von einem Placodonten herrühren. Auch hat man geglaubt in dem Muschelkalke von Bayreuth noch andere Species von Placodus annehmen zu können, die jedoch nur auf Abweichungen vereinzelter Zähne beruhen, welche, so auffallend sie auch seyn mögen, keinen genügenden Anlass zur Errichtung einer Species geben, indem dieselben Abweichungen sich an Zähnen verschiedenen Alters, verschiedener Individuen desselben Alters und selbst an Zähnen der rechten oder der linken Seite desselben Individuums in ganz gleicher Weise herausstellen, so dass die Beschaffenheit der Zähne nur mit grösster Vorsicht bei der Unterscheidung von Species sich anwenden lässt. Ich habe Stücke der Sammlung Münster's mit dessen eigener Hand „Placodus rugosus Münst.", „Placodus Aethiops Münst.", „Placodus angustus Münst." überschrieben gefunden, deren Unterscheidung auf Abweichungen an den Zähnen beruht, welche unmöglich bezeichnend seyn können. Auch Owen veröffentlicht von Bayreuth Unterkiefer-Fragmente mit Zähnen als Placodus bombidens (Phil. Trans., p. 179. t. 9. f. 3—6), P. pachygnathus (p. 178. t. 10. f. 6. 7) und P. bathygnathus (p. 181. t. 11. f. 1—3), die auf ähnlichen ungenügenden Merkmalen beruhen. Herr Professor Braun bemerkte gegen mich wiederholt, dass er nicht daran zweifele, dass die Ueberreste dieser drei Species zu den Schädeln gehören, welche er gleichzeitig von derselben Stelle erhalten habe. Von P. pachygnathus und P. bombidens giebt Owen selbst die Möglichkeit zu, dass sie mit P. Andriani zusammenfallen, und das dem P. bathygnathus beigelegte Unterkiefer-Fragment besitzt ähnliche Grösse. Diese sechs Species können daher nicht als wirklich bestehend betrachtet werden.

Die Formen des Genus Placodus lassen sich in solche mit 8 und in solche mit 10 Backenzähnen im Schädel unterscheiden. Diese Abweichung in der Zahl der Backenzähne kann unmöglich auf Altersverschiedenheit beruhen, da sie sich an Thieren derselben Grösse herausstellt, und für eine blos individuelle Erscheinung ist sie zu bedeutend.

Ich habe nicht nur die Trennung in Placodus gigas und P. Andriani vorläufig beibehalten, sondern diesen sogar noch eine dritte nahe verwandte Form, P. hypsiceps, hinzuzufügen mich veranlasst gesehen. Eine Unterscheidung dieser drei Formen lässt sich wohl durchführen, der Grund aber ihres Bestehens möchte schwer zu ermitteln seyn. Sie geben sich schon an der nicht auf Druck beruhenden Stärke der Biegung des Jochbogens zu erkennen. Placodus gigas beschreibt in allen Exemplaren einen weiteren Jochbogen als P. Andriani, in P. hypsiceps ist er noch schwächer, als in letzterem. Dabei besitzt P. hypsiceps die schmälste und höchste Schädelform, ohne kleiner als P. Andriani zu seyn. Diese Abweichungen können daher nicht von verschiedenem Alter der Thiere herrühren, eben so wenig von Geschlechtsverschiedenheit, da sie sich nicht in zwei, sondern in drei ungefähr gleichen Abstufungen zu erkennen geben. Wäre P. hypsiceps die Jugend von einer der beiden andern Species, so könnte sein Schädel nicht die schmale, ebenmässige Form besitzen, welche ihn auszeichnet. Zwischen ihm und P. gigas bestehen auch im Verlauf der Nähte Abweichungen, namentlich auf der oberen Schädeldecke; in P. gigas ist das Hauptstirnbein von der Bildung des Augenhöhlenrandes kaum ausgeschlossen, in P. hypsiceps dagegen vollständig verdrängt, was allein schon Abweichungen bei anderen Nähten zur Folge hat. Von P. Andriani ist diese Gegend noch nicht bekannt. Die spitzere Schnautze mit der P. hypsiceps sich darstellt, wird wenigstens theilweise von Verletzung an der Aussenseite herrühren, jedenfalls aber ist die Schnautze auffallend länger und stärker abwärts gerichtet, als in dem zunächst in Betracht kommenden P. Andriani. Bei P. quinimolaris scheint der Schädel am plattesten gewölbt gewesen zu seyn.

Zum besseren Verständnisse will ich hier einige Verhältnisse zwischen Höhe, Breite und Länge des Schädels hervorheben.

Schädelhöhe in der Gegend der Augenhöhlen ohne die Zähne zur Breite in derselben Gegend . . . . in Placodus gigas = 2:3,
                                                     in P. Andriani = 1:2 (?),
                                                   in P. hypsiceps = 1:1,
                                                   in P. quinimolaris = 1:2 (?).

Dieselbe Höhe zur grössten Breite in der Gegend der Jochbogen
                                                   in P. gigas = 1:2,
                                                   in P. Andriani = 2:5 (?),
                                                   in P. hypsiceps = 1:1.

Grösste Breite zur Länge ohne die Zähne in P. gigas = 1:3 (?),
                                                   in P. Andriani = 3:5,
                                                   in P. hypsiceps = 4:9.

Die Species von Placodus weichen nur wenig in Grösse von einander ab. Placodus gigas und P. quinimolaris sind am grössten und breitesten, P. hypsiceps ist die kleinste und schmälste, was den Schädel anbelangt. Placodus besitzt die grössten und stärksten Zähne; es gilt dies namentlich auch für die Backenzähne. In P. Andriani sind die Backenzähne verhältnissmässig geringer als in P. hypsiceps, was um so mehr auffällt, als des letzteren Schädel doch eher etwas kleiner ist. P. quinimolaris besitzt gegen P. gigas, mit dem er in Grösse übereinstimmt, schon deshalb kleinere Backenzähne, weil die Reihe von derselben Länge 5 Zähne statt 4 zählt.

Die Zähne der Placodonten sind wegen ihrer Aehnlichkeit mit schwarzschaligen Bohnen bei den Steinbrechern in Bayreuth unter dem Namen der „Bohnen" bekannt. Diese Bezeichnung passt indess weniger für die pflastersteinförmigen Gaumenzähne des Genus Placodus als überhaupt auf die Zähne des breitschädeligen Genus, das ich daher auch Cyamodus nannte. Selbst seine Schneidezähne sind im Vergleich zu den meisselförmigen Schneidezähnen des Placodus bohnenförmig gebildet.

Von Cyamodus ist der Unterkiefer noch nicht gefunden, wohl aber sind es vollständigere Schädel, worauf die Unterscheidung der Species beruht. Sie zeichnen sich durch auffallend breite Jochbogen, eine kurze, spitze Schnautze und eine geringere Anzahl Zähne, unter denen nur das letzte Paar Gaumenzähne hervorragende Grösse besitzt, aus. Die Schneidezähne kommen mehr auf die Backenzähne heraus, und sind von diesen nicht durch einen grösseren zahnlosen Raum getrennt. Auch weicht die allgemeine Form und der ganze Habitus des Schädels von Placodus so sehr ab, dass an der Selbstständigkeit des Genus nicht gezweifelt werden kann, das sich auch in der Zusammensetzung des Schädels scheint zu erkennen zu geben, wenigstens nach dem zu urtheilen, was über den Verlauf der Nähte in Cyamodus Münsteri vorliegt. Cyamodus rostratus ist jedenfalls eine eigene Species; es wäre aber möglich, dass C. laticeps nur einen älteren C. Münsteri darstellte; die Gründe hiefür werde ich unten bei letzterer Species näher entwickeln.

Es wollte bisher nicht gelingen, mit Sicherheit zu ermitteln, in welchen Schädelknochen die verschiedenen Zähne von Placodus angebracht sind. Owen (Phil. Trans. 1858. p. 172) glaubt, dass die äusseren Zähne dem Zwischenkiefer und Oberkiefer angehören, die inneren dem Gaumen- und Flügelbein. Dass die Schneidezähne in Placodus und Cyamodus im Zwischenkiefer sitzen, unterliegt keiner Frage mehr. Dagegen können die inneren Zähne nach dem Taf. XXVI. Fig. 2 abgebildeten Schädel von Placodus gigas unmöglich dem Flügelbein beigelegt werden, da sich an ihm deutlich erkennen lässt, dass das Flügelbein von dem davorliegenden Knochen mit den inneren Zähnen durch eine Naht abgetrennt ist. Aus den scheinbar unbedeutenden Bruchstücken Taf. XXV. Fig. 5 und Taf. XXIX. Fig. 2 geht ferner hervor, dass, wie wir bei Beschreibung dieser Stücke sehen werden, die äusseren Zähne in einem anderen Knochen sitzen, als die inneren, im Oberkiefer nämlich; der Knochen, der allein die inneren Zähne trägt, wird daher das Gaumenbein seyn. Zwischen Oberkiefer und Gaumenbein bestand jedoch eine ziemlich feste Verbindung, da eine Trennung beider Knochen so selten angetroffen wird, und die Backenzähne sich den Gaumenzähnen so dicht anschliessen, dass man glauben sollte, sie gehörten einem und demselben Knochen an.

Ueber die Art der Befestigung der Zähne und den Zahnwechsel lagen ebenfalls genaue Beobachtungen nicht vor, obschon es nicht zu den Seltenheiten gehört, an den Schädeln von Placodus Ersatzzähne zu finden. Eines der wichtigsten Stücke hiefür ist das von mir Taf. XXXII. Fig. 4. 5 abgebildete, welches noch näher beschrieben werden wird. In wirklichen Alveolen stecken eigentlich nur die Schneidezähne mit gut ausgebildeten Wurzeln, der Wurzeltheil der übrigen Zähne ist mehr mit dem Knochen, dem die Zähne angehören, verbunden; er lässt sich an einer mehr vertical streifigen Beschaffenheit, der eigentliche Knochen an dem zelligen Bau erkennen. Es besteht nur ein Alveolar-Rand (vgl. Placodus quinimolaris, Taf. XXV. Fig. 2), durch dessen Schärfe man wohl veranlasst werden könnte, auf wirkliche Alveolen, in denen die Zähne wie Zapfen in einem Loche stecken, zu schliessen. Der neue Zahn bildete sich unter dem alten, an dessen Stelle er allmählich vorrückte, oder in seiner Nähe.

Unter den Placodonten ist es eigentlich nur Cyamodus, welcher Aehnlichkeit mit meinem gleichalterlichen und an demselben Fundort vorkommenden Simosaurus besitzt. Bei Vergleichung mit dem prachtvollen, von mir in meinem Werk über die Saurier des Muschelkalkes (S. 86. t. 65. f. 1. 2) abgebildeten Schädel wird man sich überzeugen, dass selbst diese Aehnlichkeit sich nur auf die allgemeine Schädelform beschränkt. Die Hinterhauptsbucht ist in Simosaurus noch tiefer (t. 19. f. 4. t. 34. f. 6. t. 65. f. 1), es nimmt aber die Oberseite des Schädels weniger Antheil daran. Auch selbst die Platte, auf welche an der Unterseite die Bucht kommt, und die Art wie diese Platte seitwärts in die Fortsätze der Flügelbeine sich verlängert, ist in beiden Thieren ähnlich (für Simosaurus vgl. Saurier des Muschelkalkes, t. 17). Das Profil der Schädel beider Thiere ist aber ganz verschieden, ebenso auch die Zusammensetzung der Schädel und deren Bezahnung. Simosaurus besitzt nur eine Reihe randlicher Zähne, die nicht bohnenförmig, sondern mehr oder weniger spitz und von verschiedener Länge sind. In Simosaurus (t. 19. f. 1. t. 65. f. 1) stumpft sich die Schnautze spitzlich zu, mehr wie in Cyamodus, namentlich in C. Münsteri und C. laticeps, während der Schädel von Placodus sich zwar vor den Backenzähnen etwas verschmälert, um sich aber nach vorn wieder zu verbreitern und breit zu endigen. Das Scheitelbeinloch fällt in Simosaurus in die hintere Hälfte des Scheitelbeins, während es in den Placodonten nahe am vorderen Ende dieses Knochens liegt. Der Unterkiefer von Simosaurus ist von dem von Placodus gänzlich verschieden.

Pistosaurus (Saurier des Muschelkalkes, t. 21. f. 1—3), aus demselben Muschelkalke, zeigt ebenfalls eine tiefe Hinterhauptsbucht, an der aber die obere Schädeldecke keinen Antheil nimmt; auch ist Pistosaurus durch die schmale, zapfenförmige Schnautze ausgezeichnet, er besitzt andere Zähne, eine andere Zusammensetzung seines Schädels, und das Scheitelbeinloch liegt zwar am vorderen Ende des Scheitelbeins, aber weiter hinten als die vorderen Winkel der Schläfengruben.

Die Placodonten erinnern auch an die nicht weniger eigenthümlichen Dicynodonten der Südafrikanischen Trias, von denen sie ebenfalls schon durch die Art der Bezahnung und die Beschaffenheit des Unterkiefers abweichen, und es ist eigentlich nur der Schädel von Dicynodon lacerticeps (Owen, Trans. Geol. Soc. London, 2. ser. VII. 1845. p. 62. t. 3. f. 1. 2), der an eine Aehnlichkeit denken lässt.

Die zur Gewissheit gewordene Ansicht, dass die Placodonten den Sauriern angehören, erweitert das Bereich letzterer Geschöpfe abermals auf überraschende Weise. Zugleich wird dadurch die von verschiedenen Seiten angefochtene Ansicht von der Reptilien-Natur der Labyrinthodonten erfreulich befestigt, indem die Labyrinthodonten von den Sauriern nicht mehr abweichen als die Placodonten. Dann liefern die Placodonten aber auch einen neuen Beweis, wie sehr man irren kann, wenn man an die Untrüglichkeit einzelner, selbst solcher Kennzeichen glaubt, deren Werth man für fest begründet hält.

PLACODUS.

PLACODUS GIGAS Ag.

Schädel. Taf. XXV. Fig. 1.
<small>Münster, über einige ausgezeichnete fossile Fischzähne aus dem Muschelkalk von Bayreuth, 1830. S. 3. Nr. I.</small>
<small>*Placodus gigas* Agassiz, poiss. foss., II. 2. 1833—43. p. 218. t. 70. f. 14.</small>

Es ist dies der typische Schädel für die Species. Die Abbildung bei Münster stellt ihn von der damals allein entblösst gewesenen Gaumenseite dar. Nachdem er später fast vollständig vom Gestein befreit worden war, nahm Agassiz von ihm eine Abbildung in sein Werk auf, was mich jedoch bei der Wichtigkeit des Stückes nicht abhalten konnte, Taf. XXV. Fig. 1 noch eine dritte Abbildung nach meiner Zeichnung zu liefern, freilich auch nur von der Gaumenseite, der am besten überlieferten. Diese Versteinerung ist mit der Sammlung des Grafen zu Münster in die paläontologische Sammlung des Staates in München übergegangen, aus welcher Herr Professor Oppel die Gefälligkeit hatte, sie mir mitzutheilen.

Ehe der unter Placodus Audriani begriffene Schädel Taf. XXX. Fig. 1—4 aufgefunden und an ihm erkannt worden war, dass Placodus vor den Backenzähnen eine Verlängerung besitzt, woran die Schneidezähne angebracht sind, glaubte Münster, der Schädel sey vorn stumpf zugerundet gewesen. In seiner Abbildung über Placodus gigas deutet er diese Zurundung an, und füllt die dadurch in der äusseren Zahnreihe vorn entstandene Lücke mit zwei ähnlichen randlichen Zähnen aus. In der späteren Abbildung bei Agassiz, der nur wenig über den Schädel sagt, ist diese Ergänzung weggelassen. Die Versteinerung führt von Agassiz' Hand die Aufschrift „Placodus gigas Agass.", wonach man glauben sollte, dass er sie selbst gekannt habe, dem aber eine andere Stelle in seinem Werke widerspricht.

Es fehlt nicht allein die ganze Zwischenkiefer-Schnautze, sondern auch die ganze obere Schädeldecke, das Nasenbein, die verschiedenen Stirnbeine und das Scheitelbein; auch ist die hintere Begrenzung der rechten Schläfengrube mit dem Paukenbein derselben Seite, so wie das hintere Ende des linken Flügelbeins weggebrochen. Die linke Schädelhälfte ist innen vom Gestein befreit, wodurch man im Stande ist, sich zu überzeugen, dass die äusseren Nasenlöcher mit der Oeffnung zwischen den ersten Gaumenzähnen an der Unterseite zusammenhängen.

Die Gaumenzähne sind ächt, was schon daraus erkannt wird, dass sie noch von dem Gestein festgehalten werden; die rechte Reihe derselben nimmt 0,076, die linke

0,074 Länge ein. Der keilförmige erste Zahn misst, und zwar der rechte schräg von aussen nach innen 0,027, von vorn nach hinten aussen 0,02, wofür man am linken 0,027 und 0,0215 erhält. Diese Zähne sind mehr glatt mit Ausnahme eines dreieckigen, mit Eindrücken versehenen Feldes auf der äusseren Hälfte. Am zweiten rechten Gaumenzahn erhält man von aussen nach innen 0,032, von vorn nach hinten aussen 0,0255, innen 0,0165, am linken 0,033; 0,0265 und 0,019. Diese beiden Zähne sind gerundet keilförmig, und besitzen in der Mitte einen schwachen Quereindruck, der nach aussen sich theilt. Die Zähne scheinen fein radialstreifig gewesen zu seyn, wie man am Rande noch sehen kann. Am letzten rechten Gaumenzahn erhält man von vorn nach hinten aussen 0,029, an der inneren Hälfte 0,031, von aussen nach innen vorn 0,035, hinten 0,029, wofür der linke 0,0275; 0,024; 0,035 und 0,025 ergiebt; der rechte ist mehr unregelmässig fünfeckig, stark radialrunzelig und mehr querradial eingedrückt, der linke mehr unregelmässig viereckig mit stark gerundeter hinterer innerer Ecke, dabei ebenfalls radialrunzelig, doch auf der vorderen Hälfte durch Abnutzung glätter. Der Raum, den diese 6 Zähne einnehmen, beträgt, aussen gemessen, an dem ersten Paar 0,0495, am zweiten Paar 0,073 und am dritten Paar eben so viel Breite.

Die Backenzähne sind sämmtlich aufgekittet, es ist daher schwer zu sagen, ob sie wirklich von diesem Schädel herrühren und ob sie an richtiger Stelle angebracht sind; für den zweiten und letzten rechten und den letzten linken möchte ich es nicht bezweifeln; die beiden letzten sind zwar sehr verschieden geformt, liegen aber, wie der zweite rechte, noch theilweise im Gestein, und sind nur aussen durch Kitt unterstützt. Der erste und dritte Zahn werden nicht zu diesem Schädel gehören, oder doch unrichtig eingesetzt seyn, was daran erkannt wird, dass bei dem ersten die unebene dreieckige Stelle nach innen und vorn, bei dem dritten nach hinten statt nach innen gerichtet ist. Dennoch habe ich geglaubt, die Zähne ganz so in die Abbildung aufnehmen zu sollen, wie ich sie an der Versteinerung vorfand. Die vier äusseren Zähne der rechten Reihe nehmen einen Raum von 0,066, die der linken von 0,0705 Länge ein.

Der mehr runde erste rechte Backenzahn besitzt 0,0145 Durchmesser, der zweite misst von aussen nach innen und von vorn nach hinten 0,016, er ist aussen gerundet, innen gerade begrenzt, besitzt das rauhe Dreieck auf der inneren Hälfte sehr deutlich und noch eine ähnliche kleinere Rauhigkeit auf dem Gipfel; der dritte Zahn misst von aussen nach innen 0,017, von vorn nach hinten 0,0145, die Aussen- und Innenseite sind gerundet, letztere stärker, auch die hintere innere Ecke ist stark abgerundet. Der vierte Zahn misst von aussen nach innen 0,016, von vorn nach hinten 0,0155, aussen ist er gerundet, sonst mehr gerade begrenzt. Das rauhe Feld liegt auf der inneren Kronenhälfte. Von der linken Reihe misst der mehr eckig runde erste Zahn von aussen nach innen 0,015, von vorn nach hinten 0,014, die rauhe Stelle ist nach vorn und innen gerichtet; am zweiten, der sehr dem rechten gleicht, erhält man für beide Richtungen

0,016; am dritten bei seiner jetzigen Lage von aussen nach innen 0,015, von vorn nach hinten 0,0185, hinten ist er gerundet, sonst rundeckig und das rauhe Feld hat er auf der hinteren Hälfte liegen; dieser Zahn ist offenbar falsch eingesetzt. Der letzte Zahn misst von aussen nach innen 0,014, von vorn nach hinten 0,0185, er ist mehr längs oval, wobei er hinten in der äusseren Hälfte spitzer ausgeht; das rauhe Feld liegt auf der inneren Hälfte.

Der gegenseitige Stand der Zähne ist der Art, dass der erste Backenzahn auf den ersten Gaumenzahn kommt, der zweite Backenzahn zwischen den ersten und zweiten Gaumenzahn, der dritte Backenzahn auf den zweiten Gaumenzahn und der vierte Backenzahn zwischen den zweiten und dritten Gaumenzahn.

Mit Beginn des ersten Backenzahnes erhält man am Schädel 0,0605 und zu Ende des letzten 0,0113 Breite. Zwischen den ersten Zähnen liegt die hinterwärts spitzwinkelig zugehende untere Nasenöffnung.

Der Hinterrand der Platte mit den Gaumenzähnen ist brüchig, und die Platte überhaupt von einer solchen Beschaffenheit, dass man über ihre Zusammensetzung keinen Aufschluss erhält. Am Ende der Gaumenzähne ergiebt sich für sie 0,07 Breite, die in der hinteren Gegend der Flügelbeine, aussen gemessen, 0,077 beträgt. In der Gegend, wo das Paukenbein den Unterkiefer aufnahm, liegt die grösste Schädelbreite, für die man 0,131 erhält. Die Gelenkfläche für den Unterkiefer misst von aussen nach innen 0,03, von vorn nach hinten in der stärkeren, äusseren Hälfte 0,0185; sie ist zu stark beschädigt, als dass man an ihr einen richtigen Aufschluss über ihre Beschaffenheit erhalten könnte.

Am unvollständig entblössten und überdies beschädigten Hinterhaupt ergiebt die Höhe von der Scheitelplatte bis zur Gaumenplatte 0,0635, bis zum Gelenkfortsatz zur Aufnahme der Wirbelsäule 0,053. Dieser Gelenkfortsatz lässt ungeachtet seiner starken Beschädigung erkennen, dass er eine einfache Convexität von 0,014 Durchmesser darstellte und dass hinter dieser Convexität das untere Hinterhauptsbein, wenigstens in seiner unteren Hälfte, wie bei gewissen Wirbelkörpern stark eingezogen war. Die Gegend des Hinterhauptsloches ist sehr beschädigt; Form und Grösse dieses Loches waren nicht deutlich zu erkennen.

Der Schädel gehört zu den platteren. Die Placodus zustehende eigenthümliche Verzweigung des Jochbeins nach vorn zwischen Vorderstirnbein und Oberkiefer ist an der rechten Seite, wo die Nähte gut überliefert sind, deutlich zu erkennen. Das Jochbein endigt vorn an einer Stelle in der zwischen dem zweiten und dritten Backenzahn entsprechenden Gegend, der hintere untere Fortsatz des Vorderstirnbeins in der der Mitte des letzten Backenzahnes entsprechenden Gegend. Die grösste, untere Hälfte der Nasenlöcher gehört dem Oberkiefer an; der untere Nasenlochwinkel weist auf die Gegend zwischen dem ersten und zweiten Backenzahn hin. An der linken Seite erkennt man die Grenze zwischen dem Jochbein und dem hinter ihm folgenden Knochen.

Die Knochen sind beschaffen wie bei anderen Sauriern aus demselben Gebilde, der Schmelz der Zähne ist schwarz und das Gestein ist sehr fester gewöhnlicher Muschelkalk.

Schädel Taf. XXVI. Fig. 1. 2. Taf. XXVII. Fig. 1. 2. 3.

Dieser wichtige Schädel von Placodus gigas ist im Besitz des Herrn Professors Braun in Bayreuth. Ich habe ihn Taf. XXVI. Fig. 1 von oben, Fig. 2 von unten, Taf. XXVII. Fig. 1 von links, Fig. 2 von rechts und Fig 3 von hinten dargestellt. Das vordere Schädelende ist hinter der Naht zwischen Oberkiefer und Zwischenkiefer weggebrochen, so dass der erste Backenzahn fehlt, ausserdem aber auch noch die ganze linke Reihe Backenzähne und fast die ganze Krone des ersten rechten Gaumenzahns. Alle diese und noch einige unbedeutendere Beschädigungen fallen nicht früher als die Zeit der Auffindung des Schädels, wogegen der letzte rechte Gaumenzahn gleich anfangs fehlte, wie dies daraus zu ersehen ist, dass seine Stelle von Gestein eingenommen wird. Der Schädel scheint daher vollständig zur Ablagerung gekommen zu seyn. Er hat nicht durch Druck gelitten, nur eine Verschiebung nach links erfahren, die indess so gering ist, dass sie auf die Form des Schädels nicht störend einwirkt.

Die Länge des Schädels vom hintern Rande des Nasenlochs bis zum äussersten hintern Ende als gerade Mittellinie gedacht, bemisst sich auf 0,1425, bis zur hintern Bucht auf 0,108; diese Bucht ist daher 0,0345 tief nach vorn eingeschnitten. Die in die hintere Hälfte fallende grösste Höhe beläuft sich auf 0,087, und die in dieselbe Gegend fallende grösste Breite auf 0,126. Von dieser Gegend an rundet sich der Schädel hinterwärts ab, während er nach vorn mehr horizontal verläuft und erst in der dem vorderen Augenhöhlenwinkel entsprechenden Gegend anfängt, stärker nach vorn abzufallen. Die im Ganzen nicht beträchtliche Verschmälerung des Schädels nach vorn beginnt in der Gegend des letzten Gaumenzahns; in der Gegend des letzten Backenzahns bemisst sie sich auf 0,103 und mit Beginn des zweiten Backenzahns auf 0,08. In der dem vorderen Augenhöhlenwinkel entsprechenden Gegend beträgt die Höhe des Schädels 0,063. Dieser Winkel liegt vom hinteren Schädelende 0,127 entfernt. Die Augenhöhle wird 0,048 lang und 0,0285 hoch gewesen seyn. Die geringste gegenseitige Entfernung beider Höhlen beläuft sich auf 0,043. Diese Höhlen stehen fast vertical, nur oben ein wenig nach innen geneigt. Die Schläfengruben liegen fast ganz horizontal und vorn etwas schräg nach innen, beide Winkel sind gerundet, der vordere mehr als der hintere. Der vordere Winkel entspricht fast genau dem hintern der Augenhöhle, oder liegt doch nur unmerklich weiter zurück. Die Schläfengruben sind 0,0575 lang und 0,0335 in der ungefähren Mitte breit; ihre äussere Begrenzung läuft mehr gerade, und ihre geringste, gegenseitige Entfernung beträgt 0,023.

Die äusseren Nasenhöhlen, von denen am Bruchende Andeutungen vorliegen, werden 0,027 hoch gewesen seyn; sie standen vertical und waren oben breiter als unten.

— 188 —

Ueberaus deutlich sind die meisten Nähte überliefert. Das schwach gewölbte, nach vorn stärker abfallende Nasenbein (Taf. XXVI. Fig. 1) besteht in einem einfachen Knochen, der auf den in Placodus hypsiceps (Taf. XXIV. Fig. 3) herauskommt. Das Hauptstirnbein ist ein paariger Knochen und von der Bildung des Augenhöhlenrandes durch das Vorder- und Hinterstirnbein ausgeschlossen; es unterscheidet sich aber dadurch, dass es mit einem spitzen Fortsatz näher zu dem Augenhöhlenrande hinzieht als in Placodus hypsiceps, wodurch es auch breiter erscheint; mit dem Nasenbein, Vorderstirnbein, Hinterstirnbein und Scheitelbein liegt es auf ähnliche Weise zusammen, wie in letzterer Species. Seine Länge bemisst sich auf 0,047. Die Naht zwischen Hauptstirnbein und Scheitelbein ist sehr deutlich lang und schmalzackig, nach aussen einfacher werdend. Das Scheitelbein, welches bis zum hinteren Einschnitt auf die Länge des Hauptstirnbeins herauskommt, stellt sich als ein einfacher Knochen dar. Ob und auf welche Länge es an der Bildung der hinteren Gabelung theilnimmt, war nicht zu erkennen. Vorn, beim Zusammenliegen mit dem Hauptstirnbein und Hinterstirnbein ergiebt es 0,037 Breite; der geringsten Breite ist bereits bei den Schläfengruben gedacht. Das Scheitelbeinloch liegt nur unmerklich weiter zurück als der vordere Winkel der Schläfengrube; es ist regelmässig oval, von 0,075 Länge und 0,05 Breite.

Das Hinterstirnbein scheint mit dem Schläfenbein eine von dem vorderen Winkel der Schläfengrube nach dem hinteren Winkel der Augenhöhle verlaufende Quernaht zu bilden, von der man sich an der linken Seite des Schädels glaubt überzeugen zu können; es würde alsdann keinen Antheil an der äusseren Begrenzung der Schläfengrube nehmen, die gerade in der Gegend beschädigt ist, wo eine Naht hätte liegen können. Die Begrenzung dieser Gruben ist überhaupt so beschaffen, dass ein sicherer Aufschluss über ihre Zusammensetzung nicht zu erlangen war. Nach der bereits ausgesprochenen Vermuthung würde das Vorderstirnbein grösser seyn als das hintere. Es bildet im vorderen Augenhöhlenwinkel die nach aussen vorspringende Stelle der Augenbrauen, die hier um so auffallender hervortritt, als der obere Theil des Augenhöhlenrandes bei der Ansicht des Schädels von oben keine bogenförmige, sondern eine fast rechtwinkelige Begrenzung darstellt.

Zwischen den Augenhöhlen ist die obere Schädeldecke schwach vertieft, stärker in der hinteren Hälfte des Hauptstirnbeins, die Mittelnaht erhebt sich jedoch etwas, wodurch die beiden Eindrücke entstehen, welche sich hinterwärts auf das Scheitelbein ausdehnen und zur etwas erhöhten Lage und wulstigen Begrenzung des dazwischen liegenden Scheitelbeinloches beitragen; dahinter werden diese Eindrücke schwächer, dann aber wieder stärker, in der Gegend des hinteren Einschnitts rinnenartig, wobei sie sich auf der Gabelung verlieren. Das Scheitelbein erscheint daher hinter dem Loche, das es besitzt, schwach erhöht. Der Eindruck im Hauptstirnbein geht auch nach aussen auf das Hinterstirnbein über, dessen vorderer innerer Theil deutlich vertieft erscheint, was in geringerem Grad auch für den hinteren inneren Theil des Vorderstirnbeines gilt. Diese Beschaffenheit ist dem Schädel eigen und nirgends durch äussere Einwirkung veranlasst. Die obere Hälfte des Augenhöhlenrandes ist von dem vorderen Winkel an gekerbt, besonders deutlich in der vorderen Hälfte, was sich auf der hinteren Hälfte allmählich verliert.

Von dem Vorderstirnbein lässt sich auch die untere Grenze, wo der Knochen mit dem Jochbein und Oberkiefer zusammenliegt, deutlicher an der rechten Seite verfolgen, und zwar ganz auf dieselbe Weise wie in anderen Schädeln des Genus Placodus. Auch der hintere Theil der Naht zwischen Oberkiefer und Jochbein ist deutlich überliefert. Man erkennt, dass das Jochbein hinter der Augenhöhle breiter (höher) wird, und glaubt sich sogar, ungeachtet des beschädigten Zustandes der betreffenden Gegend, überzeugen zu können, dass das Hinterstirnbein einen solchen Verlauf nimmt, wie ich ihn in Placodus hypsiceps angedeutet finde. Auch ist die Naht zwischen Jochbein und Paukenbein deutlich zu erkennen.

Von hinten, Taf. XXVII. Fig. 3, ist der Schädel mehr trapezförmig, indem er sich nach oben etwas verschmälert; hier erhält man 0,105 Breite. Auf dem Schädel von oben gesehen nimmt man von der Hinterhauptsfläche nichts wahr, was auf deren tiefe Lage schliessen lässt. Das 0,022 unter der Scheitelfläche befindliche Hinterhauptsloch kommt grösstentheils auf die obere Höhenhälfte des Schädels; es ist noch mit Gestein angefüllt, wodurch es grösser erscheint, als es eigentlich gewesen seyn wird. Im jetzigen Zustand erhält man 0,02 Höhe und 0,017 Breite; es ist oben etwas gerader begrenzt, sonst schön oval. Der obere Theil des Hinterhauptsloches scheint in dem eine dreieckige Platte darstellenden oberen Hinterhauptsbein zu liegen; es lässt sich wenigstens die Nahtbegrenzung einer nach oben spitz zugehenden Platte verfolgen, von der kaum anzunehmen seyn wird, dass sie den seitlichen Hinterhauptsbeinen angehört, denen man vielmehr die nach aussen gekielte Seitenbegrenzung des Loches wird beizulegen haben. Die Nähte zwischen dem seitlichen und unteren Hinterhauptsbein sind sehr deutlich überliefert. Das untere Hinterhauptsbein tritt nur auf eine kurze Strecke unten, in die Randbildung des Hinterhauptsloches ein; es besteht aus dem stark beschädigten Gelenkfortsatz, von dem es auch hier scheint, dass er eine einfache Convexität darstellte, und einem Paar abwärts gerichtete Flügel. Die seitlichen Hinterhauptsbeine scheinen bei ihrer horizontalen Ausdehnung zu beiden Seiten des Hinterhauptsloches mit diesem eine Breite von 0,063 einzunehmen. An ihren äusseren Enden wird die Gegend liegen, wo das Paukenbein und das Schläfenbein oder Zitzenbein zusammentreffen, von deren Zwischennaht man Spuren wahrzunehmen glaubt.

Die Unterseite Taf. XXVI. Fig. 2 ist an diesem Schädel besonders deshalb wichtig, weil, was selten, die Strecke hinter den Zähnen deutlich entblösst ist. Es lässt sich nicht nur erkennen, dass diese Strecke hinten bogenförmig ausgeschnitten ist, sondern auch dass sie aus zwei paarigen Platten besteht, einer vordern mit den Gaumenzähnen und einer durch eine schwach bogenförmige Naht gleich hinter den Zähnen abgetrennten hintern, in welcher der Einschnitt liegt; der vordere Theil wird Gaumenbein, der hintere Flügelbein seyn. Auch glaubte ich an Spuren von Näthen wahrzunehmen, dass der Knochen mit den Gaumenzähnen aussen an der 0,067 messenden schmälsten Stelle mit einem dünnen, sich dem andern Knochen aussen anlegenden Fortsatze endigte.

Von den Backenzähnen misst der zweite 0,0145 Länge und 0,016 Breite, der dritte 0,014 und 0,0135; beide sind aussen mehr gerundet, sonst mehr gerade begrenzt. Der vierte oder letzte Zahn giebt 0,016 Länge und 0,0145 Breite und ist mehr oval. Die Eindrücke auf der inneren Kronenhälfte besitzen sie alle, am schwächsten der letzte Zahn. Von den Gaumenzähnen misst der erste von aussen nach innen, abgesehen von seiner schrägen Stellung, 0,020, von vorn nach hinten aussen 0,019, innen 0,016; vorn ist er mehr concav, sonst rundlich begrenzt. Auf der ungefähren Mitte der Krone befindet sich ein Eindruck. Der zweite Zahn ergiebt von aussen nach innen 0,03, von vorn nach hinten misst er aussen 0,022, innen 0,0185; er ist im Ganzen mehr rundlich begrenzt. Der nur theilweise überlieferte linke Zahn der Art scheint aussen etwas breiter gewesen zu seyn. Der letzte Zahn misst von aussen nach innen vorn 0,03, hinten 0,022; er ist mehr trapezförmig, und die Rauhigkeiten seiner Oberfläche zeigen Neigung zur radialen Streifung, was deutlicher in der Randgegend hervortritt, während die Oberfläche ein mehr körniges Gepräge zeigt. Ueber dem zweiten linken Gaumenzahn erkennt man an der aufgebrochenen Aussenseite des Kiefers die schon ziemlich grosse Krone eines Ersatzzahnes.

Die gegenseitige Stellung der Zähne entspricht dem typischen Exemplar dieser Species vollkommen. Der Schmelz der Zähne ist schwarz.

Schädel Taf. XXVIII. Fig. 1. 2. Taf. XXIX. Fig. 3.

Es ist dies der Schädel, welchen Professor Braun, in dessen Sammlung er sich befindet, in seinem Programm Seite 9 dem Placodus gigas beilegt. Ich habe ihn Taf. XXVIII. Fig. 1 von oben, Fig. 2 von unten und Taf. XXIX. Fig. 3 von links abgebildet. Auch an ihm ist wie gewöhnlich die Schnautze vor den Backenzähnen an der Naht zwischen Oberkiefer und Zwischenkiefer, der schwächsten Gegend, weggebrochen. Es fehlt ferner der innere Winkel der Augenhöhlen und theilweise auch die äussere Begrenzung der Schläfengruben; andere Beschädigungen sind von dem Druck veranlasst, der auf den Schädel während der Gesteinserhärtung einwirkte, wobei er auch einer Verschiebung nach links unterlag. Trotz diesen Mängeln ist es ein werthvolles Stück. Die Nähte sind im Ganzen weniger gut erhalten.

Die plattere, breitere Form im Vergleich zu Placodus hypsiceps ist weniger eine Folge von Druck, der mehr die Verschiebung veranlasste, als eine Eigenthümlichkeit der Species. Die Nasenlöcher münden nicht ganz nach aussen, sondern etwas nach vorn. Die Augenhöhlen liegen schräg nach oben und aussen und die Schläfengruben auch etwas nach aussen gerichtet.

Für die Breite erhält man unmittelbar vor dem ersten Backenzahn 0,065, am letzten Backenzahn 0,104; für die grösste Höhe unter dem zweiten Backenzahn ohne den Zahn 0,053, für die Länge von dem Nasenloch an 0,134, für die geringste Breite zwischen den Augenhöhlen nicht über 0,034, eher weniger, für die geringste Breite zwischen den Schläfengruben 0,026. Die Entfernung der Augenhöhle von dem Nasenloch beträgt 0,010. Die Augenhöhlen liessen keine Ausmessung zu. Der vordere Winkel der Schläfengruben scheint gleich hinter den Augenhöhlen gelegen zu haben. Die Länge der Schläfengruben beträgt 0,064, ihre Breite liess sich nicht genau nehmen. Das Nasenloch ist 0,021 hoch und von 0,01 mittlerer Breite; auch hier ist der obere Winkel runder, der untere spitzer, und es wird das Nasenloch oben vom Nasenbein, im übrigen vom Oberkiefer begrenzt.

Das Scheitelbeinloch ist gut überliefert; es ist längs oval, 0,01 lang und 0,006 breit und mit aufgeworfenem Rande versehen; der vordere Winkel steht so weit vor als die Schläfengrube; die Seiten der Hinterhauptsbucht zeigen eine schwach knieförmig gebogene oder, wie man es nennt, gebrochene Stelle, an der eine schräg nach vorn und aussen verlaufende Naht zu liegen scheint, welche, wenn sie sich bestätigen sollte, die Naht zwischen dem Schläfen- oder Zitzenbein und dem Scheitelbein wäre, wo alsdann letzterer Knochen hinten gabelförmig oder mit einem einspringenden Winkel endigen würde. Von den Nähten bemerkt man nur noch Andeutungen zwischen Nasenbein und Vorderstirnbein, zwischen Hauptstirnbein und Hinterstirnbein und zwischen Vorderstirnbein und Oberkiefer. Die Knochen, welche in der von Gestein entblössten Schläfengrube liegen, lassen keine genaue Bestimmung zu.

Das Hinterhaupt liegt noch ein wenig weiter vorn als die Bucht, ist aber schlecht überliefert. Das noch mit Gestein angefüllte rundliche Hinterhauptsloch befindet sich 0,019 unter der Oberfläche der Scheitelplatte; es ergiebt 0,012 Höhe und 0,019 Breite. Der Gelenkfortsatz zur Aufnahme der Wirbelsäule ist stark beschädigt. Dagegen sind die Flügelbeine gut erhalten; ihre gegenseitige Entfernung ergiebt sich am hinteren Ende aussen gemessen zu 0,063. An der Anschwellung, welche sich an ihrer Aussenseite befindet, glaubt man Spuren von einer Naht zu erkennen, worunter aber nicht der Sprung zu verstehen ist, der auf der rechten Seite durch den Knochen und das Gestein geht.

Die rechte Backenzahnreihe ist erst in neuester Zeit weggebrochen, während der letzte rechte Backenzahn schon gefehlt haben musste, als der Schädel von der Gesteinsmasse aufgenommen wurde. Die Schneidezähne sind mit der Zwischenkiefer-Schnautze weggebrochen, und haben eine Bruchfläche hinterlassen, an der erkannt wird, dass sechs Schneidezähne vorhanden waren. Die Backenzähne sind, wie in den andern Schädeln dieser Species, nach innen geneigt. Ueber ihnen liegen an der Aussenseite Anschwellungen, welche die Gegenden verrathen, wo der Kiefer die Ersatzzähne birgt. Der erste Backenzahn ist 0,015 breit und 0,0125 lang, der zweite 0,016 und 0,015, der dritte 0,015 und 0,012, der vierte 0,013 und 0,018. Diese Zähne sind mehr gerundet viereckig, der erste breiter als lang, der letzte länger als breit und weniger regelmässig. Die zu einem unregelmässigen Dreieck vereinigten Unebenheiten liegen auf der innern Hälfte der Zahnkrone.

Von den Gaumenzähnen ist der erste 0,025 breit und aussen 0,0195 lang, nach innen geht er mehr gerundet keilförmig zu, auf der äusseren Hälfte trägt er die zu einem unregelmässigen Dreieck vereinigten Unebenheiten, sonst ist er glatt. Der zweite Zahn ist 0,032 breit und 0,026 lang, aussen nämlich, innen nur 0,016. Der Aussenrand ist etwas eingeschnitten. Ein deutlicher Quereindruck durchzieht die Krone, ein mehr radialer Eindruck führt nach der vorderen äusseren Ecke hin. Vereinzelt gefunden, könnte dieser Zahn leicht Anlass geben, ihn einer eigenen Species beizulegen. Der dritte Gaumenzahn ist vorn 0,0325, hinten nur 0,019 breit bei 0,029 Länge. Der Innenrand ist mehr convex und rundet sich zur hinteren Ecke zu; die Ränder sonst sind schwach eingezogen; die vordere äussere Ecke ist stumpf. Der Zahn ist mit drei mehr nach den Ecken hin radial verlaufenden Eindrücken versehen; das dadurch abgegrenzte hintere Feld ist deutlich radial runzelstreifig, die übrigen Felder vom Dienste mehr glatt.

Die gegenseitige Stellung der Zähne entspricht genau dem typischen Exemplar dieser Species.

Vor den Zähnen lag die untere Nasenöffnung, welche nur unvollständig zu entblössen gelang.

Gaumenplatte mit den Zähnen. Taf. XXIX. Fig. 1.

Diese von mir Taf. XXIX. Fig. 1 von unten dargestellte Versteinerung gehört der Kreissammlung in Bayreuth an. Der Oberkiefer und Zwischenkiefer waren schon entfernt, als das Stück von der Gesteinsmasse aufgenommen wurde. Es gelang auch die Innenseite der Gaumenplatte bei mangelnder Schädeldecke vom Gestein zu befreien; sie lässt erkennen, dass der Knochen mit den Gaumenzähnen paarig war und sich in der Mitte, wo beide Knochen zusammenstiessen, zu einer Wand erhob, von der man sich auch an Placodus quinimolaris (Taf. XXV. Fig. 3) und an P. hypsiceps (Taf. XXIX. Fig. 4) überzeugen kann.

Die Reihe der Gaumenzähne nimmt 0,066 Länge ein. Der erste Zahn ist 0,016 lang, vorn 0,016, hinten 0,026 breit; er ist mehr trapezförmig, vorn begrenzen die beiden Zähne den halbkreisförmigen hinteren Theil der unteren Nasenöffnung von 0,0165 Breite. Der zweite Zahn ist aussen 0,023, innen 0,014 lang bei 0,0315 Breite; sein äusserer Rand ist deutlich ausgeschnitten. Der dritte Zahn, von 0,024 Länge, ist vorn 0,031 breit; an der vorderen äusseren Ecke ist er am spitzesten, der mehr gerade Aussenrand schräg nach hinten und innen gerichtet, Innen- und Hinterrand durch Zurundung verschmolzen. Die Zähne sind ziemlich platt, das hintere Paar auf der Oberfläche radialstreifig und dabei grösstentheils vertieft punktirt, was auch, wiewohl weniger deutlich, an den anderen Zähnen wahrgenommen wird. Das erste Paar Zähne besitzt auf der äusseren Kronenhälfte Eindrücke, welche sich zu einem mit der Spitze nach innen gerichteten Dreieck vereinigen.

Den Einschnitt, welchen die an der Aussenseite beschädigten Flügelbeine beschreiben, habe ich der Innenseite entlehnt, da diese Gegend auf der Unterseite durch hartes Gestein verdeckt gehalten wird.

Wären die Backenzähne überliefert, so würde die Bestimmung der Species leichter fallen. Für Placodus gigas scheinen die Zähne etwas klein; doch habe ich sie einstweilen hier untergebracht.

Gaumenzähne. Taf. XXIX. Fig. 2.

Das Stück Taf. XXIX. Fig. 2 der Sammlung zu München habe ich auch nur vorläufig bei Placodus gigas untergebracht. Es ist von Münster's Hand „Placodus rugosus Münst. von Leineck" überschrieben, und besteht in zwei hinter einander folgenden Zähnen, welche man für die beiden hinteren des Unterkiefers halten könnte, wofür aber der letzte zu wenig quadratisch wäre und der vorletzte zu viel von vorn nach hinten messen würde. Ueberdies bemerkt man an der der abgebildeten entgegengesetzten Seite den Längendurchschnitt eines der Gegend zwischen den beiden grossen Zähnen entsprechenden Zahnes, der kein anderer als ein Backenzahn des Oberkiefers seyn kann. Es unterliegt daher keinem Zweifel, dass das Stück, welches wir vor uns haben, den letzten und vorletzten Gaumenzahn und den auf diese kommenden letzten Backenzahn darbietet.

Unmittelbar unter den beiden grossen Zähnen bemerkt man die schon sehr entwickelten Ersatzzähne. Die Zähne, welche den Dienst verrichteten, sind so sehr beschädigt, dass sie kaum mehr als den Längenschnitt ergeben; an dem hinteren erhält man 0,024 Länge, an dem davor sitzenden 0,0215 bei 0,009 Höhe; der vordere misst aussen, der hintere innen am meisten von vorn nach hinten, ganz wie in den Gaumenzähnen von Placodus. Die Zähne bestehen aus Knochensubstanz, die mit Schmelz überkleidet ist. Die Unterseite der Krone ist schwach concav. Der Raum zwischen dieser und den Ersatzzähnen beträgt weniger als die Höhe der Krone, und ist bei dem hinteren Zahn mit Gestein, bei dem vorderen mit einer Masse ausgefüllt, die sich fester und feinzelliger darstellt als der wirkliche Knochen, und sich vom eigentlichen Zahn genau unterscheiden lässt.

Nach der Beschaffenheit der Aussenseite hätte eine natürliche, aber doch nicht leichte Trennung zwischen dem Knochen mit den Gaumenzähnen und dem Knochen der Backenzähne bestanden, welche durch ein später noch näher darzulegendes Stück bestätigt wird.

Die Kronen der Dienst thuenden Zähne waren, wie der Querschnitt zeigt, glatt, während der vollständiger entblösste hintere Ersatzzahn bei 0,0055 Höhe auf der Oberfläche sich fein gekörnt und fein radialstreifig, daher rauh darstellt, was Münster veranlasst haben wird, die Versteinerung einer eigenen Species, rugosus, beizulegen, wozu indess eine Veranlassung nicht vorliegt, da die meisten jüngeren Zähne rauh aussehen. Die Zähne des Unterkiefers von Placodus bathygnathus Ow. (Phil. Trans., t. 11. f. 1—3) gleichen in dieser Hinsicht sehr vorliegenden Ersatzzähnen.

PLACODUS ANDRIANI Mnst.

Schädel. Taf. XXX. Fig. 1—4.

Placodus Andriani Münst., Agassiz, poiss. foss. II. 2. p. 219. t. 70. f. 8.

Der von mir Taf. XXX. Fig. 1 von oben, Fig. 2 von links, Fig. 3 von vorn und Fig. 4 von unten abgebildete Schädel in der Kreissammlung zu Bayreuth ist das typische oder dasjenige Exemplar, welches der Species zu Grund liegt. Die Ueberlieferung der Zwischenkiefer-Schnautze verleiht diesem Schädel wegen ihrer Seltenheit einen besonderen Werth. Zu beklagen ist, dass die obere Schädeldecke, wie es scheint, erst in neuester Zeit entfernt wurde. Die Oberseite ist aufgebrochen und der Schädel auch sonst beschädigt, wozu noch die Nachtheile kommen, welche dadurch entstanden sind, dass man versucht hat, Fehlendes mit Kitt zu ergänzen. Der Schädel hat etwas durch Druck gelitten und eine Verschiebung nach der linken Seite erfahren.

Schon im Jahre 1836 (Jahrb. für Mineral., 1836. S. 360) machte Herr Professor Braun unter Beifügung einer Skizze auf diesen Schädel aufmerksam, und lieferte den Nachweis, dass die vereinzelten, dem Schlunde beigelegten Zähne nicht diesem angehörten, sondern vorn am Kiefer sassen; er hielt aber damals das Stück noch für einen Unterkiefer.

Die überlieferte Länge misst 0,176, die Breite ergiebt an den Alveolen für die Schneidezähne 0,055, an der eingezogenen Stelle zwischen Oberkiefer und Zwischenkiefer 0,04, bei Beginn des ersten Backenzahnes 0,053, zu Ende des letzten 0,0865, zu Ende der Schläfengrube, oder in der Gegend, wo der Unterkiefer einlenkte, 0,106.

Am weitesten steht die Alveole für den zweiten Schneidezahn vor; von ihr bis zum ersten Backenzahn erhält man nicht über 0,037 Länge. Der Zwischenkiefer ist ziemlich gerade nach vorn gerichtet, und führt mit seinem Ende nicht unter das Niveau der Backenzähne herab. Nach rechts und links abgerundet, besteht er aus einem deutlich getrennten Knochenpaar, das auf seiner Oberfläche Gefässeindrücke mit Verzweigungen erkennen lässt. Er war mit sechs Schneidezähnen, drei in jeder Hälfte, versehen; diese sind nicht mehr vorhanden, ihre Alveolen vielmehr mit Gestein ausgefüllt. Die Mündung der inneren Alveole ist mehr vertical gerichtet, die der mittleren schwach nach vorn und aussen und die der äusseren mehr nach unten und schwach nach aussen; woraus die Richtung, welche die Zähne besassen, zu erkennen seyn wird. Diesen Alveolen entsprechen in einiger Entfernung von ihnen an der Unterseite sechs ziemlich grosse Gefässmündungen, welche Agassiz veranlassten, zu vermuthen, dass die Schnautze mit zwei Reihen Schneidezähnen zu je 6 Zähnen bewaffnet gewesen sey, einer vorderen mit stärkeren und einer hinteren mit schwächeren Zähnen, während die hintere Reihe in nichts anderem besteht, als in den nur deutlicher entwickelten Gefässmündungen, die zu den Schneidezähnen führen. Die Zähne scheinen von ungefähr gleicher Stärke gewesen zu seyn. Sieht man auf den Zwischenkiefer von oben, so beschreibt er einen flachen, mit den Alveolen für die Schneidezähne besetzten Bogen.

Hinterwärts steigt der Zwischenkiefer stark an, um mit dem Nasenbein sich zu verbinden, von dem nichts überliefert ist. Auch erkennt man deutlich an der linken Seite die Naht zwischen Oberkiefer und Zwischenkiefer. Ueber Nasenloch, Augenhöhle und Schläfengrube lassen sich keine Angaben machen. Man glaubt an der linken Seite Andeutungen von der Grenze zwischen Jochbein und Schläfen- oder Paukenbein wahrzunehmen. Die Begrenzung des Hinterhaupts lässt deutliche Verfolgung zu; sie liegt von dem vorderen Ende der Schnautze 0,0153 entfernt. Das Scheitelbeinloch ist rund, überaus geräumig, ergiebt 0,0155 Durchmesser, und liegt von der hinteren Bucht 0,0175 entfernt. Die auffallende Grösse und runde Form dieses Loches werden darin ihren Grund haben, dass der Knochen bis zu einer gewissen Tiefe aufgebrochen ist, woraus zu schliessen wäre, dass das Loch sich innerhalb des Knochens erweitert und oben zu einer engeren Mündung zusammen gezogen hätte. Geschah die Verengerung gleichförmig, so lag das Loch weiter hinten, als in anderen Species von Placodus, und es waren die Schläfengruben auffallend kürzer, als in anderen Species, was kaum wahrscheinlich ist. An der linken Seite des Scheitelbeins erkennt man ein Stück vom hinteren Stirnbein, so wie Spuren von der Naht zwischen diesen beiden Knochen, welche in die Schläfengrube münden würde.

Von den Backenzähnen gehören nur die rechten diesem Schädel wirklich an; sie sind nach innen geneigt, was bei den Zähnen der linken Reihe der Fall nicht ist, die auch anders geformt und aufgekittet sind, der letzte sogar verkehrt, mit der Innenseite nach aussen gerichtet. Ich habe gleichwohl geglaubt, auch hierin den Schädel ganz so wiedergeben zu sollen, wie ich ihn vorgefunden, wogegen ich mich in der Beschreibung nur an die rechte Backenzahnreihe halten werde. Der erste Zahn dieser Reihe ist vom Schnautzende 0,037 entfernt; er misst von vorn nach hinten 0,013, von aussen nach innen 0,011, wofür man am zweiten 0,0115 und 0,0115, am dritten 0,012 und 0,009, am vierten 0,0145 und 0,0095 erhält. Der erste Zahn geht nach vorn, der zweite weniger spitz nach aussen gerundet zu, der dritte und vierte sind schön lang oval, dabei der vierte ein wenig spitzer, beide zeigen in der Mitte einen vertieften Punkt.

Die vor den Gaumenzähnen liegende, mit den äusseren Nasenlöchern in Verbindung stehende Grube ist auch hier vorhanden. Die Gaumenzähne sind sehr ungleich, zumal die des ersten Paars, von denen der keilförmige linke von aussen nach innen 0,0185, von vorn nach hinten und zwar aussen 0,0155 misst, während der mehr trapezförmige rechte von aussen nach innen vorn 0,0155, hinten 0,024 und von vorn nach hinten 0,016 ergiebt. Der zweite linke Zahn misst von aussen nach innen vorn 0,022, hinten 0,0255, von vorn nach hinten aussen 0,0195, innen 0,014; der rechte von aussen nach innen vorn 0,025, hinten 0,029, von vorn nach hinten aussen 0,021, innen 0,014; der dritte linke von aussen nach innen vorn 0,029, hinten 0,022, von vorn nach hinten 0,022, wobei er in der vorderen Hälfte spitzer nach aussen verläuft. Während die zuvor betrachteten Zähne glatt waren, ist dieser in der Mitte schwach quer vertieft und sein Schmelz radienförmig runzelstreifig. Von dem dritten rechten Zahn scheint der äussere Theil bei seiner Ergänzung etwas zu breit gerathen zu seyn, er übertrifft die Breite des linken und misst von vorn nach hinten doch nur 0,019.

Die gegenseitige Stellung der Backen- und Gaumenzähne entspricht der in Placodus gigas.

Die Platte hinter den Gaumenzähnen ist so stark beschädigt, dass sich nur ihre Breite nehmen lässt, für die man 0,059 erhält. Man sieht deutlich, dass das Flügelbein mit dem Paukenbein oder der Gegend, welche bestimmt war, den Unterkiefer aufzunehmen, in Verbindung stand.

Das Gestein besteht in dem mehr thonig aussehenden, weicheren Muschelkalke.

Die Abbildung in Agassiz' Werk stellt den Schädel von der Gaumenseite dar. Münster zählt dazu 7 Schneidezähne (f. 9—13 bei Agassiz), welche sich jedoch vereinzelt fanden, und von denen es daher ungewiss ist, ob sie dieser Species wirklich angehören.

Die allgemeine Form und Stellung der Zähne sind in diesem Schädel wie in P. gigas. Doch erkannte schon Münster, dass der Schädel ein wenig länger geformt und die Zähne kleiner seyen als in letzterer Species. Gehören die Schneidezähne wirklich dazu, so sind sie schlanker: wenn aber von den Gaumenzähnen das letzte Paar sich verhältnissmässig breiter darstellt als in P. gigas, so habe ich daran zu erinnern, dass der rechte, der breiteste, zur Hälfte wenigstens ergänzt ist und leicht breiter gerathen seyn konnte als er ursprünglich war; doch sind auch bisweilen bei einem und demselben Individuum die Zähne beider Reihen hierin sehr verschieden.

Diese Versteinerung befindet sich nicht, wie Agassiz sagt, in der Sammlung zu Bamberg, sondern in der Kreissammlung zu Bayreuth, worauf ich schon deshalb aufmerksam machen zu sollen glaube, damit man das Stück nicht vergeblich in Bamberg sucht.

— 197 —

Schädel-Bruchstück. Taf. XXXI. Fig. 3. 4. 5.

Die Versteinerung, welche ich Taf. XXXI. Fig. 3 von unten, Fig. 4 von links und Fig. 5 von vorn abgebildet habe, ist von Münster's Hand „Placodus Andriani" überschrieben und dabei Leineck als Fundort angegeben. Sie wird in der paläontologischen Sammlung zu München aufbewahrt, und umfasst die Strecke der Backen- und Gaumenzähne, jedoch vorn und hinten nur mangelhaft. Die Knochen der oberen Schädeldecke sind weggebrochen, und nur von den Knochen der Aussenseite ist etwas sichtbar. Der Schädel gehörte zu den platteren und passt in Grösse gut zu Placodus Andriani.

Die Backenzähne sind zwar aufgekittet, scheinen aber trotz ihrer Ungleichheit diesem Schädel wirklich anzugehören und sich auch an richtiger Stelle zu befinden. Dasselbe möchte ich auch für die Ersatzzähne der rechten Backenzahnreihe gelten lassen, von denen zwei an beschädigten Stellen sichtbar sind; zwar sind auch diese beiden Zähne aufgekittet, ich habe aber, wie gesagt, keinen Grund zu bezweifeln, dass sie an richtiger Stelle sich befinden.

Von der rechten Reihe der Backenzähne fehlt der erste; der zweite misst von aussen nach innen 0,0105, von vorn nach hinten 0,0115, er ist mehr gerundet viereckig, an der hinteren inneren Ecke stärker gerundet. Die Abnutzung auf der unebenen Stelle der inneren Hälfte ist so weit vorgeschritten, dass die Knochensubstanz des Zahnes durchscheint. Der dritte, mehr ovale Zahn misst von aussen nach innen 0,0105, von vorn nach hinten 0,0125; er besitzt auf der innern Hälfte die unebene Gegend. Der vierte Zahn ist mehr gerundet, doch mit geraderer Hinterseite; er misst von aussen nach innen 0,011, von vorn nach hinten 0,0095 und besitzt auf der inneren Hälfte der Krone einen nur kleinen unebenen Eindruck. Sein Ersatzzahn ist grösser; dieser misst 0,012 Länge und scheint länglicher geformt. Der letzte linke Zahn ergibt von aussen nach innen 0,012, von vorn nach hinten 0,013; die Vorder- und Innenseite beschreiben einen abgerundet spitzen Winkel, sonst ist der Zahn mehr gerundet. Auf der inneren Hälfte der Krone lag das unebene Feld, das schon ziemlich abgenutzt ist. Vom Zahne davor erkennt man nur die Stelle, wo er gesessen.

Vom ersten Paar Gaumenzähne sind nur die hinteren Enden überliefert. An dem zweiten rechten Gaumenzahn erhält man von aussen nach innen 0,0265, von vorn nach hinten aussen 0,0215, innen 0,012; er ist mehr keilförmig, in der Mitte mit kleinen Grübchen versehen, von denen nach aussen drei divergente Eindrücke verlaufen. Der zweite rechte Zahn misst von aussen nach innen 0,0285, von vorn nach hinten wie der linke, wobei er im Ganzen etwas stärker als dieser erscheint. Vom letzten Zahn ist nur die vordere Hälfte überliefert, die nach aussen ziemlich spitz ausgeht. In dieser Gegend misst je einer der beiden Zähne von aussen nach innen 0,032. Ihre Krone trägt einzelne Grübchen und schwache radiale Eindrücke. Am Rande sind die Zähne überhaupt fein radialstreifig.

Der letzte Backenzahn entspricht der Gegend zwischen dem letzten und vorletzten Gaumenzahn; auf den vorletzten Gaumenzahn kommen fast zwei Backenzähne, was mehr an Placodus quinimolaris (Taf. XXV. Fig 2) als an P. Andriani oder P. gigas erinnert. Es ist daher zu bedauern, dass die Backenzahnreihe nicht vollständig überliefert ist. Der Schädel ist etwas kleiner als der von P. quinimolaris, dem er deswegen doch angehören könnte.

Am Ende der Backenzahnreihe erhält man für die Breite des nur wenig verschobenen Schädels 0,090, die Höhe ohne die Zähne wird in dieser Gegend 0,0443 betragen haben.

An diesem Schädel fällt auf, dass der untere Nasenlochwinkel nicht allein wie in fast allen andern Schädeln nach aussen, sondern dabei auch merklich hinterwärts gerichtet ist; dieser Winkel weist gleichwohl wie in den übrigen Schädeln auf die Stelle zwischen dem ersten und zweiten Backenzahn hin. Das Nasenloch besitzt dadurch im untern Theil eine schräg hinterwärts gerichtete Lage, und es tritt dabei auch noch an der Grenze dieses und des oberen Theils hinten ein kurzer, stumpfer, nach vorn und abwärts gerichteter, vom Nasenbein gebildeter Fortsatz auf, den ich ebenfalls an keinem andern Schädel von Placodus wahrgenommen habe. Dieser Fortsatz verengert die Gegend, wo er liegt, und man sollte fast glauben, dass nur der unter ihm befindliche Theil des Nasenlochs zu Lebzeiten des Thiers nach aussen offen, der obere Theil durch die Haut verdeckt gewesen wäre. Diese Abweichung in der Beschaffenheit des Nasenlochs genügt nicht zur Annahme einer eigenen Species. Der hintere Rand des Nasenlochs wird nur ungefähr zur unteren Hälfte, bis zum erwähnten Fortsatz, vom Oberkiefer, zur anderen Hälfte vom Nasenbein, das in anderen Schädeln geringeren Antheil an dieser Randbildung nimmt, umgrenzt. Das Jochbein trennt, wie in Placodus gewöhnlich, durch einen nach vorn gerichteten und am Ende etwas verbreiterten Fortsatz das Vorderstirnbein vom Oberkiefer.

Schädel-Bruchstück. Taf. XXV. Fig. 5.

Dieses im Muschelkalke zu Leineck bei Bayreuth gefundene Stück kann nicht wohl etwas anderes seyn, als das mit der Aussenseite dem Gestein aufliegende vordere Ende des linken Oberkiefers von Placodus mit dem ersten und zweiten Backenzahn und dem auf die Gegend zwischen diesen beiden Zähnen hinweisenden unteren Winkel des linken Nasenlochs. Mehr als vorliegt wurde vom Gestein nicht umschlossen. Der Knochen ist von innen entblösst. Mit seiner vorderen Grenze hat er dem Zwischenkiefer angelegen; der Einschnitt links ist der auf den Oberkiefer kommende untere Theil des Nasenlochs. Bringt man dieses Stück in die Lage, die es im Schädel einnahm, so sieht man, der ihm gegebenen Deutung entsprechend, die beiden Zähne schräg abwärts gerichtet und die unebene Stelle auf der innern Hälfte der Krone.

Dieses Stück liefert zugleich den augenscheinlichen Beweis, dass die äusseren Zähne dem Oberkiefer angehören, die grossen inneren einem andern Knochen. Beide Knochen müssen aber, bei der Seltenheit, mit der sie getrennt gefunden werden, ziemlich fest zusammengehalten haben. Jedem der beiden überlieferten Zähne entspricht ein in geringer Entfernung von ihnen liegendes, deutlich erkennbares Gefässloch, das zu den Zähnen führen wird. Noch weiter innen, der Mitte zwischen diesen beiden Löchern entsprechend, bemerkt man ein kleineres Loch, welches in den Knochen führt.

Der erste Zahn misst von aussen nach innen 0,013, von vorn nach hinten kaum weniger; er ist gerundet, geht aber an der vorderen inneren Ecke etwas spitzer aus. Die unebene Stelle auf der inneren Hälfte ist sehr deutlich, und der Zahn sonst am Rande deutlich radialstreifig. Dasselbe gilt vom zweiten Zahn, für den man von aussen nach innen und von vorn nach hinten 0,0135 erhält.

PLACODUS HYPSICEPS Meyer.

Schädel. Taf. XXIV. Fig. 1. 2. 3. Taf. XXIX. Fig. 4.

Placodus Andriani Münst., Braun, Programm zum Jahresbericht der K. Landwirthschafts- und Gewerbschule zu Bayreuth für 1861/62, S. 10.

Placodus hypsicephalus Meyer, irrthümlich bei Braun, Progr. etc. für 1862/63, Bayreuth 1863, S. 10.

Diese von mir Taf. XXIV. Fig. 1 von links, Fig. 2 von unten, Fig. 3 von oben und Taf. XXIX. Fig. 4 von innen dargestellte linke Schädelhälfte ist dieselbe Versteinerung, deren Braun in den beiden oben erwähnten Programmen gedenkt, und von der er auch eine photographische Darstellung in natürlicher Grösse von aussen und innen hat anfertigen lassen. So schön diese Photographien ausgefallen sind, so habe ich mich doch wiederholt überzeugt, dass Photographien für wissenschaftliche Untersuchungen die aus der Hand angefertigten naturhistorischen Abbildungen nicht zu ersetzen vermögen. Der Schädel wird in dem Programm für 1861/62 einem jungen Placodus Andriani beigelegt. Die Formverhältnisse sind aber, wie ich schon oben (S. 180) angegeben habe, der Art, dass sie unmöglich von dem Jugendzustande des Thiers herrühren können, und was die Deutlichkeit der Nähte betrifft, so findet sie sich in demselben Grad an Schädeln von Placodus vor, die gewiss ganz alten Thieren angehören. Ich war daher genöthigt, die Versteinerung einer eigenen Species, Placodus hypsiceps, beizulegen.

Es ist auffallend, dass von dem Schädel fast genau nur die linke Hälfte vorliegt, und zwar mit der Zwischenkiefer-Schnautze, welche sonst an den Schädeln von Placodus selbst alter Thiere weggebrochen ist, vermuthlich wegen leichterer Trennung an dieser Stelle. Wenn vorliegender Schädel wirklich von einem jungen Thier herrührte, so hätte man weit eher an ihm die Entfernung der Zwischenkiefer-Schnautze erwarten sollen. Mehr als vorliegt, war nicht vom Gestein umschlossen. Es ist selbst noch ein Stück von der rechten Zwischenkieferhälfte hängen geblieben.

Für des Schädels Länge erhält man ohne den vorn überstehenden Schneidezahn 0,18, für die Höhe in der auf den dritten Backenzahn kommenden höchsten Gegend, abgesehen von dem weiter herabhängenden Flügelbein, ohne die Zähne 0,076, und für die in die ungefähre Gegend des letzten Backenzahnes fallende grösste Breite nach der überlieferten Hälfte 0,08. Der Schädel zeichnet sich daher von anderen durch eine flache, schmale, lang ovale Form aus, wobei die Oberseite von vorn nach hinten eine so starke Wölbung beschreibt, wie sie bei Reptilien selten vorkommt. Die Aussenseiten erheben sich sehr gerade. Die Augenhöhlen stehen fast vertical, so dass das Auge bei unbewegtem Kopf nur nach neben sehen konnte. Die Stellung der Nasenlöcher ist dieselbe, während die Schläfengruben oben horizontal schwach hinterwärts geneigt liegen. Von einer Einwirkung von Druck auf den Schädel wird überhaupt nichts wahrgenommen.

Von der durch Grösse ausgezeichneten Augenhöhle kommt das vordere Drittel auf die vordere, das übrige auf die hintere Schädelhälfte. Diese schön rundlich ovale Höhle ergiebt 0,045 Länge und 0,0375 Höhe. Mehr oben verdickt sich die vordere und hintere Randgegend. In dieser Augenhöhle liegt ein in der Mitte schwächer werdendes, 0,021 langes und an den Enden 0,06 breites, wie es scheint, dünnwandiges Knöchelchen, das vielleicht vom Zungenbein herrührt. Die Augenhöhle erhebt sich bis zur oberen Schädelgrenze.

In 0,021 Entfernung vor ihr liegen die Nasenlöcher, von denen auch nur das linke überliefert ist. Es ist hoch oval, nach unten auffallend spitzer ausgehend, oben gerundet, dabei 0,024 hoch und von 0,01 mittlerer Breite. Von dem Schnautzende liegt es 0,05 entfernt.

Die Schläfengrube ist oval, von 0,05 Länge und 0,0225 Breite; ihr vorderer Winkel scheint nur wenig spitzer als der hintere gewesen zu seyn, und beide Gruben lagen sich vorn etwas näher als hinten. Der vordere Winkel der Schläfengrube und der hintere der Augenhöhle fallen genau in dieselbe Zone.

Bei der Ansicht des Schädels von oben Fig. 3 habe ich des besseren Verständnisses wegen die rechte Hälfte nach der linken ergänzt und die einzelnen Knochen mit ihren Anfangsbuchstaben bezeichnet. Die meisten Schädelknochen veranlassten deutlich zu verfolgende Nähte. Der 0,051 Länge einnehmende Zwischenkiefer ist ein paariger Knochen. Seine Breite bemisst sich auf 0,044. Er scheint nach vorn etwas spitz gerundet zugegangen zu seyn und war am Ende mit 6 Schneidezähnen, drei in jeder Hälfte, versehen, von denen nur der rechte innere überliefert ist. Dieser Zahn gehört nach der Versicherung des Herrn Professors Braun über Schädel wirklich an und hat auch an der Stelle, wo er sich befindet, gesessen. Die rechtwinkelig zur Axe stark abgenutzte, nach vorn und abwärts gerichtete, schwach gekrümmte Krone misst 0,013 Länge, 0,009 Breite und an der Basis von vorn nach hinten 0,01, an der Spitze 0,06. Auf der Hinterseite und an der Basis sonst ist die Krone etwas streifig oder faltig, im Uebrigen glatt und der Schmelz schwarz. Vom weggebrochenen mittleren linken Schneidezahn erkennt man noch Wurzelreste in der Alveole und ein Stückchen Krone; sonst wird von diesen Zähnen nichts wahrgenommen.

Zwischen Oberkiefer und Zwischenkiefer ist der Schädel deutlich eingezogen, man erhält an dieser Stelle 0,044 Breite. Von hier verbreitert sich der Schädel im Ganzen sehr wenig, und hinter dem letzten Backenzahn, wo die Schädel der anderen Placodus-Arten erst ihrer grössten Breite entgegengehen, fängt er schon wieder an, sich fast in demselben Grad zu verschmälern wie nach vorn, so dass er, von oben betrachtet, eine schmal eiförmige Gestalt, vorn spitzer, hinten stumpfer, erkennen lässt.

Der Zwischenkiefer steigt vor den Nasenlöchern steil an und geht mit zwei schmalen, spitzen Fortsätzen in das Nasenbein aus, welches unpaarig ist. Das Nasenbein nimmt, stark nach vorn abfallend, auf der Oberseite die Gegend zwischen den Nasenlöchern und Augenhöhlen ein, erreicht 0,045 Länge und verschmälert sich nach vorn, wobei es an das Vorderstirnbein und den Oberkiefer stösst, den oberen Nasenlochwinkel beschreibt und vorn den Zwischenkiefer aufnimmt. Auch gleich nach der Mitte verschmälert sich das Nasenbein durch Eingreifen des Vorderstirnbeins; hinten wird es wieder spitzer und liegt mit dem Hauptstirnbein zusammen.

Das Hauptstirnbein, dessen Länge 0,041 betragen wird, war ein paariger Knochen, nach vorliegender Hälfte zu schliessen, aus ungleichen Hälften zusammengesetzt. Durch Vereinigung des Vorder- und Hinterstirnbeins ist es von der Bildung des Augenhöhlenrandes vollständig ausgeschlossen, und je eine Hälfte des Hauptstirnbeins ist etwas schmäler als das Vorder- oder Hinterstirnbein an der schmälsten Stelle auf der Oberseite.

Die in die ungefähre Mitte der Augenhöhlen fallende geringste Stirnbreite bemisst sich nach der vorliegenden Hälfte auf 0,041. Es ist dies genau die Stelle, wo Vorder- und Hinterstirnbein in einer stark zackigen Naht zusammenstossen. Das Vorderstirnbein liegt ausserdem innen mit dem Hauptstirnbein und dem Nasenbein, vorn mit dem Nasenbein und Oberkiefer und aussen oder unten mit dem Jochbein zusammen, wobei es fast die ganze vordere Hälfte der Augenhöhle begrenzt. Das Hinterstirnbein liegt noch zusammen innen mit dem Hauptstirnbein und Scheitelbein, hinten mit dem Schläfenbein und unten mit dem Jochbein, wobei es fast die ganze hintere Hälfte der Augenhöhlen begrenzt, an deren Begrenzung ausserdem sich nur noch das Jochbein auf eine geringe untere (äussere) Strecke betheiligt. Im Hinterstirnbein scheint auch der vordere Winkel der Schläfengrube zu liegen, deren hinteren Theil das Schläfenbein begrenzen wird; ob ein Zitzenbein daran Theil nahm, liess sich nicht erkennen. Innen wird die Schläfengrube wenigstens vorn vom Scheitelbein begrenzt, das vorn in einer Gegend, die nur wenig vor dem vorderen Winkel dieser Grube ihre Stelle einnimmt, durch eine schmale, langzackige Naht mit dem Hauptstirnbein zusammenliegt. Von dem Scheitelbein ist wenig überliefert; es lässt sich gleichwohl erkennen, wo das Scheitelbeinloch lag und dass dessen vorderer Winkel der Gegend des vorderen Winkels der Schläfengrube entsprach.

Die Nahtbegrenzung des Paukenbeins war nicht zu ermitteln. Ungefähr der Mitte der Länge der Schläfengrube entsprechend, bemerkt man bei Betrachtung des Schädels von neben eine lang- und schmalzackige, dabei mehr schuppige Naht zwischen Jochbein und Schläfenbein. Ein eigentlicher Jochbogen oder eine Trennung der betreffenden Gegend in einen oberen und unteren Theil, ist nicht vorhanden. Das in Placodus eigenthümlich gebildete Jochbein, das fast die halbe Schädellänge gemessen haben wird, verschmälert sich sehr nach vorn, wobei es einen Theil von der unteren Begrenzung der Augenhöhle beschreibt; bei weiterem Verlauf nach vorn zieht es sich zwischen Vorderstirnbein und Oberkiefer sehr schmal zusammen, verbreitert sich aber gleichwohl wieder am vorderen Ende, mit dem es an die Naht zwischen Vorderstirnbein und Oberkiefer stösst.

Der Oberkiefer, ein ziemlich langer und hoher Knochen, stösst unter Bildung deutlicher Nähte hinten an das Jochbein, oben an das Jochbein, Vorderstirnbein und Nasenbein, vorn an den Zwischenkiefer; die krause Naht, die er mit letzterem Knochen unterhält, ist die deutlichste von allen, woher es auch rühren mag, dass in Placodus der Zwischenkiefer gewöhnlich von dem übrigen Schädel entfernt ist. Der Oberkiefer begrenzt den weit grösseren unteren Theil des Nasenlochs, das sonst, also auch mit seinem oberen Winkel, im Nasenbein liegt.

Das Hinterhaupt ist theilweise weggebrochen, was vorhanden, lässt keine Darlegung zu. Der in das Niveau der Backenzähne fallende Gelenkfortsatz zur Aufnahme des Unterkiefers scheint 0,015 stark gewesen zu seyn. Die vom Hinterhaupte beschriebene Bucht wird erkannt.

Der erste von den vier Backenzähnen liegt von dem vorderen Ende der Schnautze 0,045 entfernt und entspricht der Stelle des Beginnes des Nasenlochs, das Ende der Backenzahnreihe der Mitte der Augenhöhlenlänge. Die vier Backenzähne nehmen einen Raum von 0,053 Länge ein. Sie messen 0,012 bis 0,013 Breite bei ebenso viel Länge, mit Ausnahme des ersten, dessen Länge nur 0,0115 ergiebt. Ihre Kronen sind, den Schädel in natürlicher Lage gedacht, schräg nach innen und oben gerichtet und haben auf der inneren Hälfte eine mehr oder weniger dreieckige Gegend mit Eindrücken oder Unebenheiten liegen. Der letzte Zahn ist im Ganzen etwas rauher, der erste mehr rundlich, die übrigen mehr gerundet viereckig. Ueber diesen Zähnen erkennt man aussen an den Anschwellungen des Kiefers die Stellen, wo in demselben die Ersatzzähne verborgen liegen.

Von den drei linken Gaumenzähnen, welche sich den Backenzähnen dicht anlegen, misst der erste 0,0205 Breite und 0,016 Länge, aussen nämlich, während er sich nach innen keilförmig zuspitzt; der zweite, dessen innerer Theil weggebrochen ist, scheint kaum grösser als der erste gewesen zu seyn, aussen maass er von vorn nach hinten nur

0,016. Der dritte Gaumenzahn ist weggebrochen; nach vorhandenen Andeutungen sollte man glauben, dass er 0,024 Breite und 0,021 Länge gemessen habe. Dieser lag mit dem letzten Backenzahn zusammen, der zweite Gaumenzahn entsprach der Gegend zwischen dem zweiten und dritten Backenzahn und der erste genauer der Gegend zwischen dem ersten und zweiten Backenzahn.

Das Flügelbein ist zwar überliefert, doch lassen sich über die Knochen, mit denen es zusammenliegt, keine genauere Angaben machen.

An der Innenseite der Schädelhälfte Taf. XXIX. Fig. 4 überzeugt man sich, dass der die Gaumenzähne tragende Knochen paarig war. Die von diesem Knochen überlieferte Hälfte ist von der Seite entblösst, welche der anderen mit einer enge gefurchten Fläche anlag; sie erhob sich Siebbein-artig zu einer Wand von 0,037 Höhe. Der Querschnitt hinter den Gaumenzähnen von Placodus quinimolaris Taf. XXV. Fig. 3 liefert hiezu ein ergänzendes Bild. Diese Wand reicht bis zum Nasenloch, das mit der Mundhöhle in Verbindung gestanden haben wird.

Die Beschaffenheit der Knochen ist dieselbe wie bei anderen Sauriern aus dem Muschelkalke, der Schmelz der Zähne schwarz oder schwarzbraun.

PLACODUS QUINIMOLARIS Braun.

Schädel. Taf. XXV. Fig. 2. 3. 4.

Placodus quinimolaris Braun, Programm zum Jahresbericht der K. Landwirthschafts- und Gewerbschule zu Bayreuth für 1862/63, Bayreuth 1863. S. 5.

Es ist dies dieselbe Versteinerung, von welcher Herr Professor Braun in dem Programm für 1861/62 (S. 15) sagt, dass sie wegen einer wesentlichen Verschiedenheit im Gebiss einer neuen Species angehöre. Inzwischen hat Braun der Species obigen Namen beigelegt und die Versteinerung selbst mir mitgetheilt. Ich habe sie Taf. XXV. Fig. 2 von unten, Fig. 3 von hinten und Fig. 4 von rechts abgebildet.

Es ist der Oberkiefer mit etwas Jochbein und einem Stückchen Vorderstirnbein überliefert, was hinreicht, um sich zu überzeugen, dass die Versteinerung einer eigenen Species angehört. Sie unterscheidet sich von allen anderen auffallend dadurch, dass sie fünf fast gleichförmige Backenzähne in jeder Oberkieferhälfte besitzt, während bei keinem andern Placodonten mehr als vier bekannt sind. So wichtig dieses Charakter in anderen Fällen seyn würde, so dient es hier doch nur zur Bezeichnung der Species. Eine individuelle Erscheinung kann es nicht seyn. Auch ergeben sich noch andere Kennzeichen. Es ist der Schädel in dem überlieferten Gesichtstheil platter, weniger hoch, die Seiten bilden, nach oben verlängert gedacht, einen weniger spitzen Winkel, in der Gegend hinter den Zähnen ist der Schädel eher breiter und in der Gegend zwischen Oberkiefer und Zwischenkiefer merklich schmäler, was eine spitzere Form bedingt als in dem gleich grossen

Placodus gigas oder P. Andriani; auch stehen die Backenzähne mit der Krone nicht so schräg nach innen gerichtet und scheinen mehr in das Niveau der Gaumenzähne zu fallen.

Schon als dieses Stück vom Gestein aufgenommen wurde, fehlte der zweite linke und der vierte und fünfte rechte Gaumenzahn; diese Lücken lassen sich durch die vorhandenen Zähne gut ergänzen. Von den Backenzähnen, von denen die vorderen deutlich schräg nach innen und hinten gerichtet sind, misst der erste rechte wie linke von aussen nach innen 0,013, von vorn nach hinten 0,011. Er ist aussen mehr gerundet, an der hinteren inneren Ecke mehr rechtwinkelig und geht vorn gerundet stumpfwinkelig zu, was ihm mehr ein fünfeckiges Ansehen verleiht. Gegen die Mitte der Krone erhebt er sich etwas, und auf der inneren Hälfte bemerkt man das unebene dreieckige oder Hufeisen-förmige Feld deutlich.

Der zweite schwach verschobene Backenzahn ist gerundet viereckig, er ergiebt 0,0125 Länge und Breite, der ähnlich geformte dritte 0,0135, der vierte mit mehr gerundeter hinterer Ecke 0,0125, und der im Ganzen mehr gerundete fünfte von aussen nach innen 0,013, von vorn nach hinten 0,014. Die unebene Stelle auf der innern Kronenhälfte ist bei allen diesen Zähnen vorhanden, auf dem letzten auffallend schmal. Die Länge der Reihe, welche diese fünf Zähne einnehmen, bemisst sich auf 0,066. Das erste Paar dieser Zähne liegt 0,028, das letzte Paar 0,077 von einander entfernt.

Unmittelbar vor dem ersten Backenzahn erhält man 0,056 und unmittelbar hinter dem letzten 0,107, mithin ungefähr noch einmal so viel Schädelbreite.

Die Länge der Reihe, welche die drei Paar Gaumenzähne einnehmen, ergiebt 0,078. Der erste dieser Zähne misst, abgesehen von seiner schrägen Lage, von aussen nach innen 0,026, von vorn nach hinten aussen 0,019. Er ist gerundet keilförmig, am Aussenrand etwas eingezogen und zeigt auf der Oberfläche mehr in der äusseren Hälfte einen nach aussen gehenden Eindruck und einige schwächere Radial-Eindrücke. Auch der zweite Zahn ist gerundet keilförmig, liegt aber mehr quer; von aussen nach innen misst er 0,034, von vorn nach hinten erhält man aussen am rechten 0,0275, am linken 0,025. Der Aussenrand ist eingezogen, und auf der Oberfläche bemerkt man ähnliche Eindrücke wie bei dem ersten Zahn. Der dritte Zahn misst von vorn nach hinten und zwar der rechte 0,0305, von aussen nach innen 0,034, wofür man am linken 0,033 und 0,037 erhält. Der Vorderrand dieser Zähne ist mehr gerade, der Aussenrand eingezogen, die hintere innere Ecke stark zugerundet, die Oberfläche der Krone in der Mitte etwas eingedrückt, bei dem rechten Zahn mit einem weiteren, bei dem linken mit ein Paar engeren concentrischen Kreisen, und in der Nähe des Innen- und Hinterrandes noch mit einem Eindruck parallel dem Rande versehen; ausserdem ist die Krone noch deutlich radial runzelstreifig und besitzt stärkere radiale Eindrücke, von denen der nach aussen mündende der deutlichste ist. In diesen Eindrücken, sowie in den concentrischen Kreisen stimmen die beiden Zähne nicht vollkommen überein.

Die Vertheilung der Zähne ist der Art, dass der erste und zweite Backenzahn auf den ersten Gaumenzahn kommen, der dritte und vierte Backenzahn auf den zweiten und der fünfte Backenzahn auf die Gegend zwischen dem zweiten und dritten Gaumenzahn.

Hinter diesen Zähnen ist die Fortsetzung des Schädels auf der Gaumenseite weggebrochen, den Querschnitt Fig. 3 darbietend, der mit Taf. XXIX. Fig. 4 Aufschluss über die Beschaffenheit des mit den Gaumenzähnen behafteten Knochens giebt. Der Knochen besteht aus zwei Hälften, welche sich aufwärts zuschärfen; Zahn und Knochen ergeben 0,035 Höhe. Die Hälften greifen mit rauhen Flächen in einander ein. Die untere Hälfte der Höhe nimmt eine Art von Zahnwurzel ein, die sich durch eine mehr fein- und langzellige Textur verräth, während der eigentliche Knochen mehr porös ist. Unter dem letzten rechten Gaumenzahn erkennt man die Krone eines Keimzahnes von 0,012 Breite und 0,004 Höhe

Von dem Nasenloche liegt der durch den Oberkiefer gebildete grössere untere Theil vor. Vorn wird der von der Begrenzung des Nasenloches ausgeschlossene Zwischenkiefer angesessen haben. Zwischenkiefer und Nasenbein sind nicht überliefert, daher bildet der Oberkiefer einen freistehenden Fortsatz.

Auf der rechten Seite lässt sich das Vorderstirnbein, welches den vorderen Augenhöhlenwinkel beschreibt, bis zum Nasenloch verfolgen; nur der obere Theil dieses Knochens fehlt. Auch erkennt man die Nähte zwischen Oberkiefer und Jochbein bis hinter die Backenzähne und zwischen Oberkiefer und Vorderstirnbein, welche nichts Bemerkenswerthes darbieten.

UNTERKIEFER UND ZÄHNE VON PLACODUS.
Linkes Zahnbein.

Schon in der ersten Nachricht, welche Graf zu Münster über die Reste von Placodus giebt, sagt er (S. 3), er habe auch „noch einen Unterkiefer mit 3 grossen schwarzen Zähnen erhalten, welcher ziemlich genau zu dem grossen Schädel (Placodus gigas) passt." Von diesem zu Leineck gefundenen Stück theilt Agassiz (poiss. foss., p. 219. t. 70. f. 15. 16) eine nicht gerade genaue Abbildung mit, die unmittelbar vor dem ersten Backenzahn tiefer unten und mehr aussen einen Zahn zeigt, der für einen Schneidezahn ausgegeben wird, wobei er sagt, dass es merkwürdig sey, dass dieser Zahn gleichsam am äusseren Kieferrand und dem ersten Backenzahn so nahe sitze; was ihn zu dem Schluss veranlasst, dass der vordere Schnabel weniger lang gewesen sey als in Placodus Andriani. Diesen Zahn habe ich an der Original-Versteinerung nicht vorgefunden. Der Kiefer erstreckt sich gar nicht so weit nach vorn, als die Abbildung bei Agassiz angiebt. Das vordere Ende ist stark überkittet, und in der Gegend, wo der fragliche Zahn hätte sitzen können, bemerkt man nur einen kleinen schwarzen Flecken. Sollte ursprünglich an dieser Stelle wirklich ein Zahn gesessen haben, so könnte es nur ein Ersatzzahn des ersten

Backenzahns gewesen seyn. Es muss wohl dieselbe Versteinerung seyn, da in der Aufschrift Münster mit eigener Hand auf die Abbildung bei Agassiz verweist, auch sonst keine ähnliche Versteinerung bekannt ist, und das Stück unter denen der Münster'schen Sammlung aufgeführt wird, die ich sämmtlich untersucht habe.

Die eigenthümliche Form des Stückes wird durch den vollständigen Unterkiefer erklärlich. Es ergiebt sich, dass das Stück in dem linken Zahnbein besteht, dessen vorderes Ende vor dem ersten Backenzahn weggebrochen ist. Zähne und Kiefer sind etwas plump ergänzt, so dass das Stück jetzt, wo ein vollständiger Unterkiefer vorliegt, nur in so fern noch einen Werth besitzt, als es der erste Ueberrest ist, der von einem Unterkiefer von Placodus gefunden wurde, und seiner in der Literatur gedacht wird. Es lassen sich keine Ausmessungen nehmen. Die Species wird dieselbe seyn wie die, welcher der nun zu betrachtende Unterkiefer angehört.

Unterkiefer. Taf. XXXII. Fig. 1. 2. 3.

Die paläontologische Sammlung zu München besitzt einen 1847 im Muschelkalke des Leinecker Berges bei Bayreuth gefundenen Unterkiefer, den ich Taf. XXXII. Fig. 1 von oben, Fig. 2 von links und Fig. 3 im Querschnitt unmittelbar hinter dem letzten linken Zahn abgebildet habe. Dieser Unterkiefer ist noch vollständiger als der von mir (Palaeontogr., X. 1862. S. 56. t. 9) aus dem Muschelkalke von Braunschweig veröffentlichte, und daher ein in seiner Art einziges Stück; es fehlt daran nur das obere Ende des Kronfortsatzes und an der rechten Hälfte der Fortsatz hinter der Gelenkgrube. Es sind dies Beschädigungen neuester Zeit; der Kiefer kam daher vollständig zur Ablagerung, und hat nur eine geringe Pressung in verticaler Richtung und geringe Verschiebung nach rechts erlitten.

Von den vier dem Unterkiefer von Placodus zustehenden Schneidezähnen sind die zwei der linken Hälfte angekittet; es lässt sich daher nicht mehr beurtheilen, ob sie diesem Kiefer wirklich angehören, und wenn es der Fall seyn sollte, ob sie in richtiger Lage sich befinden. Die Alveolen der beiden rechten Schneidezähne sind mit Gestein angefüllt und waren daher ausgefallen. Die Backenzähne sind sämmtlich ächt, was sich schon daraus ergibt, dass sie noch vom Gestein festgehalten werden.

Die ganze Länge des Unterkiefers misst ohne Schneidezähne in gerader Linie 0,187, die auf die Gegend der Gelenkgrube kommende grösste Breite 0,12, die Breite an der dem ersten Paar Backenzähne entsprechenden schmälsten Stelle 0,06, also gerade nur halb so viel.

Die vor den Backenzähnen liegende Strecke ergibt 0,032 Länge; die nach aussen schwach convexen Seiten verleihen ihr eine grösste Breite von 0,061; diese Strecke wird nach vorn immer platter, und an ihrem Vorderrande waren die vier nach vorn gerichteten Schneidezähne fast geradlinig neben einander angebracht.

Von den stumpf meisselförmigen Schneidezähnen der linken Hälfte steht der äussere nur 0,008 aus dem Kiefer heraus; er ist 0,011 breit und an der Basis nur wenig dicker, aussen oder unten mehr gewölbt und glatt, oben ebener und mit einigen Längseindrücken versehen; er ist rechtwinkelig zur Axe stark abgenutzt. Dasselbe gilt auch für den inneren Zahn, der noch einmal so lang aus dem Kiefer heraussteht. Da auf der gewölbteren, glätteren Seite; der unteren, die Krone stärker abgenutzt ist als auf der entgegengesetzten, so fragt es sich, ob die Zähne richtig angesetzt sind; auch die starke Abnutzung rechtwinkelig zur Axe lässt vermuthen, dass sie weniger gerade nach vorn gerichtet gewesen seyn werden, obschon die Zuschärfung des Kiefers nach vorn für eine mehr horizontale Richtung der Zähne sprechen würde.

In der ungefähren Mitte zwischen dem äusseren Schneidezahn und dem ersten Backenzahn der linken Kieferhälfte befindet sich oben eine aufgebrochene Stelle von 0,005 Durchmesser, die einen noch im Kiefer liegenden Zahn erkennen lässt, der gar nicht aussieht wie der Ersatzzahn eines Schneidezahnes, wofür man ihn schon aus dem Grund halten sollte, weil er den Schneidezähnen näher liegt als den Backenzähnen; was davon sichtbar ist, lässt weniger auf einen lang nach vorn gerichteten als auf einen nach oben gewölbten Zahn schliessen. Einen ähnlichen Ersatzzahn fand ich in dem Unterkiefer von Braunschweig, aber an einer dem ersten Backenzahn näher liegenden Stelle.

Der erste Backenzahn beiderseits ist von aussen nach innen 0,0255 breit und 0,0145 von vorn nach hinten lang; nach aussen wird er ein wenig schmäler, er ist schön flach gewölbt, und die geringste gegenseitige Entfernung beider Zähne misst 0,0055. Am zweiten linken Zahn erhält man 0,0265 Breite, aussen 0,019, innen 0,02 Länge, in der Mitte ist er schwach eingedrückt, und die Hinterseite zeigt sich schwach ausgeschnitten. Der zweite rechte Zahn durchbricht gerade erst den Kiefer, seine Krone war ein wenig breiter, in der Mitte mehr erhöht, auf der Oberfläche feinkörnig und mit einzelnen radialen Runzelstreifen versehen. Der dritte linke Zahn ist 0,029 breit und 0,028 lang, wofür man am rechten 0,03 und 0,029 erhält; beide Zähne waren rundeckig, an der Hinterseite schwach ausgeschnitten, an der Vorderseite schwach convex und auf der inneren Hälfte mit einem schwachen Quereindruck versehen. Die geringste gegenseitige Entfernung beträgt 0,027. Die Zähne sind mehr durch Abnutzung glatt, sonst körnig auf der Oberfläche und im Rande radialstreifig.

Unmittelbar hinter dem dritten linken Zahn ist der Kieferast weggebrochen, was den Vortheil gewährt, dass man den Ersatzzahn des dritten Zahnes im Kiefer liegen sieht, der jedoch erst halbe Grösse erreicht hat. Er scheint wie der Zahn Taf. XXXII. Fig. 4. 5 in einer Art von hohlen Wurzel zu liegen, die an die Knochensubstanz des älteren Zahns befestigt war. Der unter dem Ersatzzahn sich durchziehende Kanal im Unterkiefer ergiebt 0,014 Durchmesser.

An dem von Owen (Philos. Trans., p. 181. t. 11. f. 1) dem Placodus bathygnathus beigelegten Kieferfragment scheint der Kronfortsatz höher zu seyn, obschon der Kiefer derselben Species angehören wird, wie der von mir beschriebene; Owen giebt die Höhe nicht in Zahlen an. Ich vermuthe, dass die beträchtlichere Höhe und Breite in der Richtung von vorn nach hinten durch anhängendes Gestein veranlasst ist, welches der Zeichner vom Knochen nicht zu unterscheiden wusste. Die Stärke des Kieferastes passt zu dem von mir untersuchten Kiefer. Owen gelang es, wenigstens einen Theil vom Verlauf, den das Winkelbein nimmt, zu unterscheiden. Der Theil aber, den er mit Deckelbein (31) bezeichnet, gehört noch ungetrennt zum Winkelbein, wie ich dies an dem früher von mir untersuchten Kiefer aus der Gegend von Braunschweig nachgewiesen habe und jetzt an dem Kiefer der Münchener Sammlung bestätigt finde. Das Deckelbein tritt an der Aussenseite nicht auf. Das Kronbein ist auf den oberen Theil des aufsteigenden Astes oder den Kronfortsatz verwiesen, und was Owen mit 29 bezeichnet, und noch für Kronbein nimmt, scheint vielmehr dem zwischen Zahnbein und Winkelbein sich auskeilenden Gelenkbein anzugehören, das, hinterwärts ziehend, die Gelenkgrube und die schwach rinnenförmige Oberseite des hinter dieser Grube gerade hinterwärts sich ausdehnenden Fortsatzes bildet. In der Abbildung Taf. XXXII. Fig. 2 habe ich den Verlauf der Nähte angegeben.

Der letzte Zahn reicht nur unbedeutend in die hintere Hälfte der Unterkieferlänge zurück. Mit seinem Ende beginnt der aufsteigende Ast sich sehr gerade zu erheben. Unter dem ersten Backenzahn erhält man 0,029 Kieferhöhe, unter dem zweiten 0,025, unter der Mitte des dritten 0,029 bei 0,037 Breite des Kieferastes. Mit dem aufsteigenden Ast erhält man 0,062 Höhe; es wäre jedoch möglich, dass selbst an dem Aste der linken Hälfte oben etwas fehlte.

Die Gelenkgrube zur Aufnahme des Schädels ist an der rechten Seite besser erhalten als an der linken. Sie liegt in ungefähr gleicher Höhe mit den Zähnen und 0,034 vom hinteren Ende entfernt, an welchem nur die äusserste Spitze fehlen kann. Sie ist quer oval, dabei schräg nach aussen und vorn gerichtet, nach welcher Richtung hin man 0,031 erhält, von vorn nach hinten 0,015. Die äusseren zwei Drittel sind concav, das innere Drittel convex.

Wenn die Symphysis in der vorderen Gegend nicht so stark klafft, als an dem im Braunschweigischen gefundenen Unterkiefer, so überzeugt man sich doch, dass sie auch hier auf der Strecke bis zum Beginn der Backenzähne weniger fest zusammenhielt und auf der Unterseite eine deutliche Rinne bildete. Dahinter kommt die schmal- und langzackige Naht, die noch weiter hinten unter Bildung einer kleinen Wölbung immer enger und feiner wird, und die Kieferhälften fester zusammenhält. Diese hintere Endstrecke der Symphysis, die an dem Unterkiefer von Braunschweig, wie sich jetzt ergiebt, noch unter dem schwer zu entfernenden Gestein verborgen liegt, wird dem

Deckelbein angehören, das hier an der Unterseite auftritt, und woraus die Innenseite der Kieferäste besteht. Für die ganze Länge der Symphysis erhält man 0,073.

Unter dem ersten Backenzahn findet sich eine Andeutung von dem Foramen mentale, dessen Lage der im Kiefer von Braunschweig entsprechen würde.

An dem von mir veröffentlichten, weniger vollständigen Unterkiefer der v. Strombeck'schen Sammlung ist der Kieferknochen eher ein wenig höher als der vorliegende, was daher rührt, dass er weniger durch Verticaldruck gelitten hat. Die vor den Backenzähnen liegende Strecke stimmt, was Breite und Länge betrifft, in beiden Kiefern fast ganz überein. Gleichwohl ist der Raum, welchen die Backenzähne im Kiefer von Braunschweig einnehmen, kürzer. Die Zähne sind im Ganzen etwas kleiner und weniger regelmässig gerundet viereckig, was insbesondere für das letzte Paar gilt, deren Vorderseite, mehr noch die Hinterseite, concav, und woran die Aussenseite weit kürzer ist als die Innenseite; während sie sich in dem bei Bayreuth gefundenen Kiefer fast vollkommen quadratisch darstellen, und der Kiefer in der die Backenzähne umfassenden Strecke auch breiter ist. Beide Kiefer verhalten sich daher auf ähnliche Weise, wie die Schädel von Placodus gigas und P. Andriani; der Unterkiefer von Bayreuth passt besser zum Schädel von P. gigas, der von Braunschweig besser zum Schädel von P. Andriani.

Zähne. Taf. XXXII. Fig. 4. 5. 6.

Der mit seinem Ersatzzahn vereinzelt zur Ablagerung gekommene Zahn, welchen ich Taf. XXXII. Fig. 4 von oben und Fig. 5 von hinten abgebildet habe, wird der erste Backenzahn der linken Unterkieferhälfte seyn. Er ist wichtig wegen der Aufschlüsse, die man durch ihn über die gegenseitige Lage von Zahn und Ersatzzahn erhält. Das Stück ist von Münster's Hand überschrieben „Placodus Aethiops Münst." Zur Annahme einer eigenen Species genügt der Zahn nicht. Der Form nach kann er nur einen ersten unteren Backenzahn oder einen ersten oberen Gaumenzahn darstellen. Seine etwas keilförmige Beschaffenheit würde für letztere Ansicht sprechen; es fehlt ihm aber die durch Eindrücke unebene Gegend auf der breiteren Hälfte. Ich glaube daher, dass es ein erster unterer Backenzahn ist und zwar ein linker. Für Placodus gigas ist der Zahn etwas klein, es wäre denn, dass er von einem jungen Thier herrührte. Von aussen nach innen erhält man 0,02, von vorn nach hinten an dem breiteren, gerundet abgestumpften Ende 0,011. Die glatte Krone ergiebt soweit sie beschmelzt ist 0,005, mit der Knochensubstanz erhält man 0,008; diese ist an der Unterseite flach concav. In halber Höhe sitzt eine porösere Masse an, die einen sich abwärts etwas erweiternden Raum, einen hohlen Wurzelraum ähnlich, begrenzt, wodurch dem Zahn im Ganzen 0,0185 Höhe und am unteren Ende 0,024 Breite verliehen wird. An diesem Ende liegt der Ersatzzahn, eine Krone von 0,004 Höhe und 0,021 Breite, der über ihr liegenden ähnlich geformt, und wie diese aus beschmelzter Knochensubstanz bestehend; der Schmelz ist unmerklich rauher. Der leere Raum zwischen beiden Kronen ist 0,004 hoch. Es lässt sich nicht mehr beurtheilen, ob der Ersatzzahn ursprünglich rundum von der wurzelartigen Wand eingeschlossen war; an der abgebildeten Seite ist diese Wand offenbar gewaltsam aufgebrochen, was weniger an der entgegengesetzten oder der noch dem Gestein aufliegenden Seite der Fall zu seyn scheint. Beide Zähne liegen fast genau vertical übereinander.

Das Taf. XXXII. Fig. 6 von oben abgebildete Zahnfragment scheint von einem ähnlichen, nur schlankeren Zahn herzurühren. Sein schmäleres Ende ist gewaltsam entfernt. Am Bruchende erhält man von vorn nach hinten 0,008; am breiteren, rundlich zugehenden Ende 0,011; in der Richtung von aussen nach innen ist 0,0185 überliefert. Der Zahn war 0,006 hoch und bestand aus beschmelzter Knochensubstanz. Die Versteinerung trägt von Münster's Hand die Aufschrift: „Placodus angustus, var. von P. gigas Münst." Auf ein solches Zahnfragment auch nur eine Varietät einer Species anzunehmen, scheint etwas gewagt. Die Versteinerung wurde nach der darauf vorhandenen Angabe im Muschelkalke von Leineck gefunden.

Linke Unterkieferhälfte. Taf. XXXII. Fig. 9. 10.

Dieses interessante Stück der Münchener Sammlung wurde im Jahr 1847 im Muschelkalke von Bayreuth gefunden, und besteht in der von mir Taf. XXXII. Fig. 9 von rechts und Fig. 10 von oben abgebildeten linken Unterkieferhälfte von einem ganz jungen Placodus. Der hintere Theil ist mit dem aufsteigenden Aste weggebrochen, auch das vor den Backenzähnen liegende Ende fehlt, was sehr zu bedauern ist. Es liegt sonach kaum mehr als die Strecke der Backenzähne vor, und von den Zähnen selbst nur der letzte, für den man 0,0145 Länge und 0,012 Breite erhält, vorn nur 0,011. Die unregelmässig ovale Krone ist im Ganzen platt, von aussen nach innen schwach gewölbt, 0,0035 hoch, aber kaum weiter als auf der oberen Seite und hier nur dünn hellbräunlich beschmelzt. Unmittelbar unter dem Zahn befindet sich eine mit Gestein ausgefüllte Grube. Vor ihm liegt die Alveole des vorletzten Zahns, welche nur Gestein enthält; sie scheint 0,008 lang und wohl ebenso breit gewesen zu seyn. Die Gegend davor wird von dem nicht zu entfernen gewesenen Gestein verdeckt gehalten; es lässt sich daher auch nicht angeben, ob eine Alveole für einen ersten Backenzahn vorhanden war. In dieser Gegend ist der Kiefer aussen etwas eingedrückt, was an den Kiefer des erwachsenen Placodus erinnert; auch wird der Kiefer vorn an der Unterseite ganz wie bei dem ausgewachsenen Thiere platter. Die Höhe ergiebt in der Mitte der Gegend des vorhandenen Zahns ohne denselben 0,012. Der Kieferkanal ist an der Innenseite geöffnet.

Schneidezahn von Placodus. Taf. XXXII. Fig. 7. 8.

Schon Graf zu Münster giebt in seiner Abhandlung über fossile Fischzähne aus dem Muschelkalk bei Bayreuth (1830. S. 4. No. III. Fig. 1—6) von ähnlichen Zähnen

Abbildung. Sie wurden anfangs von Agassiz einem unbekannten Fische beigelegt und den Schlundzähnen der Cyprinoiden und Labroiden verglichen, bis es Braun gelang, nachzuweisen, dass es die Schneidezähne von Placodus sind. Die bei Münster und Agassiz abgebildeten Schneidezähne habe ich nicht untersucht, wohl aber ähnliche Zähne aus dem Muschelkalke Sachsen's (Palaeontogr., I. 1849. S. 198. t. 33. f. 7. 8) und Oberschlesien's (S. 241. t. 29. f. 53. 54).

Der von mir Taf. XXXII. Fig. 7 von hinten und Fig. 8 von neben abgebildete Schneidezahn unterscheidet sich von den bis jetzt bekannt gewordenen durch die gute Erhaltung seiner Krone. Die Wurzelbildung hatte noch nicht begonnen. Mit der gewölbteren Seite, wohl der vorderen, liegt er noch im Gestein. Die Krone ergiebt 0,018 Höhe, 0,011 Breite und eben so viel an der Basis von vorn nach hinten. Der Schmelz ist rauh, zumal auf der hinteren Seite, die von drei breiteren rauhen Bändern eingenommen wird. Das halbkugelförmige Ende ist glatt und unter demselben hinten der Zahn stark eingedrückt. Der Schmelz ist schwarz. Der Zahn rührt aus dem Muschelkalke von Bayreuth her und befindet sich in der Sammlung zu München.

CYAMODUS Meyer.

CYAMODUS ROSTRATUS Meyer (Münst. sp.), Taf. XXIII. Fig. 1. 2.

Placodus rostratus Münst., Beiträge zur Petrefaktenk., I. 1839. S. 119. t. 15. f. 1.
Placodus rostratus Münst.. Agassiz, poiss. foss., II. 2. p. 221. t. 71. f. 6.

Es ist dies derselbe Schädel, worauf Münster die Species gegründet hat. Agassiz veröffentlicht ihn gleichfalls und Owen giebt in seiner Abhandlung über Placodus laticeps (Philos. Trans. London, 1858. p. 169. t. 11. f. 4) die bei Münster enthaltene Abbildung wieder. Bei der Wichtigkeit der Versteinerung hielt ich es nicht für überflüssig, diese Versteinerung nochmals zu zeichnen; Taf. XXIII. Fig. 1 stellt sie von unten und Fig. 2 von der Seite dar.

Ich erhielt den Schädel im Mai 1863 durch Herrn Professor Braun aus der Kreissammlung in Bayreuth mitgetheilt. Der hintere Theil des von der Gaumenseite entblössten Schädels ist etwas zerquetscht und verschoben, was Münster zu folgender Aeusserung Anlass gab. „Der Stein, sagt er, von welchem der Schädel umgeben ist, war in der Felsmasse an einer Stelle befindlich, wo eine örtliche Hebung des Bergrückens stattgefunden haben muss, durch welche der hintere Theil des Schädels, an dessen rechter Seite, gewaltsam fortgeschoben und die Knochenmasse so flach auseinander gedrückt worden ist, als ob sie weich gewesen wäre, während der übrige Theil des Schädels ganz unversehrt geblieben ist; die zwischen die zerquetschte Knochenmasse geschobenen Theile Muschelkalk sind dabei in weissen Kalkspath verwandelt."

Es ist allerdings auffallend, dass nur der hintere Theil des Schädels gelitten hat, was indess seiner grösseren Höhe und hohlen Beschaffenheit zuzuschreiben ist. Ich glaube daher auch diese Zerdrückung und Verschiebung keinem andern Grund beilegen zu sollen, als der mit der Erhärtung der Gesteinsmasse verbunden gewesenen Zusammenziehung. Die weisse Kalkspathmasse, von der die Rede ist, ist eine Stylolithen-Bildung durch späthigen Kalk, deren streifiges oder stängeliges Gefüge zur Längenaxe des Schädels unter einem Winkel von ungefähr 45° streicht, wobei sie das Hinterhaupt und den hinteren Theil des rechten Jochbogens trifft.

Der Schädel liegt also mit der Oberseite auf oder vielmehr noch in dem Gestein, dessen überaus grosse Härte bei der Weichheit der Knochen eine weitere Entblössung nicht gestattete. Es ist zu verwundern, dass die Entblössung so gut gelang. Freilich ist die Gaumenplatte wohl wegen erlittener Beschädigung überkittet worden, so dass man über deren Zusammensetzung keinen Aufschluss erwarten darf. Auch sind von den drei Paar Gaumenzähnen die beiden ersten Paar aufgekittet. Ueber eine Oeffnung in der Gaumenplatte liess sich keine Erhebung machen; man sollte fast glauben, die Platte habe jeder Oeffnung entbehrt. Es wird jedoch die Gegend zwischen den Schneidezähnen noch von Gestein verdeckt gehalten, das ohne die Zähne zu gefährden nicht zu entfernen war; es ist ferner die Gegend zwischen den dahinter folgenden Backenzähnen durch Ueberkittung unkenntlich gemacht; so dass es möglich wäre, dass an einer dieser Stellen eine Oeffnung gelegen hätte, die jedenfalls nicht gross gewesen seyn konnte.

Die ganze Länge des Schädels hat nicht unter 0,136 gemessen, aber auch wohl kaum mehr. In der hinteren Gegend scheint der Schädel ausgeschnitten gewesen zu seyn. Für die Breite lässt sich hier 0,13 annehmen, so dass der Schädel nur wenig länger als breit war. Er geht vom vorderen Ende des Jochbogens nach vorn stumpf schnabelförmig zu, und ist am vorderen Ende stumpf gerundet. Die etwas ausgehöhlte Gaumenfläche besitzt in der hinteren Hälfte 0,072 Breite.

Im Rande des vorderen Endes bemerkt man 4 bis 5 kleine, mit Gestein ausgefüllte Grübchen, deren schwarze Färbung beim Waschen sogleich verschwand, ein Zeichen, dass sie aufgetragen war; von wirklichen Zähnen enthielten sie keine Spur, und es ist auch gar nicht wahrscheinlich, dass hier Zähne angebracht waren, die ganz ungemein klein hätten gewesen seyn müssen. Die Zahnbewaffnung beginnt wie in Cyamodus laticeps mit zwei Paar Schneidezähnen, die in Lage und Beschaffenheit denen in letzterer Species gleichen, wo man von dazwischen liegenden ganz kleinen Zähnchen nichts weiss.

Die Schneidezähne des ersten Paars liegen 0,009 von einander entfernt und dabei unmerklich nach vorn gerichtet. Sie messen fast übereinstimmend an der 0,0035 hohen Krone von aussen nach innen 0,0055 und von vorn nach hinten 0,004; die hiernach etwas flache Krone ist gewölbt, die innere Seite ist die schärfere und die innere Hälfte der Hinterseite schwach eingedrückt. Für die ganze Höhe des Zahnes über dem Alveolar-Rand erhält man kaum mehr als 0,005. Der zweite, weniger herausstehende Schneidezahn tritt vom ersten 0,003 entfernt und etwas mehr aussen auf. Seine Krone misst von vorn nach hinten 0,0045, von aussen nach innen 0,0035; der rechte scheint ein wenig geringer, als der linke. Die Entfernung beider Zähne von einander beträgt 0,019. Da diese vier Zähne noch vom Gestein festgehalten werden, so besteht über ihre Aechtheit und richtige Lage kein Zweifel.

Der dritte Zahn liegt vom zweiten 0,003 entfernt, aber nicht wie dieser auf dem Rande, sondern ein wenig mehr innen, woran, in Uebereinstimmung mit Cyamodus laticeps und C. Münsteri, erkannt wird, dass er den ersten Backenzahn darstellt. Seine Krone misst von vorn nach hinten 0,0055 und von aussen nach innen am rechten Zahn eben so viel, am linken 0,005. Die gegenseitige Entfernung beider Zähne beträgt 0,0105; sie sind wie die folgenden mehr platt. Der vierte Zahn der Reihe oder zweite Backenzahn liegt vom vorsitzenden ungefähr so weit entfernt als dieser vom zweiten. Die Krone misst von vorn nach hinten 0,0065, von aussen nach innen 0,0055, wobei sich der rechte Zahn mehr gerundet (nicht gewölbter) und mit Andeutung radialer Streifung darstellt. Für die gegenseitige Entfernung dieser beiden Zähne erhält man 0,024. Das Thier war hienach nur mit zwei Paar Backenzähnen versehen; denn die dahinter folgenden drei Paar Zähne stellen, nach ihrer vom Kieferrande weiter entfernten Lage zu urtheilen, Gaumenzähne dar. Das erste Paar derselben liegt vom letzten Backenzahn 0,0055 entfernt. Diese rundlichen Zähne messen von vorn nach hinten wie von aussen nach innen 0,0095 und liegen 0,013 von einander, vom zweiten Gaumenzahn 0,003 entfernt. An dem besser erhaltenen, schön ovalen linken dieses zweiten Paars erhält man von vorn nach hinten 0,012, von aussen nach innen 0,0105, für die gegenseitige Entfernung 0,0125, für die Entfernung vom Kieferrand 0,017. Vom letzten Paar Zähne ist nur der rechte völlig entwickelt und der Schmelz weniger durch allmähliche Abnutzung als durch eine stärkere Gewalt von der Oberfläche ziemlich regelmässig entfernt. Der Zahn misst von vorn nach hinten 0,027, von aussen nach innen 0,023; er ist regelmässig oval und dabei etwas platt, steht aber vermuthlich durch das Nachrücken eines Ersatzzahns etwas höher aus dem Kiefer heraus und scheint dem Ausfallen nahe gewesen zu seyn. Beide Zähne sind mit ihren Kronen schräg nach vorn und innen gestellt. Der linke Zahn ist noch nicht völlig an die Oberfläche getreten; es ist von ihm nur die vordere Hälfte entblösst und zwar durch Entfernung einer Art Blase oder knöchernen Ueberwölbung, zwischen welcher und der Krone Gesteinsmasse eingedrungen ist. Diese Krone ergiebt nur 0,0195 Breite und wird 0,024 von vorn nach hinten gemessen haben; sie ist geformt wie die andere und ihr Schmelz fein radial runzelstreifig. Die gegen das vordere Ende fallende geringste Entfernung beider Zähne beträgt 0,014. Dem hinteren Ende des letzten rechten Gaumenzahns liegt eine Masse dicht an, von der es ohne die Versteinerung zu beschädigen nicht zu entscheiden war, ob sie aus Knochen oder Stylolithen besteht.

Eben so wenig lässt sich wegen des ansitzenden fremden Körpers und erlittener Zerdrückung über das Hinterhaupt oder die Basis des Schädels eine Angabe machen.

Deutlicher liegt das linke Paukenbein vor, das, wie aus der Seitenansicht Fig. 2 ersehen werden kann, kräftig entwickelt ist und stark herabhängt. Es hilft die untere Schläfengrube hinten schliessen und scheint zur Aufnahme des Unterkiefers eine nicht vollständig überlieferte Gelenkfläche besessen zu haben, die von aussen nach innen 0,025 und von vorn nach hinten in der äusseren Hälfte 0,01 in der inneren etwas weniger gemessen haben wird, im Ganzen war sie mehr convex gebildet.

Die Bildung des Jochbogens entspricht vorn der Gegend des vorletzten Zahnes.

Die Zähne sind wie bei Placodus schwärzlich, und auch die Beschaffenheit der Kronen sonst zeigt Aehnlichkeit. Das Gestein ist fester, ungemein schwerer Muschelkalk, dessen Masse zum Späthigen hinneigt, und nur wenig Ueberreste von anderen Versteinerungen erkennen lässt.

Die Angaben über diese Versteinerung bei Münster und Agassiz sind hienach zu berichtigen. Ich kann ferner anführen, dass die Abbildung Fig. 7 bei Agassiz nicht, wie er glaubt, von einem anderen Stück Kiefer herrührt, sondern den vorderen Theil desselben Schädels im Profil darstellt, das ich in meiner Abbildung Fig. 2 genauer und vollständiger gebe.

Auch hier habe ich wieder zu erwähnen, dass der Schädel sich nicht zu Bamberg, wie angegeben wird, sondern in der Kreissammlung zu Bayreuth befindet.

Hienach würde Cyamodus rostratus bei derselben Zahl Gaumenzähne ein Paar Backenzähne weniger zählen als Cyamodus Münsteri, und gegen C. laticeps ein Paar Backenzähne weniger, aber ein Paar Gaumenzähne mehr besitzen. Einiges Misstrauen in dieses Ergebniss erweckt der Umstand, dass in C. rostratus die Gaumenzähne des ersten Paars ungefähr eben so weit von einander entfernt sind als die des zweiten. Wollte man auch annehmen, die Zähne, welche jetzt das erste Paar Gaumenzähne darstellen, wären falsch eingesetzt und gehörten dem Kieferrand an, wo sie alsdann das dritte Paar Backenzähne darstellten, so würden doch dadurch die Abweichungen in der Stellung der Backenzähne zu den Gaumenzähnen und in der allgemeinen Schädelform nicht beseitigt, und diese würden allein schon hinreichen, einer Vereinigung beider Schädel in eine Species vorzubeugen. Ich glaube daher, dass Cyamodus rostratus von C. Münsteri und C. laticeps jedenfalls specifisch verschieden ist.

Den von mir Taf. XXIII. Fig. 3. von der Krone abgebildeten, vereinzelt gefundenen Zahn hält Münster (Beiträge, I. S. 121. t. 15. f. 2) für den rechten hinteren Gaumenzahn von Placodus rostratus, was richtig seyn wird. In Grösse passt er zu Cyamodus rostratus, in Form eher zu C. Münsteri. Die schön ovale, hinten etwas spitzer werdende Krone ist 0,03 lang, 0,025 breit, 0,006 hoch, daher mehr platt, und überdies in der Mitte schwach eingedrückt. Auf der hinteren Hälfte erkennt man deutlich einige concentrische Ringe, welche Wachsthums-Perioden des Zahnes andeuten werden; nach dem Rande hin ist der Schmelz fein und enge radialstreifig. Der Schmelz ist von dunklerem Braun. Die Aufschrift giebt Leineck als Fundort an. Er ist mit der Münster'schen Sammlung in die paläontologische Sammlung zu München übergegangen.

CYAMODUS MÜNSTERI Meyer (Ag. sp.) Taf. XXXI. Fig. 1. 2.

Münster, über einige foss. Fischzähne aus dem Muschelkalk etc., 1830. S. 4. No. II.

Placodus Münsteri Agassiz, poiss. foss., II. 2. p. 220. t. 71. f. 1. 2.

In der frühesten Nachricht, welche wir dem Grafen zu Münster über die später unter Placodus begriffenen Versteinerungen verdanken, findet sich unter No. II „der Schädel mit dem os vomer eines zu der nämlichen Familie gehörenden, aber wesentlich davon verschiedenen Fisches" abgebildet. Es ist dies dieselbe Versteinerung, von welcher später auch Agassiz unter Placodus Münsteri eine Abbildung, und zwar von dem inzwischen vom Gestein entblössten und restaurirten Schädel von zwei Seiten mittheilt. Die Abbildung bei Münster ist hiedurch keineswegs überflüssig geworden, es ist vielmehr sehr erwünscht, dass wir sie besitzen, weil wir durch sie im Stande sind zu beurtheilen, was eigentlich vom Schädel aufgefunden wurde, und was später Zuthat ist.

Agassiz sagt, dieser Schädel zeichne sich durch Kürze des Schnabels und beträchtliche Breite, die sogar die Länge weit übertreffe, aus; wobei er bemerkt, dass es sich darum handele, zu untersuchen, ob der vordere Rand vollständig sey, was er nach dessen Beschaffenheit und der Anordnung der Zähne glaube. Wäre es erwiesen, dass das Thier keinen Schnabel und keine Schneidezähne besessen, so müsste es von den übrigen Species getrennt und in ein besonderes Genus gebracht werden.

Die Versteinerung, welche mir von Herrn Professor Oppel aus der Münchener Sammlung mitgetheilt wurde, führt von Agassiz' eigener Hand die Aufschrift: „Placodus Münsteri Agass.", wonach es scheint, dass er das Original gekannt habe. Sie ist von mir Taf. XXXI. Fig 1 von oben und Fig. 2 von unten dargestellt. Vergleicht man den Schädel mit der ersten Abbildung bei Münster, so findet man, dass bei seiner Auffindung die linke Hälfte des vorderen Endes schräg weggebrochen war, und zwar über die Mitte, also noch mit einem Stück von der rechten Hälfte. Es war daher eigentlich gar nicht möglich, über die Beschaffenheit des vorderen Endes oder die Schnautze eine sichere Vorstellung zu erlangen. Wie Münster sich dieses Ende dachte, hat er durch Punkte in seiner Abbildung angedeutet. Grade so wurde von ihm später der Schädel vervollständigt, selbst die fehlenden Zähne finden sich auf diese Weise ergänzt. Dass die angedeuteten Stellen nicht wirklich überliefert sind, ergibt sich aus dem bei Münster auf derselben Platte abgebildeten Schädel von Placodus gigas, dessen vorderes Ende nach der Krümmung der Aussenseite ergänzt wurde, wobei eine Lücke entstand, die man mit zwei randlichen Zähnen ausfüllte, was sich bei Auffindung eines vollständigen Schädels von Placodus als durchaus falsch erwies.

Durch Ergänzung des Schädels von Cyamodus Münsteri nach der Krümmung der Aussenseite musste er nothwendig kürzer und stumpfer ausfallen, als er ursprünglich war. Am schlagendsten ergiebt sich die unrichtige Herstellung daraus, dass sie einen Kopf ohne irgend eine Nasenöffnung zur Folge hatte, was allein schon genügen würde, zu zeigen, dass er vorn nicht auffallend stumpf zuging, sondern mit einer, wenn auch nur kurzen Schnautze versehen war. Die Schnautze von Cyamodus rostratus würde etwas zu lang seyn, besser würde die gut überlieferte von C. laticeps passen. Ergänzt man hienach, wie ich es in der Abbildung versucht habe, die Schnautze, so erhält man eine Schädelform, die auch im Uebrigen eine so grosse Aehnlichkeit mit der des C. laticeps besitzt, dass man glauben sollte, letztere Species sey nur ein älterer C. Münsteri.

Während man es sich angelegen seyn liess, den Schädel von Cyamodus Münsteri zu ergänzen und ihn dabei entstellte, hat man unterlassen, das, was an ihm wirklich überliefert ist, auszubeuten. Dieses Schädelchen hätte hingereicht, sich zu überzeugen, dass die Placodonten keine Fische, sondern Reptilien waren. Als ich es zur Untersuchung erhielt, fand ich die Gegend des Scheitelbeinloches noch unberührt; dieses Loch wurde erst durch mich vom Gestein befreit und stellt sich jetzt mit voller Reinheit dar. Auch fand ich Knochennähte auf, an die man eben so wenig gedacht hatte. Es veranlasste mich dies von der Versteinerung eine neue Abbildung, die dritte, zu geben, die zwar weniger schön, aber wie ich glauben darf, um so richtiger ausgefallen ist. Sie zeigt, was von Knochen wirklich überliefert ist; das vordere Ende ist daher auch nur so weit angegeben, als es nach Münster's Abbildung aufgefunden wurde.

Der Schädel hat nur eine unbedeutende Verschiebung nach rechts erlitten. Seine Länge war der Breite entweder gleich oder betrug nur unbedeutend weniger als diese. Für die in die hintere Gegend der Schläfengruben fallende grösste Breite lässt sich 0,111 annehmen; in der dem Anfang des letzten Gaumenzahns entsprechenden Gegend, unmittelbar vor dem Jochbogen, verschmälert sich der Schädel auf 0,07, und von hier geht er nicht rundbogig, sondern mehr gerundet spitzwinkelig nach vorn zu. Die grösste Höhe fällt unmittelbar hinter das Scheitelbeinloch und beträgt ohne Zähne und Flügelbeine 0,042, oder ungefähr ein Drittel Breite.

Die Zähne sind grösstentheils künstlich eingesetzt oder aufgekittet; es kann daher nicht dafür eingestanden werden, dass sie diesem Schädel wirklich angehören, und dass sie an richtiger Stelle angebracht sind. Von dem letzten, durch Grösse ausgezeichneten Paar misst der rechte Zahn 0,0255 Länge und 0,02 Breite, der linke 0,024 und 0,0175; beide sind schön oval, hinten kaum merklich spitzer, nicht stark gewölbt, in der Mitte kleingrubig und im Rande schwach radialstreifig. Davor liegt eine schwach gebogene Querreihe, aus vier nur halb so grossen Zähnen zusammengesetzt, deren äusserer dem Kieferrande angehört, was eben so sehr an Cyamodus laticeps erinnert, als von C. rostratus abweicht. In C. Münsteri besitzen die Zähne dieser Reihe wohl ähnliche Grösse, weichen aber in Form unter einander ab. Der mehr rundliche und platte rechte äussere Zahn misst von aussen nach innen 0,01, von vorn nach hinten kaum weniger; der linke äussere ist bohnenförmig mit geraderer Innenseite und nach vorn mehr verschmälert als nach hinten; er ergiebt von aussen nach innen 0,0095 und von vorn nach hinten 0,013. Auf der inneren Hälfte seiner Krone befindet sich ein unebener Eindruck; er gleicht überhaupt wenig dem in der Abbildung bei Münster angegebenen Zahn; in C. laticeps ist dieser Zahn sogar quer oval, oder er müsste falsch aufgesetzt seyn. Von den inneren Zähnen misst der rechte von aussen nach innen 0,012, von vorn nach hinten 0,0115; er ist rundlich und dabei höher gewölbt als alle übrige, was mich veranlasst, zu glauben, dass er gar nicht diesem Schädel angehört; auch hat er nach Münster's Abbildung ursprünglich gefehlt; er gleicht mehr einem Backenzahne des engeren Genus Placodus. Dagegen scheint der linke innere Zahn der Zahn der Stelle zu seyn, die er einnimmt, er unterscheidet sich vom rechten auffallend, ist regelmässig längs oval, flacher gewölbt und glätter; man erhält von aussen nach innen 0,01, von vorn nach hinten 0,0115. Vor dieser Reihe liegt eine ähnliche, nur ein wenig mehr gebogene Reihe aus vier etwas kleineren Zähnen, von der nach Münster's Abbildung nur der äussere rechte überliefert war, die andern sind in dieser Abbildung nur umrisslich angedeutet. Wodurch kam Münster auf diese Reihe von vier Zähnen? Für Cyamodus laticeps wird nur der äussere Zahn auf jeder Seite angegeben, so dass ihm die beiden inneren fehlen würden. Bei der grossen Aehnlichkeit, die sonst zwischen diesen beiden Species besteht, sollte man kaum glauben, dass eine solche Verschiedenheit in Zahl und Anordnung der Zähne wirklich sich vorgefunden hätte; ich möchte daher wissen, ob sie begründet ist. In C. Münsteri gleicht der äussere rechte Zahn dieser Reihe sehr dem dahinter folgenden, was der Aechtheit beider günstig wäre; ersterer besitzt 0,0075 Durchmesser. Die drei andern Zähne wurden entweder erst später durch Münster entblösst, oder rühren gar nicht von diesem Schädel her; bei der Verschiedenheit ihrer Form möchte ich eher letzteres glauben. Der linke äussere Zahn scheint bei dem Einsetzen mit der Aussenseite etwas zu viel in die Höhe gerathen zu seyn, wodurch er ein mehr ovales Ansehen von 0,0065 Breite und 0,0095 Länge angenommen hat. Der rechte innere Zahn ist wirklich oval und glätter; er ergiebt von aussen nach innen 0,007, von vorn nach hinten 0,0095; der linke innere gleicht etwas dem linken äusseren der dahinter folgenden Reihe, nur ist er stärker abgenutzt und mit dem spitzeren Ende hinterwärts gerichtet. Vorn wäre nur nach Münster's Abbildung ein rechter äusserer Zahn überliefert, von dem in Wirklichkeit nur noch die Wurzel vorhanden ist, der man es ansieht, dass sie erst später der Krone beraubt wurde. Ihm entsprechend, ist an einer gar nicht überlieferten Stelle ein linker Zahn angekittet, doch etwas zu weit nach innen, vermuthlich aus dem Grunde, weil man sonst dem vorderen Ende des Schädels die auffallend kurze, stumpfe Abrundung, von der man sich vorgestellt hatte, dass es die richtige sey, nicht hätte geben können.

— 213 —

Die drei äusseren Zähne der rechten Seite entsprechen auch dadurch, dass der erste von ihnen, welcher der erste Backenzahn seyn wird, von dem Kieferrand etwas weiter innen liegt, so gut der Anordnung in C. laticeps, dass man kaum daran zweifeln möchte, dass das vorn weggebrochene Ende oder die Zwischenkiefer-Schnautze wie in C. laticeps beschaffen war; sie enthielt alsdann grösstentheils die jetzt ganz fehlende äussere Nasenöffnung und an jeder Seite zwei mehr auf die dahinter folgenden Backenzähne herausgekommene, aber weiter aussen als der erste von diesen gesessene Schneidezähne.

Die Augenhöhlen gehörten jedenfalls der vorderen Schädelhälfte an; sie stehen mehr vertical, weniger nach innen geneigt, und liegen vorn einander näher als hinten. Ihre unregelmässige Form wird zum Theil auf Rechnung der an dem Schädel vorgenommenen Ausbesserungen zu setzen seyn. Man erhält für sie 0,024 Länge und 0,0185 Höhe oder Breite, für die mehr in die vordere Hälfte fallende gegenseitige Entfernung 0,014.

Die Knochenbrücke zwischen Augenhöhle und Schläfengrube misst 0,012 von vorn nach hinten an der schwächsten Stelle. Die mit dem vorderen Winkel noch auf die vordere Schädelhälfte kommenden Schläfengruben werden 0,05 Länge gemessen haben; ihre hintere und äussere Begrenzung lässt sich wegen der damit vorgenommenen Ausbesserungen schwer verfolgen. Ihr gegenseitiger Abstand beträgt 0,026, ungefähr noch einmal so viel als bei der Augenhöhle. Die Trennung wird vom Scheitelbein veranlasst, an dessen vorderem Ende das schön längs ovale, vorn nur unmerklich spitzer zugehende Loch liegt. Dieses 0,027 von der Hinterhauptsbucht entfernt auftretende Scheitelbeinloch ergiebt 0,007 Länge und 0,005 Breite; sein Rand ist vorn schwach aufgeworfen, und der vordere Winkel fällt mit dem der Schläfengruben genau in dieselbe Zone, welche von der äusseren Grenze des unpaarigen Scheitelbeines berührt wird. Man erkennt die Naht, welche letzterer Knochen mit dem Hauptstirnbein beschreibt namentlich an dessen rechten Hälfte sehr deutlich, auch die gerade Naht zwischen Hauptstirnbein und Hinterstirnbein; es lässt sich aber nicht genau unterscheiden, ob das Hauptstirnbein von der Bildung des Augenhöhlenrandes ausgeschlossen war oder nicht; man sollte fast glauben, dass es wenigstens geringen Antheil daran genommen, was indess noch erst zu bestätigen wäre. Nach der rechten Schädelhälfte hat es den Anschein, dass von der Knochenbrücke zwischen Augenhöhle und Schläfengrube nur die vordere Hälfte aus Hinterstirnbein gebildet sey, die hintere, worin der vordere Schläfengrubenwinkel liegt, aus einem anderen Knochen, der auch nicht das Jochbein seyn wird, und dessen fächerförmiges äusseres Ende man in der Fortsetzung besagter Knochenbrücke, näher dem Schädelrande, auf der rechten und linken Seite übereinstimmend zu erkennen glaubt. Das Scheitelbein zeichnet sich durch deutliche Wölbung nach aussen und nach hinten aus; die Stirn ist mehr platt.

Die Gaumenplatte ergiebt in der Gegend der grossen Zähne 0,057 Breite. Vom linken Paukenbein ist etwas überliefert, seine Hinterseite zeigt durch gerades Ansteigen

Aehnlichkeit mit Cyamodus rostratus. Von der Gelenkfläche zur Aufnahme des Unterkiefers ist nur der äussere convexe Theil vorhanden, der von vorn nach hinten 0,01 misst.

Das Hinterhauptsloch ist von der Schädeldecke 0,021 entfernt; man erhält für die Höhe wie die Breite dieses Loches 0,006; es ist kreisrund, genauer in der unteren Hälfte. Der Gelenkfortsatz darunter ist weggebrochen. Genaueres war über das durch Kitt entstellte Hinterhaupt nicht in Erfahrung zu bringen.

Es wäre demnach an geeigneten Exemplaren, wenn sie sich finden sollten, zu ermitteln, ob Cyamodus Münsteri und C. laticeps in der Zahl der Gaumenzähne verschieden sind, und welches die richtige Zahl ist, zwei oder drei Paar.

CYAMODUS LATICEPS Meyer. (Ow. sp.)

Placodus laticeps Owen, in Philos. Trans. London, 1858. p. 169. t. 9. f. 1. 2 t. 10. f. 1.

Die Errichtung dieser Species beruht auf einem, des linken hinteren Viertels beraubten Schädel aus dem Muschelkalke von Bayreuth, der sich unter den Stücken befand, welche das Brittische Museum erwarb. Es ist dies dieselbe Versteinerung, woran Owen die Reptilien-Natur von Placodus erkannte. Der Schädel ist nur wenig grösser als der von Cyamodus rostratus, aber gleichwohl dem von C. Münsteri ähnlicher; sie rühren alle aus derselben Fundgrube her.

Von den fünf randlichen Zähnen auf jeder Seite des Schädels gehören die zwei vorderen dem Zwischenkiefer, die drei folgenden dem Oberkiefer an; erstere oder die Schneidezähne sind etwas kleiner als letztere oder die Backenzähne. Für den ersten Zahn werden 4, für den zweiten 3 Linien Durchmesser angegeben. An der Hinter- oder Innenseite der Krone ist der Schmelz angegriffen, und es wird daraus geschlossen, dass der Unterkiefer kürzer seyn müsse als der Oberkiefer. Innen vom zweiten rechten Zahn war ein kleinerer Ersatzzahn im Begriff den Kiefer zu durchbrechen.

Von den Backenzähnen sitzt der erste nicht wie die vorhergehenden Zähne auf dem Kieferrand, sondern etwas weiter innen, so dass die Richtung, welche die Reihe der Backenzähne behauptet, der der Schneidezähne sich nicht anschliesst, sondern bei Verlängerung ihr mehr parallel läuft. Der erste Backenzahn ist schön oval und giebt 4½ Linien und 4 Linien, der zweite 5½ und 4½, der dritte rechte, mehr kreisrunde 8, der linke, dessen quer ovale Lage etwas auffällt, 8 und 9 Linien Durchmesser.

Es wird ausdrücklich angeführt, dass die Gaumenzähne an der Innenseite des letzten Backenzahns beginnen, und dass deren nur zwei Paar vorhanden sind. Die Zähne des ersten Paars, die in dem wirklichen Gaumenknochen zu sitzen scheinen, sind vollkommen oval und von 10 und 8 Linien Durchmesser; die Zähne des zweiten Paars, von denen Owen vermuthet, dass sie dem Flügelbein angehören, was in Placodus, wie wir (S. 190) gesehen haben, der Fall nicht ist, sind ebenfalls vollkommen oval, ergeben aber

1 Zoll 9 Linien und 1 Zoll 3 Linien Durchmesser, und zeichnen sich daher durch Grösse aus.

Der Zwischenkiefer wird als ein einfacher Knochen angegeben, der mit dem Nasenbein und Oberkiefer verbunden ist, und durch einen auf- und rückwärts gehenden Fortsatz die beiden äusseren Nasenlöcher trennt. Nasenlöcher, Augenhöhlen und Schläfengruben mündeten nach oben. Die Nasenlöcher sind oval, 9 Linien lang und 6 breit, und gehen vorn spitzer zu als hinten. Die Naht zwischen Oberkiefer und Zwischenkiefer beginnt ungefähr in der Mitte des unteren (äusseren) Randes des Nasenloches, die Naht zwischen dem Zwischenkiefer und Nasenbein hinter der Mitte des oberen (inneren) Randes des Nasenloches; der hintere Rand wird gebildet oben vom Nasenbein, unten vom Oberkiefer und einer halb Zoll breiten Knochenbrücke, welche die Nasenlöcher von den Augenhöhlen trennt. Die Zusammensetzung dieser Brücke war nicht mehr zu ermitteln. Die Augenhöhlen nähern sich der kreisrunden Form und sind 14 Linien lang, 12 breit. Der Raum zwischen den Augenhöhlen ist schwach convex und 7 Linien breit. Ungefähr 1½ Zoll hinter den Augenhöhlen theilt sich der obere und untere Jochbogen, von dem angenommen wird, dass er, wie bei gewissen Sauriern und Vögeln, in einem obern, aus Hinterstirnbein und Zitzenbein zusammengesetzten Theil und in einem untern, aus Jochbein und Schuppenbein zusammengesetzten Theil bestehe. Die Schläfengrube wird aussen vom oberen Jochbogen und innen vom Scheitelbein begrenzt, eine Ellipse von 3 Zoll Länge und 2 Zoll Breite bildend. Die obere Gegend des eigentlichen Schädels ist zerstört, und es wird daher auch über das Hauptstirnbein und Scheitelbein nichts angegeben. Die Nasenlöcher und Augenhöhlen fallen in die vordere Schädelhälfte, die Schläfengruben nehmen die hintere ein. Die grösste Breite beträgt mehr, die ganze Länge etwas weniger als 8 Zoll. Dazu bildet die geringe Höhe einen eigenen Gegensatz; man erhält für sie zwischen den Augenhöhlen nur 1½ Zoll. Die Hinterhauptsgegend fehlt, und die Beschaffenheit der Basis des Schädels war nicht zu ermitteln. Owen vermuthet, dass die untere Nasenöffnung zwischen den Backenzähnen gelegen habe. Die Flügelbeine wenden sich zu dem dicken und kurzen Paukenbein hin. Die Gelenkfläche für den Unterkiefer ist von hinten nach vorn convex und zwischen zwei Convexitäten concav.

Den Abbildungen scheinen genaue Ausmessungen zu Grunde zu liegen; sie sind aber zu dunkel und flach gehalten, und daher nicht sehr verständlich.

Bezeichnend für diesen Schädel sind ausser seiner Form 4 Schneidezähne im unpaarigen Zwischenkiefer, 6 Backenzähne und 4 Gaumenzähne; das letzte Paar Backenzähne und erste Paar Gaumenzähne bilden zusammen eine sanft gebogene Querreihe.

Kiefer. Taf. XXXII. Fig. 10.

Dieses von Münster's Hand „Placodus rostratus Münst." überschriebene Stück aus dem Muschelkalke von Leineck besitzt keine Aehnlichkeit mit besagter Species, der es daher auch nicht angehören wird. Es ist überhaupt schwer, eine Aehnlichkeit zwischen dieser Versteinerung und den von Placodonten vorliegenden Resten aufzufinden, und doch wäre es möglich, dass das Stück einem Thier aus dieser Familie angehörte. Die Ermittelung wäre jedenfalls erleichtert, wenn wir mehr über den Jugendzustand dieser Thiere wüssten.

Die nur von der Zahnseite zu entblössen gewesene Versteinerung glaube ich in ihrer richtigen Lage abgebildet zu haben. Dem Unterkiefer scheint sie kaum zugerechnet werden zu können; es wäre alsdann die rechte Hälfte der bezahnten Strecke im Schädel mit drei vom Rand etwas entfernt angebrachten Zähnen. Der erste dieser Zähne liegt vom vorderen Ende 0,0115 entfernt; er ist an der Innenseite ausgebessert, worunter Grösse und Form kaum gelitten haben werden. Der Zahn ergiebt von aussen nach innen 0,0185, von vorn nach hinten 0,0095; von aussen und innen spitzlich ausgehend, ist er hinten mehr gerade und an der Vorderseite schwach ausgeschnitten; die Krone ist 0,003 hoch und scheint erst aus dem Knochen hervorzutreten, der aussen sie nicht überragt. Die Krone des dahinter folgenden zweiten Zahns besitzt dieselbe Höhe, erscheint aber bei ihrer Grösse noch platter; sie ist unregelmässig gerundet viereckig, zum Fünf- oder Sechseckigen hinneigend; sie misst von aussen nach innen 0,0185 und von vorn nach hinten aussen 0,0155, innen 0,013. Unmittelbar dahinter folgt an der inneren Hälfte des zuvor beschriebenen Zahns ein gerundet dreieckiger Zahn, welcher von aussen nach innen 0,0085, von vorn nach hinten innen 0,007 ergiebt, in letzterer Richtung nach aussen schmäler werdend. Die 0,004 hohe Krone geht spitzlich zu, und auf ihrer äusseren Hälfte glaubt man Abnutzung wahrzunehmen. Die Reihe, welche diese drei Zähne einnehmen, ist 0,0305 lang.

Der Knochen ist vor den Zähnen aufgebrochen; er scheint vorn in der Mitte mit dem Knochen der anderen Hälfte, von dem nichts überliefert ist, kurz zugespitzt ausgegangen zu seyn. Von dieser Stelle an rundet er sich nach aussen stark zu und erst in der der Mitte des zweiten Zahns entsprechenden Gegend erscheint er etwas eingezogen. An dieser Stelle erhält man vom Aussenrande bis zum Zahn 0,005 Breite. Hinter dem zweiten Zahn dehnt sich der Knochen hinterwärts auf 0,003 Länge aus, so dass man eigentlich nicht recht begreift, wie der letzte Zahn befestigt war. Aussen geht der Knochen hinterwärts in einen schmalen geraden Fortsatz aus, der an einen Jochbogen erinnern könnte, von dem nur 0,014 Länge vorliegt, das übrige ist mit dem Gestein weggebrochen.

Zähne und Kiefer sind in Betreff ihrer Substanz beschaffen wie bei den Placodonten.

Ichthyosaurus leptospondylus Wag.?
aus dem
lithographischen Schiefer von Eichstätt.
Von
Hermann von Meyer.
Taf. XXXIII.

Die erste Nachricht vom Vorkommen des Genus Ichthyosaurus im lithographischen Schiefer giebt Quenstedt (Petrefaktenkunde, 1852. S. 129). Er gedenkt eines kleinen Exemplars „mit Polygonalknochen in den Finnen- und Damenbrett-förmigen Wirbelkörpern", das sich in der Sammlung des Landarztes Häberlein zu Pappenheim befindet (Jahrb. für Mineral. etc., 1855. S. 428). Sodann veröffentlicht Wagner (Abhandl. der math. phys. Klasse der Akad. zu München, VI. 3. 1852. S. 702. t. 4. f. 4. 5) einen in der Sammlung des Dr. Oberndorfer befindlichen Zahn aus dem nicht wohl vom lithographischen Schiefer zu trennenden Diceras-Kalke von Kelheim, den er einer grossen, von ihm Ichthyosaurus posthumus genannten Species beilegt; er führt ferner aus dem eigentlichen lithographischen Schiefer von Solenhofen und Kelheim nach den Häberlein'schen und Oberndorfer'schen Sammlungen zwei unvollständige Exemplare eines andern Ichthyosaurus an, den er Icht. leptospondylus (Münchener gel. Anz., XXXVI. 1853. S. 25. — Abhandl. der math. phys. Klasse der Akademie zu München, VII. 1. 1853. S. 204. t. 6. f. 14. 15. — Geschichte der Urwelt, 2. Aufl. II. 1858. S. 450) nennt. Wagner's erste Angaben über diese Species beruhen auf einem Exemplar der Oberndorfer'schen Sammlung, dessen Gesammtlänge auf sechs Fuss geschätzt wird, von dem aber nur ein Paar Zähne abgebildet werden, die bis $8^1/_2$ Linien lang, kegelförmig, an der Wurzel bauchig und auf der Krone regelmässig gefurcht seyen. Das Exemplar in der Häberlein'schen Sammlung ist dasselbe, welches Quenstedt sah. Es kam nach München und wurde später von Wagner (Abhandl. der math. phys. Klasse der Akademie zu München, IX. 1. 1861.

S. 119. t. 6) beschrieben. Wegen des zu sehr beschädigten Zustandes der übrigen Theile, werden nur ein halber Augenring, das Keilbein, das Hakenschlüsselbein, die Schulterblätter, ein Gelenkflächenabdruck von einem Wirbel und einige Zähne abgebildet.

Um dieselbe Zeit, im April 1861, fand ich unter den mir von Herrn Dr. Krantz in Bonn mitgetheilten Versteinerungen von Eichstätt das Taf. XXXIII abgebildete Schädelbruchstück von einem Ichthyosaurus-artigen Thiere vor. Es besteht fast nur aus der Schnautze. Die überlieferte Länge beträgt 0,312. Am vorderen Ende dürfte ungefähr 0,045 fehlen, wo alsdann das vordere Ende der Schnautze von dem hinteren Nasenlochwinkel 0,28 entfernt liegt. Betrug wie in anderen Schädeln von Ichthyosaurus diese Strecke zwei Drittel von der Länge des Schädels, so ergiebt sich für die ganze Länge des vorliegenden Schädels 0,42 oder 1 Fuss 3 Zoll 8 Linien Par. Bei der langen, schmalen Form der Schnautze wird diese Länge nicht über viermal in der ganzen Länge des Thieres enthalten gewesen seyn, welche sich alsdann auf ungefähr 5½ Fuss berechnet. Für die Länge des Oberndorfer'schen Exemplars von Ichthyosaurus leptospondylus wird, wie erwähnt, sechs Fuss vermuthet und dabei angegeben, dass die Länge der Zähne 8½ Linien erreiche, was fast noch einmal soviel wäre, als in dem von mir untersuchten Schädelfragment. Die Abbildungen, welche Wagner von den Zähnen mittheilt, sind zwar nicht gelungen, doch lässt sich daraus einige Aehnlichkeit mit den von mir untersuchten Zähnen vermuthen. Für den Schädel des vormals Häberlein'schen Exemplars wird 12 Zoll Länge angegeben. Es wird aber von ihm gesagt, dass es im Gestein eingesenkt sey und nur die Kiefer hervortreten. Die Zähne sind „höchstens 6½ Linien lang, dabei etwas gekrümmt, am Wurzelende stark gefurcht, an der Krone fast ganz glatt, nur einige mit sehr feinen Längsstreifen." Der Schädel wäre hienach im Häberlein'schen Exemplar, für dessen ganze Länge 4½ Fuss vermuthet wird, etwas kleiner, und das Exemplar von Eichstätt, dessen Schädel ich kenne, würde etwa in der Mitte zwischen den beiden anderen von Kelheim und Solenhofen stehen. Dies vermehrt die Wahrscheinlichkeit, dass das Exemplar von Eichstätt derselben Species angehört, obschon dessen Zähne im Verhältniss zur Grösse des Thieres sich etwas kleiner herausstellen als selbst in dem kleinsten Exemplar der anderen. Aus der Beschaffenheit der Zähne lässt sich wegen Ungenauigkeit der Abbildungen bei Wagner über die Identität der Species nichts entnehmen.

Das zu Eichstätt gefundene Schädelbruchstück ist, wie aus der von mir gegebenen Abbildung zu ersehen ist, von oben entblösst, und liegt mit der Unter- oder Gaumenseite dem Gestein fest auf. Die rechte Hälfte ist theilweise mit dem Gestein weggebrochen. Hinter dem Nasenloch ist noch 0,078 Länge überliefert; das übrige fehlte schon bei der Aufnahme in die Gesteinsmasse. Die Strecke hinter dem Nasenloch ist aufgebrochen, was um so mehr zu bedauern ist, als sie die Augenhöhle umfasste, über die sich daher nichts angeben lässt. Der äussere leistenförmige Knochen wird das

Jochbein seyn, der wohl nur durch Verschiebung ihm innen zunächst anliegende Knochen das hintere Ende des Oberkiefers: ich ersehe nämlich aus einem Bruchstück, welches der entsprechenden Gegend der rechten Schädelhälfte angehört, dass an der Unterseite Zähne sitzen, woraus zugleich hervorgeht, dass die Bezahnung sich bis unter das Auge erstreckte. Die übrigen Knochen werden der Unterseite angehören. Sie haben von dem Druck, dem sie während des Versteinerns ausgesetzt waren, so sehr gelitten, dass sie eine genaue Unterscheidung nicht mehr gestatten. Ich habe diese Gegend in der Abbildung genau wiedergegeben.

An dem überlieferten Ende erhält man 0,1 Schädelbreite, die durch den Druck etwas an Grösse zugenommen haben könnte; in der dem hinteren Nasenlochwinkel entsprechenden Gegend erhält man 0,073; am vorderen Ende der Nasenbeine 0,028, am vorderen Bruchende 0,016, woraus die schmale, lange Form der Schnautze erhellt, die dabei mehr platt war; an dem vorderen Bruchende ergiebt sie nur 0,0065, in der Gegend des vorderen Endes der Nasenbeine 0,011 Höhe, und erst hinter dem hinteren Nasenlochwinkel fing der Schädel an, stärker hinterwärts anzusteigen.

Die Nasenbeine lassen sich in ihrer Erstreckung nach vorn sehr deutlich verfolgen. Ihr vorderes Ende liegt 0,114 von dem hinteren Nasenlochwinkel entfernt. Das hintere Ende der Nasenbeine ist nicht überliefert. Ueber Knochengrenzen war sonst kein sicherer Aufschluss zu erlangen. Ich vermag daher auch nicht anzugeben, in welchen Knochen die Nasenlochwinkel liegen. Für die gegenseitige Entfernung der Nasenlöcher erhält man im hinteren Winkel 0,046, im vorderen 0,031. Das Nasenloch war mit einer, vermuthlich durch Weichtheile veranlassten, krystallinisch bröckeligen Kalkmasse angefüllt, von der ich es gereinigt habe; ich erhielt alsdann für die Länge des Loches 0,027 und für die Breite 0,006; nach vorn verschmälert es sich mehr als hinterwärts. Vor dem Nasenloche liegt ein wenig weiter innen auf jedem Nasenbein ein kleines, schmal ovales Grübchen, das in der Abbildung angegeben ist.

In der Gegend der Nasenlöcher sind die Nasenbeine in ihrer gemeinschaftlichen Mitte von Natur aus deutlich vertieft. Hier glaubt man einen paarigen Knochen nach vorn sich auszuspitzen zu sehen, welcher das Hauptstirnbein wäre, das aber zu weit über die hinteren Nasenlochwinkel vorstehen würde. Auch ist die Abtrennung vom Nasenbein nicht bestimmt genug, um sie mit völliger Sicherheit für natürlich halten zu können. Es wäre daher möglich, dass diese Erscheinung nur von dem Verticaldruck herrührte, dem der Schädel ausgesetzt war.

Die Oberfläche der Knochen besitzt ein mit ihrer faserigen Textur zusammenhängendes, feinstreifiges Aussehen.

Die Zähne befinden sich, wie bei Ichthyosaurus, in einer gemeinschaftlichen Rinne, welche sehr geräumig ist, wie die Querschnitte, die ich Fig. 2 und 3 von der Schnautze gegeben habe, erkennen lassen. In dieser Rinne liegen die Zähne meist etwas nach hinten und aussen gerichtet, auch ohne Ordnung und von verschiedener Grösse und Alter, und die Zwischenräume werden entweder von härterem, hellerem, späthigen Kalk, oder von einer, wohl auf Weichtheilen beruhenden, bröckelig späthigen Masse ausgefüllt. Einen der grössten Zähne habe ich in etwas mehr als doppelter Grösse Fig. 4 dargestellt. Von seiner 0,01 betragenden Länge kommt 0,004 auf die rund kegelförmige, schwach gekrümmte, gut beschmelzte Krone, welche gewöhnlich deutlich gestreift ist, aber auch ganz glatt seyn kann. Die Streifen führen nicht zur Spitze, und stellen sich entweder rundum verschieden oder gleich stark, oder überhaupt nur auf der concaveren Seite der Krone dar, woraus zu ersehen ist, welche Verschiedenheiten bei Ichthyosaurus in der Beschaffenheit der Zahnkrone eines und desselben Individuums vorkommen können. Der übrige Zahn zerfällt zu gleichen Theilen in eine platte, nicht beschmelzte, vielmehr von dem Schmelz scharf abgesetzte mittlere Strecke und in eine mehr durch Längswülstchen rauhe Endstrecke. Nach dem Wurzelende hin wird der Zahn allmählich stärker, wobei er einen mehr ovalen Querschnitt ergiebt. Von negativer Streifung, welche die Zahnwurzeln anderer Ichthyosauren, sowie der Labyrinthodonten und gewisser Fische auszeichnet, wird nichts wahrgenommen. Der von mir aufgestellte weit grössere Ichthyosaurus Strombecki aus der untern Kreide bei Braunschweig (Palaeontogr., X. 1862. S. 83. t. 11) besitzt weder negative Streifung, noch ein rauhes Endtheil an seinen Zahnwurzeln. An den Zähnen des Schädels aus dem lithographischen Schiefer von Eichstätt erreicht die Stärke der Wurzeln 0,0045. Sie sind unten geschlossen und innen nur mit einer feinen Röhre versehen, die sich in der Krone allmählich verläuft. Die Zahl der Zähne in diesem Thiere lässt sich nicht bestimmen, sie war jedenfalls gross.

Das Gestein besteht in einer weicheren, mürberen Lage lithographischen Schiefers, und in der Nähe des Schädels erkennt man die kleinen, unter Saccocoma begriffenen Versteinerungen.

Delphinopsis Freyeri Müll.

aus dem
Tertiär-Gebilde von Radoboj in Croatien.

Von
Hermann von Meyer.

Taf. XXXIV.

Von dem Conservator des städtischen Museums zu Triest, Herrn Heinrich Freyer wurde vor mehreren Jahren auf einer alten Halde des Grubenbaues zu Radoboj, unfern Krapina in Croatien, eine Wirbelthier-Versteinerung gefunden, welche nach den Untersuchungen des Joh. Müller in Berlin (Sitzungsb. der K. Akad. d. Wissensch. in Wien, X. 1. 1853. S. 84; XV. 2. 1855. S. 345. t.) von einem erloschenen Cetacee herrührt, das er Delphinopsis Freyeri nannte. Bestrebt, die wichtigeren Versteinerungen aus eigener Anschauung kennen zu lernen, war ich erfreut, dieses seltene Stück im Mai 1860 von Herrn Conservator Freyer durch gütige Vermittelung der K. K. geologischen Reichsanstalt zu Wien aus dem Museum zu Triest anvertraut zu erhalten. Herr Custos Freyer, so wie meine hochverehrten Freunde, die Herren K. K. Oesterr. w. Hofrath Wilh. Haidinger, Schöpfer und Director besagter Reichsanstalt, und Bergrath Ritter von Hauer, welche die Güte hatten, die Mittheilung zu leiten, haben mich hiedurch zu grossem Dank verpflichtet.

Nach einer durch Joh. Müller vorgenommenen Untersuchung könnte man glauben, es sey überflüssig, die Versteinerung nochmals zur Sprache zu bringen. Müller's Beschreibung ist jedoch keine ausführliche; die Ausmessungen, die er mittheilt, sind nicht immer genau, und es waren von ihm auch einige Phalangen ganz übersehen worden, welche nunmehr die Flosse besser begrenzen. Ueberhaupt aber schien mir namentlich von der vorderen Gliedmasse, um die es sich hauptsächlich handelt, eine genauere Abbildung erwünscht, die ich Taf. XXXIV zu geben versucht habe. Von dem Rumpf erkennt man das Schulterblatt, mehrere Rippen und die flachen oberen Stachelfortsätze einiger Wirbel, deren kaum gestörter Zusammenhang vermuthen lässt, dass die fehlenden Theile des Skelets später erst mit dem Gesteine weggebrochen seyen.

Die Beschaffenheit der Gliedmaasse lässt, wie dies schon Müller erkannt hatte, nur auf ein Delphin-artiges Thier schliessen; die Knochen der Hand und der Handwurzel waren ohne Gelenke und nur durch Knorpel verbunden. Die ganze Gliedmaasse wird kaum über 5½ Zoll gemessen haben, was gegen unsere lebenden Delphine ein auffallend kleines Thier verräth.

Der Oberarm misst 0,029 Länge, die Breite oben 0,0135, von wo sie nach unten allmählich zunimmt, stärker am unteren, zur Aufnahme des Vorderarmes sehr stumpfwinkelig zugehenden Ende, an dem man 0,019 erhält. Der an der entblössten Seite stark hervortretende Gelenkkopf ist beschädigt. Die Speiche ergiebt 0,0345 Länge, oben 0,0155 Breite, unten kaum mehr und an der in die obere Hälfte fallenden schmälsten Stelle 0,0135; an letzterer Stelle ist auch der Knochen deutlich gekrümmt, sonst aber ist er einförmig und an beiden Enden stumpf. Bei seinem aufgebrochenen Zustand erkennt man, dass er keine Markröhre besass, wofür er innen dicht war, was auch an den andern aufgebrochenen Knochen wahrgenommen wird. Der sehr gut erhaltene Ellenbogenknochen ergiebt 0,028 Länge, an beiden Enden 0,0115 und in der ungefähren Mitte, wo er am schmälsten ist, 0,007 Breite. Oben endigt er sehr schräge, eine stumpfe Spitze, den Ellenbogenfortsatz, veranlassend, unten geht er mehr gerade zu, an der einen Ecke deutlicher gerundet. Dabei war der Knochen im Ganzen mehr flach.

Die die Fusswurzel umfassende Gegend wird von sechs Knöchelchen eingenommen, von denen fünf in einer Querreihe, das sechste darüber näher der Speiche liegen. Dieses, so wie das zweite von aussen gezählt, besteht nur in Abdruck, wovon die Knochen in der gleichfalls vorliegenden Gegenplatte enthalten sind. Unter den fünf eine Reihe bildenden Knöchelchen befindet sich eins, dessen Form auf die eines kurzen breiten Mittelhandknochens herauskommt, was es zweifelhaft erscheinen lässt, ob dasselbe wirklich der Handwurzel angehört. Nach Cuvier (oss. foss. 4. ed., p. 145. t. 224. f. 22) besteht die Handwurzel des Delphins aus drei Knöchelchen erster und zweiter Reihe. Unter letzteren befindet sich jedoch eins, von dem Cuvier selbst glaubt, dass es als Mittelhandknochen des Daumens angesehen werden könne, was auch richtiger zu seyn scheint. Alsdann würde die Handwurzel sechs Knöchelchen zählen, und im fossilen Thier ein Knöchelchen weniger enthalten seyn, wenn man das nicht nach Art eines Handwurzelknöchelchens gebildete Stück davon ausschlösse. Nimmt man aber den Theil, welcher im lebenden Delphin vom fünften oder kleinen Finger zur Handwurzel gezählt wird, ebenfalls für Mittelhand, so ergeben sich, wie im fossilen Thier, nur fünf Handwurzelknochen, wovon drei auf die mit den Vorderarmknochen zusammenliegende erste Reihe und zwei auf die zweite Reihe zu vertheilen wären. In der Handwurzel des fossilen Thieres fällt die Kleinheit und rundere Form der Knöchelchen auf; eine passendere Form zeigt das mehr quer ovale Knöchelchen, welches, in der Nähe der Speiche liegend, an diese und zugleich an den Ellenbogenknochen stiess.

Es lässt sich nunmehr mit grösserer Wahrscheinlichkeit der in die Handwurzel gerathene Knochen der Mittelhand eines Fingers beilegen, dem das auf ähnliche Weise verschobene, jetzt zwischen zwei Mittelhandknochen liegende Glied angehören wird. Dieses Glied von 0,0045 Länge und 0,002 Stärke zeichnet sich als erstes Fingerglied durch geringere Grösse und schmale Beschaffenheit aus, worin es sich in der Hand des Delphins nur dem dem Daumen beigelegten Gliede vergleichen lässt, der sonach im fossilen Thiere weiter nach vorn und zugleich zwischen den dritten und vierten Finger geschoben wurde. Der fünfte oder kleine Finger kann es nicht seyn, da dieser im Delphin nur einen kleinen Hübel darstellt und alsdann der Daumen fehlen würde, was bei der sonst gut überlieferten Hand kaum anzunehmen ist. Zwar habe ich in der Gegend des kleinen Fingers nichts knöchernes auffinden können, sondern nur kleine Unebenheiten, die auf festeren Knorpel deuten; woraus indess nicht nothwendig folgt, dass der kleine Finger nur durch Knorpel vertreten gewesen sey.

Für den Daumen eines Delphins würde der in die Handwurzel gerathene Mittelhandknochen allerdings auffallend breit erscheinen, namentlich auch im Vergleich zu seinem Fingergliede, indem er den andern Mittelhandknochen in Breite nichts nachgiebt, was indess für einen Daumen nicht auffallen sollte. Für die Länge dieses Knochens erhält man kaum mehr als 0,007, für die Breite am oberen, mehr gerundeten oder sehr stumpfwinkelig zugehenden Ende 0,0065, am unteren mehr gerade begrenzten Ende 0,005.

Von den drei in dieselbe Zone fallenden Mittelhandknochen ist der mittlere, der dem dritten Finger angehören wird, der grösste, und der des vierten Fingers ein wenig kleiner als der des zweiten, was dem Delphin entspricht und für die richtige Deutung der Finger des fossilen Thieres überhaupt entscheidet. Für den Mittelhandknochen des zweiten Fingers erhält man 0,0105 Länge bei 0,0055 Breite an den Enden und 0,0045 in der Mitte; der Mittelhandknochen des dritten Fingers ergiebt 0,012 Länge, 0,006 Breite an den Enden, 0,005 in der Mitte; der Mittelhandknochen des vierten Fingers 0,01 Länge, 0,0065 Breite am oberen Ende, 0,006 in der Mitte und am unteren Ende. Diese Mittelhandknochen endigen oben schwach gewölbt, unten gerade, womit auch der in die Handwurzel gerathene Knochen übereinstimmt, der daher um so mehr der Mittelhandknochen des Daumens oder ersten Fingers seyn wird.

Die Fingerglieder unterscheiden sich von den Mittelhandknochen schon durch geradere Begrenzung an beiden Enden. Am zweiten Finger erhält man für das erste Glied 0,008 Länge, an den Enden 0,005 und in der Mitte 0,004 Breite. Vom zweiten Gliede ist wenigstens so viel angedeutet, dass sich dessen Länge bemessen lässt, die 0,006 ergiebt; vom dritten Gliede dagegen liegt nur ein Stück oberes Ende vor, das übrige ist weggebrochen. Es werden, wie im lebenden Delphin, der Glieder an diesem

Finger weit mehr gewesen seyn. Vom dritten Finger kommt das erste Glied auf das im zweiten Finger heraus, das sehr gut überlieferte zweite Glied ist etwas weiter links geschoben und ergiebt 0,006 Länge, an den Enden 0,0035 und in der Mitte 0,0025 Breite. Mit ihm liegt das dritte Glied fast rechtwinkelig zusammen, das 0,0035 lang, an den Enden 0,0025 und in der Mitte etwas weniger breit ist. Dahinter folgt, wieder mehr der Länge nach gerichtet, das vierte Glied, für das man 0,0025 Länge und 0,0015 Breite erhält, und das in der Mitte sich nur wenig verschmälert. Dieser Finger zählte daher ohne den Mittelhandknochen nicht unter vier Glieder, für den lebenden Delphin werden ein Paar Glieder mehr angegeben, von denen aber die letzten so klein sind, dass sie sich an der Versteinerung schwer auffinden lassen würden. Vom vierten Finger besassen das erste und zweite Glied fast gleiche Länge, für die man 0,0045 bei 0,003 Breite erhält; ich glaube auch Reste von einem dritten Glied aufgefunden zu haben, das nur 0,002 Länge und halb so viel Breite ergeben und daher auffallend kleiner seyn würde. Im lebenden Delphin werden diesem Finger ebenfalls drei Glieder ohne den Mittelhandknochen beigelegt, die jedoch weniger schlank sind; das fossile Thier besass daher einen etwas längeren vierten Finger und dadurch eine weniger spitze Flosse.

Der von der Flosse eingenommene Raum bietet noch eine Erscheinung dar, welche Müller, der sie ausführlich bespricht, für Knochenblättchen der Hautbedeckung oder für die Haut des Thieres hält. Dieser Ansicht vermag ich nicht beizupflichten. Ich halte die Erscheinung nicht für wirkliche versteinerte Haut, sondern für Mineralsubstanzen, welche unter verschiedenen Formen ausgeschieden wurden, wobei möglicherweise die organische Substanz des Thiers von Einfluss gewesen seyn könnte. Man erkennt Plättchen mit einer ebenen, nach derselben Richtung hin parallel linürten Oberfläche (Fig. 2. vergrössert dargestellt), so wie mehr oder weniger vollkommen runde, an der einen Seite mehr ebene oder schwach vertiefte, an der anderen gewölbte Körnchen von sehr verschiedener Grösse (Fig. 3), dann auch Stellen, die einer sogenannten Metallvegetation ähnlich sehen (Fig. 4); alle diese Formen gehen in einander über und bestehen nicht in verknöcherter oder versteinerter Substanz, sondern gehören in das keineswegs genügend erklärte grosse Bereich der Concretionen.

Was bei dem fossilen Thiere die Plättchen mit linürter Oberfläche betrifft, so finde ich allerdings die Regelmässigkeit der Linien bestätigt. Bei stärkerer Vergrösserung (Fig. 2) erkennt man, dass diese Linien aus Reihen mehr oder weniger dicht sitzender Knötchen, oder, wie Müller sagt, „aus sehr kleinen länglichen an einander gereihten Elevationen" bestehen. Dabei giebt es Stellen, wo nur wenig Knötchen auf diese Weise verbunden erscheinen, selbst nur zweireihige Plättchen mit zwei Knötchen in einer Reihe, auch nur zwei mit einander verbundene Knötchen, oder vereinzelte Knötchen von kaum wahrnehmbarer Grösse bis zu 0,0015 Durchmesser und darüber. An der einen Seite sind diese Knötchen eben oder schwach eingedrückt, an der anderen gewölbt, mithin plan-convex. Dabei können sie vollkommen kreisrund oder auch mehr oder weniger eckig erscheinen, zumal wenn mehrere dicht an einander anschliessen. Innen bestehen sie aus einer harten, weisslichen Mineralsubstanz; aussen sind sie schwärzlich oder dunkelbraun überkleidet. Bisweilen fehlt dieser dünne Ueberzug von Metalloxyd. Diese Erscheinung lässt sich der sogenannten Pisolithen-Bildung vergleichen. Die Stellen, welche mehr einer Metallvegetation ähneln (Fig. 4), bestehen eigentlich nur in einer Gruppirung von weniger vollkommen liniirten Täfelchen und Knötchen, die auf der Oberfläche mitunter Anlage zu einer regelmässigeren liniirten Beschaffenheit zeigen. Auf eine Hautknochenbildung kann daher aus diesen Formen unmöglich geschlossen werden. Läugnen lässt es sich nicht, dass diese Erscheinung innerhalb des von der Flosse eingenommenen Raumes am deutlichsten hervortritt, namentlich im spitzeren Endtheile desselben; doch begegnet man ihr auch mehr vereinzelt in der Gegend der Handwurzel, so wie über den oberen Stachelfortsätzen und auf diesen selbst, wobei man sich überzeugen kann, dass an eine Hauptknochenbildung nicht zu denken ist. Welches Gewicht Müller auf diese Erscheinung legt, geht daraus hervor, dass er sagt: „Wenn die Bedeckung zu den Flossenknochen gehört, so kann an unsere heutigen Delphine nicht gedacht werden, und wir haben es dann mit einem neuen, den Delphinen verwandten Typus der Vorwelt zu thun". Dies scheint ihn auch bewogen zu haben, den Namen Delphinus zu' umgehen, und eine neue Benennung, Delphinopsis, für das fossile Thier in Anwendung zu bringen.

Mit der scheinbaren Hautknochenbildung wird eine andere Erscheinung in Zusammenhang gebracht, welche eher geeignet ist, auf die Beschaffenheit der Haut einiges Licht zu werfen. Ueber einem grossen Theil der Versteinerung liegt nämlich eine ungemein dünne Schicht, welche sehr fein und dicht mit glatten, abwechselnd erhabenen und vertieften Linien gestreift sich darstellt. Diese Linien laufen fast immer gerade und meist parallel, ohne Unterbrechung und ohne sich an die Grenzen der einzelnen Knochen zu kehren. Die Schichte ist dabei heller oder dunkler gefärbt, und kann nicht wohl durch etwas anderes als durch die Haut des Thieres veranlasst seyn, die wenig geeignet gewesen seyn dürfte, knöcherne Gebilde wie die zuvor beschriebenen Plättchen zu enthalten.

Da die Streifung dieser Schichte denselben Grad von Feinheit besitzt, wie die Streifung auf der Oberfläche der Knochen, welche durch deren Gefüge veranlasst ist, so fällt es nur um so schwerer die Grenzen der einzelnen Knochen zu unterscheiden, zumal in den Fällen, wo die Knochen zusammengedrückt sind oder nur als Abdruck vorliegen. Ich habe dies am deutlichsten bei dem Schulterblatt wahrgenommen. Der Oberarm ist ausgelenkt und nimmt zu dem wie in den Cetaceen fächerförmig ausgebreiteten Schulterblatt eine mehr rechtwinkelige Lage ein. Auf der abgebildeten Platte stellt er fast nur den Abdruck des Knochens dar, der auf der Gegenplatte hängen geblieben ist, wo man am Schultergelenkende 0,0175 Breite erhält. Ueber oder vielmehr hinter diesem Ende sollte man glauben, dass die Knochengrenze, den Knochen in natürlicher Lage gedacht, schräg nach hinten und oben gelaufen wäre, wonach der Knochen eine mehr dreieckige Form von nicht viel mehr Länge als Höhe besessen haben würde. Es wäre indess möglich, dass die angenommene Grenze nur auf einer gewaltsamen Trennung von einer weiter hinterwärts verlaufenden Ausdehnung beruhte; man erkennt nämlich auf der Gegenplatte, dass gerade hinter der Gelenkgrube ein anderer Knochen, wie es scheint ein Wirbelkörper, mit dem Schulterblatt zusammengedrückt wurde, der diese Trennung veranlasst haben könnte. Gehört der hintere Theil noch zu dem Schulterblatt, so war dasselbe ungefähr noch einmal so lang als hoch, und würde dadurch mehr an den noch einmal so grossen Delphinus leucorhamphus als an andere Delphine erinnern. Von den beiden Fortsätzen am Vorderrand über der Gelenkgrube wird der, welcher als deutlicher Abdruck vorliegt, der flache, grosse, nach vorn gerichtete Gräthoneckenfortsatz seyn. Die Höhe des Schulterblattes scheint 0,044 zu betragen. Die beiden Eindrücke innerhalb seiner fächerförmigen Ausbreitung rühren, der hintere von einem Wirbelkörper, der vordere von einem mehr rippenförmigen Knochen her, die zufällig mit dem Schulterblatt zusammengepresst wurden.

Die Rippen, zumal die vorderen, werden nach dem unteren Ende hin sehr breit, bis zu 0,009. An diesem Ende scheint noch ein kurzes knöchernes Stück gestossen zu haben, wie aus einem in die Zone der Mittelhandknochen fallenden, noch an die Rippe stossenden Knochen zu ersehen ist, der von der Hand nicht herrühren kann. Das Stück Wirbelsäule, von dessen Wirbeln theilweise die oberen Stachelfortsätze überliefert sind, beschreibt eine starke Krümmung. Die Stachelfortsätze ergeben 0,01 bis 0,0135 Breite. Mit den Rippen liegt an einigen Stellen ein scheibenförmiger Knochen zusammen, der grosse Aehnlichkeit mit der Epiphyse eines Wirbels besitzt, wofür er auch ausgegeben wird; nur ist er nicht regelmässig genug gerundet, und entspricht auch nicht recht dem Ende des mit dem Schulterblatt zusammengedrückten Wirbelkörpers.

Mit den Rippen liegt ein rundlich ovaler, platter Knollen, aus einer weisslichen Masse bestehend, zusammen, dessen Durchmesser 0,027 und 0,021 betragen, der vielleicht vom Inhalte des Magens herrührt. Auf dem Gestein liegen sonst noch Blätterüberreste, die von Alex. Braun als Quercus lonchitis Unger gedeutet werden.

Die Knochen sind in Farbe vom Gestein wenig verschieden und dabei aussen schwärzlich oder bräunlich gefärbt. Das Gestein ist die bekannte graue Mergelschicht, welche, zwischen schwefelführendem Thone liegend, einen ungeheuren Reichthum an Pflanzen und Insekten, nebst Ueberresten von Fischen und einem angeblichen Frosch Leberbergt, der nach meinen Untersuchungen (Jahrb. für Mineral., 1850. S. 203) an der Versteinerung selbst in den Füssen von einem kleinen Vogel besteht. Unter den Fischen findet sich zu Hunderten ein Clupeïde, den Heckel (Beiträge zur Kenntniss der fossilen Fische Oesterreichs, 1. 1849. S. 29. t. 11. 12) als Meletta sardinites beschrieb. Auch unter den Pflanzen finden sich solche des Meeres, namentlich eine Anzahl Algen; so dass das Auftreten eines Delphin-artigen Thieres in einem zunächst an Wald und Wiese erinnernden Gebilde weniger befremdet.

Die diluvialen

Rhinoceros-Arten.

Von

Hermann von Meyer.

Taf. XXXV — XLIII.

Einleitung.

Wenn man bedenkt, wie viel schon über die fossilen Reste von Rhinoceros geschrieben ist, und welche Kräfte sich an deren Untersuchung geübt haben, so muss man sich mit Recht wundern, dass es noch immer nicht gelingen wollte, die Mehrzahl der fossilen Species auf befriedigende Weise festzustellen.

Es kann nicht in meiner Absicht liegen, eine Bearbeitung sämmtlicher fossilen Rhinoceros-Species, deren Zahl bereits auf nicht weniger als zwanzig angewachsen war, als man eine Verminderung derselben für nöthig erachtete, zu liefern. Um die Verwirrung, in welche dieses wichtige Kapitel der Palaeontologie selbst durch ausgezeichnete Gelehrten gerathen ist, nicht noch zu vergrössern, wäre es vor Allem erforderlich, die Original-Versteinerungen, worauf die Angaben beruhen, einer neuen gründlichen Untersuchung zu unterziehen; eine Aufgabe, deren Lösung schon dadurch erschwert wird, dass die dabei in Betracht kommenden Gegenstände zum Theil an sehr entfernten Orten aufbewahrt werden. Ich beschränke mich vielmehr nur darauf, einen fossilen Rhinoceros-Schädel von seltener Vollständigkeit vorzuführen, und durch dessen ausführliche Darlegung eine zweite diluviale Species von Rhinoceros ausser Zweifel zu setzen.

Lange Zeit glaubte man nur an eine diluviale Species von Rhinoceros, welche Blumenbach Rhinoceros antiquitatis nannte und später noch verschiedene Namen erhielt. Es wurden zwar noch andere Species im Diluvium angenommen, die sich jedoch bei genauerer Untersuchung als unhaltbar herausstellten. Bei der Zugänglichkeit dieser Untersuchungen werde ich nicht nöthig haben, sie ausführlich vorzuführen; ich will daraus nur hervorheben, dass das Thier, welchem Blumenbach (1807) den Namen

Rhinoceros antiquitatis verlieh, durch Fischer von Waldheim (1808) Rh. Sibericus benannt wurde. Cuvier (Oss. foss. 4. ed., III. p. 175) begriff die Species unter Rh. tichorhinus, welche Bezeichnung sich fast allgemeine Anerkennung zu verschaffen wusste, ungeachtet der mit Recht angestellten Versuche, die ältere Benennung wiederherzustellen. Fischer soll (nach Keferstein, Naturgeschichte des Erdkörpers, II. S. 225) das Thier auch Rh. Cuvieri genannt haben, was auf einer Verwechselung bei Benutzung der Quellen zu beruhen scheint; denn letzterer Name findet sich nicht bei Fischer, sondern bei Desmarest (Mammal., p. 402. 546) vor, und es ist darunter Rh. leptorhinus Cuv. zu verstehen; für Rh. tichorhinus gebrauchte Desmarest Rh. Pallasi. Lill (Mém. soc. geol. France, l. p. 66. 71) führt den Rh. tichorhinus unter Rh. tibertinus Cuv. auf, was verschrieben seyn wird. Schubert (Naturg., 1826. S. 302) bringt die in Sibirien gefundenen Knochen dieser Species mit den Sagen, welche bei den Völkern des Landes über den fabelhaften Vogel Greif bestehen, in Verbindung und nennt das Thier Gryphus antiquitatis, wobei er diesen Gryphus unter die Raubvögel verlegt. Der Jugendzustand des Rh. tichorhinus veranlasste Bronn (Jahrb. für Mineral., 1831. S. 51. t. 1. S. 417) zur Errichtung des Genus Coelodonta mit der Species C. Boiei, und Giebel (Jahrb. für Mineral., 1847. S. 54. 456) zur Errichtung des Genus Hysterotherium mit der Species H. Quedlinburgense, die er für den Vertreter der Palaeotherien in der Diluvial-Zeit hält. Pomel (Catalogue 1854. p. 76) endlich bringt Rh. tichorhinus in sein Unter-Genus Atelodus und begreift die Species mit einem Schreibfehler unter A. thicorhinus Pom.

Für Rhinoceros tichorhinus wurde auch ein in dem Grossherzoglichen Naturalienkabinet zu Carlsruhe befindlicher Schädel aus dem Diluvium zu Daxland bei Carlsruhe gehalten. Selbst Bronn (Jahrb. für Mineral., 1831. S. 417) giebt ihn für diese Species aus und bemerkt dabei, dass er von keinem anderen Exemplar an Vollständigkeit übertroffen werde; nur habe gerade die Scheidewand zwischen den Nasenlöchern gelitten. Bei einem Besuche des Naturalienkabinets in Carlsruhe im Jahr 1842 war ich überrascht, in diesem prachtvollen Schädel eine von Rh. tichorhinus auffallend abweichende Species zu erblicken. Wenn Bronn die schon in den Zähnen liegenden Abweichungen an diesem Schädel übersehen hat, so ist es gleichwohl er, welcher schon im Jahr 1830 (Gaea Heidelbergensis, S. 178) einiger im Rheinischen Diluvium zwischen Lussheim und Hockenheim gefundenen Zähne erwähnt, von denen er sagt, dass er nicht im Stande sey, sie mit den Zähnen des Rh. tichorhinus in Einklang zu bringen, und sich genöthigt sehe, sie wegen Aehnlichkeit mit den Zähnen von Rh. incisivus, einer tertiären Species, zu dieser zu stellen. Der Gedanke an eine Einschwemmung dieser Zähne aus dem nicht sehr entfernten Tertiär-Gebilde des Ueberrhein's zur Zeit des später entstandenen Diluviums lag dabei nahe.

Es mehrte sich inzwischen die Auffindung ähnlicher Zähne. Im Jahr 1838 (Jahrb. für Mineral., 1839. S. 78) überzeugte ich mich von einer zweiten Rhinoceros-Species im Rheinischen Diluvium an Zähnen und Kieferresten aus dem Sande von Mosbach bei Wiesbaden. Der Zahnbau widerstritt dem in Rh. tichorhinus, wofür er auffallend auf den des tertiären Rh. Schleiermacheri herauskam.

Fast gleichzeitig unterschied auch Jäger (Foss. Säugeth. in Würtemb., 2. H. 1839. S. 140. 179. t. 16. f. 31—33; — N. Acta Leopold., XXII. 2. 1850. S. 896) unter den Ueberresten von Elephas, Equus, Bos, Cervus, Ursus und Castor aus der Sandgrube bei Kirchberg, an der Jaxt in Würtemberg, einem wirklichen diluvialen Gebilde, eine neue Rhinoceros-Art, die er vorläufig Rh. Kirchbergense nannte. Es fiel ihm dabei auf, dass die Backenzähne denen der zu Eppelsheim gefundenen Species (Rh. incisivus, Rh. Schleiermacheri) ähnlicher sehen, als denen des Nashorns vom Cap und den zu Canstatt gefundenen Zähnen, worunter Rh. tichorhinus zu verstehen ist. Den Namen der Species zu Kirchberg änderte Jäger später (in Kaup, Acten der Urwelt, 1841. S. 2) in Rh. Mercki ab.

Im Jahr 1840 untersuchte ich (Jahrb. für Mineral., 1841. S. 96) aus einer Bohnerz artigen Ablagerung zu Blaubeuern einen mit Ursus und einer grossen Hirsch-Species gefundenen unteren Backenzahn von Rhinoceros, der von Rh. tichorhinus verschieden und einen weiteren Beleg für eine zweite diluviale Rhinoceros-Species im Diluvium abzugeben geeignet war.

Kaup (Acten, 1841. S. 1) bemüht sich nachzuweisen, dass schon weit früher Ueberreste von Rh. Mercki Jäg., wie die Species jetzt hiess, bekannt waren. Dieser Species legt er namentlich den letzten unteren Backenzahn bei, dessen Merck in seinem dritten Brief (1786. p. 19. t. 3. f. 2) aus dem Trass bei Frankfurt am Main gedenkt. Da aber unter der zu Merck's Zeiten üblichen Benennung Trass nicht wohl etwas anderes verstanden seyn kann als der Dolerit, aus dem dieser Zahn sicherlich nicht herrührt, so stammt er entweder aus dem Diluvium, und gehört alsdann dem auch sonst bei Frankfurt vorkommenden Rh. tichorhinus an, oder aus dem Tertiär-Kalke der Hügel um Frankfurt, die wohl auch Reste von Rhinoceros geliefert haben, aber unmöglich von Rh. Mercki. Eben so wenig werden die Zähne, deren Merck von Weisenau gedenkt, einer diluvialen Species beizulegen seyn; Weisenau ist, wie ich nachgewiesen habe (Jahrb. f. Mineral., 1843. S. 379), eine der reichsten Gegenden für tertiäre Wirbelthiere, unter denen zwar Rhinoceros, aber keinenfalls Rh. Mercki auftritt.

Ich habe nun noch nachgewiesen, dass Rh. Mercki sich in dem Rheinischen Diluvium zu Daxland, Wörth und Leimersheim und in dem dem Rheinischen verbundenen Diluvium zu Mauer im Neckar-Thale findet (Jahrb. für Mineral., 1842. 587. 588).

Die an tertiäre Rhinoceros-Arten erinnernden oberen Backenzähne, welche Cuvier von Chagny (Oss. foss. 4. ed., III. p. 112. t. 44. f. 6) und von Crozes (p. 111. t. 51 f. 4) in Frankreich bekannt macht, deren Alter jedoch noch nicht genau ermittelt ist, führt Kaup mit dem Unterkiefer-Fragment, dessen Cuvier (p. 116), ohne eine Abbildung davon zu geben, gleichfalls von Crozes gedenkt, auch unter Rh. Mercki auf und glaubt, dass ebenso der bei Cuvier (t. 44. f. 7) abgebildete Zahn von Canstatt dieser Species angehöre. Früher hatte Kaup (Oss. foss. de Darmst., 1834. 3. liv. p. 62) sowohl diesen Zahn, als den Zahn, dessen Merck gedenkt, welche beide aus dem Unterkiefer herrühren, dem Rh. tichorhinus beigelegt und dabei bemerkt, dass man hienach zwei Species von Rh. tichorhinus annehmen könne, eine grössere und eine kleinere, oder man müsste glauben, dass Rh. tichorhinus in Grösse sehr verschieden gewesen sey. — Was den Zahn von Canstatt betrifft, so ist um so weniger zu vermuthen, dass er von Rh. Mercki herrührt, als Jäger, wie wir gesehen haben, die Abweichungen, welche zwischen den Zähnen von Rh. Mercki von denen von Canstatt bestehen, ausdrücklich hervorhebt. Auch kenne ich von Canstatt nur Zähne von Rh. tichorhinus.

Nach v. Schlotheim (Petrefactenk., 1820. S. 8) wäre bei Tiede ein sehr schön erhaltener, nur wenig veränderter und fast vollständiger Kopf eines einhörnigen Nashorns gefunden worden. Kaup gedenkt dieser Stelle unter den Nachrichten über Rhinoceros Mercki, was schliessen lässt, dass er in ihm diese Species vermuthet. Die Ablagerung, woraus der Kopf, über den sonst nichts verlautet hat, herrührt, ist für Rh. tichorhinus bekannt, und wenn der Schädel wirklich nur einhörnig gewesen seyn sollte, wofür gar keine Wahrscheinlichkeit besteht, so ist zu bemerken, dass, wie wir sehen werden, Rh. Mercki mit zwei Hörnern versehen war. Dagegen hält Beyrich (Zeitsch. d. geol. Gesellsch. Berlin, 1860. XII. S. 522) die bei Ballstädt im Gothaischen gefundenen Zähne der Schlotheim'schen Sammlung für Rh. Mercki.

Von einer Reihe oberer Backenzähne in der Universitäts-Sammlung zu Halle, welche in einem Verzeichniss als Rhinoceros Schleiermacheri aufgeführt wird, vermuthet Kaup, dass sie ebenfalls zu Rh. Mercki gehören, aus keinem anderen Grund, als weil sie wahrscheinlich aus dem Diluvium stammen, und weil Rh. Mercki in seinen Zähnen dem Rh. Schleiermacheri ähnlicher ist als dem Rh. tichorhinus. Es ist also nicht einmal erwiesen, dass die Zähne wirklich diluvial sind; auch lässt sich bei Germar und d'Alton, durch die Kaup das Verzeichniss erhielt, nicht wohl voraussetzen, dass sie in der Bestimmung fossiler Backenzähne von Rhinoceros hinlänglich bewandert waren, um den Zähnen anzusehen, welcher Species sie angehören. Es ist daher auch diese Angabe wenig geeignet, um daraus für die oberen Backenzähne in der Sammlung zu Halle mit Sicherheit auf Rh. Mercki zu schliessen.

Von den bereits erwähnten Zähnen in Bronn's Sammlung beschreibt Kaup (Acten, S. 3. t. 5. f. 1. 6) zwei, die allerdings, wie schon Bronn bemerkt, Rhinoceros tichorhinus nicht angehören können; sie gleichen tertiären Zähnen, und werden daher von derselben Species herrühren, wie der Schädel in der Sammlung zu Carlsruhe. Der zu Crozes gefundene Zahn bei Cuvier ist bei Kaup copiert, und ein Paar von den schon durch Jäger bekannten Zähnen von Kirchberg werden nach Abgüssen abgebildet. Wichtiger ist der vordere Theil von einem im Rhein gefundenen Unterkiefer in der Sammlung zu Darmstadt (S. 6. t. 2. f. 1), der mit Rh. tichorhinus und mit einem von Cuvier (Oss. foss., III. p. 139. t. 47. f. 8. 9) veröffentlichten Unterkiefer verglichen wird. Dem Rh. Mercki wird endlich noch ein im Rhein gefundenes Schulterblatt (S. 7. t. 2. f. 2) beigelegt, weil es nicht dem von Rhinoceros tichorhinus, sondern dem in Rh. Sumatrensis, Rh. Javanus und Rh. Schleiermacheri ähnlich sieht.

Aus dieser Uebersicht erhellt, dass schon Cuvier sich veranlasst sah, auf eine von Rhinoceros tichorhinus verschiedene diluviale Species zu schliessen, die er im Jahr 1822 Rh. leptorhinus (Oss. foss., III. p. 136. 175) nannte. Mit dieser Species waren die ersten Fachgelehrten beschäftigt, es ist ihnen aber nicht gelungen, sich darüber zu vereinigen, was man eigentlich unter ihr zu verstehen habe. Sie sollte sich dadurch auszeichnen, dass sie weder eine knöcherne Nasenscheidewand noch Schneidezähne besässe (Rh. à narines non-cloisonnées et sans incisives). Die Annahme dieser Species beruht hauptsächlich auf einem von Cortesi in einem Süsswasser-Gebilde des Piacentischen entdeckten, in dem Museum zu Mailand aufbewahrten Schädel, den Cuvier freilich nur aus einer von dem jungen Ad. Brongniart angefertigten Zeichnung kannte, die er in seinem Werke wiedergiebt. Von diesem Schädel wird gesagt, dass er sich auffallend dadurch von Rhinoceros tichorhinus unterscheidet, dass die Gehirngegend sich weniger hinterwärts verlängert, dass die Augenhöhlen über dem fünften Backenzahn liegen, dass die Nasenbeine mit einer freien Spitze endigen und nicht durch eine vertikale Wand an den Zwischenkiefer befestigt sind, und dass der überhaupt anders gebildete Zwischenkiefer weniger vorsteht. Durch diese Eigenschaften gleiche der Schädel weit mehr dem lebenden zweihörnigen Rhinoceros vom Cap, als irgend eine andere Species. Nach Cortesi besitzt der fossile Schädel 0,73 (27″) Länge und 0,262 (9″ 6‴) Höhe. Cuvier kannte keine Zähne von ihm, er erhielt aber durch Pentland aus Italien obere Backenzähne, welche er dieser Species beilegte. Daran ergab sich, dass der zweite Querhügel nach vorn statt eines einfachen Spornes (crochet), mehrere kleinere entsendet, welche bei beginnender Abnutzung dem Hügel ein gezähneltes Ansehen verleihen, was für ein Kennzeichen der Species gehalten wird. Ich habe indess eine ähnliche Beschaffenheit an Zähnen verschiedener Species und selbst als eine rein individuelle Erscheinung an den Zähnen derselben Species beobachtet, und kann ihr daher keinen grossen Werth bei Unterscheidung der Species einräumen.

Die in Toscana gewöhnlich vorkommenden Unterkiefer (Cuvier, t. 47. f. 8. 9) sollen sich von dem vorn in eine seitlich eingezogene Verlängerung ausgehenden Unterkiefer des Rh. tichorhinus dadurch unterscheiden, dass sie nur mit einer kurzen Spitze endigen und dass sich die Backenzahnreihe bis nahe an dieses vordere Ende erstreckt. Cuvier glaubt, dass der Unterkiefer, der zu dem von ihm unter Rh. leptorhinus begriffenen Schädel gehört, aber nicht wirklich überliefert ist, auf ähnliche Weise beschaffen gewesen sey. Er beruft sich dabei auf andere Unterkiefer, deren vorderes Ende jedoch so sehr beschädigt ist, dass es gewagt erscheint, über die eigentliche Beschaffenheit dieses Endes abzuurtheilen.

Das Unterkieferende, welches in einem bläulichen sandigen Gebilde mit Meer-Conchylien am Fusse des Blancano, zwei Meilen von Bologna, gefunden wurde und Monti (De monumento diluviano in agro Bononiensi nuper detecto, Bol. 1719) dem Wallross (Tricherus rosmarus) beilegt, Ranzani aber für Rhinoceros erkennt, hält Cuvier (p. 143. t. 47. f. 10) nach einer Zeichnung wegen der stumpfen Verlängerung, in die es ausgeht, für Rhinoceros tichorhinus. Er nimmt hienach diese Species und Rh. leptorhinus für Italien an. Ohne die Möglichkeit in Abrede stellen zu wollen, dass Italien zwei diluviale Rhinoceros-Arten beherberge, muss ich doch meinen späteren Untersuchungen vorgreifen und hier schon darauf aufmerksam machen, dass die stumpfe Verlängerung des vorderen Endes des Unterkiefers nicht für ein sicheres Kennzeichen des Rh. tichorhinus gelten kann, da es, wie wir sehen werden, dieser Species nicht ausschliesslich zusteht. Dem Rh. leptorhinus legt Cuvier ferner die im Arno-Thal gefundenen Reste aus dem Rumpfe bei, welche Nesti in einem Schreiben an Savi veröffentlicht.

Bald darauf versucht Christol (Ann. sc. nat., 2. IV. 1835. p. 44. t. 2. f. 4) mittelst der Untersuchungen, die er an dem durch Cortesi entdeckten Schädel zu Mailand durch la Marmora und Gené hatte vornehmen lassen, und der von diesen erhaltenen Zeichnungen zu beweisen, dass die Cuvier zu Gebot gestandene Abbildung wohl im allgemeinen Umriss ziemlich genau, die Gegend aber, worauf es hauptsächlich ankomme, nur unvollständig aufgefasst sey. Cuvier sey hiedurch zur Errichtung einer Species (Rh. leptorhinus) verleitet worden, die gar nicht existirt habe. Nach dieser neuen Abbildung besitze der Schädel eine knöcherne Nasenscheide, und der Unterkiefer ein verlängertes vorderes Ende, was ihn, Christol, bestimme, beide Stücke dem auch in Toscana vorkommenden Rhinoceros tichorhinus beizulegen. Die Knochen der Gliedmassen, welche Cuvier mit seinem Rhinoceros leptorhinus vereinigt habe, gehörten dem Rhinoceros incisivus an. Ueber die Beschaffenheit dieser Species habe er den richtigen Aufschluss an einem bei Montpellier gefundenen Schädel erhalten, den er unter Rh. megarhinus begreife.

Den spätern Mittheilungen über ein zweites von Cortesi entdecktes Skelet glaubt Blainville (Ostéogr. 20. fasc. Rhinoc., p. 114) entnehmen zu können, dass das vordere Ende des Unterkiefers von Rhinoceros leptorhinus nicht spatelförmig ausgebreitet war, sondern spitz zuging und keine Schneidezähne besass. Nach ein Paar abgebildeten oberen Backenzähnen gehöre das Thier nicht zu Rh. tichorhinus, der charakteristische letzte Backenzahn gleiche ganz Rh. incisivus (der von den Franzosen nicht selten mit Rh. Schleiermacheri verwechselt wird). Nachdem Blainville alles durchgegangen, was über das Vorkommen von Rhinoceros in Italien bekannt ist, sieht er sich zu dem Schlusse geführt, dass dieses Thier, ganz abgesehen davon, ob es eine köcherne Nasenscheide besessen habe oder nicht, dem Zahnsystem nach keinen jungen Rhinoceros tichorhinus, wie Cortesi und Cuvier glauben, darstelle. Von den durch Kaup dem Rh. Mercki beigelegten Resten vermuthet er (p. 163), dass sie grösstentheils, selbst der am vordern Ende verstümmelte Unterkiefer, von Rhinoceros incisivus herrühren. Als Rh. leptorhinus wird nach einem Gypsmodell die Abbildung von einem aus dem Arno-Thale herrührenden Unterkiefer mit etwas ausgebreitetem vorderen Ende mitgetheilt, welches selbst im Profil sehr an das von mir von Mauer untersuchte Unterkieferende Taf. XL. Fig. 1—3 erinnert.

Blainville vereinigt Rhinoceros megarhinus Christ. und Rh. Monspessulanus Serr. mit Rh. leptorhinus Cuv., von dem er sagt, dass, sollten auch die oberen Schneidezähne gefehlt haben, so seyen doch zwei untere Schneidezähne sicher, wenn auch nur wenig sichtbar, vorhanden; der letzte obere Backenzahn gleiche Rh. incisivus, vielleicht sey später eine unvollständige Verknöcherung der Nasenscheide eingetreten. Rh. leptorhinus oder Rh. Mercki, sowie Rh. Schleiermacheri, Rh. Goldfussi, Rh. minutus und Rh. elatus werden für männliche Thiere verschiedener Grösse, und Aceratherium incisivum für das Weibchen einer und derselben Species gehalten. Wäre Blainville's Ansicht richtig, so hätten in der Tertiär-Zeit männliche und weibliche, in der Diluvial-Zeit dagegen nur männliche Thiere derselben Species gelebt. Schon hieraus ergiebt sich, wie wenig Blainville mit dem Gegenstande vertraut war, über den er sich ein entscheidendes Urtheil erlaubt.

Christol kam, wie Laurillard (in d'Orbigny's Diction., XI. p. 100) bemerkt, später selbst zur Einsicht, dass er sich geirrt habe, wenn er Rh. leptorhinus Cuv. für Rh. tichorhinus gehalten. Auch Owen (Hist. Brit. foss. Mamm., 1846. p. 358) bemerkt, Christol gehe mit gänzlicher Unterdrückung des Rh. leptorhinus zu weit; dieser kenne so wenig wie Cuvier die Versteinerung Cortesi's aus eigener Anschauung; Cuvier aber habe auf Grund eigener Untersuchungen an Unterkiefern aus Süsswasser-Gebilden in Italien für die Species Kennzeichen aufgestellt; was die knöcherne Nasenscheidewand betreffe, so sey er, Owen, im Stande zu zeigen, dass deren Gegenwart allein keinen Grund abgebe, den Schädel dem Rh. tichorhinus beizulegen. Owen beschreibt nun unter Rhinoceros leptorhinus Cuv. Reste von einer zweiten Rhinoceros-Species mit knöcherner Nasenscheidewand aus dem unmittelbar auf London-Thon ruhenden Neu-Pliocenen Süsswasser-Gebilde von Clacton (Essex) in England. Diese zweite Species mit knöcherner Nasenscheidewand ist aber dieselbe, welche ich vier Jahre früher, zu einer Zeit, wo Owen die in England gefundenen Reste noch für Rh. tichorhinus hielt (Reports of the British Assoc, 1843. p. 222), an dem in Carlsruhe aufbewahrten vollständigen Schädel aus Rheinischem Diluvium nachgewiesen (Jahrb. für Mineral., 1842. S. 587) und, gestützt auf die grosse Aehnlichkeit in den oberen Backenzähnen, dem Rhinoceros Mercki beigelegt hatte. Das von Cuvier für den Unterkiefer von Rh. leptorhinus aufgefundene Kennzeichen besteht darin, dass die Backenzahnreihe sich fast bis an das vordere Ende des Kiefers fortsetzte, und dass dieses Ende kurz, weder nach vorn verlängert, noch seitlich verbreitert war. Die Stücke, worauf diese Kennzeichen beruht, sind aber sämmtlich, sowohl die, welche Cuvier aus Toscana veröffentlicht, als die, welche Kaup aus Deutschland und Owen aus England mittheilen, gerade an dem vorderen Kieferende, um das es sich handelt, auf eine Weise beschädigt, dass sich weder über die Beschaffenheit desselben, noch über die Entfernung der Backenzahnreihe von ihm ein richtiges Urtheil abgeben lässt.

An dem Unterkiefer, welchen Christol (t. 4. f. 1. 2) aus dem oberen Meersande von Montpellier mittheilt, ist das vordere Ende etwas verlängert, vorn verbreitert und mit zwei Paar kleinen Schneidezähnen versehen. Durch Gervais (Palaeontol. franç., p. 45. t. 1. f. 1. 2. t. 2. f. 1—16) wissen wir, dass es der einzige bis jetzt gefundene Unterkiefer von dem sonst häufig im Sande von Montpellier vertretenen Rh. megarhinus ist, der nach dem davon vorliegenden Schädel (t. 30. f. 3) zweihörnig war, keine knöcherne Nasenscheidewand und oben wie unten kleine Schneidezähne besass. Gervais (p. 45) vermuthet nun von dem in England gefundenen und von Owen dem Rh. leptorhinus Cuv. beigelegten Schädel, dass er zu Rh. megarhinus gehöre. Die Backenzähne von Rh. megarhinus sind wohl auf ähnliche Weise wie die unter Rh. leptorhinus und Rh. Mercki begriffenen von Rh. tichorhinus verschieden, doch hätte allein schon die knöcherne Nasenscheidewand an dem in England gefundenen Schädel Gervais abhalten sollen, diesen Schädel mit Rh. megarhinus zu vereinigen, von dem er selbst sagt, dass ihm eine solche knöcherne Wand fehle. Gervais, der die beste Gelegenheit hatte, die Beschaffenheit der Backenzähne des Rh. megarhinus kennen zu lernen, glaubt ferner, dass die zu Crozes, im Gard-Departement Frankreich's, gefundenen Zähne, deren Kenntniss wir Faujas de Saint-Fonds und Cuvier verdanken, von keiner anderen als von dieser Species herrühren, für deren Vorkommen auch die Lage von Toscana nicht ungünstig sey.

Fragweise und überhaupt als zweifelhafte Species führt Gervais (p. 48) unter Rhinoceros leptorhinus Cuv. Reste aus einem Gebilde zu Puy auf, das jünger wäre als der Sand von Montpellier (dans des dépôts supérieurs aux sables pliocènes de Montpellier) mit Rh. megarhinus. Aus dieser Angabe lässt sich indess nur so viel entnehmen, dass dieser in Frage stehende Rh. leptorhinus von Rh. tichorhinus verschieden war und nach Aymard im Unterkiefer Alveolen für Schneidezähne besass. Es wird dies das Thier seyn, welches Pomel (Catalogue etc., 1854. p. 80) als Atelodus Aymardi Pom. mit den Synonymen Rh. tichorhinus Aym. und Rh. leptorhinus Gerv. aus der vulkanischen Ablagerung der oberen Loire für eine dritte Species mit knöcherner Nasenscheidewand ausgiebt, wobei er sagt, dass der Schmelz der Backenzähne sehr an Rh. leptorhinus erinnere und dass sich in ziemlicher Entfernung von den Backenzähnen Schneidezähne vorfinden. Auf eine knöcherne Nasenscheidewand wird, wie es scheint, nur aus der Aehnlichkeit der Backenzähne mit denen, welche unter Rh. leptorhinus begriffen werden, geschlossen.

Ueber den mehr erwähnten Cortesi'schen Schädel zu Mailand hat sich auch Duvernoy

(Archives du Mus. d'hist. nat. de Paris, VII. 1853. p. 97. 132) Nachricht zu verschaffen gewusst. Durch Cornalia erhielt er die Mittheilung, dass die Kiefer- und Zwischenkiefer-Knochen zum Theil noch überliefert seyen. Betrachte man den Schädel von der rechten Seite, so müsse man nothwendig auf die Innenseite der linken Nasenhöhle sehen, welche in der von Christol benutzten Zeichnung richtig schattirt sey. Diesen Theil habe man für eine knöcherne Scheidewand in der Nase gehalten, und darauf hin den Schädel zu Rh. tichorhinus gezogen. Cornalia versichert, die Wölbung der Nasenhöhle lasse auf der ganzen Erstreckung ihrer Mittellinie nichts von einer abwärts gehenden Scheidewand wahrnehmen, die auch nicht weggebrochen seyn könne. Cuvier habe daher recht; der Schädel rühre nicht von Rh. tichorhinus her. Duvernoy glaubt daher auch, dass Rh. leptorhinus Cuv. mit Rh. megarhinus Christ. und Rh. Monspessulanus Serr. in eine Species zusammenfallen, für die angenommen wird, dass die Nasenbeine durch keine Knochenwand gestützt waren, und dass sie zwei Schneidezähne oben und vier unten besessen, die überhaupt so klein waren, dass sie kaum aus dem Zahnfleisch heraus gestanden haben werden. Die Species sey zuerst im Piacentischen im Arno-Thal entdeckt worden, worauf der Meeresand von Montpellier drei Schädel geliefert habe. Den ersten Schädel beschreibt M. de Serres (Journ. de Phys., LXXXVIII. 1819. p 382); es ist derselbe, den Cuvier nach einer ungenauen Abbildung für Rh. tichorhinus hält; den zweiten Schädel hat Christol zum Gegenstand einer Dissertation gemacht (Recherches sur les caractères des grandes espèces de Rhinoceros fossiles. Montp. 1843. etc.), und den dritten Schädel Gervais (Zool. et. Palaeont. franç.) beschrieben. Rh. leptorhinus Cuv. wird von Duvernoy ebenso entschieden zu Rh. megarhinus gezählt, als Rh. leptorhinus Cuv. bei Owen davon getrennt. Dabei werden letztere in England gefundene Reste als eine besondere Species unter der Benennung Rh. protichorhinus begriffen, und ihr eine knöcherne Scheidewand in der vorderen Hälfte der Nase zuerkannt. Beide Species werden nicht für diluvial, sondern für obertertiär oder pliocän, dagegen Rh. tichorhinus und Rh. Lunellensis für diluvial erklärt. Duvernoy ist überzeugt, dass der Schädel des Cortesi mit denen von Montpellier einer und derselben Species angehört, worin er mit Blainville und Gervais übereinstimmt. Cuvier habe geirrt, dass er die in Toscana am häufigsten vorkommenden Unterkiefer dem Rh. leptorhinus beigelegt, und auch darin habe er geirrt, dass er dem Unterkiefer des Rh. leptorhinus den spatelförmigen Theil vor den Backenzähnen abgesprochen; ein so beschaffener Theil stehe dem Rh. tichorhinus wie dem Rh. protichorhinus zu; die beiden letztern seyen überhaupt nur sehr wenig von einander verschieden. An dem vollständigen bei Carlsruhe gefundenen Schädel werden wir sehen, dass dies der Fall nicht ist.

Wenn hienach der Schädel, worauf Cuvier seinen Rh. leptorhinus gründet, mit einer Nasenscheidewand überhaupt nicht versehen war, so gewinnt allerdings die Ansicht, dass er zu Rh. megarhinus gehöre, an Wahrscheinlichkeit. Rh. leptorhinus Cuv.

bei Owen ist alsdann eine eigene Species, für die jedoch die von Duvernoy (Archives etc., p. 108) vorgeschlagene Benennung zu spät kommt. Duvernoy sagt freilich selbst, dass er der Species den Namen nur vorläufig gegeben; Owen, der zuerst nachgewiesen, dass die knöcherne Scheidewand in der Nase nur vorn bestehe, sey berechtigt, einen passenden Namen zu geben, wenn er sich von der Nothwendigkeit einer Trennung der Species überzeugt halte. Hienach übersieht auch Duvernoy, dass ich, wie bereits (S. 239) erwähnt, einige Jahre vor Owen diese Species in Deutschland nachgewiesen und auf ihre halbe knöcherne Nasenscheidewand aufmerksam gemacht habe. Ein neuer Name ist für sie nicht erforderlich. Es ist unstreitig dieselbe Species, von der unvollständigere Reste bereits unter der Benennung Rh. Mercki begriffen waren, welcher Name in Duvernoy's Studien über die fossilen Rhinoceros-Arten von 1853 gar nicht erscheint. Auch was Falconer unter Rh. hemitoechus (halbe Nasenscheidewand) begreift, kann nicht wohl etwas anders seyn als dieselbe Species, welcher der vollständige Schädel aus dem Diluvium zu Carlsruhe angehört. Die Synonymen von Rhinoceros Mercki Jäg. wären daher: Rh. Kirchbergense Jäg., Rh. leptorhinus Cuv. bei Owen, Atelodus leptorhinus Pomel (Catal. des Vertébrés foss. etc., 1854. p. 79), Rhinoceros protichorhinus Duvernoy und Rh. hemitoechus Falcon.

Was Marcel de Serres, Dubreuil und Jeanjean (Oss. humatiles etc., 1839. p. 142. t. 14. f. 1) aus den knochenführenden Höhlen von Lunel-Viel in Frankreich dem Rhinoceros minutus Cuv. beilegen, gehört, nach dem vorderen Theil des linken Oberkiefers mit drei Zähnen zu urtheilen, weder dieser, noch einer eigenen, von P. Gervais Rh. Lunellensis (Zoolog. Pal. franç, I. p. 48) genannten Species an, sondern ist nichts anderes als ein Jugendzustand von Rh. tichorhinus, der, wenn man ihn nicht kennt, leicht Veranlassung zur Errichtung einer eigenen Species geben kann. Blainville (Ostéogr. Rhinoc., t. 13) theilt dasselbe Stück in halber Grösse, nicht im Spiegel übertragen, daher als ein Stück aus der rechten Kieferhälfte, als Rh. leptorhinus von Lunel-Viel mit. Auch nach dieser Abbildung kann ich die Zähne nur für Rh. tichorhinus erklären. Vielleicht ist sie nach dem Gypsabgusse gemacht, welchen die Sammlung in Paris besitzt, wie Duvernoy (Arch. du Mus., VII. p. 124) angiebt, der die Reste für nicht zureichend hält, um sich über die Species auszusprechen, dabei aber doch sie für verschieden von Rh. tichorhinus erklärt. Mein Urtheil sehe ich mich im Stande, mit dem Taf. XLII. Fig. 5 abgebildeten, ganz ähnlichen Stück des linken Oberkiefers, welches dieselben drei vorderen Zähne besitzt, zu begründen. Dieses Stück rührt, wie jenes von Lunel-Viel, aus einer knochenführenden Höhle und zwar des Lahn-Thales her, worin von Rhinoceros nur Rh. tichorhinus in verschiedenen Altersstufen, deren Uebergänge sich leicht nachweisen lassen, vorkömmt.

Nach dieser Auseinandersetzung lassen sich nur zwei diluviale Species von Rhinoceros, Rh. tichorhinus, über Welttheile in Menge verbreitet, und Rh. Mercki, von beschränkterem Vorkommen und überhaupt geringer an Zahl, nachweisen. Dabei halte ich Rh. Mercki, oder die unter seinen Synonymen begriffenen Reste, nicht wie Duvernoy für pliocän, sondern für jünger als Rhinoceros megarhinus von Montpellier, nämlich für wirklich diluvial: Rh. Mercki scheint schon vor Rh. tichorhinus in der Schöpfung aufgetreten zu seyn, aber auch noch mit dieser Species gleichzeitig gelebt zu haben.

Rhinoceros tichorhinus.

Die treffliche Arbeit, welche wir Brandt in den Abhandlungen der Akademie zu St. Petersburg (4. Ser. V. mit 25 Taf. Abbild.) über Rhinoceros tichorhinus verdanken, ist so erschöpfend, dass es schwer fallen dürfte, Ergänzungen dazu zu liefern. Seinen Untersuchungen liegen aber auch nicht weniger als 27 in Sibirien gefundene Schädel zu Grund, die in den Sammlungen zu St. Petersburg aufbewahrt werden. Das beste Stück, welches ich von dieser Species zu untersuchen Gelegenheit fand, besteht freilich nur in einer vorderen Schädelhälfte. Es umfasst aber gerade die für die Vergleichung mit Rhinoceros Mercki wichtigste Gegend, die überaus gut erhalten ist, und ist dabei ein Stück von literärischer Wichtigkeit, da es in derselben Versteinerung besteht, von der Blumenbach eine Abbildung für Cuvier hatte anfertigen lassen, der sie in sein Werk über die fossilen Knochen (III. p. 128. t. 45. f. 4. 5) aufnahm. Dieses Stück Schädel wurde am Flusse Kartamisch, im Gouvernement Oufa in Sibirien, gefunden und von Baron von Asch dem Museum der Universität Göttingen verehrt, aus welchem ich es im Jahr 1842 durch Herrn Professor Rud. Wagner mitgetheilt erhielt. Die Abbildung bei Cuvier ist in Viertels Grösse, die meinige mit aller Genauigkeit in halber Grösse angefertigt. Taf. XXXVIII. Fig. 1 stellt das Stück von der linken Seite, Fig. 2 von unten, Fig. 3 von vorn und Taf. XXXIX. Fig. 1 von oben dar. Die Schnautze findet sich selten so gut überliefert wie hier; ich wüsste daher auch kein Exemplar von Rhinoceros tichorhinus, welches geeigneter wäre, mit dem Schädel der Sammlung in Carlsruhe verglichen zu werden, als dieses.

Von der vorderen Schädelhälfte ist eigentlich nur die linke Seite und noch etwas von der rechten überliefert. Selbst die geringsten Rauhigkeiten der Hornstühle sind vollkommen erhalten. Die Knochen besitzen das bräunliche Ansehen der Reste von Rhinoceros aus dem Rheinischen Diluvium; die Knochenmasse ist fest. Das Gebilde, welches die Knochenzellen beherbergen, ist fein und mehr thoniger Natur.

Von den Zähnen liegt nichts vor: die drei oder vier vorderen der linken Seite sind durch ihre Alveolen angedeutet. Die Stühle, worauf die beiden Hörner angebracht waren, sind durch Rinnen und kleinere Wärzchen verbunden, und daher nicht durch eine glatte Strecke getrennt. Der hinterwärts spitz endigende Stuhl für das vordere oder von den Nasenbeinen getragene Horn ist 0,24 lang und von 0,177 grösster Breite, welche in die hintere Hälfte fällt. Von oben betrachtet sieht die Schnautze abgestumpft kegelförmig aus, wobei die Mitte kurz gerundet vorsteht. Ihr vorderes Ende ist 0,088 breit, kaum halb so breit als die grösste Breite. Die Oberfläche dieses Stuhles lässt sich in eine vordere, in eine mittlere und in eine Region zu beiden Seiten zerfällen. Die vordere Region spitzt sich hinterwärts bis auf ein Drittel Stuhllänge stark zu, wobei sie sich allmählich stärker erhebt. Die Breite einer Seitenregion misst ungefähr zwei Siebentel von der Stuhlbreite. Die beiden Seitenregionen verlaufen nach vorn in die vordere Region, und schliessen hinten die mittlere Region. Diese nimmt ungefähr drei Siebentel von der grössten Stuhlbreite ein; sie spitzt sich gegen die vordere Region allmählich zu, ist schwach gewölbt und neben am tiefsten von den Seitenregionen getrennt, dabei fast glatt, nimmt aber hinterwärts beim Uebergehen in die Seitenregionen an Rauhigkeit zu. Die vordere und die Seitenregionen sind durchaus rauh, am grössten nach hinten und nach dem Rande hin. Vom Rand aus ziehen nach vorn und gegen die Mitte einige Gefässeindrücke, was in der hinteren Gegend hinterwärts der Fall ist.

Die vorn in der Mitte der Schnautze vorstehende kurze Rundung zieht unter Zuspitzung abwärts, in ungefähr halber Höhe der vorderen Seite ihr Ende erreichend. Auch die beiden Seitenregionen begeben sich an der Vorderseite abwärts, aber auf nur eine kürzere Strecke und weniger convex. Unter dieser Stelle bemerkt man auf jeder Seite einen kurzen, stumpfen, ovalen, etwas nach aussen und aufwärts gerichteten, auf der Oberfläche vertieften und mit einigen Poren versehenen Fortsatz, der eine Erhöhung und Verstärkung des unten zu beiden Seiten des Nasenbeins herlaufenden, den vorderen Nasenlochwinkel begrenzenden, erhabenen Randes bildet. Unmittelbar unter diesem Fortsatze liegt, etwas mehr neben, ein flacherer unebener Hübel.

Die geringste Breite vorn an der Schnautze fällt in deren untere Hälfte und misst 0,0615, wo sie, von neben gesehen, concav sich darstellt; darunter befindet sich ein kürzerer Einschnitt, der auf die untere, vom Zwischenkiefer gebildete Ecke kommt. Diese verdickte, etwas aufgetriebene Stelle zu beiden Seiten zeigt unten eine flache, unregelmässig längsovale Grube, welche der Rest der Alveole eines rudimentären Schneidezahnes seyn wird. Es veranlasst mich dies, hier der Untersuchungen zu gedenken, welche zur Beantwortung der Frage, ob Rh. tichorhinus überhaupt Schneidezähne besessen habe, vorliegen.

Pallas war schon der Ueberzeugung, dass diesem fossilen Rhinoceros Schneidezähne zugestanden haben. Er glaubte namentlich an dem Vorderrande des Unterkiefers, welcher dem am Flusse Tschikoi gefundenen Schädel angehört, Spuren von vier gleichweit von einander entfernten Alveolen (Novi Commentar. Petropol., XVII. p. 604. t. 16. f. 3 ee), und auch an dem vorderen Schädelende Spuren von ein Paar Alveolen erkannt zu haben. Cuvier legt dieser fossilen Species eben so wenig als dem lebenden zweihörnigen Rhinoceros vom Cap Schneidezähne bei, wofür er den Zwischenkiefer zu klein hält; auch stellt Duvernoy später noch die Gegenwart von Schneidezähnen in Abrede.

An dem durch Buckland in die Sammlung zu Paris gekommenen Schädel bemerkte Cuvier gleich wohl ein Paar Grübchen, welche von Schneidezahn-Alveolen herrühren könnten; er hält es aber auch für möglich, dass dies eine blos zufällige Erscheinung sey, und kommt daher schliesslich zu der Ansicht, dass, sollte Rh. tichorhinus wirklich Schneidezähne besessen haben, sie alsdann in der Jugend und zwar nur in dem Unterkiefer sehr klein vorhanden waren.

An der schönen Abbildung, welche Fischer in seiner „Oryctographie de Moscou" (1837. S. 114. t. 2) nach Köck von der Unterseite eines Schädels von Rh. tichorhinus giebt, deutet nichts auf Schneidezähne hin.

Brandt (p. 130. t. 13. f. 1—6) hat nun den am Flusse Tschikoi gefundenen Schädel und Unterkiefer aufs neue untersucht und, die Angaben von Pallas bestätigend, sich überzeugt, dass in der Jugend nicht nur dem Unterkiefer, sondern auch dem Zwischenkiefer sehr kleine Schneidezähnchen zustanden. In jeder Zwischenkieferhälfte (t. 24. f. 3) befindet sich aussen vor den Zwischenkieferlöchern eine kleine Grube (a. b), von denen die rechte noch einen Körper (a") enthielt, der für einen rudimentären Schneidezahn ausgegeben wird. An einem andern Schädel schienen sogar Andeutungen von zwei Paar kleinen hinter einander folgenden Alveolen im Zwischenkiefer vorhanden (t. 24. f. 4. a. b. c. d). Der Unterkiefer vom Tschikoi (t. 13. f. 3. 4) enthält im Vorderrande nur sehr kleine, gleichweit von einander entfernte Alveolen; in einer derselben liegt noch ein rudimentärer Zahn (f. 5. 6). Diese vier kleinen Alveolen werden an einem andern Unterkiefer, der sich in der Sammlung des Bergcorps zu St. Petersburg befindet, (t. 13. f. 7) bestätigt. Hienach dürfte es keinem Zweifel mehr unterliegen, dass in Rh. tichorhinus der Zwischenkiefer und Unterkiefer rudimentäre, wohl unter dem Zahnfleische verborgen gewesene Schneidezähne enthielt, die frühzeitig wieder verschwunden seyn werden.

Aehnliches könnte auch bei Rh. Mercki der Fall gewesen seyn, obschon ich an den von mir untersuchten Resten nichts vorgefunden habe, was auf Schneidezahn-Alveolen mit Sicherheit schliessen liesse. Dagegen berechtigen die von mir an der Schnautze des Rh. tichorhinus vom Kartamisch neben dem Zwischenkieferloch angetroffenen Gruben zur Annahme, dass sie zur Aufnahme von rudimentären Schneidezähnen in der Jugend des Thiers bestimmt waren. Auf die davor liegenden Fortsätze, in welche die den vorderen Nasenlochwinkel begrenzende Kante ausgeht, lässt sich, ungeachtet ihrer Aehnlichkeit mit den zuvor erwähnten Gruben, diese Vermuthung schon aus dem Grunde nicht ausdenen, weil alsdann die Schneidezähnchen zu weit vorn, zu hoch und nicht mehr in dem Zwischenkiefer, sondern in dem Nasenbein gelegen hätten, dem, meines Wissens, Schneidezähne überhaupt nicht zustehen.

Der Zwischenkiefer besitzt an dem vorderen Ende 0,068 Breite, dahinter verschmälert er sich kaum.

Die gegenseitige Entfernung der beiden ersten Backenzähne betrug nach den Alveolen 0,065. Die Gaumenfläche ist, zumal in der Gegend des zweiten Backenzahns, sehr vertieft. Das an der Unterseite befindliche Zwischenkieferloch ist gut erhalten; es stellt sich in der vorderen Hälfte einfach, in der hinteren doppelt dar. Etwa das vordere Drittel des Loches besteht in einer mit der Spitze nach vorn gerichteten, breit herzförmigen Oeffnung mit knöchernem Boden, worin zu beiden Seiten eine Knochenleiste wahrgenommen wird. Hinter dieser Oeffnung liegt eine in die Innenwandung der Zwischenkiefer verschmelzende Querbrücke, welche in der Mitte hinterwärts zu der vertikalen knöchernen Scheidewand der Nasenlöcher wird, und auch das Zwischenkieferloch im Innern theilt. Die dadurch entstehenden beiden Löcher münden nach vorn in das allgemeine Zwischenkieferloch, hinterwärts je eins derselben in das Nasenloch der entsprechenden Seite. In der durch das allgemeine Zwischenkieferloch sichtbaren Wölbung eines jeden der beiden Löcher befindet sich ein schmales, längsovales Loch, das zu dem niedrigen Kanal führt, der mit der vorderen herzförmigen Grube zusammenhängt. Das Zwischenkieferloch wird also nur in der hinteren Gegend, und zwar dadurch, dass im Inneren die knöcherne Nasenscheide sich auf angegebene Weise mit dem Zwischenkiefer und Oberkiefer verbindet, paarig. In dem hinteren Ende liegt die Mündung eines kleinen, ins Innere der knöchernen Nasenscheide führenden Ganges, der auf der Unterseite vorn rinnenförmig in das Zwischenkieferloch ausgeht. Dahinter bemerkt man eine kleinere Oeffnung, die ebenfalls ins Innere der Knochenmasse der Nasenscheide führt und auf der Gaumenplatte mehr hinterwärts mündet. Das Zwischenkieferloch ist im Ganzen 0,071 lang, seine grössere Breite von 0,033 fällt mehr in die vordere Hälfte, und hinterwärts geht es spitzer aus als vorn; das Loch ist an sich einfach; was man darin liegen sieht, gehört schon nicht dem Innern des Schädels an.

Nach Brandt ist das Zwischenkieferloch in dieser Species auf die Weise paarig, dass es hinterwärts mit zwei spitzen Winkeln endigt (t. 16. 22. f. 2. t. 24. f. 3. 4), was ich an dem von mir untersuchten Exemplar, wo doch diese Gegend ausgezeichnet gut erhalten ist, nicht finden konnte. Nur wenn sich die tiefer in dem Zwischenkieferloche liegende Gegend in gleichem Niveau mit der Gaumenplatte befindet, erscheint auch an dem von mir untersuchten Schädel dieses Loch paarig.

Der das Nasenloch unten horizontal begrenzende, aus Oberkiefer und Zwischenkiefer bestehende Knochen ist 0,06 hoch; mehr auf der vorderen Hälfte des Randes erhebt sich ein kurzer, starker Fortsatz, der für die Species bezeichnend ist, und sich bisweilen noch deutlicher entwickelt darstellt (t. 18 bei Brandt). Er gehört dem Zwischenkiefer an, an dessen hinterem Ende er sitzt. Nach vorn verläuft der Zwischenkiefer nur schwach aufwärts. Das Nasenloch ist über seiner horizontalen Basis fast regelmässig flach gewölbt und ergibt 0,081 Höhe. Sein hinterer Winkel liegt von dem vorderen Ende der Schnautze 0,227 entfernt, die ganze Länge des Loches beträgt 0,102 und der vordere Winkel ist kaum spitzer als der hintere. Die knöcherne Wand, welche beide Nasenlöcher trennt, erstreckt sich, ungeachtet sie nicht vollständig überliefert ist, fast so tief hinterwärts als die Löcher; im vollständigen Zustande wird sie noch weiter zurückgeführt haben. In ungefähr halber Höhe ist sie am dünnsten und besitzt hier nur noch 0,004 Stärke, die nach oben, unten und vorn zunimmt, wodurch die Aussenseite der Scheidewand ein flach muschelförmig vertieftes Ansehen gewinnt. Aus jedem der beiden Löcher geht hinterwärts unter der Schädeldecke ein langer, rinnenförmiger, sich allmählich verschmälernder Nasenkanal aus, von denen der linke auf eine grosse Strecke erhalten ist.

Ueber die knöcherne Scheidewand der Nasenlöcher werden von Brandt (p. 101. t. 22. f. 2—7. t. 24. f. 2) ausführliche Untersuchungen angestellt. Diese Wand, von der wenigstens die hintere Strecke dem Pflugschaarbein angehört, breitet sich vorn unter den Nasenbeinen triangulär aus und verschmälert sich in der hinteren Hälfte unter dem Stirnbein; unten ist sie mit dem Zwischenkiefer, Oberkiefer und Gaumbeine verwachsen. Die Scheidewand ist selten so vollständig, wie an dem von mir untersuchten Schädel. An dem Schädel, den Brandt (p. 102. t. 22. f. 4) vom Wiloui beschreibt, war der hintere Theil dieser Wand nur unvollständig verknöchert.

Das hinter dem hinteren Nasenlochwinkel auftretende grosse Oberkieferloch liegt mit dem unteren Winkel ein wenig tiefer als der obere Rand des Zwischenkiefers und scheint der Gegend des vierten Backenzahnes zu entsprechen.

Die ganze Höhe des auf die Schnautze kommenden Theils des Schädels beträgt in der Gegend des ersten Backenzahns 0,196. Der Abfall nach vorn geschieht unter sanfter, gleichförmiger Wölbung. Zwischen den beiden Hornstühlen scheint eine schwache Einsenkung zu bestehen; der hintere Stuhl war nur wenig gewölbt; er ist besonders in der mittleren Gegend mit starken Rauhigkeiten, die denen des vorderen Stuhles gleichen, und mit Rinnen versehen, und war wenigstens so breit als der vordere. Da nur ein Theil von der linken Hälfte überliefert ist, so lässt sich über seine Form keine genauere Angabe machen. Von der Augenhöhle ist nichts erhalten.

Bei der grossen Rolle, welche die Zähne in der Palaeontologie spielen, sey es erlaubt, ehe wir in unseren Mittheilungen weitergehen, einen Blick auf die Backenzähne des Rhinoceros zu werfen. Selbst mit den gründlichen Untersuchen, die wir über dieselben Männern wie Pallas, Merck, Camper, Fischer, Cuvier, Kaup, Christol, Owen, Blainville und Brandt verdanken, will es nicht gelingen, sich ihrer mit Sicherheit zur Unterscheidung der fossilen Species zu bedienen. Es beruht sogar die Verwirrung, welche sich bei den fossilen Species von Rhinoceros im Verlaufe der Zeit eingeschlichen hat, theilweise wenigstens darauf, dass man auf Aehnlichkeiten in den Zähnen zu grossen Werth legte und Abweichungen für zu wichtig hielt. Die vielen fossilen Backenzähne, welche ich während einer Reihe von Jahren Gelegenheit fand, von Rhinoceros zu untersuchen, haben mich überzeugt, dass es fast unmöglich sey, eine Unterscheidung der Species allein nach den Backenzähnen vorzunehmen. Nur bei einer Species, dem Rh. tichorhinus, gelingt dies. Ueber die Zähne desselben stellt Brandt (p. 137. t. 11. 12. 12*) die genaueste Untersuchung an; er hebt dabei auch die Abweichungen von den Zähnen anderer Rhinoceroten hervor, jedoch weniger für die unteren als für die oberen Backenzähne. Doch auch von ihm wird ein ebenso bequemes als sicheres Unterscheidungszeichen, dessen ich mich schon lange mit grossem Vortheil bediene, übersehen. Auf dieses Kennzeichen habe ich öfter schon aufmerksam gemacht, und doch wird es kaum beachtet. Die Zähne des Rh. tichorhinus, sowohl die oberen wie die unteren, schnell und sicher von denen anderer Species unterscheiden zu können, ist schon deshalb wichtig, weil es vor dem öfter begangenen Irrthume bewahrt, diese rein diluviale Species in älteren Ablagerungen anzunehmen.

Rhinoceros tichorhinus unterscheidet sich von den übrigen Rhinoceros-Arten schon durch die dicke Lage von Cäment oder Rindensubstanz, welche seine Backenzähne umgiebt. Hierin gleichen sie den Zähnen von Hippopotamus, Equus, sowie überhaupt den Zähnen, welche ich prismatisch gebaut nenne. Dasselbe Merkmal, welches sich in Rhinoceros zur Unterscheidung von nur einer Species gebrauchen lässt, und dabei weniger trügt als andere Merkmale, erlaubt bisweilen auch, wie bei den Wiederkäuern und Nagern, eine ebenso bequeme Anwendung zur Unterscheidung ganzer Genera und selbst Familien. Nur im Jugendzustande sind die Zähne von Rh. tichorhinus mehr von Rindensubstanz frei und alsdann mit denen anderer Species leichter zu verwechseln. Zur Unterscheidung der fossilen Species von Rhinoceros nach den oberen Backenzähnen empfahl schon Cuvier, auf die Gegenwart oder den Mangel geschlossener Gruben zu achten, wobei er darauf hinwies, dass diese Gruben, napfförmige oder köcherförmige Vertiefungen auf der Kaufläche, den Rh. tichorhinus bezeichnen, und nur ausnahmsweise auch bei anderen Species vorkommen. Durch die Gruben auf der Kaufläche seiner Zähne gleicht Rh. tichorhinus unter den lebenden Species dem Rh. Indicus und Rh. simus, die sich dafür durch andere Abweichungen leicht unterscheiden lassen. Ausserdem besteht mit dem Rh. simus noch die Aehnlichkeit, dass die Basis des letzten oberen Backenzahns mehr rechtwinkelig ist, in Rh. Mercki und fast allen fossilen und lebenden Species mehr dreieckig; auch ist der letzte obere Backenzahn von Rh. tichorhinus daran zu erkennen, dass sein hinteres Ende sich nicht wie in den anderen Species zuschärft, sondern einen Eindruck oder eine Furche trägt, die ihm ein stumpfes Ansehen verleiht, was zwar auch in Rh. simus der Fall ist, einer Species, die nicht fossil vorkommt.

Die Theile, auf deren Unterscheidung es bei der Krone der mittleren oberen Backenzähne hauptsächlich ankommt, sind folgende: eine die ganze Aussenseite einnehmende Wand, Aussenwand, ein an der Innenseite mündendes, mehr oder weniger schräg nach innen und vorn ziehendes Querthal, welches zwei Querhügel, einen vordern und einen hintern, die ähnliche Richtung einhalten, trennt; in das Querthal ragt ungefähr in der Mitte der Zahnkrone, meist in der Richtung nach innen und vorn ein Sporn hinein, und am Ende des Thales können ebenfalls an dessen Wandung, kleinere Sporne oder Falten auftreten. Es ist ferner ein Vorder- und ein Hinteransatz an der Krone zu unterscheiden, dann noch eine hintere Bucht, welche sich entweder von hinten gerade, oder mehr oder weniger dem Querthale parallel auf eine kürzere Strecke in die Krone begiebt. Durch Abnutzung kann auf der Krone die hintere Bucht sich zu einer rundum von Schmelz umschlossenen Grube umgestalten, und auch der Sporn, dadurch dass er den inneren Theil des Querthales abtrennt, eine von Schmelz umgrenzte Grube veranlassen. Zwischen diesen beiden Gruben tritt nun in der äusseren Hälfte der Krone die Grube auf, welche dem Rh. tichorhinus und einem Paar lebenden Species eigen ist. Diese Grube, welche nur höchst selten in anderen Rhinoceroten wahrgenommen wird, ist schon in den Zähnen des jungen Rh. tichorhinus vorhanden, wenn diese auch noch nicht die vordere oder hintere Grube zeigen sollten. In den entwickelten Thieren von Rh. tichorhinus können daher auf der Kaufläche der obern Backenzähne, wie wir später sehen werden, drei solcher Gruben auftreten, die für die Species um so bezeichnender sind, wenn dabei der Krone die Bekleidung mit Rindensubstanz nicht fehlt.

Die mittleren unteren Backenzähne bestehen in Rhinoceros aussen aus einem vorderen und hinteren Halbmonde; diesen entsprechend, mündet nach innen eine mehr oder weniger schräge vordere und hintere Bucht, durch einen mittleren Hügel getrennt. An der Innenseite der Krone liegt ferner ein vorderer und ein hinterer Hügel, und es macht sich ausserdem noch ein vorderer und ein hinterer Ansatz bemerkbar. Die unteren Backenzähne von Rh. tichorhinus unterscheiden sich nun schon auf den ersten Blick ausser der Rindenbekleidung durch deutlichere Entwickelung des mittleren und des hinteren inneren Hügels, die auch von Einfluss auf die Form der Halbmonde ist. In einer verkleinerten Abbildung bei Cuvier (Oss. foss., t. 47. f. 11) ist der Charakter dieser Zähne sehr gut wiedergegeben. Cuvier ist aber gleichwohl der Ansicht, dass die unteren Backenzähne sich für eine Unterscheidung der Species nicht eignen.

Bei der Seltenheit vollständigerer Zahnreihen von Rhinoceros tichorhinus und den ungenügenden Abbildungen, welche von den Backenzähnen dieser Species bestehen, hielt ich es zur genaueren Vergleichung mit den Zähnen der anderen diluvialen Species nicht für überflüssig, einige neue Abbildungen zu geben, denen Reste aus den diluvialen Spalt- und Höhlen-Ausfüllungen im unteren Lahn-Thal zu Grunde liegen. Ueber den Gehalt dieser Ausfüllungen an Wirbelthieren habe ich im Jahrbuche für Mineralogie etc. (1844. S. 431; 1846. S. 513) eine ausführliche Uebersicht mitgetheilt, zu deren Aufstellung ich so gut wie alles benutzen konnte, was gefunden wurde. Diese diluvialen Ausfüllungen enthalten Reste von wenigstens 53 Species Wirbelthieren, unter denen die Pachydermen durch Rhinoceros, Elephas und Equus vertreten sind, Hippopotamus fehlt, und was ich von Rhinoceros untersucht habe, gehört nur Rh. tichorhinus an. Die Ueberreste von

Rhinoceros sind mit Equus und Hyäna am zahlreichsten. Ich habe 49 Backenzähne oder Kieferstücke mit Zähnen aus dem Oberkiefer und nicht weniger als 83 aus dem Unterkiefer von Thieren des verschiedensten Alters untersucht und darunter keinen einzigen Zahn gefunden, aus dem man auf eine von Rhinoceros tichorhinus verschiedene Species hätte schliessen können. Die Beschaffenheit der unteren Backenzähne lässt sich an einer in der Sammlung des Herrn Professors von Klipstein befindlichen linken Unterkiefer-Hälfte aus den Höhlen des Lahn-Thals, die ich Taf. XLII. Fig. 1 von aussen und Fig. 2 von der Kaufläche der Zähne abgebildet habe, besonders deutlich erkennen. Der erste Backenzahn, der in dieser Species frühzeitig verschwindet, fehlt, die sechs übrigen sind vollständig entwickelt und mehr oder weniger abgenutzt. Die vorderen Zähne sind Ersatzzähne.

2. Backenzahn	Länge	0,025	5. Backenzahn	Länge	0,045
	Breite	0,018		Breite	0,027
3. "	Länge	0,033	6. "	Länge	0,050
	Breite	0,021		Breite	0,028
4. "	Länge	0,037	7. "	Länge	0,048
	Breite	0,026		Breite	0,026

Der dem vorderen Halbmonde näher verbundene mittlere Hügel an der Innenseite ist stark entwickelt, sein längerer Durchmesser ist in den vorderen Zähnen mehr der Länge nach gerichtet, in den hinteren quer.

Der zweite Backenzahn besitzt kaum mehr einen vorderen Halbmond, wofür der Zahn sich nach vorn zuschärft und oben mit einer kurzen, stark abfallenden Kante, an der innen ein Grübchen liegt, endigt. Auch der hintere Halbmond ist gering, und der mittlere Hügel der Innenseite befindet sich mehr in der Mitte der Krone. Die Vertikal-Furche, welche an der Aussenseite die Grenze zwischen den beiden Halbmonden bezeichnet, ist zwar vorhanden, aber wenig deutlich. Den Vorderansatz scheint die Wulstkante zu vertreten, von einem Hinteransatz wird nichts bemerkt. Dieser zweite Backenzahn, von Rh. tichorhinus gleicht sehr einem zweiten Backenzahn, den Owen (Brit. foss. Mam., p. 363. f. 136) von Rh. Mercki von Clacton aufführt.

Auch dem dritten Backenzahne würde Vorder- und Hinteransatz fehlen. Der hintere der beiden Halbmonde ist deutlicher entwickelt als der vordere; beide sind zu einer gemeinschaftlichen Abnutzungsfläche verbunden. Die mittlere Spitze ist stark. Der vierte Zahn ist auf ähnliche Weise gebildet und abgenutzt wie der dritte. Man glaubt an ihm Andeutungen von einem unter der Rinde verborgenen Vorder- und Hinteransatze wahrzunehmen. In den folgenden Zähnen sind die beiden Halbmonde auf der Kaufläche noch getrennt. Im fünften Zahn ist der vordere Halbmond an der vorderen Ecke rechtwinkelig geformt. Vorn und hinten liegen deutliche, wiewohl schwache Ansätze. Im sechsten Zahn ist zwar der mittlere innere Hügel noch mit dem vorderen Halbmond verbunden, dabei aber selbstständiger entwickelt; ein schwacher Vorder- und Hinteransatz sind nicht zu verkennen.

Der siebente Zahn ist nur wenig abgenutzt; nicht allein der mittlere Hügel trägt eine besondere Abnutzungsfläche, sondern es werden auch Andeutungen von einem hinteren Hügel erkannt. Der hintere Halbmond ist merklich niedriger als der vordere. Vorn scheint ein schwacher Vorderansatz zu liegen; ein Hinteransatz war nicht zu unterscheiden, er müsste denn an der im Kiefer verborgenen Basis des Zahnes sich vorfinden. Die Reihe dieser sechs Zähne nimmt 0,236 Länge ein.

Den Schmelz bedeckt eine theilweise abgesprungene Kruste Rindensubstanz oder Cäment von auffallender Stärke, die sich auf einen feinen Basalwulst der Schmelzkrone stützt. Der Schmelz ist mehr weiss, die Knochensubstanz auf der Abnutzungsfläche grau, die Rindensubstanz ebenfalls grau.

Der Kieferknochen ist vorn, hinten und unter den Wurzeln weggebrochen. In der hinteren Gegend der Zahnreihe misst er von aussen nach innen 0,049. Der letzte Zahn besass mit den Wurzeln 0,086 Höhe.

Diese Zähne von Rhinoceros tichorhinus sind merklich kleiner als die zu Mosbach, Wörth, Leinersheim und Daxland von Rhinoceros Mercki gefundenen, denen die Rinde von Cäment fehlt, und die auch einfacher aussehen, was insbesondere für den letzten Backenzahn gilt.

Taf. XLII habe ich ebenfalls aus der Klipstein'schen Sammlung Fig. 3 von aussen und Fig. 4 von der Kaufläche ein Bruchstück von einer rechten Unterkiefer-Hälfte eines jungen Thieres abgebildet. An den beiden überlieferten Zähnen findet sich nirgends eine deutliche Bekleidung mit Rindensubstanz, wohl aber an der Basis der Krone ein feines Wülstchen aus Schmelz, das, wie es scheint, der später sich absetzenden Rindensubstanz als Stütze dienen sollte. Die Krone des ersten vorhandenen Zahnes misst 0,027 Länge und 0,016 Breite. Die beiden Halbmonde lassen deutliche Unterscheidung zu; an der Aussenseite ist ihre gegenseitige Grenze durch eine Vertikal-Furche angedeutet. Vorn liegt in einer gewissen Höhe über der Basis ein unmerklicher Ansatz und darüber eine stumpfe aufwärts gehende Kante, der mittlere Hügel an der Innenseite ist flach oder breit von vorn nach hinten und mit dem hintersten Ende des vorderen Halbmondes verbunden. Von einem deutlich ausgebildeten Hinteransatz wird nichts wahrgenommen. Die Krone des dahinter folgenden Zahnes ist 0,036 lang und 0,02 breit; an ihr sind die einzelnen Theile noch deutlicher entwickelt. Die Grenze zwischen den beiden Halbmonden besteht an der Aussenseite in einer Vertikal-Furche, es ist ein Hinteransatz vorhanden, und der mittlere und hintere Hügel an der Innenseite entwickelt. Vor diesen Zähnen lag eine Alveole und hinter ihnen folgte eine grössere. Unter den ersten der vorhandenen Zähne, mehr dessen vorderen Wurzel entsprechend, liegt in der oberen Hälfte der Kieferhöhle die Mündung eines Gefässganges, die zahlreichen feinen Oeffnungen in der Nähe des Alveolar-Randes verrathen ebenfalls Ernährungsgefässe. Unter dem dahinter folgenden Zahn besitzt der Kiefer 0,04 Höhe bei 0,035 Breite.

Zwischen den beiden Thieren, von denen diese Unterkiefer-Hälften herrühren, stand im Alter ein anderes, von dem auch eine linke Unterkiefer-Hälfte vorliegt, der ich glaube gedenken zu sollen, weil sie über die Zeit des Auftretens der Backenzähne einigen Aufschluss giebt. Das Thier stand im Alter des Zahnwechsels, der zweite bis sechste Backenzahn waren vorhanden, der zweite und dritte Milchzahn ausgefallen; der zweite Ersatzzahn fing an aus seiner Zelle herauszusehen; etwas tiefer im Kiefer verborgen liegt der Ersatzzahn des dritten Zahnes; der vierte war im Begriff, von seinem Nachfolger ausgestossen zu werden; der fünfte, dem Wechsel nicht unterworfene Zahn war mit der Krone noch nicht völlig aus dem Kiefer herausgetreten, und doch hatte schon die Abnutzung an den Kanten seiner Halbmonde begonnen, und die Wurzel ziemliche Länge erreicht. Der sechste Backenzahn erschien gerade am Rande der Alveole; sein Auftreten ist ungefähr gleichzeitig mit dem des Ersatzzahns des dritten Backenzahns, und der Ersatzzahn des zweiten scheint später als die Zeit zu fallen, in welcher der fünfte Zahn anfängt durch Kauen abgenutzt zu werden. Vor dem zweiten und hinter dem sechsten Backenzahn ist der Kiefer weggebrochen.

Die noch unberührte Krone des zweiten Ersatzzahnes misst von vorn nach hinten 0,025, von aussen nach innen 0,018 bei 0,033 Höhe. Der vordere Halbmond ist durch eine schwache Furche an der Innenseite angedeutet, und die Grenze an der Aussenseite zwischen beiden Halbmonden durch eine mehr auf die obere Hälfte beschränkte schwache Furche. Der hintere Halbmond wird von der zugespitzten vorderen Kronenhälfte überragt; der mittlere Hügel an der Innenseite ist in der oberen Hälfte hinterwärts kammartig ausgedehnt. Ein Vorderansatz ist nicht vorhanden, der Hinteransatz gering und mehr in die Krone versenkt.

Von dem Ersatzzahn des dritten Backenzahnes lässt sich kaum etwas anführen, er liegt noch tief im Kiefer; die Kanten seiner Halbmonde sind deutlicher gezäunt als die des zweiten Zahnes. Der vordere Halbmond erhebt sich etwas mehr als der hintere, dessen Kante hinterwärts abfällt.

Vom fragmentarischen vierten Backenzahn lässt sich nur anführen, dass er in der hinteren Hälfte von aussen nach innen 0,023 misst. Man erkennt an ihm deutlich seine Bekleidung mit Rindensubstanz.

Der fünfte Backenzahn misst von vorn nach hinten oben, wo der hintere Halbmond stark hinterwärts sich ausdehnt, 0,05, über der Wurzel nur 0,036. Vorder- und Hinteransatz bestehen in schwachen Wülsten. Die vordere äussere Kante stellt einen deutlichen Wulst dar.

Der sechste Backenzahn misst von vorn nach hinten oben 0,05, über der Wurzel 0,042 bei 0,054 grösster Kronenhöhe. Er gleicht dem davor sitzenden Zahn. Der Gipfel des vorderen Halbmondes ist von dem mittleren Hügel der Innenseite durch einen deutlichen Einschnitt getrennt. Die Spitze dieses Hügels ist schwach hinterwärts gebogen, und alle Spitzen und Kanten der Krone sind breit gesäumt.

Die Decke von Rindensubstanz ist auf allen Zähnen vorhanden, nur bei den jungen Zähnen schwächer, als bei den völlig entwickelten.

Zwischen dem vierten und fünften Zahn betrug die Höhe des Kiefers nicht unter 0,087 bei 0,051 Dicke. Der untere Kieferrand erhebt sich mit starker Biegung gegen den zweiten Backenzahn. Knochen und Zähne sind schmutzig gelb, ersterer mürbe.

Das Taf. XLII. Fig. 5 von der Kaufläche der Zähne abgebildete Bruchstück aus der linken Oberkiefer-Hälfte eines jungen Thieres der Klipstein'schen Sammlung ist dasselbe Stück, durch dessen Aehnlichkeit mit dem unter Rhinoceros Lunellensis Gerv. aus der Höhle von Lunel-Viel in Frankreich begriffenen Versteinerung ich mich veranlasst sah, letztere Species wieder aufzuheben und für die Jugend von Rh. tichorhinus zu erklären (S. 242). Die Länge des von den drei vorhandenen Backenzähnen eingenommenen Raumes misst 0,087. Der erste der überlieferten Zähne, wohl der zweite der Reihe, ist dreiwurzelig und in den einzelnen Theilen dem folgenden sehr ähnlich. Für die Länge der Krone an der Aussenwand erhält man 0,0245 bei 0,021 Breite. Die Krone verschmälert sich nach vorn nur wenig, aussen ist sie mehr gerade, sonst gerundet. Der vordere Querhügel besteht aus einem flachen Hügel, vor welchem weiter vorn an der Innenseite ein eckiger Wulst liegt; dabei läuft das Querthal mehr der Länge nach. Hinten liegt ein kurzer Querhügel. In der gemeinschaftlichen Kaufläche, welche dieser Hügel mit der Aussenwand bildet, erkennt man schon bei diesem Zahn sehr deutlich die mittlere Grube, welche Rh. tichorhinus von Rh. Mercki unterscheidet, und in der Grube befindet sich ein kleines Schmelzwülstchen. Die hintere Bucht ist vorhanden.

Der mittlere Zahn ergiebt an der Aussenseite 0,028 Länge bei 0,03 Breite. Dieser und der folgende Zahn entsprechen noch mehr dem Typus in Rh. tichorhinus. Ein Vorderansatz ist angedeutet, der Hinteransatz fehlt. Auf dem Hinterrande der hinteren Bucht sass ein durch Abnutzung entferntes Spitzchen. In das Querthal ragte ein deutlicher Sporn hinein.

Die Länge des folgenden Zahnes beträgt aussen 0,042 bei 0,038 Breite in der vorderen und 0,035 in der hinteren Hälfte. Der Vorderansatz wird deutlich erkannt, ein Hinteransatz fehlt auch hier. Auf dem Hinterrande der hinteren Bucht sitzt noch das kurze Spitzchen, welches an dem Zahne davor durch Abnutzung entfernt ist. Vor dem Querthal bemerkt man ein noch schwächer als im Zahne davor angedeutetes Hübelchen, im Thale selbst einen Sporn, doch auch nur angedeutet. Die mittlere Grube fehlt, wie gesagt, nicht. Nur dieser letzte der drei Zähne war mit Rinde bedeckt, aber nicht sonderlich stark; an den Zähnen davor erkennt man hie und da an der Basis der Krone eine überaus schwache Andeutung von dieser Rinde.

Im Gegensatze zu diesen Zähnen eines jungen Thieres habe ich Taf. XLII. Fig. 6 von der Kaufläche einen mittleren rechten oberen Backenzahn abgebildet, der von einem alten Thiere herrührt. Fast rundum ist der Schmelz durch Abnutzung entfernt. Die Krone maass von vorn nach hinten wenigstens 0,046, von aussen nach innen 0,055. In der Kaufläche liegen drei Gruben, zwei in der äusseren hinteren und eine grössere in der inneren vorderen Hälfte; letztere ist das durch die tiefe Abnutzung der Krone innen geschlossene Querthal, von den beiden anderen Gruben ist die äussere diejenige, welche die Species bezeichnen hilft, durch die tiefe Abnutzung des Zahnes ist sie nur geringer geworden; die hintere Bucht hat sich durch Abnutzung geschlossen, und stellt jetzt ebenfalls eine Grube dar. In diesen Gruben liegt Cäment.

Als weiterer Beitrag zu den bei den oberen Backenzähnen auftretenden Formverschiedenheiten habe ich Taf. XLII. Fig. 7 die Kaufläche eines aus dem Rhein-Diluvium bei Geisenheim herrührenden, mittleren rechten Backenzahnes abgebildet. Die Ecken sind mit Ausnahme der gerundeten hinteren äusseren weggebrochen. Durch Abnutzung ist die hintere Bucht zu einer spitz birnförmigen Grube umgeschaffen; die eigentliche Grube zeichnet sich durch Grösse aus, und das Querthal ist auf seine innere Hälfte beschränkt, die äussere wurde bei tieferer Abnutzung des Spornes zu einer fast kreisrunden vorderen Grube abgetrennt, woraus sich die Gegenwart von drei Gruben in der äusseren Hälfte der Krone erklärt. Vor der engen Mündung des Querthales liegt ein Wülstchen. Der Schmelz in der grösseren mittleren Grube ist uneben. Von der 0,001 dicken Rinden-Substanz findet sich nur noch im Querthal und in der von der hinteren Bucht gebildeten Grube noch etwas vor. An der Aussenseite der Krone bemerkt man zwar nichts von Rindensubstanz; die Rauhigkeiten des Schmelzes verrathen aber, dass der Zahn zum Festhalten einer Rinde geeignet war, mit der die Wurzel noch grossentheils überzogen ist. Diese Rinde unterscheidet sich durch ihr weisses calcinirtes Aussehen. An der äusseren hinteren Ecke liegt ein nur auf sie beschränkter Basalwulst. Von den Ansätzen wird nichts wahrgenommen. Die Krone misst 0,05 Länge und war wenigstens 0,061 breit. Der Schmelz ist aussen bräunlich gelb, innen weiss, die Knochensubstanz braun. Vom Gebilde lässt sich nichts mehr erkennen. Der Zahn gehört der Sammlung der Rheinisch-naturforschenden Gesellschaft zu Mainz an.

Rhinoceros Mercki.
Von Daxland.

Eine wahre Zierde des Grossherzoglichen Naturalienkabinets in Carlsruhe bildet unstreitig der im Jahr 1807 bei Daxland, eine Stunde von Carlsruhe, im Diluvium gefundene vollständige Rhinoceros-Schädel. Er wurde so lange für Rhinoceros tichorhinus ausgegeben, bis ich im Mai 1842 diese Sammlung kennen lernte, und schon aus dem Profil des Schädels, aus der Beschaffenheit seiner Backenzähne und aus der nicht auf

Verletzung beruhenden Kürze der knöchernen Scheidewand in der Nase die Gewissheit schöpfte, dass er nicht dieser, sondern einer zweiten diluvialen Species von Rhinoceros angehört. Alex. Braun, damals Director der genannten Sammlung, sandte mir dieses Prachtstück zur Untersuchung nach Frankfurt. Auf Taf. XXXV habe ich den Schädel von der linken Seite, Taf. XXXVI von unten, Taf. XXXVII von oben, Taf. XXXVIII. Fig. 4 von vorn und Taf. XXXIX. Fig. 2 von hinten in halber natürlicher Grösse abgebildet.

Von dem zur Aufnahme der Wirbelsäule bestimmten Hinterhauptsfortsatze, der in dieser Species am weitesten zurückführt, bis zu dem vordersten, von dem Nasenbeine gebildeten Ende erhält man in der geraden Mittellinie 0,691 oder fast 2 Fuss 2 Zoll Par. als grösste Länge, die grösste Höhe bis zum oberen Ende des Randes des Hinterhauptes misst mit den Zähnen 0,315, die Höhe der Schnautze in der ungefähren Mitte der Länge des Nasenlochs 0,067, die Länge vom vorderen Ende bis zum hinteren Nasenlochwinkel 0,226, die Entfernung von diesem Ende bis zu dem vorderen Augenhöhlenwinkel 0,33, wonach sich die Entfernung des Nasenlochs von der Augenhöhle auf 0,104 herausstellt.

Der Schädel ist genau noch einmal so lang als breit, und seine Höhe verhält sich ohne die Zähne in der Hinterhauptsgegend oder, was dasselbe, in der der Mitte des auf die Stirne kommenden Hornstuhles entsprechenden Gegend zur Gesammtbreite ungefähr wie 2:3 und zur Länge wie 1:3. Die Reihe der sechs grossen Backenzähne ist gerade so lang als der Schädel in der der Mitte dieser Reihe entsprechenden Gegend breit. Das vordere Längendrittel des Schädels erstreckt sich bis zum hinteren Nasenlochwinkel, der der hinteren Gegend des dritten Backenzahns der vollständigen Reihe (hier bei Abwesenheit des ersten Zahnes, dem zweiten) entspricht, der vordere Augenhöhlenwinkel der Gegend zwischen dem vorvorletzten und vorletzten Zahn; letzterer Winkel greift noch etwas in die vordere Schädelhälfte ein; die Mitte der Gegend zur Aufnahme des Hornes auf der Stirne liegt unmerklich weiter vorn. Das Thier war auch auf dem Nasenbein mit einem Horne versehen und daher zweihörnig.

Bei der Schwierigkeit, die einzelnen Rhinoceros-Arten nach der Beschaffenheit ihrer Backenzähne zu unterscheiden, und der mangelhaften Kenntniss über die Grenzen, in denen die Abweichungen der Zähne verschiedener Individuen, der Zähne männlicher und weiblicher Thiere, der Zähne von Thieren verschiedenen Alters, sowie der Zähne der beiden Seiten eines und desselben Individuums liegen, ist es erfreulich, beide Zahnreihen so trefflich und vollständig überliefert zu sehen, wie an vorliegendem fossilen Rhinoceros-Schädel. Dabei rührt der Schädel von einem völlig entwickelten, im kräftigsten Alter stehenden Thiere her. Nur der durch Kleinheit ausgezeichnete erste Backenzahn ist auch hier nicht mehr vorhanden. Bei seinem frühzeitigen Ausfallen macht sich selbst die Stelle, wo er gesessen, auf keinerlei Weise bemerkbar. Man erhält für den

			rechts	links					rechts	links
2.	Backenzahn	Länge	0,036	0,034	5.	Backenzahn	Länge	—	0,056
		Breite	0,043	0,041			Breite	0,065	0,063
3.	„	Länge	0,040	0,042	6.	„	Länge	0,064	0,064
		Breite	0,057	0,056			Breite	0,064	0,064
4.	„	Länge	0,043	0,045	7.	„	Länge	0,056	0,058
		Breite	0,058	0,060			Breite	0,059	0,057

Die zwischen den gleichnamigen Backenzähnen beider Reihen sich herausstellenden Abweichungen in Grösse sind bisweilen der Art, dass es nur noch geringer anderer Abweichungen bedarf, um sich, würden die Zähne vereinzelt gefunden, zur Annahme verschiedener Species verleitet zu sehen. Die Länge ist für die längste Gegend, der Gegend der Aussenwand der Krone, zu verstehen. Am fünften rechten Zahn ist diese Wand beschädigt, ihre Länge daher auch nicht genau zu nehmen. Gleicherweise ist unter der Breite die grösste Breite der Krone gemeint. Die Reihe der sechs Backenzähne nimmt an der linken Seite 0,258 Länge ein, an der rechten kaum mehr. Der sechste Zahn ist der grösste und noch am genauesten quadratisch geformt, Länge und Breite sind bei ihm gleich, im rechten wie im linken; die übrigen Zähne sind breiter als lang.

Sämmtliche Zähne, selbst der letzte, sind stark abgekaut, die rechten gewöhnlich stärker als die linken, so dass, fänden sich die Zähne vereinzelt, man versucht seyn würde, sie wenigstens zweien verschiedenen Individuen beizulegen.

Die Beschaffenheit der Zähne ist von Rhinoceros tichorhinus auffallend verschieden; es fehlt nicht nur die starke Umhüllung des Schmelzes von Rindensubstanz, sondern auch die Grube, welche besagte Species, abgesehen von der Grube, die bei weiter vorgeschrittener Abnutzung des Zahns aus der hinteren Bucht entsteht, auf der äusseren Hälfte der Krone wahrnehmen lässt, zu der sich bisweilen noch eine weitere vorn liegende Grube gesellt. Die Krone der Zähne in vorliegendem Schädel besteht aus der Aussenwand, aus den beiden etwas schräg nach hinten gerichteten Querhügeln der inneren Hälfte und aus der hinteren Bucht, und die Theile der Krone, sind überhaupt so angeordnet, dass selbst die stärkste Abnutzung auf der Kaufläche nur zwei von Schmelz eingefasste Gruben, von denen die eine dem Querthal, die andere der hinteren Bucht angehört, veranlasst.

Der zweite Backenzahn (Taf. XXXVI) ist so weit abgenutzt, dass er sich als eine mit Schmelz eingefasste Kaufläche darstellt, auf welcher nur die beiden Gruben erscheinen. Eine schwache Falte an der vordern Ecke verräth den Voderansatz, der an den folgenden Zähnen deutlicher wahrgenommen wird. Etwa mit Ausnahme des letzten Zahnes beschränkte sich dieser Ansatz nur auf die innere Hälfte der Vorderseite der Krone. An der Innenseite bemerkt man vor der Mündung des Querthales, deutlicher am linken Zahn, eine geringe wulstige Stelle, welche in anderen Species bisweilen als deutlich entwickelter Basalwulst auftritt. Die Unregelmässigkeiten in der Grube rühren hauptsächlich von spornartigen Theilen und Falten her, welche von aussen und hinten in das Querthal hineinragen. In den hinteren Zähnen werden diese Theile, zumal die von der Hinterseite ausgehenden, auffallend grösser.

Der dritte Backenzahn bietet in Folge von Abnutzung auch nur eine mit den beiden Gruben versehene Kaufläche dar. Im linken Zahn sind die beiden Querhügel an der Innenseite zwar nicht mehr getrennt, doch auch nicht zu einer gemeinschaftlichen Kaufläche vereinigt, da jeder derselben noch mit Schmelz umgeben erscheint. Der Vorderansatz ist zumal an dem linken Zahne deutlich, und an dem hinteren Querhügel bemerkt man innen einen schwachen, schräg nach unten und vorn ziehenden Wulst. Die Mündung des Querthals ist wulstfrei.

Die in Rhinoceros zwischen dem dritten und vierten Backenzahne bestehende Aehnlichkeit giebt sich auch hier deutlich an den Zähnen der rechten Seite zu erkennen. Der vierte Zahn ist wie der ihm vorsitzende so weit abgenutzt, dass auf der Kaufläche nur die beiden schmelzbegrenzten Gruben erscheinen; am vierten linken sind die beiden Querhügel noch getrennt, an der Thalmündung liegt ein kleines Wärzchen, und der Wulst des hinteren Querhügels ist bei diesem Zahn deutlicher entwickelt und an der der Mündung des Querthals entsprechenden Stelle geperlt. Der Vorderansatz wird an der inneren Ecke erkannt, und die hintere Bucht durch ein schmelzbegrenztes Grübchen auf der Kaufläche vertreten. Am linken Zahn stellt sich der von hinten in das Querthal hineinragende Sporn als ein kleiner Doppelsporn dar, zu welcher Bildung auch der an sich schon kleinere äussere Sporn hinneigt.

Der fünfte Backenzahn besitzt das hintere Grübchen; in beiden Zähnen sind die Querhügel durch das Querthal getrennt. Der in der Richtung von aussen in das Querthal ragende Sporn ist kaum angedeutet, wofür der hintere sich um so breiter und dabei weniger einfach darstellt. Gerade an der Ausmündungsstelle des Querthals liegt ein Wärzchen, und weiter innen ist der vordere Querhügel mit einem Wülstchen verbunden, was auf der Abnutzungsfläche eine kleine Falte veranlasst. Auch der hintere Querhügel zeigt sich mit einem Wülstchen verbunden, doch weniger deutlich. Der Vorderansatz ist auf die bereits angegebene Weise vorhanden, und an der inneren Ecke der hinteren Bucht des linken Zahnes bemerkt man einen schwachen Einschnitt, den Hinteransatz andeutend.

Im sechsten Backenzahn ist nun auch die hintere mit Schmelz umgebene Grube nicht mehr vorhanden, indem die hintere Bucht deutlich nach innen mündet, den Hinteransatz vertretend. Die beiden Querhügel sind tief und breit getrennt. Die Querhügel und das Querthal sind im linken Zahn frei von allen Unebenheiten, im rechten liegt nur in der Thalmündung ein Hübel, der nicht beträchtlich ist. Von den beiden ins Querthal ragenden Spornen ist der hintere besonders deutlich. Der Vorderansatz gleicht dem in den anderen Zähnen.

Auch dem letzten Backenzahn, so eigenthümlich er aussieht, liegt der Typus der vorhergehenden Zähne zu Grund, an denen man sich nur die äussere hintere Ecke wegzudenken braucht, um seine Gestalt zu erhalten. Innen fällt ein vor der Thalmündung liegender Theil auf, der nicht als eine vom hinteren Querhügel abgetrennte, verkümmerte Spitze gedeutet werden darf. Er ist vorn und hinten von den Querhügeln geschieden. Im rechten Zahne besteht dieser Theil aus drei verbundenen Hübeln, von denen der mittlere der stärkere, der vordere der kleinere ist. Am linken Zahn fehlt der letzte von diesen drei Hübeln. Der grössere Hübel zeigt in beiden Zähnen Abnutzung. Beide Sporne sind wie in dem vorsitzenden Zahne deutlich entwickelt. Der Vorderansatz ist deutlicher ausgeprägt, als in den anderen Zähnen, und zieht sich über den grössten Theil der Vorderseite. Der Hinteransatz besteht in zwei neben einander liegenden, undeutlich spitzenartig ausgebildeten Theilen, von denen der äussere grössere Neigung verräth, an der Aussenwand sich hinzuziehen.

Die gegenseitige Entfernung der beiden Zahnreihen beträgt am zweiten Zahn 0,063, an der vorderen Hälfte des sich hinterwärts ausspitzenden letzten Zahnes 0,103, welches die grösste Entfernung ist.

Die Zahnreihe wie sie vorliegt, also ohne den nicht überlieferten ersten, kleinern Backenzahn, beginnt mit dem hinteren Viertel der Länge des Nasenloches und endigt ungefähr mit dem ersten Drittel der aussen von dem Jochbogen begrenzten Schläfengrube, die sich vorn in die Augenhöhle öffnet. Der vordere Winkel der Augenhöhle entspricht der Gegend zwischen dem vorletzten und vorvorletzten Backenzahn. Der Winkel der dem Gaumenbein angehörenden hinteren Gaumenöffnung ist zwar beschädigt, doch lässt sich so viel erkennen, dass er sich nicht weiter als in die der hinteren Hälfte des vorletzten Backenzahnes entsprechenden Gegend nach vorn erstreckte. Die Breite der ganzen Oeffnung misst 0,066.

Vor den Backenzähnen verschmälert sich der Schädel unter allmählicher Zuspitzung auf 0,070. Die beschädigte Zwischenkiefer-Oeffnung, welche auf den Zwischenkiefer und Oberkiefer gekommen seyn wird, war längsoval und wie es scheint einfach. Eine knöcherne Wand verband unter Trennung der Nasenlöcher die Nasenbeine mit den Zwischenkieferknochen, wobei sie sich an der Unterseite der Nasenknochen nach aussen verbreiterte, wohl aus keinem anderen Grund als um den Nasenknochen, auf denen ein Horn ruhte, eine kräftigere Stütze zu bieten. Gegen die Mitte ihrer Höhe wird diese knöcherne Wand am dünnsten, ergiebt aber gleichwohl noch 0,01 Dicke. Sie ist vollständig überliefert und hielt daher nur das vordere Drittel der beiden Nasenlöcher getrennt, was nicht von der Jugend des Thieres herrühren kann, welches, wie wir gesehen haben, völlig entwickelt war. Hinten ist die Knochenwand von oben nach unten flach concav ausgeschnitten, wobei sie in der oberen Hälfte von vorn nach hinten etwas mehr ergiebt, als in der unteren.

Das vordere Ende der Schnautze ist schräg nach unten und hinten abgestumpft, was dem Profil (Taf. XXXV) einen eigenen Ausdruck verleiht. In dem unteren Ende (Taf. XXXVIII. Fig. 4, Ansicht von vorn) bemerkt man vorn in der Mitte eine grössere und etwas höher zu beiden Seiten zwei kleinere Mündungen von Gefässgängen. Die Breite des oberen Endes wird fast ganz von einer Grube eingenommen, zu der sich vorn die knöcherne Scheidewand der Nasenlöcher ausdehnt: diese Grube ist gleichschenkelig dreieckig, 0,02 hoch und 0,036 breit, mit abwärts gerichtetem stumpfwinkeligem Scheitel. Neben den beiden Schenkeln bemerkt man eine spitz ovale Grube von 0,012 Höhe und 0,004 Breite. An der oberen Seite der grösseren Grube des Schnautzendes liegen ein Paar durch einen breiten Einschnitt getrennte, kurze, stumpfe Fortsätze, welche bei der abwärts gehenden Richtung der Schnautze etwas weiter vorstehen, als dessen Ende.

Ich habe an dem Schädel nichts wahrgenommen, was zur Vermuthung führen könnte, dass er mit Schneidezähnen versehen gewesen wäre. Man glaubt zwar in der ungefähren Mitte der vor den Backenzähnen liegenden Strecke am linken Rand eine schwache schmale Grube angedeutet, deren Beschaffenheit jedoch der Art ist, dass sie unmöglich eine im Verwachsen begriffene Alveole eines kleinen Schneidezähnchens darstellen kann. Im ausgewachsenen Zustand besass daher diese Species sicherlich keine obere Schneidezähne.

Für die mittlere Höhe der Gegend zwischen Oberkiefer und Zwischenkiefer lässt sich 0,042 annehmen. Die obere Grenzlinie des Schädels verläuft im Ganzen mehr horizontal, wobei das vordere Ende fast eben so stark abfällt als das hintere zum Hinterhauptskamm ansteigt.

Das Thier war mit zwei Hörnern versehen. Der Stuhl oder die Gegend, wo auf dem Stirnbein das hintere Horn sass (Taf. XXXVII), fällt noch grösstentheils in die vordere Schädelhälfte, besitzt nur schwache Erhebung und ist von ungefähr gleicher Länge und Breite, für die sich 0,17 annehmen lässt. Diese Fläche rundet sich mehr nach vorn zu, hinten ist sie mehr stumpfwinkelig oder fast gerade; die vordere Hälfte ist die rauhere, und ihre Unebenheiten bestehen mehr in radialen unregelmässigen Rinnen und Wülsten als in Hübeln oder Knöpfchen, und lassen sich kaum mit den weit rauher und krauser sich darstellenden Unebenheiten des Stuhles vergleichen, worauf das vordere Horn auf den Nasenbeinen stand. Beide Hornstühle werden deutlich durch eine 0,04 lange glatte Strecke getrennt. Die Gegend des hinteren Hornes entspricht der Gegend zwischen Augenhöhle und Nasenloch, der grössten von der Stirn eingenommenen Breite, für die man 0,225 erhält, für die ganze Schädelbreite an derselben Stelle 0,302. Die weniger feste Wölbung, auf der das vordere Horn angebracht war, wird von den Nasenbeinen gebildet, welche die Form des Stuhls bedingen, für den man 0,188 Länge und 0,149 in die hintere Hälfte fallende Breite erhält. Hinten bildet diese Fläche in der Mitte einen einspringenden und zu beiden Seiten einen ausspringenden Winkel; die hintere

Hälfte läuft noch mit der obern Grenzlinie des Schädels horizontal, die vordere fällt stark nach vorn ab. Der Stuhl gleicht einer krausen Haube, welche die Nasenbeine bis zu ihrem vorderen Ende bedeckt. Nach hinten und von den hinteren Ecken gegen die Mitte verlaufen unter Schwächerwerden Gefässrinnen, die an einigen Stellen tief einschneiden. Die Rauhigkeiten bestehen in Wülsten und Hübeln, welche in der vordern Hälfte der Fläche sich unregelmässig knopfförmig, in der hintern glatter darstellen; ich habe versucht sie in der Abbildung genau wiederzugeben.

Das grosse Gefäss-loch im Oberkiefer befindet sich an dem hinteren Nasenlochwinkel über dem dritten Backenzahn, dem zweiten vorhandenen. Die äussere Randbegrenzung dieser Mündung ist mit einem spitzen, etwas nach innen gebogenen Fortsatz versehen.

Der Jochbogen besitzt 0,067 mittlere Höhe und 0,021 Dicke. Er verleiht dem Schädel die grösste Breite, welche in die Gegend fällt, wo das Schläfenbein Antheil an der Bildung des Jochbogens nimmt. Diese Breite misst 0,347.

Die von dem Stirnbein und Scheitelbein gebildete Fläche zwischen den Schläfengruben verschmälert sich allmählich hinterwärts, und nachdem sie ihre geringste, auf das Scheitelbein kommende Breite von 0,065 erreicht hat, verbreitert sie sich wieder allmählich bis zu dem Hinterhauptkamm, der Hinterhauptsfläche oben 0,137 Breite verleihend.

Die Hinterhauptsfläche Taf. XXXIX. Fig. 2 ist nach vorn geneigt, weshalb auch die Gelenkfortsätze zur Aufnahme der Wirbelsäule hinten über sie hinaus stehen. Die Breite der Hinterhauptsfläche beträgt an dem Gehörgang 0,258, und die Höhe mit den Hinterhauptsfortsätzen 0,215; die Breite an dem oberen Ende wurde bereits angegeben. Das Rückenmarksloch ist 0,039 hoch und 0,054 breit, es ist quer oval, dabei unten etwas gerader begrenzt als oben. Die beiden Gelenkfortsätze liegen 0,045 von einander entfernt und nehmen zusammen einen Raum von 0,145 Breite ein. Auf der Hinterhauptsfläche ziehen von den oberen Ecken zwei schwache Kiele nach dem Rückenmarksloche.

Bei dem ausgewachsenen Zustand des Thiers ist von den Nähten wenig mehr sichtbar. Am deutlichsten erkennt man die Naht zwischen Jochbein und Jochbogenfortsatz des Schläfenbeins; auch die Naht zwischen Stirnbein und Scheitelbein lässt sich aussen verfolgen, und auf der Hinterhauptsfläche finden sich Andeutungen von Nähten vor. Auffallende Abweichungen von dem schon durch Camper nachgewiesenen Verlaufe der Nähte bei den Rhinoceroten habe ich an dem fossilen Schädel nicht bemerkt. Erwünscht wäre es gewesen, wenn sich die Grenze zwischen Oberkiefer und Zwischenkiefer hätte deutlicher verfolgen lassen; die Gegend, in die sie fällt, ist gerade am meisten beschädigt.

Der Schädel ist von brauner Farbe, die Knochen-Substanz fest, ohne vollständig versteinert zu seyn. Der hie und da in den Höhlungen vorhandene Diluvial-Kies gehört nicht zu dem gröberen. Die von mir gereinigten Gruben und Löcher waren mit ähnlichem Kies angefüllt, der mehr mit graulichem Thon untermengt war. Aus dem Löss stammt der Schädel sicherlich nicht.

Zunächst wird es sich darum handeln zu zeigen, dass dieser Schädel der Sammlung zu Carlsruhe derselben Species angehört, von der die bei Kirchberg und zu Clacton gefundenen Reste herrühren. Ich beginne dabei am besten mit dem letzten obern Backenzahn. Die Aehnlichkeit dieses Zahnes im Schädel zu Carlsruhe mit einem letzten oberen Backenzahn aus der Sandgrube bei Kirchberg ist so gross, dass man schon daraus auf die Identität der Species zu schliessen berechtigt wäre. Letzterer Zahn ist einer von denen, welche Jäger (S. 179. t. 16. f. 32) anfangs unter Rhinoceros Kirchbergense begriff und später Rh. Mercki nannte. An dem Zahne von Kirchberg scheint der vor der inneren Thalmündung liegende Zapfen eher noch einfacher gebildet als an dem linken Zahn des Schädels zu Carlsruhe, indem er nur in einer einfachen konischen Spitze besteht. Wenn auch das Auftreten eines solchen Theiles an der Zahnkrone hier für die Species bezeichnend ist, so ist dies doch nicht immer der Fall. Gerade in Rhinoceros zeigen bisweilen die Backenzähne einer und derselben Species hierin auffallende Abweichungen. Ich will nur an einen obern Backenzahn erinnern, den ich aus der Tertiär-Ablagerung von Georgensgmünd untersucht habe (Die fossilen Knochen und Zähne von Georgensgmünd in Bayern, 1834. S. 76. t. 5. f. 44), und bei dem, ungeachtet er ein mittlerer ist, vor der Mündung des Querthals ein konischer Zapfen von so auffallender Grösse liegt, dass man kaum glauben sollte, dass der Zahn von derselben Species herrührte, wie die mit ihm gefundenen Rhinoceros-Zähne. Eher würde man ihn der Species, die uns beschäftigt, beizulegen versucht seyn, was jedoch schon aus dem Grunde nicht zulässig wäre, weil letztere Species in einer viel späteren geologischen Zeit auftritt. Aber auch die übrigen Zähne von Kirchberg gleichen so vollkommen denen im Schädel zu Carlsruhe, namentlich ein oberer Backenzahn (t. 16. f. 31), der dem vorletzten linken in Grösse und Beschaffenheit entspricht, dass darüber wohl kein Zweifel mehr seyn kann, dass die Zähne von Kirchberg und der Schädel zu Carlsruhe einer und derselben Species angehören.

Dasselbe gilt für die zu Clacton gefundenen Rhinoceros-Reste, welche Owen unter Rh. leptorhinus Cuv. begreift. Von diesen Resten besteht das bedeutendste Stück in der oberen Schädeldecke mit einem Stück Hinterhaupt. Der letzte Backenzahn nimmt noch seine ursprüngliche Stelle im Schädel ein; nicht weit davon lagen noch andere obere Backenzähne. Von der Schädeldecke theilt Owen eine Seitenansicht in ein Achtel (p. 356. f. 131), die Unterseite der Nasenknochen in ein Sechstel (p. 367. f. 138), die Ansicht von oben in ein Sechstel (p. 368. f. 139) und das Hinterhaupt in ein Achtel natürlicher Grösse (p. 369. f. 140) mit. Von der Knochenwand in der Nase ist zwar die abwärts gehende Fortsetzung weggebrochen, doch überzeugt man sich, dass diese Wand auch kaum die vordere Hälfte der Nasenlöcher trennte. Beide, der zu Clacton und der bei Carlsruhe gefundene Schädel, welche dieselbe Grösse besassen, verhalten sich zu dem des Rh. tichorhinus auf ganz ähnliche Weise. Im Schädel zu Carlsruhe fallen die Nasenbeine weniger gerundet, mehr winkelig nach vorn ab, als im Schädel von Clacton nach dem von ihm vorliegenden Holzschnitte, was individuell seyn kann. Der hintere Winkel des Nasenloches liegt an derselben Stelle. Zur Ermittelung des Verhältnisses zwischen Höhe und Breite ist der Schädel von Clacton nicht vollständig genug erhalten. Verkennen lässt sich indess nicht, dass der Carlsruher Schädel im Ganzen etwas breiter war, auch in der Gegend der Schnautze, was einen sexuellen Grund haben könnte. Die grössere Breite giebt sich im Carlsruher Schädel auch in der hinten ansteigenden Scheitelfläche zwischen den beiden Schläfengruben zu erkennen, was nothwendig von Einfluss auf die Form der Hinterhauptfläche seyn muss, welche sich daher breiter, im Schädel von Clacton höher darstellt.

Was nun die zu Clacton mit dem Schädel gefundenen oberen Backenzähne betrifft, so bestehen diese in einem letzten und vorletzten der linken und in einem vorvorletzten der rechten Seite. Den vorvorletzten Zahn halte ich nach der Abbildung bei Owen (p. 373. f. 14) für zuwenig quadratisch geformt, um die ihm angewiesene Stelle eingenommen zu haben; dafür entspricht er mehr dem vorletzten in dem von mir untersuchten Schädel, nur dass der Zahn von Clacton, wenigstens nach der Abbildung, nicht ganz dessen Grösse besitzt. Owen giebt die Uebereinstimmung der von ihm untersuchten Zähne, mit denen, welche Jäger von Kirchberg und Kaup vom Rhein unter Rh. Kirchbergense und Rh. Mercki beschreibt, zu und vereinigt sie mit Rh. leptorhinus Cuv. Selbst der letzte noch im Schädel von Clacton sitzende obere Backenzahn stimmt mit dem letzten, in dem von mir untersuchten Schädel überein, so dass also über die Identität der Species kein Zweifel seyn kann. Ich habe bereits nachgewiesen (S. 242), dass die Species unter dem Namen Rhinoceros Mercki Jäg. zu begreifen ist.

In derselben Gegend, aus welcher der vollständige Schädel von Rhinoceros Mercki herrührt, wurde 1819 bei Grabung des Rhein-Durchschnitts im sogenannten Nauas bei Daxland ein Bruchstück von einer rechten Unterkiefer-Hälfte mit dem letzten Backenzahn gefunden, das derselben Species um so mehr angehören wird, als es vom Rh. tichorhinus nicht herrühren kann. Ich habe es Taf. XXXIX. Fig. 3 von aussen, Fig. 4 die Krone des letzten Backenzahns von oben und Fig. 5 dieselbe von hinten in natürlicher Grösse dargestellt. Für die Krone erhält man 0,054 Länge und 0,034 Breite. Der Voransatz ist gering, der Hinteransatz beschränkt sich auf einen schwachen geperlten Wulst an der inneren Hälfte der Hinterseite nach der Basis hin. Von Basal-Unebenheiten wird weder an der Aussenseite noch an der Innenseite etwas wahrgenommen. Die Krone ist hoch. Ihre Abnutzung war noch nicht so weit vorgeschritten, dass sie hätte eine Vereinigung der beiden Halbmonde auf der Kaufläche bewirken können. Die Wurzel war schon ziemlich entwickelt. Der glänzende Schmelz ist grau, ins Schwarze übergehend. Rindensubstanz wird, ungeachtet des Alters des Zahnes, nicht wahrgenommen.

Was vom Kiefer vorhanden ist, beschränkt sich auf die Gegend des letzten Backenzahns. Hier giebt der Kiefer 0,058 grösste Breite. Der Knochen ist zwar fest, doch weniger fest als an dem Unterkiefer von Wörth, den ich gleich nachher beschreiben werde.

Der letzte Backenzahn von Rh. tichorhinus ist an dem von mir aus den Höhlen des Lahn-Thals untersuchten Unterkiefer Taf. XLII. Fig. 1. 2 kleiner, nur 0,048 lang und 0,020 breit, die Krone ist mit einer starken Rinde von Cäment umgeben, und von den Hügeln an der Innenseite ist der mittlere von dem vorderen Halbmonde deutlich getrennt; Eigenschaften, von denen sich an dem letzten Backenzahn von Daxland nichts vorfindet, und die zur Genüge darthun, dass letzterer einer anderen Species, wohl unbezweifelt Rh. Mercki angehört.

Gleichzeitig fand sich an derselben Stelle der untere Theil von einem linken Oberarm, den ich Taf. XLIII. Fig. 1 von hinten, Fig. 2 von vorn in natürlicher Grösse dargestellt habe. Der untere Gelenkkopf besitzt 0,156 Breite, wovon nur 0,112 auf die Rolle kommt, das übrige auf den äusseren Hübel, der die starke Ausbreitung nach dieser Seite hin veranlasst. Der Körper misst an dem noch auf die untere Hälfte des Knochens kommenden Bruchende von aussen nach innen 0,079, von vorn nach hinten 0,076. Der vom Knochen überlieferte Theil gleicht mehr dem von Cuvier (Oss. foss. 4. ed. t. 48. f. 2) unter Rhinoceros leptorhinus begriffenen Oberarm, als dem des Rh. tichorhinus, woraus sich wenigstens die Wahrscheinlichkeit ergiebt, dass er nicht von letzterer Species, sondern eher von Rh. Mercki, mit dessen Schädel er sich gefunden, herrührt. Unter den lebenden gleicht, was von ihm vorliegt, am ersten noch Rh. Sumatrensis.

Von Mauer.

Von Rhinoceros findet sich nur selten die Symphysis oder die Strecke, worin beide Unterkiefer-Hälften am vorderen Ende mit einander vereinigt sind, fossil vor; jedes darüber zu weiteren Aufschlüssen führende Stück muss daher erwünscht seyn. Für Rh. tichorhinus ist die Beschaffenheit dieses Endtheiles nunmehr durch die in Sibirien gefundenen Unterkiefer ermittelt; während von der zweiten diluvialen Rhinoceros-Species bisher nur unvollständige Kieferenden vorlagen, die zu falschen Vorstellungen führten. Es wurde indess schon im Jahr 1838 in dem zu Mauer, im Elzenz-Thal zwischen Neckargemünd und Sinsheim, unter dem Löss liegenden Diluvial-Sand ein in die Grossherzogliche Naturalien-Sammlung zu Carlsruhe gekommenes Stück Unterkiefer von einer nicht zu Rh. tichorhinus gehörigen Rhinoceros-Species gefunden, woran gerade dieser Endtheil vollständig überliefert ist. Dieses seltene Stück habe ich Taf. XL. Fig. 1 von oben, Fig. 2 von der linken Seite und Fig. 3 von unten abgebildet. An der vollständigen Symphysal-Strecke sitzt noch etwas von den getrennten Aesten des Unterkiefers, der linke Ast mit dem zweiten und vierten, der rechte Ast mit dem zweiten und dritten

Backenzahn. Von einem kleinern einwurzeligen ersten Backenzahn oder auch nur einer Stelle, wo dieser sass, wird keine Spur wahrgenommen, was auf ein frühzeitiges Verschwinden dieses Zahnes schliessen lässt. In der linken Kieferhälfte führen die Zähne ein wenig weiter nach vorn als in der rechten, indem der zweite Zahn vollständig auf die Strecke der Symphysis kommt, in dem rechten Aste nur zur Hälfte.

In der linken Kieferhälfte besitzt der zweite Zahn 0,03 Länge bei 0,022 grösster, gegen das hintere Ende hin liegender Breite, von der aus die Krone sich nach vorn allmählich zuschärft, in der vorderen Hälfte nur noch 0,017 Breite ergebend. Die beiden Halbmonde sind aussen nur angedeutet; dasselbe gilt von einem dem vorderen Ende nahe liegenden dritten kleineren Theil: an der Aussenseite vorn liegt ein an den Vorderansatz erinnerndes Wülstchen. Die beiden Buchten der Innenseite sind ebenfalls nur angedeutet; an ihrer Mündung liegen kleine Unebenheiten. Auf der Krone zeigt der Zahn eine gemeinschaftliche Kaufläche. Vorn wird keine, wohl aber hinten eine sehr tiefe seitliche Abnutzungsfläche wahrgenommen. In der rechten Kieferhälfte ist die Krone dieses Zahnes 0,027 lang bei 0,022 Breite. Hier scheint die vordere Gegend etwas verkümmert, indem sie vorn stärker zu und gegen die Kaufläche hin mehr abnimmt, woher auch die scheinbar stark hinterwärts geneigte Lage der Krone rührt. Auch die vorderen Abweichungen lassen sich auf die Form des entsprechenden linken Zahnes zurückführen.

Der dritte Backenzahn ist in der linken Kieferhälfte weggebrochen, in der rechten erhalten, wo er 0,033 Länge und 0,025 Breite besitzt. Wohl wegen zu starker seitlicher Abnutzung werden Ansätze und Basal-Unebenheiten weder an der Aussen- noch an der Innenseite wahrgenommen. Die beiden Halbmonde sind zu einer gemeinschaftlichen Kaufläche vereinigt.

Der nur in der linken Kieferhälfte überlieferte vierte Backenzahn misst 0,030 Länge bei 0,029 Breite. Er gleicht sehr dem dritten Zahn, auch in der starken seitlichen Abnutzung, und lässt nur an der vorderen inneren Ecke etwas von einem Ansatze wahrnehmen. Von Basal-Unebenheiten findet sich nichts vor; die Halbmonde sind durch Abnutzung zu einer gemeinschaftlichen Kaufläche vereinigt.

Hinter dem vierten Backenzahn besitzt der Unterkiefer, an der Aussenseite der Kieferhälften gemessen, 0,141 Breite; die Breite eines Astes beträgt in der Gegend dieses Zahnes 0,044 und die Höhe an der Aussenseite 0,064, an der Innenseite 0,072. In der Gegend des zweiten Backenzahnes beginnt die Strecke der Vereinigung beider Hälften, die 0,097 Länge misst. Der vorn stumpf gerundete Kiefer zeigt in der Mitte einen kleinen flachen Einschnitt. Mehr in der vorderen Hälfte der Symphysis verschmälert sich dieselbe auf 0,061; ihre gegen das vordere Ende hin liegende grösste Breite beträgt 0,065. Die Oberseite der Symphysal-Strecke ist horizontal gerichtet und flach vertieft. In der Gegend ihrer Verschmälerung wird der Rand, ohne sich zu erhöhen, schärfer

Die Unterseite dieser Strecke verläuft schräg aufwärts zu dem vorderen Ende hin, an welchem unten in der Mitte eine schwache Vertiefung, dahinter eine schwache Erhöhung liegt, im übrigen ist sie flach gewölbt. Unter den Löchern oder Mündungen von Gefässgängen zeichnet sich ein grösseres Paar aus, vor dem ein kleineres liegt, und ausserdem bemerkt man an dem ganzen Vorderrande viele kleine Löcher, jedoch keine eigentliche Alveolen für Schneidezähne; was indess nicht ausschliesst, dass das Thier in der Jugend Schneidezähne besessen habe, die indess nur sehr klein gewesen seyn konnten, und schon frühe verschwunden seyn werden.

Der Mündung eines grösseren Gefässganges, seitlich in der Gegend des zweiten Backenzahnes liegend, habe ich bereits gedacht. Gleich davor bemerkt man auf der rechten Seite nur ein wenig weiter abwärts ein kleineres Loch der Art, auf der linken Seite zwei Löcher über einander, von denen das obere das grössere ist und in gleicher Höhe mit dem dahinter folgenden grösseren Loche liegt.

Knochen und Zähne, selbst deren Schmelz sind von hellgelblicher Farbe, die Knochen dabei auffallend leicht. Von einer Bedeckung der Zahnkronen durch Rindensubstanz wird nichts wahrgenommen. Die Wurzeln und Kauflächen sind mit kleinen schwarzen Dendriten dicht besetzt.

Ausser diesem Unterkiefer fanden sich sicherlich von derselben Species noch der vierte und fünfte Backenzahn der rechten Hälfte von zwei anderen Individuen. Der vierte Zahn besitzt 0,038 Kronenlänge bei 0,03 Breite. Seine Halbmonde sind zu einer gemeinschaftlichen Kaufläche vereinigt, während die Wurzelbildung noch nicht sehr weit vorgeschritten war. Der Zahn zeichnet sich durch einen starken, hohen, zwischen den beiden Halbmonden kaum getrennten Basalwulst aus, in den der deutlich entwickelte Vorder- und Hinteransatz an der Aussenseite übergehen. Der fünfte Backenzahn ist hinten beschädigt und gestattet deshalb keine Ausmessung. Die Halbmonde sind auf der Kaufläche noch nicht vereinigt, der Vorderansatz ist deutlich vorhanden, und die Aussenseite zeigt an der Basis nur schwache Unebenheiten. Diese Zähne stimmen sonst ganz mit denen des zuvor beschriebenen Unterkiefers überein.

Später erhielt ich von Herrn Professor Alex. Braun, der mir diese Reste mittheilte, noch einen Zahn aus der rechten Unterkiefer-Hälfte von ganz derselben Beschaffenheit. Die Halbmonde waren schon zu einer gemeinschaftlichen Kaufläche vereinigt. Die Krone besitzt 0,042 Länge und 0,029 Breite, sie entspricht daher sehr gut dem vierten Backenzahn in der zu Wörth gefundenen Unterkiefer-Hälfte, die ich sogleich beschreiben werde. Der Vorder- und Hinteransatz sind an den äusseren Ecken durch Wülste angedeutet, während an der Basis der Aussenseite nichts von einem Wulste wahrgenommen wird.

Diese Reste aus dem Unterkiefer verrathen hienach vier Individuen derselben Species.

— 266 —

Von obern Backenzähnen liegt, ausser einem unbedeutenden Bruchstück, die hintere Hälfte des letzten Backenzahns der linken Kiefer-Hälfte von 0,054 Breite vor. Der auf die innere Ecke beschränkte hintere Ansatz besteht weniger in einer Spitze, als in einem kurzen, sich aufwärts etwas zuspitzenden Wulste, der sich in Rhinoceros incisivus gewöhnlich weiter ausdehnt. Ueber die Beschaffenheit der Innenseite lässt sich nichts anführen; man erkennt nur so viel, dass die hintere Ecke nach innen von keinem Basalwulst umgeben war. Der Zahn war eben so wenig mit Rindensubstanz bekleidet als die damit gefundenen unteren Zähne.

Von oberen Backenzähnen theilte mir ferner von Mauer im Jahr 1852 der damalige Bergbeamte zu Wiesloch, Herr Carl Holzmann, einen linken mit, der ganz auf die zu Mosbach gefundenen Zähne von Rhinoceros Mercki herauskam, weshalb ich ihn auch nicht abgebildet habe. Er ist vorn 0,057 breit und aussen 0,056 lang. Bald darauf fanden sich auch Bruchstücke vom Schädel, die jedoch nicht hingereicht hätten, die Species erkennen zu lassen, sowie das untere Ende von einem Schulterblatt und der obere Theil einer Speiche. Mit dem Unterkiefer in der Carlsruher Sammlung wurden im Jahr 1838 ein Halswirbel und ein Rückenwirbel von ähnlicher äusserer Beschaffenheit gefunden, die derselben Species beizulegen seyn werden.

Unter den Rhinoceros-Resten von Mauer ist der Unterkiefer das werthvollste Stück. Die Zahnlosigkeit seiner breiten Symphysis widerstreitet den tertiären Rhinoceroten, die, soweit man sie kennt, mit Schneidezähnen versehen waren. Demungeachtet möchte man die Species von Mauer nach den im Unterkiefer überlieferten und den vereinzelten Backenzähnen am ersten noch für eine tertiäre halten, wogegen jedoch ferner die damit vorkommenden Thiere und die Lagerungsverhältnisse des sie umschliessenden Gebildes streiten. Bei der mit den Zähnen vorzunehmenden näheren Vergleichung kommen zunächst die von Cuvier, Kaup und Owen unter Rhinoceros leptorhinus Cuv. und Rh. Mercki Jäg. begriffenen Unterkiefer-Reste in Betracht. Für diese wird angenommen, dass die Backenzahnreihe sich fast bis an das vordere Ende des Unterkiefers ausgedehnt habe, eine Ansicht, die um so weniger haltbar ist, als sie lediglich auf Unterkiefern beruht, die am vorderen Ende stark verstümmelt sind. Bei ihnen ist an der schmälsten Stelle der Symphysal-Strecke das Ende auf eine Weise weggebrochen, dass der Kiefer nothwendig ein vorn verkürztes und zugespitztes Aussehen annehmen musste. Der auffallenden Aehnlichkeit, welche hierin diese Kiefer unter einander zeigen, ist es wohl hauptsächlich beizumessen, dass man an dem Glauben festhielt, an ihrer Form könne nicht viel fehlen. Die verstümmelten Unterkiefer gestatten gleichwohl eine Ergänzung ihres vorderen Endes nach dem Unterkiefer von Mauer.

Unter diesen Stücken hat besonders ein in dem Rhein gefundener fragmentarischer Unterkiefer, welchen Kaup, (Acten, S. 6. t. 2. f. 1) beschreibt, unsere Aufmerksamkeit in Anspruch zu nehmen. Sein Fundort wird nicht näher angegeben, vermuthlich liegt er im Grossherzogthum Hessen, weil das Stück durch einen Grossherzoglich Hessischen Baumeister in die Sammlung zu Darmstadt gelangte. Selbst die verkleinerte Abbildung lässt auf eine Zahnbildung schliessen, welche von Rhinoceros tichorhinus auf dieselbe Weise abweicht, wie die Zähne von Mauer. Der linke Kieferast ist bis zum Beginn des siebenten oder letzten Zahnes überliefert, der vierte, fünfte und sechste Backenzahn sind vollständig, vom zweiten und dritten ist nur die Wurzel erhalten. Die Krone des vierten Zahns ist 0,044 lang und 0,031 breit, daher etwas grösser als in demselben Zahn von Mauer, was indess von keiner Bedeutung ist, da der Unterkiefer überhaupt etwas grösser ist. Bei mangelnder Krone nach den Wurzeln zu urtheilen, kommt der zweite Backenzahn ganz auf die Symphysis. Das vordere Ende scheint sanfter, weniger winkelförmig, aufwärts abgenommen zu haben, als im Unterkiefer von Mauer. In der Gegenwart des grösseren äusseren Loches unter dem zweiten Backenzahn und in dem davorliegenden kleineren Loche stimmen beide Kiefer überein. Sie werden wohl unbezweifelt derselben Species angehören; dem Rh. tichorhinus lassen sie sich nicht beilegen.

Der Unterkiefer von Clacton (Owen, Brit. foss. Mam., p. 360. f. 132. 133) ist besonders wichtig, weil er sich mit dem Schädel und oberen Backenzähnen von Rhinoceros Mercki an einer Stelle gefunden hat, von der man Rh. tichorhinus gar nicht kennt: er gehört daher wohl ohne allen Zweifel ersterer Species an. Dieser Unterkiefer besitzt die grösste Aehnlichkeit mit dem zuvor beschriebenen vom Rhein. Die beiden letzten Backenzähne sind vorhanden, von den übrigen nur die Alveolen. Es wird ausdrücklich bemerkt, dass der zweite von den sieben Backenzähnen auf die Symphysis komme. Eine vor der Alveole des zweiten Zahnes liegende Oeffnung wird als aufgebrochener Zahnkanal gedeutet. Auch das von einem jungen Rhinoceros Mercki zu Clacton gefundene Stück Unterkiefer (Owen, p. 363. f. 135) ist auf ähnliche Weise beschädigt, wie das grössere, so dass man an ihm ebenfalls über das vordere Ende keinen Aufschluss erhält.

In der Form der Symphysis, sowie darin, dass auf diese der zweite Backenzahn kommt, liegt indess für die Species nichts Bezeichnendes. Rhinoceros megarhinus (Christol, Ann. sc. nat. 2. IV. t. 4. f. 1. — Gervais, Pal. franç. t. 2. f. 8) verhält sich hierin dem Rh. Mercki ähnlich, auch gleichen die Backenzähne beider Species einander; das vordere Kieferende von Mauer hat selbst im Profil grosse Aehnlichkeit mit dem des Rh. megarhinus (Gervais, t. 2. f. 10); letzterer Species stehen aber bleibende Schneidezähne zu, die Rh. Mercki nicht besitzt.

In Rhinoceros tichorhinus scheint nach den Unterkiefern vom Flusse Tschikoi (Brandt, p. 116. t. 13. f. 2 u. 3—6. t. 24. f. 5) und in der Sammlung der Bergschule zu Petersburg (t. 13. f. 7. t. 23. f. 4—7) die Symphysal-Strecke ein wenig länger und, wie auch ein in der Höhle von Wirksworth gefundener Unterkiefer erkennen lässt (Owen, p. 333. f. 123), etwas aufwärts gebogen zu seyn; hievon abgesehen ist sie auf ähnliche Weise geformt wie in Rh. Mercki, und stimmt selbst in der Form des Vorderendes und in dem in dessen Mitte befindlichen schwachen Ausschnitt überein. Ich habe aber im Kiefer von Mauer, ungeachtet er etwas kleiner ist und daher eher von einem jüngeren Thiere herrühren könnte, keine Spur von Schneidezähnen oder Schneidezahn-Alveolen gefunden, die Brandt (f. 4—7) bei Rh. tichorhinus so schön nachweist. Auch ist die Verschiedenheit beider Species in den Backenzähnen unverkennbar ausgedrückt.

Hienach rühren die Reste von Mauer von einer von Rhinoceros tichorhinus verschiedenen Species her, die Rh. Mercki seyn wird.

Der Fundort liegt in der Gegend, von wo Bronn's Coeledonta Boiei (Jahrb. für Mineral., 1831. S. 51. t. 1. S. 432) stammt, ein Genus, das, wie ich ausführlich nachgewiesen habe (Jahrb. für Mineral., 1831. S. 432) nur auf den Keim- oder Milchzähnen von Rhinoceros tichorhinus beruht. Diese Zähne fanden sich mit noch anderen Resten von Rh. tichorhinus in dem Löss selbst, und nicht in dem von ihm bedeckten Sand oder Kies, woraus ich von Rhinoceros nur Rh. Mercki kenne, der darin bei Mauer mit Elephas, Bos, Equus und Ursus zusammenliegt.

Von Leimersheim.

In der Gegend von Leimersheim im Grossherzogthum Baden wird aus dem Diluvium des Rhein's Gold gewaschen, wobei, wie bei der Goldgewinnung in Sibirien, fossile Knochen und Zähne zum Vorschein kommen. Was die Grossherzogliche Sammlung davon besitzt, wurde mir von dem damaligen Director der Sammlung, Professor Alex. Braun, mitgetheilt. Ich fand darunter Rhinoceros, eine grosse Felis, wahrscheinlich Felis spelaea, Cervus und Bos. Kein Rhinoceros-Zahn von diesem Fundort zeigt Aehnlichkeit mit Rh. tichorhinus, alle aber mit den unter Rh. Mercki begriffenen Zähnen von Daxland, Wörth, Mauer und Mosbach.

Untere Backenzähne.

Im Jahr 1839 fanden sich drei Backenzähne aus der linken Unterkiefer-Hälfte, jeder einem andern Individuum angehörig; hieraus ist ersichtlich, dass die Species in der Gegend nicht selten seyn kann. Einer der Zähne ist unvollständig, die beiden anderen scheinen der vorletzte oder vorvorletzte zu seyn; der stärker abgenutzte ergiebt 0,049 Kronenlänge und 0,032 Breite. Vorder- und Hinteransatz sind deutlich vorhanden; eigentliche Basal-Unebenheiten bestehen weder an der Aussen- noch an der Innenseite; an der Aussenseite bemerkt man nur auf dem vorderen Halbmonde gegen den hinteren und näher der Basis zwei über einander liegende flache Wärzchen. Der Zahn ist bräunlich, hie und da schwärzlich.

Der andere, am Vorderrande beschädigte Backenzahn besass 0,057 Länge bei 0,037 Breite; seine Wurzeln sind weniger ausgebildet und die Kaufläche weniger breit, als im zuvor erwähnten Zahn. Die hintere seitliche Abnutzung verräth, dass der Zahn kein letzter war. Vorder- und Hinteransatz sind weniger stark als im vorigen Zahn. Der vordere Halbmond ist gegen den hinteren Halbmond und die Basis hin hübelig, was auch bei dem hinteren Halbmonde gegen die Basis hin der Fall ist. Der Vorderansatz zieht gegen die Mündung der vorderen Bucht, und vor der Mündung der hinteren liegen drei starke Hübel, von denen der mittlere der stärkere. Die Krone ist im Ganzen bräunlich, der Schmelz zieht mehr ins Graue.

Später, im Jahr 1844 wurde der vierte, fünfte und sechste Backenzahn der rechten Unterkiefer-Hälfte gefunden, welche ich Taf. XI. Fig. 3 von der Kaufläche und Fig. 4 von aussen dargestellt habe. Es misst

			Leimersh.	Mosbach.	Darmst.	Wörth.	Mauer.
4. Zahn	Länge		0,044	0,044	0,044	0,036	0,039
	Breite		0,030	0,032	0,031	0,027	0,029
5.	„	Länge	0,046	0,05	0,051	0,043	—
		Breite	0,0325	0,036	0,036	0,030	—
6.	„	Länge	0,054	0,055	0,059	0,047	—
		Breite	0,032	0,037	0,031	0,030	—

Die Zähne von Leimersheim rühren von einem völlig entwickelten Thier her; durch seitliche Abnutzung schliessen sie dicht an einander an. Sie stimmen sehr gut mit denen von Mosbach und aus dem Rhein bei Darmstadt, gegen die jene von Wörth und Mauer etwas geringer sich herausstellen. Am fünften Zahn sind beide Halbmonde zu einer gemeinschaftlichen Kaufläche vereinigt, was am vierten und sechsten noch nicht der Fall ist. Der vierte Zahn trat daher als Ersatzzahn später als der fünfte und ungefähr gleichzeitig mit dem sechsten auf, aus dessen starker Abnutzung auf der Kaufläche und an der Hinterseite ersichtlich ist, dass auch der nicht überlieferte siebente oder letzte Backenzahn schon völlig entwickelt gewesen seyn musste. Am sechsten Zahn ist der hintere Ansatz weniger deutlich als der vordere entwickelt, er reicht dabei kaum zur halben Krone hinauf, höher der vordere, der auch an der Basis um die Ecke nach Aussen zieht. Zwischen beiden Halbmonden bemerkt man an der Aussenseite gleich über der Basis einen deutlichen knopfförmigen Hübel. Der fünfte Backenzahn gleicht in Betreff der Ansätze mehr dem sechsten, nur dass der vordere nicht um die Ecke umbiegt, und dass man statt des knopfförmigen Hübels zwischen den beiden Halbmonden eine aufwärts sich verlierende aufgetriebene Stelle bemerkt, die im vierten Backenzahn verwaschener aussieht. In letzterem Zahn ist eher der hintere Ansatz etwas höher, als der vordere, beide biegen um die Ecke um, der vordere mehr an der Basis, der hintere ist höher und wulstig.

Wie leicht kann man durch Abweichungen, wie diese Zähne sie darbieten, veranlasst werden, vereinzelte Zähne eines und desselben Individuums verschiedenen Species beizulegen.

Von Rindensubstanz wird an diesen Zähnen nichts wahrgenommen, die Wurzeln sind grösstentheils weggebrochen. Das Gebilde, von graulicher Farbe, scheint thoniger Natur.

Obere Backenzähne.

Von oberen Backenzähnen wurde 1841 ein schöner hinterer aus der linken Kieferhälfte gefunden. Die Länge der Krone misst an der Aussenwand 0,050, die grösste Breite 0,06. Der Vorderansatz ist deutlich vorhanden, der Hinteransatz nur an der äusseren Ecke angedeutet. An der Innenseite besteht nur eine von dem vorderen Querhügel herunter ziehende Basalunebenheit. In das Querthal ragt ein von dem hinteren Querhügel ausgehender Sporn hinein, und im Grunde des Thales liegen ein Paar Falten. Die Krone ist stark abgenutzt; die Wurzelbildung war beendigt.

Ein Mittelstück einer Krone rührt von einem rechten oberen Backenzahn her. An diesem und dem zuvor beschriebenen Zahn haftete noch Diluvial-Kies.

Ein im Jahr 1842 gefundener, an beiden Enden beschädigter Backenzahn der linken Oberkiefer-Hälfte stimmt selbst in dem Grade der Abnutzung ganz mit dem analogen Zahn in dem Schädel der Carlsruher Sammlung überein.

Ebenfalls nicht aus Löss, vielmehr aus Kies rührt ein 1843 gefundener letzter Backenzahn der linken Oberkiefer-Hälfte her. An ihm ist zwar der für Rhinoceros Mercki charakteristische Hübel vor dem Thal an der Innenseite auf ein nur unbedeutendes Hübelchen reducirt, dafür aber in der Mitte des Thales ein auffallender Hübel vorhanden. Der an der Hinterseite näher der inneren Ecke liegende Hübel besteht nur aus einer innen schärfer sich darstellenden wulstförmigen Erhabenheit. Die Krone misst von vorn nach hinten 0,053, von aussen nach innen 0,061. Auch sonst entspricht der Zahn sehr gut dem letzten Backenzahn in Rh. Mercki; die Abweichungen werden nur individueller Natur seyn.

Mit dem bereits erwähnten vierten, fünften und sechsten unteren Backenzahn wurde im Jahre 1844 von einem anderen Individuum der Taf. XXXIX. Fig. 6 von der Kaufläche und Fig. 7 von vorn abgebildete Backenzahn der rechten Oberkiefer-Hälfte gefunden, unstreitig einer der grössten und schönsten Zähne der Art. Aussen ist er 0,069, innen 0,058 lang, vorn 0,074 und hinten 0,066 breit. Er zeichnet sich durch Einfachheit aus. An der Innenseite liegen selbst zwischen den beiden Querhügeln keine Unebenheiten. Der Sporn ist stark entwickelt, und hinten im Querthal liegt eine Falte. Ein Hinteransatz ist kaum vorhanden. Die beiden Wurzeln der Innenseite sind mehr mit einander verbunden, die vordere äussere nach innen ausgebreitet. Der Zahn ist fest, glatt, bräunlich, und man bemerkt an ihm keine Spur von Rinde. Er gleicht sehr dem vorletzten Zahn im Schädel zu Carlsruhe, für den aber nur 0,064 Länge und Breite gefunden wurde. Er gleicht ferner, auch selbst in Grösse, einem sechsten Backenzahn von Rh. Mercki von Kirchberg (Jäger, S. 180. t. 10. f. 31), so wie einem zu Clacton gefundenen (Owen, p.

373. f. 141) Zahn, der für den fünften gehalten wird, aber wohl auch der sechste seyn dürfte, ist aber auffallend grösser als letzterer.

Von Leimersheim scheint auch ein in der Sammlung zu Carlsruhe ohne Angabe des Fundortes liegender Zahn der linken Oberkiefer-Hälfte herzurühren, der selbst durch seine beträchtliche Grösse dem zuvorbeschriebenen ähnlich ist. Der vordere Querhügel und die vordere äussere Ecke sind beschädigt. Die Länge der Krone betrug jedenfalls nicht unter 0,069 und die Breite sicherlich nicht weniger. Der Rand der hinteren Bucht ist, wie im vorigen Zahn, hinten in der Gegend, wo Rh. tichorhinus eine kleine Spitze wahrnehmen lässt, etwas eingeschnitten.

Zu Leimersheim fand sich auch eine beschädigte Tibia von 0,135 Länge, deren unterer Kopf 0,071 von vorn nach hinten misst, von aussen nach innen war er wegen Beschädigung nicht zu messen. Der obere Kopf gestattete überhaupt keine Ausmessung.

Von Wörth.

Bei Wörth wurde 1840 im Rhein-Diluvium eine in die Sammlung zu Carlsruhe gekommene fragmentarische linke Unterkiefer-Hälfte gefunden, welche nicht zu Rh. tichorhinus gehören kann. Das Stück enthält den dritten bis sechsten Backenzahn, an dem vorderen Ende etwas von der Wurzel des zweiten, und hinter dem sechsten die vordere Hälfte von der Wurzel des letzten Backenzahns. Das grosse Gefässloch an der Aussenseite entspricht dem zweiten Backenzahn.

		Wörth.	Mauer.	Mosbach.	Darmst.				Wörth.	Mauer.	Mosbach.	Darmst.
3. Zahn	Länge	0,034	0,033	0,040	—	5. Zahn	Länge	0,043	—	0,050	0,051
	Breite	0,025	0,025	0,030	—		Breite	0,030	—	0,036	0,036
4. „	Länge	0,036	0,039	0,044	0,044	6. „	Länge	0,047	—	0,055	0,059
	Breite	0,027	0,029	0,032	0,031		Breite	0,030	—	0,037	0,031

Die Ausmessungen der zu Wörth gefundenen Zähne entsprechen mehr den Zähnen im Kiefer von Mauer als denen von Mosbach und zu Darmstadt, was wenigstens theilweise daher rührt, dass die Zähne wie im Kiefer von Mauer durch starke seitliche Abnutzung an Länge eingebüsst haben, wobei sie ineinander eingreifen. Die Abnutzung auf der Krone war bis zur Vereinigung der beiden Halbmonde zu einer gemeinschaftlichen Kaufläche vorgeschritten, nur bei dem sechsten Zahn war dies noch nicht der Fall. Es sind schwache Vorder- und Hinteransätze vorhanden, von denen letztere höher liegen. Am fünften Zahn sind die Ansätze am schwächsten, am sechsten liegt der Vorderansatz am höchsten und ist auch am stärksten. Von Basal-Unebenheiten an der Aussenseite der Krone bemerkt man an dem dritten Zahn Andeutungen; an dem vierten Zahn zieht nur der Vorderansatz etwas nach aussen, bei dem fünften liegt zwischen den beiden Halbmonden, dem hinteren näher, ein schwacher Vertikalwulst, und an dem sechsten sind die Unebenheiten zwischen den beiden Halbmonden über der Basis am auffallendsten, und gehören mehr dem vorderen Halbmond an. Die Buchten an der Innenseite zeigen keine Unebenheiten. Die Zähne sind frei von Rindenbekleidung. Innen, wo der Kiefer ein wenig höher sich darstellt, erhält man unter dem dritten Zahn 0,072, unter dem vierten 0,08, unter dem fünften 0,087 und unter dem sechsten kaum mehr Höhe; weiter hinten beschreibt der Kiefer unten eine mehr gerade Linie, während diese Linie vorn schnell aufsteigt. Unten ist der Kiefer am dicksten, in der Gegend des dritten Zahns am schmälsten; hier erhält man 0,04, während die gewöhnliche Stärke 0,049 misst, bis er weiter gegen das hintere Ende anfängt, flacher zu werden. In der Gegend des zweiten Zahns dehnt sich der Kiefer zur Bildung der Symphysis nach innen aus. Die hintere Bruchfläche ist neu, die vordere abgerundet und daher wohl aus der Zeit der Verschüttung. Der Knochen ist schwer und fest, dabei bräunlich. Dasselbe gilt von den Zähnen, deren stark glänzender Schmelz hie und da schwärzlicher sich darstellt, so dass man versucht werden könnte, den Ueberrest für tertiär zu halten.

Von Mosbach.

Ich hielt anfangs (Jahrb. für Mineral., 1838. S. 668) den Sand von Mosbach bei Wiesbaden wegen seines Gehaltes an Elephas, Cervus euryceros und Bos primigenius für gewöhnlichen Löss. Bald darauf (a. a. O. 1839. S. 78) theilte man mir aber aus diesem Gebilde Backenzähne mit, an denen ich fand, dass sie nicht von Rhinoceros tichorhinus, sondern von einer Species herrühren, welche auffallende Aehnlichkeit mit dem tertiären Rh. Schleiermacheri darboten. Es lag kein Grund vor, anzunehmen, dass diese Zähne sich auf secundärer Lagerstätte befänden, dass sie aus einer tertiären Ablagerung in die diluviale eingeschwemmt worden wären. Es hat mich dies veranlasst, darauf hinzuweisen, dass möglicherweise der Mosbacher Sand einen Uebergang des Diluviums in die Tertiär-Gebilde darstelle. Diesem Sande wird eine besondere Wichtigkeit durch das Vorkommen von Hippopotamus major (a. a. O. 1841. S. 241; 1852. S. 468) verliehen, das erste Vorkommen dieses Thieres in Deutschland. Denn was Hellmann (Petrefacte Thüringen's, 1862. S. 4. t. 2. f. 4) aus dem Diluvium von Tonna für Hippopotamus hält, stellt sich schon nach der Abbildung als einen unteren Backenzahn von Rhinoceros, wie es scheint, von Rh. tichorhinus heraus.

Die Ueberreste aus diesem Sand oder Kies, welche theilweise von dem Herrn Bergdirector Raht zu Holzappel gefunden wurden, befinden sich gegenwärtig in der Sammlung des Vereins für die Naturkunde des Herzogthums Nassau zu Wiesbaden, und lassen folgende Thiere erkennen: von Rhinoceros nur Rh. Mercki, Elephas, dessen Species noch nicht genauer zu ermitteln war, Hippopotamus, Equus, Ursus, Cervus euryceros, wohl noch drei andere Species Cervus, Bos, Castor, Arctomys, der Marmotta Schreb. sehr ähnlich, Arvicola, Vogel, Fisch, worunter Esox; eine reiche Wirbelthier-Fauna, welche Species enthält, die auch mit Rh. tichorhinus vorkommen, den ich aber von Mosbach nicht kenne.

— 273 —

Das Gebilde besteht bisweilen an einem und demselben grösseren Knochen aus feinem, graulichem, glimmerreichem, mehr oder weniger festem Sand, aus gröberem, eisenschüssigem Kies und aus etwas gröberem, kalkhaltigem Quarzsande.

Das bedeutendste Stück ist die die Backenzähne umfassende Strecke von einer linken Unterkiefer-Hälfte, welche ich Taf. LXI. Fig. 1 von aussen und Fig. 2 von oben dargestellt habe. Der vordere Theil der Symphysis ist weggebrochen, auch alles, was hinter dem letzten Backenzahn folgt, mit einem grossen Stück von diesem Zahne. Der erste Backenzahn muss frühzeitig ausgefallen seyn, nichts erinnert an die Stelle, wo er sass; auch wird am zweiten Backenzahn vorn nichts von einer seitlichen Abnutzung wahrgenommen, der daher nicht mit ihm in Berührung stand. Es ergeben sich folgende Ausmessungen:

			Mooshach.	Darmst.					Mooshach.	Darmst.
2. Backenzahn	Länge	0,034	—		5. Backenzahn	Länge	0,05	0,051
	Breite	0,022	—			Breite	0,036	0,036
3. "	Länge	0,040	—		6. "	Länge	0,055	0,069
	Breite	0,030	—			Breite	0,037	0,031
4. "	Länge	0,044	0,044					
	Breite	0,032	0,031					

Die Zähne sind noch nicht stark abgenutzt. Um so mehr fällt an ihnen auf, dass nicht einmal eine Andeutung von einer Trennung der Hügel an der Innenseite wahrgenommen wird, und dass sie nicht mit dicker Rindensubstanz überkleidet sind. Sie können daher unmöglich Rh. tichorhinus beigelegt werden. Der zweite Zahn ist am wenigsten, der fünfte Zahn am stärksten abgenutzt, im sechsten sind die beiden Halbmonde noch nicht zu einer gemeinschaftlichen Kaufläche vereinigt. Im zweiten Zahn ist der vordere Halbmond nur schwach angedeutet, auch findet sich vorn und hinten nur ein schwacher Ansatz vor. Der Zahn besitzt zwei etwas aus einander stehende Wurzeln. Der Vorderansatz am dritten Zahn zieht zur unteren Hälfte der Krone herunter; ein Hinteransatz wird kaum wahrgenommen. An der hinteren Kronenhälfte bemerkt man über der Basis aussen eine wulstige Stelle. An dem vierten Backenzahn ist die äussere vordere Hälfte weggebrochen. Der Vorderansatz zog sich höher hinauf; ein Hinteransatz war eigentlich nicht vorhanden, wohl aber die wulstige Stelle aussen an der hinteren Hälfte über der Basis, die sich hier deutlicher und schräger gerichtet als in vorhergehenden Zahne darstellt. Am fünften Backenzahn nimmt der vordere Halbmond aussen wenigstens fast nur ein Drittel von der ganzen Länge der Krone ein. Von dem Vorderansatz ist nur noch eine schwache Andeutung vorhanden; der Hinteransatz wird durch einen starken, ziemlich hoch liegenden Wulst mit deutlicher Richtung nach aussen vertreten; wogegen die Aussenseite von dem Wulste frei ist, den die vorsitzenden Zähne über der Basis besitzen. Am sechsten Backenzahn kommt der an diesen Zähnen überhaupt mehr leistenartig gebildete Vorderansatz auf die Mitte oder die obere Hälfte der

Krone, der Hinteransatz ist schwach, wofür der obere Theil der Hinterseite mehr verdickt erscheint, die Aussenseite der Krone ist glatt. In dem dritten, vierten, fünften und sechsten Backenzahn zieht von der vorderen inneren Ecke ein Kamm zu einer dem vorderen Halbmond entsprechenden Auftreibung an der Basis herunter. Vom siebenten Backenzahn ist nur die vordere Wurzel mit etwas Krone überliefert.

Es lässt sich nicht mehr erkennen, ob der zweite Backenzahn auf die Symphysal-Strecke kam. Unter diesem Zahn besass der Kiefer 0,085 Höhe, unter dem fünften 0,096, unter dem sechsten 0,104; unter dem dritten Zahn ist er von aussen nach innen 0,053 dick, unter dem sechsten 0,061.

An der Aussenseite liegt unter der Mitte des zweiten Zahnes in der oberen Hälfte ein ovales Loch von 0,014 Länge und 0,007 Höhe, davor in der ungefähren Höhenmitte ein kleineres, das dem ersten Backenzahn entsprechen würde, und noch weiter vorn unmerklich höher ein grösseres mehr rundes Loch, das, theilweise in die Bruchfläche fallend, eine genauere Angabe über seine Beschaffenheit nicht zulässt.

Die stark mit Dendriten bedeckte Knochenmasse ist mürbe und bräunlich, der Schmelz der Zähne von hellerer Farbe, das anhängende Gebilde ein feinerer glimmerführender Sand, der hie und da fest zusammengebacken ist.

Diese Kieferhälfte besitzt die grösste Aehnlichkeit mit der linken Hälfte des von Kaup (Acten, S. 6, t. 2, f. 1) veröffentlichten fragmentarischen Unterkiefers aus dem Rhein. Der vierte, fünfte und sechste Zahn sind sich in beiden Unterkiefern in Form und Ausmessung sehr ähnlich, nur dass der sechste in dem Kiefer aus dem Rhein ein wenig länger und schmäler ist, der zweite Backenzahn kommt auch auf die Symphysis, unter ihm liegt das Kieferloch in derselben Höhe, und davor befinden sich ebenfalls noch andere Löcher, so dass anzunehmen ist, dass beide Kiefer von derselben Species herrühren.

Von einem jungen Thier derselben Species wurde im Jahre 1851 eine rechte Unterkiefer-Hälfte gefunden, deren letzter Zahn noch im Kiefer verborgen liegt. Der vorletzte Zahn misst von vorn nach hinten 0,042, von aussen nach innen 0,025, und unter ihm ergiebt der Kiefer 0,055 Höhe und 0,0425 Breite. Davor erkennt man noch die Wurzeln von zweien Zähnen. In der der vorderen Wurzel entsprechenden Gegend mündet aussen ein kleines Gefässloch.

Von oberen Backenzähnen ist aus dem Sande von Mosbach hauptsächlich eines linken zu gedenken, dessen Krone ich Taf. XLI. Fig. 3 von der Kaufläche und Fig. 4 von vorn abgebildet habe. Dieser misst 0,055 Länge und 0,064 Breite; er passt daher sehr gut zu dem vorvorletzten Backenzahn im Schädel zu Carlsruhe, der nur stärker abgenutzt ist. Auch lässt es sich nicht leugnen, dass diese Ausmessungen dem vorletzten Backenzahn in Rh. Schleiermacheri entsprechen, für den die Zahlen 0,054 für 0,065 angegeben werden, für denselben Zahn in Rh. incisivus aber nur 0,051 und 0,059. Selbst die Falten im Hintergrunde des Querthals erinnern an Rh. Schleiermacheri. Es war daher verzeihlich, wenn ich den Zahn im October 1838, wo ich noch nichts von dem vollständigen Schädel von Rh. Mercki wusste, dem Rh. Schleiermacheri beilegte. Vorder- und Hinteransatz sind deutlich entwickelt mit etwas geperltem Rande. Vor der Mündung des Querthals liegen ein Paar Hübel, weiter innen noch einige. Der hintere Querhügel zeigt schrägere Richtung als der vordere. Die hintere Bucht ist sehr deutlich entwickelt, auch der in das Querthal führende Sporn kräftig. Es sind vier Wurzeln vorhanden, zwei unter der vorderen und zwei unter der hinteren Hälfte; die vorderen sind von aussen nach innen breiter, die innere etwas nach innen gerichtet.

Das anhängende Gebilde ist reinerer, ohne wahrnehmbares Bindemittel fest zusammenhängender Quarzsand von mittlerem Korn.

Kaup (S. 3. t. 1. f. 1) veröffentlicht einen fünften oberen Backenzahn der rechten Seite, als linker dargestellt, welcher einer der Zähne in Bronn's Sammlung ist, die wahrscheinlich aus dem Rhein-Diluvium herrühren. Es wird für ihn 0,057 Länge und 0,061 Breite angegeben, was Rh. Mercki entspricht, dem auch seine sonstige Beschaffenheit zusagt.

Von Mosbach untersuchte ich ferner einen ziemlich abgenutzten Backenzahn aus der vorderen Gegend der rechten Oberkiefer-Hälfte von 0,038 Länge und 0,039 Breite. Innen war er mit einem Wulst umgeben, was an den Zahn erinnert, welchen Kaup (S. 5. t. 1. f. 6) aus der Bronn'schen Sammlung wohl von derselben Species mittheilt, dessen Länge er auch besitzt, wobei er aber breiter war; er scheint daher nicht so weit vorn gesessen zu haben.

Ein halber, fast bis zur Basis abgenutzter oberer Backenzahn und ein Bruchstück von einem mittleren oberen Backenzahn scheinen von derselben Species herzurühren.

Von Rhinoceros-Knochen fand sich in derselben Grube die untere Hälfte von einem Femur, das obere Ende eines Cubitus und das untere eines Radius. Diese Knochen werden ebenfalls zu dieser Species gehören. Ihr Erhaltungszustand gestattet keine genaue Ausmessung. Sie sind von einem theilweise eisenschüssigen oder etwas kalkigen Sandgebilde umgeben.

Rhinoceros Mercki verglichen mit Rhinoceros tichorhinus.

Bei einer mit Rhinoceros vorzunehmenden Vergleichung kann es sich weniger um die tertiären und die lebenden Rhinceroten, die sich schon durch den Mangel an einer knöchernen Nasenscheidewand hinlänglich unterscheiden, als um den gleichalterlichen und auch eine knöcherne Nasenscheidewand tragenden Rh. tichorhinus handeln. Owen hat bereits auf einige Unterschiede, die zwischen dem zu Clacton gefundenen Schädelbruchstück von Rh. Mercki und dem Rh. tichorhinus bestehen, aufmerksam gemacht, die ich an dem Schädel in der Sammlung zu Carlsruhe bestätiget finde. Bei weiteren Vergleichungen mit Rh. tichorhinus leistete die von mir untersuchte, trefflich erhaltene vordere Schädelhälfte von letzterer Species gute Dienste, im Uebrigen habe ich mich der Abbildungen bedient, die wir von vollständigeren Schädeln des Rh. tichorhinus besitzen.

Die geringere Erhebung des Hornstuhls auf dem Stirnbein, die geringere Concavität zwischen dieser Fläche und dem eigentlichen Cranium, die grössere Länge der Nasenöffnung, das weniger convexe vordere Ende in Rh. Mercki im Vergleich zu Rh. tichorhinus bestätigt sich am Schädel zu Carlsruhe. Die Nasenlöcher werden in letzterem Schädel, wie in dem von Clacton, kaum auf die vordere Hälfte ihrer Erstreckung durch eine knöcherne Wand getrennt; während in Rh. tichorhinus nicht nur vollständige Trennung besteht, sondern die Scheidewand auch noch zur Stütze des Stirnbeines dient. Die Fläche zwischen den Schläfengruben ist auf der Oberseite stärker eingezogen, schmäler, die Hinterhauptsfläche weniger hinterwärts geneigt, schmäler, besonders nach oben, ein Dreieck mit abgestumpfter Spitze darstellend, dagegen in Rh. tichorhinus mehr viereckig und mit dickerem Rande versehen, was auf stärkere Bänder und Muskeln schliessen lässt, die für die stärkeren und schwereren Hörner in letzterer Species nöthig gewesen seyn werden.

In Rh. tichorhinus ist nach allen zugänglichen Schädeln die Hinterhauptsfläche stark hinterwärts geneigt und der Gelenkfortsatz weiter vorn gelegen als das obere Ende des Hinterhauptskammes; es bietet dies einen directen Gegensatz zu dem in Rh. Mercki bestehenden Verhältniss, wo die Gelenkfortsätze des Hinterhauptes über dessen Rand hinterwärts hinausstehen. Nach dem schönen und wohl auch genauen Holzschnitt bei Owen (p. 325. f. 120) misst der Schädel von Rh. tichorhinus etwas mehr Länge als drei mal seine Höhe. Da nun dieser Schädel eben so lang ist als der von Rh. Mercki, so ergiebt sich schon hieraus, dass letzterer platter war. Das Nasenloch in Rh. tichorhinus misst fast nur ein Viertel Totallänge; es ist also kleiner und daher scheinbar höher. Das Auge liegt in beiden Schädeln in derselben Gegend. In dem bei Owen abgebildeten Schädel von Rh. tichorhinus gleicht das vordere Ende weit mehr dem von mir untersuchten Schädel von Rh. Mercki, als dem derselben Species angehörigen Schädel von Clacton; in letzterem Schädel fällt dieses Ende mehr bogenförmig ab und kommt daher mehr auf das von mir untersuchte Ende von Rh. tichorhinus heraus, dessen Nasenloch dieselbe Länge besitzt. Es ergiebt sich hieraus, wie gross die Abweichungen der Schädel einer und derselben Species seyn können, und wie vorsichtig man bei Würdigung solcher Abweichungen verfahren muss.

An dem von mir untersuchten Schädel von Rh. tichorhinus (Taf. XXXIX. Fig. I) wird deutlich erkannt, dass die in Rh. Mercki bestehende Trennung beider Hornstühle durch eine glatte Strecke nicht besteht, es gehen vielmehr beide Stühle mit ihren Unebenheiten in einander über, woraus man schliessen sollte, dass auch die Hörner in Rh. Mercki an der Basis deutlicher getrennt gewesen wären, als in Rh. tichorhinus. Dabei sind die Rauhigkeiten der Hornstühle in Rh. tichorinus mehr blumenkohlartig, im Ganzen feiner und schärfer ausgeprägt als in der anderen Species. Das vordere Schnautzende ist von oben wie von vorn gesehen in Rh. tichorhinus stumpfeckig, in Rh. Mercki gerundet; die vereinigten Nasenknochen, welche das vordere Horn trugen, sind breiter und länger. Der Hornstuhl ist hinten, wo in Rh. Mercki ein einspringender Winkel liegt, zugespitzt. Statt des Längeneindrucks auf diesem Hornstuhl und des schwachen Einschnitts am vorderen Ende in Rh. Mercki, bemerkt man eine schwache Kante, welche vorn deutlicher wird und am vorderen Ende eine schwache Wölbung veranlasst. Von vorn gesehen bieten beide Species ebenfalls auffallende Abweichungen dar, von denen man sich am besten überzeugen kann, wenn man die Abbildungen (Taf. XXXVIII. Fig. 3. 4) vergleicht. Die Unterseite des vorderen Endes ist in beiden Species wiederum sehr verschieden (Taf. XXXVIII. Fig. 2 Taf. XXXVI). A. Camper fand bereits, dass in Rh. tichorhinus das Auge über dem letzten Backenzahn liegt, was Cuvier und Brandt (p. 122) bestätigen. In Rh. Mercki entspricht der vordere Augenhöhlenwinkel der Gegend zwischen dem vorletzten und vorvorletzten Backenzahn; das Auge lag daher in dieser Species weiter vorn als in jener.

Eine der besten Abbildungen bei Cuvier (t. 50) ist die des Sibirischen Schädels von Rh. tichorhinus, welchen die Sammlung in Paris durch Buckland erhielt; auch bei Blainville (Ostéograph. 20 Liv. t. 19) findet sich dieser Schädel von verschiedenen Seiten dargestellt. Das Nasenloch nimmt nach der Abbildung bei Cuvier, wie in Rh. Mercki, genau ein Drittel, bei Blainville fast nur ein Viertel von der Länge des Schädels ein. Das Vordertheil gleicht in jeder Hinsicht dem von mir von Rh. tichorhinus abgebildeten. Der vordere Augenhöhlenwinkel fällt in die hintere Schädelhälfte, nach der Abbildung bei Blainville in die vordere. Die Breite des oberen Endes der Hinterhauptsfläche verhält sich zur grössten Schädelbreite nach der Abbildung bei Cuvier wie 2:3, nach jener bei Blainville beträgt sie noch etwas mehr, und ist daher jedenfalls beträchtlicher als in Rh. Mercki, wo sich das Verhältniss wie 2:5 herausstellt; zur Länge in Rh. tichorhinus wie 2:7, in Rh. Mercki wie 2:10. Die hintere Gaumenöffnung, die in letzterer Species gerade in die Mitte der Schädellänge fällt, liegt in Rh. tichorhinus auffallend weiter vorn. Auch in der Beschaffenheit des Zwischenkieferloches bestehen zwischen beiden Species Abweichungen, welche sich jedoch bei den Beschädigungen, die dasselbe in Rh. Mercki erlitten, nicht genauer angeben lassen; es scheint in letzterer Species elliptisch gewesen zu seyn. Beide Species haben das gemein, dass oben wie unten der erste Backenzahn frühzeitig ausfiel.

Bei Cuvier werden auf Taf. 160 die Schädel von fünf Rhinoceros-Species, vier lebenden und dem Rh. tichorhinus, in gleicher Grösse von oben gesehen, übersichtlich zusammengestellt, wonach im Schädel der fossilen Species die Breite mehr als zweimal in der Länge enthalten ist, die Fläche zwischen den Schläfengruben ist noch breiter als in Rh. Mercki und der Schädel überhaupt eckiger, wodurch er mehr an den Afrikanischen Rhinoceros, letztere fossile Species dagegen an den zweihörnigen von Sumatra erinnert.

Zu besserer Würdigung der zwischen den Schädeln der beiden diluvialen Species von Rhinoceros bestehenden Abweichungen, will ich noch aus den Untersuchungen Brandt's, der die meisten Schädel von Rhinoceros tichorhinus unter einander zu vergleichen Gelegenheit fand, anführen, dass selbst in dieser einen Species, deren Schädel sich im Allgemeinen durch ihre schmale, lange Gestalt auszeichnen, es gleichwohl längere und kürzere, schmälere und breitere, höhere und plattere, sowie solche Formen giebt, woran die Schnautze sich im Profil mehr bogenförmig oder mehr winkelig darstellt. An der von mir untersuchten Schädelhälfte ist die Schnauze noch etwas spitzer, als an dem spitzesten von den bei Brandt abgebildeten Schädeln, unter denen die Taf. XIV. Fig. 2 und Taf. XVIII ihm noch am ähnlichsten sehen, wogegen das mehr winkelige Profil von Taf. XIV. Fig. 3 mehr an Rh. Mercki erinnert. Die Hinterhauptsfläche ist in Rh. tichorhinus ebenfalls grossen Abweichungen unterworfen, sie findet sich gerader und schräger gestellt, auffallend gerade im Schädel Taf. XIV. Fig. 2, der sich hierin Rh. Mercki nähert; im Allgemeinen aber ist sie stärker rückwärts geneigt als in irgend einer anderen fossilen oder lebenden Species. Auf Taf. XVII findet sich bei Brandt die Hinterhauptsfläche von 9 Schädeln des Rh. tichorhinus mit ihren Abweichungen abgebildet: alle aber stimmen darin überein, dass sie oben breiter ist und demzufolge die Nebenseiten mehr verticaler stehen als in Rh. Mercki. Auch giebt es Schädel, welche von oben gesehen vorn noch gerader, rechtwinkeliger zur Axe des Schädels abgestumpft sind, als in dem von mir untersuchten Schädel, und sich durch ihre gerade Abstumpfung am hinteren Ende auszeichnen, wobei ihre Verschiedenheit von Rh. Mercki nur um so auffallender hervortritt. Bei allen Schädeln, von denen Brandt Abbildung giebt, (Taf. 16. 21. Fig. 3) kommt die hintere Gaumenöffnung auf den letzten Backenzahn, und erstreckt sich daher nicht wie in Rh. Mercki bis zur Grenze zwischen dem letzten und vorletzten Backenzahn.

Der vordere Augenhöhlenwinkel fällt bei den meisten dieser Schädel von Rh. tichorhinus in die Mitte der Länge, der hintere Nasenlochwinkel an die Grenze zwischen dem vorderen und mittleren Längendrittel des Schädels; letzteres ist auch in Rh. Mercki der Fall, bei dem aber der vordere Augenhöhlenwinkel noch etwas auf die vordere Schädelhälfte kommt. Das Oberkieferloch liegt in Rh. Mercki dem Nasenloch näher als in Rh. tichorhinus; fast durchgängig verhält sich in den von Brandt untersuchten Schädeln die Breite zur Länge wie 2:5, für Rh. Mercki habe ich genau wie 1:2 gefunden.

Die beiden Reihen, welche die oberen Backenzähne beschreiben, sind in Rh. tichorhinus gerader, in Rh. Mercki schwach bogenförmig; Rh. tichorhinus hat bei längerem Schädel kleinere, Rh. Mercki bei kürzerem Schädel grössere Backenzähne; der Unterschied ist bisweilen nicht unbeträchtlich. Dem Rh. tichorhinus gleicht unter den lebenden Species am meisten Rh. simus durch die Gegenwart der mittleren Grube in den oberen Backenzähnen, so wie dadurch, dass in diesen Zähnen die hintere Bucht sich leicht durch Abnutzung zu einer Grube schliesst, und dass der letzte obere Backenzahn hinten stumpf endigt, und mit einer Furche versehen ist; in Rh. Merckii kommen diese Zähne mehr auf Rh. bicornis heraus. Beide lebende Rhinoceros-Arten, Rh. simus wie Rh. bicornis, weichen aber von den beiden damit verglichenen diluvialen-Arten schon durch das kurze stumpfe Ende ihrer Kiefer, durch die vorn nicht knöchern begrenzten Nasenlöcher und durch den Mangel einer knöchernen Nasenscheidewand auffallend ab. Für die Backenzähne ist noch zu erwähnen, dass sie in Rh. tichorhinus mit einer starken Rinde umgeben sind, die Rh. Merckii fehlt.

Die äussere Nasenöffnung misst in Rh. tichorhinus nach Brandt (p. 122) ungefähr ein Viertel von der Schädellänge, und ihre Höhe verhält sich zur Länge = 3 : 7 bis $3^{1}/_{2} : 8$, der hintere Winkel entspricht dem dritten Backenzahn, der obere Rand ist bogenförmig, der untere gerade; in Rh. Merckii ist die äussere Nasenöffnung unmerklich länger, aber auch unten mehr bogenförmig begrenzt und daher langoval; ihr hinterer Winkel entspricht ebenfalls dem dritten Backenzahn. Aus diesen Untersuchungen wird die Verschiedenheit beider diluvialen Species von Rhinoceros zur Genüge erhellen.

Unter den tertiären Species von Rhinoceros ist es eigentlich nur Rh. Schleiermacheri von Eppelsheim (Kaup, Beitr., t. 10. f. 1) dessen Schädel vollständig genug vorliegt, um eine Vergleichung zu gestatten. Bei ihm kommt der vordere Augenhöhlenwinkel auf die Gegend der Mitte des vorletzten Backenzahnes, der in die hintere Schädelhälfte nahe der Mitte fällt. Der hintere Nasenlochwinkel entspricht der Gegend des ersten grossen Backenzahnes (dem zweiten der Reihe), die Höhe geht nicht ganz dreimal, die Breite ungefähr zweimal in die Länge. Die Hinterhauptsfläche steht mehr vertical. Die inneren Ränder der Schläfengruben kommen sich in der hinteren Gegend so nahe, dass sie sich fasst berühren. Von oben gesehen besteht einige Aehnlichkeit mit Rh. Merckii. Die Zähne sind in beiden Species zum Verwechseln ähnlich. Alle tertiäre Species soweit man sie kennt, mithin auch Rh. Schleiermacheri, weichen von den diluvialen Species überhaupt schon durch den Mangel an einer knöchernen Nasenscheidewand und durch die Gegenwart bleibender Schneidezähne ab; selbst in Rh. megarhinus, wo die Schneidezähne geringere Grösse besitzen, sind sie bleibend.

Vorkommen von Rhinoceros Merckii.

Werfen wir nun zum Schluss unserer Untersuchungen noch einen Blick auf das Vorkommen, so finden wir in den Veröffentlichungen über die Reste von Rhinoceros aus dem Diluvium des Nordens der alten Welt nichts, was auf eine andere Species als den Rh. tichorhinus hinwiese, der dort in grosser Menge, im Diluvial-Eise sogar wie Elephas primigenius mit Haut, Haaren und Fleisch und selbst mit Resten von Pflanzen, die ihm zur Nahrung dienten, angetroffen wird.

Es gedenkt Beyrich (Zeitsch. geol. Gesellschft., 1860. XII. S. 522) eines zu Rixdorf bei Berlin gefundenen oberen Backenzahns, der dem Rh. leptorhinus angehören soll, und ein seltener Begleiter des häufig im Diluvium der Norddeutschen Ebene vorkommenden Rh. tichorhinus sey. Diese zweite Species könnte Rh. Mercki seyn; Rixdorf wäre alsdann mit England das am nördlichsten nachgewiesene Vorkommen. Auch sollen der zweiten Species nach Beyrich die Zähne, welche Schlotheim (Petrefak. S. 8) von Ballstädt im Gotha'schen besass und als Rh. antiquitatis Blumb. aufführt, angehören; ihrer Erhaltung nach würden sie nicht, wie Schlotheim angiebt, aus den Lehmlagern dortiger Gegend, sondern aus Kalktuff herrühren.

Von den Zähnen, welche, wie wir gesehen haben, Cuvier von Chagny und Crozes in Frankreich dem Rh. leptorhinus beilegt, ist es eben so ungewiss, ob sie aus wirklichem Diluvium stammen, als ob sie dem Rh. Mercki oder dem Rh. megarhinus, in welch' letztere Species Rh. leptorhinus Cuv. wenigstens zum Theil aufgeht, angehören. Cuvier sagt, der Zahn von Chagny (p. 94. t. 44. f. 6) sey 53 Fuss tief in einem Hügel mit einem Elephanten gefunden worden, welchen die Arbeiter zerschlagen hätten. Alles habe auf einer Lage ziemlich reinen Sandes gelegen und unter verschiedenen Schichten von Thon, Eisenerz und Sand; und die Zähne von Crozes, sagt er, seyen in einem thonigen Sande von röthlicher Farbe gefunden und stark rostfarbig. Diese Angaben beruhen lediglich auf der Aussage von Leuten ohne alle wissenschaftliche Befähigung, weshalb sie für eine Altersbestimmung nicht zu gebrauchen sind.

Nach Langel (Bull. soc. géol. France, XIX. p. 709) wurde zu St. Prest bei Chartres in Frankreich im Pliocän, einem sandigen Diluvium, mit Elephas meridionalis, Hippopotamus major, Equus, Megaceros Cornutorum Lang., Cervus, Bos und Conodontes Boisvittei Laug., einem neuen Nager, Rh. leptorhinus Cuv. gefunden, von dem es sich nach dem jetzigen Stande dieser Species fragt, ob darunter Rh. megarhinus oder Rh. Mercki zu verstehen sey, was ohne genauere Kenntniss der Reste zu entscheiden nicht wohl möglich ist.

Aehnliche Ungewissheit besteht in den Angaben über die in Oberitalien gefundenen Reste von Rhinoceros, namentlich über die aus dem oberen Arno-Thale herrührenden, wo sie, wie zu St. Prest bei Chartres mit Hippopotamus major und Elephas vorkommen. Cuvier sah diese Reste von Rhinoceros in der Sammlung des Targioni-Tozzetti, im Museum zu Florenz, und es gedenkt ihrer Nesti. Sie rühren aus thonigen und sandigen Hügeln. Das von Cortesi im Jahr 1805 im Piacentischen entdeckte, noch mit dem Schädel versehene Skelet fand sich in einem parallel dem Berge Pulgnasco ziehenden Hügel, eine Meile von einem Elephanten-Skelet, in demselben Gebilde, nur viel tiefer, wenigstens 200 Fuss hoch mit Sand bedeckt, und 1810 fand Cortesi in dem Berge Pulgnasco selbst, nahe bei dem Elephanten-Skelet einen Unterkiefer von Rhinoceros. Die Schichten enthielten sonst Meer-Conchylien und Meer-Säugethiere, und die Knochen der Land-Säugethiere waren theilweise mit Austern bedeckt. Unter den Resten von Rhinoceros wird der in Rh. megarhinus sich auflösende Rh. leptorhinus Cuv.

zu verstehen seyn. Es ist zu bedauern, dass keine genauere Untersuchungen hierüber vorliegen.

Von dem Museum zu Pisa wird angegeben (Gaudin, Bull. soc. Vaudoise, VI. No. 44. 1859. p. 131), dass darin sich Rh. leptorhinus und Rh. hemitoechus Falc. vorfinden, und dabei bemerkt, dass die Elephanten-Zähne E. meridionalis angehören, mit Ausnahme von einem Zahn, der vielleicht von E. antiquus herrührt. In dieser Angabe wird also zwischen Rh. leptorhinus und Rh. hemitoechus ein Unterschied gemacht, wobei es sich jedoch fragt, ob die unter letzter Benennung begriffenen Reste wirklich geeignet sind, eine solche Unterscheidung zuzulassen.

Aus der Breccie in der Höhle von Cosina, zwei Meilen von Triest, habe ich die 0,054 lange und 0,055 breite Krone von einem vorletzten Backenzahn der rechten Oberkiefer-Hälfte untersucht, die nicht wohl von Rh. tichorhinus herrühren kann, eher von Rh. Mercki. Abnutzung und Wurzelbildung hatten an diesem Zahne kaum begonnen. Mit ihm fanden sich Reste von Equus, Bos und Cervus, darunter Geweihe von Cervus Guettardi Desm., die wohl in den Höhlen des Lahn-Thales mit Rhinoceros tichorhinus zusammenliegen, von Mosbach aber, dessen Gebilde sich durch Rh. Mercki auszeichnet, nicht gekannt sind. Das Gebilde in der Höhle von Cosina ist röthlichbrauner Thon mit eckigen Bruchstücken von Kalkstein (Jahrb. für Mineral., 1860. S. 556).

Unter den Nachrichten aus England wurde des Vorkommens zu Clacton in Essex bereits gedacht. Hier fanden sich die Reste von Rh. Mercki mit Elephas und Bos in einem neu-pliocänen Süsswassergebilde vor. Dieselbe Species vermuthet Owen auch zu Walton und Grays in Essex, und legt ihr noch die schon bei Parkinson (Org. Rem. III. p. 371. t. 21. f. 3) abgebildeten oberen und unteren Backenzähne von der Küste von Essex bei, wo sie in den Lignit-Schichten an Norfolk's Küste bei Cromer, und zwar mit Rh. tichorhinus vorgekommen seyn sollen. Aus den Höhlen England's war Owen die unter Rh. Mercki begriffene Species nicht bekannt: wogegen Falconer annimmt, dass Rh. hemitoechus (Rh. Mercki) und Elephas antiquus Falc. der Höhlen-Fauna angehören und in der Thalablagerung von Clacton und Northampton zusammen vorkommen. Er hält Elephas antiquus mit Rhinoceros hemitoechus und E. primigenius mit Rh. tichorhinus für gleichzeitige Thiere und für die Begleiter des Höhlen-Bären, Höhlen-Löwen, Höhlen-Hyäne etc. und einiger noch lebenden Säugethiere (Quart. Journ. of the geol. soc. London, 1860. 13. Juni).

In der Wookey-Höhle bei Wells in England werden unter einer Menge anderer Thiere, welche Dawkins (Quart. Journ. of the geol. soc. London. XIX. 1863. Nr. 75. p. 267. 271) daraus beschreibt, Rh. tichorhinus und Rh. hemitoechus Falc. (Rh. Mercki) aufgeführt. Die Annahme letzterer Species beruht jedoch nur auf einem oberen Milchzahn, von dem Falconer selbst es ungewiss lässt, ob er wirklich seinem Rh. hemitoechus angehört. Auch anderen Höhlen in England, namentlich der Höhle von Kirkdale, sollen beide Species zustehen.

Am sichersten ist das Vorkommen von Rhinoceros Mercki für Deutschland, namentlich in den Thälern des Rhein's und seiner Nebenflüsse, ermittelt. Zu Kirchberg an der Jaxt in Württemberg liegt diese Species mit Elephas, Equus, Bos, Cervus, Ursus und Castor in einem Sande zusammen; zu Blaubeuren mit Cervus und Ursus.

In dem eigentlichen Rhein-Thal erscheint diese Species fast häufiger als Rh. tichorhinus. Die bei Daxland gefundenen Reste, worunter der vollständige Schädel, gehören nur Rh. Mercki an. Dasselbe gilt für Leimersheim, wo an derselben Stelle noch Reste von Bos, Cervus und Felis vorkommen. Auch von Wörth ist nur Rh. Mercki bekannt, für dessen ausgedehnte Verbreitung im Rheinischen Diluvium ferner die zwischen Lussheim und Hockenheim gefundenen Reste, sowie der Kiefer aus dem Darmstädtischen zeugen.

Aber an allen diesen Stellen liess sich nicht ersehen, unter welchen Verhältnissen die beiden Species von Rhinoceros im Diluvium des Rhein-Thales auftreten. Günstiger hiefür war die Gegend von Mauer im Neckar-Thal. Es ergiebt sich wenigstens für diese Gegend, dass Rh. tichorhinus dem Löss und Rh. Mercki dem darunter liegenden Sande oder Kies angehört, der ausserdem Elephas, Bos, Cervus und Ursus geliefert hat. Dass Rh. tichorhinus dem Löss zustehe, erkannte ich auch an einigen, im Jahr 1843 zu Oos bei Baden-Baden mit Equus und Bos gefundenen oberen und unteren Backenzähnen.

Für ein getrenntes Vorkommen beider Species spricht noch insbesondere Mosbach bei Wiesbaden, wo sich in einem bisweilen eisenschüssigen Sand oder Kies mit Hippopotamus major, Elephas, Equus, Bos primigenius, Cervus euryceros und anderen Species Cervus, Castor, Arctomys, Arvicola, Ursus etc. wohl Rh. Mercki findet, nicht aber Rh. tichorhinus, der dafür eben so ausschliesslich in den Höhlen des Lahn-Thals auftritt, was bei der geringen Entfernung beider Localitäten um so auffallender erscheint.

Diese Verhältnisse drängen zur Annahme, dass Rh. Mercki dem Rh. tichorhinus im Alter vorangegangen sey; wodurch nicht ausgeschlossen würde, dass beide Species an gewissen Stellen noch zusammen gelebt hätten. Es wird dies sogar wahrscheinlich, wenn man bedenkt, dass dem getrennten Auftreten beider Rhinoceros-Species, andere Säugethier-Species gemeinsam zustehen, darunter sogar solche, denen man eher ein jüngeres Alter einräumen möchte. Den Grund des getrennten Vorkommens der beiden Rhinoceros-Species kann man nicht wohl in einer Verschiedenheit der äusseren Natur der betreffenden Gegenden suchen, da die Entfernung der Localitäten und Abweichungen im Niveau derselben so gering sind, dass sie kaum in Betracht kommen.

Es liegt daher die Vermuthung nahe, dass es namentlich im Rhein-Thale zwei im Alter verschiedene Diluvial-Ablagerungen gebe, von denen sich die eine durch Rh. Mercki mit Hippopotamus major, die andere durch Rh. tichorhinus bezeichnen liesse. Auch anderwärts ist man, zwar nicht durch verschiedene Rhinoceros-Species, zu der Ansicht von zweien Diluvial-Gebilden verschiedenen Alters gekommen, namentlich in der Schweiz (Compte-Rendu de la session de la soc. Suisse des sc. nat. à Lausanne, 1861. p. 70). Auffallend bleibt es jedenfalls, dass unter den zahlreichen von mir von Rh. Mercki untersuchten Resten aus den Rheinischen Gegenden sich kein Stück befand, das aus Löss hergerührt hätte, und dass die Gebilde, worin diese Species anderwärts gefunden wurde, ebenfalls nicht auf Löss schliessen lassen; wogegen wirklicher Löss den Rh. tichorhinus umschliesst.

Archaeotylus ignotus.

Von

Hermann von Meyer.

Taf. XLIV.

Die darzulegende Versteinerung erhielt ich im Oktober 1863 von Herrn Dr. Fr. Rolle in Bad Homburg mitgetheilt, welcher dabei bemerkte, dass sie aus einer alten Sammlung herrühre; Fundort und Alter des Gebildes waren nicht mehr zu ermitteln. Das Wenige, was von dem Gestein überliefert ist, besteht in einem festen, grauen, mergeligen Kalksteine, der Terebrateln umschloss, wie an einem noch vorhandenen Schalen-Ueberrest erkannt wird, der jedoch für die Bestimmung der Species nicht genügt; diese scheint palaeolithischen Alters, und es wäre alsdann möglich, dass das Gestein dem Kohlenkalk angehörte.

Die Versteinerung stellt den vorderen Theil des Unterkiefers dar, den ich Taf. XLIV. Fig. 1 von oben, Fig. 2 von unten, Fig. 4 von der rechten Seite, Fig. 6 von der linken und Fig. 7 von vorn abgebildet habe. Die beiden Hälften sind auf 0,038 Länge vollkommen vereinigt; nirgends wird auch nur eine Spur von Trennung erkannt. In der Gegend des hinteren Endes der Symphysis erhält man für die Breite 0,069. Von dem linken der getrennten Kieferäste liegt mehr vor als vom rechten, doch ist im Ganzen nur wenig überliefert. Der Kiefer spitzt sich allmählich nach vorn zu und ist am vorderen Ende schwach gerundet abgestumpft.

Die Oberseite der Symphysal-Strecke ist etwas vertieft, nach dem hinteren Ende stärker abfallend. Die Randstrecke der vorderen Hälfte wird auf der Oberseite durch eine Furche breit hufeisenförmig abgegrenzt. Vorn und aussen oder neben ist diese Strecke durch eine Schwiele etwas aufgeworfen, während die vordere äussere Ecke eine Einsenkung bildet. Die Schwielen sind schwach gekerbt, dabei die seitlichen mehr oder weniger deutlich zu einer Reihe Wärzchen ausgebildet, die, wie die Schwielen überhaupt, stärker glänzen. Es gibt sich hierin offenbar eine eigenthümliche Zahnbildung zu erkennen.

Durch einen tieferen Einschnitt sind die Schenkel der hufeisenförmigen Randleiste von der dahinter folgenden Strecke getrennt, jedoch nur im Rande. Man glaubt zwar von diesem Einschnitt nach innen und dann mehr hinter- und abwärts ziehend, auf beiden Seiten ziemlich gleichförmig eine Naht verfolgen zu können, die jedoch noch sehr der Bestätigung bedarf. Auf den Einschnitt folgt eine schräg nach innen und hinten gerichtete Reihe, welche aus drei stärkeren zahnartigen Schwielen besteht, von denen die im Rande sitzende, erste, die höchste und von der zweiten auch deutlicher getrennt ist; die dritte, innere, ist die schwächste, und ihre Trennung von der zweiten wird nur durch einen scharfen Schnitt angedeutet. Nach einer schwachen Mulde folgt eine zweite, etwas kürzere und, wie es scheint, nicht ganz so schräg hinterwärts gerichtete Reihe, die ebenfalls aus drei, aber, mit Ausnahme des äusseren, weniger deutlich entwickelten Zahnschwielen zusammengesetzt zu seyn scheint. Unmittelbar dahinter folgt eine schwächere Schwiele, die mit einer kaum erhöhten Stelle innen eine fast quer liegende zweihübelige Reihe bilden würde. Diese drei Reihen stossen innen an eine grosse zahnartige Schwiele von 0,018 Länge und 0,0125 Breite, die nach vorn und innen gerichtet ist, und den grössten und stärksten zahnartigen Theil der überlieferten Strecke darstellt. Es hat fast den Anschein, als wenn keine zahnartige Bildungen mehr gefolgt wäre. In der rechten Kieferhälfte ist nur die vordere nach innen und hinten gerichtete Reihe mit dem vorderen Theil des grossen Zahnhübels überliefert, der auf der Bruchfläche sich mit 0,0025 Höhe schwärzer und dichter, aber mit dem Knochen innig verbunden darstellt; eine Lage Schmelz lässt sich auch hier nicht unterscheiden. Diese Bruchfläche (Fig. 6) lässt ferner einen geräumigen, unregelmässig viereckigen Kanal von 0,015 Durchmesser erkennen, wobei jedoch nicht übersehen werden darf, dass die Fläche eine schräg nach vorn gehende Lage einnimmt, welche den Kanal breiter erscheinen lässt, als er eigentlich ist. Die Bruchfläche des anderen Astes (Fig. 5) trifft, weiter hinten liegend, die Gegend einer äusseren Kieferöffnung und erscheint daher nach aussen geöffnet, wobei sie aus zwei Theilen besteht, einem inneren oberen mit den zahnartigen Schwielen, und einem mehr plattenförmigen unteren äusseren. Da jedoch von einer solchen, jedenfalls natürlichen, d. h. nicht gewaltsam herbeigeführten Trennung weiter vorn nichts mehr wahrgenommen wird, so wird anzunehmen seyn, dass die überlieferte Strecke des Kiefers gleichwohl nur aus einem einzigen Knochen, dem Zahnbein bestehe.

Die Aussenseite wird von zwei hinter einander folgenden grossen, länglichen Gruben eingenommen, von denen die vordere gleich vorn beginnt; in der linken derselben liegt die bereits erwähnte Terebratel, welche ich nicht entfernen wollte, weil sie vielleicht doch noch zur Bestimmung des Alters nützlich seyn könnte. Die rechte Grube habe ich gereinigt, sie ist muschelförmig vertieft, 0,022 lang und 0,0115 hoch, dabei scharf begrenzt mit Ausnahme der hinteren Gegend, die sich mehr allmählich hinterwärts verliert. Von der zweiten Grube ist in der rechten Kieferhälfte der vordere Theil überliefert, den ich selbst vom Gestein befreit habe; die vorhandene Länge ergibt 0,014 bei 0,0085 Höhe. Diese Grube liegt ein wenig tiefer im Kiefer als die vordere. Es erscheint überhaupt die ganze von den Gruben eingenommene Strecke der Aussenseite, welche zur Aufnahme von Weichtheilen bestimmt gewesen seyn wird, etwas vertieft. An dem oberen Rand dieser Strecke erkennt man hie und da unter den zahnartigen Schwielen kleinere Hübelchen der Art, die noch kleiner an der Innenseite des hinteren Endes der Symphysis und der getrennten Kieferäste und auch sonst wohl auf der Oberseite des Kiefers wahrgenommen werden, wo sie mehr an eine Chagrin-Haut erinnern.

Die untere Seite des Kiefers ist eher noch schwärzer und glänzender als die zahnartigen Schwielen, dabei fein und dicht vertieft punktirt (Fig. 3, vergrössert dargestellt), was sich nach vorn verliert, wofür hie und da deutlichere vertiefte Punkte sparsamer und wohl auch kleine Grübchen auftreten.

Die Versteinerung macht, freilich nur entfernt, den Eindruck von dem Unterkiefer einer Schildkröte, von der sie nicht wohl herrühren kann. Für Fisch zeichnet sich der Knochen durch Festigkeit aus. Bei Agassiz, selbst in dessen Werk über die Fische des devonischen Oldred, finde ich nichts, was an unsere Versteinerung erinnerte. Ich kenne überhaupt nur zwei Versteinerungen, welche in Betracht gezogen zu werden verdienen. Eine derselben, aus dem „terrain carbonifère" Belgien's herrührend, begreifen Beneden und Koningk unter der Benennung Palaeodaphus insignis (bei Gervais, Palaeont. franç., p. 13. t. 77. f. 17). Es ist davon der vordere Theil der Schnauze überliefert, der ein viermal grösseres Thier verräth. Das für Zwischenkiefer genommene vordere bogenförmige Ende besitzt durch seine leistenförmige Abgrenzung von der Randgegend und die geradere Aussenseite einige Aehnlichkeit mit unserer Versteinerung, ist aber vorn mehr convex gebildet, und auf der Leiste selbst bemerkt man nirgends zahnartige Schwielen oder Andeutungen von Zähnen. Die dahinter folgende Strecke ist ganz verschieden; sie besteht aus einem »spitzbogenförmig zusammenliegenden Paar schmaler Platten mit Furchen, die durch Erhöhungen getrennt sind, auf denen man ähnliche zahnartige Schwielen zu erkennen glaubt, wie an dem von mir untersuchten Stück. Es ist zu bedauern, dass wir von dem Palaeodaphus keine genauere Darlegung besitzen.

Die andere Versteinerung besteht in dem von mir unter Archaeometes pertusus (Palaeontogr., VII. S. 12. t. 3. f. 1. 2) begriffenen Stück aus dem Ober-Devon der Eifel. Auch dieses Thier besass zahnartige Schwielen statt wirklicher Zähne, war aber offenbar von dem verschieden, welchem der von mir dargelegte Unterkiefer angehört.

Typodus glaber (Meyer, Palaeontogr., l. S. 103. t. 12. f. 2) aus dem Eifeler Kalk erinnert mehr an Ceratodus, ein triasisches Genus, das wie Cochliodus des Kohlenkalkes und Ctenodus des Oldred Zähne mit deutlich unterschiedener Krone und Wurzel besitzt; eine freilich nur sehr entfernte Aehnlichkeit mit der Zahnbildung in der von mir untersuchten Versteinerung lässt sich gleichwohl nicht bestreiten; noch entfernter steht Chimaera.

Man sollte hiernach an das Bestehen einer eigenen Familie von Fischen in palaeolithischen Gebilden glauben, welche sich durch eine Art von unvollkommener Zahnbildung auszeichnete, nämlich dadurch, dass sie statt wirklicher Zähne mit beschmelzter Krone und Wurzel nur zahnartige Hübel oder Schwielen, Zahnschwielen, besass, die nicht eigentlich beschmelzt und dabei mit dem Kieferknochen innig verwachsen waren.

Seitdem ich durch das Studium der Palaeontologie belehrt worden bin, dass sich aus der Beschaffenheit eines Theils nicht immer folgerecht auf die Beschaffenheit des Ganzen schliessen lasse, halte ich es für schwer, von einem nicht ganz entschieden die Natur des Thiers verrathenden Bruchstück mit voller Sicherheit anzugeben, ob es von einem Fisch oder von einem Reptil herrührt. Wie wenig sich dabei selbst auf die mikroskopische Beschaffenheit der Zähne zu verlassen ist, beweisen die zum Theil sich widersprechenden Ergebnisse aus den Untersuchungen über den Zahnbau der Labyrinthodonten und Placodonten, welche bei vollständigerer Kenntniss von den Fischen, zu denen sie von gewichtigen Autoritäten gerechnet wurden, zu den Reptilien verlegt werden mussten.

Der Name des Thiers, dem der dargelegte Kiefer angehört, ist von τύλος Schwiele, Schwielenzahn, entlehnt.

Parachelys Eichstättensis
aus dem
lithographischen Schiefer von Eichstätt.
Von
Hermann von Meyer.
Taf. XLV.

Es war mir längst aufgefallen, dass unter den vielen Reptilien, welche ich seit einer Reihe von Jahren Gelegenheit fand, aus dem lithographischen Schiefer Bayern's kennen zu lernen, die Schildkröten nur von Solenhofen und Kelheim herrührten, zu meist aus den Brüchen letzterer Gegend; von Daiting, der alleinigen Fundgrube für Pleurosaurus, und von Eichstätt, an Pterodactylus, Rhamphorhynchus und anderen Sauriern ausgezeichnet, befanden sich keine Reste der Art darunter. Erst im September 1863 erhielt ich von Herrn Dr. Krantz in Bonn eine Schildkröte mitgetheilt, welche aus den Schieferbrüchen von Eichstätt herrührte. Sie scheint zwar vollständig, aber schon zur Zeit ihrer Ablagerung in mehrere Theile getrennt gewesen zu seyn; es ist daher zu bedauern, dass nicht alle Theile eingesammelt wurden; die besseren der vorliegenden habe ich Taf. XLV abgebildet.

Ein Stück Rückenpanzer Fig. 1 bedeckt den oberen Theil des linken Oberarms, dessen Fortsetzung sich auf der Gegenplatte vorfindet. Die linke Gliedmaasse setzt hinterwärts fort, wo sie mit anderen Knochen, wie es scheint, auch mit Theilen vom Kopfe, zu einer Masse zusammengedrückt ist, in der sich nur Reste von ein Paar Fingern deutlicher unterscheiden lassen. Auf der andern Seite befindet sich in übereinstimmender Lage mit dem linken Oberarm der rechte; die mehr nach innen gerichteten Enden beider Oberarme sind nur 0,045 von einander entfernt. Der rechte Oberarm berührt noch die Schulter; das Schulterblatt ist mehr nach innen, seine Grätenecke (Acromion) nach vorn gerichtet. Diese Knochen der rechten Seite des Thiers lassen sich zusammen vom Gestein abheben und sind von mir Fig. 2—4 von verschiedenen Seiten dargestellt. An das untere Ende des Oberarms stösst noch ein Stück von den Vorderarmknochen. Nach der

Lage, welche daher die Theile einnehmen, lässt sich kaum bezweifeln, dass die den Oberarm theilweise verdeckende Platte dem Rückenpanzer angehört und aus dessen vorderen Gegend herrührt, an die auch ihre Beschaffenheit zunächst erinnert. Schwer ist es, die Zusammensetzung des Panzers zu deuten. Die dahinter folgende, von der Innenseite entblösste Platte könnte die vorletzte linke des Bauchpanzers seyn, in die hinten die spitz endigende letzte Platte eingefügt war, wie sich deutlich ersehen lässt. Auffallend ist die Glätte des Innenrandes an der vorletzten Platte des Bauchpanzers, dann auch, dass diese Platte mit der vorhergehenden keine Naht gebildet haben sollte, von der wenigstens, so weit der Rand überliefert ist, keine Andeutung wahrgenommen wird. Die vorletzte Platte wird theilweise von einer Platte bedeckt, welche von der Aussenseite entblösst ist, und daher dem Rückenpanzer angehören wird. Auch diese Platte lässt sich, ohne mehr von dem Panzer dieser Schildkröte zu kennen, schwer deuten: sie fällt noch dadurch auf, dass sie hinten ein Stück von einem flachen Ausschnitt mit scharfem Rande, den man eher an einer Platte des Bauchpanzers erwarten sollte, zeigt; es wäre möglich, dass dieser Rand der Begrenzung eines knochenlosen Raumes zwischen Rippen- und Randplatten angehörte.

Die durch das Zusammenliegen der einzelnen Platten des Rückenpanzers gebildeten Nähte sind ungemein fein und bisweilen kaum zu erkennen, dagegen die Grenzeindrücke der Schuppen sehr deutlich. Zwischen den Seiten- und Randschuppen fallen diese Eindrücke in der überlieferten vorderen Gegend auf die Randplatten. Diese Strecke bot keine knochenfreie Lücken zwischen den Rippen- und den Randplatten dar, die sich jedoch, nach vereinzelten Randplatten zu urtheilen, weiter hinten vorgefunden haben werden. Die Rückenplatten zeigen hie und da auf der Oberfläche ein zerfressenes Ansehen, woraus indess nicht auf Grübchen wie in den Trionyciden geschlossen werden kann, die Platten sind vielmehr von Natur aus glatt.

Der trefflich überlieferte rechte Oberarm Fig. 2. 3. 4 zeigt die meiste Aehnlichkeit mit Chelys fimbriata (Matamata) der Guiana. Der äussere Hübel ist auffallend gering und niedrig, der innere stark flügelförmig entwickelt, die Grube zwischen beiden selbst nach dem Gelenkkopfe hin nicht stark vertieft. Die ganze Länge des Knochens, nicht über den Gelenkkopf hinaus gemessen, beträgt 0,06, die Höhe des Gelenkkopfes 0,011, die Breite des oberen Endes mit den Hübeln 0,023, des unteren Endes 0,016, dessen Dicke 0,008, die Stärke des Knochenkörpers an der schwächsten Stelle 0,006. Auf den Gelenkkopf von oben gesehen, beschreibt das Ende einen auffallend flachen Bogen, der nicht durch Druck veranlasst wurde. Wie in Chelys fimbriata und Trionyx misst der Oberarm ungefähr die Länge der Hand mit Einschluss ihrer Wurzel; in den Meer-Schildkröten ist die Hand viel länger, in Emys kürzer und in den Land-Schildkröten überaus kurz im Vergleich zu dem Oberarm.

Das Schulterblatt Fig. 2 beschreibt mit seiner Grätenecke (Acromion) einen rechten Winkel. Beide Knochen sind mehr leistenförmig wie in Chelys fimbriata und in Länge und Stärke nur wenig verschieden; sie liegen in einer und derselben Ebene. Der auf sie von der Schultergelenkpfanne kommende Antheil ist kaum vertieft, was dem weniger convexen Gelenkkopf des Oberarmes entspricht. Etwas convexer scheint der Gelenkflächenantheil zu seyn, den das Hakenschlüsselbein zur Pfanne abgibt, von dem ebenfalls das rechte, doch etwas verstümmelt, vorliegt (Fig. 5). Dieser Knochen scheint gegen sein freies Ende hin sich weniger ausgebreitet zu haben als in Chelys fimbriata, und hierin mehr auf die Süsswasser- und Meer-Schildkröten herausgekommen zu seyn; in den Meer-Schildkröten ist er aber im Vergleich zum Schulterblatt und Acromion viel länger, und er besitzt daher grössere Aehnlichkeit mit den Süsswasser-Schildkröten.

Schulterblatt und Acromion sind einander sehr ähnlich; das Schulterblatt lässt sich an dem schräg zugehenden Ende, womit es durch ein Band an den Rückenpanzer befestigt war, erkennen. Dieser Knochen war 0,005 länger als das Acromion, das gerade abgestumpft und 0,007 breit ist bei 0,005 Stärke; das Schulterblatt ist nur wenig schwächer und gegen das äusserste Ende hin weniger flach. An dem Hakenschlüsselbein erhält man in der schwächsten Gegend 0,0045 Durchmesser, im breiteren Theil wird der Knochen, wie gewöhnlich, sehr dünn.

Der wichtigste von dieser Schildkröte überlieferte Theil ist unstreitig die vollständige Hand Fig. 6, deren Finger mit dem von der linken Hand unter dem Panzer überlieferten Theil übereinstimmen. Es ist eine Gehhand mit getrennten Fingern, die sicherlich wie in den Emydiden durch Schwimmhäute verbunden waren. Sie gleicht am meisten der Hand in Chelys fimbriata, auch in der Stärke der Fingerglieder, nur ist sie etwas kleiner als diese.

Zahl der Fingerglieder ohne die Mittelhand, mit dem Daumen beginnend:

2.	2.	3.	3.	Schildkröte von Eichstätt.		
2.	3.	3.	3.	Acheloma.		
2.	3.	3.	3.	Aplax.		fossil.
2.	3	3.	3.	Palaeomedusa.		
2.	3.	3.	3.	2. Süsswasser-Schildkröten (Emys Europaea).		
2.	3.	3.	3.	Chelys fimbriata.		
2.	3.	3.	4.	3. Trionyx.		lebend.
2.	3.	3.	2.	Meer-Schildkröten.		
2.	2.	2.	2.	2 Land-Schildkröten.		

Die Hand der fossilen Schildkröte von Eichstätt, stimmt hiernach in der Zahl ihrer Glieder mit keiner der damit verglichenen fossilen und lebenden Schildkröten überein, was für die fossilen um so mehr auffällt, als die Schildkröte mit diesen gleiches Alter besitzt und aus deren unmittelbaren Nähe herrührt. Bei der vollständigen Ueberlieferung und der durchaus gesunden Bildung dieser Hand kann an eine Missbildung nicht gedacht werden. Die auffallendste Abweichung besteht darin, dass der zweite Finger nur zwei Glieder zählt, was allein bei den Land-Schildkröten vorkommt, in allen anderen

Schildkröten zählt dieser Finger drei Glieder. Die übrigen Finger stimmen in der Gliederzahl mit den gleichalterlichen fossilen Formen Achelonia, Aplax und Palaeomedusa und der lebenden Chelys fimbriata; in den lebenden Süsswasser-Schildkröten, den Meer-Schildkröten und den Land-Schildkröten enthält, ungeachtet der grossen Verschiedenheit, die diese Schildkröten im übrigen besitzen, der kleine oder fünfte Finger übereinstimmend nur zwei Glieder, was überhaupt die Zahl der Glieder je eines Fingers in den Land-Schildkröten ist.

Von dem Daumen oder ersten Finger misst der Mittelhandknochen innen 0,0075, aussen 0,0095 Länge, oben 0,008, unten 0,005 Breite; die geringere Länge aussen beruht auf der schrägen Abstumpfung, die besonders oben auffällt. An diesem und den übrigen Fingern lässt sich die Breite nicht genau ausmessen, weil sie etwas auf der Seite liegen. Die Länge ist ohne den hinterwärts gerichteten Fortsatz, der an einigen Gliedern deutlich hervortritt, zu verstehen. Das erste Daumenglied ist fast 0,008 lang, oben fast 0,005, unten 0,004 breit; zweites oder Nagelglied 0,0095 lang, oben 0,004 breit und kaum höher. Zweiter Finger: Mittelhand 0,0135 lang, oben und unten kaum 0,005 breit; erstes Glied 0,011 lang, oben 0,005, unten 0,0045 breit; zweites Glied 0,0105 lang, 0,004 breit. Dritter Finger: Mittelhand 0,0145 lang, oben 0,004, unten fast 0,005 breit; erstes Glied 0,009 lang, oben 0,0045 breit; zweites Glied 0,008 lang, oben 0,004 breit; drittes Glied 0,0115 lang, kaum mehr als 0,003 breit. Vierter Finger: Mittelhand 0,0155 lang, oben und unten fast 0,004 breit; erstes Glied 0,0095 lang, zweites Glied ebenso; drittes Glied 0,0105 lang, 0,0035 breit. Fünfter Finger: Mittelhand 0,0125 lang, an den Enden 0,004 breit; erstes Glied 0,01 lang, oben fast 0,004 breit; zweites Glied 0,0085 lang, oben fast 0,004 breit; drittes Glied 0,0085 lang.

Von den Mittelhandknochen ist der des Daumens am kürzesten und stärksten; von den übrigen, die in Stärke ziemlich gleich sind, folgt in Länge zunächst der fünfte, dann der zweite, der dritte und zuletzt der vierte als der längste, der auch etwas schmächtiger ist als die übrigen.

Die Hand war gerundet. Der kürzeste Finger ist der Daumen, dann kommt der zweite, der fünfte, und der dritte, der nur wenig kürzer ist als der vierte; der Längenunterschied zwischen diesen beiden beträgt ungefähr so viel als zwischen dem zweiten und fünften Finger. Die drei mittleren Finger sind von ungefähr gleicher Stärke; der Daumen ist, abgesehen vom Mittelhandknochen, nicht stärker, dagegen der fünfte Finger im Ganzen etwas schlanker. Das erste Glied ist im Daumen am kleinsten, im zweiten Finger am längsten, im fünften Finger nur wenig kürzer als im zweiten, und im dritten und vierten gleich lang. Das dritte Glied ist von dem zweiten wenig verschieden; die Nagelglieder sind eher ein wenig länger als die übrigen Fingerglieder, nicht stärker, mehr conisch und schwach gekrümmt. Mit Einschluss der Mittelhand ist der Daumen etwas länger als der halbe längste, vierte Finger. In der Hand der Chelys fimbriata, die sonst gut passen würde, besitzen die drei mittleren Finger fast gleiche Länge, wodurch sie stumpfer erscheint, selbst in Emys ist die Hand etwas stumpfer; in der spitzeren Form würde eher mit Trionyx Aehnlichkeit liegen; noch spitzer und länger durch die grosse Verschiedenheit der Länge der Finger ist die Hand der Meer-Schildkröten, stumpf und kurz dagegen durch die gleichförmige Länge der kurzen Finger die Hand der Land-Schildkröten. Der stärkere Daumen erinnert an Trionyx und die Meer-Schildkröten.

Die Handwurzel ist zwar überliefert, aber durch den späthigen Kalk, der sich zwischen den Knöchelchen ausgeschieden hat, und sie theilweise bedeckt, nicht recht deutlich. In der ersten Reihe erkennt man die beiden grossen Knochen, in die der Ellenbogenknochen einlenkt, dessen fast gerade zu seiner Axe abgestumpftes Ende auch überliefert ist, doch bei einer Drehung des Knochens um seine Axe von fast 45°, daher die Kanten nach vorn und hinten, statt nach aussen und innen stehen; es war ein flacherer Knochen. Die beiden Fusswurzelknochen erster Reihe zeichnen sich durch Grösse aus, ohne so lang zu seyn wie in den Meer-Schildkröten; sie sind mehr gerundet viereckig mit vertiefter Fläche. Die letzte Reihe scheint aus fünf kleineren Knöchelchen zu bestehen, für je einen Mittelfussknochen eins. Die Knöchelchen über dem ersten und zweiten Finger möchte man eher für verschmolzen halten, wie die Mittelhandknochen des vierten und fünften Fingers in den Süsswasser-Schildkröten, was jedoch noch der Bestätigung bedarf, da die Gegend, wo sie liegen, aufgebrochen ist; jedenfalls waren sie niedriger als die übrigen; das Knöchelchen für den fünften Finger scheint das längste, höchste der Reihe zu seyn. Das Zwischenknöchelchen ist vor späthigem Kalke nicht zu erkennen. Für das ausser der Reihe auftretende halbmondförmige Erbsenbein, welches sich in den Meer-Schildkröten besonders deutlich darstellt, könnte man den aussen über dem Handwurzelknöchelchen des kleinen Fingers liegenden Knochen halten. Dieser besitzt zwar keine grosse Aehnlichkeit mit einem Handwurzelknochen, wobei es jedoch auffällt, dass in der Handwurzel von Palaeomedusa (vgl. mein Werk über die Reptilien aus dem lithographischen Schiefer, S. 138. t. 20. f. 1) an fast derselben Stelle ein ähnlicher Knochen liegt, der sich nur dem Erbsenbein vergleichen lässt.

Ich habe bereits hervorgehoben, dass die Hand der Schildkröte von Eichstätt sich von den Händen, so weit sie von fossilen Schildkröten bekannt sind, so wie von denen der lebenden durch die Gliederzahl der Finger unterscheidet. Bei einer weiteren Vergleichung begegnen wir zunächst den beiden trefflich erhaltenen Händen der Achelonia formosa (Reptilien aus dem lithogr. Schiefer, S. 140. t. 17. f. 4), die ich aus dem lithographischen Schiefer von Cirin in Frankreich veröffentlicht habe. Die Grösse ist ungefähr dieselbe, die Verhältnisse aber sind verschieden. Die Hand der Achelonia ist auffallend kürzer und hiedurch schon breiter. Die Mittelhandknochen sind zwar von derselben Länge, doch stärker, namentlich auch der des Daumens. Die kürzere Hand wird durch kürzere Fingerglieder bedingt, die bei dem zweiten Finger um so mehr auffallen, als dieser Finger drei Glieder zählt, in der Hand von Eichstätt nur zwei, von denen das erste so viel misst, als das erste und zweite zusammen genommen in Achelonia. Die Kürze der Glieder in Achelonia macht sich auch bei den Klauengliedern bemerkbar, die kürzer waren und der Hand ein anderes Ansehen verliehen. Der fünfte oder kleine Finger ist fast so lang als der vierte, misst daher um die Länge eines Gliedes mehr als in der Schildkröte von Eichstätt, was weniger eine regelmässig, als eine von aussen nach innen gerundete Hand veranlasst; diese Eigenthümlichkeit von Achelonia habe ich auch an keiner mir bekannten lebenden Schildkröte vorgefunden. Die Schildkröte von Eichstätt gleicht hierin mehr Chelys fimbriata.

In Achelonia ist ferner der Oberarm (a. a. O. t. 17. f. 5) nur wenig länger und gerader geformt; das Hakenschlüsselbein, auch von ähnlicher Grösse, weicht noch entschiedener ab, indem es, an Chelys fimbriata erinnernd, sich gewiss zur doppelten Breite ausdehnte, was für ein sicheres Kennzeichen der Verschiedenheit beider Schildkröten gehalten werden darf. Für eine Vergleichung der Panzerreste liegt von Achelonia zu wenig vor.

Die von mir unter Aplax Oberndorferi (a. a. O. S. 129. t. 18. f. 2) begriffene Schildkröte aus dem lithographischen Schiefer von Kelheim unterscheidet sich schon, wie wir gesehen haben, durch die Zahl der Fingerglieder, wenn man auch andere Abweichungen, wie Kleinheit, Mangel einer plattenförmigen Entwickelung der Panzertheile, Mangel einer knöchernen Handwurzel, Kürze und Breite der Fingerglieder, der Mittelhandknochen und des Oberarmes, von dem Jugendzustande des Thieres herleiten wollte.

Die ebenfalls sehr gut überlieferte Hand der Palaeomedusa testa (a. a. O. S. 136. t. 20. f. 1) von Kelheim gehört nicht allein einem grösseren Thier an, sondern hat ebenfalls im zweiten Finger ein Glied mehr. Die Hand ist dabei, ungeachtet sie von einem schon nach ihrer Grösse sicherlich ausgewachsenen Thier herrührt, kürzer, indem sich ihre Breite zur Länge etwa wie 2:3, in der Hand von Eichstätt wie 1:2 verhält. Auch in den vom Rückenpanzer überlieferten Theilen giebt sich keine Uebereinstimmung zu erkennen.

Die Schildkröte, welche Münster aus dem lithographischen Schiefer von Solenhofen unter Eurysternum Wagleri begreift, ist nach einer mir vorliegenden, von Münster's Hand selbst berichtigten lithographischen Abbildung, die meiner Beschreibung (a. a. O. S. 131) zur Grundlage dient, ein Thier, welches die Grösse der Schildkröte von Eichstätt nicht erreichte, der Oberarm war stämmiger, die Mittelhand und Fingerglieder kürzer. Ueber die Zahl der Fingerglieder war bei dem zerfallenen Zustande der Hand keine Erhebung zu machen. Das Hakenschlüsselbein breitet sich viel stärker aus, worin es mehr dem in Achelonia gleicht. Die Panzertheile waren nicht zu vergleichen.

Ein von mir von Kelheim veröffentlichter Oberarm (a. a. O. S. 136. t. 18. f. 3) ist nur wenig kleiner, aber etwas stämmiger und auch weniger gekrümmt, wobei sich der innere Hübel wie an dem Oberarm von Eichstätt durch Grösse auszeichnet. Ich habe diesen Knochen vorläufig zu Acichelys gestellt, weil er Aehnlichkeit mit einem etwas grösseren, aber weniger gut erhaltenen Oberarm von Acichelys Redenbacheri (a. a. O. t. 21. f. 6) besitzt. Eine weitere Aehnlichkeit der Schildkröte von Eichstätt mit den von mir unter Acichelys aus dem lithographischen Schiefer von Solenhofen und Kelheim begriffenen Resten (a. a. O. S. 132) habe ich nicht aufzufinden vermocht; es ist nur zu bedauern, dass davon kein Hände vorliegen.

Idiochelys (a. a. O. S. 123), nur von Kelheim bekannt, war eine kleinere Schildkröte, von der zwar auch keine Hände vorliegen, deren ganzer Habitus aber schliessen lässt, dass sie von der Schildkröte von Eichstätt verschieden gewesen seyn musste.

Hienach fehlt es nicht an Gründen, die Schildkröte von Eichstätt für neu zu halten. Ich habe ihr den Namen Parachelys Eichstättensis beigelegt.

Beiträge
zur
Flora der Vorwelt.
Von
Dr. August Schenk,
Professor in Würzburg.

Taf. XLVI. — XLIX.

Algae.

Sternberg stellte in seinem Versuch einer Flora der Vorwelt (Band II. S. 31) aus der Gruppe der Algen die Gattung Münsteria auf, von welcher er aus den Kalkschiefern des Solenhofener Jura drei Arten, M. clavata, M. vermicularis und M. lacunosa unterschied. Die beiden letztern sind von ihm zuerst beschrieben, die erste dagegen aus dem Fucoides encelioides Brongniart (hist. végét. foss., I. p. 55. t. 6. f. 1) gebildet. Ich habe diese Arten nebst einer von Münster verschiedenen vierten Art, der Münsteria ramosa Münster, in der palaeontologischen Sammlung zu München untersucht, und wenn die Zahl der dem Jura zugeschriebenen Algen durch den Nachweis, dass ein Theil den Coniferen angehört, sich wesentlich vermindert hat, so wird die nähere Prüfung der dieser Formation zugeschriebenen Arten von Münsteria nichts zur Vermehrung der Arten beitragen.

Von Münsteria lacunosa Sternberg enthält die Sammlung zu München unter mehreren Exemplaren ein mit Sternberg's Abbildung (Flora der Vorw. II. t 1. f. 4) vollständig übereinstimmendes Exemplar. Das Exemplar ist nichts anderes als einer der in den Solenhofener Schiefern vorkommenden Coprolithen, wie die Vergleichung des Exemplars und der Abbildung Sternberg's mit zahlreichen Coprolithen erwies. Die übrigen Exemplare der Sammlung gehören entweder ebenfalls dahin oder es sind Kalkspathdrusen von ähnlicher Form, deren näherer Zusammenhang überhaupt nicht zu ermitteln ist.

Münsteria vermicularis Sternberg ist nach dem mit Sternberg's Abbildung (l. c. t. 1. f. 3) vollständig übereinstimmenden Exemplar keine selbstständige Art, sondern ein Fragment der M. clavata Sternberg, mit welcher sie in allen wesentlichen Merkmalen übereinstimmt, wie dies schon aus der Vergleichung mit Brongniart's Abbildung und noch mehr aus den Exemplaren der M. clavata sich ergibt. Münsteria clavata Sternberg untersuchte ich in einem vortrefflich erhaltenen Exemplar, welches zwar nicht Brongniart's Original ist, aber in jeder Hinsicht mit dessen Abbildung so sehr übereinstimmt, dass ich nicht zweifle, diese Art vor mir gehabt zu haben. Nach diesem Exemplar, wie nach Sternberg's Original der M. vermicularis, muss ich bezweifeln, dass diese beiden Sternberg'schen Arten bei den Algen verbleiben können. Sie scheinen mir richtiger unter den thierischen Resten ihren Platz zu finden. Die mikroskopische Untersuchung hat für die Entscheidung dieser Frage kein Resultat ergeben, da keinerlei Structur nachzuweisen war, indess glaube ich annehmen zu dürfen, dass entweder eine sehr stark zusammengedrückte Spongie (und zwar ohne Kieselnadeln) oder eine Polypenhülle vorliegt.

Aus dem Jura sind ferner noch Encoelites Mertensi Sternberg, Sphaerococcites lacidiformis Sternberg, Algacites intertextus Sternberg und A. erucaeformis Sternberg von mir untersucht worden. Die erste dieser Arten gehört zu den Dingen, welche überhaupt keine Bestimmung zulassen, da sie gar keine Anhaltspunkte für eine solche geben. Es ist ein vertiefter Eindruck mit Kalkspath überzogen. Die beiden Algacites-Arten sind keine Algen, sondern A. erucaeformis Sternberg (l. c. t. 2. f. 5. 6) ein Gemenge von Fischknochen, Schalen von Sepien und Haken von Polypen, welche Bestandtheile auch auf den Abbildungen Sternberg's erkannt werden können. A. intertextus Sternberg dagegen sind Einsinterungen von kohlensaurem Kalk, welche sicher sehr neuen Ursprungs sind, in welchen ich indess keine eingeschlossene Pflanzenreste nachweisen konnte.

Sphaerococcites lacidiformis Sternberg (l. c. II. S. 104. t. 27. B) gehört zwar dem Pflanzenreich, aber nicht den Algen an, und ist gleichfalls sehr neuen Ursprungs. Ich habe das in der palaeontologischen Sammlung zu München befindliche Exemplar untersucht. Es stimmt mit Sternberg's Abbildung hinsichtlich der Färbung des Gesteines und in den Hauptumrissen überein, und losgelöste mikroskopisch untersuchte Fragmente erwiesen sich mit Corda's Abbildungen bei Sternberg (c. t. 65. f. 28—31) so vollständig identisch, dass ich nicht zweifle, wenn auch nicht das Original, so doch sicher denselben Gegenstand untersucht zu haben. Der Pflanzenrest liegt als schwach seideglänzender, aus vielen neben und über einander liegenden Fäden bestehender Ueberzug auf einer dünnen, dunklen Schieferplatte. Von dieser lassen sich an vielen Stellen kleinere und grössere bräunlich gefärbte Fragmente lösen, welche eine zellige Structur besitzen und nach Behandlung mit chlorsaurem Kali und Salpetersäure die von Corda dargestellten Formen von Zellen zeigen. Corda's Figur 28 auf der citirten Tafel giebt ein ziemlich richtiges

— 293 —

Bild der Aufeinanderlagerung der Zellenschichten; die oberste Schichte von Zellen, vergrössert in Fig. 29, ist eine Epidermis; unter dieser liegen lang gestreckte Zellen, bei Corda Fig. 30 im Ganzen richtig dargestellt, nur habe ich keine verästelte Zellen gefunden. Die in Fig. 31 dargestellte Zellschichte, aus langen schmalen fadenförmigen Zellen bestehend, ist nicht an allen Stellen des Pflanzenrestes nachweisbar, sie gehört, wie ich glaube überhaupt nicht zu dem, was die Hauptreste dieser angeblichen Algenart bildet.

Der Pflanzenrest scheint mir nichts anderes zu seyn als Wurzeln, welche, zwischen Spalten hineinwachsend, auf der Fläche zwischen den Platten des Gesteines sich ausbreiteten, und dort nach dem Absterben der Pflanze, welcher sie angehörten, zu Grunde gingen. Mit der Structur der Algen haben weder die Zellen selbst, noch auch die Beschaffenheit ihrer Wände eine Aehnlichkeit; die oberste Zellenschichte ist eine Wurzelepidermis, die darunterliegenden Zellen sind ohne Zweifel Holzzellen. Die schmalen fadenförmigen Zellen gehören dem Mycelium eines Pilzes an.

In der Flora fossilia formationis oolithicae von A. de Zigno sind diese Algen des Jura zum Theil zu neuen Gattungen erhoben, zum Theil zu den Pilzen gezogen, oder sie sind beibehalten, so z. B. die Münsteria-Arten und Encoelites Mertensi. Algacites crucaeformis ist zu einer neuen Gattung der Algen, Mastocarpites erucaeformis Trevisan, erhoben, Algacites intertextus dagegen von Meneghini als Rhizomorphites intertextus zu den Pilzen versetzt. Ich kann diese Ansicht nicht theilen, so wenig als die Erhebung des Caulerpites tortuosus zu einer eignen Gattung, Encoecladium. Diese angebliche Alge ist, wie ich schon erwähnte, überhaupt sehr problematisch; ist es ein Pflanzenrest, so gehört er ohne Zweifel zu den Coniferen. Dahin gehört meines Erachtens auch eine von Zigno aufgestellte neue Algenart aus dem Jura von Solenhofen, Codites Krantzianum. Die palaeontologische Sammlung zu München besitzt eine Anzahl durchaus ähnlicher Exemplare, von welchen ich nicht zweifle, dass sie zu Arthrotaxites gehören. Sie sind aber so schlecht erhalten, dass sie der Art keine sichere Bestimmung zulassen.

Aus den Lias-Schiefern von Ohmden und dem Lias-Sandstein von Ehingen und Plochingen beschrieb Kurr eine Alge als Chondrites Bollensis, von welcher ich die von Kurr unterschiedenen Varietäten Var. caespitosa und von divaricata untersuchte. Aus der gleichen Localität beschreibt Presl (Sternberg, Flora der Vorw., II. S. 103) Chondrites cretaceus und S. 104 Sphaerococcites genuinus. Ersterer ist auf Taf. 34 Fig. 3, letzterer auf derselben Tafel Fig. 4 des gleichen Werkes abgebildet. Ich habe zwar Presl's Originale nicht vergleichen können, kann aber bei der Uebereinstimmung der Verästelung, der Richtung der Aeste, der Grösse, wie des Vorkommens nicht zweifeln, dass die Presl'schen Arten weder unter sich noch von der Kurr'schen Art verschieden sind. Chondrites cretaceus Presl steht der Varietät caespitosa Kurr sehr nahe, Sphaerococcites genuinus Presl ist ein aus Bruchstücken der Var. divaricata Kurr bestehendes Exemplar. Hieher gehören auch die bei Quenstedt (Jura, t. 39. f. 8. 9) abgebildeten Algen von Boll, welche ebenfalls den Kurr'schen Varietäten entsprechen.

Da Kurr den Formenkreis dieser Art zuerst richtig auffasste, so ist jedenfalls die von Kurr gegebene Bezeichnung beizubehalten, wenn auch Presl's Name die Priorität haben würde. Die Synonymie der Art würde sich demnach wie folgt ergeben:

Chondrites Bollensis Kurr.

Var. caepitosa Kurr (Chondrites cretaceus Presl, in Sternberg, Flora der Vorw., II. S. 103. t. 34. f. 3).

Var. elongata Kurr.

Var. divaricata Kurr (Sphaerococcites genuinus Presl, in Sternberg, Flora der Vorw., II. S. 104. t. 34. f. 4).

Calamiteae.

Auf Taf. XLVII. Fig. 1 gebe ich die Abbildung eines Fragments von Calamites Meriani Heer, nach einem im Lettenkohlen-Sandsteine von Sinsheim in Baden gefundenen, in Professor Blum's Sammlung befindlichen Exemplar. Diese Art, welche auch im Fränkischen Keuper z. B. bei Estenfeld, Buchbrunn etc. vorkommt, wurde von Brongniart als Equisetum Meriani beschrieben und abgebildet (hist. végét. foss., p. 112. t. 115. f. 13). Die angeblichen Aeste sind indess solche nicht, sondern lineare Blätter, welche bis zur Basis vollständig frei in Wirteln stehen, und nach den in der hiesigen Sammlung befindlichen Exemplaren und des verstorbenen Geheimen Rathes Schönlein Zeichnungen eine nicht unbedeutende Länge besessen haben. An dem abgebildeten Exemplar sind die Blätter nicht erhalten, dagegen das Fragment eines Astes, ferner, da ein Theil der Rinde des Stammstückes verloren gegangen, ist der Holzkörper theilweise entblösst, und zeigt im Gegensatze zu dem sogenannten Calamites arenaceus die breiten gewölbten Rippen, im Gegensatze zu den schmalen Rippen des Holzkörpers von Equsetites arenaceus. Die Zusammengehörigkeit dieser breitrippigen Calamiten mit Calamites Meriani geht aus Exemplaren der hiesigen Sammlung unzweifelhaft hervor, an diesen sind noch Reste von Blättern erhalten. Ein ziemlich gutes Bild der Pflanze giebt Heer's Abbildung (in dessen Urwelt der Schweiz, S. 51. f. 28).

Farne.

In den Palaeontographicis, IV. Taf. VIII. Fig. 7, befindet sich die Abbildung eines aus dem Jura von Nusplingen in Würtemberg stammenden, gefiederten Blattfragmentes, über welches Unger bei der unvollständigen Beschaffenheit desselben selbstverständlich keine bestimmte Ansicht ausspricht. Ein grösseres Fragment desselben Blattes, ebenfalls von Nusplingen, wurde von Quenstedt (Jura, t. 99. f. 8) abgebildet und Neuropteris limbata genannt. Die Sammlung der Universität zu Würzburg besitzt unter anderen Versteinerungen von Nusplingen ausser einigen unvollständigen Exemplaren dieser Art auch den Abdruck eines beinahe vollständig erhaltenen Blattes, dessen Abbildung ich mit der Charakteristik der Art gebe.

Dass das Blatt Taf. XLVIII. Fig. 2. den Farnen angehört, dürfte wohl nicht bezweifelt werden, und ebenso wird gegen seine Einreihung bei der Gattung Neuropteris nichts zu erinnern seyn. Allerdings erinnert dasselbe an die Blätter von Cycadeen; da es indess wegen des vorhandenen Mittelnerven, welcher übrigens nicht bis zur Spitze reicht, zum Typus der Gattung Cycas gehören würde, so wird sich, da die Anheftung der Fiedern an den Blattstiel widerspricht und auch Andeutungen von secundären Nerven vorhanden sind, die Einreihung bei den Cycadeen nicht rechtfertigen lassen. Das Blatt scheint nach dem Abdrucke zu schliessen von ziemlich derber Consistenz gewesen zu seyn; es ist gefiedert, im Umriss länglich zugespitzt, die Fiedern stehen fast horizontal, aber am obern Theile des Blattes schief ab; die Segmente sind ganzrandig, alternirend, mit den Rändern sich deckend, an der Spitze stumpf abgerundet, mit herzförmiger Basis sitzend, eiförmig, die obersten kürzer und schmäler. Der Blattstiel ist sehr stark, je ein Mittelnerv tritt aus ihm in das Segment ein, er verschwindet gegen die Spitze des Segmentes. Vom Mittelnerven aus ziehen sich gegen den Rand leichte Linien. Ob dies Andeutungen von Seitennerven oder Epidermisfalten wage ich nicht zu entscheiden. An dem Rande der Segmente ist ein schmaler Saum sichtbar, vielleicht durch das Vorhandenseyn randständiger Fructificationen hervorgerufen. Die Art steht Neuropteris intermedia Schimper und Mougeot (Monogr. pl. foss., t. 38) aus dem bunten Sandsteine nahe.

Neuropteris limbata Quenstedt, folia pinnata, segmenta alterna patentia integra, imbricata ovalia obtusa rotundata basi cordata sessilia, summa breviora angustiora, nervus primarius ante apicem evanescens, secundaria..., sporangia (?) in paginae inferioris margine insidentia. Das von Unger abgebildete Fragment gehört der Spitze, jenes von Quenstedt der Mitte des Blattes an.

Unter den in der palaeontologischen Sammlung zu München befindlichen Pflanzen aus dem Oolith von Scarborough und Whitby befindet sich eine Cyclopteris, welche, der ersten Gruppe der Gattung angehörig, Cyclopteris Huttoni Göppert am nächsten steht, von ihr durch die Grösse und die sehr tiefen Einschnitte sich unterscheidet, durch die Nervatur aber mit ihr übereinstimmt. Die Grösse und Tiefe der Einschnitte sind kein wesentliches Merkmal; es ist aber eine Form mit grösseren Blättern oder vielmehr richtiger, es sind grössere, tiefer getheilte Blätter derselben Pflanze, welche als ausgebildete Blätter angesehen werden dürfen, während Göppert's Abbildungen weniger entwickelte Blätter darstellen. Das Blatt ist in zwei Lappen getheilt, diese sind beinahe bis zur Basis getheilt, sie sind linear, ohne die fehlende Spitze 2½" lang, 4''' breit. (Taf. XLIX. Fig. 2.) Die Beschaffenheit des Exemplars erlaubte keine Untersuchung der Kohlenrinde, um aus der Structur Aufschluss über die Stellung der Gattung Cyclopteris zu erhalten. Mit Cyclopteris digitata Brongniart ist diese Art, wie Göppert richtig bemerkt, nicht zu vereinigen.

Zur Gattung Cyclopteris ist, wie ich glaube, auch Brongniart's Fucoides digitata (Brongniart, hist. végét. foss., I. p. 69. t. 9. f. 1), welcher später von Sternberg zu Zonarites (Sternberg, Flora der Vorw. II. S. 34) gezogen und unter letzterer Bezeichnung von Geinitz (Dyas. t. 26. f. 1—3) sehr gut abgebildet wurde, zu vereinigen. Es lässt sich nicht läugnen, dass die Theilung des Laubes mit jener von Zonaria und noch mehr von Chondrus analog ist, allein noch näher steht sie der Theilung des Laubes der Cyclopteris-Arten und der Gruppe von C. digitata Brongn. Ueberdies besitzen die von mir in der palaeontologischen Sammlung zu München untersuchten Exemplare aus dem Kupferschiefer von Eisleben sehr deutliche parallele Längsnerven, welche auch Geinitz sehr getreu darstellt. Sie ist mit C. Gümbeli Geinitz (Schizaeites Gümbel) verwandt, unterscheidet sich aber von ihr durch die kürzeren Lappen des weniger tief getheilten Blattes. Die Lappen sind an der Spitze stumpf und ungetheilt, nicht ausgeschnitten. Eine andere Art aus dem Oolith steht ihr ebenfalls nahe, sie ist von Bunbury (Quart. Journ. of geolog. Society, VII. t. 12. f. 3) als Baiera (?) gracilis abgebildet. Da für die Art aus dem Kupferschiefer der Name digitata nicht verwendet werden kann, würde ich für sie den Namen Cyclopteris linearis vorschlagen.

Ich habe Gelegenheit gehabt die Originalexemplare von Münster (Beiträge, V. S. 100) aus dem Kupferschiefer der beschriebenen Algen in der palaeontologischen Sammlung zu München zu untersuchen. Göppert und Geinitz haben diesen Arten bereits ihre richtige Stelle bei den Coniferen und Farnen angewiesen, und gehe ich auf eine dieser Arten näher ein, so geschieht dies nur deshalb, weil ich die Ansicht von Geinitz über dieselbe nicht ganz theilen kann. Nach genauer Untersuchung des Originalexemplars von Caulerpites bipinnatus Münster muss ich diese Art nicht bloss, wie dies schon von Geinitz geschah, mit Sphenopteris dichotoma Alth. (Dunker, Palaeontogr., I. S. 30. t. 4. f. 1) für identisch halten, sondern damit Caulerpites dichotomus Alth. (l. c. t. 4. f. 2. 3) und Caulerpites patens Alth. (t. 4. f. 3) vereinigen. Geinitz fasst die beiden letztern als eine eigene Art, Sphenopteris patens, (Sph. Althausi Brongn.) auf; allein vergleicht man die Abbildungen bei Althaus und die Exemplare, so wird man kaum an ihrer Identität zweifeln können. Münster's Caulerpites bipinnatus steht in der Mitte zwischen Sphenopteris dichotoma Alth. und den beiden Caulerpites-Arten desselben Autors. Die Fiederabschnitte sind bei diesen beiden Arten allerdings schmäler, allein die Fig. 4. bei Althaus hat ebenfalls solche schmälere Fiedern, Münster's Originalexemplar lässt sie ebenfalls erkennen, und bei Sphenopteris dichotoma Alth. fehlen sie nicht. Meines Erachtens entsprechen diese verschiedenen Formen, welchen überdies die Dichotomie des Blattstieles gemeinsam ist, verschiedenen

Theilen desselben Wedels. Fig. 2 und 3 gehören wahrscheinlich der Spitze, Fig. 4 der Basis an. Bei dieser Art ist indess nicht zu übersehen, dass sie den von Göppert (Nova Acta Leopold., XXVII. S. 494. t. 37. f. 5. 8), sodann von Schimper (le terrain de transition des Voges, t. 28) beschriebenen und abgebildeten Hymenophyllites- und Cyclopteris-Arten sehr nahe steht, und vielleicht in eine dieser Gattungen gebracht werden sollte. Ferner mache ich auf die Verwandtschaft mit Göppert's Gleichenites aufmerksam, mit welcher diese Art die Dichotomie der Wedel gemeinsam hat, welche Dichotomie auch bei Gymnogramme, z. B. G. pulchella Hooker vorkommt, denen diese Formen überhaupt näher stehen als den Gleichenien. Da die Erhaltung der von mir untersuchten Exemplare nicht von der Art ist, um den Nervenverlauf mit Sicherheit erkennen zu lassen, muss ich mich eines weitern Urtheiles enthalten.

Unter dem Namen Laminarites crispatus beschrieb Sternberg (Flora der Vorw., II. S. 35. t. 24. f. 3) aus dem mittleren Keuper von Abtswind am westlichen Rande des Steigerwaldes einen Pflanzenrest, dessen Stellung unter den Algen bisher nicht bezweifelt wurde, wie ihn denn auch Brongniart für eine Alge, Delesserites crispatus, erklärt. Vollständigere Exemplare, welche zum Theil in der Sammlung der hiesigen Universität, zum Theil in der Sammlung des Herren Inspector Zelger zu Würzburg sich befinden, haben mich überzeugt, dass diese Sternberg'sche Art nicht zu den Algen, sondern zu den Farnen und zwar zur Gattung Schizopteris gehört. Was Sternberg von dieser Pflanze abbildet, (das Originalexemplar befindet sich in der Münchener Sammlung) ist das Fragment eines Fiederabschnittes und zwar von dem oberen Theile desselben.

Diese Art, deren Vorkommen im Keuper desshalb von Interesse ist, weil alle bisher bekannten Arten älteren Formationen angehören, zeichnet sich durch die sehr dicke, nach der Spitze des Blattes dünner werdende Rhachis aus. Die Blattfläche ist tief fiederspaltig eingeschnitten, die Fiederabschnitte selbst ebenfalls tief fiedertheilig, länglich, unregelmässig gelappt, die Lappen stumpf ganzrandig oder an der Spitze gespalten. Die Rhachis ist mit ziemlich tiefen kegelförmigen Eindrücken versehen, welche auf das Vorhandenseyn von kurzen Höckern oder Stacheln deuten. Aus der Rhachis treten Seitennerven, diese sind ebenfalls ziemlich stark. Keines der mir vorliegenden Exemplare lässt weitere Spuren von Nerven erkennen. Unter den bekannten Schizopteris-Arten scheint sie mir der Schizopteris Gutbieriana Geinitz (Verstein. der Steinkohlenform. Sachs., S. 19. t. 25. f. 11—14) am nächsten zu stehen. Sie übertrifft diese Art an Grösse und unterscheidet sich von ihr durch die unregelmässige Theilung der Fiedern, in welcher Hinsicht sie der Schizopteris lactuca Presl näher steht. Das sehr wohl erhaltene, Taf. XLVII. Fig. 2 abgebildete Exemplar befindet sich in der Sammlung Herren Inspectors Zelger.

Schizopteris pachyrhachis, rhachis crassa, folia bipinnatifida, laciniae primariae patentes oblongae, secundariae obtusae vel emarginatae, irregulariter lobatae, nervus primarius crassus.

Taf. XLVII. Fig. 2.

Im mittleren Keupersandstein von Abtswind am Steigerwalde, von Turnau (M. S!), im Lettenkohlen-Sandstein von Estenfeld und Erlach bei Würzburg (W. U. S! Insp. Zelger!), von Kronungen bei Schweinfurt (Inspect. Zelger!).

Die Sammlung Herrn Hofraths Blum zu Heidelberg, welche die Pflanzen des Badischen Keupers in fast durchaus ausgezeichneten Exemplaren besitzt, enthält unter andern Exemplare von **Danaeopsis marantacea** Heer (**Teniopteris marantacea** Presl) von vorzüglicher Schönheit. Unter diesen befindet sich auch das Taf. XLVIII. Fig. 1 abgebildete Exemplar, von Interesse wegen der von der normalen Ausbildung der Segmente abweichenden Entwickelung. An den normal ausgebildeten Blättern sind die Segmente von bedeutender Länge, länglich, ganzrandig. Bei dem abgebildeten Exemplar dagegen sind die Segmente der einen Blatthälfte normal entwickelt, an der entgegengesetzten Blatthälfte dagegen verläuft eine ununterbrochene Blattfläche, welche tief gekerbt ist, so dass ein breiter, gelappter Rand an der Rhachis entsteht. Aehnliche Umbildungen der Fiedern finden sich auch bei der Gattung Angiopteris, welcher Gattung die Blätter der im Keuper vorkommenden Art überhaupt nahe stehen.

Aus dem Keuper Franken's sind bis jetzt zwei Farnstämme bekannt geworden, deren einen ich früher (Verhandl. der physik. mediz. Gesellsch. zu Würzburg, VIII. S. 212. t. 9. f. 1—3) unter dem Namen **Chelepteris strongylopeltis** beschrieben und abgebildet habe. Da jene Abbildung zwar genau, aber nur unvollständig ausgeführt ist, gebe ich hier eine nach dem jener Zeichnung zu Grunde liegenden Original (Taf. XLIX. Fig. 3—5), aus welcher ersichtlich ist, dass dieser von einem neuerdings in den Steinbrüchen zu Estenfeld gefundenen verschieden ist. Bei a sind Spuren von Nebenwurzeln sichtbar; Fig. 4. 5 stellen die Blattnarben isolirt dar. Der zweite neuerdings gefundene Stamm ist nicht vollständig erhalten, da die Basis und Spitze fehlt. Das Fragment ist beinahe 1" lang, 5" breit, ziemlich stark zusammengedrückt, und nach der fast ganz gleichen Breite zu schliessen, gehört es der Mitte des Stammes an. Die Blattkissen sind sehr gross, entfernt stehend, herablaufend, die Blattnarben oval mit einem einzigen, sehr undeutlichen, hufeisenförmig gebogenen Gefässbündel. Die Blattkissen treten ungeachtet ihrer Grösse nicht sehr stark hervor wegen des auf den Stamm stattgehabten Druckes. In dem Zwischenraum zwischen den Blattkissen befinden sich die vertieften Abdrücke zahlreicher Nebenwurzeln. Diese sind, nach den Abdrücken zu schliessen, cylindrisch, hin und hergebogen, am Stamme herablaufend, etwa von der Dicke einer Rabenfeder. Der Stamm gehört ebenfalls der Gattung Chelepteris Corda an, und ist mit Chelepteris Voltzi Schimper et Mougeot verwandt. Wie bei dieser Art, stehen die Blattnarben nicht dicht gedrängt, sondern durch grössere Zwischenräume getrennt, die Blattnarben sind jedoch bei unserer Art grösser und das Blattpolster stärker.

Ich bezeichnen die Art als:

Chelepteris macropeltis; truncus arboreus erectus, pulvini prominuli decurrentes remoti, foliorum cicatrices ovales magni, vasorum fasciculus simplex hippocrepicus, radices adventitiae cylindricae flexuosae inter foliorum interstitia erumpentes adpressae.

Taf. XLVI. Fig. 1.

Im Lettenkohlen-Sandsteine von Estenfeld bei Würzburg (W. S.!)

Welcher Farnart der Keuperformation dieser Stamm angehört habe, dafür habe ich keine Anhaltspunkte. Seine Grösse spricht dafür, dass er einer der grösseren Farnarten angehört habe und desshalb wohl der Stamm von Danaeopsis marantacea seyn kann, während Chelepteris strongylopeltis einer kleinern Art angehört hat.

Coniferen.

Von Unger wird unter den Lycopodiaceen aus dem Oolith und Scarborough Lycopodites Williamsonis Brongniart aufgeführt, welcher von Brongniart (tableau des genres des vég. foss., p. 106) als Palissya Williamsonis zu den Coniferen gezogen wird, wohin ihn auch Bunbury (l. c. p. 192) bringt. Ich habe diese Art in drei Exemplaren untersucht, und halte die Versetzung derselben zu den Coniferen für ganz gerechtfertigt. Dafür spricht nicht allein die grosse Aehnlichkeit mit andern fossilen Araucarites-Arten und der Araucaria excelsa der Jetztwelt, sondern auch die Structur der Epidermis des Blattes, welche jener der Araucaria excelsa sehr nahe verwandt ist. Ich halte die Einfügung der Art in die Gattung Palissya daher nicht für angemessen, sondern würde sie der Gattung Araucarites zuzählen.

Ist der von Lindley abgebildete Zapfen (foss. Flora, II. t. 93) ein männlicher oder weiblicher, so entspricht er in keinem Fall jenem von Palissya, wie ich sie von Veitlahen und Bamberg kenne, er entspricht aber auch nicht den weiblichen Blüthenständen und den Zapfen von Araucaria. Dagegen glaube ich nicht zu irren, wenn ich ihn mit dem männlichen Blüthenstand von Araucaria excelsa vergleiche (Göppert, foss. Conifer., t. 45. f. 2). Der zapfenförmige Blüthenstand kann ebenso wenig von einer Lycopodiacee stammen, da er von den bekannten Sporenfruchtständen dieser Gruppe, wie jenen der Lepidodendreen wesentlich abweicht. Durch seine aufrechten, angedrückten, an der Spitze nicht zurückgekrümmten Schuppen weicht er von den Zapfen der Araucarien ebenso sehr ab. Ist er dagegen der männliche Blüthenstand einer Araucarites-Art, so widerspricht weder die Form des ganzen Blüthenstandes, noch die Gestalt und Richtung der einzelnen Schuppen einer solchen Deutung.

Münster beschrieb aus dem Jura von Daiting bei Monheim einen Pflanzenrest, welchen er den Namen Psilotites filiformis beilegte und ihn mit Psilotum triquetrum vergleicht (Beitr., V. S. 108. t. 13. f. 11. t. 15. f. 20). Ich habe das Originalexemplar dieser Münster'schen Art in der palaeontologischen Sammlung zu München einer sehr genauen Untersuchung unterworfen, konnte mich indess weder von der Richtigkeit der Münster'schen Angaben in ihrer ganzen Ausdehnung, noch von der Analogie mit Psilotum überzeugen. Das Fragment besteht, wie die Münster'sche Abbildung dies auch darstellt, aus einem untern dickern Theile, an welchem ein viel dünnerer oben verästelter stengelartiger Theil ansitzt. Der untere dickere Theil besteht, soweit er überhaupt vorhanden, aus Kalkspath, an welchem jedoch nichts mit Sicherheit zu erkennen ist; an der Stelle, an welcher der Kalkspath fehlt, nimmt man auf dem Gestein Eindrücke wahr. Diese sind gleichfalls sehr undeutlich, aber sie haben Aehnlichkeit mit den Blättern an Arthrotaxites; der dünne stengelartige obere Theil lässt selbst bei einer sehr starken (20 mal) Vergrösserung nichts erkennen, was der Fig. 20 auf Taf. 15 bei Münster entspräche. Man sieht dagegen, dass beim Spalten der Platte dieser stengelartige Theil ungleich sich getrennt hat, die Gegenplatte also die fehlenden Theile enthalten muss. Diese Unebenheiten sind von Münster für die auf Taf. 15 Fig. 20 abgebildeten Blätter gehalten worden, sie haben aber weder die Stellung, noch das Aussehen, welches ihnen Münster beilegt. Nach oben theilt er sich in zwei Aeste, von welchen der eine sich nochmals verästelt. Dieser oberste Theil ist dann von den dendritenartigen Zeichnungen umgeben, welche auch längs des unteren Theiles sich finden. In der Münster'schen Abbildung sind sie offenbar benutzt worden, um die Verästelung zu vervollständigen. Mit Psilotum, ich konnte Psilotum triquetrum Sw. in ganz vorzüglichen Exemplaren lebend vergleichen, finde ich nur eine sehr entfernte Aehnlichkeit. Dagegen glaube ich in diesem Rest einen der Gattung Arthrotaxites angehörigen Erhaltungszustand zu erkennen, wenn man überhaupt über solche schlecht erhaltene Pflanzenreste eine Ansicht äussern darf. Es scheint mir das Fragment einer Zweigspitze von Arthrotaxites zu seyn, bei welcher der Holzkörper allein erhalten ist, die Blätter sammt der Rinde verloren gegangen sind. An dem unteren Theil dagegen sind die Blätter, aber sehr schlecht erhalten.

Monokotyledonen-Reste sind im Jura keine häufige Erscheinung, und es musste daher der Nachweis einer Monokotyledone aus dem Jurakalk Franken's, welche Unger (Palaeontogr., IV. S. 42. t. 8. f. 12) als Cyperites tuberosus beschrieb, von besonderem Interesse seyn. Das von Unger bestimmte Exemplar, Original der citirten Abbildung, befand sich ursprünglich in der Leuchtenbergischen Sammlung zu Eichstädt, mit welcher es nach München kam. Es wurde von Herrn Conservator Dr. Frischmann in den Brüchen bei der Fasanerie von Eichstädt gesammelt.

Die Untersuchung des Originalexemplars und seiner Gegenplatte hat mich überzeugt, dass dasselbe nicht zu den Monokotyledonen, sondern zu den Coniferen gehört, und nichts anderes als ein unvollständig erhaltener Zweig von Arthrotaxites ist, dieser in den Kalkschiefern von Solenhofen und Eichstädt so häufigen Coniferen-Gattung.

Unger's Abbildung ist im Allgemeinen getreu, indess sind die Blattreste des Zweiges, welche er als Schuppen eines Rhizoms bezeichnet, viel stärker hervortretend dargestellt, als dies wirklich der Fall ist. Von der Basis bis zur Mitte des Zweiges (Unger's Rhizom) erkennt man an dem Original Spuren zweizeilig gestellter Blätter. Dann ist auf eine kurze Strecke der Holzkörper blossgelegt, an diesem treten zwei Seitenzweige aus, von welchen der untere bis zu seinem Ursprung aus dem Holzkörper verfolgt werden kann. Diese Seitenzweige sind von Unger für aus dem Rhizom hervortretende Wurzelfasern erklärt worden, Blattreste, welche an ihnen ansitzen, für knollenartige Anschwellungen. Der obere Theil des Zweiges hat dann wieder Spuren von Blättern, aus deren oberstem Paar der entblösste Holzkörper hervorragt, aus welchem dann noch zwei grössere Seitenzweige, mit Blattfragmenten versehen, ihren Ursprung nehmen. Die Gegenplatte verhält sich ebenso, nur treten an einzelnen Stellen die Blätter deutlicher hervor.

Volle Gewissheit giebt die Untersuchung einer Reihe von Exemplaren der Arthrotaxites-Arten in verschiedenen Erhaltungszuständen. Die palaeontologische Sammlung zu München enthält Exemplare von Arthrotaxites, deren Rinde und Blätter vollständig verloren gegangen ist, so dass nur der Holzkörper der Zweige, entweder mit Seitenzweigen versehen oder ohne dieselben, aber dann mit vertieften Narben derselben, vorliegt. Ein Exemplar von Arthrotaxites Frischmanni Unger besitzt an seinem untern Theile vollkommen gut erhaltene Blätter, der obere Theil dagegen besteht aus dem entblössten Holzkörper. Eines der instructivsten Exemplare, zu Arthrotaxites princeps Unger gehörig, dessen Abbildung ich gebe (Taf. XLIX. Fig. 1), vereinigt die Charaktere von Cyperites tuberosus Unger und Arthrotaxites princeps Unger und liefert den schlagendsten Beweis für die Identität beider. Bis zur Mitte des Zweiges befinden sich an ihm theilweise geknickte, mit wohlerhaltenen Blättern versehene Zweige oder vertiefte Ansatzstellen derselben; am obern Theile des Zweiges befindet sich auf der einen Seite noch ein wohlerhaltener geknickter Seitenzweig; jene auf der entgegengesetzten Seite haben die Blätter grösstentheils verloren und der dünne Holzkörper ist allein erhalten. Da wo die Blätter noch vorhanden sind, sind sie meist schlecht erhalten, nur wenige sind besser erhalten. Die Vergleichung dieses Zweiges wird zur Genüge darthun, dass die hinsichtlich des Münster'schen Psilotites filiformis geäusserte Ansicht nicht ganz jeder Begründung entbehrt.

In der Zeitschrift der Deutschen geologischen Gesellschaft (IV. S. 539) beschreibt Herr von Schauroth einen im mittleren Keuper gefundenen Coniferen-Stamm als Voltzia

Coburgensis. Die Vergleichung von Originalexemplaren, welche ich der gütigen Mittheilung Herrn von Schauroth's verdanke, überzeugte mich, dass dieselben Stammreste auch in der Lettenkohle von Estenfeld bei Würzburg vorkommen. Wie schon Herr von Schauroth mittheilte, finden sich dieselben auch bei Zeil und Bamberg in dem mittleren Keuper.

Die Stammstücke der Sammlung der hiesigen Universität sind sämmtlich mehr oder weniger zusammengedrückt, ihre Blattnarben verlängert rhombisch, dicht an einander liegend, spiralig gestellt; der Durchmesser der Stammstücke wechselt zwischen 1—1½ Zoll. An einigen Stellen ragen stumpfe Höcker hervor, ohne Zweifel, Reste abgebrochener Aeste. Die Form der Blattnarben stimmt mit jenen des von Schimper (Monogr., t. 17. f. 1) abgebildeten Zweiges von Voltzia heterophylla aus dem bunten Sandstein überein, sie sind jedoch breiter und länger, einander mehr genähert; eine Verschiedenheit, welche mit der verschiedenen Altersstufe zusammenhängt; jedenfalls werden die mir vorliegenden Stammreste älteren Stämmen angehört haben. Sie sind dagegen länger und schmäler, als sie Schauroth's Abbildung darstellt (l. c. S. 539). Abgesehen von der grösseren Breite und gedrängten Stellung der Narben haben die im Keuper vorkommenden Stämme grosse Aehnlichkeit mit den von Schimper (Monogr., t. 20) als Stämme von Yucrites abgebildeten Stammresten. Sämmtliche mir zu Gebote stehende Exemplare gestatteten keine mikroskopische Untersuchung, da der theilweise vorhandene pulverig kohlige Ueberzug sich als structurlos erwies.

Ausser diesen Stammfragmenten liegen mir vom Buchberge bei Coburg beblätterte Zweigfragmente und Zapfenschuppen einer Conifere vor, welche den beblätterten Zweigen und Zapfenschuppen von Voltzia heterophylla sehr nahe stehen und ohne Zweifel ebenfalls der Gattung Voltzia angehören. Sie sind Eigenthum der palaeontologischen Sammlung zu München und scheinen von Berger an Grafen Münster mitgetheilt worden zu seyn. Die beblätterten Zweige sind wahrscheinlich mit Berger's Lycopodiolithes arboreus identisch, indess kann ich jetzt Berger's Schrift nicht vergleichen. Ein Zweigfragment mit Aestchen besitzt die Sammlung zu Coburg; auf dessen Rückseite befindet sich das Fragment eines stark gequetschten Zapfens. In den Brüchen von Estenfeld kommen zuweilen männliche Blüthenstände einer Conifere vor, welche jenen von Voltzia heterophylla sehr nahe stehen und wohl ebenfalls dieser Gattung angehören. Beblätterte Zweige sind mir aus Fränkischen Fundorten mit Ausnahme der in der Münchener Sammlung befindlichen Exemplare aus dem mittleren Keuper des Schwanberges bei Kitzingen nicht bekannt geworden, dagegen das Fragment eines Zapfens, welches ich früher (Verhandl. der physik. mediz. Gesellsch. zu Würzburg, IX. S. 273. t. 4. f. 4) beschrieb und abbildete.

Die Frage, ob alle diese Reste einer Art angehört haben, glaube ich bejahen zu müssen. Im Fränkischen Keuper kommen Stämme, Blüthenstände und Zapfenfragmente in den gleichen Etagen des Keupers vor, die bei Coburg gefundenen Zweige scheinen aus den bunten Mergeln des mittleren Keupers zu stammen, wie aus der Darstellung von Schauroth (Zeitschrift der Deutschen Geolog. Gesellsch. V. S. 698) hervorgeht. Dem mittleren Keuper Coburg's gehören aber die Stammreste ebenfalls an. Unter diesen Umständen wird es wohl gerechtfertigt seyn, sämmtliche Reste einer Art angehörig zu betrachten. Es fragt sich ferner, ob die in der Lettenkohle und dem mittleren Keuper des Canton Basel vorkommenden Reste der Gattung Voltzia hiehergezogen werden müssen. Ich glaube ja, da sowohl das Vorkommen als auch die Uebereinstimmung in der Form der Schuppen dafür spricht.

Der Voltzia heterophylla, var. brevifolia des bunten Sandsteines steht diese Art sehr nahe, jedoch sind die Blätter an der Basis etwas dicker, sie sind mehr zugespitzt und mit der Spitze gegen den Zweig gekrümmt. Die Schuppen, an den von mir abgebildeten Exemplaren nicht vollständig erhalten, sind gekerbt, die Kerben durch einen tieferen Einschnitt getrennt als dies bei Voltzia heterophylla der Fall, gegen die Basis sind sie verschmälert, allein bei nicht stark gequetschten Schuppen, wie eine solche von Heer (l. c. S. 52. f. 29. a) abgebildet wird, in einen schmäleren Nagel rasch zusammengezogen. Darin stimmen auch die Schuppen der in den Schiefern von Raibl gefundenen Pflanze überein, wie ich dies aus dem in der Sammlung des hiesigen botanischen Gartens befindlichen Exemplare sehe. Mit der im Bonebed vorkommenden Voltzia haben sie überhaupt keine Uebereinstimmung. An den Exemplaren der Münchener Sammlung bemerkt man auf der Innenfläche einen vertieften Eindruck, dessen oberer Rand seicht ausgerandet ist. Der Eindruck rührt ohne Zweifel von Samen her, deren zwei vorhanden gewesen seyn müssen. Es ist meiner Ansicht eine dem Keuper eigenthümliche Art, welche jener des bunten Sandsteines nahe steht, mit ihr auch die Eigenthümlichkeit theilt, verschiedengestaltete Blätter zu besitzen, mit ihr den Habitus gemeinsam hat, aber die Form der Blätter, wie jene der Schuppen lassen sie als eine besondere Art unterscheiden, für welche Schauroth's Bezeichnung, Voltzia Coburgensis, beizubehalten ist.

Voltzia Coburgensis Schaur.; truncus cylindricus ramosus, foliorum cicatricibus obverti, cicatrices rhomboidales approximatae nunc elongatae, nunc abbreviatae, rami verticillati, ramuli pinnatim distichi, folia linearia acuta mucronata spiraliter posita, nunc elongata, nunc breviora lineari-conica uncinata, amenta mascula oblonga, strobili cylindrici squamae rotundatae-spathulatae basin versus attenuatae crenatae, crenae quinque rotundatae obtusae, semina in quavis squama bina.

Taf. XLVI. Fig. 2. Taf. XLVIII. Fig. 3—5.

Im Lettenkohlen-Sandsteine von Estenfeld bei Würzburg, bei Buchbrun, Erlach, im mittleren Keuper des Schwanberges bei Kitzingen (M. S! W. S!); von Zeil am Maine bei Bamberg (B. S! B. S!); von Coburg (C. S! M. S!); in den schwarzen Schiefern von Raibl (W. S!).

Dithyrocaris

aus dem

Rheinischen Devon-Gebirge.

Von

Rudolph Ludwig.

Taf. L. Fig. 1. 2.

Zwischen Butzbach und Pohlgöns verläuft der am Hausberge hoch emporgehobene Spiriferen-Sandstein in eine schmale, beiderseits von Orthoceras-Schiefer, Stringocephalen-Kalk und Kramenzel-Schichten überlagerte Sattelfalte, welche, am rothen Berg unter Lehmbedeckung anstehend, vor einigen Jahren durch Schurfbaue nach Eisenstein entblösst ward. Das Gestein ist ein mürber gelblichweisser Schiefer mit Avicula bifida Sdbgr., Pterinea ventricosa Goldf., Sanguinolaria unioniformis Sdbgr., Nucula unioniformis Sdbgr. und unbestimmbaren Criniten. Darin fand sich auch der wohlerhaltene Rest der abgebildeten Dithyrocaris breviaculeata.

Die Schichten des Kramenzels (obere Abtheilung der Devon-Formation) umschliessen hinter der Burger Eisenhütte bei Herborn im Dill-Thale Kalklager mit den Versteinerungen des Goniatiten- oder Clymenien-Kalkes, worin Herr C. Koch zu Dillenburg den Hintertheil einer andern Dithyrocaris entdeckte, welche ich ihm zu Ehren D. Kochi nannte.

1. Dithyrocaris Kochi Ldwg. Taf. L. Fig. 1. a. b. c.

Vorderschild des Thieres nur in einem Bruchstücke vorhanden. Hinterschild aus einem oben dreifach gezackten, unten zugerundeten, in einen breiten Stachel verlaufenden, flachgewölbten Schilde und zwei Seitenstacheln bestehend; ist sohin dreistachelig. Der Schild ist oben am breitesten, flach ausgebuchtet, so dass beiderseits und in der Mitte seines obern Randes drei stumpfe Spitzen hervorstehen; er ist oben gesäumt, seine äussere Fläche glatt, die innere gekörnt. Unten zieht er sich allmählich zusammen und verläuft in einen breiten gekielten Stachel. Der Kiel ist rund und entspricht einer auf der innern Seite eingetieften Furche. Die Flächen des Stachels besitzen Fiederstreifung. Die Seitenstacheln greifen unter den Schild, sind messerförmig, rund gekielt und an ihrem nach innen gekehrten Rande verdickt; sie besitzen eine senkrecht zu ihrer Länge stehende feine Streifung.

Die Breite des Schildes beträgt oben 8 Mm., seine Länge 8 Mm.; der mittlere Stachel ist 18 Mm. lang und oben 4 Mm. breit, die Seitenstacheln haben 24 Mm. Länge und 3 Mm. Breite.

Das Hintertheil der Dithyrocaris testudinea Morr. aus dem Kohlenkalke Derbyshire's besteht aus einem längern Schilde mit kürzern Stacheln und unterscheidet sich dadurch von unserer Art.

Fig. 1. Ansicht von unten, in natürlicher Grösse, mit einem Bruchstücke vom Vorderschilde; 1a. Ansicht von oben, natürliche Grösse; 1b. Ansicht von unten, doppelte Grösse; 1c. Ansicht von oben, doppelte Grösse.

Die Substanz der Versteinerung ist ein gelblicher, durchscheinender, hornartiger Körper, welcher in einem grauen bituminösen Kalke liegt.

Aus dem Goniatiten-Kalk des Kranenzels bei Burger Eisenhütte im Dill-Thale. Ein Exemplar von oben und unten sichtbar in der Sammlung des Herrn C. Koch zu Dillenburg.

2. **Dithyrocaris breviaculeata** Ldwg. Taf. L. Fig. 2.

Vorderschild nicht bekannt. Hinterschild fast quadratisch, oben flach bogenförmig begrenzt, flach gewölbt, unten in einen breiten, flachen, kurzen, breitgekielten, quergestreiften Stachel endigend, mit zwei langen, schmalen, ebenfalls gekielten, unter den Schild greifenden Seitenstacheln.

Länge und Breite des Schildes 5 Mm.; Länge des Mittelstachels 9 Mm., Breite desselben 3,5 Mm.; Länge der Seitenstacheln 15 Mm., Breite 2 Mm.

Das in meiner Sammlung befindliche einzige Exemplar liegt im Thonschiefer fest und ist nur von der innern Seite sichtbar. Fig. 2 giebt eine Abbildung desselben in natürlicher Grösse.

Im Schiefer des Spiriferen-Sandsteines der Devonischen Formation bei Butzbach.

Pteropoden

aus dem

Devon in Hessen und Nassau,

sowie aus dem

Tertiär-Thon des Mainzer Beckens.

Von

Rudolph Ludwig.

Taf. L. Fig. 3—27.

Manche Schiefergesteine des Devonischen Schichtensystems Hessen's und Nassau's sind überfüllt mit kleinen Pteropoden-Schälchen, so dass sie den Namen Tentaculiten- oder Styliola-Schiefer verdienen. In andern Schichten kommen mehrere Pteropoden-Arten einzeln vor; es sind dies besonders grössere Arten, als: Conularia, Coleoprion, Pugiuncula, Cleodora und Cornulites.

Wir wollen nun zuerst die mit den Pteropoden zusammenvorkommenden Reste betrachten, um daraus auf das Alter der Lagerstätte schliessen zu können. Conularia subparallela Sdbgr., Coleoprion gracilis Sdbgr., Cornulites (Tentaculites) scalaris Schloth. und die neuen Arten Cleodora ventricosa Ldwg., C. longissima Ldwg. und C. curvata Ldwg. finden wir mit Spirifer macropterus Goldf., Chonetes dilatata F. Röm., Rhynchonella pila Schnr., Pterinea fasciculata Goldf., Pleurotomaria crenato-striata Sdbgr., Phacops laciniatus Röm. u. s. w., also unzweifelhaft im Spiriferen-Sandsteine, dem ältesten Gliede der Rheinischen Devon-Gesteine.

Zwischen Ziegenberg, Langenhain und Niedermörlen im Usa-Thale (nächst Bad Nauheim) stehen sandige Thonschiefer an, welche, auf Spiriferen-Sandstein mit den bezeichnenden Versteinerungen ruhend, Spirifer calcaratus Sowb., Pleurotomaria subcarinata Sdbgr., Bellerophon lato-fasciolatus Sdbgr. und die neue Art Tentaculites durus Ldwg. in Menge bergen. Diese Schichten entsprechen dem Orthoceras-Schiefer der Devonischen Formation. Der am Hausberg anstehende, durch Orthoceras triangulare Arch. Vernl., O. undato-lineolatum Sdbgr., O. regulare Schloth., Goniatites subnautilinus Sdbgr., Phacops brevicauda Sdbgr. bezeichnete Orthoceras-Schiefer wird überlagert von einer Bank grauen Thonschiefers mit unzähligen Schälchen, welche denen von Tentaculites multiformis Sdbgr. und T. subcochleatus Sdbgr. ähneln.

Diese Schichten könnten noch zum Orthoceras-Schiefer gehören, in welchem man nach Sandberger bei Wissenbach einzelne Pugionulus unguiformis Sdbgr., P. fasciculatus Sdbgr. und P. rimulosus Sdbgr., sowie Tentaculites subcochleatus, und bei Mandersbach Gesellschaften von Tentaculites sulcatus Römr. entdeckt hat.

Im Stringocephalen-Kalke Nassau's sind nach Sandberger vorgekommen: Conularia deflexicosta Sdbgr. und der sehr lange Tentaculites gracillimus Sdbgr., dessen Unterende noch unbekannt und welcher vielleicht etwas anderes ist. Am reichsten an Arten und Fundorten ist die obere Abtheilung der Devonformation, der Kramenzel-Schiefer.

Zwischen Mandersbach und den Löhren bei Dillenburg stehen nach den Mittheilungen des Herrn C. Koch mit südöstlichem Einfallen folgende Schichten an.

1. Zu unterst blaugrauer Thonschiefer mit Kalknieren, darin: Orthoceras regulare Schloth., Goniatites compressus Beyr., Phacops latifrons Bronn, Phacops laciniatus F. Römr. u. s. w.; also unzweifelhaft Orthoceras-Schiefer.

2. Diorit, dem Norwegischen Norit ähnlich.

3. Dünne Bank Adinol-Conglomerat, bedeckt von dünn geschichtetem Adinol-Schiefer mit Glimmer.

4. Schwarzblauer Schiefer mit einzelnen, mit weissem Kalkspath ausgefüllten Röhrchen und vielen neuen, denen des Vilmarer Stringocephalen-Kalkes ähnlichen Versteinerungen, deren Beschreibung sich Herr Koch vorbehält (vielleicht Lenne-Schiefer Dechen).

5. Grauer Thonschiefer mit vielem Glimmer, südlich einfallend. Darin Orthoceras regulare Schloth., O. planiseptatum Sdbgr., Phacops cryptophthalmus Emmr., Cylindraspis macrophthalmus Sdbgr., Cypridina serrato-striata Sdbgr., (?) Goniatites late-septatus Beyr., mehrere neue Brachiopoden, sowie mit Coleoprion brevis Ldwg. und Stylista bicanaliculata Ldwg. Diese Schicht möchte wohl zum untern Kramenzel gehören.

6. Sehr zerklüftete blaugraue Schiefer mit undeutlichen Pflanzenresten.

7. Rauhe Sandsteinbänke mit Glimmer und kieseligem Bindemittel, ohne Versteinerungen.

8. Dunkele und zerklüftete Thonschiefer, ohne Versteinerungen.
9. Diabas und Labrador-Porphyr.

Die Schichte 5 enthält vorzugsweise solche Reste, die auch in dem Nassauischen Cypridinen-Schiefer und Goniatiten-Kalk sich finden; ich stellte sie deshalb unbedenklich zum Kramenzel, und sehe sie an als zu einer der zahlreichen schmalen Falten gehörig, welche die obere Abtheilung der Devonformation in der Nähe von Dillenburg bildet.

An einer anderen Stelle im Dillenburgischen, bei Eisemroth, fand ich vor einigen Jahren Pteropoden-Reste in einem grünlichen Adinol-Schiefer und in den denselben begleitenden Thonschiefern. Herr C. Koch hatte die Güte, die Schichten genauer zu untersuchen, und theilt über ihr Lagerungsverhalten folgendes mit.

Die Fundstätte liegt im Thale von Eisenroth nahe bei der Pauschenberger Mühle. Die Sandstein-Schichten mit Calamites transitionis Göpp. und die Schiefer-Schichten mit Posidonomya acuticosta Sdbgr. und Goniatites crenistria Phill., sowie die dazu gehörigen Kieselschiefer, sämmtlich Glieder der untern Steinkohlen-Formation (Culm), herrschen vor und überlagern das von Koch in seiner Abhandlung über die paläozoischen Schichten und Grünsteine in den Herzoglich Nassauischen Aemtern Dillenburg und Herborn als Eisenspilit bezeichnete Diabas-Gestein mit freiem Eisenoxyd. Von Norden nach Süden herabsteigend, überschreitet man an der Chaussee folgende entblösste Schichten, deren Einfallen steil südlich ist.

1. Diabas-Gestein (Eisenspilit), darauf liegt:
2. Sehr zerklüfteter, eisenschüssiger Thonschiefer mit Styliola intermissa und St. lubrica Ldwg.
3. Blauer Thonschiefer mit Avicula rotundata Sdbgr., Tainicyathus trochiformis Ldwg., Styliola lubrica, St. intermissa Ldwg. und Coleoprion brevis Ldwg.
4. Dunkelgrauer Adinol-Schiefer mit punktfeinen Glimmerblättchen, mit Styliola lubrica Ldwg. und Tentaculites tenuicinctus = Styliola tenuicincta Röm.
5. Blauer Thonschiefer mit Styliola lubrica.
6. Hellgrüner Adinol-Schiefer (gelb verwitternd) mit Cylindraspis macrophthalmus Sdbgr. und Styliola crenato-striata Ldwg.
7. Hellgrünlich grauer Thonschiefer mit Styliola bicanaliculata Ldwg.
8. Sandstein und Conglomerat, durch eine schwache Bank Thonschiefer getrennt, ohne Versteinerungen.
9. Hellgrüner Thonschiefer wie Nro. 7.
10. Eine dünne Bank Hornstein.
11. Thonschiefer, meist unter Lehm und Rasen versteckt.
12. Blauer Thonschiefer mit Styliola, wie Nro. 3.
13. Quarziger Sandstein ohne Versteinerungen.

14. Eisenspilit.
15. Quarziger Sandstein.

Die Styliola führenden Schichten sind auf 1000 Meter Länge aufgeschlossen, sie kommen mit Avicula rotundata, Cylindraspis macrophthalmus und Tainicyathus trochiformis, mit Thierresten vor, welche im Dillenburgischen die Kramenzel-Formation bezeichnen; ich stelle sie also zur obern Abtheilung der Devon-Formation. Sie setzen eine durch den Culm-Schiefer heraufragende Sattelfalte zusammen.

In der Nähe von Biedenkopf, am Rosberge bei Ludwigshütte, lagern zu unterst Orthoceras-Schiefer, denen Quarzite, Thon- und Grauwacken-Schiefer mit Pflanzenresten und endlich blaue, Kalkknollen einhüllende Thonschiefer mit Cylindraspis macrophthalmus Sdbgr., Phacops cryptophthalmus Emmr., Styliola lubrica, St. tenuicincta, Tentaculites typus Richt., und Cypridina serrato-striata Sdbgr. folgen. Diese Schicht wird weiterhin von Sandstein und von rothem Cypridinen-Schiefer überlagert; sie ist derjenigen gleich, welche wir oben schon als zwischen Mandersbach und Dillenburg anstehend kennen lernten. Ein ganz ähnliches Vorkommen tritt zwischen Ludwigshütte und Mandersbach bei Lixfeld und Hirzenhain im Nassauischen hervor. Die fast schwarzen Schiefer umschliessen daselbst Styliola crenato-striata Ldwg., Styliola Richteri Ldwg. (= Tentaculites striatus Richt.) und Styliola tenuicincta Römr. Bei Hatzfeld an der Eder stehen Thonschiefer-Schichten der obern Devon-Formation mit Styliola lubrica als Sattelkuppe aus den Kiesel- und Posidonomyen-Schiefern des Culm hervor, sie bilden im Kellerwalde zwischen Wildungen und Jesberg zahlreiche Falten, abwechselnd von Culm überlagert, und kommen in ähnlicher Weise im Scheider-Walde, zwischen Tringenstein und Oberscheld vor. Ueberall bezeichnen sie Schichten, welche an grösseren Versteinerungen, namentlich an Bivalven und Cephalopoden sehr arm sind.

An der von Braunfels nach Wetzlar an der Lahn führenden Heerstrasse betritt man bei Burg-Solms den Stringocephalen-Kalk, welchem Dolomit und Schalstein aufgelagert sind. Dem letzteren folgt ein gelber, mürber Thonschiefer, der von Tentaculites multiformis Sdbgr., Styliola crenato-striata Ldwg. ganz erfüllt ist. Dazwischen liegen Cleodora striata Ldwg., Cypridina serrato-striata Sdbgr., Phacops cryptophthalmus Emmr.

Einen gleichen Reichthum an Pteropoden führen die Devon-Gesteine des Harzes und Thüringen's. Aus dem obern Devon der Gegend von Saalfeld beschreibt Richter in seinen paläontologischen Beiträgen zur Kenntniss der Gesteine des Thüringer Waldes Tentaculites typus, T. Tuba und T. striatus (= Styliola Richteri Ldwg.), denen ich aus einer blauen Thonschiefer-Schicht mit Phacops cryptophthalmus Emmr. von Schaderthal zwischen Saalfeld und Gräfenthal noch Coleoprion brevis und Styliola bicanaliculata beifügen kann.

Gestützt auf diese Beobachtungen, vertheile ich die Pteropoden der Devonischen Formation auf folgende Schichten.

	Untere Abtheilung		c.	d. Krautsand oder obere Abtheilung
	a. Splittern-Sandstein	b. Ostracoden-Schiefer		
Conularia subparallela Sdbgr.	+	—	—	—
„ deflexicosta „	—	—	+	—
Theca unguiformis „	—	+	—	—
„ fasciculata „	—	+	—	—
„ rimulosa „	—	+	—	—
Coleoprion gracilis „	+	—	—	—
„ brevis Ldwg.	—	—	—	+
Cleodora ventricosa „	+	—	—	—
„ longissima „	+	—	—	—
„ curvata „	+	—	—	—
„ striata „	—	—	—	+
Cornulites scalaris Schloth.	+	—	—	—
(Tentaculites.)				
Tentaculites subcochleatus Sdbgr.	—	+	—	—
„ sulcatus Röm.	—	+	—	—
„ durus Ldwg.	—	+	—	—
? „ gracillimus Sdbgr.	—	—	+	—
„ multiformis „	—	—	—	+
„ typus Richt.	—	—	—	+
„ cancellatus „	—	—	—	+
„ Tuba „	—	—	—	+
Styliola tenuicincta Röm.	—	—	—	+
„ Richteri Ldwg.	—	—	—	+
„ fibrata „	—	—	—	+
„ crenato-striata „	—	—	—	+
„ intermissa „	—	—	—	+
„ lubrica „	—	—	—	+
„ bicanaliculata „	—	—	—	+

Sehr beachtenswerth ist das Vorkommen von Pteropoden-Schalen im marinen Thon des Mainzer Tertiär-Beckens (Oligocän).

Die hell graublauen, gypsreichen Thone, welche bei Nierstein unter den brackischen Cerithien-Schichten liegen, umschliessen Diplodonta fragilis Braun, Crassatella Bronni

Merian, Lucina squamosa Lam., Corbula subpisiformis Sdbgr., Pflanzenreste, namentlich auch von Landpflanzen, ferner Foraminiferen, glänzende gelbe Hornschildchen von Caligus-Arten und unzählige, den Tentaculiten im Baue gleichende, jedoch weit grössere Pteropoden-Schalen, welche ich Tentaculites maximus genannt habe. Die Schichten sind dem Alzeier Meeressande aequivalent.

Bei der Classification der aufgefundenen Versteinerungen bin ich im Allgemeinen den von Bronn in seinem Buche: „die Klassen und Ordnungen des Thierreiches" angenommenen Grundsätzen gefolgt; ich musste jedoch bei einzelnen Sippen die Merkmale bestimmter fassen, wodurch Arten, welche man früher mit abweichenden vereinigte, jetzt in anderen Sippen erscheinen.

Die fossile Sippe Tentaculites wird von Bronn folgender Maassen bezeichnet: „Schale; klein, nicht vierseitig, mit Zuwachsstreifung, ohne Deckel, Oberfläche geringelt. „Textur; Ringe geschlossen, ohne Längsschlitz, Schale aus in einander steckenden Trichtern „bestehend, von denen der umschlossene grösser als der umschliessende ist, und zur „Trennung längs zweier Seitenlinien geneigt." Die auf der Aussenfläche hervortretenden Ringe sind die umgelegten Mundsäume aus verschiedenen Wachsthums-Perioden; die Schale ist unten dicker, als oben, oft in der unteren Spitze ganz massiv. Die Steinkerne erscheinen immer glatt und kugelförmig; reichen aber nicht bis in die äusserste Spitze des Gehäuses, weil dieses durch die Schalenmasse des oberen Hohlkegels ausgefüllt ist. Die gespaltenen oder in einer Seitenlinie getrennten Gehäuse, sowie die aussen glatten, ungeringelten und die längsgestreiften mussten von Tentaculites getrennt und anderen Sippen zugewiesen werden, denn die Schalen von Tentaculites zerbrechen wie die anderer ähnlicher Hohlkörper wenn sie unausgefüllt blieben auch in anderen unregelmässig verlaufenden Richtungen. Die regelmässigen ein- oder zweiseitigen Spalten sind Rinnen im Gehäuse, wie sie bei Styliola (Creseis) spinifera Rang vorkommen. Die glatten und längsgestreiften sind offenbar von anderem Bau wie die geringelten. Manche geringelte Schalen haben eine Längsspalte; diese sind alsdann mit Coleoprion zu vereinigen, die glatten und längsgestreiften sind Styliola, einer noch jetzt lebenden Sippe, unterzuordnen.

Hiedurch werden aber die Benennungen der fossilen Styliola-Arten mehrfach berührt: die Namen Tentaculites striatus Richt., Creseis subulata und acicula Ldwg. müssen, weil sie schon für lebende Styliola-Arten verbraucht sind, durch andere ersetzt werden.

Wir haben nunmehr folgende Hauptmerkmale bei den einzelnen Sippen festzuhalten.

Tentaculites Schloth. Schale klein, von rundem Querschnitt, am Unterende geschlossen, oben am weitesten geöffnet, mit Zuwachsstreifen, geringelt, die Ringe geschlossen, ohne Längsschlitz und ohne Deckel. Die Schale besteht aus in einander steckenden Hohlkegeln, von denen der umschlossene immer weiter ist als der umschliessende. Das Innere glatt, daher der Steinkern ebenfalls glatt (ohne Absätze), conisch, den Abdruck des Gehäuses nicht bis zur Spitze erfüllend. (Fig. 3.)

Cornulites Schlth. Schale klein, rund im Querschnitt, unten geschlossen, mit geschlossenen Ringeln, ohne Längsschlitz und ohne Deckel. Die Schale besteht aus Hohlkegeln, welche, mit ihrer weiten Oeffnung nach unten gerichtet, aufeinander stecken. Der Steinkern erscheint dadurch gekerbt und treppenförmig abgesetzt, nicht glatt. (Fig. 4.)

Coleoprion Sdbgr. Schale kleiner und grösser, von rundem Querschnitt, am Unterende geschlossen, conisch, mit Längsschlitz, an welchem die Ringel der Oberfläche absetzen oder durchschnitten sind; ohne Deckel. Das Innere glatt; Steinkerne ohne Ringel, glatt, aber mit einer Längsrinne, reichen nicht bis zur Spitze des Schalenabdruckes.

Styliola Les. Schale klein, von rundem (nicht eckigem) Querschnitt, unten geschlossen und dicker als oben, kegelförmig, Oberfläche nicht geringelt, glatt, jedoch mit feinen Anwachsstreifen und zuweilen mit feinen Längsstreifen. Ohne Längsschlitz, jedoch zuweilen mit einer oder zwei Längsrinnen, welche die Schale nicht durchbrechen. Ohne Deckel, ohne Querwand im Innern und mit bleibender, zuweilen nach hinten gekrümmter Spitze. Obere Oeffnung am weitesten, schief oder senkrecht zur Achse des Gehäuses gestellt, im ersteren Falle mit in eine Spitze sich erhebendem Rande.

Cleodora P. L. Gehäuse von mittlerer Grösse, dünn, am unteren Ende geschlossen, von dreieckigem Querschnitte, längskantig, Kanten scharf, an der oft rasch erweiterten Mündung mit Spitzen, ohne Längsschlitz und ohne Deckel.

Theca Sow. (Pugiunculus Barr.) Gehäuse kleiner und grösser, von dreiseitig pyramidaler Form mit abgerundeten Kanten, am Unterende mit einer Oeffnung, mit concentrisch gestreiftem Deckel.

Auf Taf. I. habe ich zur Vergleichung abgebildet, sämmtlich achtmal vergrössert:

Cornulites scalaris (Tent. scalaris) Schloth. Fig. 4 oben mit äusserer Schale unten mit Steinkern.

Tentaculites	sulcatus	Röm.	Fig.	5.
„	subcochleatus	Sdbgr.	„	6.
„	Geinitzi	Richt.	„	7.
„	subconicus	Gein.	„	8.
„	multiformis	Sdbgr.	„	9.
„	Tuba	Richt.	„	10.
„	cancellatus	Richt.	„	11.
„	typus	Richt.	„	12.
„	tenuicinctus			
Styliola tenuicincta		Röm.	„	14.
Tentaculites striatus		Richt.	—	

Styliola fibrata   Ldwg. Fig. 15.
Styliola (Creseis) spinifera Rang   „   20, eine lebende Species.
Es möge nun die Beschreibung der neu aufgefundenen Arten folgen.

1. **Tentaculites durus** Ldwg. Taf. L. Fig. 3. a. b.

Schale lang und spitzconisch, starkwandig, an der Spitze ausgefüllt, von gedrängt stehenden, dicken, runden Ringeln umgeben. Oben gerade abgeschnitten. Steinkern glatt, drehrund, spitzconisch, reicht nicht bis zur unteren Spitze der Schale. Länge 10,75 Mm.

Von Tentaculites sulcatus Röm. (Fig. 5) durch die fast doppelte Grösse und die zahlreicheren, dichter stehenden Ringel, von Coleoprion brevis (Fig. 23) durch den Mangel des Längenschlitzes und von Cornulites scalaris Seldth. (Fig. 4) durch den glatten, nicht treppenförmig abgesetzten Steinkern unterschieden. Tentaculites subconicus Gein. (Fig. 8) hat eine schief abgeschnittene Mundöffnung, ist spitzer und kaum halb so lang, Tentaculites cancellatus Richt. (Fig. 11) ist ebenfalls noch nicht halb so lang und besitzt einzelner stehende Ringel. Bei Tentaculites subcochleatus Sdbgr. (Fig. 6) und Tentaculites Geinitzi Richt. (Fig. 7) haben die Ringel mehr eine Wulstform, die Gehäuse sind nur halb so lang und spitzer. Das Gehäuse von Tentaculites typus Richt. (Fig. 12), ebenfalls nur halb so lang, ist ausgezeichnet durch zahlreiche, oben scharfe Ringe, was auch bei der sehr kleinen, oben ausserordentlich weiten Art Tentaculites Tuba Richt. (Fig. 10) der Fall ist. Tentaculites multiformis Sdbgr. ist ebenfalls sehr klein und hat nur wenig hervortretende scharfe Ringel.

Tentaculites durus ist eine der grösseren Arten. Die Schale war sehr stark und widersteht der Zerdrückung. Sie war an der Spitze ganz ausgefüllt; hier häuften sich die spitzen Enden der in einander steckenden Hohlkegel.

Fig. 3 Abbildung der Versteinerung in natürlicher Grösse; 3a Querschnitt; 3b Längsschnitt mit dem Steinkern, achtmal vergrössert.

In einem dem Orthoceras-Schiefer untergeordneten, eisenschüssigen Sandstein der Devon-Formation zwischen Ziegenberg und Niedermörlen im Usa-Thale (Bad Nauheim) sehr häufig.

2. **Tentaculites maximus**, var. dense-annulatus Ldwg. Taf. L. Fig. 21. a. b.

Gehäuse gross, conisch, oben grade abgeschnitten, mit dickwandiger, geschlossener, in ein kleines Knötchen endender Spitze. Die Schale wird nach oben sehr dünn; sie ist von dicht stehenden, nach oben runden, nach unten scharfkantig umgebogenen Ringeln umgeben, im Querschnitte kreisrund, ohne Längsspalte. Länge 23,0 Mm., obere Weite 6,0 Mm, Anzahl der Ringel 200.

Die Gehäuse sind fast sämmtlich platt gedrückt und waren wohl schon ehe sie auf den feinen Kalkschlamm, worin sie liegen, niedersanken, zusammengefaltet. Sie sind so dünn, dass sie im Gestein obenher nur als ein leiser Anflug erscheinen, dessen beide

Wände durch einen schwachen Steinkern getrennt über einander liegen. Gegen die Spitze hin verdicken sie sich allmählich; das äusserste Ende, aus weissem Kalk bestehend, ist mit einer kleinen Kugel ausgestattet und dickwandig. Die Schälchen sind häufig durch Längsbrüche in viele Stücke zertrümmert, wobei die Ringelchen gegenseitig verschoben wurden. Die Gehäuse haben alle Merkmale, welche die Tentaculiten auszeichnen, und können vorläufig nur mit diesen vereinigt werden; obgleich sie in der Tertiär-Formation gefunden werden. Es ist nicht unwahrscheinlich, dass sie der das Mittelmeer und den Ocean bewohnenden Styliola striata Rang, welche zwar von ovalem Querschnitt, an ihrem Unterende nach hinten gekrümmt, auch nur 6 Mm. lang ist, nahe stehen, denn auch die Gehäuse dieses lebenden Pteropoden sind fein geringelt, und dann würden vielleicht alle Tentaculiten mit den Styliolen zu vereinigen seyn.

Sehr häufig, oft haufenweise zusammen, liegen diese Schälchen in den tieferen Kalkmergelschichten des Tertiär-Thones bei Nierstein und wurden durch den von einer nach Steinkohlen suchenden Schurfgesellschaft abgeteuften Schacht am Hipping entdeckt. Ich besitze viele Exemplare.

Fig. 21. Ein Exemplar in natürlicher Grösse; 21a dasselbe viermal vergrössert; 21b Querschnitt.

3. **Tentaculites maximus, var. laxe-annulatus** Ldwg. Taf. L. Fig. 22. a. b.

Gehäuse gross, spitzconisch, oben grade abgeschnitten, Spitze mit einem Knötchen, ganz, und dickwandiger als das obere weite Ende, von einzelner stehenden, oben runden, unten scharfen Ringeln umgeben.

Länge bis 20,0 Mm.; obere Weite 5,0 Mm., Anzahl der Ringel 100. Dieser Tentaculites, welcher nicht mit dem dichter geringelten in derselben Schicht vorkömmt, sondern tiefer liegt, hat also nur halb so viel Ringel als ersterer; beide stimmen aber in Grösse und Gestalt so nahe überein, dass ich sie nur als Varietäten ansehen kann.

Die Schalen dieser Varietät sind häufig so wie die Abbildung es zeigt zerbrochen, die Enden der Ringe haben sich dann gegen einander geschoben, so dass sie wie bei Coleoprion offen und gebrochen erscheinen. Es ist dies aber keine ursprüngliche Bildung, denn oberhalb wie unterhalb der Bruchstellen bemerkt man geschlossene, ungebrochene Ringe.

Fig. 22. Ein Stück in natürlicher Grösse; 22a dasselbe viermal vergrössert; 22b die Spitze mit dem Knötchen zehnmal vergrössert. An das Gehäuse der von Gegenbauer (Untersuchungen über Pteropoden und Heteropoden, Leipzig 1855) in der Strasse von Messina beobachteten Styliola-Larve erinnernd.

In den tieferen Schichten der marinen Thonmergelablagerung der oligocänen Formation im Schurfschachte am Hipping bei Nierstein. Sechs Exemplare in meiner Sammlung.

4. **Styliola lubrica** Ldwg. Taf. L. Fig. 13.

Gehäuse klein, spitzconisch, oben grade abgeschnitten, Oberfläche vollkommen glatt. Steinkern drehrund, conisch, glatt, reicht nicht bis in die Spitze des Gehäusabdruckes. Länge 5,6 Mm., obere Weite 0,6 Mm.

Diese Art ist von Styliola tenuicincta Röm. (Tentaculites tenuicinctus) (Fig. 14) durch ihre Grösse und Dicke (letztere ist nur 2,5 Mm. lang) und die Glätte ihrer Oberfläche verschieden. Die glatte Styliola bicanaliculata Ldwg. (Fig. 19) zeichnet sich durch ihre Seitenrinnen genugsam aus. Unter den in dem Pariser Tertiär-Sande vorkommenden Pteropoden befindet sich eine glatte, oben etwas verengerte, schief abgeschnittene, an der Spitze gekrümmte Styliola gadus Rang; die lebenden Arten unterscheiden sich sämmtlich von der St. lubrica. Styliola subula Quoy Gaim. hat eine schiefe Oeffnung mit einer dorsalen Spitze, sie ist 11 Mm. lang; St. acicula Rang ist viel dünner und 14 Mm. lang; St. clavata Rang 22 Mm. lang und sehr dünn; Styliola obtusa Quoy Gaim. unten rund und 11 Mm. lang; St. virgula Rang an der Spitze gekrümmt und 7 Mm. lang; St. spinifera Rang (Fig. 20a) endlich 7 bis 8 Mm. lang, schief abgeschnitten, mit einer dorsalen Längsrinne.

Fig. 13. Ansicht von aussen, achtmal vergrössert.

Im Thonschiefer des Kramenzels, obere Abtheilung der Devon-Formation, mit Coleoprion brevis, Styliola Richteri, St. crenato-striata, St. bicanaliculata, St. tenuicincta, Tentaculites typus. Bei Ludwigshütte nächst Biedenkopf, bei Hatzfeld, Lixfeld, Hirzenhain, Manderbach, Eisemroth (Pauschenberger Mühle), Oberscheld.

5. Styliola intermissa Ldwg. Taf. I. Fig. 18.

Gehäuse klein, spitzconisch, mit scharfer massiver Spitze und nach oben sich verdünnender Wand. Oberfläche mit in weitern und engern Abständen schwach hervortretenden Anwachsstreifen bedeckt. Querschnitt rund. Steinkern glatt. Länge 7,0 Mm., obere Weite 1,5 Mm.

Die Schälchen sind oft wie das Fig. 18 achtmal vergrösserte nicht ausgefüllt und dann zerdrückt, wobei sich stets mehrere unregelmässige Längsrisse wahrnehmen lassen, wie bei Tentaculites maximus, var. dense-annulatus. Wahrscheinlich hatte das Gehäuse so wenig Stärke, dass es nach Entfernung des Thieres bei geringem Drucke zerbrach, und nur die ausgefüllte Spitze widerstand. Diese Art ist von Tentaculites multiformis Sdbgr. (Fig. 9) durch die bedeutendere Länge und die entfernter stehenden, weniger hervortretenden Zuwachsringe verschieden. Im Thonschiefer der oberen Abtheilung der Devon-Formation bei Eisenroth (Pauschenberger Mühle) im Dillenburgischen.

6. Styliola bicanaliculata Ldwg. Taf. I. Fig. 19. a.

Gehäuse klein, spitz, von unten nach oben ohne Unterbrechung allmählich dicker werdend, mit zwei einander gegenüberstehenden Längsrinnen, wodurch der Querschnitt fast das Ansehen der Zahl 8 gewinnt. Oberfläche glatt. Steinkerne glatt, mit zwei einander gegenüber liegenden Längsrinnen. Länge des Gehäuses 4,5 Mm.

Die grosse Regelmässigkeit in dem Verlaufe der beiden Längsrinnen, welche nicht in demselben Grade bei blossen Zerdrückungen stattfindet (Fig. 18), das Vorhandenseyn einer Längsrinne in dem Gehäuse der lebenden Styliola spinifera Rg. lassen, die Ansicht aufkommen, als ob die auf einer oder auf zwei Seiten längs gespaltenen Pteropoden-Gehäuse anderen Arten angehören möchten als die ungespaltenen mit ununterbrochen kreisförmigem Querschnitte, welche so häufig unter demselben Umständen und mit den gespaltenen zusammen in demselben Handstücke liegen. Die gespaltenen oder mit Rinnchen versehenen Gehäuse sind gewöhnlich noch weiter zerborsten; es werden neben den Rinnchen noch unregelmässige Längsrisse bemerkt, welche von dem Zerbrechen der Schale durch den Druck des auf sie abgelagerten Schlammes herrühren müssen. Man erkennt zugleich daraus, wie dünn und leicht zerbrechlich die Wände der Gehäuse gewesen seyn müssen, indem selbst ganz flach gewölbte Stücke von kaum 0,25 Mm. Breite dem leisesten Drucke nicht zu widerstehen vermochten. Andere Gehäuse sind, selbst wenn ihre Oberfläche Längsstreifung besitzt, ihre Structur somit schon eine Längstheilung vermuthen lässt, immer rund und unzerdrückt geblieben; sie besitzen meistens dickere Schalenwände, und die in ihren Abdrücken steckenden Steinkerne sind rund.

Fig. 19 ist achtmal vergrösserte Seitenansicht; Fig. 19a der Querdurchschnitt.

Im Thonschiefer der oberen Abtheilung der Devonformation, Mandersbach, Pauschenberger Mühle im Dillenburgischen und Schaderthal bei Saalfeld.

7. Styliola Richteri Ldwg. (Tentaculites striatus Richter.) Taf. L. Fig. 15a. 16. a. b. c.

Gehäuse stumpfconisch klein, gleichmässig zunehmend, mit dicker Schale, deren Oberfläche durch 10 bis 12 gradlinige Längsleisten und diese kreuzende, kaum merkbare Anwachsringel verziert ist. Ohne Längstheilung, kreisrund im Querschnitte. Die Steinkerne glatt. Länge der Gehäuse nicht über 3 Mm.

Fig. 16. Achtmal vergrösserte Ansicht von aussen mit der Streifung; Fig. 16a natürliche Länge; Fig. 16b achtmal vergrösserter Längendurchschnitt; Fig. 16c Querdurchschnitt.

Diese Styliola stimmt mit der Form überein, welche Richter als Tentaculites striatus bezeichnet. Der Mangel der, die Tentaculiten-Gehäuse auszeichnenden Ringe veranlasste mich, diese Art der Styliola zuzuzählen, und weil der Name Styliola striata von Rang schon bei den lebenden Pteropoden verbraucht ist, ihr den Namen meines um die Kenntniss der Devonischen Pteropoden verdienten Freundes, des Herrn Rector Dr. R. Richter zu Saalfeld, beizulegen.

Das Fig. 15 in der Längenansicht und 15a im Querschnitt abgebildete Gehäuse gehört einer Styliola an, welche längsgestreifte und zugleich mit einer Längsrinne versehene Gehäuse bewohnte. Herr Richter vereinigt sie mit seinem Tent. striatus, ich möchte sie als eine besondere Species davon trennen und schlage den Namen **Styliola fibrata** vor. Diese Art ist mir bis jetzt nur aus dem Kramenzel von Saalfeld bekannt.

Styliola Richteri findet sich im obern Devon (Kramenzel), namentlich in kalkigen Schiefern und den Arkose-Schiefern bei Hirzenhain, Laxfeld und der Pauschenberger Mühle im Dillenburgischen.

8. **Styliola crenato-striata** Ldwg. Taf. I. Fig. 17. a.

Gehäuse spitz- und schlankconisch, klein, gleichmässig zunehmend, die Oberfläche durch mehr als 20 gradlinige, sehr feine Längsstreifen und sie durchschneidende ringförmige Zuwachsstreifen verziert, wodurch feine, reihenweise gestellte Körnchen entstehen, oder die feinen Längsstreifen gekerbt erscheinen. Die Abdrücke der Gehäuse sind fein punktirt, die Steinkerne vollkommen platt und reichen nicht bis zur Spitze der Abdrücke. Länge der Gehäuse 4 Mm.

Diese Art findet sich mit St. Richteri, welche sie an Grösse und Schlankheit des Baues übertrifft.

Fig. 17. Ein Exemplar, achtmal vergrössert; Fig. 17a ein Stück von der Oberfläche eines Steinkernes mit den reihenweise geordneten Strichen, die den gekerbten Streifen der Schale entsprechen, zwanzigmal vergrössert.

Im obern Devon-Gesteine (Kramenzel) bei Burg-Solms, Hirzenhain und der Pauschenberger Mühle.

9. **Coleoprion brevis** Ldwg. Taf. I. Fig. 23. a. b.

Gehäuse kegelförmig, oben gerade abgeschnitten, unten geschlossen, 18 bis 20mal geringelt, auf einer Seite mit einer Längsrinne versehen. Die Schale ist nach den Abdrücken und dem darin vorhandenen glatten Steinkerne zu schliessen, ziemlich dick. Steinkern glatt, einseitig, längsgefurcht, ohne Deckel. Länge des Gehäuses 5 Mm., Dicke 1 Mm.

Coleoprion gracilis Sdbgr. ist von grösserer Länge als die neue Art und zeichnet sich dadurch aus, dass die am Längenschlitze stehenden Enden der Ringe nicht aufeinander treffen, sondern in verschiedenen Höhen stehen.

Fig. 23 stellt ein Exemplar von der Seite des Längenschlitzes bei achtmaliger Vergrösserung dar; Fig. 23a bildet, zweiundzwanzigmal vergrössert, den Abdruck eines Gehäusstückes mit den bald schmäler bald breiter werdenden, sich als erhöhte Leiste darstellenden Schlitz ab. Die Ringel sind dünn und stehen weit aus einander. Fig. 23b achtmal vergrösserter Querschnitt mit dem Eindruck der Längsrinne. Im Kramenzel-Schiefer (obere Abtheilung der Devon-Formation) bei Mandersbach und der Pauschenberger Mühle bei Eisemroth.

10. **Cleodora striata** Ldwg. Taf. I. Fig. 24. a. b. c.

Gehäuse klein, dünnschalig, gleichschenkelig dreieckig, pyramidal, oben weit und grade abgeschnitten, scharfkantig, an der untern Spitze geschlossen; ohne Deckel; die

Seiten ein wenig nach aussen gerundet und längsgestreift. Länge 12 Mm., oberer Durchmesser 4 Mm.

Fig. 24. Gehäuse in natürlicher Grösse; Fig. 24a oberer Querschnitt; Fig. 24b Gehäuse zweimal vergrössert; Fig. 24c die Streifung eines Stückes der Oberfläche.

Im Styliola-Schiefer der obern Abtheilung der Devon-Formation bei Burg Solms an der Lahn. Exemplare befinden sich in meiner und der Sammlung des Herrn C. Koch zu Dillenburg.

11. **Cleodora longissima** Ldwg. Taf. I. Fig. 25. a.

Gehäuse lang, gleichschenkelig, dreiseitig pyramidal, mit zwei scharfen und einer abgerundeten Kante, oben weit geöffnet und grade abgeschnitten; die scharfen Seitenkanten in scharfe kurze Spitzen auslaufend, die gerundete Mittelkante oben wulstartig aufgetrieben. Oberfläche mit feinen Zuwachsstreifen geringelt. Spitze geschlossen. Länge 57 Mm. Breite der obern Oeffnung von Spitze zu Spitze 14 Mm.

Fig. 25 von der Seite in natürlicher Grösse; Fig. 25a Querschnitt von oben.

Im Spiriferen-Sandsteine bei Oppershofen in der Wetterau. Exemplare liegen in meiner Sammlung.

12. **Cleodora ventricosa** Ldwg. Taf. L. Fig. 26. a. b.

Gehäuse gross, gleichschenkelig dreiseitig, pyramidal mit rundlichen Ecken, oben rasch erweitert und bauchig aufgetrieben, grade abgeschnitten, die beiden seitlichen Ecken in scharfe Spitzen zulaufend. Die Seitenflächen gewölbt, mit feinen Anwachsstreifen. Untere Spitze geschlossen. Länge 43 Mm. Grösster oberer Durchmesser 14 Mm.

Fig. 26. Ansicht von vorn von der stumpfen aufgetriebenen Kante aus in natürlicher Grösse; Fig. 26a Seitenansicht; Fig. 26b Querschnitt.

Im Spiriferen-Sandstein der Devon-Formation zu Oppershofen. Ein Exemplar in meiner Sammlung.

13. **Cleodora curvata** Ldwg. Taf. I. Fig. 27. a. b.

Gehäuse gross, dreiseitig pyramidal mit nach hinten gekrümmter Spitze, im Querschnitte gleichschenkelig dreieckig, mit einer stark und zwei weniger abgerundeten Spitzen, oben weit, grade abgeschnitten, Seitenflächen glatt und gewölbt, unten spitz und geschlossen. Länge 34 Mm., grösste obere Weite 8 Mm.

Fig. 27. Ansicht von vorn in natürlicher Grösse; Fig. 27a oberer Querschnitt; Fig. 27b Ansicht von der Seite.

Im Spiriferen-Sandsteine der Devon-Formation zu Oppershofen. Ein Exemplar in meiner Sammlung.

Register.

Abietineae. 80.
Acanthopteri. 11.
Acrogaster. 22.
" brevicostatus. 24.
" minutus. 23.
" parvus. 23.
Alaunschiefer. 95.
Algacites cruciaeformis. 297. 298.
" intertextus. 297. 298.
Algae. 81.
Algen. 296.
Ammonites inaequistriatus. 140.
" latus. 120.
" maximus. 157.
" semistriatus. 145.
" speciosus. 151.
Angiospermeae. 77.
Anodonta compressa. 172.
" fabaeformis. 173.
Apocyneae. 78.
Apocynophyllum subrepandum. 79.
Araucarieae. 80.
Araucarites. 304.
" adpressus. 80.
Archaeotylus ignotus. 285.
Arthrotaxites. 305.
" Frischmanni. 306.
" princeps. 306.
Ateleodus Aymardi. 240.
" leptorhinus. 242.
" thicorhinus. 234.
Atrypa-Sandstein. 109.
Aymestry-Kalk. 93.
Azoische Schichten. 98.
Belonodendron densifolium. 80.

Bergkalk. 109.
Beryx Germanus. 20.
Calamarieae. 81.
Calamiteae. 299.
Calamiten-Grauwacke. 103. 109.
Calamites Meriani. 299.
Calamitopsis Königi. 81.
Calamoporen-Tuffschichten. 102. 109.
Caridae. 69.
Caulerpites bipinnatus. 301.
" dichotomus. 301.
" patens. 301.
" tortuosus. 298.
Characini. 27.
Chelepteris macropeltis. 304.
" strongylopeltis. 303. 304.
Chemung-Stufe. 104.
Chondrites Bollensis. 298.
" var. caepitosa. 299.
" var. divaricata. 299.
" var. elongata. 299.
" cretaceus. 299.
" furcillatus. 82.
" intricatus. 83.
" Targionii. 82.
Cleodora 322.
" curvata. 323.
" longissima. 323.
" striata. 322.
" ventricosa. 322.

Clupeoidei. 41.
Clymenia acuticostata. 151.
" angulosa. 149.
" angulosa, var. semicostata. 149.
" angustiseptata. 129.
" annulata. 130.
" arietina. 129.
" Beaumonti. 158.
" bilobata. 117.
" binodosa. 132. 134.
" binodosa, var. nobes. 13
" bisulcata. 140.
" brevicostata. 129. 126.
" campanula. 144.
" cincta. 129.
" complanata. 129.
" compressa. 126. 145.
" costulata. 126.
" cristata. 110.
" dorsocostata. 115.
" dorsonodosa. 132.
" Dunkeri. 130. 135.
" elliptica. 137.
" falcifera. 126.
" fasciata. 129.
" flexuosa. 126.
" Haueri. 150.
" inaequistriata. 140.
" inflata. 129. 144.
" intermedia. 157.
" interrupta. 132.
" laevigata. 137.
" laevigata, var. cingulata. 137.

Clymenia lata. 120.
» linearis. 140.
» Münsteri. 134.
» nana. 137.
» Otto. 140.
» ornata. 145.
» Pattisoni. 126.
» plana. 145.
» planidorsata. 149.
» planorbiformis. 140.160.
» plicata. 120.
» plurisepta. 120.
» pseudogoniatites. 130.
» pygmaea. 140.
» quadrifera. 145.
» sagittalis. 120.
» Sedgwicki. 140.
» semicingulata. 137.
» semicostata. 149.
» semiplicata. 137.
» semistriata. 140, 145.
» serpentina. 140.
» similis. 140.
» speciosa. 50, 137.
» spinosa. 132.
» striata. 144.
» subarmata. 155.
» subflexuosa. 126.
» sublaevis. 140.
» subnautilina. 135.
» subnodosa. 120.
» tenuistriata. 140.
» umbilicata. 145.
» undulata. 140.
» valida. 130.
Clymenien. 85.
Clymenien-Arten. 116.
Clymenien-Kalk. 96. 109.
Codites Krantzianus. 298.
Coelodonta Boiei. 234.
Coleoprion. 317.
» brevis. 322.
Coniferae. 80.
Coniferen. 304.
Cornulites. 317.
Crewsia spinifera. 318.
Crinoideen-Kalke. 99. 109.
Culm. 91. 94. 109.
Cupuliferae. 79.
Cyamodus Münsteri. 215.
» laticeps. 219.
» rostratus. 211.
Cycadopteris Braunean₀. 331.

Cycloclymenien. 160.
Cyclopteris digitata. 301.
» Huttoni. 300.
Cymaclymeniae. 147.
Cyperites tuberosus. 305.
Cypridinen-Schichten. 108. 109.
Cyprinoidei. 25.
Cyrtoclymeniae. 119.
Dachschiefer. 98. 103. 109.
Danacopsis marantacea. 303. 304.
Decapoda. 69.
Delcmerites crispatus. 302.
Delphinopsis Freyeri. 226.
Dercetiformes. 58.
Devonische Formation. 93. 109.
Diabastuff. 109.
Dictyoteae. 81.
Diluvium. 282.
Dithyrocaris breviaculeata. 310.
» Koehli. 309.
Echidnocephalus. 55.
» tenuicaudus. 56.
» Troscheli. 55.
Elasmobranchii. 65.
Enchelurus villosus. 58.
Euroccladium. 298.
Encorrhus Mertensi. 297. 298.
Endosiphonites carinatus. 140.
» minutus. 140.
» Münsteri. 130.
Equisetum Meriani. 299.
Esocs. 31.
Esox Monasteriensis. 32.
Eucalyptus inaequilatera. 77.
Euclymeniae. 119.
Euryurus dubius. 76.
Farne. 299.
Fische. 11.
Ganoidei. 58.
Gigartineae. 82.
Goniatiten-Kalk. 96.
Goniatites angustus. 156.
» annulatus. 130.
» apertus. 156.
» arquatus. 151.
» Beaumonti. 158.
» biimpressus. 151.
» binodosus. 134.
» Bucklandi. 151.
» calamifer. 151.
» clymeniaeformis. 151.
» Cottai. 151.
» Haueri. 158.

Goniatites insignis. 155.
» intermedius. 156.
» latus. 120.
» maximus. 156.
» planus. 149.
» Prcoli. 151.
» Roemeri. 151.
» speciosus. 150.
» spurius. 151.
» subarmatus. 155.
» subcarinatus. 151.
» subnodosus. 120.
Gonioclymeniae. 150.
Granit. 106.
Graptolithen-Schiefer. 96. 97. 99. 109.
Grauwacke. 91. 94. 95. 96. 97.
Griffelschiefer. 98. 109.
Gryphus antiquitatis. 234.
Gymnospermae. 80.
Haliserites contortuplicatus. 81.
Heterocarpeae. 82.
Hoplopteryx antiquus. 13.
» antiquus, var. major. 14.
» antiquus, var. minor. 13.
» gibbus. 15.
Hysterotherium Quedlinburgense. 234.
Ichthyosaurus leptospondylus. 222.
Ischyrocephalus gracilis. 28.
» macropterus. 29.
Isocarpene. 81.
Istieus. 33.
» gracilis. 36. 40.
» grandis. 35. 37.
» macrocephalus. 36. 39.
» macrocoelius. 37.
» mesospondylus. 38.
» microcephalus. 36. 37.
Kalk von Tragenau. 96.
Kalkstein. 91.
Kieselschiefer. 95.
Knoten-Kalk. 93. 109.
Krebse. 68.
Kreide in Westphalen. 1.
Kulm, siehe Culm.
Laminarites crispatus. 302.
Lebatener Schichten. 103. 109.
Leptosomus. 49.
» Guestphalicus. 50.
Leptotrachelus armatus. 59.

Lituites ellipticus. 137.
Lycopodiolithes arboreus. 307.
Lycopodites Williamsonis. 304.
Machaerophorus spectabilis. 71.
Macrolepis. 15.
" elongatus. 16.
Macrourus. 68.
Mainzer Becken. 166.
Mastocarpites crucaeformis. 298.
Microcoelia. 48.
" granulata. 49.
Münsteria clavata. 296, 297.,
" lacunosa. 296.
" ramosa. 296.
" vermicularis. 296, 297.
Myrtaceae. 77.
Nereiten-Schiefer. 93, 95, 99, 109.
Nerium Röhli. 78.
Neuropteris intermedia. 300.
" undata. 299, 300, 331.
Nothoclymeniae. 148.
Nymphaeops Sendenhorstensis. 72.
Ocherkalk. 109.
Ovistein. 102.
Oplophorus Marcki. 71.
Oppenheim. 167.
Orthoceratiten-Kalk. 96, 109.
Osmeroides microcephalus. 47.
" Monasterii. 46.
Osmerus Cordieri. 41.
Palaemon Römeri. 70.
" tenuicaudus. 68.
Palaeolycus Dreginensis. 31.
Palaeoscyllium. 65.
" Dechyni. 67.
Palissya Williamsonis. 304.
Parachelys Eichstättensis. 288.
Pelargorhynchus. 68.
" blochiiformis. 61.
" dercetiformis. 61.
Penens Römeri. 70.
Pflanzen. 77.
Phycoden-Schichten. 98, 109.
Phycostomi. 25.
Placodonten. 175, 179.
Placodus Andriani. 194, 199.
" augustus. 210.
" gigas. 181.
" hypsicephalus. 199.
" hysiceps. 199.
" laticeps. 215.
" Münsteri. 215.
" quinimolaris. 203.

Placodus rostratus. 211.
Plagiostomi. 65.
Plantae cryptogamae, cellulares. 81.
Plantae cryptogamae, vasculares. 81.
Plantae phanerogamae. 77.
Planulites angustiseptatus. 120.
" compressus. 127, 145.
" cortuiatus. 145.
" inaequisriatus. 110.
" inflatus. 120.
" lævigatus. 137.
" linearia. 140.
" planorbiformis. 160.
" planus. 145.
" pygmaeus. 140.
" semistriatus. 145.
" serpentinus. 110.
" striatus. 141.
" umbilicatus. 145.
" undulatus. 140.
Plattenkalk. 4.
Platycormus. 19.
" Germanus. 20.
" oblongus. 21.
Plauschwitzer Schichten. 96, 102.
Praecarbonische Formation. 109.
Pseudocrangon crassicaudus. 74.
" tenuicaudus. 69,
" 73, 74.
Psilolites filiformis. 305, 306.
Pteropoden. 311.
Quarzit. 97, 98, 99.
Quercus Dryandraefolia. 79.
Rhabdolepis cretaceus. 26.
Rhinoceros. 233.
" antiquitatis. 233.
" Cuvieri. 234.
" hemitoechus. 242.
" Kirchbergense. 235.
" leptorhinus. 234, 237, 238.
" Lanellensis. 242, 253.
" megarhinus. 239, 240.
" Mercki. 235, 254, 275, 279.
" Monspessulanus. 239.
" Pallasi. 234.
" protichorhinus. 241.
" tibertinus. 234.
" tichorhinus. 234, 242, 243, 275.
Rhizomorphites intertextus. 298.

Rollstein-Grauwacke. 95.
Rothliegendes in Schlesien. 172.
Sandstein. 95.
Sardinioides crassicaudus. 46.
" microcephalus. 47.
" Monasterii. 46.
" tenuicaudus. 48.
Sardinius Cordieri. 41.
" macrodactylus. 44.
Schizopteris pachyrhachis. 303.
Sciaenoidei. 12.
Scomberoidei. 22.
Scyllia. 65.
Sclachymeniae. 140.
Silurische Formation. 93, 109.
Sphaerococcites genuinus. 299.
" lacidiformis. 297.
Sphenocephalus cataphractus. 18.
Sphenocephalus fissicaudus. 17.
Sphenopteris Althausi. 301.
" dichotoma. 301.
" patens. 301.
Squalidae. 65.
Squamipennes. 19.
Steinacher Griffelschiefer-Schichten. 98.
Steinkohlen-Formation an der Nahe. 171.
Styliola. 317.
" bisunalicalata. 320.
" crenato-striata. 322.
" fibrata. 318, 321.
" intermissa. 320.
" lubrica. 8, 319.
" Richteri. 321.
" (Creseis) spinifera. 314.
" tenuicincta. 317.
Tachynectes. 51.
" brachypterygius. 51.
" longipes. 52.
" macrodactylus. 51.
Taeniopteris marantacea. 303.
Teleosti. 11.
Tentaculiten-Schichten. 96, 101, 109.
Tentaculites. 316.
" cancellatus. 317.
" durus. 318.
" Geinitzi. 317.
" maximus, var. denseannulatus. 318.
" maximus, var. laxoannulatus. 319.

Tentaculites multiformis. 317.
— striatus. 317. 321.
— subcochleatus. 317.
— subconicus. 317.
— sulcatus. 317.
— tenuicinctus. 317.
— Tuba. 317.
— typus. 317.

Theca. 317.
Thonschiefer. 91. 95. 98. 109.
Tiche astaciformis. 75.
Trocholites anguiformis. 137.
Uebergangsgebilde des Fichtelgebirgs. 85.
Unio Kirnensis. 171.

Unio pachydon. 166. 170.
Urthonschiefer. 97.
Voltzia Coburgensis. 307.
— heterophylla. 307.
Wenlock-Schiefer. 94.
Wetzstein. 102.
Wissenbach-Schiefer. 95.

Verzeichniss
der Abbildungen mit Hinweisung auf den Text.

Taf. I.
Fig. 1—3. Platycormus Germanus v. d. M. 20.
  4. Hoplopteryx antiquus Ag., var. minor v. d. M. 13.
  5. 6.   "   gibbus v. d. M. 15.
  7. Platycormus oblongus v. d. M. 21.

Taf. II.
Fig. 1. Hoplopteryx antiquus Ag., var. major v. d. M. 14.
  2. Ischyrocephalus gracilis v. d. M. 28.

Taf. III.
Fig. 1. Sphenocephalus cataphractus v. d. M. 18.
  2.   "   fissicaudus Ag. 17.
  3. Esox Monasteriensis v. d. M. 22.
  4. Ischyrocephalus macropterus v. d. M. 29.

Taf. IV.
Fig. 1—5. Isticus macrocoelius v. d. M. 37.
  6.   "   macrocephalus Ag. 39.
  7. Palaeolycus Dreginensis v. d. M. 31.

Taf. V.
Fig. 1. Isticus mesospondylus v. d. M. 38.
  2.   "   gracilis Ag. 40.
  3.   "   macrocephalus Ag. 39.
  4. Microcoelia granulata v. d. M. 49.

Taf. VI.
Fig. 1. Sardinius macrodactylus v. d. M. 44.
  2. Sardinioides Monasterii v. d. M. 46.
  3.   "   microcephalus v. d. M. 47.
  4.   "   crassicaudus v. d. M. 45.

Taf. VII.
Fig. 1. Aerogaster minutus v. d. M. 23.
  2.   "   brevicostatus v. d. M. 24.
  3. 4. 5. Sphenocephalus cataphractus v. d. M. 21.
  6. 7. Sardinius Cordieri v. d. M. 43.

Taf. VII.
Fig. 8. Sardinioides tenuicaudus v. d. M. 48.
  9.   "   microcephalus v. d. M. 47.
  10.   "   Monasterii v. d. M. 46.
  11. 12. Pinneus Römeri Schlüt. 70.
  13. 14. Nymphaeops Sendenhorstensis Schlüt. 72.

Taf. VIII.
Fig. 1. Echidnocephalus Troscheli v. d. M. 55.
  2. 3.   "   tenuicaudus v. d. M. 56.
  4. 5. Leptosomus tinestphaliens v. d. M. 50.
  6. 9. Palaeoscyllium Dechenii v. d. M. 67.

Taf. IX.
Fig. 1. 2. Tachynectes macrodactylus v. d. M. 51.
  3.   "   longipes v. d. M. 52.
  4.   "   brachypterygius v. d. M. 54.
  5. Enchelurus villosus v. d. M. 58.

Taf. X.
Fig. 1. 2. Tachynectes longipes v. d. M. 52.
  3. Leptotrachelus armatus v. d. M. 59.

Taf. XI.
Fig. 1. 2. Pelargorhynchus dercetiformis v. d. M. 61.

Taf. XII.
Fig. 1. Rhabdolepis cretaceus v. d. M. 26.
  2. Macrolepis elongatus v. d. M. 16.
  3. Pelargorhynchus dercetiformis v. d. M. 61.
  4. 5. 6.   "   blochiiformis v. d. M. 64.

Taf. XIII.
Fig. 1. Eucalyptus inaequilatera v. d. M. 77.
  2. 3. 4. Nerium Röddii v. d. M. 78.
  5. Apocynophyllum subrepandum v. d. M. 79.
  6. 7. Quercus dryandraefolia v. d. M. 79.

Taf. XIII.
8, 9. Belonodendron densifolium v. d. M. 80.
10, 11. Araucarites adpressus v. d. M. 80.
12. Calamitopsis Königi v. d. M. 81.
13. Halyserites contortiplicatus v. d. M. 81.
14. Chondrites furcillatus Sternb. var. latior v. d. M. 82.
15. „ Targionii Sternb. 82.
16. „ intricatus Sternb. 83.
17. Pseudocrangon tenuicaudus Schlüt. 69.
18. „ crassicaudus v. d. M. 69.
19. Oplophorus Marcki Schlüt. 71.

Taf. XIV.
Fig. 1. Febidnocephalus tenuicaudus v. d. M. 56.
2. Peneus Römeri Schlüt. 70.
3. Pseudocrangon crassicaudus v. d. M. 74.
4. „ tenuicaudus Schlüt. 73.
5. Machaerophorus spectabilis v. d. M. 74.
6. Ticho astaciformis v. d. M. 75.
7. Enryurus dubius v. d. M. 76.

Taf. XV.
Fig. 1—6. Clymenia angustiseptata Münst. 120.
7—10. „ flexuosa Münst. 126.
11—13. „ annulata Münst. 130.

Taf. XVI.
Fig. 1, 2. Clymenia spinosa Münst. 132.
3, 4. „ Dunkeri Münst. 135.
5—8. „ laevigata Münst. 137.
9. „ var. cingulata. 137.

Taf. XVII.
Fig. 1—9. Clymenia undulata Münst. 140.

Taf. XVIII.
Fig. 1—8. Clymenia striata Münst. 144.
9, 10. „ var. ornata Münst. 144.
11. „ annulata Münst. 130.
12. „ undulata bisulata Münst. 140.

Taf. XIX.
Fig. 1. Clymenia binodosa Münst. 134.
2. „ angulosa Münst. 149.
3. „ var. semicostata Münst. spec. 149.
4, 5. Clymenia bilobata Münst. 147.
6—8. „ speciosa Münst. spec. 150.

Taf. XX.
Fig. 1—4. Clymenia speciosa Münst. spec. 150.
5. „ Beaumonti Münst. spec. 158.

Taf. XXI.
Fig. 1, 2. Clymenia subarmata Münst. 155.
3, 4. „ intermedia Münst. spec. 157.
5. „ Haueri Münst. spec. 159.
6. „ planorbiformis Münst. spec. 160.

XXII.
Fig. 1—5. Unio pachyodon Ldwg. 166.

Taf. XXII.
Fig. 6. Anodonta compressa Ldwg. 172.
7. „ fabaeformis Ldwg. 173.
8. Unio Kirneusis Ldwg. 171.
9. „ umbonatus Fisch. 172.

Taf. XXIII.
Fig. 1—3. Cyamodus rostratus Meyer (Münster spec.) 211.

Taf. XXIV.
Fig. 1—3. Placodus hypsiceps Meyer. 199.

Taf. XXV.
Fig. 1. Placodus gigas Ag. 184.
2—4. „ quinimolaris Braun. 203.
5. Placodus. 198.

Taf. XXVI.
Fig. 1, 2. Placodus gigas Ag. 187.

Taf. XXVII.
Fig. 1—3. Placodus gigas Ag. 187.

Taf. XXVIII.
Fig. 1, 2. Placodus gigas Ag. 190.

Taf. XXIX.
Fig. 1, 2. Placodus. 192.
3. Placodus gigas Ag. 190.
4. „ hypsiceps Meyer. 199.

Taf. XXX.
Fig. 1—4. Placodus Andriani Münst. 194.

Taf. XXXI.
Fig. 1, 2. Cyamodus Münsteri Meyer (Ag. spec.) 215.
3—5. Placodus Andriani Münst. 197.

Taf. XXXII.
Fig. 1—3. Placodus gigas Ag. 206.
4, 5. Placodus. 209.
6. Placodus. 209.
7, 8. Placodus. 211.
9, 10. Placodus. 210.
11. Placodus? 220.

Taf. XXXIII.
Fig. 1—4. Ichthyosaurus leptospondylus Wag.? 222.

Taf. XXXIV.
Fig. 1—4. Delphinopsis Freyeri Müll. 226.

Taf. XXXV.
Rhinoceros Mercki Jäg. 255.

Taf. XXXVI.
Rhinoceros Mercki Jäg. 255.

Taf. XXXVII.
Rhinoceros Mercki Jäg. 255.

Taf. XXXVIII.
Fig. 1—3. Rhinoceros tichorhinus Cuv. 243.
4. „ Mercki 255.

Taf. XXXIX.
Fig. 1. Rhinoceros tichorhinus Cuv. 243.

Taf. XXXIX.
    2. Rhinoceros Mercki Jäg. 255.
    3—5.   „   Mercki Jäg. 262.
    6. 7.   „   Mercki Jäg. 270.
Taf. XL.
  Fig. 1—3. Rhinoceros Mercki Jäg. 263.
    4. 5.   „   Mercki Jäg. 269.
Taf. XLI.
  Fig. 1. 2. Rhinoceros Mercki Jäg. 273.
    3. 4.   „   Mercki Jäg. 274.
Taf. XLII.
  Fig. 1. 2. Rhinoceros tichorhinus Cuv. 250.
    3. 4.   „   tichorhinus Cuv. 251.
    5.   „   tichorhinus Cuv. 253.
    6.   „   tichorhinus Cuv. 254.
    7.   „   tichorhinus Cuv. 254.
Taf. XLIII.
  Fig. 1. 2. Rhinoceros Mercki Jäg. 263.
Taf. XLIV.
  Fig. 1—7. Archaeotylus ignotus Meyer. 285.
Taf. XLV.
  Fig. 1—6. Parachelys Eichstättensis Meyer. 289.
Taf. XLVI.
  Fig. 1. Chelepteris macropeltis Schenk. 304.
    2. Voltzia Coburgensis Schaur. 308.
Taf. XLVII.
  Fig. 1. Calamites Meriani Schenk. 299.
    2. Schizopteris pachyrhachis Schenk. 302.
Taf. XLVIII.
  Fig. 1. Danaeopsis marantacea Heer. 303.
    2. Neuropteris limbata Quenst. 300.*)
    3—5. Voltzia Coburgensis Schaur. 308.

*) Nach O. Heer. Urw. d. Schweiz, II. 3. 4. identisch mit Cyanodopteris Braunenna Bgt.
(Nachträgliche Bemerkung des Herrn Professor A. Schenk.)

Taf. XLIX.
  Fig. 1. Arthrotaxites princeps Ung. 306.
    2. Cyclopteris digitata Brongn., var. major. 300.
    3—5. Chelepteris strongylopeltis Schenk. 303.
Taf. L.
  Fig. 1. Dithyrocaris Kochi Ldwg. 309.
    2.   „   breviaculeata Ldwg. 310.
    3. Tentaculites durus Ldwg. 318.
    4. Cornulites scalaris Schloth. 317.
    5. Tentaculites sulcatus Römr. 317.
    6.   „   subcochleatus Sdbgr. 317.
    7.   „   Geinitzi Richt. 317.
    8.   „   subconicus Gein. 317.
    9.   „   multiformis Sdbgr. 317.
    10.   „   Tuba Richt. 317.
    11.   „   cancellatus Richt. 317.
    12.   „   typus Richt. 317.
    13. Styliola lubrica Ldwg. 319.
    14.   „   tenuicincta Römr. 317.
    15.   „   fibrata Ldwg. 317.
    16.   „   Richteri Ldwg. 321.
    17.   „   crenato-striata Ldwg. 322.
    18.   „   intermissa Ldwg. 320.
    19.   „   bicanaliculata Ldwg. 320.
    20.   „   spinifera Rang (lebend). 318.
    21. Tentaculites maximus, var. dense-annulatus Ldwg. 318.
    22. Tentaculites maximus, var. laxe-annulatus Ldwg. 319.
    23. Coleoprion brevis Ldwg. 322.
    24. Cleodora striata Ldwg. 322.
    25.   „   longissima Ldwg. 323.
    26.   „   ventricosa Ldwg. 323.
    27.   „   curvata Ldwg. 323.

Taf. 1.

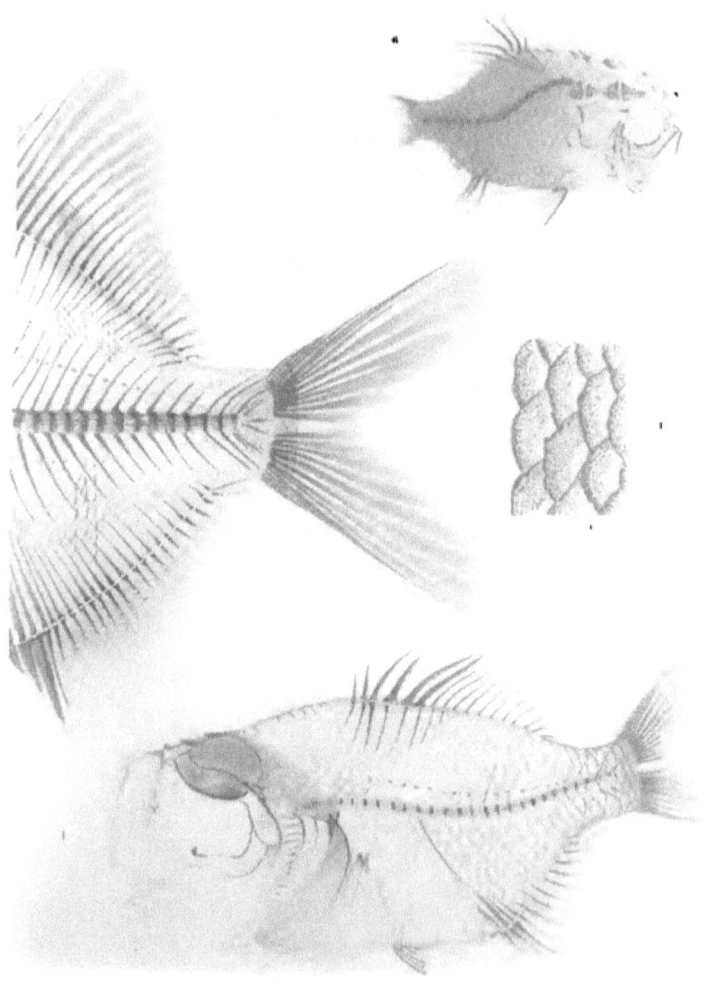

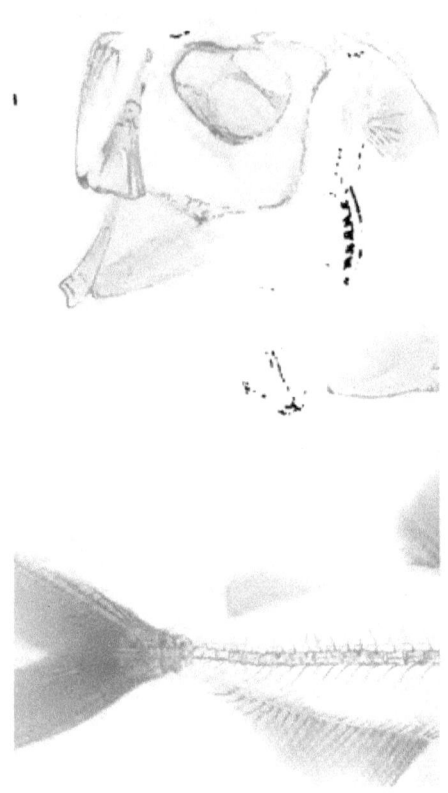

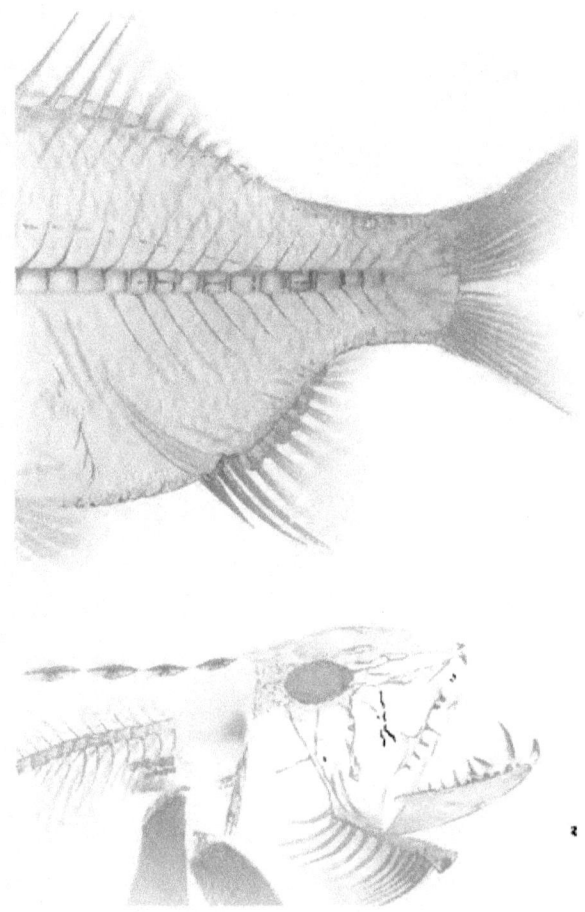

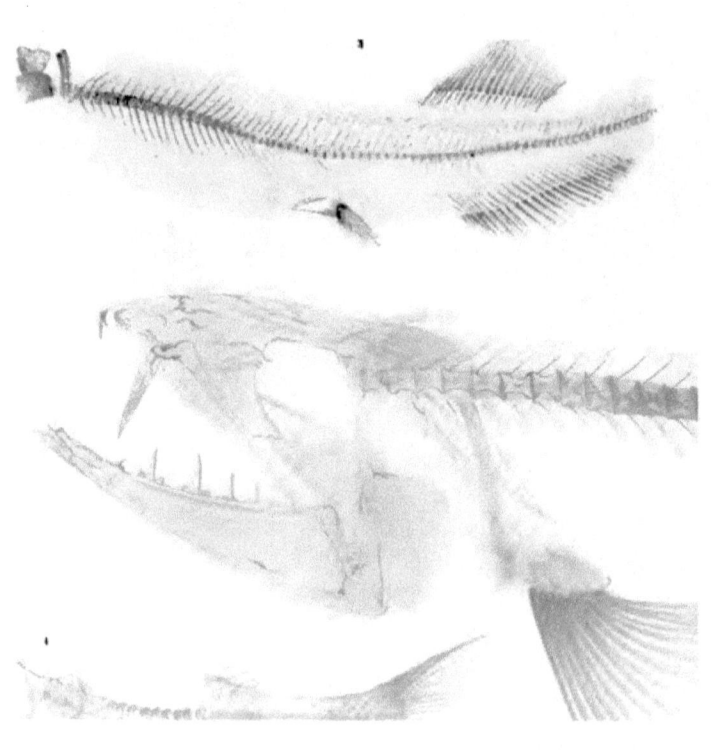

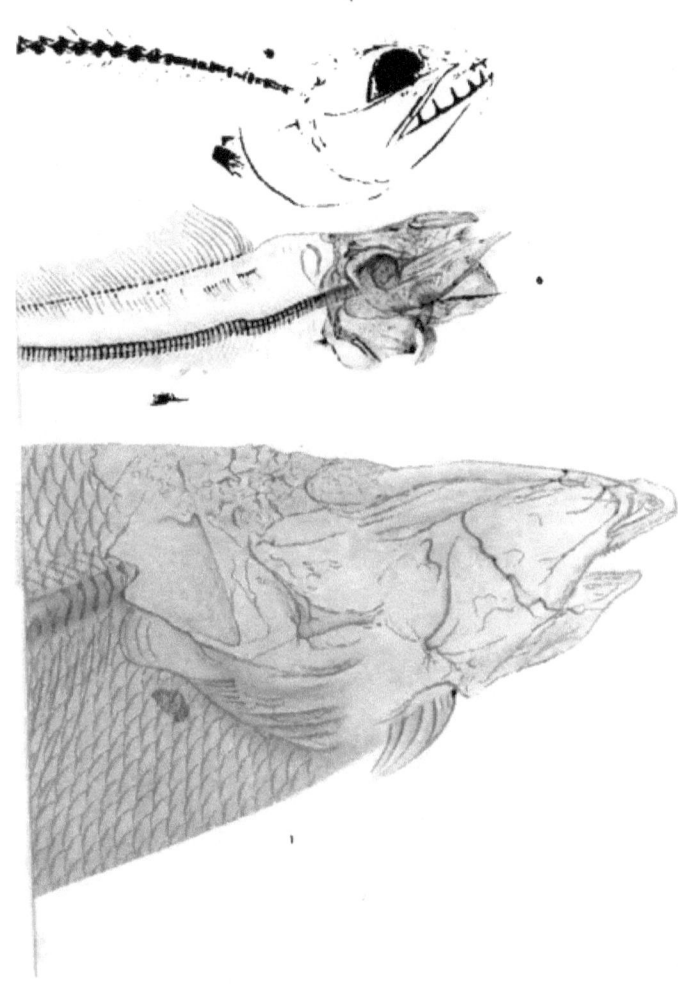

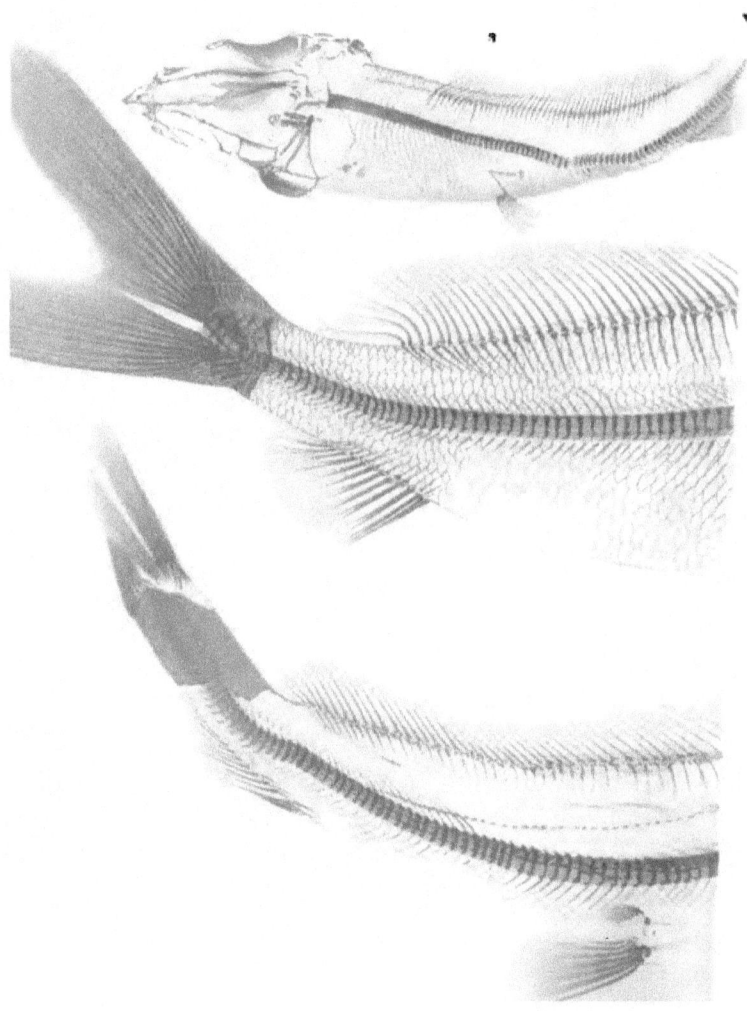

Taf. V.

Palæontogr. Bd. XI.

1. Sardinius macrodactylus v. d. M. — 2. Sardinioides Meunieri v. d. M. — 3. Sardinioides microcephalus v. d. M. — 4. Sardinioides crassicaudus v. d. M.

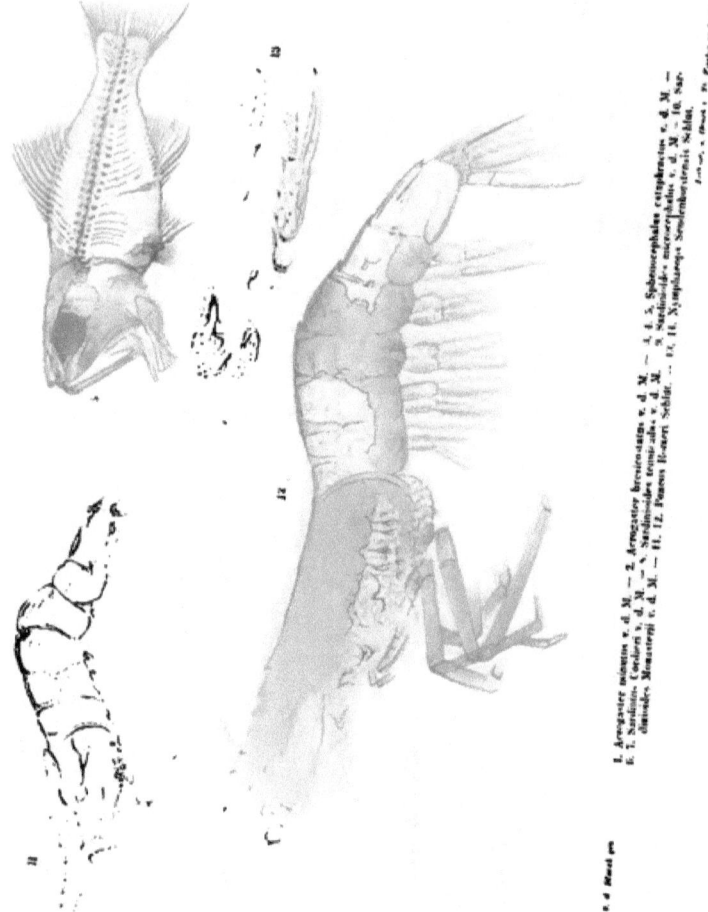

1. Arveogaster minimus v. d. M. — 2. Arveogaster brevirostris v. d. M. — 4, 5. Sphaerocephalus cataphractus v. d. M. — 6, 7. Sardinioides Cocheleri v. d. M. — 8. Sardinioides tenuicauda v. d. M. — 9. Sardinioides microcephalus v. d. M. — 10. Sardinioides Monasterii v. d. M. — 11, 12. Frames Beckeri Schlüt. — 13, 14. Nymphaeops Semlenhorstensis Schlüt.

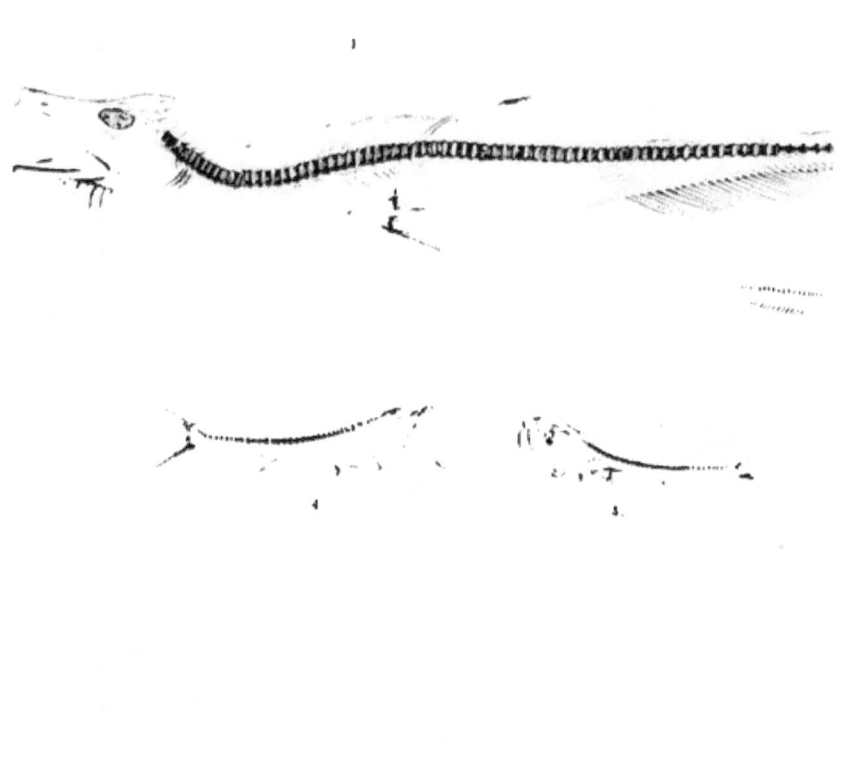

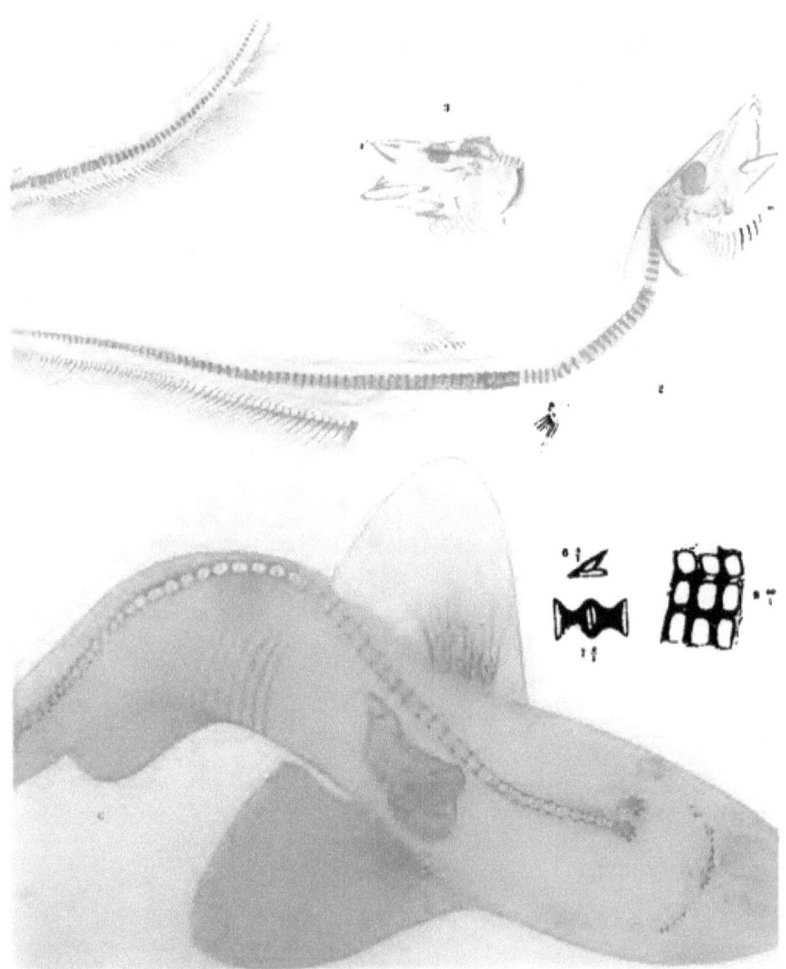

Tab. VIII.

Palaeontogr. Bd. XL.

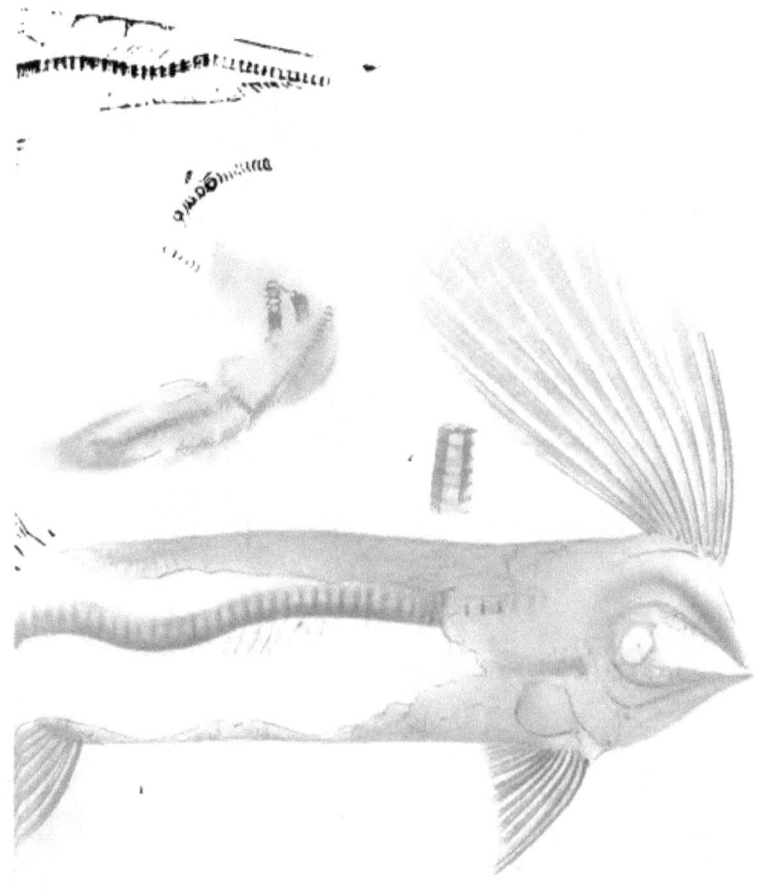

Taf. IX.

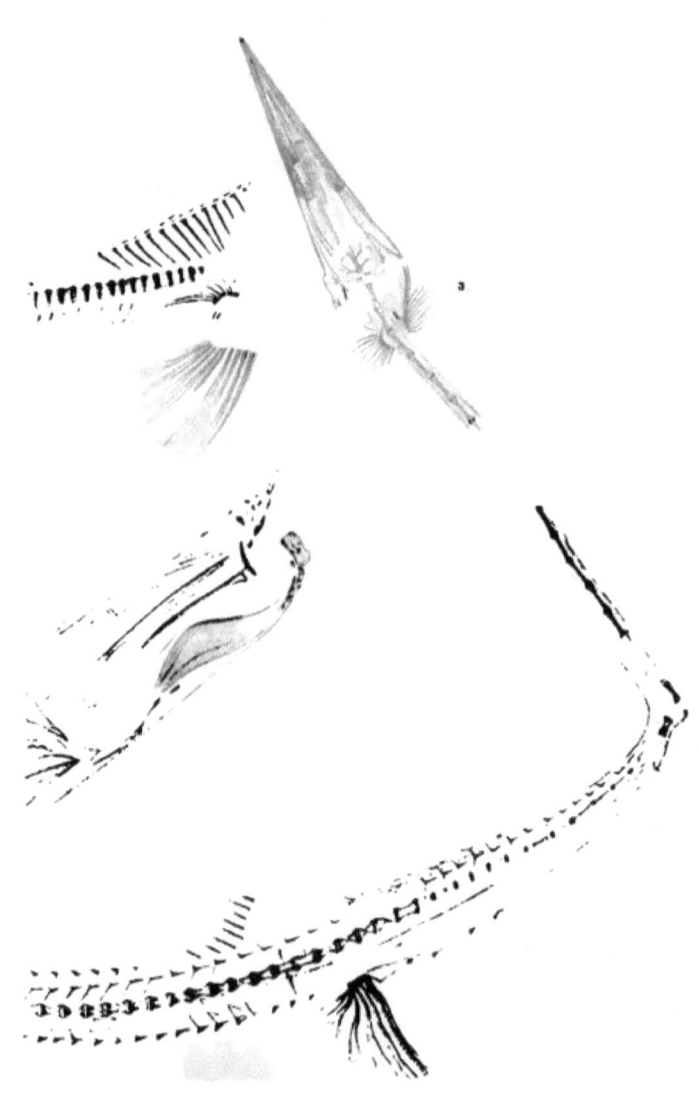

Taf XI.

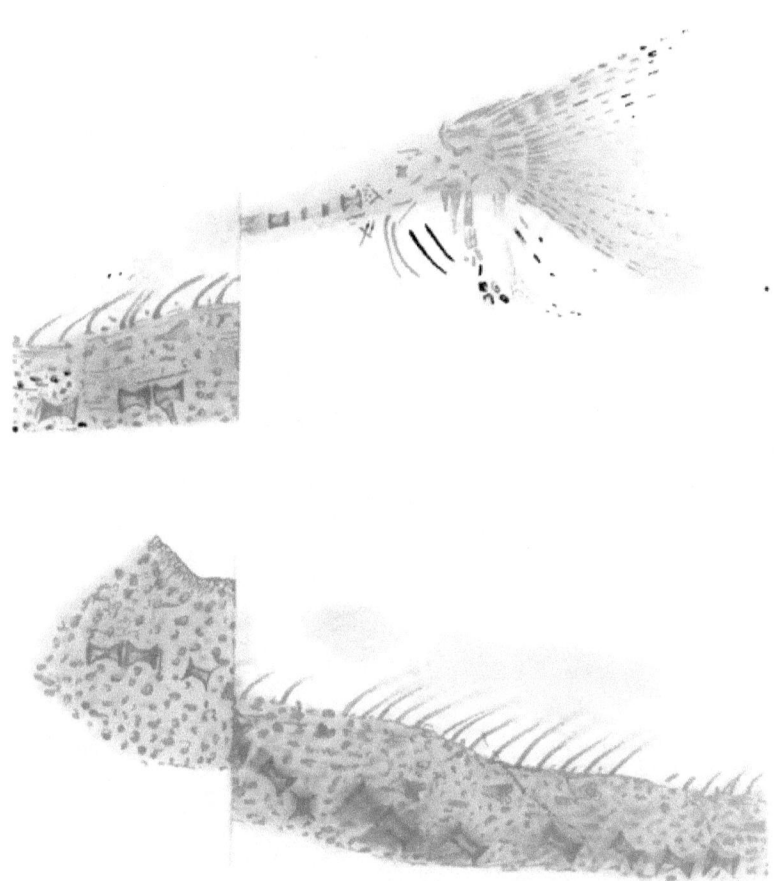

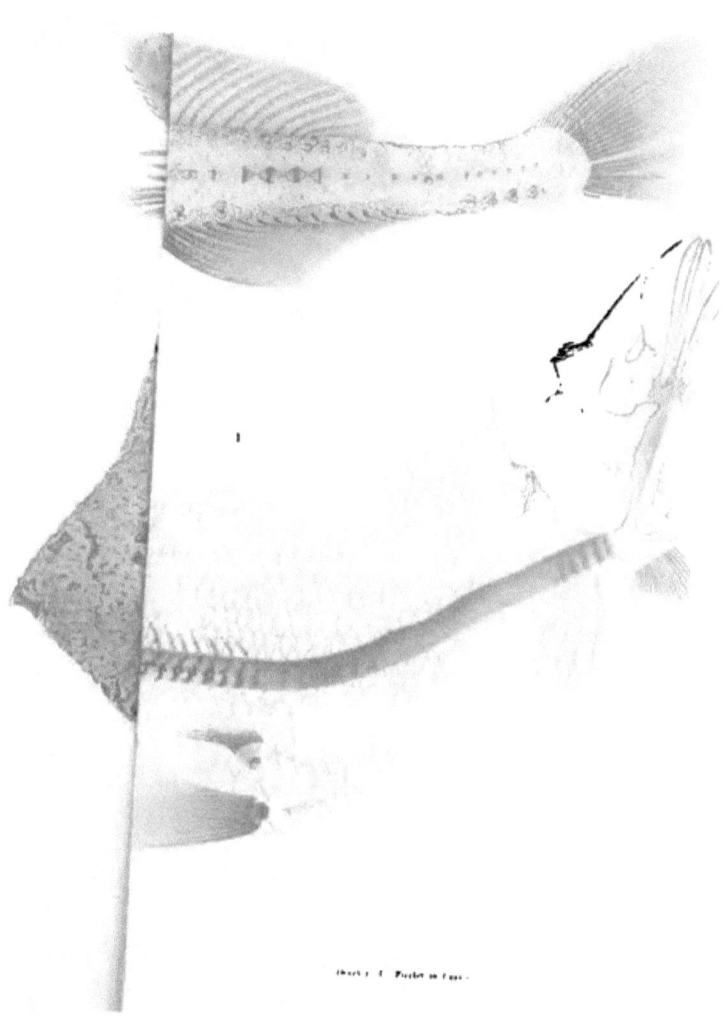

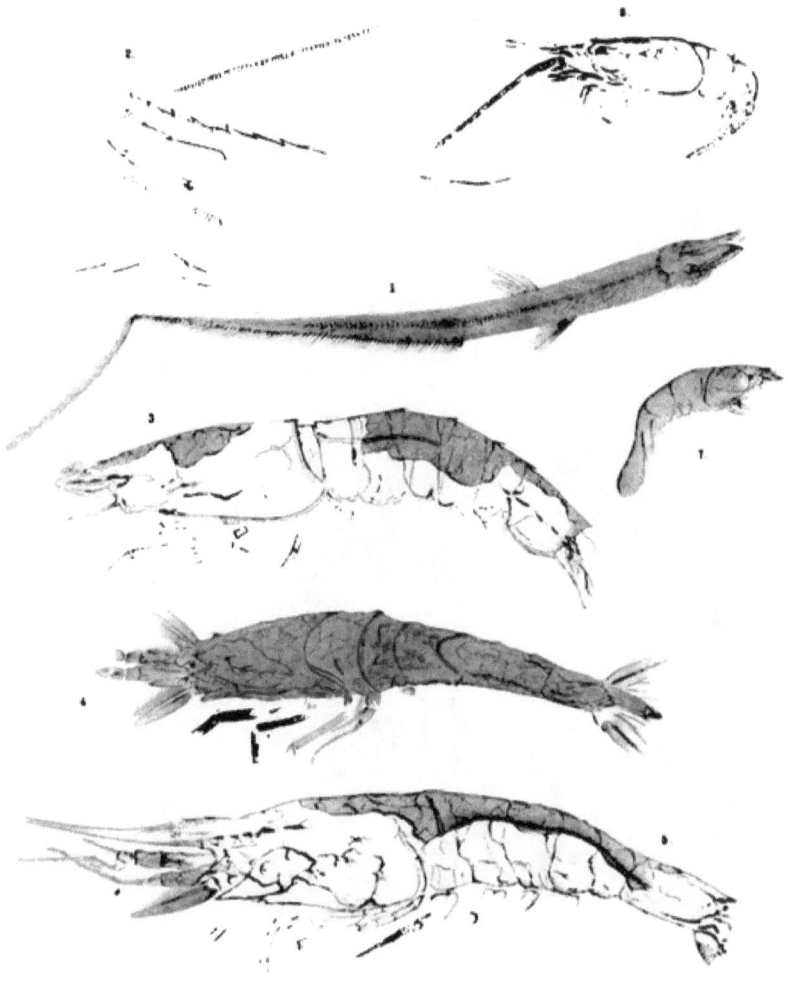

1. Echidnocephalus tenuicaudus v. d. M. — 2. Penaeus Roemeri Schlüt. — 3. Pseudocrangon crassicaudus v. d. M. —
4. Pseudocrangon tenuicaudus Schlüt. — 5. Machaerophorus spectabilis v. d. M. — 6. Tiche astaciformis v. d. M.

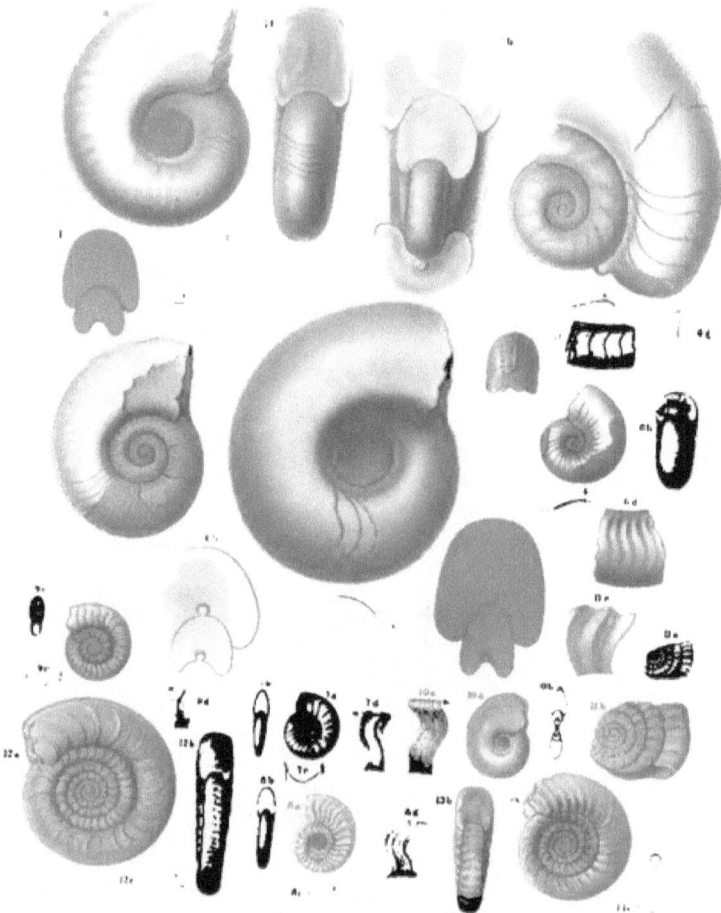

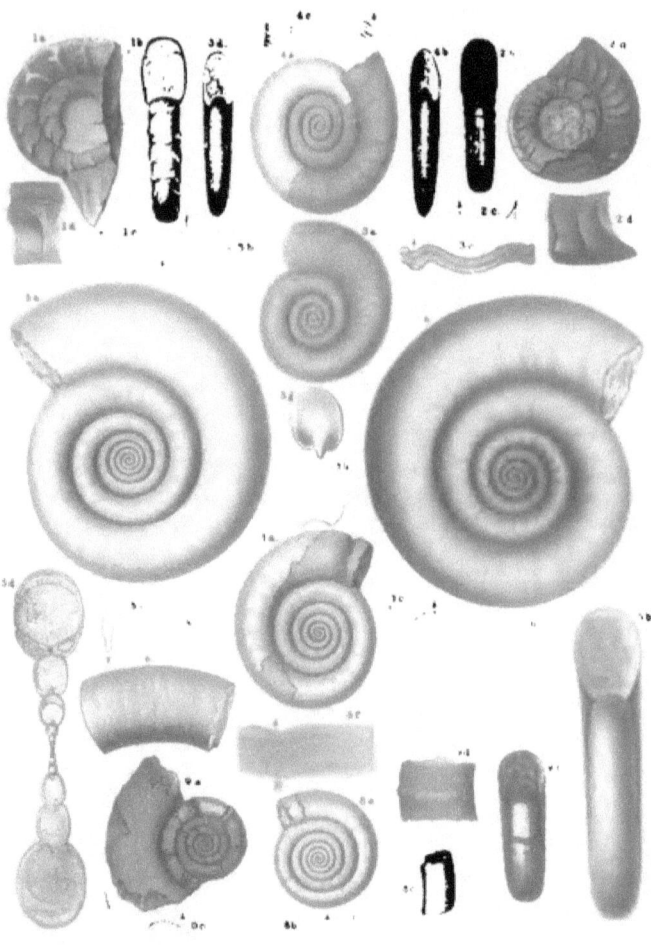

1. 2. Clymenia spinosa Münst. — 3. 4. Clymenia Laukart Münst. — 5. 8. Clymenia laevigata Münst.
9. Clymenia laevigata var. cingulata.

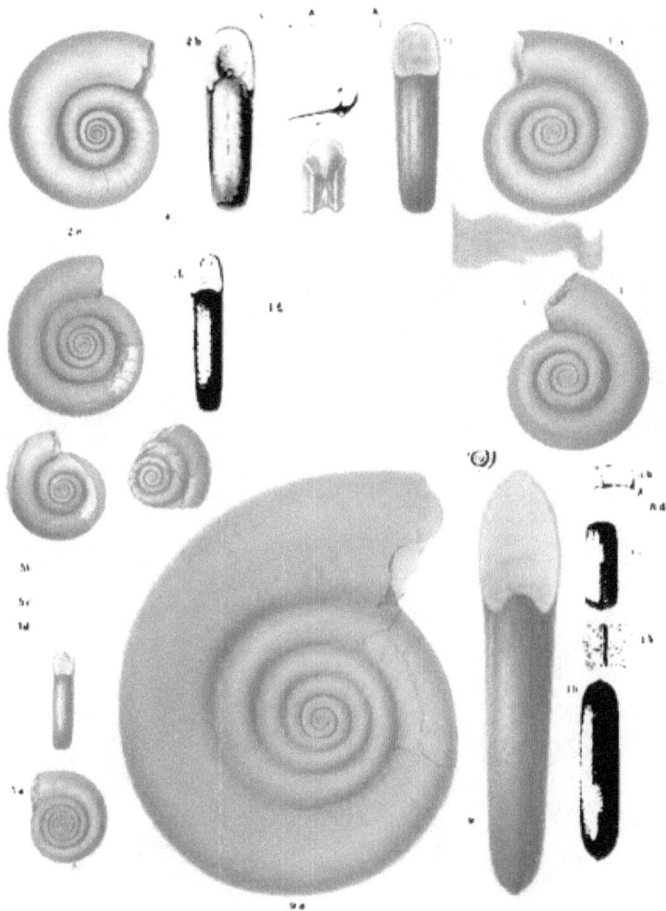

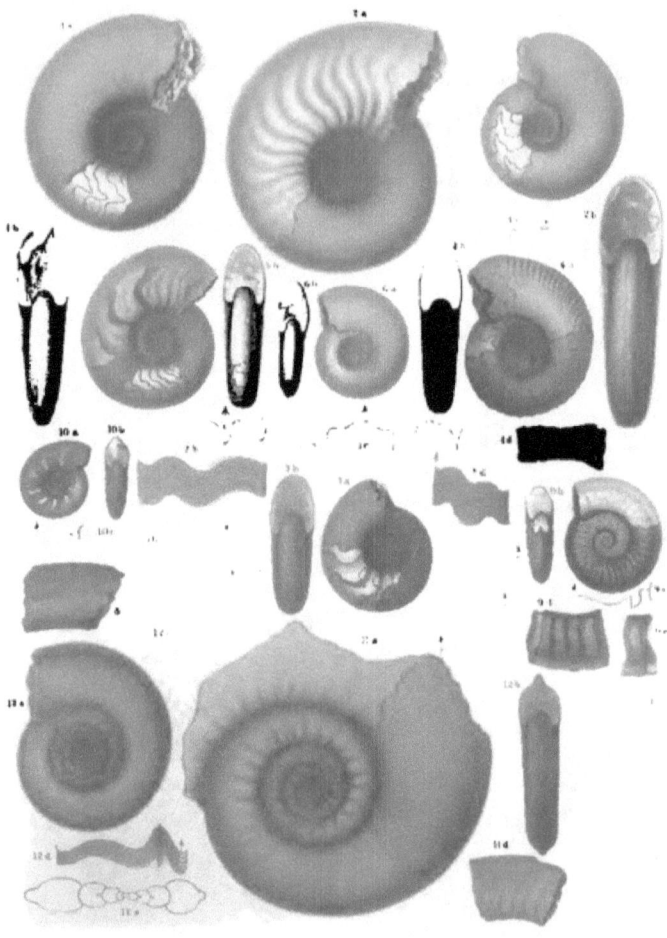

1–8. Clymenia striata Münst. — 9. 10. Clymenia striata, var. annulata Münst. — 11. Clymenia annulata Münst. — 12. Clymenia undulata (laevigata) Münst.

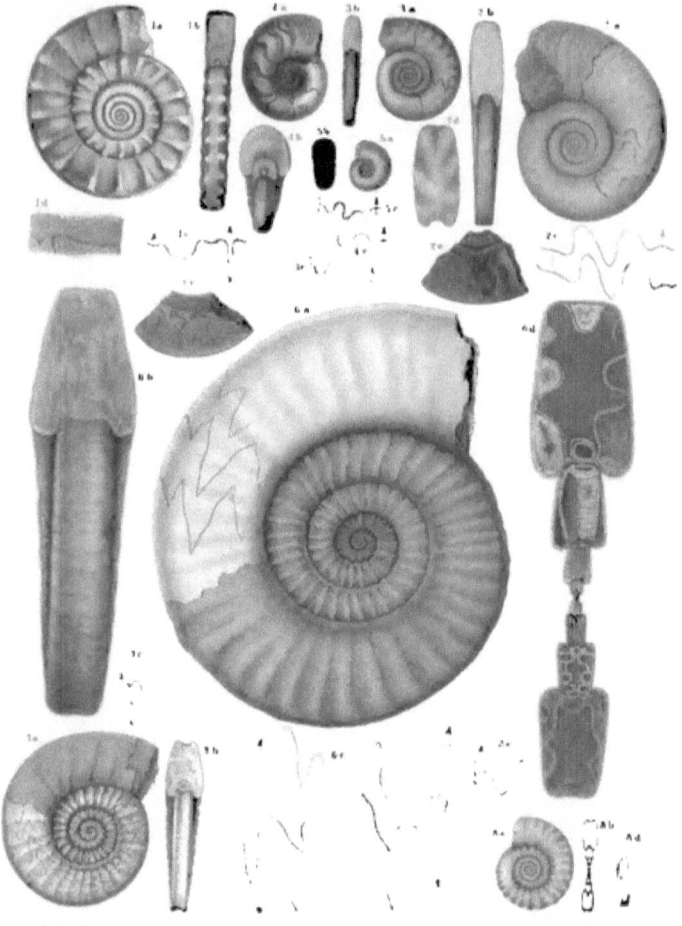

1. Clymenia binodosa Münst. — 2. Clymenia angulosa Münst. — 3. Clymenia angulosa, var. semicostata Münst. spec. — 4. 5. Clymenia bilobata Münst. — 6—6. Clymenia speciosa Münst. spec.

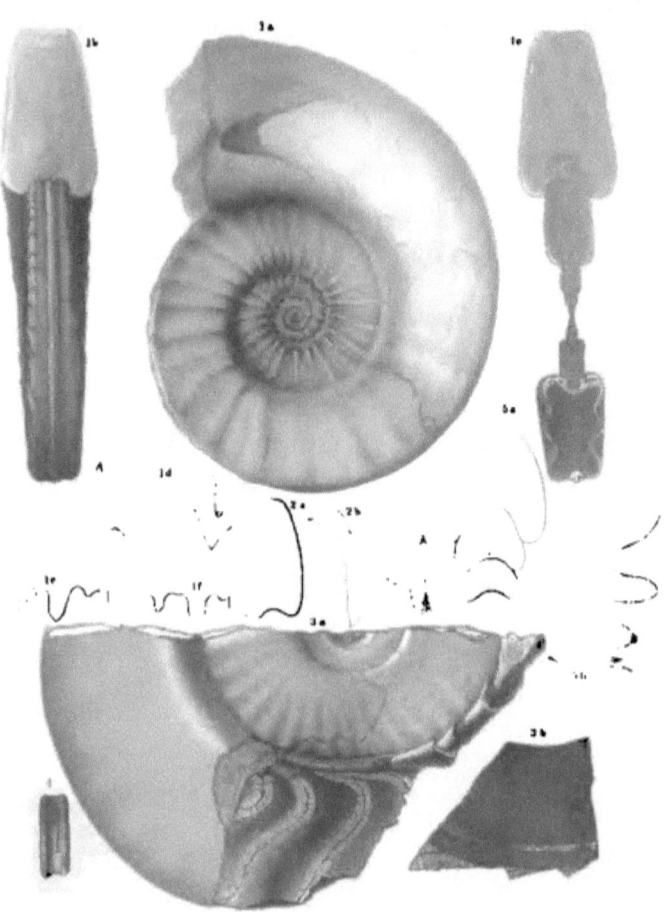

1. 2. Clymenia tuberculata Münst. — 3. 4. Clymenia intermedia Münst. spec. — 5. Clymenia Haueri Münst. spec. — 6. Clymenia planorbiformis Münst. spec.

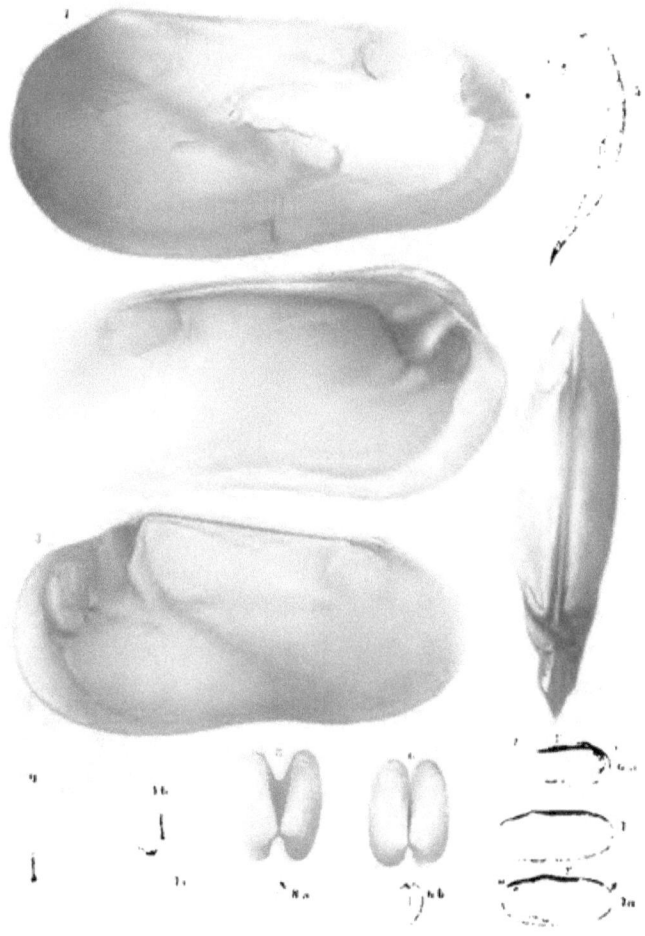

1–3. Unio pachyodon Ldwg. — 6. Anodonta compressa Ldwg. — 7. Anodonta lahscloquis Ldwg. —
8. Unio Kissensis Ldwg. — 9. Unio umbonatus Lusch.

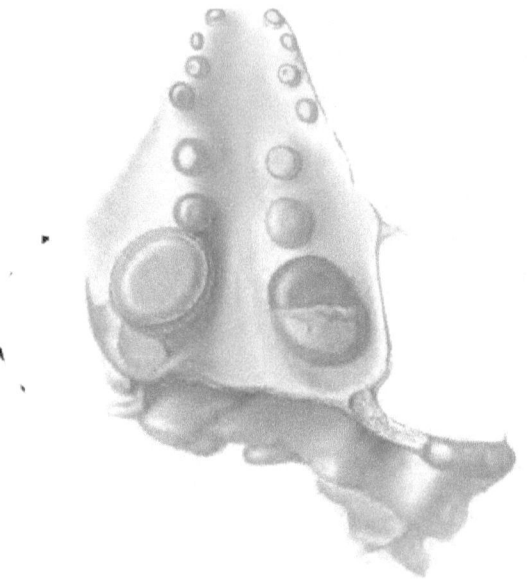

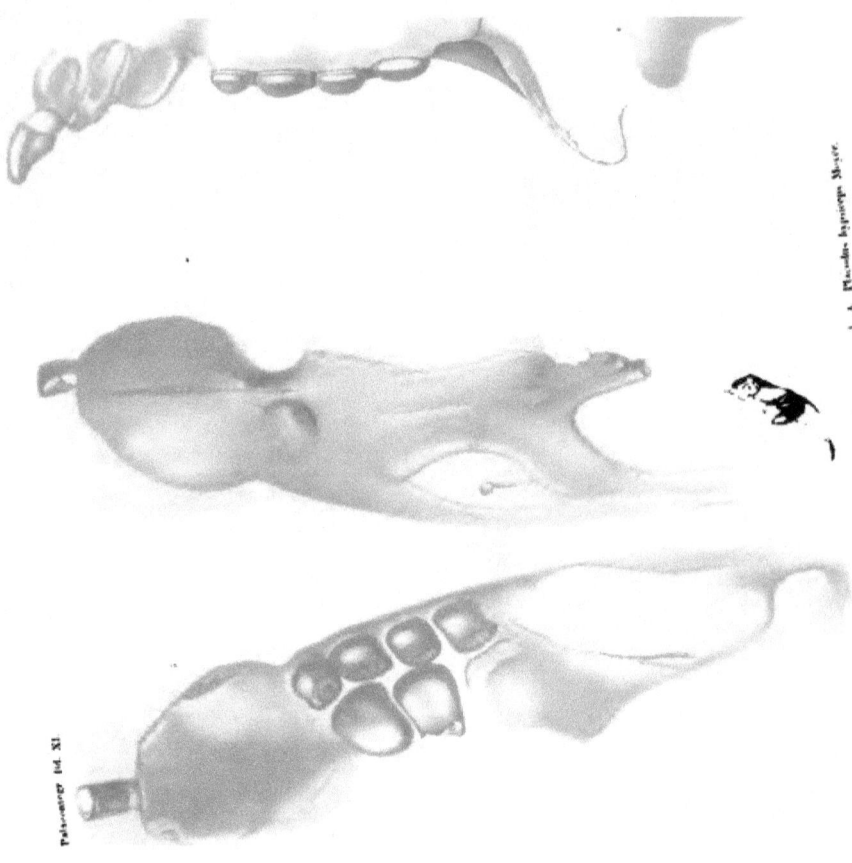

1. A. Placodus laticeps Moser.

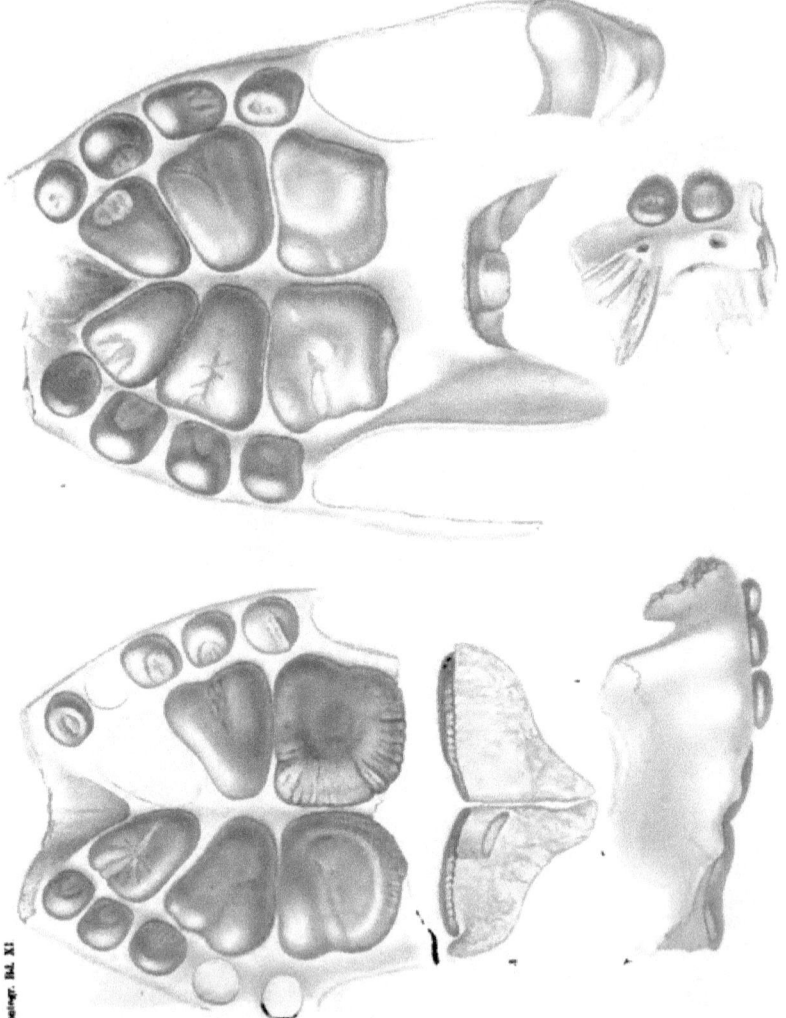

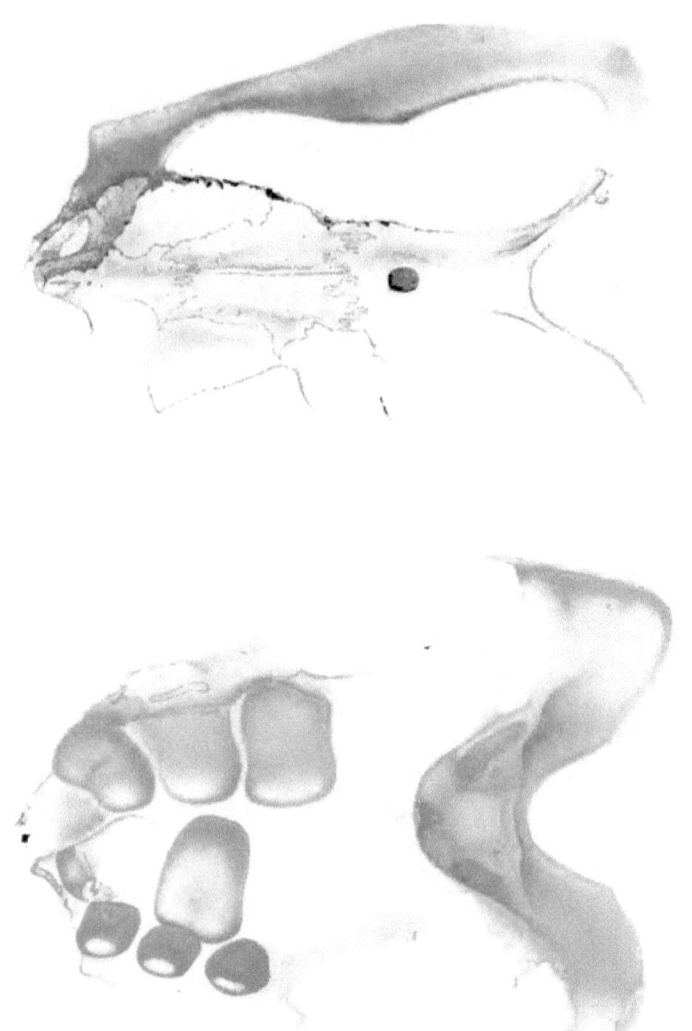

Taf. XXVIII.

1. 2. *Pterodus egertoni* Ag.

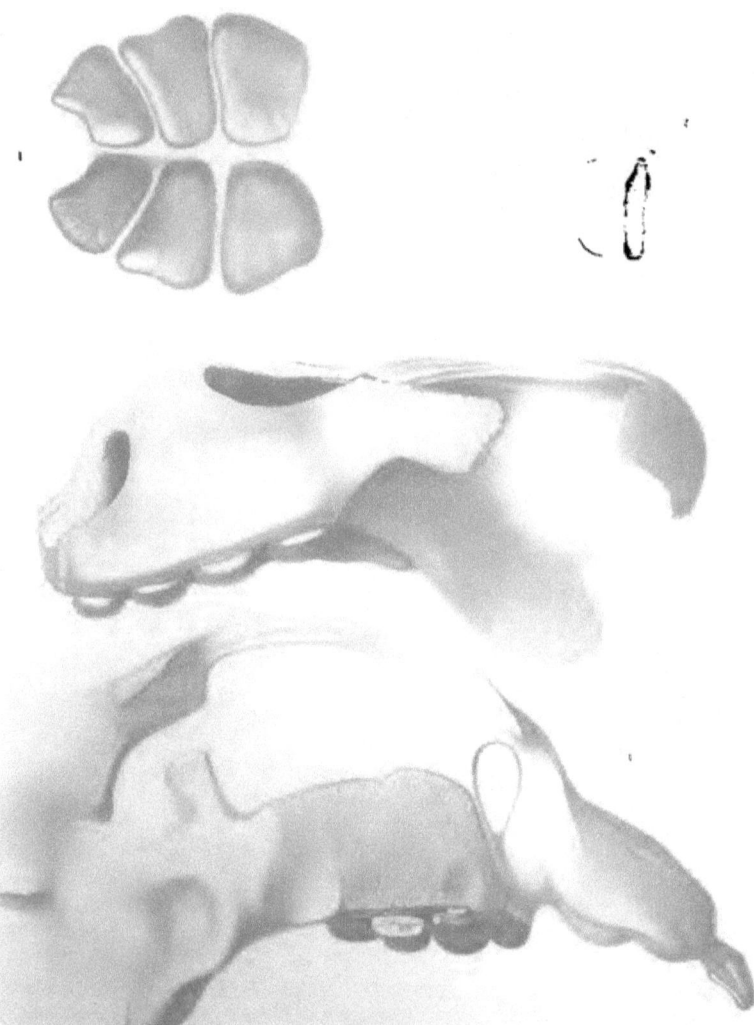

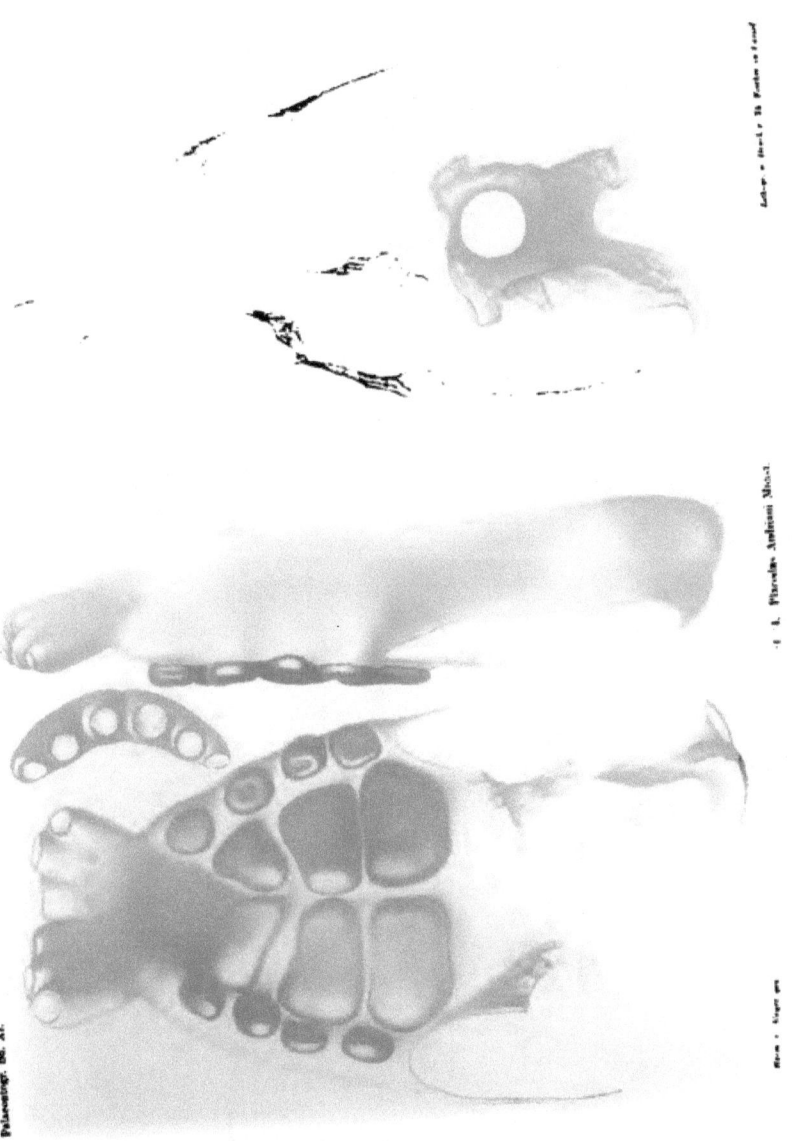

1. Placodus Andriani Meyer.

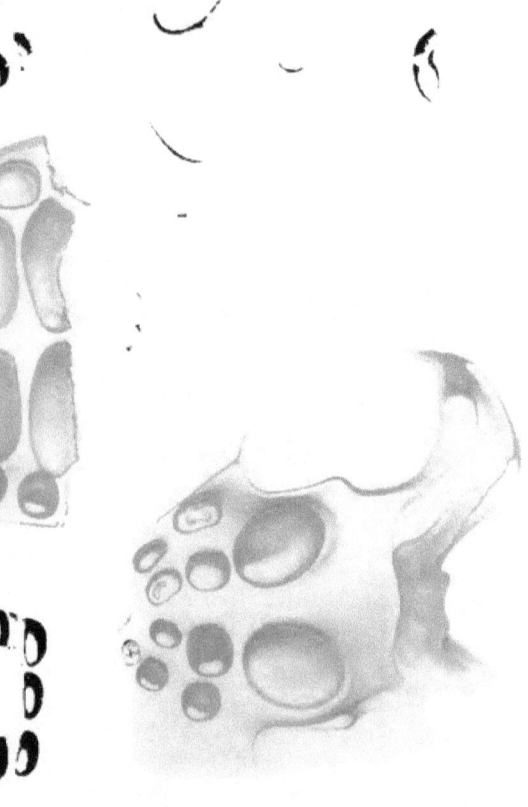

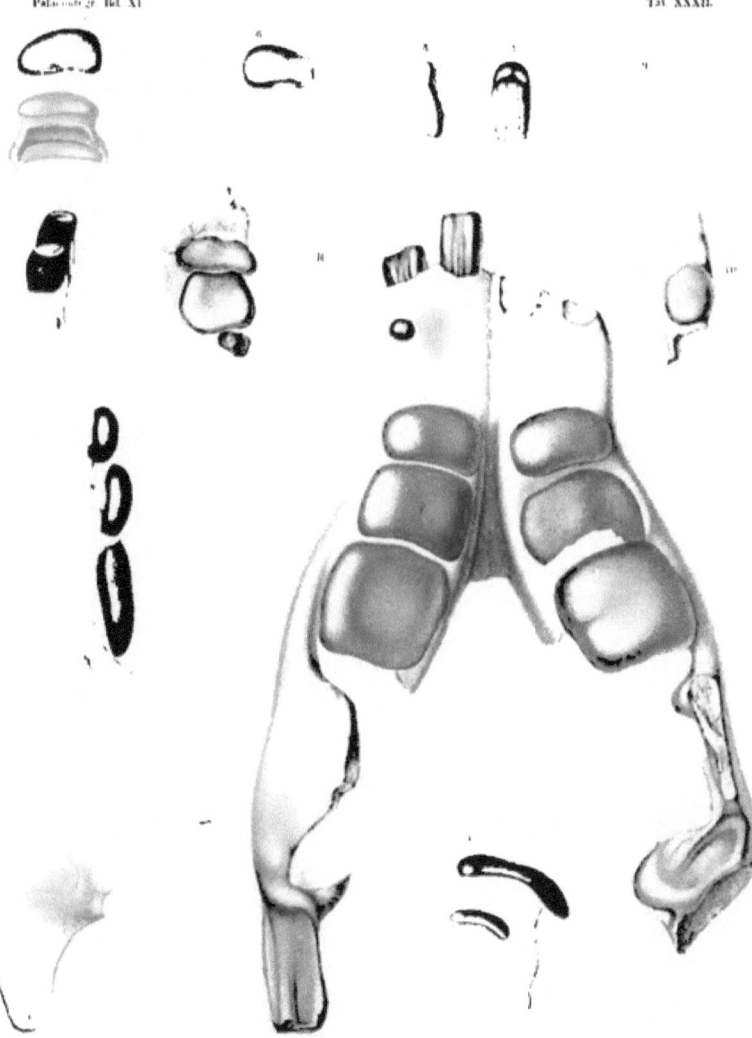

Pl. XXXII.

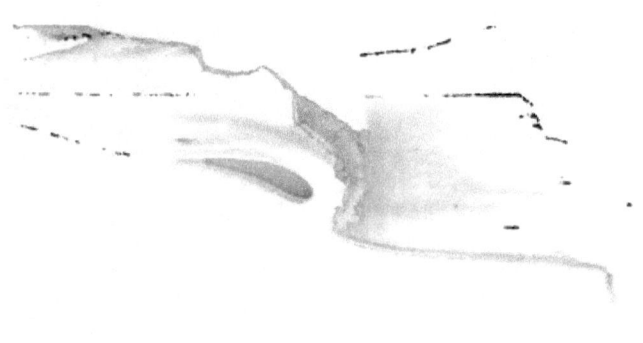

Taf XXXIV.

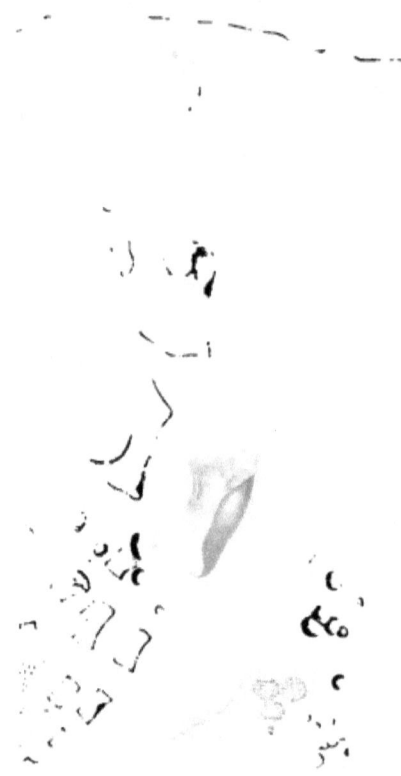

Delphinopsis Freyeri Mnl.

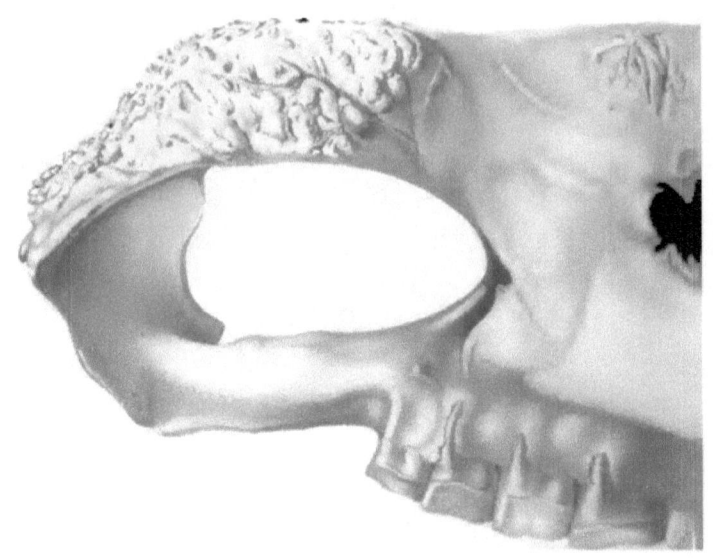

Tab. XXXV.

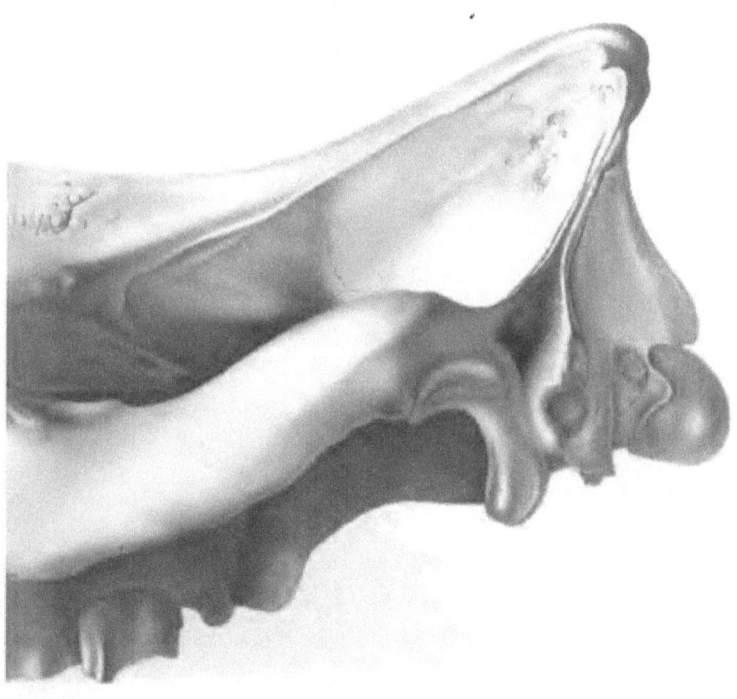

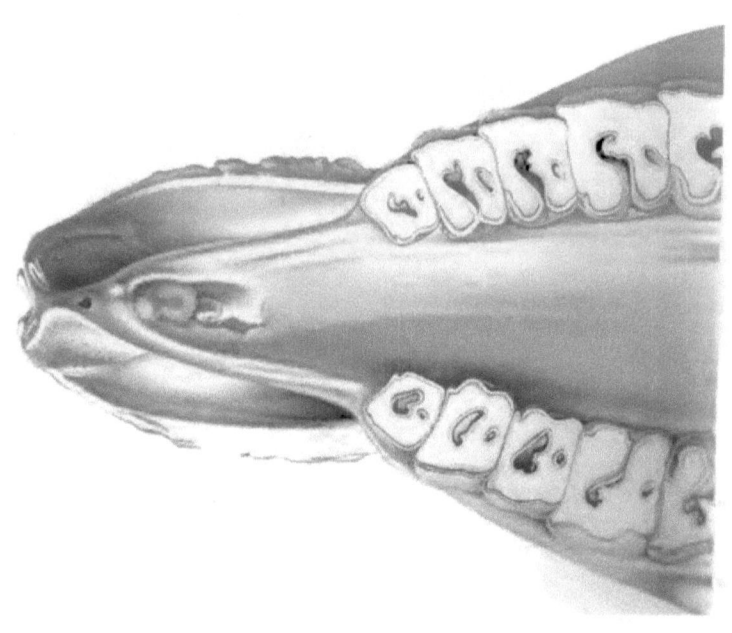

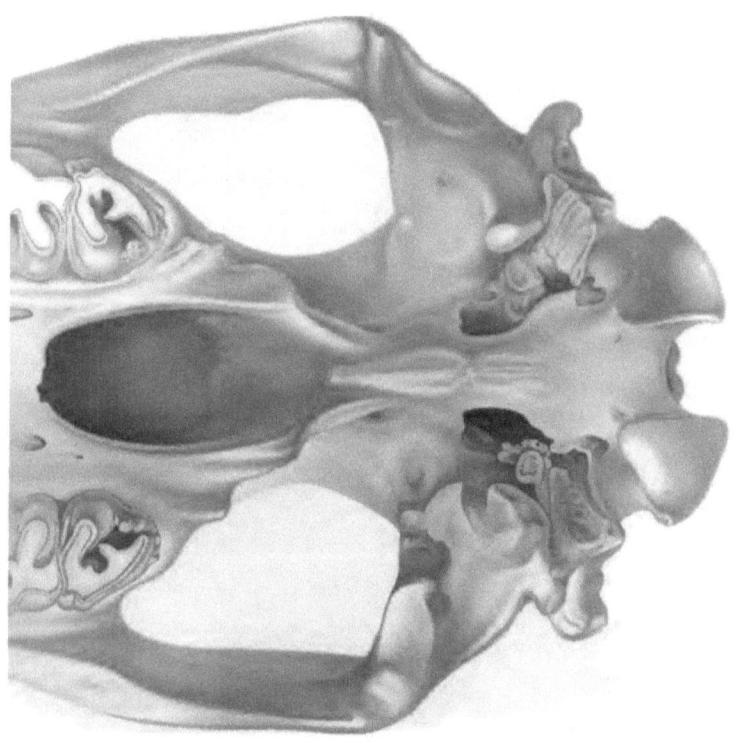

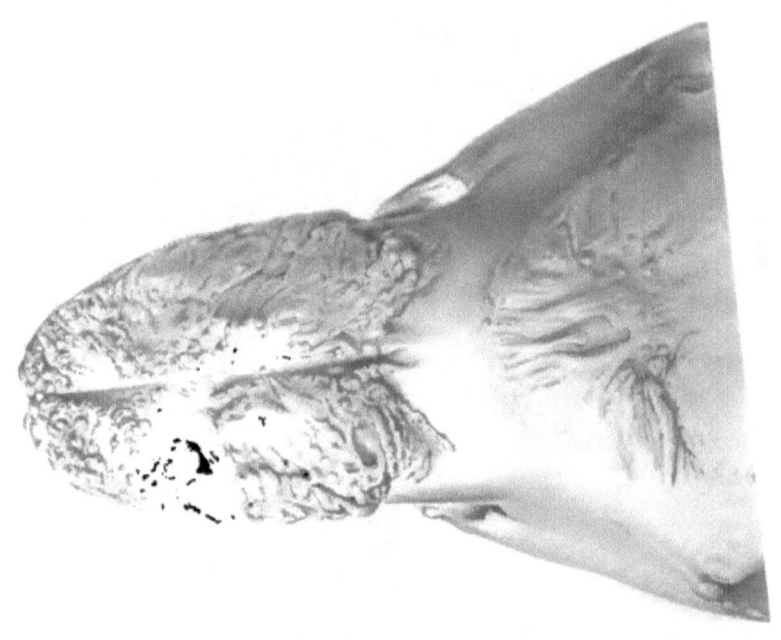

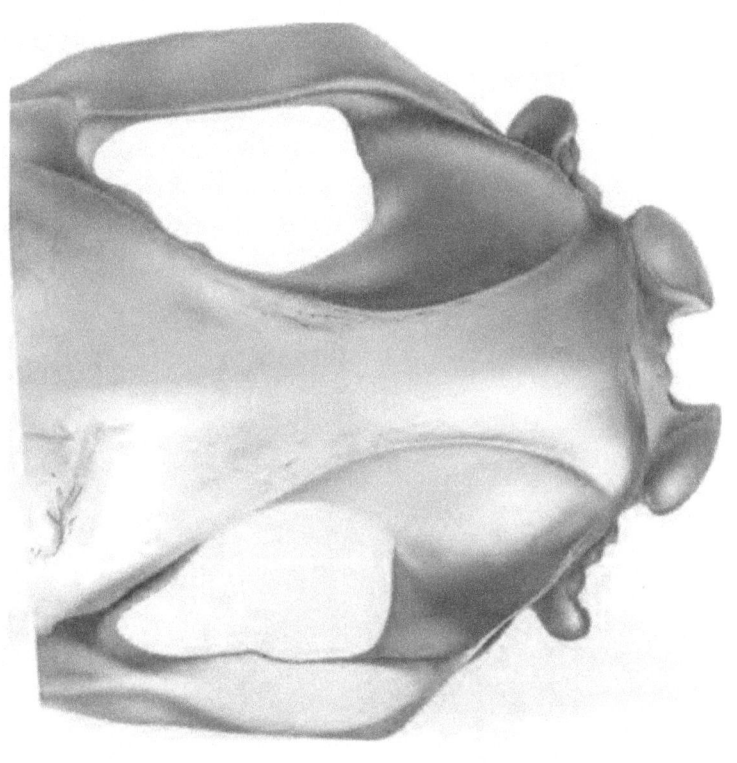

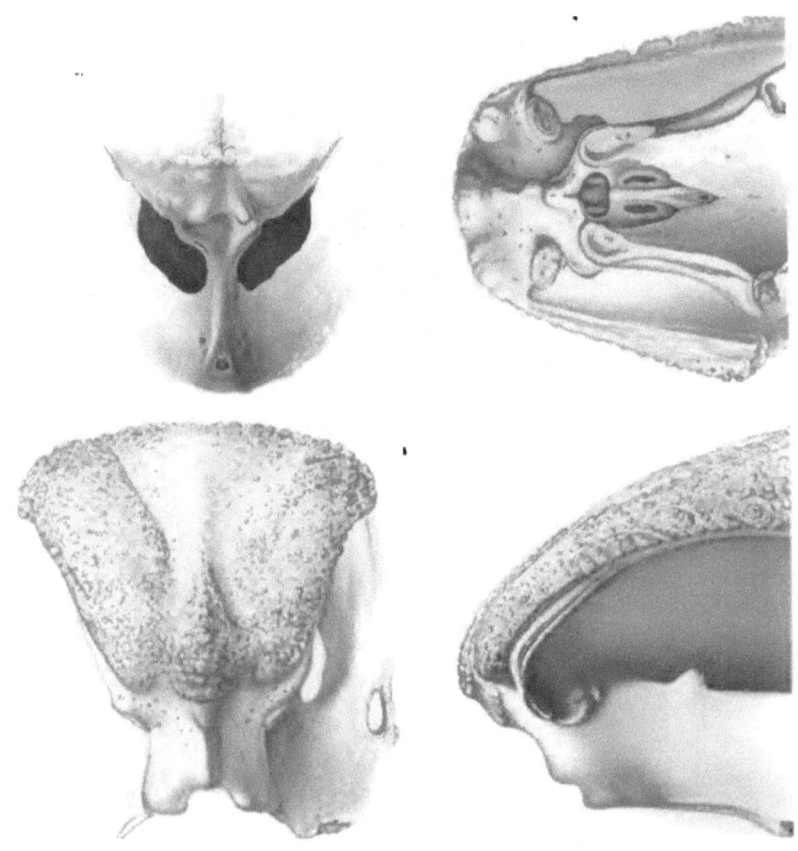

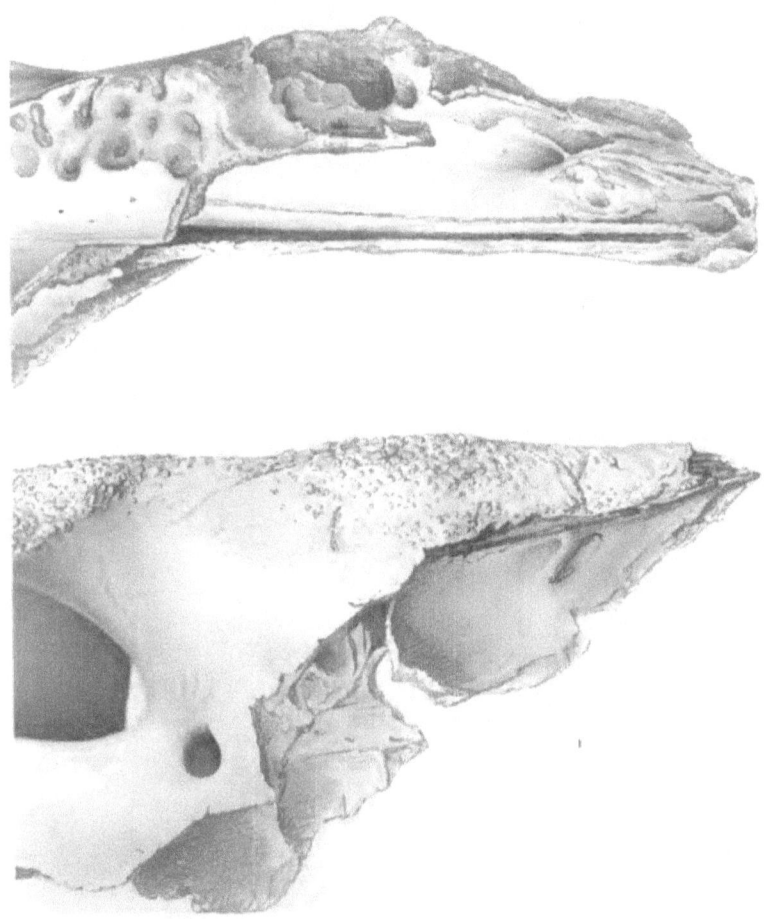

Taf. XXXVIII.

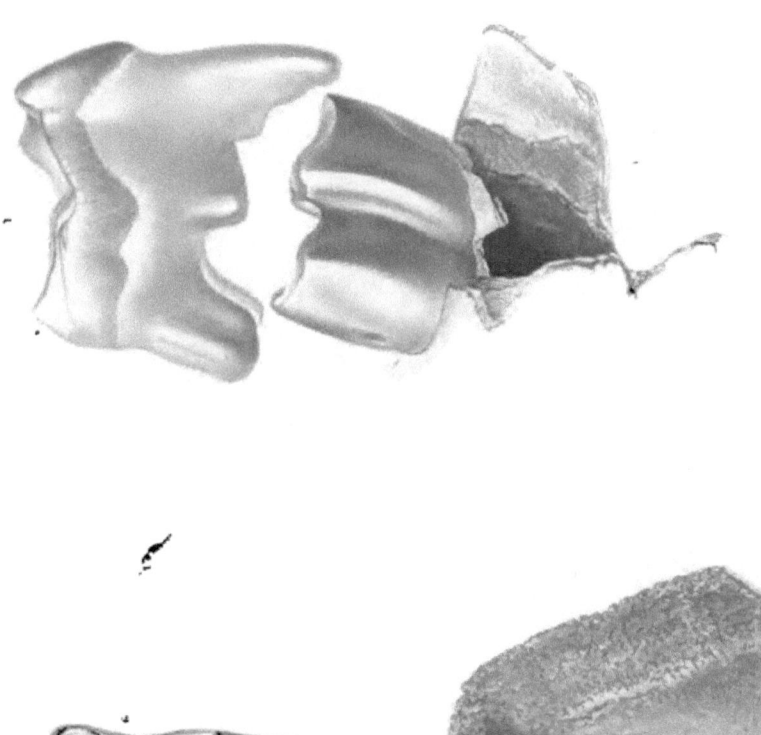
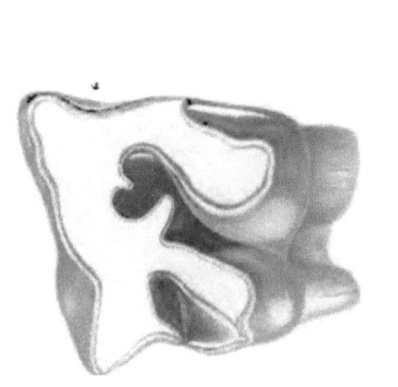
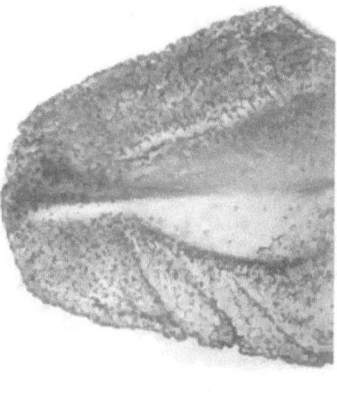

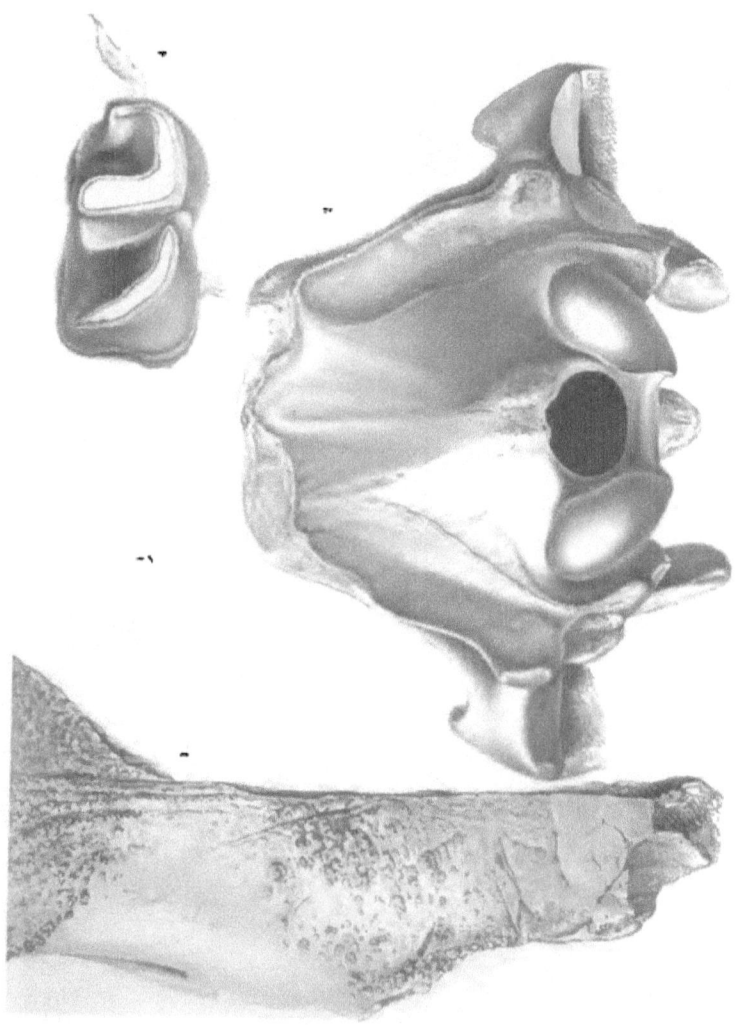

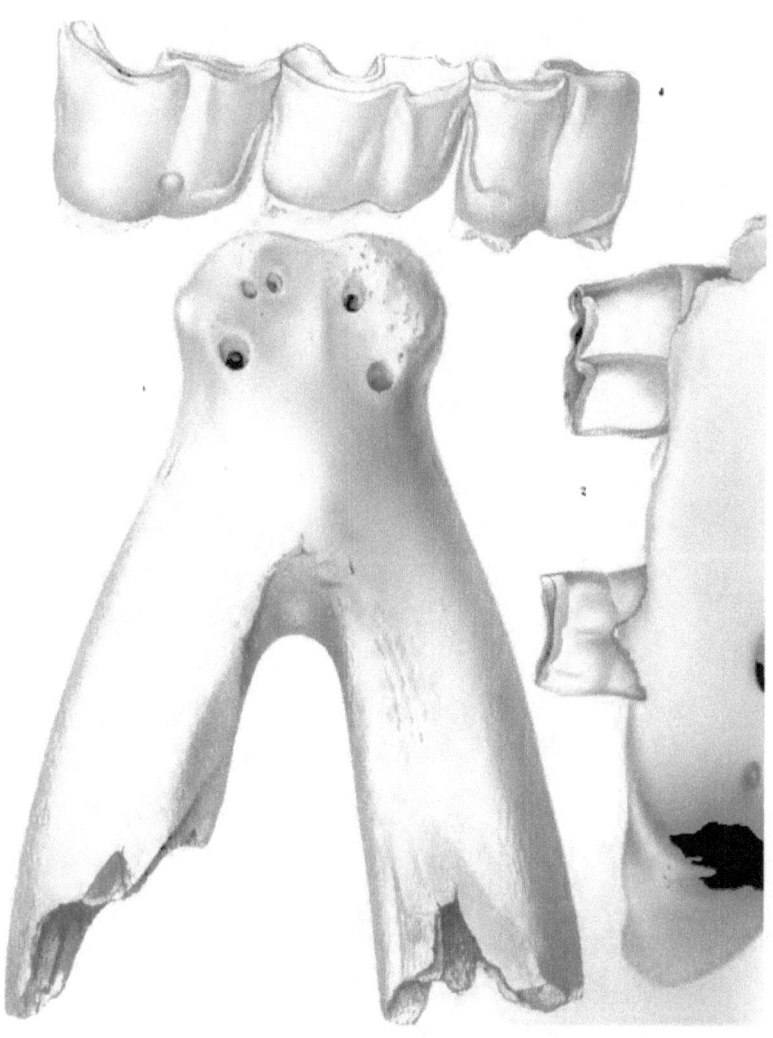

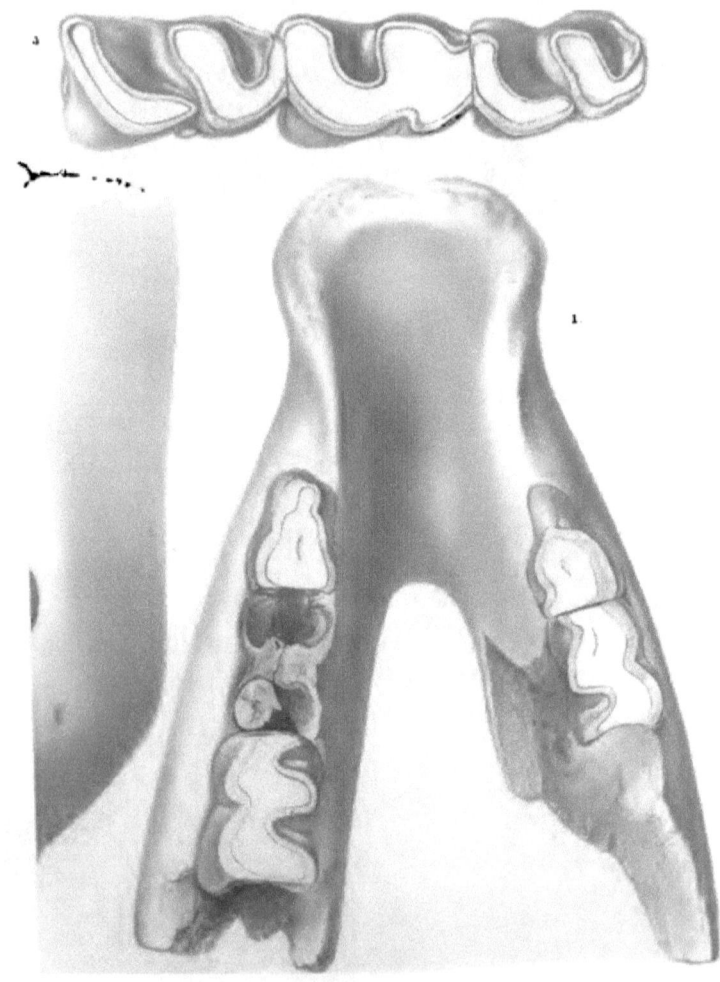

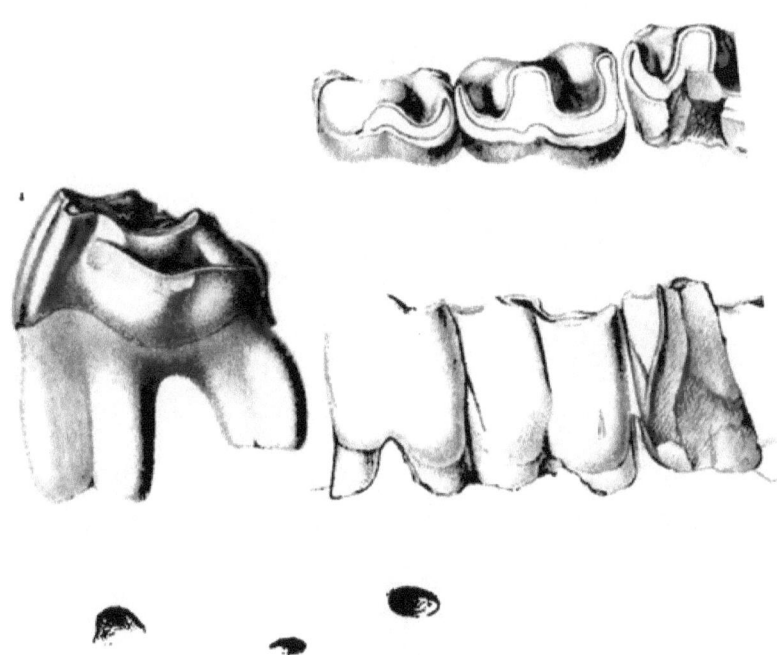

Taf. XLI.

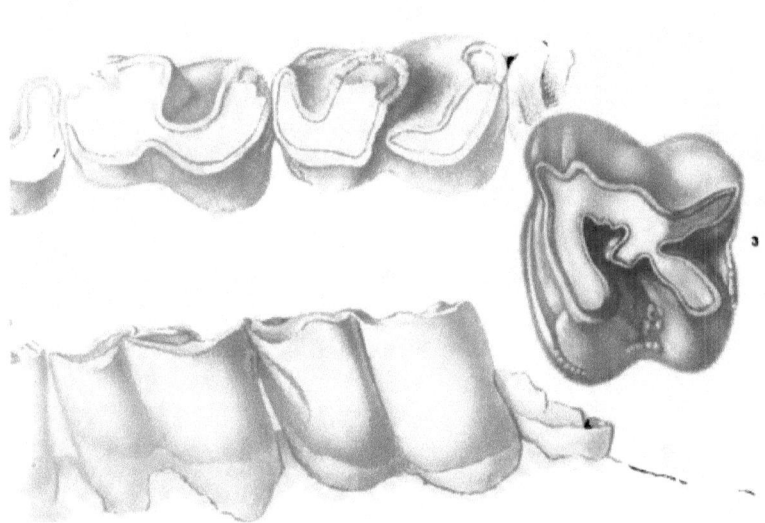

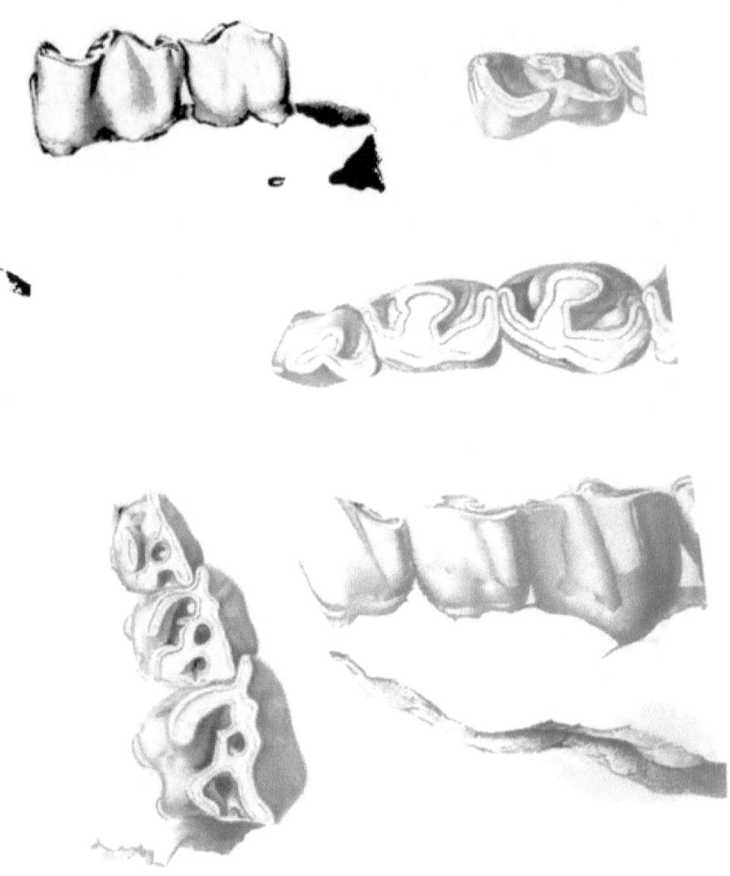

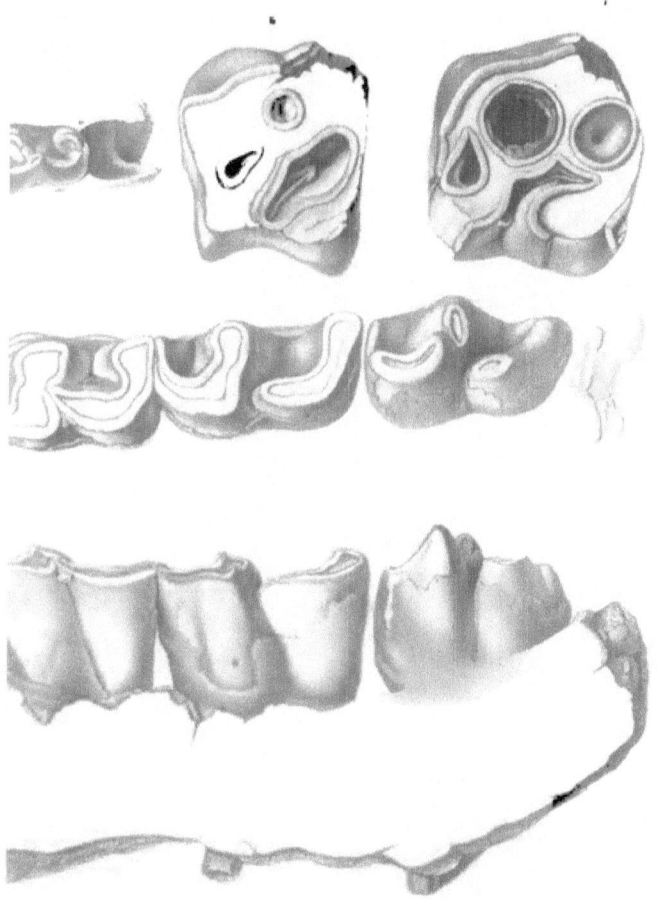

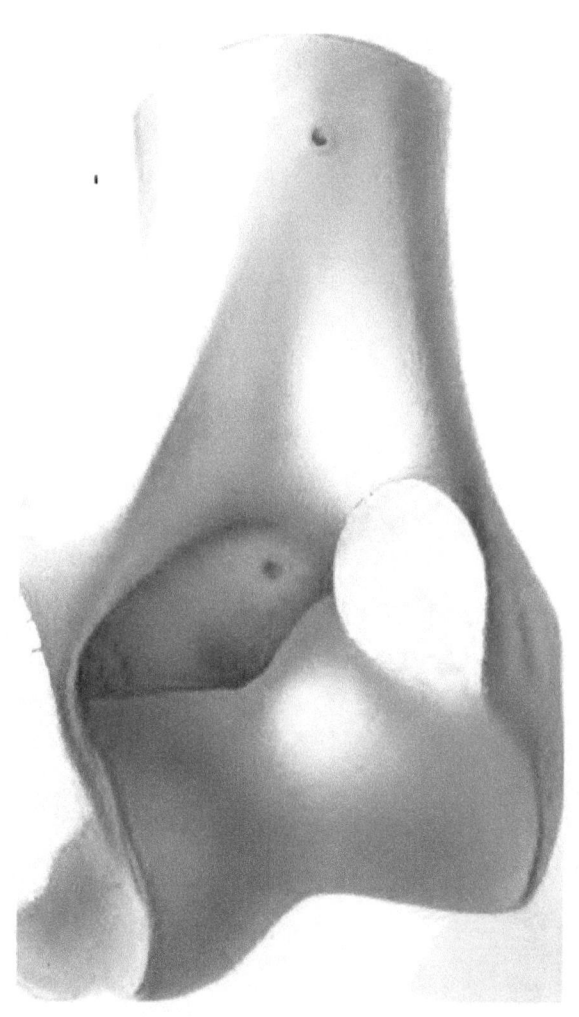

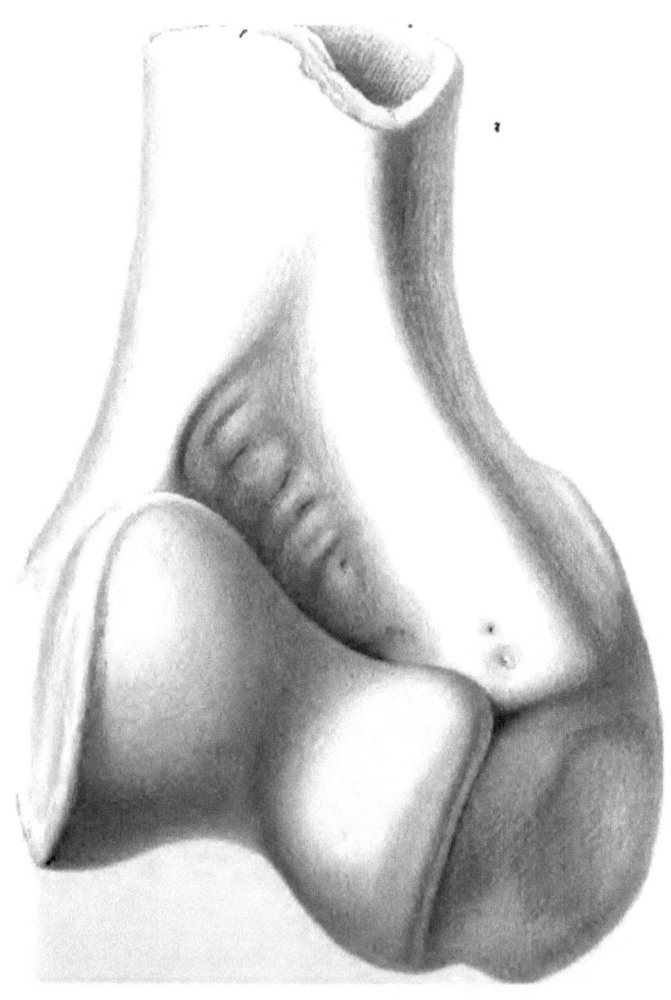

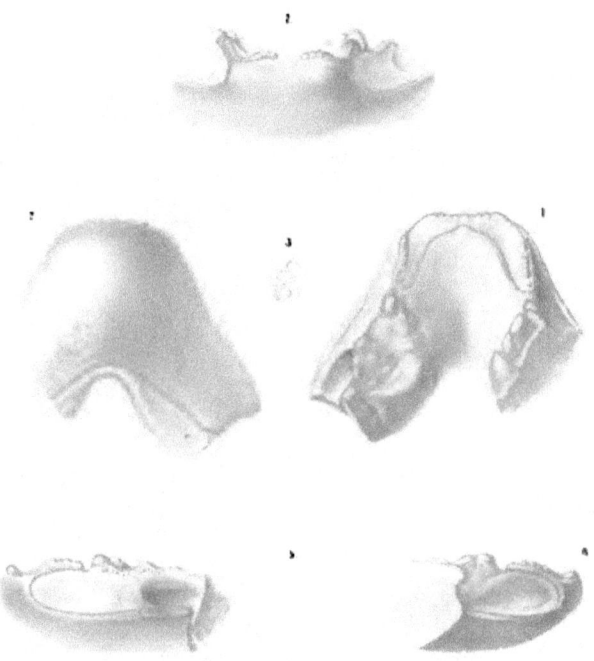

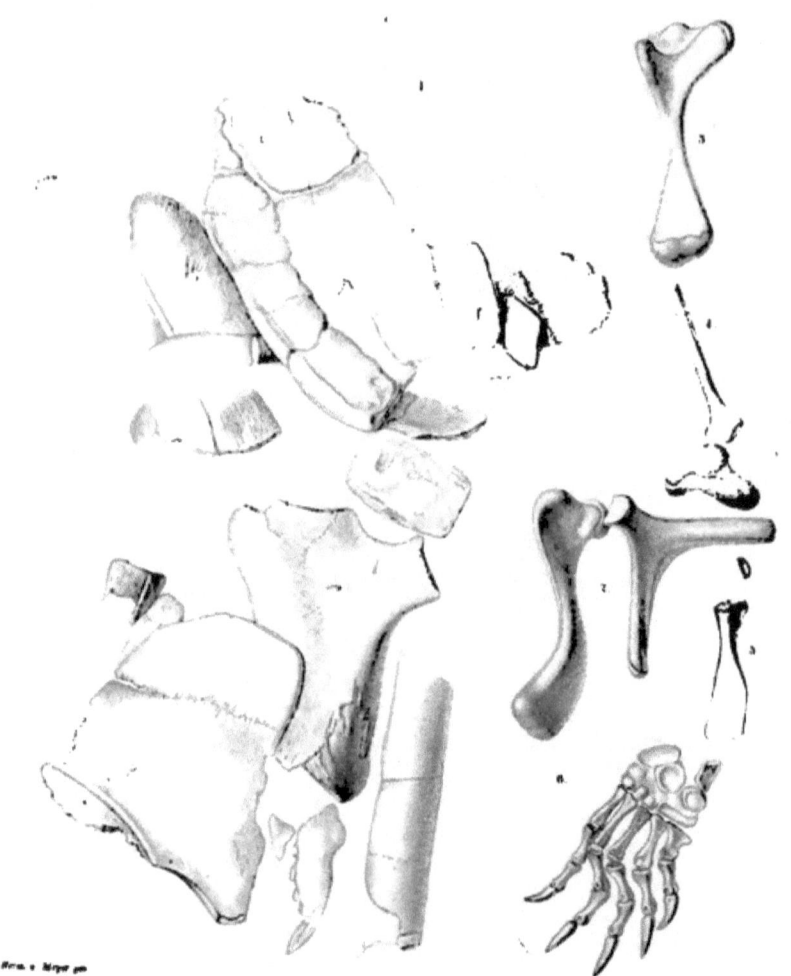

Taf. XLV

1. Chelepteris macropeltis Schenk — 2. Voltzia Coburgensis Schaur.

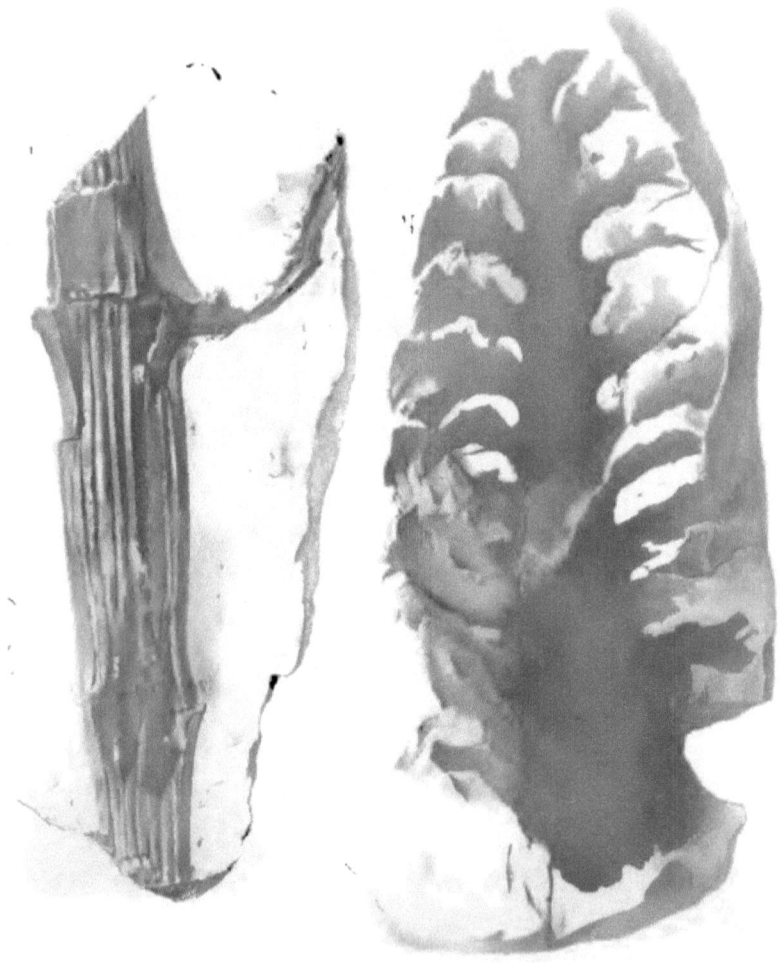

1. Calamites Moriani Schenk. — 2. Schizopteris pachyrhachis Schenk.

1. Arthrotaxites princeps Ung. 2. Cyclopteris digitata Brngn., var. major. — 3—5. Chelepteris strongylopeltis Schenk.

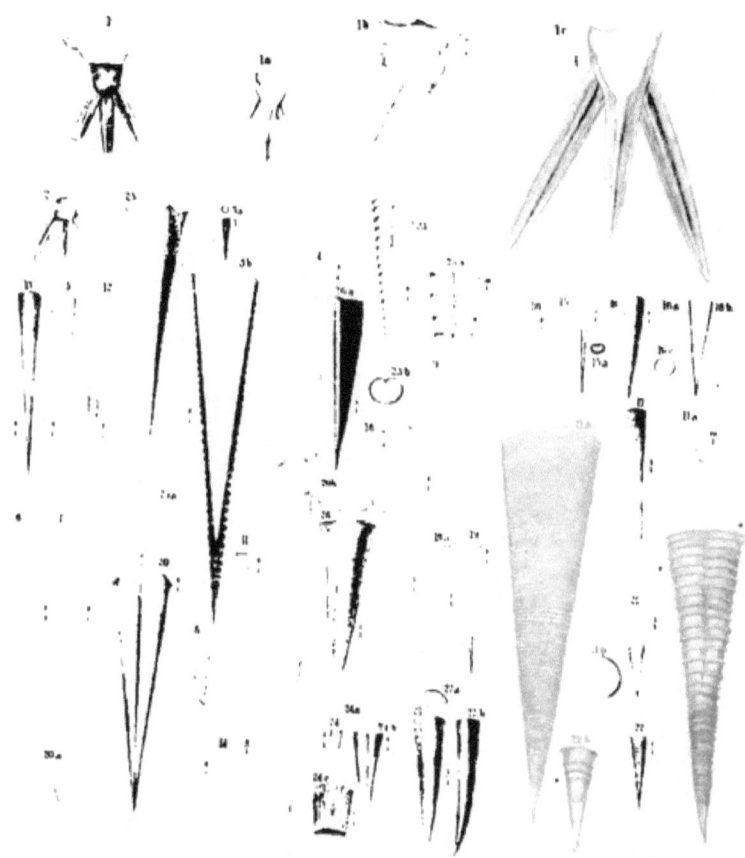

1. Dithyrocaris Kochi Ldwg. — 2. D. breviacuieatus Ldwg. — 3. Tentaculites durus Ldwg. — 4. Cornulites scalaris Schloth. — 5. Tentaculites sulcatus Römer. — 6. T. subcochleatus Sdbgr. — 7. T. Grimitzi Richt. — 8. T. subconicus Grin. — 9. T. multiformis Sdbgr. — 10. T. Tuba Richt. — 11. T. cancellatus Richt. — 12. T. typus Richt. — 13. Styliola lubrica Ldwg. — 14. Sty. tenuicincta Römer. — 15. Sty. fibrata Ldwg. — 16. Sty. Richteri Ldwg. — 17. Sty. crenato-striata Ldwg. — 18. Sty. intermissa Ldwg. — 19. Sty. bicanaliculata Ldwg. — 20. Sty. spinifera Rang (lebend). — 21. Tentaculites maximus, var. denso-annulatus Ldwg. — 22. T. maximus, var. laxe-annulatus Ldwg. — 23. Coleoprion brevis Ldwg. — 24. Cleodora striata Ldwg. —

www.ingramcontent.com/pod-product-compliance
Lightning Source LLC
Chambersburg PA
CBHW030541300426
44111CB00009B/818